《中华现代学术名著丛书》已出书目

积微居小学金石论丛	杨树达
现代中国文学史 （外一种：明代文学）	钱基博
等韵源流	赵荫棠
诗言志辨　经典常谈	朱自清
话本小说概论（上、下）	胡士莹
司马迁之人格与风格 道教徒的诗人李白及其痛苦	李长之
明清史讲义（上、下）	孟　森
国史要义	柳诒徵
中国南洋交通史	冯承钧
通史新义	何炳松
魏晋清谈思想初论	贺昌群
中国救荒史	邓云特
认识论	张东荪
科学方法论　科学概论	王星拱
中国哲学史大纲	胡　适
知识论（上、下）	金岳霖
法相唯识学	太　虚
陈康：论希腊哲学	陈　康
康德的知识学	齐良骥
中国文化的展望	殷海光
中国道教史	傅勤家
监狱学	孙　雄
中国法制史概要	陈顾远
新政治学大纲	邓初民
财政学	何　廉　李　锐
中国之棉纺织业	方显廷
中国田制史	万国鼎
南洋华侨与闽粤社会	陈　达
文化人类学	林惠祥

【第三辑　三十五种】

中国小说史略 （外一种：汉文学史纲要）	鲁　迅
现代吴语的研究	赵元任
古典新义	闻一多
谈艺录	钱锺书
唐诗综论	林　庚
中古文学史论	王　瑶
中国近三百年学术史（新校本）	梁启超
通鉴胡注表微	陈　垣
隋唐制度渊源略论稿 唐代政治史述论稿	陈寅恪
中国古代社会研究	郭沫若
古史辨自序（上、下）	顾颉刚
安阳	李　济
绿营兵志	罗尔纲
东汉的豪族	杨联陞
佛道散论	蒙文通
中国哲学史（上、下）	冯友兰
艺境	宗白华
西方美学史（上、下）	朱光潜
近代唯心论简释	贺　麟
康德学述	郑　昕
历代刑法考（上、下）	沈家本
中国商事法	刘朗泉
中国近百年政治史	李剑农
中国政治思想史（上、下）	萧公权
中国国民所得（一九三三年） （外一种：国民所得概论）	巫宝三

中国棉纺织史稿 严中平
当代中国社会学 孙本文
乡土中国 生育制度 乡土重建 费孝通
滕固美术史论著三种 滕固
中国古代服饰研究 沈从文
A GRAMMAR OF SPOKEN CHINESE Yuen Ren Chao
中国话的文法 赵元任
MODERN DEMOCRACY IN CHINA Mingchien Joshua Bau
中国民治主义 鲍明钤
THE GOVERNMENT AND POLITICS OF CHINA Ch'ien Tuan-sheng
中国的政府与政治 钱端升
THE POST-WAR INDUSTRIALIZATION OF CHINA, INDUSTRIAL CAPITAL IN CHINA H.D.Fong
战后中国之工业化 中国之工业资本 方显廷
LAW AND SOCIETY IN TRADITIONAL CHINA T'ung-Tsu Ch' ü
中国法律与中国社会 瞿同祖

【第四辑 三十种】

中国旧小说考证 胡适
文心雕龙札记 黄侃
卢前曲学论著三种 卢前
孟姜女故事研究及其他 顾颉刚
中国目录学史 姚名达
校雠学 向宗鲁
唐五代西北方音 罗常培
中国文法要略 吕叔湘
清史探微 郑天挺
中国文化史(上、下) 陈登原
中国文化与中国的兵 雷海宗
佛学研究十八篇(校点本) 梁启超
中国景教 朱谦之
德国古典美学 蒋孔阳
神学四讲 赵紫宸
法律哲学导论 居正
民国司法志 汪楫宝
国际法大纲 周鲠生
罗马法原论(上、下) 周枏
马克思的政治思想 吴恩裕
欧美各国现行宪法析要 龚钺
经济史:历史观与方法论 吴承明
从古典经济学派到马克思 陈岱孙
中国历史上的基本经济区 冀朝鼎
中国教育改造 陶行知
平民教育与乡村建设运动 晏阳初
中国教育制度沿革史 郭秉文
COTTON INDUSTRY AND TRADE IN CHINA H. D. Fong
中国之棉纺织业 方显廷
KEY ECONOMIC AREAS IN CHINESE HISTORY Ch'ao-ting Chi
中国历史上的基本经济区 冀朝鼎
THE CHINESE SYSTEM OF PUBLIC EDUCATION Ping Wen Kuo
中国教育制度沿革史 郭秉文

【第五辑 三十种】

词史 刘毓盘

元白诗笺证稿	陈寅恪
上古音研究	李方桂
从诗到曲（上、下）	郑　骞
训诂学概论	齐佩瑢
唐代进士行卷与文学 古诗考索	程千帆
南朝文学与北朝文学研究	曹道衡
先秦政治思想史	梁启超
中国史学通论	朱希祖
隋唐史	岑仲勉
中国地理学史（先秦至明代）	王成组
中国妇女生活史	陈东原
基督教与中国文化	吴雷川
中国天主教传教史概论	徐宗泽
道教史	许地山
论道	金岳霖
文化与人生	贺　麟
寄簃文存	沈家本
中国婚姻史	陈顾远
中国法律在东亚诸国之影响	杨鸿烈
孔门理财学	陈焕章
上海工业化研究	刘大钧
乡村建设理论	梁漱溟
中国经济原论	王亚南
金翼	林耀华
幼稚园教材研究　幼稚教育新论	张雪门
近代中国留学史 近代中国教育思想史	舒新城
THE ECONOMIC PRINCIPLES OF CONFUCIUS AND HIS SCHOOL	Chen Huan-chang
孔门理财学	陈焕章
THE GROWTH AND INDUSTRIALIZATION OF SHANGHAI	D. K. Lieu
上海工业化研究	刘大钧
THE FINANCING OF PUBLIC EDUCATION IN CHINA	Ronald Yu Soong Cheng
中国教育财政之改进	陈友松

【第六辑　四十种】

齐如山国剧论丛	齐如山
先秦文学 中国文学史讲义	游国恩
中国文学批评史（全二册）	罗根泽
中国文学发展史（全二卷）	刘大杰
宋元明讲唱文学	叶德均
晚照楼论文集	马茂元
汉书窥管	杨树达
欧化东渐史	张星烺
西域史地考古论集	黄文弼
中国疆域沿革史	顾颉刚　史念海
先秦诸子系年	钱　穆
古器物中的古代文化制度	徐中舒
中国社会之史的分析 （外一种：婚姻与家族）	陶希圣
唐代长安与西域文明	向　达
古代神话与民族	丁　山
小屯、龙山与仰韶	梁思永
中国史纲	张荫麟
岳飞传	邓广铭
胡惟庸党案考	吴　晗
等不等观杂录	杨文会
欧阳竟无内外学	欧阳竟无
中国佛教史	蒋维乔

中华现代学术名著丛书

孔门理财学

陈焕章 著

韩 华 译

商务印书馆
创于1897
The Commercial Press

图书在版编目(CIP)数据

孔门理财学/陈焕章著;韩华译—北京:商务印书馆,2015(2025.7重印)
(中华现代学术名著丛书)
ISBN 978-7-100-10732-7

Ⅰ.①孔… Ⅱ.①陈… ②韩… Ⅲ.①经济思想史—研究—中国—古代 Ⅳ.①F092.2

中国版本图书馆CIP数据核字(2014)第217881号

本书据中华书局2010年版排印

中华现代学术名著丛书
孔门理财学
陈焕章 著
韩 华 译

商 务 印 书 馆 出 版
(北京王府井大街36号 邮政编码100710)
商 务 印 书 馆 发 行
三河市春园印刷有限公司印刷
ISBN 978-7-100-10732-7

2015年7月第1版　　开本880×1240 1/32
2025年7月第3次印刷　　印张19¼ 插页1

定价:129.00元

陈焕章

(1880—1933)

STUDIES IN HISTORY, ECONOMICS AND PUBLIC LAW

EDITED BY THE FACULTY OF POLITICAL SCIENCE
OF COLUMBIA UNIVERSITY

Volume XLV | Whole Number 113

THE ECONOMIC PRINCIPLES OF CONFUCIUS AND HIS SCHOOL

VOLUME II

BY

CHEN HUAN-CHANG, Ph.D.,

Chin Shih of 2455 A. K. (1904 A. D.)
Former Secretary of the Grand Secretariat,
Peking, China

New York
COLUMBIA UNIVERSITY
LONGMANS, GREEN & CO., AGENTS
LONDON: P. S. KING & SON
1911

《孔门理财学》英文版封面（1911 年版本）

出版说明

百年前，张之洞尝劝学曰："世运之明晦，人才之盛衰，其表在政，其里在学。"是时，国势颓危，列强环伺，传统频遭质疑，西学新知亟亟而入。一时间，中西学并立，文史哲分家，经济、政治、社会等新学科勃兴，令国人乱花迷眼。然而，淆乱之中，自有元气淋漓之象。中华现代学术之转型正是完成于这一混沌时期，于切磋琢磨、交锋碰撞中不断前行，涌现了一大批学术名家与经典之作。而学术与思想之新变，亦带动了社会各领域的全面转型，为中华复兴奠定了坚实基础。

时至今日，中华现代学术已走过百余年，其间百家林立、论辩蜂起，沉浮消长瞬息万变，情势之复杂自不待言。温故而知新，述往事而思来者。"中华现代学术名著丛书"之编纂，其意正在于此，冀辨章学术，考镜源流，收纳各学科学派名家名作，以展现中华传统文化之新变，探求中华现代学术之根基。

"中华现代学术名著丛书"收录上自晚清下至20世纪80年代末中国大陆及港澳台地区、海外华人学者的原创学术名著（包括外文著作），以人文社会科学为主体兼及其他，涵盖文学、历史、哲学、政治、经济、法律和社会学等众多学科。

出版“中华现代学术名著丛书”，为本馆一大夙愿。自 1897 年始创起，本馆以“昌明教育，开启民智”为己任，有幸首刊了中华现代学术史上诸多开山之著、扛鼎之作；于中华现代学术之建立与变迁而言，既为参与者，也是见证者。作为对前人出版成绩与文化理念的承续，本馆倾力谋划，经学界通人擘画，并得国家出版基金支持，终以此丛书呈现于读者面前。唯望无论多少年，皆能傲立于书架，并希冀其能与“汉译世界学术名著丛书”共相辉映。如此宏愿，难免汲深绠短之忧，诚盼专家学者和广大读者共襄助之。

商务印书馆编辑部

2010 年 12 月

凡　例

一、“中华现代学术名著丛书”收录晚清以迄20世纪80年代末，为中华学人所著，成就斐然、泽被学林之学术著作。入选著作以名著为主，酌量选录名篇合集。

二、入选著作内容、编次一仍其旧，唯各书卷首冠以作者照片、手迹等。卷末附作者学术年表和题解文章，诚邀专家学者撰写而成，意在介绍作者学术成就，著作成书背景、学术价值及版本流变等情况。

三、入选著作率以原刊或作者修订、校阅本为底本，参校他本，正其讹误。前人引书，时有省略更改，倘不失原意，则不以原书文字改动引文；如确需校改，则出脚注说明版本依据，以“编者注”或“校者注”形式说明。

四、作者自有其文字风格，各时代均有其语言习惯，故不按现行用法、写法及表现手法改动原文；原书专名（人名、地名、术语）及译名与今不统一者，亦不作改动。如确系作者笔误、排印舛误、数据计算与外文拼写错误等，则予径改。

五、原书为直（横）排繁体者，除个别特殊情况，均改作横排简体。其中原书无标点或仅有简单断句者，一律改为新式标点，专名号从略。

六、除特殊情况外，原书篇后注移作脚注，双行夹注改为单行夹注。文献著录则从其原貌，稍加统一。

七、原书因年代久远而字迹模糊或纸页残缺者，据所缺字数用“□”表示；字数难以确定者，则用“（下缺）”表示。

目　录

部乙　消费

部丙　生产

华文教授夏德先生序

陈焕章博士,《孔门理财学》的著者,曾在北京的一个衙门里当差做官。他非常精通本国的文献,若干年来,他一直专注于孔教经典文献;陈焕章乃康有为的学生与私人朋友,康有为是现代中国改革运动的发动者之一,其本人也是渊博的中国文献专家。具有如此学识的陈焕章,大约在五年前来到纽约学习英语,并在哥伦比亚大学学习政治经济学课程。康有为在中国民众中享有的精神声誉在很大程度上应归于这样的事实——在坚信社会政治迫切需要改革的同时,仍坚守孔子的原则。陈焕章博士当之无愧是这位大师的追随者,而陈焕章爱护大圣(孔子)及其教旨之热心,未有能过者。陈焕章既为孔教徒,又通过西方科学方法以精研孔教,西方读者将在陈氏著作中发现由纯粹孔教家对孔教的表述。

弗雷德里克·夏德(Friedrich Hirth)

哥伦比亚大学华文教授

1911 年 10 月 15 日

纽约

理财学教授施格先生序

在陈焕章讲述孔教的理财义理中，采用了政治经济学英文著述中已经惯用的条理次序，这种方案，固然有一种危险，会给人一种印象，仿佛他所展示的孔教理财原理比经书里面实际所包含的更加系统化，但它切实地揭示出大量为经书所发端而在今日被广为接受的理财义理。顺便提及的是，由于作者对最好的英文理财文献的广泛了解，使得他能在中西文明之间进行若干有趣的比较。陈焕章对诸如家庭、婚姻、私有财产以及妇女地位的制度讨论，除了与本著作研究的主要目的相关外，还颇具趣味与价值。

凡能读本书者，无人不信服孔教是一伟大的理财体系，伟大的道德与宗教体系。所有解决中国今日危难问题所必需的要素，孔教即便没有全部包含，但也是包含最多者。能迅速并富成效地解决这些问题，陈博士以其高尚的品格、不平凡的学问最适宜参与其国家的改革，并在其中起到非凡杰出的作用，这是我们所有美国朋友所热切期望的。

亨利·施格(Henry Seager)

哥伦比亚大学理财学教授

1911年10月25日

作者自序

本书讨论了孔子本人及历代孔门主要弟子的理财之道，出于比较之目的，也对管子、老子、墨子、商鞅及许行等其他诸子的理财论进行了介绍。人们认为最好的理财论研究需要考虑理财史，本书因此一直在描述理财论之所从出及其所欲应用之处，所以，本书以经为主，以史为辅。至于各项理论与制度，本书努力展现其起源与最早之发展。由于资料丰富，最重要、最有趣的历史史实自汉朝以来才受到关注。尽管本书提供了若干今日中国的情况，然而，却并不打算对其进行详细论述，因为这些情况处于变革进程之中，许多问题依然未得到解决。

因此，在本质上，本书是关于中国古代思想与制度的研究，它是对独立于西方而发展的中国思想与制度的全面观察，我虽然在材料安排上遵循西方著者的写作惯例，对古老经文的理解也极大地受益于西方思想家，但我一直非常仔细，避免以现代西方经济学家的视角去曲解中国古代思想。我全部的叙述，建立在原始文本的语言及其精神上，并和经过与各种原始资料的比较研究后所揭示的孔子思想的完整体系协调一致。为了支持我的理解，我提供了大量的引文与参考资料，孔教的文献可喻之为蕴藏着丰富矿藏的巍峨高山，而我就是一名采矿者，萃取独特的矿石，并以之贡献给世界生产。正如采矿者自身不能创造矿石，而通过采矿者对矿石的勘探、挖掘与精炼劳动之后，使矿石有用而供人类利用一样，我努力增添人类知识。我的任务如此重大，所以差错难免，但在我全部的陈述里，我将竭力严谨地表述。这是在人类所有语言中首次以一种语言系统地介绍孔子及其学派的理财之道的尝试。我打算在将来某个时间将本书译为汉语。

在此，我要对许多人致以深深的感谢！首先，我深切地感谢我的老师康有为，从他那里，我获得了孔教的概观。感谢美国朋友，尤其是哥伦比亚大学的教授与同学，他们是约翰·贝茨·克拉克教授（John Bates Clark）、塞里格曼教授（Edwin R. A. Seligman）、弗雷德里克·夏德教授（Friedrich Hirth），以及凯特琳教授（Warren B. Catlin）。从他们那里，我获得了若干思想与多方面切实的帮助。我尤其感谢 B. M. Andersaon, Jr. 博士和夫人，他们帮我校正了大部分原稿；感谢亨利·施格教授（Henry Rogers Seager），他提出了大量的建议，并为本书纠正了错误；感谢穆塞教授（Henry Raymond Mussey），他审读了本书全部的校样。

陈焕章（CHEN HUAN-CHANG）

孔子纪元 2462 年 7 月 7 日（公元 1911 年 8 月 30 日）

纽约　哥伦比亚大学

部甲　通论

第一篇　孔子及孔门

01　孔子历史

人们不容易以客观的态度面对祖国的理想与圣贤，而欲以充分的理解与同情面对异邦人的理想与圣贤，亦存在相应的难度。由于这些原因，作者与其在研究的开端着手对孔子与孔教之价值进行总体评价，不如在研究的结尾，这似乎为作者最好的选择。而跟随作者的研究逐渐走向结论的读者，在了解了产生结论的依据后，能更好地判断作者对孔子及孔教的评价具有多大程度的客观性，并能更好地以同情之态度去观察问题。因此，我们以一位西方作者的话语作为我们的开篇。

德人加摆伦资指出：

> 作为其民族的先师(teacher)，孔夫子占据着独一无二的位置，没有任何人能与之比拟，我敢说，鲁国孔氏家族的圣人、我们所了解的孔夫子，已经成为并继续作为其人民的主宰者。其所占据之独特位置，不仅体现在哲学历史上，亦体现在人类历史上。因为几乎没有任何人像孔夫子那样，其自身体现了

所有中国式的必备要素以及其人民生存的不朽的全部。如果
004 我们要衡量一位历史人物的伟大程度，我们惟一能应用的标准是：某位历史人物有效影响力的范围、持久性与力度。依此标准，孔子是最伟大的人物之一。因为历经两千多年的岁月，时至今日约三分之一人类的伦理、社会和政治生活仍旧完全在其精神感化之下。①

孔子本人并未出生于未开化世界，但孔子确实是中国人的上帝。尽管中国历史之开端年代已无从考证，但我们可以肯定的是，中国作为一个国家存在，至少已有六千年悠久的岁月。早在孔子纪元前2420年（公元前2953—前2839年），相传第一位帝王为庖曦氏，或伏曦氏。在中国经历了“五帝”时代之后，与“三王”时期一致的夏、商、周来临了，而正是处于“三王”时期最后的朝代，中国文明已臻于成熟。此即所谓的、长久以来被认为“政教合一”的圣人统治时期——周朝，中国文明在此时到达了成熟期。而正是在周公高度文明化的国家里，孔子诞生了。所以，孔子创建的新宗教——孔教，不仅属于野蛮未开化的原始初民，也属于文明教化的民众。

以上所述，即为孔子诞生之前中国历史的整体发展阶段，而孔子生活时代的实际情况是如何完美乃至于无需革新者出现，这我
005 们绝对不可以主观臆想。实际上，孔子的时代与圣人统治时代相隔甚远。早在周平王统治之初（孔子纪元前219年②，或公元前770

① 加摆伦资（G. von der Gabelentz）：《孔子与其学说》，第4页等，转引自夏德（Friedrich Hirth）：《中国古代史》，第242—243页。

② 我们使用孔子纪元前（B. K.）和孔子纪元（A. K.）的形式，其目的是避免与西方的纪年形式B. C.和A. D.混淆。汉语孔子的名字是孔夫子（“K'ung Fu Tzu”）。

年），周朝实已没落，此后的东周王朝，其统治者并未真正握有实权。在封建时代，每一封建领地均为独立的诸侯国，诸侯为争夺霸权，相互征战，因此，诸侯国君的势力远在周天子之上。在孔子时代，诸侯国君的政治权力，大都落入少数几个贵族家族手中，政府变成了形式上的寡头政治。公共事务的管理也常常受制于这些贵族家族的家臣，混乱与无序自统治阶层蔓延至整个帝国，而那些未接受足够教育以自助的普通民众，则完全在混乱与无序之中被忽视了。

在孔子时代，虽然大部分民众无法接受教育，但却存在一个能自我教化的中间阶层。中国处于文明教化状态已经很长时间了，因此，人们的智识也自然发展到了一定的程度。在东周时期，尽管帝国政府的统治力量已衰落，但民众的知识增长却未因此停顿。由于周天子势力的日益削弱，各独立诸侯国日趋凸显其重要性，并带来诸侯国间更多的和平外交与敌对远征，而诸侯国之间通过这些形式的接触，在相当可观的民众阶层中产生了教育上的影响。在各诸侯国内，随着政治权力在不同阶层、不同身份者之间的转移，某些贵族家族没落了，而另一些普通人却崛起了。如此，知识界也随之发生转移，知识由此获得更为广泛的传播。此外，在这样 006
的竞争氛围中，人人均享有绝对的迁徙与言论自由，而正是这样的环境，极其有益于人民的思想发展。

就是在这样的时代，孔子诞生了。孔子诞生之地与其诞生之时代具有同等的重要性。孔氏家族居住在鲁国——周公的诸侯国。因周公亲自执政于周朝政府，所以，他将鲁国封地的管理权传给其子，周公的儿子则依照父亲的原则与指导管理鲁国，于是，鲁国成了中国文明的中心。大约在孔子时代，尽管鲁国在军事力量上弱于其他大的诸侯国，但其他诸侯国在艺术、文学、哲学和道德上，却与鲁国无以匹敌。

殷朝的开国者成汤（孔子纪元前1215—前1203年，或公元前1766—前1754年）是孔子的远祖之一。在周灭殷后，周成王封殷王的兄长微子启于宋。孔子的第十世祖先将宋国让给胞弟，这样，王权从孔子支系中旁落。又过了五代人之后，孔子第六世祖孔父嘉按周礼制，大夫不得祖诸侯，第一次使用了孔的姓氏。由于政治动乱，孔子的曾祖父从宋国避难奔鲁，并担任了鲁防邑宰。孔子的父亲，叔梁纥，曾担任陬邑宰，他作为一名武士，以勇力著称。叔梁纥虽已年近64岁高龄，但却仍无后嗣作为自己的继承人，因此，孔子的父亲不得不娶了一位年轻的女孩颜徵在，颜徵在生了孔子。

根据《春秋公羊传》与《春秋穀梁传》记载，孔子生年是周灵王
007 统治时期的第二十年（公元前552年）；但因伟大的历史学家司马迁[1]的错误记载，孔子的生年延迟了一年（公元前551年）。根据现在的中国历法，孔子的生日是八月二十一日，其出生地在现在的山东曲阜，孔是其家族姓氏，丘是他的名字，仲尼是他的字。孔子之名来源于汉语“孔夫子”，夫子之意为先生。

孔子有强壮的体魄和敏锐的思维，他在游历各国时，向许多大师请教，并成为一个博学的通才。

孔子对他所处时代最伟大的贡献是作为一位教师。在孔子22岁时[2]，他开始办学收徒，之后，孔子终生从事教育。在孔子35岁时，鲁国一显赫家族的一个贵族，在其临终的病榻上，诫其二

① 司马迁于孔子纪元448年开始撰《史记》，并于孔子纪元455年完成（公元前104—前97年）。

② 《皇清经解》，卷三十三，第一章。

子——孟懿子与南宫敬叔，拜孔子为师，毫无疑问，这两位贵族弟子扩大了孔子影响。正当此时，孔子希望游历周王朝首都，南宫敬叔建议鲁昭公为孔子出游提供一辆马车、两匹马和一位随从，自己也陪同老师前往。在这次游历中，一场意义非同寻常的会面在孔子与周朝最早的哲学家、周朝的史官、后来被视为道家文化的创始 008
人——老子之间发生了。孔子问礼于这位博学者，问乐于一位周朝的高官苌弘，并与之探讨了许多其他的问题。待孔子返回鲁国时，前来受业的学生越来越多了。

一年之后，鲁国发生内乱，孔子避难于邻国齐国，齐景公欲以尼谿田封孔子，但为大夫晏子所阻止。孔子在齐国遂未获重用，在42岁时，孔子返回鲁国。

回到鲁国的孔子，全身心专注于教学与著书达十年之久。在48岁时，孔子开始编辑写作圣经《诗》、《书》、《礼》、《乐》，此时，自远方而来的弟子弥众，集聚受业于孔子门下，但为了改造中国，孔子是如此渴望稳固的政治权力，乃至于考虑接受反叛者劝其出仕的请求。孔子51岁时，邑费之宰公山不狃，反叛执鲁政的季桓子，邀孔子出仕，孔子闻召欲前往，“如有用我者，吾其为东周乎?”（《论语·阳货》）[①]又十年以后，孔子61岁，也考虑接受中牟邑宰、反对赵国卿的佛肸的邀请。[②] 尽管孔子根本没有参加这两次叛乱，也未拒绝反叛者召其出仕的请求，但是，我们可以清楚地看到，孔子的信心与仁爱，是直接关注大众，而非少数统治者。

尽管孔子的政治生涯并不占据孔子人生的重要部分，但却可

① 《中国经典》，第一卷，第319—320页。

② 同上书，第321页。

以证明孔子的实际才干。孔子 52 岁时，鲁定公授其担任中都宰，
孔子的管理卓有成效，以至邻国以之为则。[1] 孔子 53 岁时，鲁定公
009 任其为司空，再升为大司寇。齐国的一位佞臣，忌怕鲁国的影响，
告诫齐景公说，“鲁用孔丘，其势危齐。”因此，为了达到劫持鲁定公的目的，齐侯邀鲁定公“夹谷会盟”，孔子摄相事，陪同鲁定公前往。孔子凭借其睿智的言语与武力示威，使齐国的阴谋未能得逞，不仅如此，还迫使齐国向鲁国道歉；齐侯归还了“侵鲁之郓、汶阳、龟阳之田”，以示对鲁国的友谊。孔子 55 岁时，为了加强王室的统治，孔子采取“堕三都”以削弱贵族势力。孔子 56 岁时，鲁国获得大治，孔子因此担任鲁相。孔子任职七天，就下令处决了一位长期威胁社会安定的危险分子少正卯。这样，在短短三个月内，其德政在整个国家产生了极大的影响，而正因为如此，鲁国的邻国开始惧怕孔子的改革，以为鲁国由此将雄踞于各国之上，并最终征服邻国。

为遏制鲁国的发展，离间孔子与鲁定公之间的关系，上文提到的齐侯，将八十名美丽的舞女、一百二十匹骏马作为礼物送给鲁国。其结果导致鲁国君臣道德败坏、政府纪律松弛，并怠于朝政，孔子也因此失去了在鲁国的影响，被迫离开鲁国去周游列国了。

010 孔子周游列国具有传教的性质，孔子理想的目标，是希望通过对某政府的影响，在现实世界中建立起理想的王国，孔子不是一位狭隘的爱国者，为了获得任用，他向七十二国君主推荐自己，甚至包括野蛮落后的楚国，然而，孔子始终未能实现自己的政治抱负。不惟如此，孔子还被许多认为世界是邪恶的、黑暗的、对世事漠不

① 参见《史记》，卷四十七。

关心的同时代人嘲笑。对此,孔子的声明理智、感伤,他满怀忧愁地说:"鸟兽不可与同群,吾非斯人之徒与而谁与?天下有道,丘不与易也。"①(《论语·微子》)这就是孔子的精神:热爱这个世界,尽职于这个世界,并为此使命永不停息地忙碌。

孔子在周游列国途中,遭遇艰难困厄,四次危及生命。第一次,孔子57岁时,在匡地被围困五天,孔子的学生害怕了,但孔子却说:"文王既没,文不在兹乎?天之将丧斯文也,后死者不得与于斯文也。天之未丧斯文也,匡人其如予何!"②(《论语·子罕》)第二次,孔子58岁时,正当他与学生在一棵大树树荫下演习宗教礼仪时,企图置孔子于死地的宋国司马桓魋,遂指使人砍倒大树。孔子的学生提醒孔子赶快离开,孔子说:"天生德于予,桓魋其如予何?"③(《论语·述而》)显然,孔子感到上帝已为他昭示了正道,他须远离迷人的尘世生活,直至其使命完成乃止。第三次,孔子59岁时,在蒲遭遇叛乱并被围困,幸有其学生公良孺,以五辆私人战车跟随着他,并为保护孔子英勇而战,孔子因此才得以继续前进;最后一次,孔子64岁时,困厄于陈、蔡之间,陈、蔡大夫围困孔子,致使孔子师徒断粮七天,随行的弟子病重而不能站立,孔子却讲颂弦歌不绝,直至最后获得楚国军队的营救。 011

孔子到达楚国,楚昭王欲以七百里地封孔子,但遭到令尹子西

① 《中国经典》,第一卷,第334页。

② 在此,孔子自视与上天授命教化世人的伟大圣王同列,在孔子与文王(孔子纪元前673年—前584年)之间整整六个世纪中,孔子并不承认又一圣王的存在。同上书,第217—218页。

③ 《中国经典》,第一卷,第202页。

的反对，子西惧怕孔子的能力与美德，并认为孔子的弟子远远优秀于楚国任何一位官员，设若孔子“得据土壤，贤弟子为佐”，那么，孔子自己将最终成为真正的国王，此结局“非楚之富也”。

孔子周游列国在外十四年，在其69岁之时，孔子的祖国——鲁国召唤他回国，然而，鲁国最终没有任用他。孔子自己在此时并没有从政的愿望。大概在这段时间，孔子的儿子去世，其妻亦在此两年前弃世。

虽然孔子的主要影响注定并不在他自己生活的时代，但孔子的精神却永远影响到未来之时代。孔子晚年专注于著述，这归根结底是孔子最伟大的工作。在孔子48岁时，他已经整理了《诗》、
012 《书》、《礼》、《乐》的大部分，而此时，他完成了上述经典，并编订了《易经》。72岁时，孔子撰写了《春秋》。

孔子以诗书礼乐教授其弟子，其所著述正与其所教授的内容极为相似。在孔门弟子中，精通“六艺”（礼、乐、射、御、书、数）——孔门弟子必修之课程者，有“七十子之徒”。孔子最优秀的弟子擅长德行、言辞、政事、文学。孔子有许多有特别才能的弟子，这时，孔子的追随者达到六千人。

孔子完成其著作之时，已是一年迈之老者，因此，这些著述乃孔子最成熟、完善的智慧结晶。孔子感到已完成了使命，一天早晨，孔子背着手拖着手杖，在门前徜徉，唱道：

泰山其颓乎，
梁木其坏乎，
哲人其萎乎！（《礼记·檀弓上》）

七日之后,“至圣”孔子殁![1] 孔子终年74岁(公元前479年)。

孔子身后赢得了最高之殊荣,鲁哀公诔之誉之。孔子葬于我们称之为孔林的地方,最初植于孔林的树,乃由孔子的弟子自各国移植而来。孔子弟子服丧三年,“相诀而去”,“唯子赣庐于冢上,凡六年,然后去”。孔子部分弟子,以及一百多户鲁国民众,迁移其家至孔子墓旁,自此形成了孔里,鲁国人世世相传,每年奉祀孔子墓,而孔教徒也讲礼、乡饮、大射于孔子墓。孔子之故所居室,以后成为了庙,内藏孔子之衣冠琴车书。汉高祖(孔子纪元357年,或公 013
元前195年)以太牢祀孔,成为第一位祭祀孔子的天子。此后,诸侯、卿、相在其上任之前,常先拜谒孔子庙,然后从政。自孔子纪元504年,孔子的后裔一直为世袭贵族,现在的世袭公爵“衍圣公”系孔子之第七十六代子孙,孔子纪元610年(公元59年),汉明帝命令太学及各地郡县学祭祀孔子,自此以后,学校与孔庙合而为一,孔庙乃遍布中国。

总之,我们可以说,孔子是一位伟大的哲学家、教育家、政治家与音乐家;然其中最为重要者,为孔子是孔教——这一伟大宗教的创始人。子贡曾这样赞扬其师,“固天纵之将圣,又多能也”[2](《论语·子罕》)。子贡所言,充分表达了孔子是宗教创始人之意。孔子的弟子有子也曾说,“出于其类,拔乎其萃,自生民以来,未有盛于孔子也”(《孟子·公孙丑上》)。而子贡与孟子(孔子纪元180—263年,或公元前372—前289年)也曾对孔子表达了同样的赞誉。[3]

---

① 根据今天中国人的历法,与孔子殁对应之日期为阴历二月十一日。

② 《中国经典》,第一卷,第218页。

③ 《中国经典》,第二卷,第194—196页。

014 在《论语》[1]中，孔子暗将自己与上帝相比；《中庸》[2]称孔子"溥溥如天"。中国人崇拜孔子，非源于任何迷信的观念，而是以哲学范畴为依据——"至诚如神"[3]与"圣而不可知之之谓神"[4]。尽管孔子在两千五百年前就去世了，但是，中国人依然信奉孔子的基本教义，并相信孔子的教义永远蕴含着真理。而之所以如此，其原因在于：一方面，孔子教义以中庸为基础，从不走极端；另一方面，孔子教义以变化之道为主题，易于适应环境，孟子赞孔子为"圣之时者"。确切地说，孔子的教义以人性为基础[5]，只要我们是人，无论我们生活在何时、何地，我们都能向孔子学习，而正因为如此，中国
015 人坚信，再没有任何人比孔子更伟大了。

02　孔子精义

我们回顾了孔子一生较为重要的事实，现在，我们将目光转向整个孔子哲学的基本概念上来。孔子哲学之基本概念大体分为两大类：一类以变化法则为基础，另一类则以一贯法则为基础。前者随时代需要而变化；后者则植根于人性、永恒不变。孔子哲学概念基于变化之法则，系"三统"、"三世"之原则；植根于人性、永恒不变之法则，则是仁爱的天性——在"恕"之基础上实践仁爱的天性。

① 《中国经典》，第一卷，第 326 页。
② 同上书，第 429 页。
③ 同上书，第 418 页。
④ 《中国经典》，第二卷，第 490 页。
⑤ 《中国经典》，第一卷，第 393 页。

Ⅰ　三统

孔子如一医术精湛的医生，其教义如医生之良方，正像良医从不会为不同的疾病患者开出同一种药，孔子亦不会提供单一形态的教义作为全部时代的法则。在《春秋》中，孔子提出了“三统”之法则。在孔子所有的著述里，我们均能发现此法则，“三代”——夏、商、周表现了“三统”；孔子使万物以三种不同的形式出现，例如，新年之始，或者始于一月，或始于二月，或始于三月；新的一天，或者开始于早晨，或于早晨与午夜之间，或于午夜；主色要么为黑色，要么为白色，或者红色；总之，不存在固定不变之形式，但其中任一形式与其余形式一样的完好，因此，“三代”之法实为一循环，一代紧随另一代，然而，前一代之法则不适合后一代。孔子精意在 016
于：为了革新过去的弊端、满足目前之需要，所有的人类文明与社会活动均必须进行改变，任何美好的事物必定有逐渐变成弊端、衰落与结束之时，文明可能穿越一漫长过程回到最初之法则，然后再次重新开始，尽管这样的法则可能不会完全表现为最初的形式；或者，可能在不同的地方，在同一时间里，存在不同的文明、不同的制度。

Ⅱ　三世

比“三统”更重要之法则为“三世”。“三世”之第一阶段为“据乱世”，在此阶段，原始文明刚刚于混乱中萌芽，社会心态依然处于极端未开化状态，本国与其他所有文明国家之间存在明显的差异，因此，人们关注自己的国家而漠视别国；强国受重视，弱国被忽视。在第二阶段——“升平世”，只在文明国与野蛮人之间存有差异，文明的界限更为宽泛，国家之间的友谊更为密切；各国享有平等的权利，甚至小国家也有它们的代表，国无论大小一律受尊重。第三阶段——“太平世”，在此阶段，国与国之间完全不存在差别。野蛮人变成了文明之邦，在外交领域里获得了与他国同样的权利。国与国之间，无论相距遥远，抑或近邻，国无论大小，整个世界为一统一体，人类的品质达到最高的水平。

017 尽管在《春秋》中，孔子通过阐述国际关系确立了“三世”说①，然而，我们依然可以在孔子所有无论何种主题的著述中发现“三世”说，它贯穿在孔子的全部著述之中。譬如，在政治上，专制、立宪与无政府，这是政治上的“三世”，即三个发展阶段；在宗教上，多神教、一神与无神，这是在宗教上的“三世”，也即三时期，而三时期

① 非常奇怪的是，詹姆斯·理雅各教授显然完全不了解孔子的国际观点。理雅各说：“孔子没有替他的国家与其余独立国家之间的国际交往作任何规定。孔子对此的确一无所知。中国对孔子而言，即为‘中国’（The Middle Kingdom）、‘诸夏’、‘天下’。在中国以外，即仅存在未开化与野蛮的部落。”（《中国经典》，第一卷，第107—108页）理雅各在该段的叙述极易令人误解，事实上，孔子为他的国家与其他独立国家之间的国际交往制订了若干规定。我们甚至仅根据《春秋》，即能编辑一本孔子的国际法，在孔子生活时代，中国被分裂割据为若干诸侯国，国家的数目多至一百有余，而其中最主要的国家有十二个，因此，孔子所在之国家并不是中国，而是鲁国。既然鲁国与其他独立国家之间交往频繁，那么，孔子何以对它们一无所知呢？这些国家被称为“诸夏”或者“中国”（The Middle Kingdom），这就是那个时期的国际社会，而“中国”（The Middle Kingdom）一词，即如称谓“基督教世界”一样。除中国以外，在那个时期，据中国人所知，就只有未开化与野蛮的部落了。此即孔子生活的环境，但是，根据“天下”一词，孔子真正的意思是整个世界，“天下”不仅包括“诸夏”，同时也包括野蛮、未开化的部落。尽管“天下”一词有时仅用于指中国人的世界，然而，像这样的术语，人人皆能看出，绝不仅仅意味着一个民族国家。在事实上，孔子始终胸怀全世界。

能再分为九时期、八十一时期等等，所以，孔子的“三世”说完全属发展论，或为进化论。而为了理解孔子的教义适合各不同的发展时期，尽管有时这样的说法显然存在矛盾，同时，也为了我们不得犯下这样的错误——混淆各不同发展阶段的原则、将低发展阶段原则应用于高发展阶段，我们必须铭记此法则。

“升平世”也称为“小康”，“太平世”也称为“大同”。孔子自己
曾描述了“升平世”与“太平世”两阶段之间的显著差异，而孔子的 018
这段文字叙述至为重要，所以，在此必须充分地加以征引。在《礼记·礼运》中，孔子说：

> 大道之行也，天下为公，选贤与能，讲信修睦。故人不独亲其亲，不独子其子，使老有所终，壮有所用，幼有所长，矜寡孤独废疾者，皆有所养；男有分，女有归；货恶其弃于地也，不必藏于己；力恶其不出于身也，不必为己。是故谋闭而不兴，盗窃乱贼而不作，故外户而不闭，是谓大同。

> 今大道既隐，天下为家，各亲其亲，各子其子，货力为己，大人世及以为礼，域郭沟池以为固，礼义以为纪，以正君臣，以笃父子，以睦兄弟，以和夫妇，以设制度，以立田里，以贤勇知，
> 以功为己，故谋用是作，而兵由此起。禹、汤、文、武、成王、周 019
> 公，由此其选也。此六君子者，未有不谨于礼者也，以著其义，以考其信，著有过，刑仁讲让，示民有常。如有不由此者，在执者去，众以为殃。是谓小康。①

① 《礼记》，第七篇，第365—367页。“明察过失”指称智慧，“讲究谦和”指称礼。

以上引文乃孔子全部教义中最为重要的陈述，“大同世”，或谓“太平世”，为孔子追求之终极目标，亦为孔教追求之黄金时代，假如我们在“大同世”与“小康世”之间做出比较，那么，我们可以获得清晰的观点。人人皆知，孔教具有“五伦”与“五常德”，君臣、父子、夫妇、兄弟、朋友，形成“五伦”；仁、义、礼、智、信，构成“五常德”。根据孔子本人的陈述，“五伦”与“五常德”均属“小康”社会。尽人皆知，孔教赞同君主政体与孝顺，然而，君主政体与孝顺却仅有益于“小康”社会，在“大同”社会，全世界是惟一的社会组织，个人乃独立的个体，社会与个人之品质达到最高境界，不存在民族国家，因而没有战争，没有国防的需要，亦无需军事才能与谋略之人，民众选拔贤明与能干之人，因而天下为民众所公有，君臣之伦不复
020 存在；男子与妇女不受婚姻关系所束缚，因而夫妇、父子以及兄弟之伦均不复存在，而惟一存在者为朋友之伦。没有家庭，以至于没有遗产、没有私有财产、没有自私的阴谋；没有阶级，因而划分人群惟一的根据，或者根据人们的年龄，或者根据性别；而无论老年、中年，还是幼年，无论男人，还是妇女，每个人的需求都能得到满足，“大同”之“大道”盛行的时代，以致人人自然地和睦相处，“五常德”所具有之差别荡然无存。人们不受人为的礼仪与公正约束，人与人之间只存在天赋之爱。当谈到“小康”社会，孔子提到六位君子（夏禹、商汤、周文王、武王、成王、周公）作为示例，但当论及“大同”社会时，孔子再未曾提及任何人，因为“大同”社会从未存在过。在《书经》里，因为尧、舜没有将君位传给其子，因而孔子继续提到尧、舜以描绘“大同世”，但孔子在《礼记·礼运》中没有提到尧、舜。“三世”说乃进化之法则，我们必须在未来寻找黄金时代，而无家庭、无国家、仅存友爱的“太平世”或“大同”社会，则正是我们追寻的目标。

Ⅲ　仁

“三统”与“三世”说，二者均归入顺应外部条件的变化律之中，一贯之法基于人之内在本性，此即仁爱之原则。自宗教的角度论之，一贯被谓为上帝，从哲学的观点观之，一贯被称之为元，从伦理之观点出发，一贯被命名为仁。[①]“上帝”、“元”、“仁”，此三者为一统一体，三者因而基于同一法则之上。万物统一于仁爱，万物之凝聚力谓之为“上帝”与“元”，而社会之凝聚力称为仁爱，孔子说：“仁者人也。”孟子也曾复述同样的话[②]，如果以相反的形式解释孔子、孟子的话，那么，则是人之所以为人，其为仁爱之人。

Ⅳ　恕

我们的问题在于，我们如何实践上文所谓之仁爱原则，孔子曾对其弟子曾子说“参乎！吾道一以贯之”，此后，曾子向其余的门人解释说，“夫子之道，忠恕而已矣”[③]，孔子自己曾说：“忠恕违道不远，施诸己而不愿，亦勿施于人。”[④]（《礼记·中庸》）可见，忠与恕，此二者形成一贯，但忠包含在恕之原则之中。子贡问孔子道：“有一言而可以终身行之者乎?”孔子回答说：“其恕乎！己所不欲，勿

① 参见《易经》，第408、415页。理雅各的译文模糊，“乾”意为“上帝”、“元”，即“元始”。仁即爱之意。

② 《中国经典》，第一卷，第405页；第二卷，第485页。

③ 《中国经典》，第一卷，第169—170页。

④ 同上书，第394页。

施于人。”①(《论语 · 卫灵公》)孔子肯定地表述此金箴说:“仁者,
022 己欲立而立人,己欲达而达人,能近取譬,可谓仁之方也已。”②
(《论语 · 雍也》)此原则使自我中心与利他主义合而为一,融合人己、物我为一体,使人能把别人当作自己。简而言之,仁为目标,忠恕之道为实行仁之方法,即“仁之方”。此即为孔教之“一贯之道”。

023 03　孔子及其徒之著作

I　孔子的著作

我们已经提到,孔子的事业莫过于其经典著作的伟大,以下我们将对孔子的著作进行认真的思考。我们称孔子的著作为圣经③,是中国人最悠久、杰出的典籍,孔子的著作占据了中国人藏书之首要部分,研究孔子的著作,极其困难艰深,众多学者终其一生也仅仅彻底地研究了其中之一部分,因而从未穷尽孔子著作中之微言

① 《中国经典》,第一卷,第301页。

② 同上书,第194页。

③ 詹姆斯 · 理雅各将汉语名词“圣经”误译为“经典”,因而导致了对孔子著作性质诸多的误解。孔子本人被视为应天受命,因而人们必定认为孔子的著作受灵感之启示、上帝或神所赐予。(参见《春秋纬》,引自何休《春秋公羊传注疏》哀公十四年)在《孝经纬》的记载中,将孔子描绘成向上帝汇报著作功成,并受到从天而降的、以红色的虹形式出现的、神的嘉许,红色的虹幻化成黄色的玉,玉上有刻文。这样的描述,在中国人的精神世界里赋予了孔教及其著作以神性,这种神性与其他宗教和圣经所具备的、为民众所接受的神性一样。然而,孔子著作的真正价值并非建立在这样一个故事基础上。

大义。所以,关于孔教圣经的著作,可谓浩如烟海。正因为如此,我们将以最精练的方式介绍最重要的著作。024

我们称孔子的全部各类著作为圣经,但由于 Bible(圣经)一词在英语里通常不用复数形式,因此,迫使我们采用 Canon 一词。最初,中国人称孔子著作为"经"(Ching),其意思即为圣经(Bible)。以下我们将依据孔子著作最早的顺序,依下列各项进行回顾。

1.《诗经》《诗经》包括诗三百零五篇,除最初的两首"豳风"(《豳风·七月》、《豳风·东山》——译者注)以外,其余全部诗歌均由周朝(大约孔子纪元前 631—前 47 年,或公元前 1182—前 598 年)的不同作者所写,但却由孔子根据他自己的原则进行编辑而成,孔子对所收诗歌究竟做了多少修正,我们已无从得知,但我们可以确定,孔子一定在某些方面对原始诗句进行了校正。《诗经》分为风、雅、颂三大类:"风土之音曰风,朝廷之音曰雅,宗庙之音曰颂。"(郑樵《通志序》)而"朝廷之音"依照政治事务的大小,故而雅又被分为"大雅"与"小雅",因此《诗经》共有四部分。所有的诗均为人性之表达、叙述与描写,或者批评社会、政治环境,《诗经》中诗的特征有点类似报纸之特征,而这些诗适合于政治学的比较研究。《诗经》也是一本歌谣集,《诗经》中的诗歌,如同所有诗歌一样,配上音乐就能吟唱。

2.《书经》　《书经》共有二十八篇,其跨越中国历史时期,上起尧(孔子纪元前 1806—前 1707 年,或公元前 2357—前 2258 年),下至秦穆公(孔子纪元前 108—前 70 年,或公元前 659—前 621 年),《书经》收录了这一历史时期不同作者所撰写的、全部最重要的档案文献,并由孔子编辑而成。孔子编辑《书经》所投入的工作明显多于编订《诗经》。《尧典》、《禹贡》、《洪范》以及《甫刑》,显然是 025

孔子本人的作品，因其风格异于其他档案文献，而与孔子著作风格类似。《书经》系关于历史与政治学的研究。

3.《礼经》　《礼经》共有十七篇，描述了八种礼仪：(1)士冠礼；(2)婚礼；(3)丧服；(4)祭礼；(5)乡饮酒礼；(6)乡射礼；(7)聘礼；(8)觐礼。此八种礼仪是支配五种社会关系的准则："士冠礼"与"婚礼"明夫妻间关系，"丧服"与"祭礼"明父子关系，"乡饮酒礼"与"乡射礼"明长幼关系，"聘礼"与"觐礼"明君臣关系。对于朋友间的关系，《礼经》有第三篇"士相见礼"、十二篇"燕礼"、十五篇"公食大夫礼"明之。此外，纵观所有各种礼节，必定存在两方，即主与宾，所以，朋友之伦包含在全部礼仪之中。以上所述之礼仪为古老之习俗与礼貌，而由孔子收集与规定。《礼经》目前被误称为《仪礼》。

4.《乐经》　《诗经》收集了全部的诗歌，《礼经》规定了音乐的不同用途，因此，没有必要像其他"五经"一样，有一本关于音乐的圣经。尽管如此，我们确信，在最初必定存在一部与其他圣经形式相异——以音符替代文字的《乐经》，但不幸的是，这样一部《乐经》在汉代(孔子纪元636年，或公元85年)已经失传，所以，我们通常仅言"五经"。

026 5.《易经》　尽管庖牺始画八卦，周文王演绎增加至六十四卦，但实质上，《易经》之文字均为孔子所作。《易经》分为两部分，共六十四篇，第一部分的起首两篇分别指天与地；第二部分指夫妻关系；最末两篇，称为"既济"与"未济"。天与地乃宇宙秩序之基础，夫妻乃社会秩序之基础。因为世界从未臻于完美之阶段，事事皆必定有其尽头，故而《易经》以"未济"篇结尾。《易经》思想神秘，语言隐喻，图表说明精确，"易"一词具有三层截然不同之含义：容易的、可变的、不变的,《易经》之法则也具备此三性质。事实上,《易经》为进化之道,我们可以运用进化一词替代“易”。

6.《春秋》　《春秋》最初为鲁国编年史,孔子将其修订、整理而成为现在的形式。《春秋》横越240年(孔子纪元前171—71年,或公元前722—前481年)之历史时期,记录了上至鲁隐公,下讫鲁哀公十四年,共十二位君主统治期间的历史事件。为了撰写《春秋》,孔子派遣十四位弟子前往一百二十个国家收集这些神圣的卷册,《春秋》是孔子独自撰写的归纳性著作。《春秋》的重要性,居孔子所有著作之首。《春秋》并不具备历史著作的特征,除去数字之外,孔子自历史中获取材料,以构成《春秋》的外形,并借此外形阐明了他的原则。孔子曾说,“我欲载之空言,不如见之于行事之深切著明也”(《史记·太史公自序》)。孔子以鲁国为
名,对诸侯王的权力提出要求与限制、形象地表现其理想中的王 027
国,并凭着历史事件的发展,孔子为理想王国提出了若干法则。孔子在《春秋》中“贬天子,退诸侯,讨大夫”。而正因为如此,孔子说:“知我者其惟《春秋》乎,罪我者其惟《春秋》乎。”[①](《孟子·滕文公下》)

五经之中,重要者莫过于《易经》与《春秋》,而《诗经》、《书经》与《礼经》,孔子皆取材于古人又加以改造,但《易经》与《春秋》完全用孔子自己的语言编纂;且其余三者(《诗经》、《书经》、《礼经》)乃孔子日常之教义,《易经》与《春秋》则为孔子最为重要的教义。《易经》系演绎性著作,开始于抽象之法则,以及这些法则在实践中

① 《中国经典》,第二卷,第281—282页。

的应用;《春秋》系归纳性著作,经过对事实进行分析,以获得一般的理论。①

孔子在其著作中,兼用了推理与归纳之法。孔子以为,推理与归纳,二者具有同等之重要性,并指出了偏独于其中任何一种方法的危险性,孔子说“学而不思则罔,思而不学则殆”②(《论语·为政》),“学”一词为归纳之义,“思”一词为推理之义。归纳与推理,二者必须结合运用,没有归纳的推理与没有推理的归纳均不能存在。孔子以自己的经验告诉我们,单一的推理法是无用的。孔子说:“吾尝终日不食,终夜不寝,以思,无益,不如学也。”③(《论语·卫灵公》)又有一次,孔子说到他的归纳性:“盖有不知而作之者,我
028 无是也。多闻,择其善者而从之;多见而识之。知之次也。”④(《论语·述而》)以上所征引的两段文字,骤观之,与推理法相比,孔子似乎更倾向于归纳性。

然而,我们必须明白,孔子非历史学家,而是一宗教创始人,其著作不具有历史性,却带有宗教特征,在孔子著作中,其所征引的全部历史材料,尽管通常是正确的,但却是孔子对自己思想的比喻说明,而且,孔子并不一定把这些历史材料所记视为事实,在《论语》中,孔子说:“夏礼,吾能言之,杞不足征也;殷礼,吾能言之,宋不足征也。文献不足故也。足,则吾能征之矣。”⑤(《论语·八佾》)

---

① 《史记》,卷一百一十七。

② 《中国经典》,第一卷,第150页。

③ 同上书,第302—303页。

④ 同上书,第201页。

⑤ 同上书,第158页。

以上论述，显示了孔子自己未能找到作为其学说基础的历史资料，孔子对古代文明的描述完全来自于他自己的心智，在《中庸》①与《礼记·礼运》②中，孔子表达了与上面一段叙述相同的观点，以致我们可以很肯定地说，孔子从他自己的思想中创造了古人的历史。此外，当北宫锜问“周室班爵禄也，如之何”？孟子回答说： 029
“其详不可得闻也，诸侯恶其害己也而皆去其籍。”③（《孟子·万章下》）因此，我们注意到，在孔子时代，不仅夏、商文明没有可征的历史，而且周朝的历史也没有完整的档案记载。所以，孔子在其著作中提到的夏、商、周“三代”以前的历史资料，又有多少更不可信呢？然而，孔子所描述的若干事情，其中不仅提到“三代”，也涉及传说时代。

将孔子的著作与其他学派的著作进行比较，我们发现，就著作中之事实而言，并不存在一致性，其原因即在他们全都利用了古代先王为象征，以描绘他们自己的理论，庄子（孔子门人的弟子，后来转向了道家）是如此偏激型的著者，而孔子则系适中型著者；墨子，孔子的一位年轻弟子，后来成为与孔门竞争的学派——墨家的创始人，他曾经说：“二子者，言则相非，行即相反。皆曰：‘吾上祖述尧、舜、禹、汤、文、武之道也。’”④（《墨子·节葬下》）韩非子（死于孔子纪元319年，或公元前233年），法家最伟大的哲人，曾为孔门弟子，他说：“孔子、墨子俱道尧、舜，而取舍不同，皆自谓真尧、舜，尧、舜不复生，将谁使定儒、墨之诚乎？”⑤

---

① 《中国经典》，第一卷，第424页。

② 《礼记》，第七篇，第368页。

③ 《中国经典》，第二卷，第373页。

④ 《墨子》，第二十五篇。

⑤ 《韩非子》，第五十篇。

030 (《韩非子·显学》)韩非子生活的时代与孔子接近,也不能确定孔子所描述之古代先王事迹的真实与否,那么,我们今天又如何能断定这些事情的真伪呢?此即为孔子自己创造古代先王之证据所在。

对于假托古圣先王以使其理论具有权威性,孔子自己曾为此做出解释,他对曾子说:“顺逊以避祸灾,与先王以托权。”①(《孝经纬·钩命诀》)一方面,孔子借此逃避来自诸侯的危险,另一方面,他赢得了人民的信任。此外,早在孔子时代之前,中国已经有了荣耀的历史,而孔子乃集其大成,成为一伟大的学者,对孔子而言,运用史料为自己的意图服务乃自然之事。但实际上,孔子所有著作皆是其心智之成果,孔子著作之目的,也为其宗教教义服务。

然而,有些人认为孔子“述而不作,信而好古”(《论语·述而》),他们征引了上述《论语》中孔子本人的这句话以证明之。②不过孔子的这些话,完全表达了中国人特有的谦逊,孔子以极端的形式展示了这一特质。但孔子也不总是如此谦逊,他有时也声称自己是创作者,在《春秋纬》中,孔子说:“圣人不空生,必有所
031 制,以显天心,丘为制法之主。”(《春秋纬·演孔图》)在《孝经纬》中,孔子说:“丘为木铎,制法之主。”(《孝经纬·钩命诀》)尽管孔子偶尔转述古人的某些思想,但孔子是其新宗教的真正创教人。③

---

① 《孝经纬》。

② 《中国经典》,第一卷,第195页。

③ 参见康有为《孔子改制考》卷八《孔子为制法之王考》,孔子纪元2440年(公元1898年)出版。

Ⅱ　孔门弟子之著作

五经并未显示出孔子全部的教义，因此，如果我们想学习孔子的教义，除了研究孔子本人的著作而外，也必须研究孔门弟子的著作，因为孔子及其弟子的著作，二者密切相关，不惟如此，二者共同创造了孔教。如果我们疏忽了孔子弟子之著作，仅接受孔子本人的著作，那么，这意味着我们遗漏了孔子教义的大部分，我们因此就不能充分地理解孔子，或者不能公正地对待孔子。

现在，我们来介绍孔门弟子的著作，为了与孔子的圣经形成区别，我们称孔门弟子之著作为"记"与"传"。

(一)记与传

1.《论语》　《论语》记述了孔子的言行，以及孔子与弟子之间的谈论之语，由仲弓、子游、子夏等孔门弟子"相与辑而论纂"。

2.《孝经》《孝经》可能由孔门弟子曾子的学生编辑而成，是通向《五经》的门户。

3. 十二篇《记》与《丧服传》　十二篇《记》系《礼经》十二篇之补充，由孔子的弟子们撰写。《丧服传》注释了在《礼经》中规定的丧制，由子夏独自撰写。十二篇《记》与《丧服传》均包含在《礼经》之中。

4.《大戴礼记》　戴德编撰，其原书篇数尚存争论，现存三十九篇。

5.《小戴礼记》　戴圣编撰，戴圣为戴德的侄子。现存四十九篇，但是，其原书篇数也处于争论之中。今称为《礼记》。 032

最初有一部名叫《七十子后学者所记》的汇编本，其中悉数包括孔门弟子所撰之卷帙，甚至包括《论语》与《孝经》。《七十子后学者所记》有二百零四篇，但是，研究《礼经》的学者从中抽出若干篇，并形成了一部以礼为主题的百科全书。汉宣帝统治时期（孔子纪元479—503年，或公元前73—前49年），两位伟大的治礼学者编辑了《大戴礼记》与《小戴礼记》，后称为《礼记》。

6.《系辞》　孔门弟子编撰，现包含在《易经》之中，正好在《易经》的六十四卦之后。

7.《公羊传》　为了理解《春秋》之义，更为了根本理解孔子之“微言大义”，我们必须研究《公羊传》。孔子担心诸侯毁坏其著作，所以在《春秋》中省略了全部详尽的注，而这些注借助“传”记录了孔子的口述教义。事实上，《公羊传》是孔教的基本原则。现在《春秋》与《公羊传》包含在同一本书中。①

8.《穀梁传》　《穀梁传》也是关于《春秋》的注，是孔子的口述教义记录。《穀梁传》成书晚于《公羊传》。《穀梁传》也与《春秋》编辑在同一本书中。《公羊传》与《穀梁传》，这两本传均由孔子弟子子夏编撰。

033

9.《七纬》　《七纬》是独立的七篇，分别为“六经”与《孝经》的补充，经为经线，纬为纬线。有些学者认为《七纬》为孔子本人所撰写。② 因为《七纬》出现在西汉，其解释与六经及今文学派一致，并因介绍了若干孔子的口述教义，所以极具价值。尽管西汉时期的

① 何休（孔子纪元680—733年，或公元129—182年）所注的《公羊解诂》，极具价值并可信。

② 《隋书》，卷三十二。

孔教徒在《七纬》中增加了若干陈述，但我们肯定《七纬》由孔子弟子撰写。在性质上，《七纬》具有宗教性、神秘性，以及预言性。不幸的是，《七纬》为几位皇帝所禁，并被隋炀帝（大约在孔子纪元1156年，或公元605年）完全烧毁，现仅存残留片段。

（二）独立之著作

除以上所述之著作以外，还存在另一类著作，这类著作既不是对孔子语录的记录，也不是对孔子著作的注，这类著作称为子书。子书或者以诸子学派创始人命名，或者以该诸子学派中最卓越的后继者命名。在子书中，有许多独创的、独立的思想存在。由孔教徒著、属子书类，其中最重要者，当属孟子与荀子的著作。

1.《孟子》　孟子本人所作，共七篇。

2.《荀子》　荀子（孔子纪元218—339年，或公元前334—前213年）的著作，共三十二篇。

尽管二者属孟子、荀子独立撰写的著作，但他们却是孔子之道的阐释者与倡导者，因此，二者并非孟子、荀子独立之产物，而是孔教的组成部分。 034

Ⅲ　结论

经过秦、西汉，到刘歆（死于孔子纪元574年，或公元23年）生活的时代，全部的孔门经典文献均保持着孔子及其弟子最初所著的原貌。但不幸的是，当政治上的篡位者王莽开始掌权（孔子纪元551—574年，或公元前1—23年）时，也出现了一位宗教上的篡位者刘歆。在那时，书籍缺乏，刘歆在孔子纪元545年（公元前7年）

秉承父①业，校订皇家藏书。刘歆与其父刘向，二者皆为大学者，但是，刘歆在这样有利的环境下，为了满足其文学上的目的，以及配合王莽篡权的政治目的，刘歆在全部孔门圣经中制作“伪经”。孔子纪元560年(公元9年)，刘歆被王莽封为国师。刘歆篡改了六经之顺序——《易经》居其一，《书经》其二，《诗经》其三，等等。因刘歆无法毁坏孔教圣经，他对孔教圣经原文进行了某些篡改，在圣经中掺入一些伪造的篇、章、论述、语言，以篡改群经。此后，他撰写与编辑了一些卷册，为其“伪经”作注。为编造伪经，他巧妙地以秦朝(孔子纪元339年，或公元前213年)焚书为借口，事实上孔教圣经的存在并未因秦焚书受到影响。但是，刘歆谎称因“秦火”焚书之故，使留存的孔教圣经呈现不完整、缺失的状况，而他所编造的“伪经”，却是惟一被重新发现、最古老的孔教圣经文本，这些“伪
035 经”文本介于孔子纪元397年与423年之间(公元前155—前129年)，是逃脱了“秦火”焚书浩劫的幸存本。因此，刘歆称其“伪经”为“古文经”。

刘歆的主要著作有：

1. 假冒周公名义编纂《周礼》，并使周公与孔子对立。

2. 为了注解《春秋》，刘歆作伪《左传》，由左丘明所撰之《国语》的大部分内容构成。此即为巨大的灾难。②

为了与伪古经对立，西汉学术权威们注解了“真经”，这些注被

① 刘向(孔子纪元473—544年，或公元前79—前8年)，孔子纪元526年开始校皇家藏书，他的儿子刘歆担任他的助手。刘向是《说苑》、《新序》与《列女传》等书的著者，他是今文经学的最高权威之一。

② 尽管《周礼》与《左传》为刘歆所编，但因《周礼》、《左传》的取材来源于古籍，而《国语》是历史，所以，《周礼》与《左传》提供了大量关于古老风俗、制度、事实的资料。因此，纯粹为了事实，我们不得不使用这两本书。

称为今文经。当然，识别“真经”与“伪经”非常困难，尤其在今文经的许多卷帙丢失的情况下。[①] 然而，因今文经仍留下了一部分，036 而且，还有若干今文经辑佚的集子，所以，在经过极其详细的研究后，确定了“真经”。再深而论之，即便并非每个字都能辨别，《五经》仍然有至少百分之九十是真实可信的。

以上两类著作——孔子圣经与其弟子所撰的记、传、独立著作，是我们获得孔子之道的源头，除去这些权威著作外，我们用了自汉朝至今、各朝各代孔教徒做出的若干阐述，我们也使用了从周朝到西汉各朝各代哲学家所提供的资料，但我们在此不必详述。区别今文经与古文经，其细节极其复杂，在此，我们没法对这些细节进行讨论。[②] 我们一直谨慎地将本项研究建立在今文经学派著作的基础之上，而完全不考虑伪造的篇章、段落，以尽可能正确显示孔子之道。

值得注意的是，以上我们所提到的著作，其影响均极其重大，

① 郑玄（孔子纪元678—751年，或公元127—200年）是汉朝全部孔教徒中的主要人物，他研究今文经与古文经，但是，在今文经与古文经之间，其著作更基于古文经。尽管郑玄之注混淆了今文经与古文经，但是，他是一位非常善良、优秀的学者。郑玄兼采今文经与古文经，几乎遍评了所有的经，但他的注运用了古文经，因此，在通常情况下，人们接受了郑玄的注，而今文经几乎失传，古文经却因此保留。从刘歆伪造古文经开始，在今古文之间总是存在剧烈的斗争，从未曾达到任何妥协。假如这样的情形永远持续，那么，今文经则绝对不会失传。但是，由于郑玄混淆了二者，二者因此始终交织着极度的混乱，并极难辨别。通过郑玄注的影响，刘歆的“伪经”获得传播，并被人们接受。人们阅读郑玄注，通过郑玄而相信刘歆。因此，郑玄在无意中成了刘歆强有力的支持者、孔子的背叛者。但尽管如此，郑玄仍是一位伟大的学术权威，从他那里，我们获得了孔子的口述教义。流传下来的郑玄的主要著作为《毛诗笺》、《仪礼注》、《礼记注》与《周礼注》。

② 区分今文经与古文经最好的书籍是《新学伪经考》，康有为著，孔子纪元2442年（公元1891年）出版。

037 几乎全部的中国制度均基于其上，这一点，从中国重大历史事件以年代顺序进行考察而变得明显。废除封建制度，废除官职世袭制、选举制度、教育制度，采用夏历，三年之丧，公有土地分配——所有这些，均是孔子本人思想的产物。这些著作中的理论学说，被中国人称为“经义”，而且，这些理论不仅对研究具有价值，甚至更多是“经义”应用于实际事务中的价值。因此，甚至一个词、一句话，在解决某日某时之问题时，都很重要。例如，中国人需要宪政，他们提到孔子以作根据。孔子是主要的权威，在决定重要问题时从这些经典著作中寻找支持与指导是中国人的习惯，为了理解从这些著作中引用的引文意义，不管这些引文如何短或如何具有比喻性，记住这些事实是必需的。

还应值得注意的是，孔子首先不是一位理财家，而是一位全面的哲学家，孔子对很多事情感兴趣。纵观孔子所有的著作，几乎没有一部专门以探讨理财为主题，但却有许多提到理财活动与提供理财之道的段落与章节。当我们结合这两类著作，我们会发现其中有着极其丰富的理财原则，但困难的是，这些理财原则分散于所有著作之中，并呈现如此不易收集、整理的混乱情形。此外，当有理财原则存在之处，通常与其他内容混合在一起。因此，我们从这些著作中整合孔子的理财教义，并以现代经济学家的惯用顺序对它们进行整理，那就是说，所用材料是旧的，安排却是新的。

为了诠释这些著作，我们将尽可能从若干古时学者之中挑选
038 最优秀的经学大师，并征引其注解。但是，假如我们不满意这些来自古时最优秀的注经者的注解时，我们将不得不根据原文重新进行解释。因此，尽管作者不敢说有任何创新，但他确实可以声称发现了蕴涵在古老文本里的新的真理。

04　孔教源流 039

孔教乃孔子所创新宗教的名称，孔教一词在汉语中被称为儒，儒一词可以被应用于孔子之宗教以及孔子的追随者。但因孔教既已成为国家宗教，每个中国人在事实上均为孔教徒，所以，儒一词被缩小其字意范围而狭用之，即仅用于称谓士大夫为儒。[①] 然而，儒最初之义，其实表示凡信奉孔教者，均名之曰儒。而在儒的全部群体中，仍然存在若干高下之分别，所以，孔子曾对子夏说："女为君子儒！无为小人儒！"[②]（《论语·雍也》）荀子[③]对"儒者"群体进行分类：分别为俗人、俗儒、雅儒、大儒四类。在荀子时代，孔教还没有统治所有的中国人，故而不信奉孔教的异教徒谓为"俗人"。然而，即便如此，甚至仅在"儒者"之范围内，仍然存在高低等级之分。所以，为了指导民众，孔子制定了"儒行"[④]作为"儒者"的信条。

孔教为中国的新宗教，那么，中国既有宗教是什么呢？那就是 040
根本没有专门名称的多神教。依《周礼》[⑤]所言，有四类神灵——天神、地祇、人鬼、万物之神，而其中尤其重要的是昊天上帝。而为了人神相通，教职出现了，此即为士人群体。士人们划分其教职为六

---

① 理雅各说："我们必须记住，在事实上，中国文人的确占据着在基督教王国里的教士与牧师的位置，统治者与民众必须从他们的语言里找到行为规则。"《中国经典》，第二卷，第 53 页。

② 《中国经典》，第一卷，第 189 页。

③ 《荀子》，第八篇。

④ 《礼记》，第三十八篇，第 402—410 页。

⑤ 《周礼》，卷十八、二十七。

类:(1)天文;(2)历谱;(3)五行;(4)蓍龟;(5)杂占;(6)形法。《汉书》①将这六类归入一类——“数术”,但实际上,以上六类是我们在今天难以理解且被忽视了的方术与科学的混合体。

在古老的多神教笼罩下,迷信支配着整个帝国。孔子是一位伟大的宗教改革家,他彻底地扫除了一切古老的宗教,并建立了新宗教。“子不语怪、力、乱、神”②(《论语·述而》),“务民之义,敬鬼神而远之,可谓知矣”③(《论语·雍也》)。孔教中没有祈祷仪式,一次,孔子病得很重,子路,孔子的学生,请求为他祈祷,孔子说“丘之祷久矣”④(《论语·述而》)。换言之,孔子不需要祈祷,《诗经》上说“永言配命,自求多福”⑤(《诗经·大雅·文王》)。孟子阐
041 明其意义:“祸福无不自己求之者。”⑥(《孟子·公孙丑上》)孔子使人从超自然力量中解放出来,并将重心置于独立人格的自我培养上,任何个人,已经达到了中庸与和谐的最高标准,就能“天地位焉,万物育焉”⑦(《中庸》)。事实上,这样的宗教不仅对古代中国是新的,同时,对今天的西方世界也是新的。尽管我们发现孔教的要素也在亚里士多德与斯多噶学派教义里存在,但是,在西方,目前仅以伦理文化社(ethical culture society)的形式出现。

孔教为最高发展形式的宗教,因此,我们必须认识到孔子并不反对宗教。在《易经》中,孔子说,“圣人以神道设教,而天下服矣”

---

① 《汉书》,卷三十。
② 《中国经典》,第一卷,第201页。
③ 同上书,第191页。
④ 同上书,第206页。
⑤ 《中国经典》,第四卷,第二部分,第431页。
⑥ 《中国经典》,第二卷,第198页。
⑦ 《中国经典》,第一卷,第385页。

(《易经·观卦·彖传》)[①]。孔子在《礼记·祭义》中接着说:“合鬼与神,教之至也。……明命鬼神,以为黔首,则百众以畏,万民以服。”[②]所有这些均显示出孔子承认旧宗教的有用性,因此,孔子没有完全抛弃旧宗教。在孔子的著作中,我们仍可以发现一些属于旧宗教的元素。因为孔子知道,这世界不可能立刻步入最高级的发展阶段,他不能让其理想离现实太远,此即孔教作为中国国教能被接受的原因之一。自中国有史以来,旧宗教一直与政治结合,贤明之君主兼为宗教之教主,政教合一,但自孔子以匹夫创教始而为“素王”,自此以后,政教分离,教统乃独立于政统之外。 042

但是,我们必须认识到,如果孔教没有为其至高无上之地位做斗争,那么,孔教也绝不会成为国家宗教。在春秋(孔子纪元前171—孔子纪元71年,或公元前722—前481年)战国(孔子纪元149—331年,或公元前403—前221年)时期,产生了无数具有创造天赋的伟大哲人,他们人人捍卫自己的学说,为自己的信条而战。根据《汉书》[③]所记载,在春秋战国时期,共有九个学派并存,这些学派分别为:(1)儒家,(2)道家,(3)阴阳家,(4)法家,(5)名家,(6)墨家,(7)纵横家,(8)杂家,(9)农家。而儒家、道家、墨家则为九个学派中最为强大的三学派。杨朱——老子最主要的弟子,他使道家学派成为极端利己主义——“为我”的宗教,而墨子则建立起他自己的学派——极端利他主义的学派,即墨家。杨朱像古希腊的伊壁鸠鲁,而墨子如耶稣。在孟子生活的时代,杨朱的学

① 《易经》,第230页。“神道”两字,在汉语里发音为“shen tao”。因此,日本人称他们的宗教为神道教。

② 《礼记》,第二十一篇,第220—221页。

③ 《汉书》,卷三十。

说与墨家统治了整个帝国，并威胁到儒家的存在①。但随后不久，因杨朱使道家成为极端的自私自利的“为我”学说而不被社会接受，因此，惟一的竞争即在儒家与墨家之间了。在周末与汉初，孔子与墨子的名字同等显著，生死攸关的斗争在即将兴起的两宗教儒家与墨家之间继续进行。

现在，我们来关注孔教的命运。在孔子死后，七十子弟之徒散
043 布于全国各地，其中一些在各诸侯国政府中担任师傅卿相，另一些则成为了私人教师。孔子纪元145年（公元前407年），魏文侯“受经子夏”，此为孔教立为国教之开始。孔子纪元231年（公元前321年），滕文公接受孟子建议，接受孔教，将孔教付诸实践②。在同一时期，我们发现有五个诸侯国——鲁、齐、魏、宋、秦五国均设立博士，即在政府中设置的孔教宣讲师的官职。由于孔教徒所取得的功绩，孔教在很大程度上获得了统治地位。根据《韩非子·显学》③所言，在当时之孔教，已划分为八大流派。然而，在孔教徒之中，力张圣道、能抵抗异端的最伟大的孔教徒，即为荀子与孟子。秦始皇巩固了整个帝国，荀子的弟子李斯，担任了秦朝的丞相，孔教随之在孔子纪元339年（公元前213年）遍布全中国。尽管秦始皇这位残暴的皇帝没有给予民众信仰宗教的自由，并将孔教经典的解释权威赋予了政府④，但由于秦朝统治短暂，所以在汉初依然能感觉到不同学派的影响，百家之说犹盛，如此之情形一直持续到孔子纪元412年（公元前140年），汉武帝采纳了汉朝大儒董仲舒“罢黜百

① 《中国经典》，第二卷，第282—283页。
② 同上书，第235—247页。
③ 《韩非子》，第五十篇。
④ 《中国经典》，第一卷，第7—9页。

家，独尊儒术”的建议。自此以后，除儒家以外的其余所有学派，包括墨家在内，均逐渐失去影响，至此，孔教完全获得至高权威，始一统天下。

在汉朝（孔子纪元 346—771 年，或公元前 206 年—公元 220 年），孔教影响巨大，孔教圣经不仅用于宗教，还用于法典。整个孔 044
门在汉朝被塑造为精通圣经的学派。尤其在东汉（孔子纪元 576—771 年，或公元 25—220 年），孔教所产生的道德影响在中国历史上无可比拟，此时期个人荣誉与个人自由首先得到考虑，在东汉走向衰落的时期，与恶政府做斗争的孔教徒甚至献出他们的生命，整体的社会道德水准非常高。事实上，尽管汉朝并未遵循孔子之精义，但却证明了孔教适用于实际问题与理论问题的解决。

汉朝以后，孔教陷入了衰落时期，魏国的建立者曹操，在孔子纪元 761 年（公元 210 年）公然颁布政令，政府任用道德低劣之人，破坏了孔教所产生的道德影响。在魏晋时期（孔子纪元 771—867 年，或公元 220—316 年），道教呈强有力的态势；在南北朝、隋、唐时期（孔子纪元 868—1458 年，或公元 317—907 年），佛教盛行。此时期，虽然孔教依然在名义上是国教，但事实上已经失去了其最高权威地位。然而，也有一些政府，尤其是北魏、北周、唐朝，他们确实将孔教的某些原则应用于政治与理财问题的解决上，因此，民众仍然从中享受到某些利益。韩愈（孔子纪元 1319—1375 年，或公元 768—824 年），当时惟一排拒道教、佛教，为孔教而战的学者，他不是一位深邃的哲人，而是自汉以来最伟大的文学家，他从理财的角度抨击道教与佛教，给道教与佛教以致命的打击。该时期流 045
行的研究是在狭隘意义上的文学研究，研究孔教哲学者极少。在此之后，历史步入五代时期（孔子纪元 1458—1511 年，或公元

907—960 年),对孔教而言,此时期处境最糟糕。

但是,孔教如此之衰势注定要走向结束,宋朝涌现了许多伟大的孔教徒,朱熹(孔子纪元 1681—1751 年,或公元 1130—1200 年)是其中最伟大者,他是孔教的马丁·路德,他的影响目前依然强大。但是,朱熹是一位片面的改革者,他强调孔子伦理方面的教义,而忽视了孔子的宗教观点,他重视个人品质,而忽略了社会福利。王安石(孔子纪元 1572—1637 年,或公元 1021—1086 年),宋朝伟大的政治家,试图通过经济改革以改革整个社会。宋朝还有一"永嘉学派",该学派提倡"义利并举",物质繁荣与道德培养并行。但是,王安石与"永嘉学派",二者均未能战胜公众的舆论影响而最终归于失败,而宋之文人常偏重于空谈心性而忘记了现实问题。历经元、明二朝,尽管明代有王守仁(孔子纪元 2023—2079 年,或公元 1472—1528 年)反对朱熹,但其治学仍延续宋代。在此时期(孔子纪元 1511—2194 年,或公元 960—1643 年),整个孔门被称为哲学学派。

在清朝,自孔子纪元 2195 年(公元 1644 年)开始,孔教一直处于复兴时期。在清朝之初,出现了三位伟大的孔教徒:顾炎武(孔子纪元 2163—2232 年,或公元 1612—1681 年)、黄宗羲(孔子纪元 2160—2246 年,或公元 1609—1695 年)、王夫之(孔子纪元 2178—2230 年,或公元 1627—1679 年)。他们虽不属于任何具体的学派,
046 但是,他们在许多方面都很伟大。随后,经学派出现了,该阶段又划分为二:第一阶段(大约孔子纪元 2287—2371 年,或公元 1736—1820 年),经学家们从魏晋南北朝以降的学问转向东汉时期的古文经学;第二阶段(大约孔子纪元 2372—2425 年,或公元 1821—1874 年),经学家们回归西汉时期的今文经学,此时新思想涌现了,龚自

珍(生于孔子纪元2343年,或公元1792年)、魏源(死于孔子纪元2407年,或公元1856年),二人为这场新思想运动的代表。现在,康有为是孔教最伟大的阐释者,在孔子纪元2449年(公元1898年),康有为担任了清德宗在1898年政治改革的私人顾问。

以下我们大致将孔教的历史源流分为六派:(1)大同派,该派强调自由,大同之道由子舆子思传至孟子;(2)小康派,该派强调政府,小康之道由仲弓传至荀子,李斯用其统治秦国(孔子纪元331年,或公元前221年),后世皆遵守之,相沿至现在;(3)神学派,形成于所有孔教圣经,尤其是《书经》中之《洪范》、《易经》及《春秋》。董仲舒、刘向乃神学派的主要代表,但在汉之后,神学派实际上即进入尾声;(4)伦理派,孔教的主要流派,该派高度发达于宋明;
(5)历史派,基于《书经》与《春秋》。司马迁与其他伟大的历史学 047
家为该派代表;(6)乾嘉学派,该派发端于孔子,普及而又狭隘地应用于清朝。

就我们所能看到的,我们仍未达到孔子之精义,而之所以如此,有若干原因致之,但其中最重要的原因则是国家对宗教的影响。除了极少数学者例外,大多数学者的思想受到政府导向的控制,这极大地阻碍了孔教的自然发展。中国一旦建立了立宪政府,并保障完全的思想自由,那么,孔教必定会获得新生,到那时,我们可以期望实现整个世界的"大同"了。

048 # 第二篇　泛论理财学与各科学之间的关系

05　泛论理财学与各科学

Ⅰ　界说理财学

与英文“经济学”一词相当的汉语是“理财学”，“理财学”一词，顾名思义，无需解释。我们追溯理财学一词的起源，它最初出现在《易经》的《系辞》中，《系辞》上说“何以聚人曰财。理财正辞、禁民为非曰义”。[①] 既然《系辞》已经使用了“理财”一词，中国人通常采用术语“理财学”代政治经济学的艺术，或者指经济学的科学。而现代日本人却采纳了另一中文术语“经济”代“经济学”；英人翟理斯(Herbert A. Giles)将“经济”一词收入《华英词典》，指政治经济学。然而，“经济”一词含义甚广，它并不是与理财学一词对称的恰当术语。通常而论，经济一词包括政界之全，涵盖政府行为的整个领域，因此，经济一词当属于政治学，而非经济学。正因为如此，

---

① 《易经》，第381页。

继续沿用古老的“理财学”一词以代替经济学，则更为恰当。因为， 049
“理财学”较之“经济”二字，其内容更全面、更精确。

我们既然从孔教的圣经经文中抽出此科学用语“理财学”，那么，我们也采用孔教经文中关于“理财学”的界说。“理财学”总括生计界的整个领域，而“端正言辞”与“禁止百姓为非乱法”分别指伦理界与政治界。而生计界、伦理界、政治界三者，均以正义贯穿其中，三者之间的相互关系将在稍后进行阐述。然尽管如此，我们必须记住理财之目的在人，简而言之，理财之缘故，完全是为了聚集仁人，这需要以理财作支撑。聚集仁人是我们的目的，而理财是我们的手段。从此角度入手，我们获得了这样的定义：理财学是以正义原则为根据管理财富的科学，其目的是为了使人类集聚而生存。

Ⅱ　泛论理财学与其他学科之间的关系

从《易经》、《系辞》中抽出的“理财学”内容，不仅使我们理解了理财学的含义，也明白了理财学与其他学科之间的关系。既然理财学的主要目的是人——聚集在一起共同生存的人，因此，当我们进行理财时，我们必须面对人群整体，这决定了理财学与社会学之间联系紧密。而因为所有的社会科学与人的关系存在着密切的联系，故而所有的社会科学与理财学之间也存在密切的联系。在社会科学中，又有两门学科——伦理学、政治学与理财学之间的关系最为密切。因为，如果没有“正辞”以明辨什么是对，什么是不对，那么，就无以在社会上进行理财活动。而“正辞”的途径贯穿道德教义，进而有了语言学、教育学、伦理学、宗教学诸学。要进行理 050

财活动，不可不“禁民为非”。而我们要达到“禁民为非”的目的，就必须借助政治组织，进而出现了政治学与法律学。而所有这些科学——理财学、伦理学、政治学——各自构成正义的一部分，又与正义浑然一体。然而，在理财学、伦理学、政治学三门学科中，当以理财学为最急切、最重要之学科，这是因为假如我们不能维持理财活动，则无从说“端正言辞”，更无暇治礼仪；假如我们不能禁止百姓为非乱法，则政治界失去权威。假如有伦理学与政治学的存在，那么，理财活动必为其先导。所以，《系辞》告诉我们，理财学不仅与其他科学有着密切的联系，而且，理财学与这些学科相比，具有相对的重要性。

《尚书·洪范》中阐述了人类活动的八种政事，即“八政”——“一曰食，二曰货，三曰祀，四曰司空，五曰司徒，六曰司寇，七曰宾，八曰师”①。

《洪范》所指的“八种政事”，全属人类活动的八个方面，我们由“八种政事”之顺序观之，则可知道理财学与其他学科彼此间的关系。首先，“食”系“八政”之首，解决人类的饥饿问题，且“食”暗示农业活动；“货”一词包括所有其他的商品，货币在其中占据显著地位，指商业活动与工业活动。因此，“食”与“货”二词，代表了人类全部的理财活动，并居人类任何活动之首位。衣食足了，宗教才会兴起。然后，掌管居住工程的官员“司空”改善生活环境；再之后是
051 掌管教化的官员“司徒”发展智识与道德力量；接下来是掌管司法刑狱的官员“司寇”执行法律。至此，高雅的社交活动发展起来了，这就被称为飨宾客。最后，军队以维持整个社会的和平。

① 《中国经典》，第三卷，第二部分，第327页。

假如我们将罗雪尔(W. Wilhelm Georg Friedrich Roscher, 1817—1894——译者注)所归类的七门学问——语言、宗教、艺术、科学、法学、国政与经济,与《洪范》"八政"进行比较,那么,我们可以说艺术与科学包括在掌管居住工程的官员"司空"与掌管教化的官员"司徒"的职责之中,而语言学暗含在教育之中,而国政就由此八种政务所体现。假如我们再应用伊利教授(Prof R. T. Ely, 1854—1943——译者注)的八门学科分类——语言、艺术、教育、宗教、家庭生活、社会生活、政治生活、经济生活与《洪范》"八政"相较,那么,我们可以说家庭生活与掌管教化的官员"司徒"有关。显然,孔门经典与现代经济学家的论著是如此的相似。

值得我们注意的是,所有的史学大家,除司马迁之外,均将不同朝代的所有理财史名之为"食货志",这显示了孔教对中国人的理财思想所施加的影响是多么巨大!

从《洪范》中,我们看到了理财学与其他学科间的一般关系;而从《系辞》中,我们又看到了理财学与社会学、政治学、伦理学之间的特殊关系。以下我们将分别研究理财学与这三门科学——社会学、政治学、伦理学之间的关系。 052

06　理财学与社会学

Ⅰ　作为社会学基础的理财学

既然理财学是关于人类社会管理财物的科学,因此,我们将首先考虑理财学和社会学之间的关系。为了理解二者间的关系,我们首先必须提出这样的问题:人类社会是如何形成的?作为这个问题的答案,以上所引《系辞》的内容已给出了表述:“何以聚人曰财。”所以,社会学依赖理财学而存在。假如没有财富,人类就不能聚集一起共同生存,也就没有人类社会的存在。在人类聚居共同生存之前,人类必须以个体形式生存,如果没有财富,单一的个体不能生存,但设若没有社会群体,人能够独自存在,其原因在于:单一的个体可以从自然界中获取财富,而不是从社会中获取。因此,这些因素都决定了理财学先于社会学而存在。

关于解释人类形成互助群体的根本原因,荀子提出了一精辟的社会学理论,回答了社会为什么存在的问题。荀子说:

053 水火有气而无生,草木有生而无知,禽兽有知而无义;人有气、有生、有知,亦且有义,故最为天下贵也。力不若牛,走不若马,而牛马为用,何也?曰:人能群,彼不能群也。人何以能群?曰:分。分何以能行?曰:义。故义以分则和,和则一,一则多力,多力则强,强则胜物,故宫室可得而居也。故序四时,裁万物,兼利天下,无它故焉,得之分义也。故人生不能无群,群而无分则争。争则乱,乱则离,离则弱,弱则不能胜物,故宫室不可得而居也,不可不少顷舍礼义之谓也。[①]

据荀子所论,社会群体建立在合法权利的基础上,而合法权利又基于伦理的公正。但是,社会群体之所以形成,其原因全在于人

① 《荀子》,第九篇。

类希望结成团体，并通过集体活动以控制自然万物。因此，人类与动物之间的斗争是形成社会群体的主要原因。因为有了社会群体的存在，人类力量才足以控制其他万物，否则，人类在与自然万物的竞争面前将无能为力。因此，人类依赖社会群体而生存——这是解释人类社会性发展的“自然选择”法则的先兆。的确，我们发现，人类的理财需要是社会群体形成的首要原因。

班固(孔子纪年583—643年，或公元32—92年)说：

> 夫人宵天地之貌，怀五常之性，聪明精粹，有生之最灵者
> 也。爪牙不足以供耆欲，趋走不足以避利害，无毛羽以御寒 054
> 暑，必将役物以为养，任智而不恃力，此其所以为贵也。故不仁爱则不能群，不能群则不胜物，不胜物则养不足。群而不足，争心将作，上圣卓然先行敬让博爱之德者，众心说而从之。从之成群，是为君矣；归而往之，是为王矣。① (《汉书·刑法志》)

根据班固的理论，社会群体以仁爱为基础。那么，为什么人类需要相互仁爱并形成社会群体呢？其原因全在于人类必须征服自然以获取生存所需之食物，在此，关于社会群体形成之原因，班固与荀子提供了同样的解释，简言之，是理财效用促使社会群体形成。但班固与荀子在表达上也存在区别，荀子提到宫室、房屋，因为荀子强调人类为了安全而进行的斗争；而班固则提到食物，因为班固强调人类为生存而进行的斗争。但尽管如此，二者的基本点

① 《汉书》，卷二十三。在汉语里，“群”(society)与“君”(ruler)均读作 chün，“往”(go)与“王”(king)都读作 wang。在汉字里，每一成对的词在形式上也具有显著的相似处。

却是一样的。

社会制度的构成,并不总是根据圣人的思想而建立起来,绝大
055 部分是由于实际环境的历史变迁而成。而实际环境之历史变迁,则基于理财原因而形成。简言之,是人类为了生存的斗争。

柳宗元(孔子纪年1324—1370年,或公元773—819年)在《封建论》中说:

> 彼其初与万物皆生,草木榛榛,鹿豕狉狉,人不能博噬,而且无毛羽,莫克自奉自卫,荀卿有言:"必将假物以为用"者也。夫假物者必争,争而不已,必将其能断曲直者听命焉。其智而明者,所伏必众;告之以直而不改,必痛之而后畏;由是君长刑政生焉。故近者聚而为群。群之分,其争必大,大而后有兵有德。又有大者,众群之长又就而听命焉,以安其属。于是有诸侯之列。则其争又有大者焉。德又大者,诸侯之列又就而听命焉,以安其封,于是有方伯、连帅之类。则其争又有大者焉。德又大者,方伯、连帅之类,又就而听命焉,以安其人,然后天下会于一。是故有里胥而后有县大夫,有县大夫而后有诸侯,
> 056 有诸侯而后有方伯、连帅,有方伯、连帅而后有天子。自天子至于里胥,其德在人者,死必求其嗣而奉之。故封建非圣人之意也,势也。

综合荀子、班固、柳宗元三者所论——荀子以为社会群体建立在正义的基础之上;班固认为社会群体形成于仁爱的基础之上;柳宗元则认为社会群体形成于人类生存需要的基础之上,此三种理论——合法的、伦理的、历史的——尽管三者角度不同,但三者均

是正确的。为什么形成社会群体，荀子、班固与柳宗元给出了同样的答案。在体格上，人类弱于动物，假如人类想征服万物，或者役使它们，或者从外界借助它们，那么，人类必须使自己比动物更强壮。假如人类要实现使自己强壮的目的，就必须与同类合作。而设若要实现人类同伴间的合作，那么，这样的社会群体就必须基于礼义、仁爱，以及在避免战争与保持和平的需要之上。因此，社会群体是结果，而理财活动是社会群体形成之原因。假如人类没有理财的需求，那么，人类社会就不会存在。为什么人类要重视社会礼义、遵守个人权利呢？为什么人类需要彼此仁爱、抑止战争幽灵呢？在社会形成之前，为什么人类要制造战争、彼此对抗呢？为什么社会越大，人类的战争规模也越大呢？为什么有战争危险的野蛮人能克制他们的强烈情感、相信仲裁者、服从统治者的法律约束、维持彼此的和平呢？其原因全在于他们自身的利益需求上。但是，在他们自身的利益需求方面，再没有什么比他们对理财利益的需求更重要了。总而言之，社会群体是人类以集体形式为生存而进行斗争的组织，而道德规范与法律、宗教与政治、爱与恨、和平与战争、正义与非正义，凡此种种，均为理财引起的结果。诚然，理财利益是任何事务之基础，依柳宗元所论，战争在不同规模的社会群体中持续发生，只有在“天下会于一”之时，战争才会停止。事实
上，柳氏之论亦符合孔子的“大一统”学说。然而，在古代中国人的 057
视野里，天下是虚构的，而现在世界是真实存在的世界，但只有在真实的世界中实现了“大一统”之时，整个世界才将等同于一个完整的理财整体，工业主义才将替代军国主义而统治全球。总之，世界理财一体是世界社会问题的解决方法，也是世界步入“大同”社会的途径。

Ⅱ　作为宗教学基础的理财学

由于宗教在社会生活中的巨大力量，我们因此会问宗教为什么存在？孔子回答了这个问题，孔子说：“夫礼之初，始诸饮食。其燔黍捭豚，污尊而抔饮，蒉桴而土鼓，犹若可以致其敬于鬼神。”①

换辞言之，饮食随天地而生，而宗教随饮食而行。这意味着紧随开天地，一旦有了人类，就一定有人类理财活动的出现。因此，《洪范》于“食货”之后，即继之以三曰“祀”，诚以宗教之发达，以实
058 现理财愿望为其必需之条件。

Ⅲ　人类的起源

理财学与社会学互相依赖，因此，为了更好地理解孔子的理财教义，我们应该研究孔子的社会学教义，在孔子所有的社会学教义中，莫过于上帝的慈爱（以天为父——译者注）与人类的友爱（兄弟之伦——译者注）的教义了。因为有了上帝的慈爱、人类的友爱的教义基础，才会产生博爱、普世性平等，以及个人独立的原则。我们可以用人类的起源来表达这些教义，因为只有明白了人类的起源，才会懂得社会的基础，但是，只有当人类实现了理财愿望时，才可能思考人类的起源问题。

我们已经提到“元”字，此“元”字，即上帝之代名词，二者的差异仅仅因为视角不同。以下我们将更加充分地对“元”与上帝进行

① 《礼记》，第七篇，第368页。

讨论。首先,我们继续以“元”的教义开始。《春秋》始于元年,此即孔子哲学的主要原则。通常情况下,人们会说某人统治的第一年,但孔子却说元年,而不说第一年。何休注曰:“元者气也,无形以起,有形以分,造起天地,天地之始也。”这就是孔教的创世理论。《春秋繁露》①上说:“唯圣人能属万物于一,而系之元也……元犹 059
原也……故元者为万物之本,而人之元在焉。安在乎?乃在乎天地之前。”《易经》说:“大哉乾元,万物资始,乃统天。”②“元”是统御整个宇宙的力量,在何休的注中对此有最清楚的诠释。何休注说:“元者,气也,无形以起”,诚万物皆本乎元。在《礼运》之所谓“大一”③,《系辞》之所谓“太极”④。然“大一”在《礼运》中谓之为“天”,而“天”在许多地方为上帝之代名词。因此,此“元”字,即上帝之代名词。而孔夫子以“元”代上帝,其原因在“元”是无限的,而上帝是人格化的,是有限的。诚孔夫子的视角乃哲学的而非宗教的。

既然“元”为万物之始,所以人类的起源也一定源自“元”。然而,“元”不仅是人类的起源,也是天的起源。因此,人类或者与天同时,或者在之后,甚至在之前。此学说属于神学的最高的理论阶段,它使人类从超自然力量中解脱出来,进而依靠自己的良知。据此学说,我们将“元”而非上帝称为父;我们不仅可以将所有的人称为兄弟,甚至也可称整个天为我们的同类。上是天,下是地,人生其间,人是多么的高贵啊!所有人能够做的、所有人

① 《春秋繁露》,卷十三。
② 《易经》,第213页。
③ 《礼记》,第七篇,第386页。
④ 《易经》,第313页。

应该做的，这些不过是人的职责，而并非所加。人生的目的完全是堂堂地做个人。人不仅是上帝之子，同时，也是上帝的助手与
060 合作者。

现在，我们讨论上帝的慈爱的教义本身，在《穀梁传》中，对上帝的慈爱进行了清楚的阐述。《穀梁传》上说："独阴不生，独阳不生，独天不生。三合然后生，故曰：母之子也可，天之子也可，尊者取尊称焉，卑者取卑者焉，其曰王者，民之所归往也。"①

此即孔教的三位一体学说，它意味着父亲、母亲、上帝三者的结合给予了万物生命。《春秋繁露》对上帝的慈爱也有论述，即"万物非天不生，以天为父"②。

人类的友爱的教义也包括在上帝的慈爱的教义之中。然尽管如此，我们仍可以征引两段话来分别展示其教义。孔子曾说："四海之内，皆兄弟也。"③（《论语·颜渊》）孔子又说："故圣人耐以天下为一家，以中国为一人。"④（《礼记·礼运》）所以，由孔子观点论之，天下为一家，民吾胞也。

宋朝伟大的儒学家张载（孔子纪年 1571—1628 年，或公元 1020—1077 年），曾对博爱有最好的诠释。他说：

> 乾称父，坤称母；予兹藐焉，乃混然中处。故天地之塞，吾其体；天地之帅，吾其性。民吾同胞，物吾与也。大君者，吾父
> 061 母宗子；其大臣，宗子之家相也。尊高年，所以长其长；慈孤

① 庄公三年。

② 《春秋繁露》，卷七十。

③ 子夏引用，《中国经典》，第一卷，第 253 页。

④ 《礼记》，第七篇，第 379 页。

> 弱，所以幼吾幼。圣其合德，贤其秀也。凡天下疲癃残疾，茕独鳏寡，皆吾兄弟之颠连而无告者也。(《正蒙·乾称》)

关于普世性平等的原则，我们可从以下两方面进行观察，首先，从宗教的方面论之，不惟创教之人为上帝之子，且人人皆为上帝之子。在此点上，孔教较基督教更为民主，因为孔教徒从不说孔子是“惟一的圣子”，孟子曾说：“圣人，与我同类者。”①孔教给予人完全的思想自由②，并将每个人提升至最高的地位——与上帝平等。孔教的教堂——孔庙里从未有诸如教皇一样的神职，而中国的皇帝亦不是教皇。纵观中国历史，从未因宗教冲突而流血。总之，在中国享有完全的宗教自由。

其次，从政治方面观之，在孔教中，不仅天子为上帝之子，而且人人皆为上帝之子；在孔教中没有诸如“神权”一样的理论，孔子纪元前 571 年，周武王砍下了商纣王的头，并将其悬于旗杆之巅。于 062
此，孔子说：“汤武革命，顺乎天而应乎人。”③(《易·革·彖辞》)孟子亦说：“闻诛一夫纣矣，未闻弑君也。”④(《孟子·公孙丑下》)从孔子纪元 343 至 350 年(公元前 209—前 202 年)，中国发生了一场大革命，这场革命与法国在孔子纪元 2341 年(公元 1790 年)所爆发的革命一样伟大。在这场革命后，民众开始统治国家，因此，尽管中国自这场革命后在诸多方面仍没有改变君主专制政体的形式，但中国已经进入了民主政治时期。历史学家班固在《白虎通》

---

① 《中国经典》，第二卷，第 405 页。

② 《易经》，第 389 页。

③ 同上书，第 254 页。

④ 《中国经典》，第二卷，第 167 页。

中说："天子者，爵称也。"[①]的确，除了目前真正的宪政国家而外，中国曾经是世界上最民主的国家。

关于个人独立自由的原则，《白虎通》对此做了最好的说明："父煞其子当诛何？以为'天地之性人为贵'。人皆天所生也，托父母气而生耳。王者以养长而教之，故父不得专也。"[②]这是孔子至关重要的原则。除非我们理解这个原则，否则，我们可能会对父亲对儿子享有生杀予夺权利、儿子没有独立自由之人权的孔教教义产
063 生歧义。但事实并非如此，对家庭来说，一个人是父亲的儿子；对国家来说，是天子的子民；对宇宙来说，是上帝的儿子。因此，依据《书经》所言，不慈之父与不孝之子均同样遭到惩罚，任何一位家庭成员都不承担其他家庭成员犯罪的责任。[③]

此即是个人自由，但与此同时，我们也应该认识到，这样的个人自由同样也等同于个人责任。孔子十分重视个人修身，《大学》中说："自天子以至于庶人，壹是皆以修身为本。"[④]曾子曰："士不可以不弘毅，任重而道远。仁以为己任，不亦重乎？死而后已，不亦远乎？"[⑤]（《论语·泰伯》）这就是从孔教观点出发具有代表性的孔门弟子。在孟子以后，陆九渊（孔子纪年1691—1743年，或公元1140—1192年）与王守仁以个人自由与个人责任为基础，并以此与其他学派有所区别。陆九渊的教诲如下，"若某则不识一个字，亦须还我堂堂地做个人"。"上是天，下是地，人居其间，须是做得人，

① 《白虎通》，卷一。《白虎通》，班固撰写于孔子纪元630年（公元79年）。

② 《白虎通》，卷五。

③ 参见《中国经典》，第三卷，第二部分，第392—393页。

④ 《中国经典》，第一卷，第395页。

⑤ 同上书，第210—211页。

方不枉。”诚然，人是上帝的儿子，并具有独立性，因此，孔教徒高度重视个人责任。

Ⅳ　妇女的地位

紧随人类的起源问题之后，最重要者莫过于妇女的社会地位问题。因为男人与女人是社会的两个组成部分，妇女地位的重要 064
性，不仅体现在社会生活上，同时，也表现在理财活动中。因此，我们应该从孔子的观点出发研究妇女的地位。

首先，根据孔子教义，妇女与男子享有平等的地位。自天子至庶民，夫与妻均是平等的，妻者齐也，即意味着夫妻平等。《易经》甚至说为了满足另一方而抑压一方，男子被放置于比妇女相对低的位置。[①] 因此，夫妻之间的关系被孔子谓为“嗣为兄弟”，谓婚姻为兄弟，平等亲爱之义。[②]《诗经》上也说，“宴尔新婚，如兄如弟”，意为如爱你兄弟那样爱你的新娘[③]。

为了男女平等，孔子特立“亲迎之礼”作为婚姻必须举行的仪式，那就是说，新郎必须亲自到新娘家接新娘。各社会阶层都必须履行“亲迎之礼”，甚至天子也不例外。在《诗经》与《春秋》中，有许多谴责不遵守“亲迎之礼”的人的例子，鲁哀公问孔子：“然冕而亲迎，不已重乎？”孔子回答，国王必须尊敬他的妻子[④]。诚然，孔子的“亲迎之礼”，显示了尊重妇女的原则。然而，墨子对孔子的“亲 065

① 《易经》，第238页。

② 参见《礼记》，第五篇，第320页。但属不正确的表达。

③ 《中国经典》，第四卷，第一部分，第54页。

④ 《礼记》，第二十四篇，第264—266页。

迎之礼”持反对意见，墨子说：“取妻身迎，祇褍为仆，秉辔授绥，如仰严亲，昏礼威仪，如承祭祀。”[1]从墨子的辩论言论中，我们清楚地看出孔子将妇女的地位提升到相当的高度。此外，已婚妇女，其姓氏不因已婚而改变，这也能说明男女平等。我们发现孔子重名，因为名字等同于人格，甚至比生命还珍贵。[2] 假如一个人没有自己的名字，那就意味着他失去了人格，不能在这个世界上留下任何痕迹，这是最可怕的灾难。尽管欧美人以其女性拥有很高的社会地位而骄傲，但是，已婚女性必须放弃自己原来的姓氏，而采纳丈夫的姓氏，被称为某某夫人。这就意味着她不能保持她的个人独立，而仅仅是其丈夫的依附者。然而，中国已婚妇女拥有她自己的名字。在《春秋》中，孔子对女性必书其名，比如伯姬、叔姬、季姬、仲子、成风等等，此表明已婚妇女并没有失去其独立的人格，并与男性处于平等的地位。

其次，孔子之教，男女有别。男女有别是被孔子认可的古老习俗。《礼记》上说：“男女不杂坐，……不亲授。嫂叔不通问，……女子许嫁，……非有大故，不入其门。姑、姊妹、女子子已嫁而反，兄
066 弟弗与同席而坐，弗与同器而食。父子不同席。男女非有行媒，不相知名，非受币，不交不亲。”[3]

既然人性普遍相同，那么，在远东中国与西方社会生活不可能存在巨大的差异。因此，男女有别也并非最早出现在中国。在《诗经》中，许多诗篇所反映、描绘的社会生活与今天西方的社会生活非常相似，以下我们自《诗经》中选诗两首，并选取其中的两节以为例。

---

① 《墨子》，第三十九篇。（疑为三十九篇。——编者注）

② 参见下文，第111—115页。

③ 《礼记》，第一篇，第77—78页。

其中一节如下：

溱与洧，

方涣涣兮。

士与女，

方秉蕑兮。

女曰："观乎？"

士曰："既且。"

"且往观乎？"

洧之外，

洵讦且乐。

维士与女，

伊其相谑，

赠之以勺药。[①]（《诗经·国风·郑风·溱洧》）

另一节如下：

穀旦于逝，

越以鬷迈。

视尔如荍，

贻我握椒。[②]（《诗经·国风·陈风·东门之枌》）

067

① 《中国经典》，第四卷，第一部分，第148页。

② 同上书，第207页。

从上述诗歌所描绘的内容与情景中，我们不可能发现中西社会生活中的任何差别，也不会看到这样的男女共处有什么弊端。但尽管如此，孔子在《诗经》里仍将男女相处作为淫荡风俗的坏例子。诚然，尽管男女有别在古代中国就获得了普遍的认可，但男女有别的理论却在孔子这里获得了极大的强化。

男女有别的理论是基于历史事实发展、形成而来。在古代中国，诸侯之间相互宴请，诸侯夫妇一起行款待宾客的"大飨礼"，而在这样的诸侯相飨活动中，却发生了阳侯杀死缪侯、窃夺缪侯夫人的事，这有点儿类似特洛伊战争的故事，当帕里斯探访斯巴达国王墨涅拉奥斯时，趁机秘密地带走了墨涅拉奥斯的妻子海伦。根据孔子的表述，废除诸侯夫人参加"大飨礼"的惯例是因为阳侯杀死缪侯并窃夺缪侯夫人的行径。① 从这个例子我们看出，男女在最初并未像后来那样被严格地分开，但尽管如此，男女有别的习俗，甚至早在孔子之前，就随着许多事件的发生而逐渐发展起来了。

男女有别最简单的起因，即是防止男女之间的不合法交往。
068 孔子说："夫礼，坊民所淫，章民之别，使民无嫌，以为民纪者也。故男女无媒不交，无币不相见，恐男女之无别也。"②

然尽管男女有别已经上升到关涉道德标准的层面，但它却阻止了理财的发展。孟德斯鸠在《论法的精神》中说："女性的社交破坏了风俗，而形成了情趣。要比别人更能取悦人的愿望便产生了装饰，要悦人多于悦己的愿望产生了时髦。时髦成为人们追求的一个重要目标。由于人们的性情日益趋于轻佻烦琐，便不断地增

---

① 《礼记》，第二十七篇，第298页。
② 同上书，第297页。

加他们商业的部门。”①

从上述孟德斯鸠的阐述中，我们明白了为什么中国的理财环境很长时间以来处于静止状态，其中一个主要的原因即是中国妇女与男性隔离，以致社交生活干瘪、毫无生趣，商业发展缓慢。而抛开该问题本身的对与错，妇女的确是使社会充满情趣的“调味品”，并且还能推动理财的发展。但是，在古代中国，尽管可能已经认识到了男女交往对理财发展的优势，但却担心存在于道德层面上的不利性，即妇女可能因与男性交往而失去贞洁。

但是，我们必须明白的是，男女有别并不意味着男女不平等。当然，在一个以男性为中心的社会里，女性不可避免地会遭受若干损害。而就男女有别这方面而言，女性与男子却是平等的。一方面，禁止女性参与男性的社交集会，由此使女性失去了许多社交快乐；但另一方面，也不允许男性参与女性的社交集会，男性因此也同样遭受失去社交快乐的痛苦。在这一点上，虽然男性属于比女性更幸运的性别，也可能享受某些女性不能拥有的快乐，但男性从来不比女性享有更多的特权。因此，男女平等的基本原则并未因 069
男女有别而被改变。

第三，我们发现孔子认可男女之间的社会交往。根据井田制，冬季，从农历十月到一月，从傍晚到午夜，男女同巷工作织布。这是一个男女共处、极其不寻常的、促进男女交往的例子。此外，在此四个月中，当男人或女人有所怨恨，两性可以一起以歌唱表达自己的不满②，这为两性交往提供了极大的自由。

① 《论法的精神》，第一卷，第318页，朋氏丛书，George Bell & Sons，1906年。
② 《春秋公羊传》，宣公十五年。

而且，根据《春秋》原则，“礼，后夫人必有傅、母”，“选老大夫为傅，选老大夫妻为母，所以辅正其行”①。该原则具有非同寻常的意义，因为一旦挑选年长的大夫作为王后与公主之傅（男师——译者注），那么，男女有别就不存在了。因此，男女有别并非孔子的理想，仅仅是时代暂时需要的习俗而已。

第四，孔子赋予妇女以政治权利，妇女的政治权利在女性担任公职的实例里得到体现。妇女享有政治权利的原则，这是《春秋》所论及的最有价值的事情之一。在孔子的井田制里，女子年龄五
070 十，无子女者，政府提供衣食，并被派往民间收集诗歌。② 这表明孔子认为妇女有资格担任政府公职。因为采诗与今天的钦差一样，所以采诗完全不同于低等当差，这意味着妇女所接受教育的程度很高，否则，她们将不具备担任采诗官的能力，也不懂诗歌。妇女享有政治权力的原则，在未来具有非同寻常的重要性。

第五，在孔子教义所构想的最完美的社会发展阶段，我们了解到妇女的完全独立性。我们已经提到在“大同世”将废除婚姻，但我们还将对此进行更充分的讨论。在“小康”社会认可所有的现存制度，但在“大同”社会将消灭所有的现存制度。在“大同”与“小康”——此社会发展的两阶段之间，其根本区别在于妇女享有独立性，并构成了从“小康”发展到“大同”的演变基础。因此，在“小康”社会，孔子提到了全部的家庭关系，比如父子、兄弟、夫妻，但到了“大同”社会，孔子完全未提到上述的家庭关系，并说“人不独亲其亲，不独子其子”。而且，在“大同”社会，孔子没有使用“夫”与

① 《春秋公羊传》，襄公三十年。

② 《春秋公羊传》，宣公十五年。

“妻”二词，仅使用男与女的称谓，所谓“男有分，女有归”。这是“大同”社会两个最根本的基础。但为什么这样呢？原因很简单，那就是人们在“大同”社会必须废除婚姻制度。

孔子所谓“女有归”，则意味着女子不是任何男子的妻子，她有她的个人人格，诸事皆由她自己决定，她不会因为与男性的性爱关系而丧失其任何个性。当她爱上某位异性，也仅如与男性握手或者跳舞一样，她并不会变成男性的所有物。康有为在《大同书》①第五章中，对此原则做了充分的解释，康有为所设想的理论颇有几分像孔子的“大同”理论。在康氏的“大同”社会里，婚姻制度变成爱情的合法协议（康有为语：“合约”——译者注），废除夫妇名分，而这样的“合约”必须受到一定的时间限制，在一定的时间里有效，当“合约”时间期满，立“合约”的双方要么立即解除“合约”，要么续约，直到立合约者走到生命尽头；或者双方起初解除了“合约”，经过一段时间后又再次续约。事实上，依照男女双方的真爱，他们有完全的自由做自己想做的。所立合约有时间的限制，长不超过一年，短不少于一个月。 071

既然是婚姻的纽带不存在了，家庭的职能就必须移交给国家，因此，康有为在《大同书》第六章中，论述了国家替代家庭的作用。在“大同”时期，国家是一个世界共和国，所有的人均获得国家的照顾。一旦妇女怀孕，为了在孩子出生前获得胎教，她必须进入胎教之院“人本院”。当孩子年满 20 岁、所受教育完成之后，孩子应该独立，并可以选择自己所走的路。而在 60 岁以后，则能住在“养老院”里，直到老死。诚然，对每个人而言，国家是一个大家庭，而仅

① 《大同书》尚未出版，康有为仁厚地送给笔者一份手稿复本。

在这样的情况下,妇女才能获得绝对的独立。

072 除去孔子为"大同"阶段所构想的教义外,古代中国人未有提到废除婚姻者。而惟一的例外是战国时期的哲学家列子,他描述了一个名叫"终北"的乌托邦国家,在这个国度里,任何事情都是非常快乐和愉悦的,至于社会伦常,他用以下四句话描述:"长幼侪居,不君不臣;男女杂游,不媒不聘。"[①]这是一幅与"大同世"相当的图画。

总之,妇女的地位概括为:在根本上男女平等,但在"据乱世"时期,男女有别是可取的;在"升平世"时期,两性的社会交往是适当的;在"太平世"时期,妇女的完全独立是可爱的、公正的。以上所有情况都与孔子所描述的社会发展"三世"说协调一致。

073 07 理财学与政治学

I 作为政治学基础的理财学

为了理解理财学与政治学之间的关系,让我们以《书经》的第一章、孔子所作的《尧典》来描绘孔子的政治方案。根据《尧典》,政府被划分为九大部门。第一个部门为水土部,由内务部指派大臣;第二是农业部;第三是教育部;第四是司法部;第五是劳动部;第六是自然资源部,该部负责森林、动物与矿冶;第七是宗教部;第

① 《列子》,第五篇。

八是乐部；第九是信息部，是联系皇帝与民众的纽带。在这九个部门中，没有一个部是为针对皇帝个人服务的机构，此显示出民主的原则。在政府的九个部门中，也没有一个机构是为战争作准备的，这显示出和平的原则。但是，在九个部门中有四个部门——水土部、农业部、劳动部、自然资源部，这些部门都承担着理财的职能。从《书经》的第二章中发现，商业的职能包括在第一部门里①，因此，整个政府部门，绝大部分都是为理财发展服务的工具。诚然，假如没有理财学，就没有政治学，政府的存在主要为了理财。因为 074
孔子作《尧典》所体现的是工业社会，而非军事社会。

在《论语》中，也有一篇清楚地显示了政治学与理财学之间的关系，孔子最优秀的弟子颜渊，曾谦逊地询问孔子如何治理国家，孔子的回答是："行夏之时，乘殷之辂，服周之冕，乐则韶舞。放郑声，远佞人。郑声淫，佞人殆。"②（《论语·卫灵公》）

《论语》中的这一篇获得了历代所有士人的高度赞扬、推崇，但却未有任何人真正理解该篇之意，此篇的准确含义与《大学》最后一章类似，其主题是治国与平天下，而只有通过两条途径——理财与选贤才能达到治国与平天下的目的。而《论语》中的该篇正好包含了这两条原则，远离"佞人"是践行任用贤能之人这一原则的消极表达形式，而孔子回答颜渊的四条积极准则——"行夏之时，乘殷之辂，服周之冕，乐则韶舞"，均涉及理财原则，夏历是最合时宜的，采纳夏历意味着在最好的时令进行农事活动；殷的马车是最经济、最耐用的交通工具，乘殷朝的马车意味着通过经济、耐用的交

① 参见下文，第553—554页（系英文版页码，见本书边码，下同）。

② 《中国经典》，第一卷，第297—298页。

075 通工具以促进商业的发展;周朝的礼帽是最美丽的,戴上周朝的礼帽意味着提高工艺水平。夏之历法、殷之马车与周之礼帽,此三样事物分别提到农业、商业与工业。尽管在孔子的回答中,第四句提到音乐,对消费有所涉及,但前三句话更多地关注财富生产,而不是财富消费。舜的《韶乐》与武王的《舞乐》,两者均是古代最好的音乐,仿效"韶舞"意味着提高道德极其完善阶段的生活水平,而禁绝郑乐,则是阻止过度的享乐。因此,在回答颜渊的问题时,孔子一共给了颜渊六条措施,其中四条是积极的,其余两条则是消极的,但是,六条之中有五条是关于理财学原则。在事实上,治理一个诸侯国,或者治理整个帝国,第一条途径就是改革理财生活,第二条则是选贤。尽管在该篇中孔子使用了比喻的表达方法,但以上所论是本篇本质的意义。因为,除非我们明白孔子所说的理财学原则,否则,我们如何能解释历法、马车、礼帽,这些与治理诸侯国与治理整个帝国之间有什么关系呢?根据旧的解释,孔子的回答毫无意义可言,但是,根据我们的诠释,孔子的回答则意味着政府主要关注点在理财生活。

孟子也承认理财学是政治学的主要目的。当滕文公问孟子治理国家的正确方法时,孟子回答:"民事不可缓也。"(《孟子·滕文公上》)孟子所谓的"民事"是指民众的理财生活。随后,孟子向滕文公解释了他曾告诉齐宣王"恒产"对于民众的重要性,而对于改善民众的生活条件,孟子的结论是井田制①。在滕文公与孟子的问答中,孟子的回答非常有意义,当滕文公向孟子询问国家之事——政治学时,孟子回答所论述的却是"民事"——理财学。粗看起来,

---

① 《中国经典》,第二卷,第239—245页。

孟子似乎并没有直接回答滕文公的问题，而在事实上，孟子是从根 076
本上回答了滕文公的问题，因为“民事”是国家的主要事务；如果一位统治者能热切地致力于人民的事务，那么，他将把国家治理得很好。简言之，没有理财学，则无政治学，而且，真正的政治学就是理财学。

Ⅱ　作为理财活动促进者的政治学

当理财力量构成政治组织的基础时，政治组织反过来会促进理财的发展。孟子说：“无政事，则财用不足。”①（《孟子·尽心下》）因此，理财需求是政府存在的理由，而优秀的政府是促成理财活动成功的原因。

《礼记·大传》就描述了这样一个最简单的理由——优秀的政府促进成功的理财发展，“重社稷故爱百姓，爱百姓故刑罚中，刑罚中故庶民安，庶民安故财用足，财用足故百志成”②。

由此进行判断，理财发展建立在法律发展的基础上，当法律发展至公正惩罚阶段时，民众就能安宁地从事不同的行业，创造的财富也随之充裕起来，这就是典型的家长式政府。然而，尽管如此，甚至在现代民主政府的治理下，理财的发展仍需建立在合法性基础之上；如果没有制定公正的法律，就不会形成大工业。所以，优
秀的政府是理财发展的必需条件，换言之，政治学铺平了理财学发 077
展的道路。

① 《中国经典》，第二卷，第483页。

② 《礼记》，第十四篇，第67页。

Ⅲ　政府通则

政治学为理财学开辟了发展的道路,因此,为了理解孔子理财原则背景,我们应该研究孔子的政治教义。我们首先研究孔子的政府通则,并在随后特别地探讨孔子的教化制度。如果我们借此阐述孔子的政治观点,那么,我们将理解孔子思想体系中的理财之道。

1. 帝国的民主

根据孔子的构想,政府在形式上采用君主制,但在基本原则上却是民主的。《诗经》的四部分均以文王始,尊升平世之立宪君主;《书经》以尧舜始,尊太平世之共和民主;《春秋》则以文王始,以尧舜终。这些均充分展示了在孔子所构想的理想政府中,君主的权力掌握在民众手中。当然,孔子教育民众忠诚于他们的统治者,然而,孔子所谓之统治者,则是具有最优秀品格与杰出才能的人,在《大学》里,孔子对这种家长式的政府做了非常充分的解释,孔子说:“民之所好好之,民之所恶恶之,此之谓民之父母。”我们据此推论,一旦某一天民众抛弃了统治者,他就不再是统治者,而只是一
078 个独夫。而如果他是一位邪恶的统治者,根据《大学》所论,他将为天下人所诛。① 历代伟大的孔门弟子均褒扬处死暴君的人,其原因是他们不承认暴君是统治者。

孔子本人也具有革命思想。在《易经》中,孔子将其中一章命名为《革》,孔子说:“天地革而四时成,汤武革命,顺乎天而应乎人。

① 《中国经典》,第一卷,第374页。

革之时大矣哉!”①当孔子读《诗》关于周革殷命时,孔子惊叹:“不如是,则王公其何以戒慎,民萌何以劝勉。”②孔子的惊叹告诉我们,他并不认为国王为神圣,不惟如此,孔子认为普通民众享有成为天子的权利。而孔子有时对帝制或者绝对的君主政体表示赞成,推其缘由,则是孔子希望废除封建制度而采取的暂时之策,但孔子的根本思想则是民主的。

与孔子一样,孟子也清楚地阐述了民主的原则,孟子曾说:“民为贵,社稷次之,君为轻。是故得乎丘民而为天子,得乎天子为诸 079
侯,得乎诸侯为大夫。”③(《孟子·尽心下》)根据这段论述,我们可以看出,孟子认为天子据有其位不能缺失民意的支持,民意是最重要的,天子执政以民意为依据,而诸侯由天子委任,大夫则由诸侯任命。

既然被任命的行政区域的官员替代了封建世袭的国君,那么,我们可以得出这样的结论,孟子上文所论的最后两方面,即“得乎天子为诸侯,得乎诸侯为大夫”。这两方面在中国已被认识到并得以实现,而孟子所论的第一方面——“得乎丘民而为天子”,除了以革命的消极形式有所实现外,却从未被实现。然尽管如此,“主权在民”仍为孔教的基本精髓。④

2. 诸侯国政府

对于诸侯国政府,孔子提出了一般原则:“道千乘之国,敬事而信,节用而爱人,使民以时。”⑤(《论语·学而》)这些原则是孔子的

---

① 《易经》,第254页。

② 《汉书》,卷三十六。

③ 《中国经典》,第二卷,第483—484页。

④ 同上书,第354—359页。

⑤ 《中国经典》,第一卷,第140页。

政治理财理论，在这样的政府管理下，民众被鼓励工作、喜爱他们从事的职业，并对公众财富关怀在先，个人财富在后。

3. 地方政府

根据孔子所描述的井田制，一村（里——译者注）为一政治单元，每单元由八十户组成。在一村之中，民众选取年长德高的男性担任父老，选取有说服力、强壮的男性担任里正。就官职而言，父老的官职与教育部的部属同列，而里正的官职与受雇于官府的庶
080 民相同。父老与里正获得两倍的土地份额，享有骑马待遇。尽管他们本身是庶民，但同时他们又是庶民中的官员。正因为如此，他们的管理在细节上是如此地有效率，从早晨到午夜，从田间到市镇，从男子到妇女，从物质生活到精神生活再到道德生活。而如此众多的事务，仅仅依靠自治制度就得以完成。

4. 言论自由

在帝国民主下，政府真正由民意控制，而政府获得民意的途径，是通过民众以诗歌形式自由表达的言论。根据孔子的井田制，从十月到一月，民众住在乡邑里，当民众有怨恨、不满之情时，他们相聚在一起，用歌声表达自己心中的不满情绪。饥者歌其食，劳者歌其事。诚然，理财状况是第一位的，但是，他们具有选择表达任何主题的绝对自由，这些主题或者关涉他们自己，或者涉及朝廷与政府。而重要的是形式——通过诗歌的形式，民众巧妙地表达了他们的谴责，歌者没有任何冒犯性，但听到诗歌的人却得到了警示。

男子年满六十，女子年满五十，无子女者，由政府赡养、供给衣食，并由政府委派为负责收集民间诗歌的官员——采诗官。在一月，当民众即将离开乡邑前往田间时，为了从民众中收集诗歌，采

诗官沿途摇着木铎，而采诗官从乡村收集到的诗歌，被送至乡邑，然后再送到诸侯国的都城，最后到达朝廷。大司乐根据诗歌的风格与曲调对诗歌进行编排，然后呈送天子。所以，即使天子不外 081
出，他也知晓民众的所有委屈、怨恨；天子甚至不需走出宫殿，也知四方之事。因此，诗歌构成了政治统治的基础。

在《诗经》里，共有305首古代诗歌由孔子删订而成，这些诗歌的作用与报纸的功能相同，两者均是在描绘民众的日常生活，以及表达公众的意见。民众所享有的言论自由权，表现在诗歌所履行的职责中。

5. 道德与法律

在井田制下，民众过着富足的生活，并能辨明什么是荣誉，什么是耻辱。因为当民众的德行变得文雅高尚时，他们在追求财富上会变得节制且彬彬有礼，如此，没有人与人之间的纠纷，也没有诉讼发生。民众的行为不仅被法律条文约束，而且也被道德规则约束，而这样的社会高于所谓的法治社会，因为这样的社会存在自尊并无需法律。法律条文必定受到一定数量的行为限制，当法律条文没有在字面意义上明确规定某种行为（违法）时，人们就有可能逃避法律的制裁；而道德规则没有限制，它是一种精神，而非法律条文的字面之物。行为发生后，法规以外部力量强制实施，并只能预防坏行为；而道德规则则使人们受内在良心驱使，因此，道德规则不仅能阻止不良企图产生，还能促使人们弃恶从善。因此，孔子说："听讼，吾犹人也。必也使无讼乎！"①（《礼记·大学》）孔子接下来又说："道之以政，齐之以刑，民免而无耻；道之以德，齐之以

① 《中国经典》，第一卷，第257页。

082 礼，有耻且格。”①(《论语·为政》)

事实上，孔子所设想的政府制度，存在若干的法律规定，但孔子对德治的强调胜过法治。

Ⅳ　教化制度

在孔子的政治体系中，教化制度是民主的源泉。我们使用“教化”一词替代“教育”，其原因在于前者在含义上较后者更为广泛，我们可以将“教化”一词划为三大分支——教育、宗教与选举，此三者合而为一，汇聚成流。三者中，教育是一源头，宗教则为另一源头，而选举是流。在孔教中，宗教确实包括在教育之中，因为教育一词，其本身含义为智识教育；而宗教一词，其本身意味着伦理道德教育。但是，为了便于读者理解，我们把宗教作为一单独的分支，以便在中西之间进行比较。而我们惟一应该记住的是，教化制度为一不可分割的整体。根据孔子构想的政治制度，井田制与教化制度是其中两个最重要的组成部分，尽管井田制先于教化制度存在，但二者却必须并举，共同发展。因此，如果我们准备研究孔子在井田制中描述的理财制度，那么，我们就得预先了解孔子的教化制度。

1. 普遍的免费教育

人们在能够谋生、满足了物质需求以后，发展智力与培养品德即成为人们的必需，于是产生了教育体系。据孔子的设想，在一个
083 有八十户的村庄中央，设立一所学校，选举德高望重的男性担任一

① 《中国经典》，第一卷，第146页。

村之"父老"以及学校的老师，而通常情况下，父老与教师由退休的政府官员担任。这样的一所村校被称为地方学校。在每年十月，在农时忙完之后，学校开学，而在每年一月，当农时再次开始时，学校放假。年满八岁的孩子开始上学，在学校进行阅读、写作、数学、地理，以及有关家庭、社会伦理规则方面的学习。这是最普及的教育，是全部高等学校的基础教育。

国家存在不同等级的学校，最低为闾塾，然后依次为党庠、州序、国学，最高级别是大学。闾塾设置在每一村中，党庠设在党（相当于县——译者注），州序设在州，诸侯国的都城，大学在国都。① 上述各级教育机构均是公立学校，遍布于全国各地，并由各级政府管理、维持，而正因为如此，这些学校均为免费教育。尽管以上所论之学校体系可能没有孔教徒们构想中的那么完美，但却真实地存在于古代。在古代，各级公学不仅用作学校，也用作教堂，以及政治集会、社会集会，甚至军事会议的场所。②

关于各级学校教育，凡级别低于大学的学校都被称为小学，大
学入学者的最低年龄限制在15岁，最高年龄限制在20岁。凡古代 084
的各类文明，以及现存社会政治制度均是大学关注、研究的学科主题。《礼记·学记》上说：

> 比年入学，中年考校。一年视离经辨志，三年视敬业乐群，五年视博习亲师，七年视论学取友，谓之小成。九年知类通达，强立而不反，谓之大成。③

① 《礼记》，第十六篇，第83页。

② 《礼记》，第三篇，第220页。

③ 《礼记》，第十六篇，第83—84页。

由引文可见，在针对学生的五次考查中，任何一次，都在两方面对学生进行考查：一为知识；二为品格。如此可见，中国在智力与道德培养之间保持均衡的教育思想始于孔子，并被传承延续；在事实上，孔子的教育思想在不同的历史时期局部地获得了贯彻执行。

2. 社会宗教与信仰自由

准确地说，汉语的“宗教”一词与英语的“宗教”术语并不完全相同。汉语的“教”字意味着教化，因此，它代表着教育与宗教两层意思，汉语里宗教意义上的“教”意味着道德教义，有时它甚至涵盖
085 了整个文明。所以，中国人所说的宗教与其说是道德的、社会的、哲学的，不如说是精神的。因为“教”既意味着教化，也意味着宗教，故而教育机构既是教堂，同时也是学校。据孟子所说，“学则三代共之，皆所以明人伦也”①（《孟子·滕文公上》）。甚至在今天，在遍布全国的孔庙中，其中仍有一高大的殿堂被称为“明伦堂”；而且，中国人以神庙、文庙、学宫的名义称呼孔庙，这就是在井田制里没有教堂的原因，因为宗教的功能被教育涵盖了，父老尽管也是学校的教师，但也如牧师或神父一样。而他们在学校里布道的教义是什么呢？据孟子所论，学校最重要的教义是“申之以孝悌之义”，而学校教育的成效是“斑白者不负戴于道路矣”②（《孟子·梁惠王上》）。因此，我们能看到中国的宗教关注人胜过关注神。的确，孔子的宗教基于社会学，而非神学。是故，中国给予了民众完全的信仰自由，因为对神的崇拜并非中国宗教的实质。

① 《中国经典》，第二卷，第242页。

② 同上书，第131—132页。

在现代,尽管宗教与科学之间存在冲突,但这对孔教而言,却从来并非实情,推究其中缘故,则因孔教基于科学原则。孔子曾经教导他的弟子子路何为知时,说:"知之为知之,不知为不知,是知也。"①(《论语·为政》)在《春秋》中,"存疑"是一条重要的原则。孔教所具有的科学性质,不仅决定了它与其他所有宗教之间的差 086
异,也决定了孔教是最高形式的宗教。正因为如此,中国人能将宗教等同于教育,将教堂等同于学校;而且,也因孔教本身即科学,故而在孔教与科学之间,从未存在任何冲突。

在现代,宗教与政治之间也存在争端,但这对孔教而言,却并不属实。在罗马天主教中,教皇与皇帝一样据有最高的政治权力,而教会组织则成为一个享有政治特权、凌驾于普通民众之上并与普通民众对立的特殊利益阶层。这种状况不合常情,也不公正。因此,教会与国家政府间的冲突随之而生,于是欧美的政治家们将宗教从政治中分离出来。而宗教与政治间的关系,这对孔教而言,又是怎样的局面呢?孔子没有选择特定的继承者,也无人敢称自己就是孔子惟一的继承者。事实上,孔教乃一民主的宗教,在孔教教义中,没有帝王思想。孔子没有将他的信徒与普通民众分开,孔教徒也从不会形成一个享有特殊利益的类似教士的阶层,因此,孔教徒从未获得政治上的特权。尽管在进入政府、担任政府职务方面,士人阶层比普通民众享有更多的权利,但是,这是士人通过接受教育而被赋予的资格,并非通过宗教特权。因此,由于孔教徒从未获得任何政治方面的特权,这决定了国家政权与孔教之间根本不会发生摩擦,因而无需将孔教从政治中分离出来。

---

① 《中国经典》,第一卷,第151页。

此外,基督教乃一纯粹的宗教,与政治并无关系,因此,它可以从政治中分离出来,但孔教则是一复杂宗教,与政治有着密切的联
087 系,因此,孔教从未与国家分离,孔子本人的传教工作大多在宫廷里进行,他教给人们以社会关系,而非神学;他教育弟子不是使他们成为牧师,而是成为政治家与教师,他的教义至少一半是以政治为主题。虽然孔子教义中最优秀部分并未得以遵从,甚至存在背离孔子教义的情况,但尽管如此,整个中国社会是在孔子教义之上建立起来的。总而言之,自有孔教以来,中国从未有将孔教与国家政治分开的时期,除非中国要毁灭她的全部文明。而中国毁灭自己的整个文明,这样不仅不明智,也不必要,而且也不可能,此即孔教的主要特征。

4. 作为民众代表制的教育性选举

关于政治学,孔子非常强调人的力量,他曾说:"文武之政,布在方策。其人存,则其政举;其人亡,则其政息。人道敏政,地道敏树。夫政也者,蒲卢也。故为政在人。"①(《中庸》)

孔子持有这样的政治理论,因此,孔子以为,贤能之人是形成贤明政治的基本。但是,我们怎样才能得到贤能之人呢?教育性的选举制度即是选贤与能的途径。

根据孔子所论,学校不仅是教育体系,也是选举体系;就此而论,学校将政治与教育结合起来。孔子的政治学说是民主的,不容
088 许贵族政治。《礼记》说:"天子之元子,士也。天下无生而贵者也。"②在《春秋》中,孔子否认贵族的世袭权利,而以教育选举制替

① 《中国经典》,第一卷,第405页。

② 《礼记》,第九篇,第438页。

换贵族世袭制。[①] 在那时的社会生活里，这是革命性的思想，并在董仲舒（孔子纪元412年，或公元前140年）的建议下得以实现。根据《礼记·王制》记载，“王大子、王子、群后之大子、卿大夫元士之适子、国之俊选，皆造焉。凡入学以齿。”[②]荀子说：“虽王公士大夫之子孙也，不能属于礼义，则归之庶人。虽庶人之子孙也，积文学，正身行，能属于礼义，则归之卿相士大夫。”[③]简而言之，在孔子的思想体系里，没有阶级差别，而在社会地位上，教育是惟一起决定作用的力量。我们可以说存在受教育的贵族，但这样的贵族统治是不可避免的，除非人的特质生而平等。为了让每个人享有同等的机会，人类力量惟一能做的是使教育普遍并免费，这就是孔子的途径。

孔子融政治学与教育学为一体的方式大致如下：闾塾最好的士被选送到党庠；党庠最好的士被选送到州序；然后再到国学。每 089
隔三年，诸侯从国学中选送最好的士到天子处，让他们在大学学习，大学最好的士被称为“大成”，假如这些“大成”的操守与能力同等，那么，将以箭术为标准，以决其高下，然后，授予他们爵位。按照这样的方式，士人们凭借自己的能力获得升迁，而天子通过考绩的方式对士人进行考察并授予其官职[④]，而这样一套体制被称为教育性选举。

教育性选举制度也被称为代表制度，因为从民众中选拔的士人变成了高级官员，所以，各级学校是真正选举人民代表的地方。选举在学校中进行，因此，所选举的代表被局限在士人群体中，而

① 《春秋穀梁传》，隐公三年。

② 《礼记》，第三篇，第233页。

③ 《荀子》，第九篇。

④ 《春秋穀梁传》，宣公十五年，等等。

接受教育是惟一被当选的资格，这样，教育考试替代了普选权。但选择接受教育作为获得选举的资格，这比选择其他任何作为标准都更好，尤其是当教育处于普遍免费的情况时。这样的选举方式，尽管没有民众的投票，但也不会远离民众的感情，因为所选之人均是最优秀的士人。士人们来自不同的政治区域，尽管他们对所在地区没有法律上的责任，但在总体上，他们应该被视为全体民众的代表。在《尚书大传》①里提到了这样的士人选举，“诸侯贡士，所
090 以示尊贤共治，示不独尊，重民之至也”。

上述提到的是孔子的理想制度，而该制度已基本付诸实践，并在发挥作用。尽管代表制度并非孔子所描绘的那么完美，但是，古人实践了代表制度，这是事实。《周礼》上说：“此谓使民兴贤，出使长之；使民兴能，入使治之。”②“出”之意为越出其州的中央政府，“入”指地方政府，“长”指代表。古时候，士同时是农民，因而农民易于选士担任代表。在《诗经》里，就描述了一位王子如何到田间主持选举的情形。《诗经》上说：“今适南亩，或耘或耔，黍稷薿薿。攸介攸止，烝我髦士。”③从这首诗中，我们认识到，尽管选举代表由政府控制，但身处学校之外的农民，依然有权选举他们的代表。

就历史的角度而论，由民众选举的代表制度演变为由政府主持的通过科举考试而进行的选拔。但尽管存在这样的演变，通过科举考试的士人仍然具备代表的资格，因为通过考试的士人，其人数与其所在州的人口数、税收总数成一定的比例，我们因此可以说，中国那时有代表制度。但重大的麻烦是，中国的代表制度没有

① 秦朝博士伏生所撰，《尚书大传》是《书经》中最古老、最伟大的权威。

② 《周礼》，卷十二。

③ 《中国经典》，第四卷，第二部分，第377页。

发展形成合法的代表团体组织，以行使最高权力。尽管在中国古 091
代的中央政府机构里设有人民大会①，但令人遗憾的是，并未被很好地合法组织起来。而正因为如此，所选举之代表也仅仅是统治者的顾问而已。

根据孔子的理想，在官员任职之前，接受一次考察选拔；而在官员通过考察、就职之后，每隔三年，又得接受一次政绩方面的考核，因此，并不存在腐败。官员的考核完全建立在民众的理财状况之上，官员在经过三次考核之后，以官员为民众所做贡献的评价为根据，官员或被降级，或获提升。被考核官员规定具备这样的条件——在任职期内使所管辖区域的资本获得增加、劳动条件获得改善。简言之，理财繁荣是优秀政府官员出色治政的惟一检验标准，同时，实现理财繁荣也是接受政绩考核官员的主要任务。何休说："明君案见劳授赏，则众誉不能进无功；案见恶行诛，则众馋不能退无罪。"②可见，该项原则已为现行的法律所采纳。

总之，"代表"一词包括了所有政府官员。尽管（在中国古代政府机构中）存在三种职权——立法权、行政权、司法权——但此三权并未被清楚地划分为不同的部门，因此，士人们，这些从民众中选拔
的代表可以在政府的任何部门任职，而并未被仅限于立法权方面。 092

在孔子思想的影响下，中国的政体已经是帝国民主制，尽管每个人未必都怀抱成为帝王的雄心，但是，人人都有成为宰相的机会。在中国，"布衣宰相"、"白屋公卿"已经成为流行的术语。"布衣"与"白屋"说明宰相、公卿们曾经的穷困环境。在这点上，中国

① 参见《中国经典》，第三卷，第一部分，第41、224、233—234页。夏德（Friedrich Hirth）：《中国古代史》，第124页。《管子》，第五十六篇。

② 隐公三年。

的确已经是世界上最民主的国家了。甚至在美国,在这样一个共和政体的政府里,使一个人拥有选举性的公职,无论该职务多高多低,也存在相当难度,除非他是两大党派中某一党派的活跃成员,才有可能在竞选中获胜。这意味着许多贤能的人被排除在政府之外,进而存在使人失去个性的趋势,并阻止人们获得为公众服务展示他们政治能力的机会。尽管共和制是美国的政体形式,但在这点上也具有非常专横的一面,或者至少有些专制,由此可见,世界上君主政体的政府更是糟糕得多！所有现代欧洲国家、亚洲的日本都只是现在才摆脱贵族统治,而且,在这些国家中的多数,贵族依然是构成政府的主要的基本组成部分,但在中国,随着汉朝(孔子纪元418年,或公元前134年)选举制的出现,中国已经在很大程度上摧毁了贵族统治;而且,自隋朝(孔子纪元1157年,或公元606年)建立进士科考试,贵族就已被完全消灭。今天,所有的贵族头衔都只是名义上的荣誉称号,无论享有什么样的贵族头衔,也不享有与贵族头衔一致的政治权利。贵族头衔带来的惟一的物质利益,即是以津贴形式获得的世袭俸禄。甚至皇室家族成员也不会享有任何政治权利,除非他们是任职的政府官员。任何一位缺乏理财观念的士人,一旦潜心读书,甚至艰难劳作,都可能有希望成
093 为宰相,并在任职期间贯彻他的原则。他不需要在自我宣传上花时间、精力与钱财。

如果中国的统治者总是与孔子所设想的一样优秀、贤能,那么,教育性的选举制度应该是完美的。但是,既然统治者不总是那么优秀,而世界又在不断地前进,所以,中国将从专制政体政府改变为立宪政体。而一旦中国成立了宪政,中国就将出现政党。而一旦中国有了政党,中国就将出现党派竞选,现代贵族就将在中国成

长。但是,因为教育性的选举制度对中国而言是特有的制度,因此,中国应该继续保持自己最好的方面,并吸取邻国制度的精华,抛弃其弊端。如果延伸、扩大民众选举权原则到一个适当的度,那么,中国将会出现一种超越美国行政机构改革者最热切希望的政府体制。

孔子的选举制度是破坏阶级利益的主要武器,这为法国重农主义者所重视,作为国家政治的理想,法国的重农主义者并不认为政治统治的典范是瑞士、英国,而是中国。[①] 其原因在于:在其他国家,并非所有人的个人利益都被放在首位。在英国,一方面,政治体制给予商人太多的权利;而另一方面,民主又给予社会下层太多的权利;贵族统治将更多的权利给予了社会上层。唯独在中国,没有一个阶层占据优势地位。关于这一点,法国重农主义者的观点极为正确。毫无疑问,魁奈正在做理论推定,因为中国离魁奈是那么的遥远,他对中国的状况也知之甚少,所以他以中国为进行理论推定的 094
范例,但在这样的情况下,其理论的正确性却得到了事实的证明。

08　理财学与伦理学

I　作为伦理学基础的理财学

在孔教体系中,有两项重要的教义,其一为爱,或者仁;另一称

---

① 参见魁奈(Francois Quesnay,1694—1774)的《论中国的专制主义》,在 1767 年最初载入《公民记事历》,后载于《魁奈全集》,翁肯(Onchen)编辑,1888 年,第 563—660 页。

为义,或者正义。根据汉语语源学,我们颇为有趣地注意到,“仁”一字源自“人”或“他”,而“义”一字,则源于反身指自己的词语“我”。因此,“仁”本来的含义,系指人与人之间的关系,而“义”本来的含义则指自我的某方面。我们仁爱其他人,但我们要证明自己是正当的、是有德者;根据道德的最高标准,我们必须严格地自我约束、自我控制;而就通常的人性要求而论,我们则要博施济众、宽以待人。孔子说:“是故君子议道自己,而置法以民。”①对自己,孔子将道德教义置于理财活动之上,在某些情况下,舍生取义;但就整个社会而论,孔子将理财活动置于道德教义之上。

《论语》对上述原则做了最好的举例说明。据《论语》所记,一次,冉有驾马车陪孔子去卫国,孔子说:“庶矣哉!”冉有问孔子:“既
095 庶矣,又何加焉?”孔子回答说:“富之。”冉有又问:“既富矣,又何加焉?”孔夫子说:“教之。”②(《论语·子路》)

无论民众是多是少,在能够教化民众以前,必须使其富裕起来,此即为孔子关于理财活动是伦理活动基础的一般原则。《诗经》将“饮之食之,教之诲之”反复三遍③,其用意即在此。

孔子为官员与士人阶层、广大的庶民阶层规定了两条原则,分别为:位居社会上层的官员与士人,伦理活动先于理财活动;而处于社会低层的庶民阶层,则是理财活动先于伦理活动。而如果我们从一开始就清楚地懂得孔子的原则,那么,我们将避免对该原则在理解上的混乱。孔子说:“君子喻于义,小人喻于利。”④(《论语·

① 《礼记》,第二十九篇,第333页。
② 《中国经典》,第一卷,第266—267页。
③ 《中国经典》,第四卷,第二部分,第418—420页。
④ 《中国经典》,第一卷,第170页。

里仁》）孔子在此所谓之“君子”与“小人”，系指他们的社会地位。董仲舒极其清楚地表述了该理论，董氏说：“夫皇皇求财利常恐乏匮者，庶人之意也；皇皇求仁义常恐不能化民者，大夫之意也。”①当然，董氏所论，仅仅停留在理论层面，而非属确凿事实。而我们必须明白的是，在孔子看来，存在两个社会阶层，孔子分别为不同的社会阶层提出了不同的准则。一方面，孔子禁止社会上层“君 096
子”——从皇帝到士人追逐私利，他们在理财活动上必须受到伦理活动的限制；而另一方面，孔子准许社会下层——广大民众谋取利益，并认为民众应该谋利。因此，对于治理社会，孔子将致力于民众的理财活动视为首要考虑之事。《大学》这样描述一个好政府治理社会的效果，“小人乐其乐而利其利”②。我们可以肯定，在孔子的改革计划中，理财进步是首要之事。③

然而，不幸的是，由于宋朝的孔教徒们完全未理解孔子的原则，他们甚至认为孔子反对谈论利，孔子教义在现实世界中的重要性因此被忽视了，中国人因需要理财改革而遭受了大量的痛苦。宋朝的孔教徒之所以犯下如此大错，其原因在他们误解了以下两段孟子与董仲舒的阐述。孟子对梁惠王说：“王何必曰利？亦有仁义而已矣。”④（《孟子·梁惠王上》）董仲舒告许江都王说：“夫仁人者，正其义，不谋其利，明其道不计其功。”⑤这完全是为了仁而论仁。就孟子与董仲舒两段话而言，非常精辟，但他们并未表达理财

① 《汉书》，卷五十六。
② 《中国经典》，第一卷，第364页。
③ 《中国经典》，第二卷，第131页。
④ 同上书，第126页。
⑤ 《汉书》，卷五十六。

097 应被完全忽视的意思。孟子与董仲舒皆有自己的著作，我们甚至可以从本书的相关引文中发现他们的理财原则。以上所征引的两段文字，是孟子和董仲舒与国王、诸侯的对话，如国王与诸侯这样身份的人，孔子当然禁止他们言私利。而我们决不期望对每个人均使用同样的原则，我们为什么一定要将上述两段陈述应用到每个人身上呢？在宋之前，孔子、孟子、董仲舒，甚至任何一位重要的孔教徒，他们从未说过民众禁止言利。此外，宋朝的孔教徒没有区分公利与私利，乃至公利与私利一并被忽略而不予考虑，这一直是中国理财发展上的一大障碍。

Ⅱ　理财学与伦理学的协调

宋朝的孔教徒之所以害怕言利，其原因在于他们在义利之间作了过于明显的区分，他们认为义利之间必然相互对立，但真正的孔教协调了理财学与伦理学，并认为义利一致。孔教以为真正的利拥有义，而与义抵触的眼前利，从长远视之，它根本就不是利。义与利，这两名词在本质上是一样的，只是用了不同的术语表达而已。

孔子生活在封建时代，他通常与诸侯交谈。在与诸侯交谈时，孔子不喜欢提到“利”，但他使用“义”替代“利”。我们知道，诸侯通常关心利，而不在乎义；关心财富，而不在乎美德；那么，为什么孔子必须与他们讨论利，而不是义呢？但如果孔子仅对他们说义的益处，而不指出义即是利，那么，他们不会信任孔子的说教，也不会在现实中践行义。因此，孔子非常清楚地指出义即是真正的利，不惟如此，孔子还明确指出，看重眼前利益，只是自取灭亡的政策。

《大学》阐明了义与利的原则，“是故君子先慎乎德。……德 098
者，本也；财者，末也。外本内末，争民施夺。是故财聚则民散，财散则民聚。是故言悖而出者，亦悖而入。货悖而入者，亦悖而出……仁者以财发身，不仁者以身发财。未有上好仁而下不好义者也，未有好义其事不终者也，未有府库财非其财者也”。

为了解释国家真正的利不是金钱上的利，而是义，《大学》引用了鲁国大夫孟献子的话“与其有聚敛之臣，宁有盗臣”，确切地说，丢掉财富确实比丢掉正义更好一些。

最后，《大学》得出如下结论：“长国家而务财用者，必自小人矣。彼为善之，小人之使为国家，灾害并至。虽有善者，亦无如之何矣！此谓国不以利为利，以义为利也。”①

孟子也表明了与《大学》同样的原则，当孟子见梁惠王时，他首
先避开了梁惠王提到的利，并向梁惠王提出仁与义，然后，孟子指 099
出，就一般意义而论，利并不是一种利，如果国君、大夫、士人与庶人，上上下下交相牟利，那么国家就危险了。孟子又说：“苟为后义而先利，不夺不餍。”

孟子接着开始谈论真正的仁义之利，说：“未有仁而遗其亲者也，未有义而后其君者也。”②（《孟子·梁惠王上》）

以上《大学》所论与孟子所言，尽管二者所针对者是诸侯或政府，然而，义即是利的原则却对全人类有效。中国人以义为利的原则作为理财学的基本准则，并将其付诸日常实践中，此即为中国商人具有最高道德标准的原因所在。事实上，“诚信为本”，如果义不

---

① 《中国经典》，第一卷，第375—381页。

② 《中国经典》，第二卷，第125—127页。

是利，那么人的道德将与禽兽一般，低下卑劣。但在今天，人类进步已经发展至现阶段，并已证实了义即为利的原则，事实是我们越诚信、正义，我们将越繁荣昌盛。

既然义即为利，那么，为什么孔教徒使用利一词不如义一词那么频繁呢？人性本已自私，社会也早已成了追逐利的社会，人们与生俱来知晓狭隘意识上的利，因此实在不需要任何更多的关于利的说教。倘若如孔子这样伟大的导师频繁地谈论利，那么，这将促
100 使人们更多地考虑利，更少地关注义，他们将关心钱财的多寡甚于品质的优劣，以孔子教义为自己辩护，并以孔子之言作为自己逐利的托辞。因此，孔子罕言利，而用义替代利。亚当·斯密极好地解释了这一观点，他说：

> 最有益于社会的人类思想准则，决不天然被标明为尊贵之物，饥饿、干渴与性激情是对人类物种的巨大支撑，但是，对其作出表示却会引起轻蔑。同样，那些促进买卖、易物和贸易发展的思想原则，尽管构成了艺术、商业和劳动分工的基础，但却不以任何友好的语言表明……其简单的原因在于这些原则如此强烈地植根于人类的天性中，乃至于他们不需要更不具说服力的虚弱原则（如慷慨等）所需要的外在力量。①

此外，社会之利与社会之义是协调一致的，尽管个体之利却总与个体之义冲突对立。孔子说："不义而富且贵，于我如浮云。"②

① 《亚当·斯密文集》，第232页。

② 《中国经典》，第一卷，第200页。

(《论语·述而》)孔子承认在毫无正义原则下,存在一些个体之利。阳虎,这位在孔子时代的坏官员,孟子却引用了他的话,“阳虎曰:‘为富不仁矣,为仁不富矣’。”[①](《孟子·滕文公上》)可见,孟子认为在理财所得与伦理原则之间,有时存在矛盾冲突。所以,孔子得出结论说“见得思义”(《论语·子张》)[②],“临财毋苟得”[③]。 101

Ⅲ　在理财活动与伦理活动间的选择

理财学与伦理学,尽管二者在原则上最终会协调、走向一致,但在某些情况下,理财活动与伦理活动并不能兼顾、共存,二者必取其一。因此,我们看看孔子如何在理财与伦理之间做出选择。

子贡向孔子请教怎样治理政事,孔子回答说:“足食,足兵,民信之矣。”子贡问:“必不得已而去,于斯三者何先?”孔子说:“去兵。”子贡又问:“必不得已而去,于斯二者何先?”孔子回答说:“去食。自古皆有死,民无信不立。”[④](《论语·颜渊》)

孔子与子贡间的对话极其重要,也非常有趣,子贡所问与夫子所答,二者均极为合情合理。在这段对话中,“食”一词包括全部的理财活动;“兵”一词,包含了所有的军事力量与武器装备;“信”一词包含了所有的宗教与伦理活动。到目前为止,就我们所看到的,孔子重视理财活动,并将理财活动视为社会生活的首要之务,甚至就在上述的对话中,他也将“食”放在其他两项因素之前。但当理

① 《中国经典》,第二卷,第240页。
② 《中国经典》,第一卷,第314页。
③ 《礼记》,第一篇,第62页。
④ 《中国经典》,第一卷,第254页。

财活动与伦理活动不能同时兼顾、并存时，牺牲掉的必须是理财活动，此策略看似愚蠢，并属不可行的理论，而且，该举措似乎与孔子
102 的原则——理财活动必须先于伦理活动的原则自相矛盾，但事实上，理财与伦理，二者在此有着高度的一致。在人类社会的最初阶段，民众对“信”知之甚少，他们迫切需要的是“食”，在他们满足对“食”的需要之前，假如你与他们谈论任何与“食”无关的话题，诸如宗教，或者伦理学，他们将不会听信于你。因此，“食”必须先于一切事务而存在。而当人类社会进入高级阶段后，当人们已经建立起与国家同等高度的社会组织时，他们必须了解“信”，因为“信”是维系社会最强有力的纽带。如果获取“食”是人们惟一的目标，那么，逃避死亡即是他们的最高理想，为了他们最卑微的私心，他们会不择手段地做任何事情。没有“信”，这世界将荒芜一片，人与人之间没有信任、尔虞我诈、相互为敌，社会不复存在，作为个体的人最终也灰飞烟灭，仅有最强者能存活下来。民众最初牺牲信念以躲避死亡，但最终他们将因缺失信念而一起灭亡。在“信”与“食”之间，孔子这样的伟大导师一定是宁愿选择信念，换句话说，他必定选择有信念的死，而不会选择没有信念的生。“食”是维系、团结社会组织的主要手段，而信念则是保持社会组织的决定性方面，孔子这两条理论并不矛盾，因此，这样的策略既真诚又睿智，而且切实可行。

为了表明伦理活动胜于理财活动，孟子援引了这样一个具体的例子，以表明人人均具有这样的道德自觉，孟子说：

> 鱼，我所欲也，熊掌，亦我所欲也，二者不可得兼，舍鱼而取熊掌者也。生亦我所欲也，义亦我所欲也，二者不可得兼，

> 舍生而取义者也。生亦我所欲,所欲有甚于生者,故不为苟得
> 也;死亦我所恶,所恶有甚于死者,故患有所不辟也。……是 103
> 故所欲有甚于生者,所恶有甚于死者。非独贤者有是心也,人
> 皆有之,贤者能勿丧耳。一箪食、一豆羹,得之则生,弗得则
> 死,嘑尔而与之,行道之人弗受;蹴尔而与之,乞人不屑也。①
> (《孟子·告子上》)

即使是路上的行人、乞丐,他们也在乎他们的个人声誉,即便在妨害、危及其生命时,他们也要保持个人尊严,孟子的这段陈述极其真实。因此,事实上并不存在这样的人,他们被称为纯粹的理财人,伦理动机与理财动机同样植根于人类的本性之中,而正因为如此,我们能够协调人类的伦理活动与理财活动。

Ⅳ　接受财富

当我们讨论理财学与伦理学时,其中重要的问题即是财富的接受。因为人生活在社会中,他们在日常生活中一定会接受或给予财富。但是,管理接受与给予财富的原则是什么呢?关于此问
题,我们最好看看孟子的说教。关于授受财富的原则,孟子说:“可 104
以取,可以无取,取伤廉;可以与,可以无与,与伤惠。”②(《孟子·离娄下》)还有一次,孟子说到伊尹:“非其义也,非其道也,一介不以与人,一介不以取诸人。”③(《孟子·万章上》)可见,无论接受财

① 《中国经典》,第二卷,第411—413页。

② 同上书,第328页。

③ 同上书,第362页。

富还是给予财富，孟子均希望民众在合乎“大义”、“大道”的原则中进行，愚蠢的慷慨与不明智的施舍都不为孟子所赞成。

然而，管理接受财富的原则比管理给予财富的原则更为重要，因为人的本性太贪婪，而不是太慷慨。对于接受财富，孟子提出了一般原则，孟子认为，“非其道，则一箪食不可受于人；如其道，则舜受尧之天下不以为泰”①(《孟子·滕文公下》)。由是可见，接受财富，不以其多少来确定接受与不接受，而必须以是否合乎道义为准则、必须受制于道义。

然而，在接受和给予财富时，确定什么合乎道义、什么不合乎道义，此为最大的困难。关于此，没有一确定的规则，但我们可以参照具体的个案，并以之为范例。孟子在齐国时，齐王馈赠他上等金一百镒(二百两)，孟子拒绝了。但是，当孟子在宋国时，宋君馈赠他金1400两，孟子却接受了；此外，在薛邑，薛君馈赠他金1000两，孟子接受了。孟子的弟子陈臻问，“前日于齐，王馈兼金一百而不受；于宋，馈七十镒而受；于薛，馈五十镒而受。前日之不受是，则今日之受非也；今日之受是，则前日之不受非也，夫子必居一于
105 此矣”。孟子曰：“皆是也，当在宋也，予将远行，行者必以赆，辞曰‘馈赆’，予何为不受？当在薛也，予有戒心，辞曰‘闻戒，故为兵馈之’，予何为不受？若于齐，则未有处也。无处而馈也，是货之也，焉有君子而可以货取乎？”②(《孟子·公孙丑下》)这些具体的事例显示了接受与拒绝财富的原则。

关于接受财物，孟子与其弟子万章之间曾发生过一场很有趣

① 《中国经典》，第二卷，第269页。

② 同上书，第215—216页。

的讨论，孟子的观点是，当馈赠者以合情合理的缘由、以适当的方式提供礼物时，甚至连孔子也会接受赠送。万章说，“今有御人于国门之外者，其交往以道，其馈也以礼，斯可受御与？”对万章的问题，孟子的回答当然是否认的。万章继续说，“今之诸侯取之于民也，犹御也。苟善其礼际矣，斯君子受之，敢问何说也？”很显然，万章在话语中影射孟子本人。孟子回答说：“子以为有王者作，将比今之诸侯而诛之乎，其教之不改而后诛之乎？夫谓非其有而取之 106
者盗也，充类至义之尽也。孔子之仕于鲁也，鲁人猎较，孔子亦猎较。猎较犹可，而况受其赐乎？”①（《孟子·万章下》）

根据孟子的推论，我们可以接受合乎情理并以礼貌方式提供的礼物，也不必将绝对的义的观念推至极端。比如说，我们可以接受垄断者以礼貌方式给予的捐赠物，我们也没有必要把垄断者视为强盗。尽管垄断者可能收受了完全不属于他的财物，但我们也不能称他为强盗，因为目前社会的整体结构并不理想。在现在的情况下，我们不能根据理想的标准判断每个人。我们需要首先改变环境本身。这就是孟子的解释，同时，可能也是孔子的原则。

V　与理财动机直接对立的三条教义

在孔子教义中，有若干伦理学的主题，然而，我们在此将其完全搁置一旁，而仅注意与理财动机直接对立的三条孔子教义，并对其进行分别讨论，依次如下：一、命运之教；二、名声之教；三、灵魂之教。此三者，皆为孔子极其重要的教义。

---

① 《中国经典》，第二卷，第379—383页。

1. 命运之教

为了理解命运之教，我们首先必须问“命”一词本身的含义是什么，孟子曾经这样定义“命”，“莫之为而为者天也，莫之致而至者命也”①(《孟子·万章上》)。我们注意到，在孟子的话语中，“天”
107 与“命”可以互换。根据《孝经纬》所论，“命有三科，行善得善曰受命，行善得恶曰遭命，行恶得恶曰随命”。所以，孟子说：“莫非命也，顺受其正。”②(《孟子·尽心上》)更确切地说命运一词具有三方面含义：从宗教的角度论命，命运是超自然的力量，预先决定万事万物；从哲学的角度论命运，它是必然律；从伦理的角度论命运，它是在适当之时、以正确之方式、行正确之事，命运是正确的原则。而孔子的命运之教也包含此三点，因此，孔子也说，“不知命，无以为君子也。”③(《论语·尧曰》)

在相信命、淡泊于获取财富方面，孔子以己为例。孔子说，“富而可求也，虽执鞭之士，吾亦为之。如不可求，从吾所好。”④(《论语·述而》)孔子所谓“所好”，是研究真理，而非追求财富，因此，孔子又说：“生死由命，富贵在天。”⑤(《论语·颜渊》)“天”与“命”，是由不同用语表达的同一存在。

既然人的命运由天定，人性也由天赋予，那么，当人的本性有所欲望而其命运却不能满足——二者存在矛盾时，我们该如何协
108 调这样的冲突呢？根据孔子所论，人应该使其本性服从命运。孔

① 《中国经典》，第二卷，第359页。
② 同上书，第449页。
③ 《中国经典》，第一卷，第354页。
④ 同上书，第198页。
⑤ 子夏引述，同上书，第252—253页。

子说："命以坊欲。"①因为人类植根本性中的欲望太多，且完全不受任何因素约束，因此，为了阻止人的非法野心与削减无止境的贪欲，孔子宣称，命在天，且超越人类力量。孟子也表达了同样的原则，孟子说："口之于味也，目之于色也，耳之于声也，鼻之于臭也，四肢之于安佚也，性也，有命焉，君子不谓性也。"②（《孟子·尽心下》）

孟子认识到人性是什么，但他教育人们尊敬命运，不要借口为追求本性满足而申辩，因此，命运之教是直接调节理财欲望的伦理教义。

由命运之教中衍生出两种策略，第一种属消极、被动、顺其自然地获取每样东西，并不走险径，该种策略主要为了削弱人们的理财欲望，尤其是个体的理财欲望。因为对于个体而言，如果他遵循自然，并不试图通过不正当的手段获得任何东西，那么，他将在物质欲望上放松心智，并享受巨大的快乐。《易经·系辞》说君子"乐天知命，故不忧"③，此即乐观主义的观点。相反，如果人不相信命运的存在，他将成为激情的奴隶、财富的猎人。因此，孔子说"故君 109
子易以俟命，小人行险似徼幸。"④（《中庸》）

但我们必须明白，而且认识到消极、被动之策略并未将自助排除在外。假如一个人死于尽责任，那是正常的命运；但是，当一个人因他自已的过失而死，那就是不正常的命运。因此，孟子说："是故知命者不立乎岩墙之下。"⑤（《孟子·尽心上》）因此，根据礼的

① 《礼记》，第二十七篇，第284页。
② 《中国经典》，第二卷，第489页。
③ 《易经》，第354页。
④ 《中国经典》，第一卷，第396页。
⑤ 《中国经典》，第二卷，第450页。

110 原则，那些或者因为不够聪明未能逃脱非正常攻击而死或者因为被一些危险物体砸死、再或者因为疏忽而溺死者，都不该得到哀悼[1]。诚然，假如人不自助，命运也绝不会向他伸出援助之手，不惟如此，他还将因自己的过错受到命运的惩罚。尽管命运是人尽其人事以后发生作用的最后决定因素，但是，命运对粗心之人不会有碰巧性机会。“信仰上帝也要做好准备”，这是等待命运的真正含义。知命之人与不知命之人，存在于二者间惟一的区别是：前者是合乎道德地、合法地、合情合理地做任何事，而后者则正好相反。命运并未使人们什么也不做地消极等待，孟子说：“君子行法以俟命而已矣。”[2]（《孟子·尽心下》）

由命运之教衍生出的第二种策略，乃是积极的、主动的、相信自己的原则，对周围一切不予考虑。这主要为了履行道德责任，在社会事务方面尤其如此。在社会关系与社会环境下，通常情况而言，人们很难贯彻自己的道德原则，因为有命存在。但我们必须真实地面对我们的本性，不能借口这是命而使自己气馁。[3] 孔子的精神是明知其不可为而为之[4]，他承担起改良世界的责任，并为之竭尽其全部的精神力量，此即“安身立命”之原则。

因此，积极的原则并非忽视命运，相反，而是相信命运，这样的信仰使人的性格极其坚强。孔子在卫国时，住在卫国一位知名人士颜雠由家里，但是，“卫之嬖大夫，”弥子，通过孔子的弟子（子路——译者注）转告孔子，“孔子主我，卫卿可得也”，孔子回答说

---

① 《礼记》，第二篇，第131页。

② 《中国经典》，第二卷，第496页。

③ 同上书，第489—490页。

④ 《中国经典》，第一卷，第290页。

“有命”。孟子对此做如下评价：“孔子进以礼，退以义，得之不得，曰‘有命’。”①(《孟子·万章上》)

当孔子得知鲁国的一位官员公伯寮，在大夫季孙氏面前诽谤子路时，说：“道之将行也与，命也；道之将废也与，命也。公伯寮其如命何！”②(《论语·宪问》)所以，命运之教使人更坚定地相信自己的原则，绝不会因任何身外因素而动摇，即使在生死抉择关头，也不能影响其对原则的坚持，而正因为如此，获得官职与获取财富 111
又如何能影响其对原则的坚持呢？孟子说：“殀寿不贰，修身以俟之，所以立命也。”③(《孟子·尽心上》)每个人均有其命运所在，如果他不相信命，那么，他将心志不宁，并因外界微小之事而轻易改变原则，不惟如此，他会毁掉之前已做成的事，此即为缺乏自信。因此，命运之教不仅有益于那些履行其道德原则者，也有益于那些继续开展理财事务者，命运之教确实适用于日常生活问题。

命运之教为道家所接受，但为墨家所拒绝。尽管墨子撰有三篇(《非命》上、中、下——译者注)文章反对孔子的命运之教，但却未能抓住任何要点以攻击命运之教。墨子认为“若信有命”，则“王公大人怠乎听狱治政，卿大夫怠乎治官府”，“农夫怠乎耕稼树艺，妇人怠乎纺绩织纴”④，然而，墨子所论根本不是孔子所谓之命运之教。

2. 名声之教

命运衍生出的第二条与理财动机直接对立的原则是名声之

---

① 《中国经典》，第二卷，第365页。

② 《中国经典》，第一卷，第289页。

③ 同上书，第449页。

④ 《墨子》，第三十七篇。

教。个人名声鉴定其人格，一个人所在乎的不仅是他的名声，而且还在乎使其名声远扬的功绩。孔子曾说：“君子疾没世而名不称焉。”①(《论语·卫灵公》)既然人的名声是其功绩的永恒伴随物，那么，就不会有人在其名声被遗忘后还可能成为君子，因此，对君
112 子而言，名声是必需的，但这并不意味着他要从他人处攫取，而必须经由自己的努力为自己挣得名声。为此，孔子又说：“立身行道，扬名于后世，以显父母，孝之终也。”②(《孝经·开宗明义》)从这段论述，我们可以看到孔子将个人名声视为道德活动的最后目标。司马迁说，“立名者行之极也。”③

名声之教使民众的伦理动机强于理财动机，并使民众因对美德的坚持、执着而无视他们的理财状况。孔子说：

> 富与贵，是人之所欲也；不以其道得之，不处也。贫与贱，是人之所恶也；不以其道得之，不去也。君子去仁，恶乎成名？君子无终食之间违仁，造次必于是，颠沛必于是。④ (《论语·里仁》)

上述所论，乃是直接抵制理财欲望的伦理教义。我们所必须坚持的是仁爱的美德，而对美德的坚持成就个人完美的名声，因此，我们必须矢志于仁爱的美德，绝不嫌贫爱富，这就是成就名声的途径。

---

① 《中国经典》，第一卷，第300页。
② 《东方圣书》，第三卷，第466页。
③ 《汉书》，卷六十二。
④ 《中国经典》，第一卷，第166页。

对富有的渴望与对贫穷的憎恨，二者皆为人类极其强烈的行为动机，那么，孔子如何使人们漠视这两种极其强烈的情感并关注他们的名声呢？为了宣扬名声之教，我们不仅需要道德论，同时也 113
需要历史事实，因此，孔子罗列历史事实，以历史事实说明名声独立于财富而存在，名声比财富更持久、更重要。孔子说：

> 齐景公有马千驷，死之日，民无德而称焉。伯夷叔齐饿于首阳之下，民到于今称之。其斯之谓与？[①]（《论语·季氏》）

富有的诸侯注定有死亡之日，在其死后，其拥有之财富于他自己而言，不再有任何用途；但是，伯夷、叔齐，这两位首阳山下的饿死者，却凭借其名声而长久地活着，此即名声比财富远具价值的明证。当人在名声与财富间抉择时，人不应该自我蒙蔽而选择财富，因此，贾谊（孔子纪元352—384年，或公元前200—前168年）说，“贪夫殉财兮，烈士殉名。”[②]

或许有人说，名声之教建立在自私的人性基础之上，而且，名声之教也不是伦理学的最高准则，此说看似几分正确，但我们必须对此做进一步的讨论。人们对名声的追求、关注，也许是自私的一种形式，但无论伦理原则多么的完美，我们不可能摆脱人们在追求名声意义上的自私。最高伦理原则也是为了美德的美德。孔子说：“志士仁人，无求生以害仁，有杀身以成仁。”[③]（《论语·卫灵公》）这就是人的最高境界。但是，当我们追问为什么“志士仁人”

---

① 《中国经典》，第一卷，第315页。

② 《史记》，卷八十四。

③ 《中国经典》，第一卷，第297页。

114 牺牲他们的生命以成仁时,我们必定会得到这样的解释,"志士仁人"以这样的方式满足他们的伦理需要。伦理需要是"志士仁人"难以抵制的一种感情,而为了满足这种感情需要,他们甚至以牺牲生命为代价。这或许就是自私,但是,我们如何能超越自私呢?事实上,人是有感情、有欲望的动物,从这点来说,并不存在绝对无私的人,除非他不是人。

人们常常急于谋取利益,如果没有唤醒人们的伦理兴趣,孔子就不能减弱人们的理财吸引力,因此,孔子鼓吹名声之教以替代理财谋利。人性如此脆弱,就人性本身而论,如果不能以"名声"与"利"的形式有所获,那么,人们并不愿意做善事。孔子说:"无欲而好仁者,无畏而恶不仁者,天下一人而已矣。"接着又说:"仁者安仁,知者利仁,畏罪者强仁。"[①]我们不希望所有的人成为没有任何利益追求、实践美德的慈善家,我们将给予那些实践美德者一些回报,假如我们教导民众不要谋利,同时,也拒绝他们获取名声,那么这太残酷、太不公平,人类社会也将因此丧失进步。因此,为了将
115 人们从理财世界引导至伦理世界,并给予他们以好名声的伦理所得,孔子建立起了名声之教。

依孔子所论,人的名声具有两种用途:一种用以表彰,另一种则用以惩罚。在《春秋》中,孔子运用自己的或褒或贬的权威,借用名声的效用,对上自天子、下至庶民,或者予以赞扬,或者给予谴责。当孔子褒扬某人时,尽管仅此一赞美之词,其声誉也胜过天子的显位;同样,当孔子谴责某人时,即使仅一词之责,其惩罚之严厉也胜过死刑。因此,说到武王时,孔子说:武王最终并未在世间丧

① 《礼记》,第二十九篇,第332—333页。

失其英名。① 孟子说，“名之曰幽、厉，虽孝子慈孙，百世不能改也。”②(《孟子·离娄上》)因此，怀抱着获得声誉之希望，以及害怕做错事而背负恶名之忧虑，所有这些驱使、激励着民众行善施仁。这阐明了名声之教的有用性。

道家破坏了名声之教，老子提出了以下的问题：“名与身孰亲?”③老子认为个人生命比个人声誉更为可贵，我们不应以伤害生命为代价而获得声誉，道教以自我为中心，而杨朱将自我推到极致，杨朱的原则是：不论一个人多么好，或多么坏，人人均必须面对同样的结局——死亡，仁者在其身后享有好的名声，但在他们活着的时候，他们失去了快乐；而与此相反，在死后声名狼藉的不仁之人，当其活着之时，却满足了欲望、享受了快乐。美好的声誉与令人唾弃的恶名对于死者与对于树干、冰冷的泥土一样没什么区别，人死后一无所知，既不知道被赞扬，也不知道被谴责。那么，名誉如何能给腐烂的尸骨带来益处呢?④ 这样的说教是极端的伊壁鸠 116
鲁学说，它直接反对孔教，但孟子将其一扫而空。

3. 灵魂之教

与理财动机直接对立的第三条孔教教义为灵魂之教。就灵魂一词，我们在此必须列出其同义词。在《大学》中，灵魂也被称为“明德”；在《中庸》中，灵魂被称作“天命之性”、“德性”、“诚”和“真挚”；在《礼运》中，灵魂是“知气”；在《易经·系辞》中，灵魂为“精气”；在《孟子》中，灵魂是“浩然之气”、“良知”、“良心”、“本

① 《中国经典》，第一卷，第400页。
② 《中国经典》，第二卷，第293页。
③ 《道德经》，第四十四章。
④ 参见《中国经典》，第二卷，第93—97页。

心”和“心”。依据孔教,我们可以从伦理与宗教的角度对灵魂进行考察。从伦理角度而论,灵魂是活人心中最完美的部分;从宗教观点论之,灵魂是人死后与其肉身分开者,同一灵魂,其区别仅在于:灵魂存在于人之生前与死后不同的生命时期而已。如果我们能自道德之途径,在生前善养、保有我们的灵魂,那么,在我们身后,我们将在天堂保住我们的灵魂,身虽死而魂不灭;但是,假如我们在生前不能以正确之途径善养、保有我们的灵魂,那么,在我们身后,魂散而游魂为变。①

为了与理财动机形成对照,我们仅从伦理的角度入手,以讨论灵魂之教。而就这点而言,孟子的教义最契合我们的要求。孟子常常使用“心”一词,而不使用“灵魂”一词,但心与灵魂,二者之意相同。孟子首先指出,人对精神的需要与对物质的欲望一样强烈。为了阐明此原理,他指出口对于滋味有相同的嗜好,耳对于声音有相同的听觉,眼对于容貌有相同的美感。而人的内心就独独没有
117 相同之处吗?人内心的相同之处又是什么呢?是理与义。因此,理与义愉悦我们的内心犹如最好的食物愉悦我们的口味一样。②

接下来,孟子说明人的灵魂比其身体更为重要。孟子说:“人之于身也,兼所爱。兼所爱则兼所养也,无尺寸之肤不爱焉则无尺寸之肤不养也。……体有贵贱,有小大。无以小害大,无以贱害贵。养其小者为小人,养其大者为大人。……饮食之人则人贱之矣,为其养小以失大也。”③(《孟子·告子上》)

孟子以“贵”与“大”喻指灵魂,而“贱”与“小”喻指肉体。人必

① 《易经》,第354页。

② 《中国经典》,第二卷,第405—407页。

③ 同上书,第416—417页。

须既爱他的肉体，也爱他的灵魂，两者均应该得到善养。但人必须培养灵魂重于养育肉体，小人关心肉体胜过灵魂。孟子所说的“饮食之人”，即是我们所谓仅在乎其肉体的理财人。根据孟子的原则，人之主要目的是灵魂而非肉体，因此，人必须使理财活动服从于伦理活动，或者精神活动。

那么，问题是人如何使灵魂重于肉体呢？换句话说，人如何能使灵魂成为肉体的主人呢？而为什么人对其肉体的关心胜于其灵魂呢？关于此问题，孟子提出了一极好的原则——孔子伦理宗教 118
的关键原则。孟子说：“耳目之官不思，而蔽于物，物交物则引之而已矣。心之官则思，思则得之，不思则不得也。此天之所与我者。先立乎其大者，则其小者弗能夺也，此为大人而已矣。”[①]（《孟子·告子上》）

从这段陈述中，我们知道高于耳朵、眼睛官能的心，其优势是心能思考，而耳朵、眼睛的官能则不能思考，尽管二者均为上天所赋予，但心的官能较耳朵、眼睛官能高贵。心像君主，具有意志和推理的全部能力。而感觉则像普通官员，只能被动地履行自己的职责。官能感觉本身是物质事物，他们当然受制于物质以外的东西。而心是灵魂，具有思考的能力，并独立于事物之外。如果人能使灵魂达到最高境界，那么，官能感觉又如何能带走灵魂呢？但是，人如何能使灵魂达到最高境界呢？问题的答案是——完全依据思考，思考足以成就君子。据《书经》上说，思考的结果是明智，明智是圣人的品质。[②] 因此，思考是成就灵魂的途径，而成就灵魂

① 《中国经典》，第二卷，第418页。

② 《中国经典》，第三卷，第二部分，第326—327页。

又是控制理财欲望的方式。事实上,灵魂之教是伦理教义,并在理财活动之中得到实践。因此,依孔教言之,我们生活在理财世界里,可是我们能成为圣人。

第三篇　理财通义

119

09　理财为进化之母

I　理财的发展

我们已经注意到，孔子赞成归纳法；孔子的论述通常基于历史史实。当孔子与其弟子子游讨论文明的进化时，他采用了远古时代的理财发展作为讨论的起点。而孔子关于第一阶段的讨论，则仅仅涉及远古的技术，比如，房屋的建筑、食物的烹饪、衣服的制作。的确，技术发明是文明的基础。

孔子从采集与狩猎互为补充的时代开始文明发展的讨论，而这是在庖牺之前的理财情况。孔子的原话如下：

> 昔者先王，未有宫室。冬则居营窟，夏则居橧巢。未有火
> 化，食草木之实。鸟兽之肉，饮其血，茹其毛。未有麻丝，衣其 120
> 羽皮。后圣有作，然后修火之利，范金合土，以为台榭宫室牖
> 户；以炮以燔，以亨以炙，以为醴酪。治其麻丝，以为布帛，以

养生送死，以事鬼神上帝，皆从其朔。①

食物、衣服与住房，此三者为理财活动中最重要的组成部分，但直到技术发展到一定程度，食物、衣服与住房才为人们所制造。火的利用是所有事物中最重要者，因为随着火的利用，人们开始铸铁与烘焙泥土。然后，人们为了获得食物、衣服与房子，又使用这些金属铸造用器、陶器。而在理财活动获得满足后，人们开始宗教活动，这就是以理财进化为基础的文明发展起源。

在《易经·系辞》中，紧随开篇之后的第一段——即在上文已
部分引用了的“理财正辞，禁民为非曰义”之后②，有十三段内容指
出由古代帝王“理财”的历史事实，此一整章真正地勾勒了中国理
121 财进化的轮廓。其章节顺序采用编年史排序，每件事均追溯到发
明、发现的年代。

《易经·系辞》中提到中国远古的第一位帝王庖牺氏，书中记载：“古者包牺氏之王天下也，仰则观象于天，俯则观法于地，观鸟兽之文，与地之宜，近取诸身，远取诸物，于是始作八卦，以通神明之德，以类万物之情。作结绳而为网罟，以佃以渔，盖取诸《离》。”（《易经·系辞》）

根据庖牺氏的名字与发明，我们或许能了解庖牺所处之时代，那是一个渔猎发展阶段，也兼为游牧时代。③

---

① 《礼记》，第七篇，第369—370页。

② 参见上文，第48页。

③ 庖牺的名字蕴含着相当的重要意义。“庖”指厨房，“牺”指家畜。庖牺这个名字意味着他是厨房与烹调术的发明者。庖牺也被称为伏曦。“伏”指征服、驯养，伏曦的名字意味着他是一牲畜驯养的发明者。在那时候，渔猎借助不同的网。八卦是书写的最先发明，比如，☰，代表天；☷，代表地；☳，代表雷；☴，代表风；☵，代表水；☲，代表火；☶，代表山；☱，代表沼泽，这些符号是真正的文字。在汉语中，它们被称为“八卦”；“八”意为“八个”，而“卦”意为“悬挂”。卦者之意为事物现象被悬挂起来，以向民众展示这些变化现象。这是通向文明的第一步。

中国人的确没有关于中国早期历史的准确知识，但是，据说庖牺的统治持续了一百一十年，紧接着庖牺统治之后的十五代统治时期均采纳了庖牺的名字，在庖牺与神农氏之间有一段很长的历史时期存在，这是确定无疑的。神农氏乃一伟大的发明者，因此，
在下面的《易经·系辞》中将提到他。《系辞》中说，神农氏“斲木 122
为耜，揉木为耒，耒耨之利，以教天下”。因此，神农氏时期是中国耕稼时期的开端。[①]

神农氏时期也是中国远古商业时代的开始。《易经·系辞》说：“日中为市，致天下之民，聚天下之货，交易而退，各得其所。”这是非常重要的文明进步。在《系辞》中没有提到货币，因而该时期似乎大部分的交易以实物交换的形式进行。

根据历史学家的研究，神农氏的统治延续了一百二十年。在经历了七代统治时期以后，黄帝出现了，他的统治持续了一百年（孔子纪元前2147—前2048年，或公元前2698—前2599年）。在二百四十一年后，尧的统治开始了，尧统治时期持续了九十年，再之后是舜，舜又统治了五十年。黄帝、尧、舜，这三位伟大的帝王，他们属同一历史时期。因此，《易经·系辞》作为整体提到他们。“神农氏没，黄帝、尧、舜氏作，通其变，使民不倦；神而化之，使民宜
之。《易》穷则变，变则通，通则久。” 123

《易经》的原则为进化论，但是，《系辞》借黄帝、尧、舜三代帝王之理财进化，举例阐述了进化论。

毋庸置疑，理财变革在文明进程中构成了最具力量的因素。

① “神农”的名字具有若干重要意义，“神”指神圣，“农”指农民。因为被称为“神圣的农民”，因此，极其清楚地表明神农是农业的发明者，尤其从“斲”一字，我们了解到尽管“耜”由木头制成，但有金属的利用。

孔颖达(孔子纪元1125—1199年,或公元574—648年)诠释了此观点:"若黄帝已上,衣鸟兽之皮,其后人多兽少,事或穷乏。故以丝麻布帛而制衣裳,是神而变化,使民得宜也。"(《周易正义》)

这完全是历史的理财诠释,简而言之,黄帝、尧、舜时代,标志着文明史上划时代之进步,而这样的进步则主要植基于理财进化之上,因此,《系辞》除了物质文明之外,没有提到别的方面。

关于黄帝、尧、舜统治时期的物质文明,《系辞》仅仅提到了九方面内容,而此九方面内容完全发明于黄帝统治时期,在尧、舜统治时期逐步得以完成,并得以提高、改善。因此,《系辞》合论此九方面内容,依次为:

(1)他们创造了新的服制,并根据新服制确立了社会秩序。因此,《系辞》说"黄帝、尧、舜,垂衣裳而天下治",此显示了那个时代
124 的和平、优美、有序,以及那个时期的手工业发展的社会。这一时期首先以服装作为符号,以标志此一时代与前一时代的区别。

(2)他们发现了航海方法。《系辞》说:他们"刳木为舟,剡木为楫,……致远以利天下"。在制造船与桨的过程中,他们使用了铁。

(3)他们发现了运输方法。《系辞》说:他们"服牛乘马,引重致远,以利天下"。

(4)在航海与运输发展起来之后,他们发现保护城市的必要性。《系辞》说:他们"重门击柝,以待暴客"。

(5)为了制作精美的食物,他们制造了杵与臼。《系辞》说:他们"断木为杵,掘地为臼,臼杵之利,万民以济"。在《系辞》中,将杵与臼的发明视为所有伟大发明之一,于此,我们看出中国之食,以稻米为上,稻米对中国人而言是多么的重要!

(6)既然社会进化到高的阶段,“重门”与“柝”已经不足以保护安全,于是,必须制造上等的武器“弧矢”。《系辞》说:他们“弦木为弧,剡木为矢,弧矢之利,以威天下”。这些内容似乎表明在理财与军事之间,更加注重军事,但事实上,军事方面的考虑完全是 125
为了理财之目的,是为了保护财富。

(7)他们改变了住房的形式。《系辞》说:“上古穴居而野处,后世圣人易之以宫室,上栋下宇,以待风雨。”

(8)与我们看到的一样,中国人总是把葬礼看作理财活动的一部分①;《系辞》中这样描写棺材的发明:“古之葬者,厚衣之以薪,葬之中野,不封不树,丧期无数,后世圣人易之以棺椁。”

(9)一旦物质需要——口体之欲获得满足、供养无憾,于是精神与法律方面就发展起来了,而其中最重要者为书契的完整发明。《系辞》说:“上古结绳而治,后世圣人易之以书契,百官以治,万民以察。”②书契为古代中国理财发展中最后一项发明。 126

黄帝、尧、舜时代是农耕时代。而因为有了航海与运输上的改进,所以该时代也属于原始的商业阶段。而此阶段获得巨大发展的原因在于开始了原始的工业时代。《系辞》中所述之舟与楫,牛、马车与战车,重门与柝,杵与臼,弧矢,上栋下宇的宫室,与以前全然不同的棺椁与书契,所有这些得以实现,都需要各种熟练的技术劳动。最重要的是,此时有了丝绸工业的出现,而丝绸工业的出现改变了整个社会的面貌。丝绸的出现使服制得以建立,再借助服制建立起了有等差的社会秩序。这标志着不仅在理财发展上而且

① 参见下文,第277—278页。

② 《易经》,第382—385页。

在社会与政治组织上，都有着巨大的发展。

从以上所述，我们发现《系辞》这一整章，完全是关于中国理财发展的历史论述。或者，既然《系辞》的作者感兴趣于中国文明整体的发展，而非特别地强调理财发展，我们最好说这的确是一种历史的理财诠释。《系辞》中的这一章，从其开始到末尾，提到了十三个方面的内容，其中，除了四方面内容——八卦、重门与柝、弧矢、书契以外，所有余下者绝对是理财文明的要素。而甚至就在被排除的四方面之中，重门与柝、弧矢，也主要用于保护理财活动；而不同形式的契刻文字，从八卦到书契，部分为了理财活动的发展。简
127 而言之，理财进化是文明的主要因素，而书写则是提升文明最重要的工具。

《系辞》是孔子的嫡传弟子所著，其重要性与《大学》、《中庸》同等。《系辞》是宋学的基础，它极大地推动了思想的发展。但是，因为宋朝各学派没有很好地理解到上述所引《系辞》中的章节，导致自宋代以降中国的理财发展呈现缓慢的趋势。而直接之原因，则是宋代学派没有认识到技术发明与物质福利是文明发展的主要原因。假如我们仔细阅读《系辞》中的这一章，我们会明白，理财进化，这一来自孔教徒的观点，对文明进步是多么的重要！

为了说明孔教近于唯物主义以及孔教对技术发明的高度赞扬，除以上所引系辞中“包牺王天下”一章而外，我们将再征引四段文字。《系辞》说：圣人“是以明于天之道，而察于民之故，是兴神物以前民用”①。《系辞》称此“器用之微”为“神妙的蓍占之物”，而且谓之为“天道”之结果，因此，我们发现孔教是多么的唯物主义！不

① 《易经》，第372页。

仅如此，我们甚至可以说孔教是理财世界的宗教。于此，《系辞》作了以下的说明：“见乃谓之象，形乃谓之器，制而用之谓之法，利用出入，民咸用之谓之神。”①

《系辞》又说：“备物致用，立成器以为天下利，莫大乎圣人。”② 128
从引文中得出，孔门弟子赋予所有的伟大发明者以圣人的名义。《系辞》说：“是故形而上者谓之道，形而下者谓之器，化而裁之谓之变，推而行之谓之通，举而错之天下之民谓之事业。”③

以上引文完全是对发明过程的解释，它追述了这样的过程——自无形体仅有制作之原理开始，到成器而用诸事业结束。依上述四则引文，我们完全理解了孔门弟子以技术发明为理财进化之基础，而理财发展又为全部文明进化之基础。

孔子在《礼运》中所讨论者与在《系辞》中所叙述者，均为最早期中国的理财发展进程。然而，我们倒想讲述一些孔子时代所取得的理财进展。诚如我们所知，周朝是中国文明的成熟时期，周朝初期（大约孔子纪元前571年，或公元前1122年），出现了两位伟大的政治家，一位是周公，另一位是太公。二人在发展中国理财文明方面取得了卓越的成效，尤其是姜太公，当他离开中央政府回到他的封建领地齐国后，他全力投入齐国的理财发展之中，并使齐国成为中原地区发展工商业的主要诸侯国。这是中国第一次上升到 129
国家理财的发展阶段，甚至开始达到国际理财的发展阶段。

随后，齐国衰落了。但齐国的大臣管仲，或称为管子（死于孔子纪元前93年，或公元前644年），再次使齐国成为主要的工商业

① 《易经》，第373页。
② 同上书，第373页。
③ 同上书，第377页。

国家,齐国的繁荣一直持续至灭亡(孔子纪元331年,或公元前221年)。在春秋时期(孔子纪元前171年—孔子纪元71年,或公元前722—前481年),除了齐国外,还有许多其他的工商业国家;因此,孔子时代的理财文明已经获得了较高的发展,而且,这一时期确实处于国际理财或世界理财发展阶段。当然,古代中国人所谓之世界,完全是中国人心目中的华夏世界。但是,我们必须明白的是,此时期的主要诸侯国,其领土面积与现代主要欧洲国家的领土大小一样,因此,我们有理由称那个时期为世界理财。在战国时期(孔子纪元143—331年,或公元前403—前221年),整个华夏世界被分裂为仅七个诸侯国,此时的理财发展依然处于较高阶段,该时期在整个中国历史上最具活力、影响力,以致明确区分了古代中国与现代中国,而如此充满活力的情形在汉朝初期(大概孔子纪元412年,或公元前140年)结束了。

如果我们将中国历史视为一整体,那么,我们可以将中国的理财发展阶段划分如下:(1)自生产与消费关系的角度划分,从中国历史开始到周朝初期,这是自给自足、封闭的理财时期;自此时期再到春秋,这是地方的或者村落的理财时期;自此时期再到今天,则是国际理财时期。当然,这样的划分极其粗糙、不准确,假如我
130 们要进行更加准确的划分,我们可以说在春秋之前是古代理财时期,此时期跨越春秋与战国,属于理财变迁时期;从秦朝(孔子纪元331年,或公元前221年)到现代是现代理财时期。(2)从政治的角度划分,在秦朝之前谓为封建制度时期,在秦朝以后,则是绝对的君主政体时期;而从理财角度论,前一时期以政府拥有土地为标志,后一时期以土地私有为标志。而以上所有划分仅为我们所能作的一般描述。

假如我们在中国与欧洲之间做一大致的比较，我们可以说中国在很短的时间内经过了游牧时代，但却长时期停留在农耕阶段；而欧洲长时期停留在游牧时代，但通过农耕阶段却用了很短的时间。我们不想探究其中的历史细节，但为了展示中国与欧洲之间在理财文明方面一些更引人注意的比较，我们可以选择现在社会的某些特征以做说明。

首先，我们以食物开始。在西方世界，牛排与猪排是主要的食用肉类，并仅用火烤熟而食，因此，其烹饪方法非常简单。牛奶是欧洲人日常的饮料，黄油是食用油。这些食物与汉代所描述的匈奴人的食物极其相似。而中国人有更为丰富的食物，他们切碎食物的刀法、调料与食物的烹饪方式都比欧洲人更加精制、复杂。牛奶在中国不是日常饮品，中国人的食用油是花生油而非黄油。

第二，我们以服饰为话题。在西方世界，羊毛是衣服与帽子的
主要制作材料，皮革是制作鞋子的主要材料。男性的服装颜色单 131
一。在大多数国家，孩子的着装仅仅是短裤与短裙，膝盖以下仅穿长筒袜，妇女在穿戴上使用毛皮与羽毛，不仅为了保暖，也是为了时髦。在中国，丝、亚麻与棉花是制作衣服、帽子、鞋子的主要材料。男性服装有多种颜色，孩子们也不会故意暴露身体的某些部位。人们用毛皮仅制成毛皮大衣穿，但从不使用羽毛为饰物。所有这些都显示了欧洲在步出游牧阶段并不久远，依然保留游牧时代的痕迹；而中国进入农耕时期已很久了，所以，仍保持着农业活动的种种痕迹。

以上所述，对欧洲而言，是幸运的；但对中国而言，则是不幸的。因为欧洲早在中国之前的很长时期就进入了真正的工业时代，于是，在中国与欧洲之间以机器标示出巨大的不同。除了食物

与服饰,在建筑上,在古代,古希腊与古罗马有奴隶修造建筑物;在中世纪的欧洲,教会与封建诸侯在修建教堂与城堡上拥有很大的权力,而这些原因可能使得欧洲建筑好于中国建筑。但是,中国不存在奴隶制,孔教教会也未据有欧洲教会那么大的权力,中国的封建诸侯也没有欧洲诸侯那样暴虐。但无论什么原因,毫无疑问的是,中国的建筑逊色于欧洲。中国建筑主要的缺点是砌墙的材料是砖,而不是石头,内部结构由木头构成,那就是说,由木制
132 的横梁、柱子支撑屋顶,地面铺木地板,中国建筑因此不能长久保存。另外,中国人还没有对保护古代建筑显示出任何浓厚的兴趣。因此,即使曾有许多优美的古代建筑,也在各朝的革命中被毁掉了。

Ⅱ　进化论

从孔子不同的著作中,我们可以推断出孔子的进化论,而再没有更好的例子——如上文已指出的"三世说"原理一般,能证明孔子笃信进化①,但"三世说"极其普通,可适用于各种情形,因此,假如我们想得到某一特别的理财进化论,那么,我们会想到井田制,并从井田制中,看看孔子是如何期待各方面的总体进步由此产生。而在此特定点上,孔子的进化论是周期循环的,其周期可以用一年、三年、九年、十八年、二十七年与三十年为时间长度进行衡量。根据孔子的理论,进化可以在三年内实现,也可以在三十年内完成。而这样的进化来自井田制,接下来,我们将采用班固在《汉书·

① 参见上文,第16—20页。

食货志》里的解释为例①。

在井田制下,“民三年耕,则余一年之畜。衣食足而知荣辱,廉让生而争讼息,故三载考绩。孔子曰‘苟有用我者,期月而已可也,三年有成’,成此功也”②(《汉书·食货志上》)。依孔子所言,“三年有成”,孔子在此指的是井田制。自孔子观点观之,井田制不仅 133
是理论体系,也是实践体系;三年时间为进化的第一步。九年,“三考黜陟;余三年食,进业曰登”,十八年,有两次“登”的周期,“再登曰平;余六年食”,二十七年,“三登曰太平”,“余九年食,然后王德流洽,礼乐成焉”。孔子说:“如有王者,必世而后仁”,繇此道也。③(《汉书·食货志上》)显然,孔子所言意味着完善井田制,需要三十年时间。《春秋公羊传》说:“什一(指井田制)行而颂声作矣。”

尽管井田制的趋向是使整个社会平等并进入静止状态,但与此同时,井田制度也蕴含着动态的原则。在每个九年中,井田制要求全部行业出现总体发展,那就是说,在所有农业与工业的行业中,不允许出现停滞状态,这样的一种行业发展名之为“登”,“再登”被称之为“平”,“三登”被谓之为“太平”。非常奇特的是,“平”与“太平”的名称被指定为民众的行业发展,此意味着仅依靠生产力的提高我们就能获得和平的发展进程。因此,就个人而言, 134
井田制并没有给任何人有利条件,就此而论,井田制是静态的模式。但是,对整个社会而言,工农业全部行业的发展是必须的,就此而论,井田制具有动态的原则。这就是孔子的进化论。

但是,孔子的进化论,基于若干阶段。我们在前文已经讨论了

① 《汉书》,卷二十四。
② 《中国经典》,第一卷,第267页。
③ 同上。

其中的一些阶段，其余阶段也将在随后进行讨论。如果我们简略地概括孔子的整个进化论，其要点如下：

（一）废除战争。一个和平的社会为工业发展所必需。①

（二）发明技术。这是理财进化的根本，也是各种进化之根本。②

（三）控制自然。这是人之所以成为天地的助手与对手。③

（四）井田制度。人人对最重要的生产要素拥有同等的份额。④

（五）普遍的免费教育。每人各得均等的机会，以发达其道德智力。⑤

（六）选举制度。这是代议政治建立在教育制度基础之中。⑥

（七）大同世界。废除社会法制，如国家、家庭、私产。⑦

135 （八）改造人性。孔教的目的，是使人性至善。

上述八点，除了最末一点"改造人性"在此讨论而外，其余七点均将在其他章节中进行讨论。就人性而论，存在若干观点，因此，我们必须首先追溯孔子的人性观点。孔子说："性相近也，习相远也。"孔子又说："唯上知与下愚不移。"⑧（《论语·阳货》）因此，依孔子所论，在任何地方、对任何人，人性本无差异，但在很大程度上，人性又总是可以被改变。孔子所谓之人性，是人与生俱来的品质。《孝经纬》与告子也表达了与孔子同样的人性观点。孟子与荀

① 参见下文，第142—145页。
② 参见上文，第119—128页。
③ 参见下文，第343—344页。
④ 参见下文，第497—506页。
⑤ 参见上文，第82—84页。
⑥ 参见上文，第87—93页。
⑦ 参见上文，第18—20页。
⑧ 《中国经典》，第一卷，第318页。

子，二者不仅在人性观上与孔子存有歧义，而他们二者间也彼此抵触。荀子认为“人性恶”，因此，荀子以为教化乃“积善成德”、改造人性恶的关键所在；与荀子相反，孟子认为“人性善”，因此，孟子以为将人性中固有之仁爱、善心推广出去，此为惟一需要做的事。客观论之，荀子与孟子的人性论均不是很正确，然而，他们均形成了自己的学说。如果我们将荀、孟的人性论折中、调和，那么，我们得出这样的结论，荀子所论的人性乃孔子“小康”阶段的人性，而孟子谈到的人性为孔子“大同”阶段的人性。如果荀、孟在思想上具有不同发展阶段的观点，那么，二人的人性论则又是正确的。

依照孔子的理论，在“大同世”或“太平世”阶段，人性为善，正如我们之前所援引，在“大同”阶段，“奸谋闭而不兴”，这意味着人性中利己主义的一面被改变了。《春秋》记载，在“太平世”阶段，整个世界人皆如君子，所有的野蛮人均变成了文明人。因此，改造 136
人性、使人性臻于完善，此为孔教的终极目标。

但是，我们如何着手对人性进行改造呢？简单论之，我们可以借助上述所提到的七方面以改造人性，然而，在七方面中，至为关键者为理财繁荣。孟子是提倡人性善的主要代表，然而，孟子仍然以为“富岁，子弟多赖；凶岁，子弟多暴”①(《孟子·告子上》)，因此，人性变得或善或恶，要视理财环境而论，在理财繁荣之时，如果人人分享到这样的繁荣，那么，人性必定为善，孟子说：“圣人治天下，使有菽粟如水火。菽粟如水火，而民焉有不仁者乎？”②(《孟子·尽心上》)因此，假如我们实现了理财界的最高发展阶段——理财

① 《中国经典》，第二卷，第404页。
② 同上书，第463页。

繁荣,那么,我们也必将步入伦理界的最高境界。而理财界与伦理界之关系,前者为因,后者为果。显然,孔子将理财进步视为手段,道德完善视为手段实现的结果。如果我们理解了此中的道理,那么,我们就获得了孔子进化论的全貌。

除了将理财繁荣视为改变人性的一般条件而外,孔子还设想了另一特别的策略。正如我们看到的一样,孔子设计了一项必需的制度:学校制度。在改造人性、塑造善之人性上,孔子的学校教育制度绝对具有最为重要的力量。而且,学校教育制度,不惟开始
137 于学龄儿童,甚至在他们未出生之前就进行了,此为独特的孔子之教,我们称之为胎教。

据《大戴礼记》所记,胎教的第一要事为挑选母亲,因此,当父母挑选儿媳时,他们必须从那些世代具有较高道德水准的家庭中挑选。依据规定,"女有五不取:逆家子不取,乱家子不取,世有刑人不取,世有恶疾不取,丧妇长子不取。"①

对怀孕的妇女,其规定如下:当她睡觉时,她应该仰卧;当她坐立时,身体应该处于垂直的位置,体重匀称分布。孕妇不准放声大笑,不能食用气味难闻之食物,也不能吃烹调不当之食物,不能坐在不恰当的地方,眼睛不能看令人不悦、丑恶的颜色,耳朵不许听污秽、嘈杂之声,嘴巴不能说脏话。孕妇应该读优美的诗歌,讲述美丽的故事。以此方法孕育孩子,孩子在身体、品格、智力上均会非常优秀。因此,一旦妇女怀孕,她必须极其谨慎于那些影响其思想的事情,这是因为:设若孕妇接受好的影响,那么,孩子也因此受到好的影响,反之亦然。以上所论即为胎教的准则,而文王与成王

① 《大戴礼记》,第八十篇。

的母亲均属此类教育的典范。

此外，在孩子出生后，入学之前将长期接受家庭教育，因此，孔子说："少成若天性，习惯如自然。"① 138

这就是孔子改变人性的方案。如果世上每一代人均将该方案付诸实践，那么，人性完善将指日可待，这与人在理财界必须控制自然的原则为同一原则。为了使进化得以完成并持续发展下去，人类必须在内心约束其本性，在外控制自然。 139

10　理财之机体

Ⅰ　最大之理财机体——天下

当我们谈到理财机体的这一话题时，我们必须指出，依照孔子的观点，有两个理财机体存在，一是最大的理财机体——天下，另一则是最小的理财机体——家庭。因为中国哲学通常是综合性的，是从整体到部分，而因为世界理财是孔子特有的主题，所以，为了清楚、突出地展示孔子的理财思想，我们首先从最大的理财机体——天下着手。

那么，我们如何知道孔子将天下视为一理财机体呢？其根据来源于《大学》。《大学》堪称为孔子教义之目录，《大学》之道有三纲：其一，"在明明德"；其二，"在新民"；其三，"在止于至善"。其

① 《汉书》，卷四十八。

一针对个人自己；其二针对他人；其三以成就前面二者的圆满状态为目的。在理解了《大学》之道的三纲后，现在看看《大学》之道的八项条目：1. 格物；2. 致知；3. 诚心；4. 正意；5. 修身；6. 齐家；7. 治国；8. 平天下。尽管上述八项条目是一步一步、一步紧跟另一步地逐级实现，但士人必须从一开始就胸怀天下。在八项条目中，修身
140 为万事之根本。自此角度出发，孔子将个人视为基本单元，而“诚心”是修身的根本。

在理解了《大学》的完整轮廓后，我们现在看看孔子是如何将天下视为一理财体。我们知道，孔子认为理财活动具有非同一般的重要性，然而，直到《大学》的最后一章《平天下》，孔子才提到理财活动，而在其他章节，孔子只字未提。不是为了“修身”、“齐家”，也不是为了“治国”，而只是为了“平天下”，孔子才提出了他的理财原则。孔子以为天下是一理财体，理财活动从来不局限于某一特定的个人、家庭与国家；士人绝不能彻底地研究理财学，除非他将天下视为整体；而且天下也绝不会平等，除非天下的理财活动是平等的。这就是孔子特有的观念。

《大学》中提出的理财之道，比其余所有的孔教著作提出的理财原则均更为显著，其原因就在于《大学》将“平天下”的理财之道简化为两方面内容，即纳贤、理财。因此，人人皆知《大学》中的一部分专为理财之道而设。然而，我们在此欲强调者，乃是孔子具有将天下作为理财体的世界理财思想。

我们必须明白《大学》中的理财原则高度综合。尽管《平天下》一章阐述了理财之道，但这并不意味着它们只适合于世界理财之
141 意。事实上，《大学》中的理财之道，可以应用于个人、家庭，或者应用于国家。

《大学》中其余全部的理财原则，我们将在其他地方引用。在此仅引用一条原则，即世界理财的基本原则互惠之道。以下用隐喻方式进行论述：

> 所恶于上，毋以使下；所恶于下，毋以事上；所恶于前，毋以先后；所恶于后，毋以从前；所恶于右，毋以交于左；所恶于左，毋以交于右。此之谓絜矩之道。[①]（《大学》）

《大学》第二章所陈述的互惠之道是孔子的基本观念之一，但这是从纯粹的道德角度进行讨论，然而，我们在此必须从理财与政治的角度考虑互惠之道原则，原则是相同的，但原则的实施却略存差异。如果将此原则视为世界理财之基础，那么，它发展了商业政策、国际法。互惠之道是商业世界的黄金律，我们不能说在政治与外交中没有道德标准。

孔子的理财制度不是国家主义，而是世界大同主义。在孔子之前，理财理论主要类似重商主义学派的学说，视国家为单元，此 142
时的主要代表是管子，管子是实现重商主义、国家社会主义最成功的臣相，是我们今天能看见的、具有完整的理财体系的第一人。但是，我们没有在此安排章节讨论管子的理财思想，而我们提到管子的惟一原因，则是将他与孔子作比较。

1. 修睦之教

对国际关系而言，最重要的原则是修睦之教。修睦之教不仅基于人性，同时也建立在效用原则之上。孔子说："讲信修睦，谓之

① 《中国经典》，第一卷，第373—374页。

人利。争夺相杀，谓之人患。”[①]在《春秋》中，孔子记载了在242年间所发生的大约四百场战争，而孔子对所有的战争都持谴责的态度，因为战争与人性对立。所以孟子说“春秋无义战”。孟子认为，“所谓征，是在上者讨伐在下者，对等的国家不相互征伐”[②]。

孟子在许多篇幅中激烈地谴责战争，他说：“争地以战，杀人盈野；争城以战，杀人盈城：此所谓率土地而食人肉，罪不容于死！故
143 善战者服上刑！”[③]（《孟子·离娄上》）孟子继续说：“我能为君约与国，战必克，今之所谓良臣，古之所谓民贼也。”[④]（《孟子·告子下》）孟子也指责这些人是危害民众者。[⑤] 而且，孟子所谴责者有大臣，也有国君。当孟子说到梁惠王为了获得领土，使其民众在战争中被撕碎、毁灭时，孟子谴责梁惠王的残忍不仁。[⑥] 根据孔子之道，任何战争均不具有绝对的正义，而只是相对而言某些战争比另一些战争更具正义性。因此，孔子认为必须禁革战争。

修睦之教与理财之道，二者协调一致。首先，修睦之教使人的生命比领土更具价值，在《论语》中，孔子赋予民众生命首要的重要性，乃至食物也次居第二。在《春秋》中，孔子谴责那些在荒年雇用民众修缮旧房子的人，因为他们剥削民众、役使民众从事繁重劳动。而孔子是如何加倍强烈地谴责那些损害民众的人呢？他如何更加强烈地谴责那些在战争中杀害人民的人呢？通常情况下，战争的目标是获得土地，但是，以牺牲无数民众的生命为代价获得土

① 《礼记》，第七篇，第380页。

② 《中国经典》，第二卷，第478页。

③ 同上书，第305页。

④ 同上书，第441页。

⑤ 《中国经典》，第二卷，第439页。

⑥ 同上书，第477—478页。

地，这是代价最大的冒险计划，并不会有所获。此即孟子所谓“以其所不爱及其所爱”①，也是孟子所谓“率土地而食人肉”（《孟子·尽心下》）。

其次，修睦之教使民众持续从事生产，并使民众满足于消费。事实上，战争带给统治者无用的光荣，但带给民众无法估量的伤害。孟子描述了由于战争人民所遭受的苦痛，孟子说：“彼夺其民 144
时，使不得耕耨以养其父母，父母冻饿，兄弟妻子离散。”（《孟子·梁惠王上》）②更确切地说，战争的罪恶中断生产、减少消费、毁灭家庭。而只有战争结束、和平来临才能治愈战争的不幸。

其三，修睦之教节约了为筹备战争而导致的理财浪费。孔子不仅谴责真实的战争本身，同时，也谴责备战。战备导致巨大的财富浪费，并带给民众不堪忍受的重负。因此，修睦之教部分基于理财之道。

禁革战争、易军事社会为工业社会，此为孔子与其最优秀的弟子颜渊的共同愿望。《说苑》③告诉我们，当孔子游于农山，子路、子贡和颜渊三人侍侧于旁。孔子请他们分别说说各自的心愿。子路说，他希望招募军队去进攻敌人，他定能占领千里土地。子贡说，他想穿白衣，戴白帽，（做一个小司仪）去劝说正在交战中的军队，以解除交战国的灾难。颜渊说：“回愿得明王圣主而相之，使城郭 145
不修，沟池不越，锻剑戟以为农器，使天下千岁无战斗之患，如此则由何愤愤而击，赐又何僊僊而使乎？”（《说苑·指武》）

然后，子路请问孔子的志向，孔子回答说：“吾所愿者，颜氏之

① 《中国经典》，第二卷，第478页。
② 同上书，第135—136页。
③ 《说苑》，卷十五。

计。吾愿负衣冠而从颜氏子也。”(《说苑·指武》)这段对话清楚地显示了孔子与颜渊共同的志向。子路的目标仅仅是一名勇士，子贡的愿望也只不过是外交官，只有颜渊与孔子的理想是成为最高的治国之才，是圣人的计划。而“锻剑戟以为农器”，这是最重要的一句话，它将战争中杀人武器变成了生产粮食、养育人的农具，打仗的士兵变成了耕地的农夫。简而言之，军事性社会将被彻底摧毁，工业社会普遍、永久地建立起来。这就是孔子的理想。

封建制度下频繁发动的战争而导致的不幸，给孔子刻下深深的烙印，这使孔子幻想建立世界城邦与实现世界和平。而柏拉图的理想国，换句话说，只是一个小小的、永远为战争做准备的城邦国家。在孔子教义影响下，中国人民的精神比任何西方民众都更加热衷于实现崇高的理想①。

Ⅱ　最小的理财机体——家庭

天下是最大的理财机体，那么，家庭就是与个人有着最密切的理财关系的最小理财机体。只要有家庭存在，个人就再不能使其
146 理财活动绝对地独立。因此，在影响理财活动方面，家庭活动具有非常重要的作用。无论何时，当我们说到“家”一词时，我们认为至少有两代人构成家，尽管其中最主要的生产成员仅只一代。比如说，一个家庭意味着有夫妻，但也可能有年老的父母与年幼的孩子，或者两者均有。

---

① 康有为所著《大同书》卷二，详细地介绍了世界如何统一。

因此，一个家庭可能同时有三代人。但是，在任何情况下，假如一个家有孩子，那么，这个家庭就必然有两代人。因此，我们可以从两个角度——从夫妻关系与父子关系的角度，对家庭这一理财机体进行考察。

《中庸》描述了孔子构想的幸福的家庭生活。《中庸》首先从《诗经》中引用了以下诗句：

> 妻子好合，如鼓瑟琴。
>
> 兄弟既翕，和乐且耽。
>
> 宜尔室家，宜尔妻孥。（《诗经·小雅·常棣》）

随后，援引了孔子对这首诗的赞赏，“父母其顺矣！”①这首诗本身仅提到妻子、孩子、兄弟，但为了营造一个完整家庭的幸福生活，孔子再加上了父母，而此即是孔子所认为的幸福家庭。

1. 夫妇之伦

在孔子的社会体系中，夫妇之伦乃社会关系的起始点。孔子总是将婚姻的重要性置于其全部著述的开端。《中庸》曰：“君子之道，造端乎夫妇；及其至也，察乎天地。”② 147

(a)结婚

中国人的婚姻是父母之命、媒妁之言的极其重要的事，这在西方广为人知，此为中国古老的风俗，并与孔子之教一致。当然，这样的婚姻，其弊端在于订约双方不能事先确定彼此是否完全般配。

① 《中国经典》，第一卷，第396—397页。

② 同上书，第393页。

然而，此并非父母漠视自己子女的愿望，而这样的婚姻风俗，是禁止两性在婚前社会交往的中国风俗的必然结果，当然，这样做的明显理由，是为了阻止男女双方任何单独的不正当的交往，甚至为阻止人们无端地怀疑他们。在中国，没有结婚证书，也没有教堂负责主持婚礼仪式，父母之命替代了结婚证书，媒人替代了牧师或法官。

《礼记》第九篇说，“壹与之齐，终身不改。故夫死不嫁。”[1]此即为理想的婚姻。然而，当丈夫死时，倘使寡妇年龄未满五十，其子的年龄不足十五，而且，在其子的父系一边，也没有近亲承担理财责任，如此，寡妇可以再婚。因此，《礼记》记载：继子应该为其继
148 父服丧[2]。孔子允许妇女在某些境况下再婚的事实，显示了孔教的实用性。而正是自程颐（孔子纪元1584—1658年，或公元1033—1107年）始，首次提出“饿死事小，失节事大”，寡妇即便贫困饿死，也不允许再婚。因此，反对妇女再婚，此并非孔子之教。

（b）离婚

我们已经清楚了结婚的过程，接下来，我们开始离婚的话题。根据《大戴礼记》规定，有七条理由丈夫可以休掉妻子：（1）不顺父母去；（2）无子去；（3）淫去；（4）妒去；（5）有恶疾去；（6）多言去；（7）盗窃去。但是，有三种情况可以驳回上述离婚理由，这三种情况为：（1）有所取无所归，不去；（2）与更三年丧，不去；（3）前贫贱后富贵，不去[3]。但上述规定，仅完全适用于大夫、士人，以及庶民阶层。而对于诸侯王，则可以根据六项规定离弃妻子，但无子不能

① 《礼记》，第九篇，第439页。

② 《礼记》，第三十一篇。

③ 《大戴礼记》，第八十篇。

休妻。而天子则无任何理由离弃王后,只可与王后分居。这些规则甚至为本朝《大清律》所采用。

与低于其社会地位的阶层相比,之所以天子、诸侯以及大夫没有那么多的离婚自由,其原因在于:他们在结婚之日不圆房。当新娘进入丈夫家门时,她与新郎分开居住。三个月之后,新娘告于祖
庙,然后始被称为妻子。自新娘进入夫家,到开始被称为妻子,这 149
段时间足以考察新娘的品格,以及对她进行特别的训练。倘若公公、婆婆、丈夫不能与她融洽相处,那么,她能以处女之身回到她自己的家里,而且,能在没有任何麻烦的情况下与另一男性结婚。尽管这样的形式使男性更具有优势,但最终仍是新娘、新郎双方受益。而对士人与庶民而言,由于他们在结婚当晚就得完婚,所以,他们享有更多的离婚自由,此为一古老的风俗。

关于禁止离婚的第三条理由,即如果一个人在结婚之前贫穷、地位卑微,而婚后富有、地位尊贵,如此,不允许丈夫与妻子离婚,这项规定极其公正。但事实上,离婚通常因理财条件所致。在《诗经》中,有这样一首诗反对这种堕落的离婚风俗。该诗描述了一卫国人喜新厌旧,因为喜欢新妇而抛弃他从前的妻子。因此,在诗中,诗人以弃妇的语气进行嘲讽。以下我们引用几行涉及理财内容的诗句:

何有何亡,黾勉求之。
……
昔育恐育鞫,及尔颠覆。
既生既育,比予于毒。
……

宴尔新昏，以我御穷。①（《诗经·邶风·谷风》）

显然，孔子反对诗中所描述的离婚，故在《诗经》中收入此诗，
150 以作为一种警示。

毫无疑问，在孔教的著作之中，没有妇女提出离婚的描述。尽管这完全不公正，但是，在一个父权社会里，则又必然如此。在古代，在“据乱世”阶段，假如允许女性享有与丈夫离婚的权利，那么，父权家庭就难以建立起来，社会生活也将陷入无序状态，这就是女性不能离异其丈夫的缘故。然而，韩非子却提到了姜太公，他被其年迈妻子离弃，这事例足以说明，在古代，甚至在孔子生活时代之前的相当长时间里，妇女的确享有离异其丈夫的权利。可能在丈夫同意离婚的条件下，妻子可以离异其丈夫，这样的情况是存在的，但尽管如此，对于妇女享有离异丈夫的权利，却又找不到任何支持女人这样做的法律依据。《大清律例》上记载：如果夫妻之间生活不和谐，双方均有离异的想法，在这样的条件下，允许夫妻离婚。② 因此，在今天，在获得丈夫同意后，准许妇女合法地与丈夫离婚。

然而，当我们说在孔教著作里，并未有妇女提出离婚的描述，我们仅指一般情况而论。如果在特定情况下，妇女享有绝对权利离异丈夫。《白虎通》上记载：“悖逆人伦，杀妻父母，废绝纲纪，乱之大者也；义绝，乃得去也。”③根据《大清律例》规定，无论何时，只要夫妻间的伦理关系中断，夫妻必须分开，不允许继续保持婚姻。

① 《中国经典》，第四卷，第一部分，第55—58页。
② 《大清律例》，卷十。
③ 《白虎通》，卷十。

从此观点论，我们发现中国人极其重视伦理关系，即使夫妻彼此恩 151
爱，婚姻也不能继续存在。

中国人认为婚姻纽带非常牢固，能持续、贯穿一生。尽管中国人的婚姻并不由自己直接安排，但夫妻仍然相互爱慕，不会离婚。而之所以如此，其根本原因在于，中国人习惯承担道德职责，并为道德义务牺牲他们的感情，此为原因之一；原因之二，中国人接受了哲学上的命运之说，并自我满意于婚姻由前世注定的理由。原因之三，中国人的社会环境不允许在丈夫或妻子身边有情人存在。这些均为中国人很少有、实际上根本没有离婚的最重要的原因。而且，我们还必须清楚，中国人根本不关心形式上的法律，当他们结婚或者离婚时，仅依据宗教或习俗所规定的仪式，仅此而已。然而，他们却保持婚姻的神圣性，甚至比受到法律约束的婚姻关系更为牢固。在今天，几乎没有离婚，除非在通奸的情况下，但这样的事情极其罕见。

(c)妇女的理财地位

在前文既已讨论了妇女的社会地位，那么，接下来讨论我们尤其关注的妇女的理财地位问题。在一个家庭里，家庭妇女是主要的劳动者。首先，她必须照顾孩子，《大学》说：“未有学养子而后嫁者也。”①显然，《大学》中所言，暗含任何一位已婚妇女，在未受到特殊训练的前提下，必须知道如何养育孩子，这是妇女的职责。在
《礼记·内则》中说：“大夫之子有食母。士之妻自养其子。”②因 152
此，尽管皇后、妃子，以及贵妇人可以雇用乳母，但士人与庶民之妻

① 《中国经典》，第一卷，第370页。

② 《礼记》，第十篇，第476页。

却必须自己养育孩子，这是妇女的主要工作。

第二，妇女必须管理家人的食物。《诗经》中说：妇女“无非无仪，唯酒食是议”①。《易经》也说：妇女“无攸遂，在中馈”②，这两段引文充分说明了家庭主妇的主要工作。

第三，妇女必须为家人缝制衣服。根据《礼记·内则》规定，“女子十年不出，姆教婉娩、听从，执麻枲，治丝茧，织丝茧，织纴组紃，学女事，以共衣服”③。

在古代，自皇后至庶民之妻，均必须为丈夫缝制衣服。《礼记》告诉我们，天子亲耕、王后亲蚕。而天子亲耕与王后亲蚕具有以下三点意义：第一，以示对宗教祭祀的诚信，因天子与王后要亲自用相关材料备置祭祀所需的食物与衣服。第二，以示政治民主，因亲耕与亲蚕使天子与王后无异于耕地的农夫与织布的织工。第三，
153 以示理财生产力，因亲耕与亲蚕甚至使天子与王后也生产物质资料。天子、诸侯均设一养蚕室，在河里浸蚕、采桑、喂蚕，到将蚕茧献给皇后，整个流程的工作，均由养蚕的世妇完成。然后，王后亲自缫丝，将蚕茧三次浸入盆中洗，抽出丝绪，之后便分派给世妇们，让她们完成缫丝的工作。再把丝染并在刺绣工序完成后，做成祭服，供国君穿着祭祀。④ 这样的风俗一直流传至今。在《诗经》中，有一首指责周幽王与幽王后的诗，指责幽王后丢下养蚕房与织
154 布。⑤ 既然王后必须养蚕与织布，那么，总体上妇女必须负责缝制

① 《中国经典》，第四卷，第二部分，第307页。

② 《易经》，第137页。

③ 《礼记》，第十篇，第479页。

④ 《礼记》，第二十一篇，第223—224页。

⑤ 《中国经典》，第四卷，第二部分，第562页。

衣服,就不言自明了。

为了显示妇女与其丈夫平等、同处尊贵的地位,这里有一极好的例子可以证明。尽管我们已经看到备置食物是妇女最重要的工作,但这仍不意味着妇女是禁锢在厨房里的奴隶。备置食物的主要功能之一即为宗教祭祀,而在这种祭祀中,妻子与丈夫共同参加仪式。在家庭中夫妻同处平等地位,因而二人一起祭奠先祖。当女孩年满十岁,“观于祭祀,纳酒、浆、笾、豆、菹、醢,礼相助奠”①。而这样的教育完全为了履行家庭主妇的职责,如果妻子与丈夫一同参与祭祀祖先,那么,她的地位是多么尊贵啊!

尊重妇女是孔教的原则,正如我们所见,亲迎之礼已清楚地表明了孔教尊重妇女的原则。而另有一例说明对妇女理财地位的尊重。依孔教所论,尽管妇女必须为家庭工作,但她应得到善待,而禁止仅为了赚取财物而役使妇女为家庭劳动,因此,允许女子在结婚三月以后才开始承担家务。如果丈夫在前三月使新婚妻子做家务,这在孔子的教义中是残酷的。《诗经》中有一首诗,明确指责一官吏人家的男子,他使新娘在新婚三月内做缝纫,诗歌里写道:

纠纠葛屦,可以履霜。
掺掺女手,可以缝裳。
要之襋之,好人服之。
好人提提,宛然左辟,
佩其象揥。

---

① 《礼记》,第十篇,第479页。

维是褊心，是以为刺。①（《诗经·魏风·葛屦》）

这首诗从各个方面描绘了这位美丽的妇女，这与她缝制衣服的劳作形成对照，由此清楚地谴责了其丈夫的品性，该例说明了孔子把家庭主妇置于受尊敬的位置上。

155 既然夫妻尊卑相同，夫妻一体，那么，妻子将与丈夫共尊卑各项条件，即使妻子可能没有自己的名爵，但她可享有其丈夫的爵位；在所有的社会地位上，依照其丈夫的等级而据有其位。②

关于财产所有权，妻子的财产所有权包含在丈夫的名义下。如果丈夫去世了，而她又没有生育儿子，那么，她可以继承丈夫的财产，或者，如果她身处贫穷的窘境，那么，她可以卖掉丈夫的财产以维持生计。但是，倘若她改嫁，那么，其前夫之财产以及她的嫁妆应归属于前夫的家庭，她不能带走。这些在《大清律例》中均有所规定。③ 但是，根据最近的商业法（孔子纪元 2454 年，或公元 1903 年），妻子或年满 16 岁的女儿，均可以成为经商者，并可以有自己的商务。但妻子或年满 16 岁的女儿，必须以商人的身份，直接或间接在北京的商务部（现在的农工商部）登记注册；妻子必须得到丈夫的书面同意，而丈夫依然要承担法律责任。

2. 父子之伦

(a) 博爱之道

在中国社会，父子之伦乃最牢固的亲情纽带，是孔子宗教与哲学的基础。父子之伦根于天性，它是如此牢固，以至于父子之爱如

① 《中国经典》，第四卷，第一部分，第 163—164 页。

② 《礼记》，第九篇，第 441 页。

③ 《大清律例》，卷八。

此自然而无须对其作任何考虑。然而，有一种爱，这种爱衍生出独立于血缘以外的爱，这就是“同类之爱”。《礼记》上说：“凡生天地之间者，有血气之属必有知，有知之属，莫不知爱其类。”[①]爱同类是 156
所有生物共同的感情[②]，人类尤其将此感情发展到极致，此即为建立人类社会的基础。当然，父母生育了儿子，他们热爱自己儿子，但父母缘何如此呢？究其根源，此不惟因儿子乃父母之结晶，也因儿子与父母是同类。而在各个儿子之中，父亲最爱与他自己最相像的儿子，相反，对于不太像他自己的儿子则爱得更少些。毫无疑问，父亲爱儿子多少与儿子所表现出与父亲的相似程度有关，至于继子，尽管继子并非继父所亲生，但是，如果继子与其继父相像，那么，继父也会爱他。事实上，爱同类乃父子之伦的基础。而能将父子之爱推延出去，进而热爱全人类，这样的人谓之为虔诚的孝——大孝，《诗经》说：“孝子不匮，永锡尔类。”[③]

(b)孝悌之道

以父子间的自然之爱作为基础，孔子建立了孝悌之道，而孝悌之道与理财活动又有着密切联系。在《孝经》中，孔子概括了儿子的职责：“孝子之事亲也，居则致其敬，养则致其乐，病则致其忧，丧 157
则致其哀，祭则致其严，五者备矣，然后能事亲。”[④]

在《孝经》中，有五章分别描述了五个社会阶层——天子、诸侯、卿大夫、士人与庶人的不同责任，而五章中之最末一章尤使我们感兴趣，尽管该章是孔子的伦理之教，但其中确实蕴涵着极其重

① 《礼记》，第三十五篇，第392页。

② 孔子的概念非常类似吉丁斯教授的关于“同类意识”的概念。

③ 《中国经典》，第四卷，第二部分，第477页。

④ 《东方圣书》，第三卷，第480页。

要的理财意义。孔子在此章中说：他们"用天之道，分地之利，谨身节用，以养父母，此庶人之孝也"①。我们从该段引文中注意到孔子将庶人之孝与理财效率联系起来，非常有趣。引文的前两句指生产，而后两句则指消费。尽管第三句结合了伦理因素，但却是控制个人消费的规定，因为"谨慎遵礼"意味着在道德层面控制物质欲望。因此，一个庶人，为了赡养父母，在生产上勤勉，在消费上节俭，这就足以使他成为一名孝子，此即为农民的孝顺。

在孔子所有的弟子中，曾子为孝顺的主要代表。曾子说："孝
158 有三：大孝尊亲，其次弗辱，其下能养。"然后，他又说："亨孰膻芗，尝而荐之，非孝也，养也。"但是，曾子接着又说："众之本教曰孝。其行曰养。"②因此，尽管赡养父母乃孝顺的最低类型，但却是必需的一步。可能有这样一些人不能被称为孝子，因为他们仅能赡养父母，但从未有这样的人存在：被称为孝子，但却没有履行赡养父母的职责。基于这样的伦理教义与社会教义的中国人，其主要的理财负担即是赡养父母。

以上全部的论述均是以积极形式体现的孝悌之道，而现在我们将以消极形式看看孝悌之道。孟子列举出五种不孝行为，其中前四种行为所涉及的内容即为理财。五种不孝为："惰其四支，不顾父母之养，一不孝也；博弈好饮酒，不顾父母之养，二不孝也；好货财，私妻子，不顾父母之养，三不孝也；从耳目之欲，以为父母戮，四不孝也；好勇斗狠，以危父母，五不孝也。"（《孟子·离娄上》）在前四项理财内容之中，第一项系指生产，第二与第四项指消费，第

① 《东方圣书》，第三卷，第471—472页。

② 《礼记》，第二十一篇，第226—227页。

三项指分配。总之，中国人所谓之不孝，即由于五种原因中之任一导致不能赡养父母。

在五种不孝行为之中，第三项具有重要意义。在中国，儿子首 159
先必须赡养父母，妻子、孩子在其次，这是因为父母更应该受到尊敬，父母从不会因自己的利益而牺牲儿媳、孙辈的利益，相反，却总是为儿媳与孙辈的利益牺牲自己。而中国人认为晚辈必须首先关心父母，还有以下两点原因，第一，父母不能很好地胜任工作，即便他们能工作，他们也应该休息，因为他们已辛苦很长时间了；第二，父母年岁已高，做儿子的应尽早地孝顺父母，否则，他将无法报答父母而背负道德上的债务。

中西之间最显著的差异在于，中国人重视父母胜过妻子与孩子，而西方人重视妻子胜于其他任何家庭成员，简言之，中国人强调父子关系，而西方人重视夫妻关系，这是中西之间最根本的区别，而这样的差异又导致了中西方在社会生活与理财活动上的诸多差异。这样的差异不仅在现代社会存在，在古代也存在。这是孔教与基督教之间的主要对立点。尽管《十诫》第五条说：“尊重你的父母”①，《创世记》说：“男人将离开父母，和妻子在一起。”②耶稣③与保罗④重复这句话，并对此进行赞扬，因此，这已成为西方社会基础的基本精神。然无论何时，只要儿子娶妻，他就会离开父 160
母，与其妻独自生活在一起。夫妻关系一旦建立，父子关系将随之变得不那么重要了。

---

① 《出埃及记》20：12。

② 《创世记》2：24。

③ 《圣经新约·马太福音》19：5。

④ 《圣经新约·以弗以书》5：31。

既然人性各处一样，那么，中国人不会比西方人更热爱自己父母，西方人不会比中国人更热爱他们的妻子。孟子说："人少则慕父母，知好色则慕少艾，有妻子则慕妻子……大孝终身慕父母。"①（《孟子·万章上》）

因此，男性从父母处转移感情，不仅仅因为结婚，还因为他开始意识到美的诱惑力。对一位男性而言，无须教育他离开父母去和妻子亲近，因为这是他最强烈的激情，甚至在中国，也总是存在这样的趋势。但是，根据孔子之教，这种天生的激情被孔子的伦理之教抑制。所以，必须首先赡养父母，然后才是妻子与孩子，这已成了中国人的普遍精神。这也是标志着中西方差异的基本点。

中国人接受了孔子之教，并在法律中使之具体化。《大清律例》规定，对那些故意没有尽职赡养祖父母或者父母者，将受到杖
161 一百的惩罚。但是，对不孝者施行这样的惩罚，必须由其祖父母或者父母提起诉讼。如果为人子处于贫困之中，却又不为谋生而工作，也不赡养父母，致使其父母自杀者，他将受到杖刑一百，并流放至离家三千里的惩罚。② 假如祖父母或者父母在八十高龄以上，或者均患有严重的疾病，而又没有其他儿子照顾，在此情形下，禁止儿子或孙子将祖父母或父母独自留在家里，到异地上任就职。假如有违犯该项规定者，他将受到杖刑八十的惩罚，并强迫其回家赡养父母。③ 甚至对于罪犯，在特定环境下，为了赡养祖父母或父母，可能免于死刑或免于流放的法律惩罚。④ 因此，子女赡养父母作为

① 《中国经典》，第二卷，第345页。

② 《大清律例》，卷三十。

③ 同上书，卷十七。

④ 同上书，卷四。

一项积极的制度，不仅基于道德律，也依据法律。

根据目前的条例，当父母既无儿子亦无孙子时，孝顺的女儿就应该侍候、赡养父母，直到父母离开人世。而为赡养父母，女儿终身未婚，她将因此享有孝子的荣誉，比如说，当地将为她建立牌坊，她的名字将写进“忠孝节义祠”等等。因此，尽管刑法并未强迫女儿赡养父母，但荣誉性奖赏鼓励着她这样做。

在《人口论》第一版中，马尔萨斯不赞成中国法律要求儿子赡养年迈、无助的父母。马尔萨斯说：“无论如何也不能因实施法规，而造成那么多人丧失自立能力而陷入贫困，而且不以此为耻。从最人道最普遍的观点来看，人们是应该对丧失自立能力陷入贫困状态有耻辱感的。”①马尔萨斯的论点是正确，但是，他仅仅站在父母方面，而没有站在儿子方面。根据中国人的观点，他们可能会认为，虽然父母必须保持其理财独立，然而，儿子为了回报父母的仁慈，仍必须赡养父母。如果儿子不被要求赡养父母，尽管这样可能会加强父母的理财动机、促进他们积蓄的欲望，但却削弱了儿子的理财动机与他们工作的欲望。这样的情形，对整个理财社会而言，毫无收益，这只能使衰老、羸弱的人群更艰难地生存，而年轻强壮的人群更安逸、舒适地生活。因此，即使这样也会带给社会一些益处，但对整个理财社会而言，却是不公平的，也是不仁慈的。

另外，根据人性，至少根据中国人的人性，老人在获得财富与积聚财富上通常是勤勉的、节俭的，而老人这样做的目的，却并非仅为了他们自己的利益，相反，主要是为了儿子、孙子、重孙、玄孙，

① 《Ashley 的经济学经典著作》，第 33 页。

等等。因此，孔子说：当君子“及其老也，血气既衰，戒之在得”①（《论语·季氏》）。事实上，几乎没有父母愿意依赖儿子生活，而假如他们被迫依赖儿子生活，他们会有耻辱感，因为没有人因生活贫穷而陷入依赖他人的窘况会有好的感觉。那些真正幸运的父母，他们自身极其富足，在经济上独立，与此同时，他们的儿子也非常富裕并有尊严，而为了使父母愉悦，做儿子的服侍父母、给父母以荣誉。因此，民众并不担心做父母的会降低身份或自尊以成为
162 依赖阶层，不应该剥夺做父母的对儿子的权利。我们仅担心的是，当父母需要赡养时，做儿子的不赡养父母，而不担心父母不照顾他们自己。

(c)管理财产

既然孔子认为孝悌之教如此重要，因此，他给予父母极大的权利以掌管整个家庭的财产。孔子说：“父母在，不敢有其身，不敢私其财……父母在，馈献不及车马。”②由此可见，家庭财产的控制者不是儿子，而是父母。

《礼记·内则》说：“子妇无私货，无私畜，无私器，不敢私假，不敢私与。妇或赐之饮食、衣服、布帛、佩帨、茝兰，则受而献诸舅姑。舅姑受之则喜，如新受赐。若反赐之，则辞，不得命，如更受
163 赐，藏以待乏。妇若有私亲兄弟，将与之，则必复请其故，赐，而后与之。”③

当公公去世后，婆婆将不再管家，并传家事给大儿媳。但是，大儿媳所掌管祭祀、招待宾客等事，事事必须向婆婆请示，而其他

① 《中国经典》，第一卷，第313页。

② 《礼记》，第二十七篇，第295页。

③ 《礼记》，第十篇，第458页。

儿媳再向大儿媳请示。①

在这样的家庭里，父亲挣得财产，由所有家庭成员共同拥有，因此，父亲是家长，母亲是家事管理者。或者，财产由兄弟中任何一个、通常为长兄挣得，而长兄愿意放弃所挣得的财产，将财产全部交给家里，并把父母当作家长。在中国历史上，好些九代同堂的家庭，并能共同拥有家庭财产，但是，这样管理家庭财产就极其困难。今天存在缩减家庭规模的趋势，家庭仅以夫妻为基础。然而，尽管存在这样的趋势，但只要家庭制度存在，中国人就绝不能将父母从家庭中分离出去，正如他们不能将孩子从家庭里分开一样。

此外，在儿子成为一名生产者之前，他的婚姻通常由其父母安排。在这样的境况下，他没有任何财产可以声称是属于自己的，他与妻子在理财上依赖父母，他如何能是真正的一家之长呢？在此期间，他的母亲掌管家务，他的妻子仅仅作为婆婆的学生和助手。而他的妻子在婆婆的指导下做事实际上更好，这是因为中国的社会活动极其复杂，年轻媳妇几乎不能明白新家的所有事务。当然，她可以拥有一些私人财产，比如说嫁妆；但是，在家庭以外，她受赐物品或借东西给别人或送任何东西给别人，她必须请求婆婆准许，这样做，她的行为才合乎礼仪。因为她的婆婆必须明辨道理地对待她，而媳妇请求婆婆许可完全是合乎礼仪的礼节，如果不是这样，中国人就不可能几千年来维持这样的家庭模式。几年以后，当 164
媳妇有更多的经验，或者生育更多的孩子，或者当其丈夫在理财上变得独立后，她可能和婆婆分开，并管理她自己的家庭。但是，甚至在与婆婆分开以后，媳妇也会很自然地请求婆婆指示，至少把婆

① 《礼记》，第十篇，第457—458页。

婆视为受尊敬的家长。假如新家没有以前的家富有,儿子和媳妇还会从以前的家里获得利益;假如以前的家没有儿子、媳妇的新家富有,那么,儿子就必须赡养父母。简言之,儿子与妻子要报答父母的养育之恩,他们也绝不会切断与父母之间的理财关系。甚至在一个非常贫穷的家庭里,当儿子已经自立,自己完婚,且自己供养家庭,尽管如此,他仍然必须赡养父母,侍候父母并视父母为受尊敬的家长。这就是今天仍然存在的中国模式的家庭。中国模式的家庭与西方普遍的家庭结构,其区别是显而易见的,而且,此区别有助于解释上文已经讨论过的、中国人为何强调孝道。

在孔教教义基础上,中国人制定了下列法规。根据《大清律例》[①],假如其祖父母或者父母依然健在,而其儿子、孙子从家里分开、在其他地方安居;或者分割家产,这样的儿子、孙子将受到杖刑一百的惩罚。但要对其儿子、孙子施加这样的处罚,必须要求其祖
165 父母或者父母提出诉讼。在祖父母与父母健在时,绝对不允许儿子或者孙子分家产或者与家庭分开居住,但是,就此事而言,假如他们的父母同意或者命令他们分家产,那么,他们可以那样做。在为父亲或者母亲服丧期间,假如有兄弟分家,并在另一地方定居,或者分割部分遗产,那么,该兄弟将受到杖刑八十次的惩罚。但是,若要施行这样的惩罚,首先必须为其父亲或者母亲服丧一年,或者一年以上的亲属中的长者、地位较高者提出诉讼,才能对其施行惩罚。如果这种分家或者分割家庭遗产是遵照祖父母或者父母的遗嘱,那么,这样的行为并未触犯法律。

在一个财产共享的家庭里,假如晚辈或者年幼的家庭成员,在

---

① 《大清律例》,卷八。

没有获得长辈或者年长者的授权允许、擅自使用家里的钱与物品时，当所使用的钱与物品，其价值总计达到十两银子时，将受到笞刑二十次的惩罚，而且，笞刑的次数将以擅自使用的每十两为一单位，成比例地增加，但是，笞刑次数规定不超过一百次。假如拥有权利分配家产的长辈或者年长的家庭成员，在分配家产时，没有按比例公平地分配家产，其遭受到的惩罚将与上述擅自使用钱财一样。尽管年幼者或者晚辈需使用家庭钱财，必须向年长者请示，并必须得到年长者许可，但年幼者、晚辈对家里的共有财产也享有一份权利。尽管长辈或者年长者控制了家庭事务，但是，他们也没有权利在家庭成员中对家庭财产进行不公平的分配。简而言之，一家之长仅是家庭财产的托管人。

当授予某人后代任何官爵时，其长子或者长（外）孙将是首先获得官爵的人选。但是，当他的财产，个人的和不动产被分割时，将根据他的儿子人数，在妻子所生的儿子与妾所生的儿子之间，一 166
视同仁地公平分配。假如他有私生子，那么，其私生子只能享有其他嫡出或庶出儿子一半的财产；假如他只有私生子，那么，他将收养一个与他有适当关系的继子，这位继子将与其私生子一起均分财产；假如他不能收养一位适当的继子，那么，私生子将被允许继承其全部财产。

当家庭绝户，又无适当之继子以承继其家产，那么，女儿可以继承家庭财产；假如此家庭也无女儿，地方官员将向上级汇报情况，该家庭财产可能被收归公有。

以上所述均为本朝管理财产的法律。总之，由于孔子的孝悌之道，家庭制度在中国获得最高程度的发展，在世界其他任何地方，都没有像中国一样如此完整、高度发达的家族体系存在。由一个共同的远祖繁衍下来的若干家庭组成的宗族，它可能占据整整一个乡镇一千多年，可能拥有十万家族成员，不惟如此，只要宗族存在，就可以拥有所有权管理财产。宗族有它自己的历史，也有自己的族规——与国家法律保持一致的族规法。宗族有极其强大的地方统治权，它掌管着族内成员的生死、婚姻、宗教、教育、慈善、选举、仲裁、处罚、税收、治安、公共事务等等。尽管宗族是孔子的“据乱世”社会制度，但它已逐步发育成一完善形式。然而，我们必须
167 明白的是家庭是一个理财机体，尽管宗族为同族无数代人管理共同的财产，但它只是一个社会机体。

11　理财政策及理财学之分部

I　政府调节

既然理财活动对人类而言具有如此重要的意义，那么，每个人自然首先考虑他将获得什么，而不是他应该做什么。人们主要担心自己的利益，竞争因此产生了。根据放任主义经济学家的理论，假如存在绝对的自由竞争，那么，每个人恰好获得他应该得到的，因为每个人均在意他自己的利益。因此，这些经济学家鼓吹，对于理财活动，竞争是必需的，他们认为政府的干预必须最小化。而孔子之教正好与此相反。孔子之教认为，对于理财活动，政府的干预是必需的，而竞争必须最小化。为了解释此教义，我们将首先指出，即便竞争能够绝对自由，也不应绝对自由的缘故。

首先,我们考虑自然选择的法则。在汉语里,“天”一词具有三层含义:上帝、天、自然。我们现在所使用“天”一词,仅仅为第二与第三层意思。孔子是一名进化论者,他说:“故天之生物,必因其材而笃焉。故栽者培之,倾者覆之。”①(《中庸》)在此段论述中,孔子暗示了自然选择的法则。 168

孟子也说:“天下有道,小德役大德,小贤役大贤;天下无道,小役大,弱役强。斯二者天也,顺天者存,逆天者亡。”②(《孟子·离娄上》)

因此,在自由竞争中,有天意在,天命不会注定任何人;天命将属于少数奋发图强的人,而若干懈怠的人,只有听天由命了。

天是什么,天是超越善恶问题的难以了解的存在,因为天既不是善,也不是恶。《系辞》说:“鼓万物而不与圣人同忧。”③在自然一面,天表明宇宙过程化育万物,自然无为之天地之“道”;而在社会一面,圣人体天地之“道”为伦理之用。此二者未曾能协调一致,因为一面有目的,而另一面则没有目的。在宗教意义上,我们可以说上帝帮助有德行者;但是,在现实生活中,我们必然承认上帝只会祐助最强壮者,而并非任何人均能获得上帝的祐助。假如我们坚持遵循“自由放任”之理财政策,使竞争处于绝对自由之中,那么,世界将会留给少数的强者。尽管我们不能过多地抗拒自然,但是,我们如何能忍心看见构成人类最主要部分的弱者痛苦呢?因此,如果没有伟大的宗教导师、没有伟大的道德家与伟大的政治家,那么,就没有某种规则对自然进行干预。既然自然选择仅有

① 《中国经典》,第一卷,第399页。

② 《中国经典》,第二卷,第296页。

③ 《易经》,第356页。

益于强者,不益于弱者,那么,作为整体的社会,人为地进行调节
169 是必需的。《易经》说:“后以财成天地之道,辅相天地之宜,以左右民。”①

第二,让我们从人性的角度进行考虑。强者永远不会满足,除非他们拿走了弱者的所有。何休说:“贫富兼并,虽皋陶制法,不能使强不凌弱。”人一旦拥有一点对别人的权利,假如允许的话,他总是毫不犹豫地使用权利牺牲别人的利益,以维护自己的利益。的确,人人均在追逐自己的利益,但是,有些人能成功地保护自己的利益,而有些人不能保护自己的利益,尽管他们完全知道自我保护利益的必要性。因此,人性如此,竞争必须有所约束。因为,尽管少数人通过绝对的自由竞争可以获益,但是,多数人实力不足不能自由参与少数人的竞争,在自由竞争中,少数人必定战胜多数人。因此,利己主义不可能作为理财活动的调节器,政府调节随之成为必需。

尽管孔子没有废除竞争,但孔子建议运用若干政府调节以控制消费、生产与分配,并以此取代绝对的自由竞争,我们将在接下来的章节中提到孔子的这一主张。而我们在此将要讨论的是孔子的一般政策,在该要点上,我们最好参考《洪范》。根据《洪范》,政府的最终目的是使民众享受五种幸福、逃避六种灾难,此五种幸福为:“一曰寿,二曰富,三曰康宁,四曰攸好德,五曰考终命。”而与此五种幸福形成对照的是六种灾难:“一曰凶短折,二曰疾,三曰忧,四曰贫,五曰恶,六曰弱。”我们需要注意的是,这十一项事情概括
170 了孔子的人类幸福观,而在十一项中仅有三项:热爱美德、悲痛与

① 《易经》,第281页。

软弱，属于人类精神、智力上之情形，其余各项则涉及人类的身体与物质享乐。

上文陈述了政府的终极目的所在，现在，我们来看看君主的职责。《洪范》的要点是王室完美的准则，《洪范》上记载："皇建其有极。敛时五福，用敷锡厥庶民。"事实上，君主最重要的两项职责，也就是分配财富与选拔人才。有这样一句话特别告诫君主，"无虐茕独而畏高明"。简言之，为了帮助弱者与约束强者，君主应该建立起普遍的、平等的法律，之后，《洪范》指出"凡厥正人，既富方谷"。因此，财富之分配应该非常公正，整个社会的环境应该如下：

> 无偏无陂，遵王之义；
> 无有作好，遵王之道；
> 无有作恶，遵王之路；
> 无偏无党，王道荡荡；
> 无党无偏，王道平平。
> 无反无侧，王道正直；
> 会其有极，归其有极。（《尚书·洪范》） 171

这样的政府是孔子的理想，而这样的天子可做民众的父母。①

这样的政府不仅调节民众的理财活动，也调节其余若干事务。但民众的理财活动最为重要，是全部"五福"的主要来源。《说苑》叙述了《尚书》"五福"何以以富为始，《说苑》说"夫谷者，国家所以

① 《中国经典》，第三卷，第二部分，第328—333、343页。

昌炽，士女所以姣好，礼义所以行，而人心所以安也”①。因此，当君主手中掌管了“五福”的来源，而为了将其发放与赐予全体民众，他控制了全部的生产手段，并在民众中平等地将“五福”的利益进行分配，这类似国家社会主义的原则。而两者惟一的区别在于：国家社会主义没有专权的个人统治，而在孔子的想法里，却存在一个无私、明智、正义、仁慈与完美品质的君主。既然财富是“五福”之首，是其他四福的源泉，那么，政府必须将理财活动凌驾于任何事务之上。《尚书大传》说：“圣人者民之父母也，母能生之，能养之，父能教之，能诲之，圣人曲备之者也。能生之、能食之、能教之、能诲之也，为之城郭以居之，为之宫室以处之，为之庠序之学以教诲之，为之列地制亩以饮食之。……天子作民父母，以为天下王，此之谓
172 也。”从此段引文中，我们发现天子承担民众理财活动的责任甚至胜过其父母。

关于政府干预民众的理财活动，《书经》记载天子尧的话，“予欲左右有民”②，孔颖达这样解释尧的话，“我欲助我所有之人，使之家给人足，汝当翼赞我也”。而这样的观念普遍存在于孔教徒之中。

班固举例描绘了导源于“礼法堕”、缺乏调节而产生的邪恶，尽管班固的描述属春秋战国时代，但它也是今天资本主义社会的图景。班固说：“及周室衰，礼法堕，诸侯刻桷丹楹，大夫山节藻棁，八佾舞于庭，雍彻于堂。其流至乎士庶人，莫不离制而弃本，稼穑之民少，商旅之民多，谷不足而货有余。陵夷至乎桓、文之后，礼谊大

① 《说苑卷三·建本》。

② 《中国经典》，第三卷，第一部分，第79页。

坏，上下相冒，国异政，家殊俗，嗜欲不制，僭差亡极。于是商通难 173
得之货，工作亡用之器，士设反道之行，以追时好而取世资。伪民背实而要名，奸夫犯害而求利。篡弑取国者为王公，圉夺成家者为雄桀。礼谊不足以拘君子，刑戮不足以威小人。富者木土被文锦，犬马余肉粟，而贫者短褐不完，含菽饮水。其为编户齐民，同列而以财力相君，虽为仆虏，犹亡愠色。故夫饰变诈为奸轨者，自足乎一世之间；守道循理者，不免于饥寒之患。其教自上兴，由法度之无限也。"①

班固描绘了孔教的通论，在孔教徒的构想里始终存在社会主义性质的思想，平均分配财富为最好之事，而将民众划分成穷人与富人则为最糟糕之事。这样的理论不是共产主义，说得更确切点，是国家社会主义。

然而，在实践上，中国政府极少采取积极政策以干预民众的理财活动。从历史上来看，政府无论在何时采取微小措施以干预民众的理财活动，均以失败告终，而极少有例外者。而之所以如此，其原因在于中国地域广袤，而官吏任职期限短暂，民众生来不愿意与政府发生瓜葛。因此，自秦朝开始，现代中国政府再没有像古代
中国政府那样管理、控制民众的理财活动。 174

然而，由于受孔子教义影响，民众尊重社会秩序与公共利益。因此，民众间的竞争并不十分激烈，道德影响仍然束缚着他们的理财动机。所以，尽管他们的生产规模不大，产品并不充分，但他们的分配却相当地公平。这不仅是政府调节管理的结果，也是孔子教义影响中国社会的成果。

---

① 《汉书》，卷九十一。

Ⅱ 自由放任政策

我们使用“自由放任”一词,并不想暗示孔教让所有的事处于极端放任之中,它纯粹指孔教之社会主义运动不依赖于任何革命力量,而依赖事物的自然发展进程。因为人性能臻于完美,所以除了在特定的情况下,不需要太多人为的法律去抑止人性、妨碍人性发展。普遍平等、普遍机会,以及理财自由,这些均为孔子最重要的教义。阶级制度、垄断、关税,这些皆为孔子谴责的对象。而依真实的孔教原则,为了民众的自然发展而提供给他们充分的机会,此即为实现孔教社会主义的途径。一方面,我们发现孔教赞同社会立法;另一方面,我们发现孔教也赞同自由放任政策,换言之,二者均有益处。孔教是极高明而道中庸,并绝不走极端,适当的时间或条件为最好。简言之,孔教的社会立法,其依据为道德,而非政府的规章法律。

为了准确地阐述自由放任政策,我们找到了孔子本人提出的理财一般原则。当孔子的弟子子张请教孔子“何如斯可以从政
175 矣?”孔子列举了为政的五种美德,第一种美德“君子惠而不费”,子张又问:“何谓惠而不费?”孔子回答说“因民之所利而利之,斯不亦惠而不费乎?”①(《论语·尧曰》)在与子张的对话中,孔子的论述最具一般性与概括性,并不需做特别的解释。

在《春秋繁露》中,董仲舒也解释了自由放任政策。董仲舒说:“故圣人之治国也,因天地之性情,孔窍之所利。”②董氏此论,即是

① 《中国经典》,第一卷,第352—353页。

② 《春秋繁露》,卷二十。

以自然之道引导民众进行理财活动的一般政策。

在所有孔教徒中，司马迁是最强烈提倡自由放任主义政策的孔教徒之一。司马迁的理论以人类需要为基础，司马迁说："夫神农以前，吾不知已。至若《诗》、《书》所述虞夏以来，耳目欲极声色之好，口欲穷刍豢之味，身安逸乐，而心夸矜势能之荣。使俗之渐民久矣，虽户说以眇论，终不能化。故善者因之，其次利道之，其次教诲之，其次整齐之，最下者与之争。"（《史记·货殖列传》）

这就是司马迁的理论基础，简言之，理财需要或利己主义乃理 176
财政策形成之基础。

随后，司马迁谈到生产过程，他指出："故待农而食之，虞而出之，工而成之，商而通之。此宁有政教发征期会哉？人各任其能，竭其力，以得所欲。故物贱之征贵，贵之征贱，各劝其业，乐其事，若水之趋下，日夜无休时，不召而自来，不求而民出之。岂非道之所符，而自然之验邪？"

司马迁赞成放任政策，其原因在于他担心政府一旦干预，生产之自由过程就会因此中断。司马迁引用了《周书》中的四句话："农不出则乏其食，工不出则乏其事，商不出则三宝绝，虞不出则财匮少。"

司马迁强调最末一句说，"财匮少而山泽不辟矣。"由此，司马 177
迁指出了资本的重要性。然后，司马迁以下述评论总结了《周书》中的四句引文："此四者，民所衣食之原也。原大则饶，原小则鲜。上则富国，下则富家。"

在此，司马迁认为应该存在大生产，如果生产规模大，那么，财富来源大、资源丰富，如此，不仅有益于家庭，也有益于全体民众。所以，生产的自然过程应该处于自由状态，因为这样将带给社会巨大的财富来源。

关于财富分配，司马迁说：“贫富之道，莫之夺予，而巧者有余，拙者不足。”可见，贫富的形成完全是自由竞争的结果。

在描述了富人的各种生活状况以及大城市里各种理财条件以后，司马迁接着说：“凡编户之民，富相什则卑下之，伯则畏惮之，千则役，万则仆，物之理也。夫用贫求富，农不如工，工不如商，刺绣文不如倚市门，此言末业，贫者之资也。”

根据这段陈述，可以看出，司马迁承认自由竞争导致财富不
178 均，但他指出穷人的雇佣依赖富人。

经过春秋战国时期，再到汉初，中国的理财环境极具活力，涌现了众多的富豪。富豪“独霸全郡，中者独霸全县，小者称霸乡里”，他们的财富通过各行各业，诸如农业、畜牧业、矿业、制造业、贸易、商业而获得积累。而正因为存在大规模生产与大量财富积累，所以，司马迁相信放任政策的效用。

尽管司马迁主张放任政策，但却并未因此走向极端，他总结说：“富无经业，则货无常主，能者辐辏，不肖者瓦解。千金之家比一都之君，巨万者乃与王者同乐。岂所谓‘素封’者邪？非也。”①

正是在全章的末尾，司马迁给出了否定的答案，以收回他之前的陈述。事实上，司马迁一方面赞成大规模的生产，以至于在这点上他认为自由竞争颇具价值；而另一方面，他憎恨不公平的财富分配，乃至于挖苦富人。扩大生产与平均分配，二者并进是司马迁的最终目的。因此，在司马迁的结论中，他得出了与孔教徒一致的观点。

---

① 《史记》，卷一百二十九。司马迁与班固均撰写了同一主题（《货殖列传》），因此，在最末部分将二人的理论进行比较会很有趣。

如果将中国历史作为一整体，那么，我们可以说中国人享有太多的理财自由，除去少数因社会的缘故而限制消费的法律外，民众确实在做他们想做的事。而之所以如此，究其根本原因在于，中华帝国疆域辽阔，其政府形式为君主政体，政府不可能密切干预民众 179
的理财活动。因此，尽管存在某些关于民众理财活动的法律，但民众根本没必要与这些法律产生联系。事实上，是风俗支配中国的商业社会，而非法律。

Ⅲ　理财学之分部

关于孔门理财学的分部，再没有任何文字比《大学》中的“生财有大道”更具有综合性。《大学》中说：“生财有大道，生之者众，食之者寡，为之者疾，用之者舒，则财恒足矣。”①根据这项生财大道，仅存在两部分，即生产与消费。虽然“众”与“寡”指的是人口数量；但“疾”与“舒”，则指生产与消费的进程。此即是涵盖全部理财学领域的最综合的原则。

尽管生财大道使生产与消费处于相同的级别，但主张生产应超过消费、并居消费之上，这是极其正确的观点。如果生产与消费相等，那么，不仅没有增加生产，也不会扩大消费。而扩大消费的惟一途径，是财富生产超过并突破消费的限制，这是积累资金，也 180
是使财富总是富足的途径。虽然众、寡、疾、舒仅是相对的表达，但它们意味着消费者应该少于生产者，财富的消费宜缓于财富的生产，此并非意味着消费者之寡，反致减杀生产者之众；消费财富

① 《中国经典》，第一卷，第379页。

缓慢,反致阻塞财富生产之疾。若果如此,那么,不仅失策,也不可能。

《大学》之“大道”所具有的适用性,古今同一而不可易。因“众”、“寡”,指人数而言,其意无须解释,不言而喻,但“疾”一词则具有非同寻常之意义,它涵盖了在理财活动中全部进步。简言之,它包括了所以使生产“为之者疾”的全部因素,高效率的机器、运输、通讯、货币与银行体系、商业组织等,这些皆包括在所以使“为之者疾”之中。因此,“为之者疾”一句不仅包括了生产,也包括了交易与分配。

根据克拉克教授(J. B. Clark)的理论,交易仅为生产之一部,因交易产生形式效用,或者生产地点效用,或者生产时间效用;分配与生产紧密联系,每人在生产中贡献若干力量,那么,在分配中将获得若干之报酬。毫无疑问,生产一直持续,直到消费而后止。因此,《大学》分理财学为生产与消费两部,而非四部,而《大学》之两部已涵盖了全部理财学范围。

按照《大学》之陈述,我们在同样的基础上对我们的论文进行划分,那就是说,我们可以将孔子及其学派之理财原则仅划分成两部,即生产与消费。在生产部内,我们将包括交换与分配的原则。按照自然先后顺序,生产在消费之前。但是,为了便于安排起见,我们首先从消费开始。而之所以如此安排,其原因在于:首先,人类需要是理财活动的基础与生产之目的;其次,讨论生产的部分比讨论消费部分所需之内容更充分,所以,最好由简至繁,先讨论简单的话题,再讨论复杂的话题。

部乙　消费

第四篇　消费 185

12　消费通义

I　人之欲望

凡宗教创始人，均将其注意力转向上帝，但是，孔教的创始人孔子，却将其注意力转向人。在《礼运》中，孔子说："……人者，其天地之德，阴阳之交，鬼神之会，五行之秀气也。"[①]孔子之意为人乃精神之存在。孔子接着又说："故人者，天地之心也，五行之端也，食味，别声，被色而生者也。"[②]依据该段论述，我们发现孔子之意为人也是物质存在，换言之，人既是精神存在，也是物质存在。孔子以人情为其哲学基础，或诚如孔子自己所述：圣人"人情以为田，故人以为奥也"[③]（《礼记·礼运》）。

那么，何为人情呢？根据孔子所论，人生来就有不学就会的七

---

① 《礼记》，第七篇，第380页。
② 同上书，第382页。
③ 同上书，第384页。

种人情，即：喜、怒、哀、惧、爱、恶、欲[①]，七种人情中最末者，是欲望与需要，而这是七种人情中之最为强烈者。孔子说：“饮食男女，人
186 之大欲存焉。死亡贫苦，人之大恶存焉。故欲恶者，心之大端也。”[②]

事实上，孔教比其他任何宗教更具人性，孔教教化的对象是人，并以人情为田地，因欲望乃最强烈之人情，不管人可能具有怎样的精神性，“饮食男女”之理财需要仍为人类社会之基石。因此，人之欲望既为伦理学亦为理财学之出发点。

生活在孟子时代的孔教徒告子说：“食色，性也。”[③]（《孟子·告子上》）孟子说：“好色，人之所欲……富，人之所欲……贵，人之所欲。”[④]（《孟子·万章上》）当然，孔子及其徒之意并非以为人应受欲望的奴役、束缚，然而，他们承认人类欲望于人而言是不可或缺的。因此，自孔子开始，孔教徒绝不倡导灭人欲思想，一直到宋朝周敦颐（孔子纪元1568—1614年，或公元1017—1073年）时代。孔子之真实思想并非人应禁欲，而是人之欲望越少越好。《礼记》上说“欲不可从”，“乐不可极”[⑤]，此即为孔子关于人欲的真实思想。

值得我们注意的是，马尔萨斯的理论与孔子的理论，二者创立于相同的基础之上，马尔萨斯提出了两项基本条件，“首先，食物为
187 人类生存所必需；其次，两性间的情欲是必然的，而且几乎会保持现状”[⑥]。这两项基本条件与孔子所设想的条件相似，但是，马尔萨

① 《礼记》，第七篇，第379页。
② 同上书，第380页。
③ 《中国经典》，第二卷，第397页。
④ 同上书，第344页。
⑤ 《礼记》，第一篇，第62页。
⑥ 《人口论》，第6页，Ashley's 版本。

斯由此发展出著名的人口论思想，而孔子则由这两项必需与必然设计出孔教哲学之总体系。而之所以如此，其原因在于马尔萨斯乃一专业的经济学家，而孔子则为最广泛意义上的伟大导师。然尽管如此，如果取孔子哲学总体系中之部分内容观之，孔子也表明自己是一位经济学家。

然而，人的欲望是逐级上升、无止境的，荀子描述了人的这些特性，他认为，“人之情，食欲有刍豢，衣欲有文绣，行欲有舆马，又欲夫余财蓄积之富也；然而穷年累世不知不足，是人之情也”[1]。

Ⅱ　礼教

尽管孔子承认人类的欲望，而且支持、鼓励人类在欲望上获得满足，然而，孔子却并不允许放纵欲望。因此，为控制人类欲望，孔子提出了准则，此即为众所周知的礼。礼指在所有方面何为正当的、合乎体统的。礼一词，其涵盖范围太广泛，以至于除文明一词可能涵盖其全部意义而外，在英语里再未有真正与之对等的词语。[2] 然而，由于我们正在考察消费原则，我们因此将考察的范围限制在与消费相联系的礼之中。我们将礼之功用划分为两要点：其一， 188
满足人之欲望；其二，控制人的欲望，此二者为礼之主要方面，但因礼还具有其他若干细节，所以，我们将在其他部分研究礼的其余细节。

1. 满足欲望

礼之首要功能即为满足人之欲望，而最为清楚地指出此方面

---

[1] 《荀子》，第三篇。

[2] 参见孟德斯鸠《论法的精神》，第一卷，第324—325页。

者,莫过于荀子。荀子说:

　　礼起于何也?曰:人生而有欲,欲而不得,则不能无求。求而无度量分界,则不能不争;争则乱,乱则穷。先王恶其乱也,故制礼义以分之,以养人之欲,给人之求。使欲必不穷乎物,物必不屈于欲。两者相持而长,是礼之所起也。

　　故礼者,养也。刍豢稻粱,五味调香,所以养口也;椒兰芬苾,所以养鼻也;雕琢、刻镂、黼黻、文章,所以养目也;钟鼓、管磬、琴瑟、竽笙,所以养耳也;疏房、檖貌、越席、床笫、几筵,所以养体也。故礼者,养也。①

从上述荀子的说明中,我们认识到礼的基本目的在于满足人之欲望。礼并非由宗教而形成,也并非源于伦理意义,而是产生自
189 人们的理财需求。② 因此,理财需要是文明的基础。

孔子哲学体系之独特性,在于他将人类欲望作为其哲学基础,将理财要素与伦理要素结合为单一原则,孔子说:

　　夫礼必本于天,动而之地,列而之事,变而从时,协于分艺。其居人也曰养,其行之以货力、辞让、饮食、冠昏、丧祭、射御、朝聘。

　　故礼义也者,人之大端也,所以讲信修睦,而固人之肌肤之会,筋骸之束也;所以养生送死事鬼神之大端也;所以达天

① 《荀子》,第十九篇。

② 孔教徒称礼完全是为满足人们需要的消费规则。孔子之所以使用礼字代替理财一词,其原因在于孔子不仅只是一位理财学家。

道，顺人情之大窦也。①

这是孔子最精彩的思想体系，在此体系之中，孔子从“太一”获得其体系“天道”，并在尘世中建立其真正的王国。孔子的思想体系不是无人性的，而是体现人的本性；不是理论的，而是实践的；颇 190
具精神的，但绝对物质的；是伦理的，但又是理财的。孔子尤其强调“其居人也曰养”，礼在人为义，是为了满足人的欲望。孔子不仅关注人的心智，同时，也关注人之肉体。他不仅重视个人，也重视社会与外界。毋容置疑，孔子把人的理财需要作为其伦理教义的基础，为了满足理财需要而规定了社会制度。天道包含在人的欲望之中，礼的实行是通过身体的、物质的手段表现、履行其社会的、精神的义务，换言之，没有理财学就没有伦理学。而正因为如此，孔子融理财学、伦理学为一体，并使礼之首要功能为满足人的欲望。

而正是在这点上，孔子建立了区别于老子、墨子的宗教——孔教。老子、墨子均为孔子重要的对手，但孔子超越了他们。而究其原因，乃在于他们的宗教——道教与墨家，没有满足人类的欲望。老子说：“五色令人目盲，五音令人耳聋，五味令人口爽，驰骋畋猎令人心发狂，难得之货令人行妨。”②

显然，老子所论正好与孔子教义相反，而在此，老子与墨子相同。墨子之理财教义完全依赖过度节俭，他将人的消费减少至勉强能糊口、度日。墨子反对礼乐，并尽可能使生活不舒适。道教与

① 《礼记》，第七篇，第388—389页。

② 《道德经》，第十二篇。五种颜色指绿色、红色、黄色、白色、黑色。五种音乐与c、d、e、g、a相应。五味指酸、苦、辣、咸、甜。

墨家皆不能满足人的欲望，因此均极端违反自然，且不切实际。而
191 杨朱则将道教变成与伊壁鸠鲁学说类似的享乐主义。

在理财原则的基础上，孔子使其宗教不仅异于道教与墨家——两种本土的宗教，而且，也异于中国的外来宗教——佛教。

在《书经》里有一篇《酒诰》。张栻（孔子纪元1684—1731年，或公元1133—1180年）对《酒诰》进行了著名的诠释，在诠释中显示了孔教与佛教的区别，我们征引如下：

> 酒之为物，本以奉祭祀、供宾客，此即天之降命也。而人以酒之故，至于失德丧身，即天之降威也。释氏本恶天降威者，乃并与天之降命者去之。吾儒则不然，去其降威者而已。降威者去而天之降命者自在。
>
> 如饮食而至于暴殄天物，释氏恶之，而必欲食蔬茹，吾儒则不至于暴殄而已；衣服而至于穷极奢侈，释氏恶之，必欲衣坏色之衣，吾儒则去其奢侈而已；至于恶淫慝而绝夫妇，吾儒则去其淫慝而已。
>
> 释氏本恶人欲，并与天理之公者而去之，吾儒去人欲，所
> 192 谓天理者昭然矣。譬如水焉，释氏恶其泥沙之浊而窒之以土，不知土既窒则无水可饮矣；吾儒不然，澄其沙泥而水之澄清者可酌。此儒释之分也。①

而沿着上述张栻比较儒、释的思路，我们可以在孔教与基督教之间进行比较。圣保罗是基督教的真正创始人，其在基督教里所

① 《中国经典》，第三卷，第二部分，第402页。

居之重要位置远远超过孔教中孟子所居之位置。当我们研究《提摩太前书》时，保罗表明“禁止嫁娶，又禁戒食物，就是神所造叫那信而明白真道的人，感谢着领受的”为魔鬼的说教①，这看起来似乎与孔教极其相似，而实际上存在区别。关于婚姻，孔子不仅反对禁止婚姻，而且将婚姻作为必需之事提倡。在所有重要的孔教徒中，尽管任何个人均可以选择独身，但绝无一人谈及独身生活。而耶稣却把独身男子视为“为天国的缘故自阉”的人②。保罗又说：“我 193
说男不近女倒好。”③这就是基督教的正统教义。因此，使徒与教会神父们曾经同样地视婚姻为一种无可避免之灾祸，甚至在今天，天主教派仍然坚持正统观点。这与佛教相似，但与孔教迥异。

关于婚姻，基督教比孔教不近人性，但关于食荤，却又比孔教残酷，保罗说，“凡神所造的物，都是好的。若感谢着领受，就没有一样可弃的”。若将此理论与孔子理论相比，那么，基督教的理论似乎显得狭隘，并且极不仁慈。人也是上帝的创造物，我们如何能说我们可以带着感恩的心情食上帝创造物的肉呢？说上帝之任何创造物均不可弃，此表达并非十分合乎推理。当然，我们目前可以而且应该食荤，但我们却不应以如此之理论作为食荤之根据。

尽管孔子并未完全戒荤，但孔子具有节制食荤之趋向。在《礼记·王制》中，有关于任何人无故不宰杀动物之规定④，孔子说：“伐一木，杀一兽，不以其时，非孝也。”⑤而且，孔教具有“远庖 194

① 《圣经新约·提摩太前书》4:3。
② 《圣经新约·马太福音》19:12。
③ 《圣经新约·哥林多前书》7:1。
④ 《礼记》，第三篇，第227页。
⑤ 《礼记》，第二十一篇，第228页。

厨”——远离牺牲被宰杀与烹煮之厨房的原则,孔教因此有戒荤趋向的暗示。孟子说:“君子之于禽兽也,见其生不忍见其死,闻其声不忍食其肉,是以君子远庖厨也。”[①](《孟子·梁惠王上》)此即为发展博爱精神的途径。《礼记》上说:“君子远庖厨,凡有血气之类,弗身践也。”[②]《春秋繁露》中说:“质于爱民以下,至于鸟兽昆虫莫不爱。不爱,奚足谓之仁?”[③]而孔子之所以将爱推及至鸟兽昆虫,其确切之原因在于,动物也是上帝的创造物。然尽管如此,因孔教极端实用,故而在现存条件下,孔教并不坚持戒荤。孟子说:君子“亲亲而仁民,仁民而爱物”[④](《孟子·尽心上》)。此即为施行仁爱之标准,并与“三世”说和谐一致。根据康有为的理论,当我们“有能代肉品之精华而大益相同者,至是则可不食鸟兽之肉而至仁成矣”。而康氏是论则将属于孔子所谓之“太平世”阶段。

总之,关于戒荤,从仁爱的观点论之,佛教虽属最高境界,但却不切实际。基督教保罗之理论,尽管属不可避免之事实,但却有些残酷。而在食荤问题上,孔教采取了佛教与基督教之间的观点。孔教包含了全部的仁爱之道,并一步一步地切实实践,此即为中庸之道。

上述所进行的全部讨论,并非作为比较宗教研究,而只是指出孔子合理财因素与道德因素为一体系的事实,并指出这对孔子的宗教而言是独有的特征。

---

① 《中国经典》,第二卷,第141页。
② 《礼记》,第十一篇,第4页。
③ 《春秋繁露》,卷二十九。
④ 《中国经典》,第二卷,第476页。

2. 节制欲望

(a)道德控制 195

尽管礼之首要功能为满足人的欲望,而礼的第二功能却是为了控制人的欲望。尽管有若干限制消费的基本原则,但其中居首位者为道德原则,即自我克制。

《礼记·乐记》说:

>……先王之制礼乐也,非以极口腹耳目之欲也,将以教民平好恶,而反人道之正也。
>
>人生而静,天之性也。感于物而动,性之欲也。物至知知,然后好恶形焉。好恶无节于内,知诱于外,不能反躬,天理灭矣。
>
>夫物之感人无穷,而人之好恶无节,则是物至而人化物也。人化物也者,灭天理而穷人欲者也。于是有悖逆诈伪之心,有淫泆作乱之事。是故强者胁弱,众者暴寡,知者诈愚,勇 196 者苦怯,疾病不养,老幼孤独不得其所,此大乱之道也。①

这段引文使我们明白了为什么道德因素进入理财领域,而究其原因:第一,人的欲望与生俱来;第二,当人受到外界事物影响时,其欲望变得蠢蠢欲动;第三,当人对事物的知识不断增多时,其欲望也随之增加,后者是外界事物不断涌来之结果;第四,事物对人的影响没有穷尽,而人对自己的好恶没有节制、欲望无止境。由于上述四方面原因,假如人仅仅受到理财欲望的驱使,没有任何与

① 《礼记》,第十七篇,第96页。

道德有关的考虑,那么,社会将变得混乱,大多数人将不能满足其欲望。

而为了在某种程度上使人人满足其欲望,那么,使人人节制其欲望就成为必需;而且,节制之规则最好出于每人自己。因为每个人都具备天赋的温厚禀性,如果人能返回自己的本性,那么,他就能使自己的思想控制其身体之欲望,并约束自己的激情。这虽是植根于人类欲望之上的道德规则,然而,它却具有两方面的目的:一方面,它阻止叛逆诈伪的心理产生,阻止淫泆作乱的事情出现,此即为伦理之成效;而另一方面,它又有助于供给弱者、少数被欺压者、老实人、怯懦者、患病者、老、幼、孤、寡以物质所需,此即为理财之成效。因此,我们虽然是在伦理上节制我们的消费,但其作用却有助于其他人的消费,以及全社会之财富分配。

(b)社会调节

社会秩序是限制消费的第二条基本原则,在孔教著作里,社会
197 被划分为五个阶层:天子、诸侯、大夫、士人,以及庶民。在每一阶层内均有其自己的秩序标准,并在此标准内节制其消费。针对所有的食物、衣服、住宅、家具、装饰品等等,法律均规定了确定的消费准则。以立祭祀先人之庙为例:"天子七庙","诸侯五庙","大夫三庙","士一庙,庶人无祭于寝"①。再如,当家有儿子出生时,到第三天,将举行迎接新生儿的仪式——接子礼,规定:"冢子则大牢,庶人则特豚,士特豕,大夫少牢,国君世子大牢。其非冢子,则皆降一等。"②

① 《礼记》,第三篇,第223页。
② 《礼记》,第十篇,第472页。

《春秋繁露》说:"散民不敢服杂采,百工商贾不敢服狐貉,刑余戮民不敢服丝玄纁乘马,谓之服制。"[1]

所有这些规定均为古代风俗,并均为孔子所认可。当然,这些古老的规定极大地阻碍了理财的发展,但却具备以下三方面重要的意图:

第一,具备伦理动机。《韩诗外传》[2]中说:"古者有命民,之有 198
能敬长怜孤,取舍好让居事力者,命于其君,然后君命得乘饰车骈马,未得命者不得乘饰车骈马,皆有罚。故民虽有余财侈物,而无礼义功德,则无所用。故皆兴仁义而贱财利,贱财利则不争,不争则强不陵弱,众不暴寡。"

在《尚书大传》、《说苑》等经典中,也进行了类似的陈述,此为重要的孔子之道——提升道德标准至生活标准之上。除非你提高了道德标准,你才能提高生活标准。道德家能获得所有的物质享受,但是金融家却一无所获。因此,人们为美德而战,胜于为财物而争,由此确定了道德标准与生活标准。

第二,具备社会动机。在理论上,人人生而平等,但人与人不平等却为事实,因此,君子必须占据高社会地位,庶民则须居低位。据有高位者享有高生活水平,而居低位者则自我满足于较低之生活水平。设若庶民能与统治阶级同享一切,那么,庶民势将无视统治者之权威,并将为篡权而战,社会于是陷入混乱,并完全取决于武力。在君主制政府统治下,这样的情形尤其真实。因此,社会应 199

① 《春秋繁露》,卷二十六。

② 《韩诗外传》为韩婴所撰。《韩诗外传》属注释《诗经》最古老、最具权威的三著作之一。韩婴乃汉文帝(孔子纪元373—395年,或公元前179—前157年)在位时期的一位博士。《韩诗外传》,卷六。

有等差，服制要有秩序。《书经》说："车服以庸，谁敢不让，敢不敬应。"①

纳索·威廉·西尼尔也曾指出社会等差所具有的意义，他说："当然，我们并不意指超出个人必需消费的全部私人开支必然不具有生产性，那些身居社会高位者不能很好地履行其职责，除非他们通过一定的财富展示而博得平民百姓的尊敬。"②可见，西尼尔这一理论与孔子的理论相似。

第三点也是最后一点，具备理财动机，这也是最重要的一点。假如总是无限制地满足人对财富的欲望，甚至没有对消费的节制，那么，既不存在道德堕落，也不会出现社会混乱，然而，最大的麻烦在于财富是有限的，而有限的财富并不能满足所有人之欲望，因此，分配原则出现了。在财富分配之前，孔教徒坚信最先提出的依据社会地位的消费标准。倘若消费毫无合法之标准，而仅根据最后效用规律限制消费标准，那么，即使分配极其公平，也无人感到满足，因为人之欲望无止境。《春秋繁露》说："嗜欲之物无限，其势不能相足，故苦贫也。"③

200 为了扩大生产，现代理财论主张增加消费，然而，孔子的理财论则主张限制消费。那么，孔子缘何采取这样的策略呢？在中国古代，没有机器生产，没有奴隶制度，农业为本业，所有工作均依赖人之双手，在如此条件下，如何能扩大现存的生产呢？当然，孔子重视生产的发明与改善。但是，在现代机器出现之前，在扩大生产方面，毫无任何划时代的发展。在那时代，人人均焦虑生产供不应

① 《中国经典》，第三卷，第一部分，第83—84页。

② 《政治经济学大纲》，第56—57页。

③ 《春秋繁露》，卷二十七。

求、不能满足消费，那么，在这样的背景下，谁敢为了刺激生产的扩大而贸然建议民众增加其消费呢？而正因为如此，尽管节制消费并非乐事，但却为理财社会必需之措施。

此外，限制消费具有鼓励生产的作用，就生产而言，我们既意味着物质价值生产，也意指非物质价值生产。如果位居高阶层者享有比低阶层者消费更多的权利，那么，后者必然嫉妒前者，于是，低阶层将会努力提高自己的社会等级，以便与高阶层者享受同样多的消费。在社会等级上，并不存在不变的社会秩序，人人均能通过自己对社会的贡献而找到自己的社会等级位置，高社会等级对任何人开放；或者，任何人均很容易跻身于“命民”之列。假如他想消费更多，那么，他必须提高自己的社会地位；而假如他提高了自己的社会地位，那么，他将为社会制造更多的价值；而假如他消费更多，那么，物质生产的总量必须随之扩大。因此，节制消费不惟不会阻止社会进步，相反，还会有助于社会的进步。

(c)理财状况

限制人类欲望的第三条基本原则是个人之理财状况。有一天，子路说：“伤哉，贫也！生无以为养，死无以为礼也。” 201

孔子教诲子路说：“啜菽，饮水[①]、尽其欢，斯之为孝。敛手、足、形，还葬而无椁，称其财，斯之谓礼。”[②]

又有一次，当子游问办丧事的器物怎样才算具备，孔子说：“称家之有亡焉。”子游说：“有无恶乎齐？”孔子说：“有，毋过礼。苟亡矣，敛首足形，还葬，悬棺而封，人岂有非之者哉。”[③]此外，《礼记》

---

① 即使在孔子时代，喝水被认为是贫穷的标志。但现在，美国以水为国饮。

② 《礼记》，第二篇，第182页。

③ 同上书，第153—154页。

还提出了“贫者不以货财为礼”①的总原则。

众所周知，孔子制定了若干礼仪。然而，当孔子谈到理财问题时，他却以最简单、最具说服力的方式进行了描述。毋容置疑，孔子是一位极其切合实际的人，他总结了人生的原则：“君子素其位
202 而行，不愿乎其外，素富贵行乎富贵，素贫贱行乎贫贱，素夷狄行乎夷狄，素患难行乎患难，君子无入而不自得焉。”②（《中庸》）

有人或许会说，依据收入进行消费乃极普通之事，不需要任何孔子的专门教义。此说法或许是正确的。然而，当我们研究人之欲望时，我们发现，那些富贵之人，他们的消费越出其财富适当之范围，而那些贫贱之人，其消费也超过其财力能承受之范围。前一种情况，扰乱社会秩序，或者，必然引起理财浪费；而后一种情况，则使贫贱者更为贫贱。尽管贫者的开支不能超出一定的限度，但是，他们仍可能罄其财力，或者指望着未来收益而借款；或者发展到最坏的程度——堕落与抢劫，那就是理财与社会的罪。此外，即使消费在其财力允许的范围内，但却不能满足其低迷的理财状况，那么，其精神依然遭受巨大的痛苦。但是，如果遵照孔子教义，他不仅能保持其现存的理财状况，同时，也能享受若干生活快乐。《礼记》中说：“富贵而知好礼，则不骄不淫；贫贱而知好礼，则志不慑。”③

(d)时机因素

节制人类欲望的第四条基本原则为时机因素。子思曾说：“有
203 其礼无其财，君子弗行也；有其礼有其财，无其时，君子弗行也。”④

---

① 《礼记》，第一篇，第78页。

② 《中国经典》，第一卷，第395页。

③ 《礼记》，第一篇，第65页。

④ 《礼记》，第二篇，第152页。

当子思表明礼时，他指的是需要考虑的伦理因素、社会秩序以及其余全部正确的规则。这些原则在上文已经讨论了，因此，我们现在将讨论时机因素。

时机因素的原则极其宽泛，它考虑到与财富消费时期有关的全部事项，然而，在所有需要考虑的事项中，首要者当为国民精神。曾子说："国无道，君子耻盈礼焉。国奢，则示之以俭；国俭，则示之以礼。"[1]因此，国民精神是决定消费或奢或俭之时机因素中的重要标志。但是，我们必须明白君子不能在"国无道"时屈服于国民精神并与之随波逐流，而是立身为校正国民精神的导向，此即为中庸之道的原则，换言之，君子不加剧"国无道"时盛行的奢靡风气，不走任何极端，而是把"无道"的国家引导回来，并保持国民精神不偏不倚。

孔子说："国家未道，则不充其服焉。"[2]《礼记·少仪》也说：
"国家靡敝，则车不雕几，甲不组縢，食器不刻镂，君子不履丝屦，马 204
不常秣。"[3]引文中的五件事，是国家在奢侈成风时，作为显示节俭的范例。

中国是一农业国家，谷物丰歉在判断时机因素方面占据着极其重要的位置。假如庄稼歉收，就应该缩减消费。《礼记》第十一篇中说："年不顺成，则天子素服，乘素车，食无乐。"随后又说："年成不顺，君布衣，搢本……土功不兴，大夫不得造车马。"[4]《礼记》的第一篇说："岁凶，年谷不登，君膳不祭肺，马不食谷，驰道不除，

① 《礼记》，第二篇，第 175 页。
② 《礼记》，第十一篇，第 11 页。
③ 《礼记》，第十五篇，第 81 页。
④ 《礼记》，第十一篇，第 2、4 页。

祭事不悬，大夫不食粱，士饮酒不乐。”①

荒年禁止兴建任何公共工程，这是《春秋》中的原则。在灾年，其基本思想为缩减全部开支至最小。而《春秋》之所以将禁止灾年进行工程建设作为缩减开支的例子，其原因在于工程建设耗资最为巨大。但我们必须明白，在古代中国，公共工程是强征劳役
205 完成，因此，假如灾年强征民众服役，民众将因此比正常年忍受更严酷的痛苦。自宋代建立雇役以来②，灾年雇役进行公共工程成为帮助穷人的明智方案。而推行这样的计划，其目的在于向民众提供公共雇佣，以替代灾年时的政府救济。因为在灾年时，民众受雇而参与公共建筑，那样，民众可以获得受雇的劳动报酬——工资。

当庄稼歉收时，缩减开支者不仅是人类，神也将因灾年庄稼歉收而遭受痛苦。《礼记》第九篇说：“八蜡以记四方。四方年不顺成，八蜡不通，以谨民财也。顺成之方，其蜡乃通，以移民也。”③

根据引文中的原则，神与民众一道分担灾年之悲哀、共享丰年之快乐。事实上，在歉收之年，必须缩减用于宗教祭祀之开支。孔
206 子说：“祀，以下牲。”④

关于时机因素，需要补充的是：所处地理位置也是时机因素需要考虑的事项。《书经》中说：“惟土物爱，厥心臧。”⑤这句话的意思是假如你并不贪恋来自其他国土的奢侈物，你就不会陷入诱惑

① 《礼记》，第一篇，第106页。
② 参见下文，第667页。
③ 《礼记》，第九篇，第434页。
④ 《礼记》，第十八篇，第166页。
⑤ 《中国经典》，第三卷，第二部分，第403页。

之中。这似乎是道德性多于理财性。

但是,在所处地理位置方面,也存在一真正的理财教义。《礼记》中说:"故天不生,地不养,君子不以为礼……居山以鱼鳖为礼,居泽以鹿豖为礼,君子谓之不知礼。"①

上述引文既理财又节约。一方面,礼易于举行,因为人们不需从另一块土地上获取行礼之所需礼物。另一方面,又节约了钱财,因为从自己土地上获取行礼之物产,这节约了不必要的 207
开支。

13　贫富皆有乐地

当我们研究个人消费应该与个人财政条件一致的问题时,我们发现孔子想使人人满足于他自己已得之份额,但我们需要进一步探究孔子如何为穷人与富人创造满足于消费的快乐。如果我们说有人依据其财富进行消费,而这是因为他除此之外别无选择,那么他依然会感到理财压力。但是,如果我们说有人无论他消费什么,也不管消费多寡,他总能在消费中找到乐趣,那么此消费者是一位真正快乐者,当人处于贫困之中时,尤其如此。以上所论之前一种情况,消费者使自己适应自己的处境,并需要若干节制欲望的努力;而后一种情况,消费者使自己超越其处境,毫不在意自己的需要,此为理财活动中的最高典范理想,不过,这对任何人均极其切实可行。此即是孔子教义的价值所在。

---

① 《礼记》,第八篇,第395—396页。

I　富人的快乐

满足于拥有的财富

对富者之消费，其消费原则为满足于既有财富。财富不能使富者快乐，但满足于拥有的财富，可以使其快乐。孔子曾说到善于家庭理财的卫公子荆，当卫公子荆刚有一点财产时，他说：“苟合
208 矣！”而当他的财产又多一点时，他又说道：“苟完矣！”当他变得富裕时，他又说道：“苟美矣！”[1]（《论语·子路》）这些言词虽然并非卫公子荆的原话，但通过孔子的描述表现了卫公子荆对所获财富的真实感觉。卫公子荆对获取财富的欲望极小，并非常易于满足，因此，孔子以卫公子荆为家庭理财的优秀范例，而其至关重要的方面在于卫公子荆并不十分计较获取财富的多寡。卫公子荆满足于他拥有的财富，乃至于在其理财活动的三段过程中，自始至终拥有非常快乐的心态。

人人均应满足于自己既有的财富，然后他会发现自己富有。但是，倘若他不满足于财富现状，那么，即使他位居天子，他仍然发现自己贫穷，并因此永无休止地猎取财富。然而，人如何能自我满足于财富现状呢？那就要接受本来的理财状况，并将对财富的欲望约束在其财富以内。[2] 在现代，假如百万富翁遵循孔子教义，那么，将不会因理财困境而结束自己的生命。

---

① 《中国经典》，第一卷，第266页。

② 《韩诗外传》，卷五。

Ⅱ　穷人的快乐

1. 个体自尊

对穷人的消费，最基本的原则为依据个人的理财状况，其消费不影响个体自尊，那就是说，人格比任何身外之物都更具价值。孔子说："士志于道，而耻恶衣恶食者，未足与议也。"①（《论语·里仁》）把自尊视为世上最具价值的实现目标，而根本不在乎消费什 209
么，此即为获得孔子真理的第一步。这也是极其简单且极为有效的使穷者安贫乐道的途径。

孔子曾经谈到子路："衣敝缊袍，与衣狐貉者立，而不耻者，其由也与！《诗》曰：不忮不求，何用不臧？"②（《论语·子罕》）引文中最后两句赞美子路的诗句，出自《诗经》。当人因贫穷而感到羞耻时，他可能嫉妒富者，或者向富者乞讨，此二者均为不可取。当人处于贫穷时，最可取的是保持自尊、漠视物质财富。

当孔子描述各类儒者的德行时，他介绍了其中一类："儒有一
亩之宫，环堵之室，筚门，圭窬，蓬户，瓮牖；易衣而出，并日而食。210
上答之，不敢以疑；上不答，不敢以谄：其仕有如此者。"③

我们从引文中看到孔教徒具有多么坚强的品格，无论其所穿、所食、所住有多么贫寒，他依然深信其原则，并因其人格而感到荣耀。为了使其追随者有尊严，孔子提出这一"儒行"。

贫者之所以不满意其消费，不仅因贫者在物质上极难满足其

① 《中国经典》，第一卷，第168页。

② 同上书，第225页。

③ 《礼记》，第三十八篇，第405—406页。

需要，主要还因不能获得较高的社会地位，从而忧虑没有社会身份。为了消除贫者这样的情绪，并提高贫者德行以超越其狭隘的社会野心，阅读孟子的文章是适宜的。孟子说："欲贵者，人之同心也。人人有贵于己者，弗思耳矣。人之所贵者，非良贵也。赵孟之所贵，赵孟能使之贱[1]。《诗》云：'既醉以酒，既饱以德。'言饱乎仁义也，所以不愿人之膏粱之味也；令闻广誉施于身，所以不愿人之文绣也。"[2]（《孟子·告子上》）

当有人阅读了这段文字后，他一定发现自己颇具价值，并由此获得真正的自我满足，这种满足甚至比物质满足更真实、更有益。而这样的理论并非建立在不切实际的幻想上，而是基于真实之事
211 实。此诚如孟子所指出，"赵孟之所贵，赵孟能使之贱"。那么，如何能使这暂时的、不确定的荣誉对一个原本真正高贵的人有益处呢？人们不能在二者——受尊敬者喜爱的美德、名誉与富者消费的衣、食之间进行比较，而之所以这样，其原因在于前一种情况的满足与后一种情况的满足存在巨大的差距，以至于无法比较。而一旦有人明白这真理，无论他是多么的贫穷，他都将占据社会上最荣耀的位置。

孟子有很强的自尊，他非常直率地表达了这些自尊："说大人则藐之，勿视其巍巍然。堂高数仞，榱题数尺，我得志弗为也。食前方丈，侍妾数百人，我得志弗为也。般乐饮酒，驱骋田猎，后车千乘，我得志弗为也。在彼者皆我所不为也，在我者皆古之制也，吾何畏彼哉？"[3]（《孟子·尽心下》）

① 赵孟头衔产生于赵氏家族的四位大臣，此四位大臣在晋国的不同时期握有大权。

② 《中国经典》，第二卷，第419—420页。

③ 同上书，第496页。

事实上，如果我们坚持高的道德水准，尽管我们的生活水平低，我们也绝不惧怕显贵。

美德高于财富，这是孔子的原则，而且已成为中国人的民族精神。亚当·斯密指出从属于尊重的四项因素为：(1)个人品质的优势——力量、美貌、身体敏捷、智慧与美德、审慎、公正、坚韧、思想适度；(2)年龄的优势；(3)财富的优势；(4)出身的优势。而孟子仅仅列举了三项适合于尊重者，孟子用德一词概括了个人品质，用爵一词兼具财富与出身两因素，将年龄作为一独立因素。① 212

尽管孟子的分类与亚当·斯密的分类本质上相同，但他们的理论却完全不同。亚当·斯密的理论建立在普遍事实的基础上，因此，他认为在影响人获得权威的四项因素中，财富的重要性居首位。而孟子的理论尽管也基于事实，但是，其理论却是理想化的，以致将德行置于最荣耀的位置上。当亚当·斯密针对西方世界时，他的理论或许是对的，但是，当孟子说到中国时，孟子的理论也是正确的。中国具有超越任何事物、给人以荣誉的美德，这是孔子思想的独特产物。亚当·斯密说："我相信，世界上绝不存在一伟大家族，其卓著完全因美德与智慧的继承。"②但是，在中国，除孔氏家族以外，仍然存在许多孔子信徒的家族，宋代最伟大的孔教徒们的家族，其辉煌完全得自于继承智慧与美德。尽管这些家族的子孙并不具有与其祖宗同等的美德，但是，为了表示对其祖宗美德的敬意，因而授予他们后代特殊的贵族爵位。为了表示对美德的敬意，创造了现实的贵族，其尊贵胜过帝王贵胄，豪商巨贾更无以获

① 《中国经典》，第二卷，第213—214页。

② 《国富论》，第二卷，第204—206页，凯南版。

此荣耀，这些都是受孔子的影响。而在这样的影响下，如果贫穷者内蕴可贵之品质，那么，他们不会因其低的生活水平而丧失其社会身份。

213 首先，孔子教育贫者如何保持高于并背离于物质财富的个人尊严，其次，孔子教育社会如何理解、欣赏高于并超越财富力量的美德荣誉；遵循孔子的教义，美德在中国人的社会生活中真正地具有荣誉地位。这样的民族精神繁荣于整个东汉、宋朝与明朝，并达到了巅峰；甚至在今天，这样的民族精神仍然盛行于整个帝国。这是中国之花、孔子之果。尽管这样的民族精神可能在某些程度上阻碍了物质发展，但它仍然给社会带来了大量的幸福。的确，孔子使人远远高贵于财富。

2. 真实的快乐

贫者消费的最高原则是真实的快乐不应受其理财环境的影响，也就是真实的快乐是最令人愉快的事情，除此以外，再无任何事情能诱惑其心志。此即为贫者最高的生活形态，而此最高形态是一种超越原始法则的前进。这是因为，假如我们保持个体自尊以抵制物质财富，那么，我们仍然感到物质财富上的不足，以及仍然感到物质财富在我们心里存在，我们必定在自己的物质财富与别人的物质财富之间进行比较，因此，我们带着某种目的怀有荣誉，又以若干努力为社会身份而斗争。但是，假如我们享受着真理的乐趣，不在意我们消费什么，那么，我们就完全忘记了自己的处境，并忽视别人拥有的财富。从此，我们自然地非常愉悦地生活，并提高我们的精神至理财世界之上。这就是孔教徒最快乐的生活形态。

为了阐明这条原则，孔子以他自己为例。孔子说："饭疏食、饮

水，曲肱而枕之，乐亦在其中矣！不义而富且贵，于我如浮云。”[①] 214
（《论语·述而》）孔子在事实上获得了巨大的快乐，乃至在极端贫困之中，孔子不但没有感到任何痛苦，而且，其快乐也未因贫穷而受到影响。对此我们必须明白的是，孔子并非以贫穷为快乐，而只是贫穷丝毫未对孔子的快乐产生影响。

孔子也举了颜渊的例子，颜渊名回。孔子说：“贤哉！回也。一箪食，一瓢饮，在陋巷。人不堪其忧，回也不改其乐。贤哉！回也。”[②]（《论语·雍也》）

这是一表明幸福独立于贫穷的极端例子，颜渊并未以贫穷为快乐，但他却享受着自己的快乐——不受贫穷影响的快乐！

孔子并不禁止民众谋生，而只是教导民众不要使其幸福依赖于物质财富。孔子教义的要点为——创造真正的、在物质世界之外的快乐，提升其精神至独立于物质需要之外。此外，孔子与颜渊的生活形态达到了最高典范，尤其适合于那些将自己献身于真理探索的人们。而正因为如此，他们的确找到了极大的快乐，其心智不因其物质状况所扰乱。然而，在通常情况下，对于一般民众，谋
生是他们的职责，他们的幸福甚至受其理财环境的影响，孔子也理 215
解、原谅他们！因此，当孔子为普通民众提供一良好的理财环境而焦虑时，他也提出了理财的最高标准，以激励君子。尽管并不指望普通民众实践此最高原则，但是，当他们学习孔子教义时，他们仍
然可以认识到幸福独立于物质生活的模式。因此，即使他们处于 216
贫困境地，他们也可以更好地享受生活。

① 《中国经典》，第一卷，第200页。
② 同上书，第188页。

14 乐生之道

当我们进行消费时，我们获得快乐；因此，我们在任何时候均能获得来自物质的快乐，这就是消费。根据孔子所论，存在若干获得快乐的途径。尽管如此，我们可以研究特别属于孔子的、作为获得快乐的方式的几方面内容。

孟子曾提出了享受快乐的总原则：独自一人娱乐，不如与他人一起娱乐更快乐。和少数人一起娱乐，不如与多数人一起娱乐更快乐。[1] 记住这项总原则，我们会认识到以下的乐生之道是真正的快乐之道。

I 音乐

首先，孔子非常热爱音乐。当孔子在齐国时，他听《韶》乐，“三月不知肉味”，孔子说：“不图为乐之至于斯也。”[2]（《论语·述
217 而》）孔子又说：“师挚之始，《关雎》之乱[3]，洋洋乎盈耳哉！”[4]（《论语·泰伯》）这两段引文，表达了孔子因享受音乐而如何快乐，准确地说，孔子对音乐的喜好远胜于对“肉味”的欲望，而聆听美好音乐的快乐远远胜过口腹享受美味的快乐。

孔子认为，在日常生活中音乐是必需的。《礼记》中说：“大夫

① 《中国经典》，第二卷，第151页。
② 《中国经典》，第一卷，第199页。
③ 他们是《诗经》第一篇的前面三首与《诗经》第二篇的三首。
④ 《中国经典》，第一卷，第213页。

无故不彻县,士无故不彻琴瑟。"[1]我们学习《论语》,知道孔子每日放歌,为服丧哭泣的当天除外。当孔子和其他人一起吟唱时,如果有人唱得好,孔子总是让他重复唱,然后,孔子自己跟着他唱。[2] 在汉语中,唱歌一词的古义总是意味着有乐器伴奏。因此,孔子从音乐中获得了快乐,孔子不仅是聆听者,在大部分时间也是演奏者与歌唱者。

孔子不仅对其弟子讲授音乐,对官员也讲音乐。孔子曾经把演奏音乐的道理告诉鲁国的太师,孔子说:"乐其可知也:始作,翕如也;从之,纯如也,皦如也,绎如也,以成。"[3](《论语·八佾》)这 218
就是孔子本人的音乐编排,以及孔子所描述的他对音乐的欣赏。

整理古乐是孔子的一项伟大成就,孔子说:"吾自卫反鲁,然后乐正,雅颂各得其所。"[4](《论语·子罕》)孔子热爱音乐,但他憎恶庸俗的音乐。孔子说:"恶郑声之乱雅乐也。"[5](《论语·阳货》)郑国是东周一商业国家,郑国的影响邪恶放荡,郑国的音乐靡曼淫秽,故而凡粗俗之音乐均谓之为郑声。因此,孔子整理音乐是整理乐曲,使《雅》、《颂》各得其所,不为郑国之淫靡放荡的乐曲所乱。孔子使音乐令人快乐,但他不允许音乐表现出放荡淫乱。孔子说:"《关雎》[6],乐而不淫,哀而不伤。"[7](《论语·八佾》)此即为孔子的音乐原则。

---

① 《礼记》,第一篇,第106页。
② 《中国经典》,第一卷,第197、205页。
③ 同上书,第163页。
④ 同上书,第221页。
⑤ 同上书,第326页。
⑥ 《诗经》第一篇的前面三首。
⑦ 《中国经典》,第一卷,第161页。

《乐记》提出了音乐理论,我们从中挑选几段,并进行重排次序。

对于音乐之起源,《乐记》说:“凡音之起,由人心生也。人心之
219 动,物使之然也。感于物而动,故形于声。声相应,故生变。变成方,谓之音。比音而乐之,及干戚羽旄,谓之乐。”①

这就是包括了舞蹈与哑剧律动的音乐定义。简言之,音乐是人类心灵的产物。

但是,凡产生于人心者,是受自然影响的结果,而非人为。《乐记》说:“天高地下……流而不息,合同而化,而乐兴焉。”②诚然,音乐是宇宙万物的产物,而人类只是自然的模仿者。

关于制定乐的缘故,《乐记》说:“夫乐者,乐也,人情之所不能免也。乐必发于声音,形于动静,人之道也。声音动静,性术之变尽于此矣。故人不耐无乐,乐不耐无形,形而不为道不耐无乱。先
220 王耻其乱,故制《雅》、《颂》之声以道之,使其声足乐而不流,使其文足论而不息,使其曲直、繁瘠、廉肉、节奏,足以感动人之善心而已矣,不使放心邪气得接焉,是先王立乐之方也。”③

音乐具有两项功能,供给快乐乃功能之一;而为了使人的快乐循于正道、不淫邪放纵,因此,引导人的快乐乃功能之二。

音乐与社会,其间有着极其密切之关系,首先,诚如《乐记》所说,社会影响音乐,《乐记》说:“是故治世之音安以乐,其政和。乱世之音怨以怒,其政乖。亡国之音哀以思,其民困。声音之道与政通矣。”④

---

① 《礼记》,第十七篇,第92页。

② 同上书,第102页。

③ 同上书,第127页。

④ 同上书,第93—94页。

反过来，音乐也影响社会。《乐记》说："是故志微、噍杀之音作，而民思忧；啴谐、慢易、繁文、简节之音作，而民康乐；粗厉、猛起、奋末、广贲之音作，而民刚毅；廉直、劲正、庄诚之音作，而民肃静；宽裕、肉好、顺成、和动之音作，而民慈爱；流辟、邪散、狄成、涤 221
滥之音作，而民淫乱。"①

因此，音乐首先乃人心之产物，人心无论何时受到或好或坏的事物影响，其声音也将或好或坏，但最后，人是在音乐影响之下的臣服者；而无论音乐或好或坏，人均会受其鼓动，显然，人与音乐交互影响。因此，人应该极其谨慎于外界事物对其人心的影响，以及谨慎地通过音乐表达人心所受外界事物的影响；同时，人又应谨慎于反过来影响他的音乐。

关于音乐的作用，我们可以将其划分为四类。首先，音乐具有伦理价值。《乐记》说："礼乐不可以斯须去身。致乐以治心，则易、直、子、谅之心，油然生矣。易、直、子、谅之心生则乐……而鄙诈之心入之矣。"②

其次，音乐有健体价值。《乐记》说："执其干戚，习其俯仰诎伸，容貌得庄焉；形其缀兆，要其节奏，行列得正焉，进退得齐焉。"③ 222

事实上，以这样的方式，音乐近似于体育馆、剧场、舞蹈学校，它给人的身体以锻炼。

再其次，音乐具有社会与政治的价值。《乐记》说："是故乐在宗庙之中，君臣上下同听之，则莫不和敬；在族长乡里之中，长幼同听之，则莫不和顺；在闺门之内，父子兄弟同听之，则莫不和亲。……

① 《礼记》，第十七篇，第108页。

② 同上书，第125页。

③ 同上书，第128页。

所以合和父子、君臣，附亲万民也。”①

第四，音乐具有理财的价值。《乐记》说：“‘乐者，乐也。’君子乐得其道，小人乐得其欲。……独乐其志，不厌其道，备举其道，不私其欲。……故曰：‘生民之道，乐为大焉。’”②

223 《乐记》视乐教为“生民之道”最重要原则的事实，这一点极为有趣。《乐记》中的这句引语“生民之道，乐为大焉”——或者来自孔子自己或者来自孔子门徒的古老格言。但是，不论所引之语来自何处，它毫无疑义是孔子的原则。而其原因在于，乐在不危害伦理原则的前提下满足人之理财欲望，此即为孔子理财学的特征。

音乐由四部分构成，即乐器、诗、歌与舞。《乐记》说：“诗言其志也，歌咏其声也，舞动其容也，三者本于心，然后乐器从之。”③

在诗、歌、舞三者中，我们在此仅就歌与舞进行考察，关于歌之优美，《乐记》做了以下描述。《乐记》说：“故歌者，上如抗，下如队，曲如折，止如槁木，倨中矩，句中钩，累累乎端如贯珠。”④

从上述歌的描述中，我们可以获得孔子时代关于歌的某些了解。

在古代中国，舞蹈与表演相仿，舞蹈种类分为两种——文舞与武舞。文舞，舞蹈时舞者舞动羽旄；武舞，舞蹈时舞者舞动干戚。《乐记》如下简要地陈述了两类舞蹈的总体风格，《乐记》上说：“是
224 故先鼓以警戒，三步以见方，再始以著往，复乱以饬归。”⑤

据说舞蹈动作迅速旋转、绕转，如同风与雨。

---

① 《礼记》，第十七篇，第128页。

② 《礼经》，第十七篇，第112—113页。

③ 同上书，第112页。

④ 《礼记》，第十七篇，第130—131页。

⑤ 同上书，第113页。

古代舞蹈是中国戏剧的起源。我们已经无法以古代文舞为例了,所以,以下我们以《武》乐为例,以进行说明。关于《武乐》,孔子说:“且夫《武》始而北出;再成而灭商;三成而南;四成而南国是疆;五成而分,周公左,召公右;六成复缀,以崇天子。夹振之而驷伐,盛威于中国也。”[1]

以上即为《武》乐之轮廓。因为这里讲的是《武》乐,故而孔子说《武》乐“尽美矣,未尽善也”[2](《论语·八佾》)。

在古代中国,唱歌、跳舞由不同的人、在不同的位置上表演。唱歌者站在舞台高处,而舞蹈者则在舞台低处。但尽管如此,歌者与舞者配合和谐,通过歌唱者与舞蹈者协调配合,戏剧的所有特性表现得明白易懂。在现代,演员在音乐的伴奏下,既为歌唱者,又为舞蹈表演者,二者合而为一。 225

我们必须明白的是,依据孔子的教义,女性根本不应参与舞蹈表演。而正是在粗俗音乐中,妇女登上舞台。司马迁告诉我们,“郑声”起源于诸如为名声、荣誉而互相竞争的诸侯之中[3],而这类音乐,或者仅由妇女们表演,或者男女混杂表演[4],孔子指斥“郑声淫”。因此,在孔子教义的影响下,在中国的剧场里没有女演员。然而,正是在最近,上海有了完全由女演员表演的戏剧,天津有男女同台表演的戏剧,而这仅仅是受外来影响的开始。

总体上,孔子并不赞成男女间的社会交往,因此,孔子也不赞成男女一起舞蹈。然而,古代中国已经存在诸如欧美舞蹈那样的

① 《礼记》,第十七篇,第122—123页。
② 《中国经典》,第一卷,第165页。
③ 《史记》,卷二十四。
④ 《礼记》,第十七篇,第117页。

风俗，由男孩们与女孩们一起表演舞蹈。在《诗经》中，有一首诗曾对此进行了简要说明，诗中说“子仲之子”与“原氏之女”，歌舞于市井。[①] 这是我们惟一能找到的例子，而这意味着这样的舞蹈仅为当地习俗。孔子收此诗于《诗经》之中，其目的仅为了谴责如此之舞蹈。在孔子教义的影响下，中国未曾有过男女间的社交舞。

孔子说：“移风易俗，莫善于乐。”[②]（《孝经》）因此，孔子的原则是在民众中培养对音乐的情趣。墨子为了建立自己的原则而抨击孔子的原则，他著有三篇名为《非乐》的文章。墨子的理论完全建
226 立在理财论证的基础之上；墨子以为音乐的演奏者与倾听者均在浪费时间，并因此减缓或停止他们的财富生产，这是一个说明孔子与墨子分歧的极好例子，前者提倡音乐，后者则反对音乐。但二者均依据理财原因捍卫其观点。孔子从消费的视角考虑音乐，认为音乐为必需；而墨子仅从生产的角度观察音乐，并完全忽视消费原则，因而以为音乐是浪费，而这就是墨子理论中最薄弱之处。

既然孔子如此重视音乐，那么，缘何中国音乐如此贫乏呢？而简单说明其中原因，那就是中国士人之咎。汉代丢佚孔子的《乐经》，“雅”、“颂”曲调因此无从得知了，另外，律管也丢失了，以至于古典乐的乐器也因此不被人知，而凡留下的音乐均被称为粗俗音乐。士人们发现不可能追溯孔子的音乐曲调，但他们又未曾注意到所谓的粗俗音乐，于是将粗俗音乐留给了那些以挣钱为惟一目标的、可怜的乐师。士人们极其保守而不知音乐的演变与进步；或者，更妥当地说，他们深受孔子伦理方面的影响，而忘记了孔子

---

① 《中国经典》，第四卷，第一部分，第206页。

② 《东方圣书》，第三卷，第482页。

最重要的原则——音乐使人快乐；因此，一方面，他们试图再现古老的乐器，但毫无结果；另一方面，他们视流行音乐为“郑声”，并与 227
其毫无联系。于是，所谓的古典音乐不会产生任何快乐，而所谓的粗俗音乐必定流行。

由于粗俗音乐未获得士人的任何补救，而且，也丧失了士人在道义上的支持，这样的状况阻碍了粗俗音乐的发展。事实上，尽管粗俗音乐不可能成为经典，但也决不完全是放荡淫乱的。假如士人们愿意接受以粗俗音乐为基础，并对粗俗音乐进行改革，那么，中国就会获得在音乐方面的自然发展。然而，不幸的是，在处理粗俗音乐上，士人们铸成了大错，并对中国音乐形成一重大损失。这些士人的确不是孔子的优秀追随者。孔子说：“乐云乐云，钟鼓云乎哉？”[①]（《论语·阳货》）根据孔子的原则，音乐的实质乃快乐与和谐。任何音乐，凡能适度地制造快乐与和谐，那么，即为好音乐。然而，绝大部分旧时士人并不理解孔子的原则，而即使有少数真正理解孔子原则的士人，却又未产生影响。

Ⅱ　乡饮酒礼

获得快乐的第二条途径是举行乡饮酒礼，这是孔子的八种仪式之一。有四种情况举行乡饮酒礼：第一，选拔贤能者，献给天子与诸侯；第二，敬老尊长；第三，州长召集民众习射饮酒；第四，党正蜡祭。以上四种情况均举行乡饮酒礼，但因第四种场合最民主，所以，我们仅对“党正蜡祭”进行讨论。

① 《中国经典》，第一卷，第324页。

在探究乡饮酒礼之前，我们必须对“蜡”进行解释。“蜡”表达
228 了求索之意。在每年的十二月，人们带来该年所有收成中各取部分的成果，求索并聚合各种鬼神而加以祭飨，所祭一共有八神，也就是：先啬、司啬、百种、农、邮表畷、禽兽、坊、水庸八者。祭祀与祭飨八神是体现仁至义尽，其原则是使用了什么，一定要报答什么。迎猫神，是因为它吃田鼠；迎虎神，是因为它吃野猪，因此，迎猫神、虎神且加以祭祀。祭祀堤防与水沟之神，是因为他们对人有事功。这样的祭祀风俗起源于传说时代，而事实上，蜡祭即为一快乐的感恩节。

祭祀八神后，人们继续祭祀他们的祖先以及住宅的五种神灵。履行祭祀仪式时，农夫穿黄衣、戴黄冠参加蜡祭，这表明农民应该休息了。田间的农夫戴着黄冠，黄冠是草野之服，是农夫的标志。收获的季节过去了，此时，农民们收藏好财物而休息。因此，在“蜡”祭之后，统治者不再雇用民众兴建任何工程。①

在蜡祭这样的祭祀场合上，举行乡饮酒礼。参加乡饮酒礼的人们一定在庠学中举行一盛大集会，党正主持仪式。《仪礼》介绍了仪式的若干细节，但我们忽略这些细节，而从《乡饮酒义》中选择以下三段。

首先，乡饮酒礼具有伦理意义。《乡饮酒义》说：“主人拜迎宾
229 于庠门外，入，三揖而后至阶，三让而后升，所以致尊让也。盥，洗，扬觯，所以致絜也。拜至，拜洗，拜受，拜送，拜既，所以致敬也。”②尊重、谦让、洁净以及恭敬是社会交往的礼貌，而这些礼貌使人们

① 《礼记》，第九篇，第431—434页。

② 《礼记》，第四十二篇，第435页。

远离反目与争执，并阻止暴虐与混乱的罪恶。

其次，乡饮酒礼具有社会意义，《乡饮酒义》说："六十者坐，五十者立侍以听政役，所以明尊长也。六十者三豆，七十者四豆，八十者五豆，九十者六豆，所以明养老也。民知尊长养老，而后乃能入孝弟。民入孝弟，出尊长养老，而后成教，成教然后国可安也。"①

第三，乡饮酒礼包含了理财经验。《乡饮酒义》说：当宾客"啐
酒，成礼也。于席末，言是席之正非专为饮食也，为行礼也，此所以 230
贵礼而贱财也。卒觯，致实于西阶上，言是席之上非专为饮食也，此先礼而后财之义也。先礼而后财，则民作敬让而不争矣"②。

从上述观点观之，乡饮酒礼将理财学与伦理学结合而成一条原则。

但是，《杂记》认为，乡饮酒礼与纯粹的理财学原理相合，换言之，乡饮酒礼平衡工作与娱乐，乃"一张一弛，文、武之道也"。《杂记》上说：子贡观看蜡祭，发现所有的人都喝醉了。孔子问他，"赐也，乐乎？"子贡回答说："一国之人皆若狂，赐未知其乐也。"孔子回答说："百日之蜡，一日之泽，非尔所知也。张而不弛，文、武弗能也。弛而不张，文、武弗为也。一张一弛，文、武之道也。"③

上述对话显示出孔子与其弟子之间的区别。子贡对民众过于
严厉，认为民众不应该享有饮酒的快乐，孔子同情劳动者，认为快 231
乐的节日对民众是必需的。"一张一弛，文、武之道"，此乃使民众的体力保持良好状况的良策，而且，它提出了劳动立法的原则。

孔子说："吾观于乡，而知王道之易易也。"在乡饮酒礼中，尊贵

① 《礼记》，第四十二篇，第439—440页。

② 同上书，第439页。

③ 《礼记》，第十八篇，第167页。

的宾客与普通宾客有别：此显示了社会秩序中的贵贱有别。主人与不同身份的宾客在乡饮酒礼中行礼繁简有别：此说明了使用礼节隆重、减轻的适当程度。在乡饮酒礼合礼义之音乐演奏完毕后，设司正监礼：此意味着人们在乡饮酒礼中获得和乐而不放纵失礼。众宾按年龄长序互相举杯敬酒，甚至负责烧水供主人和宾客盥手洗觯的人均享受同样的乐趣：此即不忽视任何人的博爱实践。最后，宾主都在堂下脱鞋，再上堂就坐，举行盛宴。尽管众宾不计其数地递相酬酒，尽情奏乐，但仍然遵守仪式：这显示了乡饮酒礼能使人安乐而不乱。上述五项特性——"贵贱明，隆杀辨，和乐而不流，弟长而无遗，安燕而不乱"，构成了孔子所说"吾观于乡，而知王道之易易"的原因。①

今天，乡饮酒礼依然存在，但仅以极其贵族化的形式存在。当民众举行社交性饮酒时，我们能发现乡饮酒礼之义蕴含在乡村生活之中。只是不再使用同样的名字，也没有如此繁多之仪式。

Ⅲ　乡射礼

获得快乐的第三条途径为借助箭术比赛的乡射礼，此亦为孔子的八种仪礼之一。乡射礼的开始与结尾与乡饮酒礼的典礼一样，箭术比赛在乡射礼中间进行，即在乡射礼规定的乐歌演奏完毕
232 之后，在乡饮酒礼之前，举行射箭比赛。以下根据《礼记》所记，尽可能简单地描述射箭比赛。州长、士贤者、众宾、乡大夫常常参加乡射礼。箭术比赛由司马与若干掌射事的司射们主持，射箭比赛

① 《礼记》，第四十二篇，第440—442页。

两人编为一组，其中一人为上射，站在右边；另一人为下射，站在左边。上射与下射相距一张弓的长度。每人射四矢，上射与下射轮流射击，胜者射出的箭必须刺穿由布制成的靶子。

箭术比赛由三轮构成。第一轮由年轻士人构成三组射手进行习射。首先，由司射本人为射仪作示范，然后，他指挥三组比赛箭术。射中多寡稍后计算。

第二轮在所有参与乡射的成员中进行比赛。首先，司射安排比赛者两两配合在一起，主人与贵宾配对，乡大夫即使人多，也不自相匹配，而与士人配对，众宾相互匹配，主人、乡大夫担任下射。参与者携带箭进入射手位置后，第一次射箭计算射中多寡。然后，由士人组成的三组射手进行第二轮赛的第一部分比赛，主人与贵宾的组合随后，然后是乡大夫的组合居三，众宾在最后。射击得分由两种方式计算。首先，所有组的射手通常被分成右射手与左射手，上射手与下射手，释获者查明左射胜于右射（或右射胜于左射），然后，释获者向宾报告左射胜于右射（或右射胜于左射）；如果 233
左右所获的筭数均等，释获者向宾报告说左右筭数相等。第二，比赛胜负按照每组每位射中多寡计算。司马命令所有胜者脱出左臂的外衣袖，右手拇指套上扳指，左臂着臂衣，拿起张有弦的弓；命不胜者都穿好左臂外衣袖，脱去扳指与臂衣，将弓解弦，用两手横握着弓把。胜者先升堂，不胜者后升堂；然后，不胜者饮一杯罚酒，下堂时不胜者先下。

第三轮，有一场最重要的射箭比赛。第三轮的射箭比赛程序与第二轮射箭比赛程序一样，而惟一不同者乃第三轮射箭的时候要伴以音乐、应用音乐为射礼的节奏。同一支曲子反复演奏五遍。音乐第一次演奏指挥射手准备射击，其余四次演奏指挥射手射出四支箭。射箭假如不和音乐的节奏相应，尽管这支箭穿透了靶子，也不计数。

在射箭比赛全部结束后，接下来举行的仪式与乡饮酒礼一样。在仪式上，贵宾首先向主人进酬酒，然后酬酒开始。此时，宾主交替酬酒，尽情饮酒，尽情演奏音乐。宾客起身将离席退出时，演奏音乐，主人送宾客到门外，并向宾客行再拜礼。

乡射乃古代中国全民性的比赛，是由所有男子——从天子到庶民实践的射礼。当男孩出生时，在门的左边悬挂弓弧；在男孩出生仅第三天，射人用桑木做的弓，蓬梗做的矢六支，分别射向天地和
234 四方。[①] 这显示箭术乃每位男子必需的技能"之事"。因此，射乃孔子的六艺之一。如果某男子不能参加射礼，那将是非常耻辱的事情。在《礼经》中，有一章名叫《大射》，该章描述了由诸侯、大夫参与的射箭比赛。我们在前文提到的乡射礼，一年举行两次，分别在春天与秋天，均在庠学中举行，但是，乡射礼可以在任何时候举行。如果它伴随着社交集会，那么，就称之为燕礼。乡射礼与大射彼此非常相像，仅有一点点不同。我们在此介绍乡射礼，因为它比大射更加普遍。

有文字描述孔子主持射礼的情况。当孔子在矍相的菜园子里演习射礼，围观的人很多，如同厚厚的围墙。孔子指定子路为司马，并命令子路拿着弓矢出来延请想参加射箭的人，子路对围观者说："贲军之将，亡国之大夫，与为人后者，不入。其余皆入。"这样，"盖去者半，入者半。"[②]由此，我们知道射礼可以在任何地方举行，

---

① 《礼记》，第十篇，第 471—472 页。

② 《礼记》，第四十三篇，第 449—450 页。

陌生人也可以参加。这就是乡射礼,也是大射礼。确实,射礼是最受人喜爱、最普遍的运动。

射礼极其有用。首先,射礼具有教育价值,我们可以将射礼的教育价值分为两部分。第一,伦理道德教育。《射义》上说:“故射者,进退周还必中礼,内志正,外礼直,然后持弓矢审固;持弓矢审 235
固,然后可以言中。此可以观德行矣。”①

孔子说:“射有似乎君子。失诸正鹄,反求诸其身。”②(《中庸》)孔子又说:“射者何以射?何以听?循声而发,发而不失正鹄者,其唯贤者乎。若夫不肖之人,则彼将安能以中?”③

第二,射礼是军事教育。在古代,箭术乃主要的战争艺术,因此,箭术乃国防之必需。射礼为最大的礼,自始至终完成射礼,要求人们强壮有力。《礼记》上说:“(强有力者,将以行礼也。)酒清,人渴而不敢饮也;肉干,人饥而不敢食也。日莫人倦,齐庄正齐而不敢解惰……故勇敢强有力者,天下无事则用之于礼仪,天下有事 236
则用之于战胜。”④

由此角度看,孔子教育体系中之军事教育部分非常了不起,它锻炼了人的身体、智力,以及品质,无论在战争时期,还是在和平时期,这样的军事教育均有效。

其次,射礼具有政治价值。古代天子使用射礼作为一加试科目,以选拔诸侯、大臣、卿大夫、士。⑤ 而诸侯、大臣、卿大夫按照同

---

① 《礼记》,第四十三篇,第446页。
② 《中国经典》,第一卷,第396页。
③ 《礼记》,第四十三篇,第453页。
④ 《礼记》,第四十五篇,第462—463页。
⑤ 《礼记》,第四十三篇,第448页。

样的方式选拔士人。因此，事实上，射礼是贯穿全部政治活动的国家考试，是一种选拔资格的考试。

其三，射礼具有社会价值。乡射包括乡饮酒礼，因此，乡射获得了乡饮酒礼的全部益处。乡射礼确定了井然的长幼秩序，并使社会和谐、融洽。

其四，射礼具有理财价值。一方面，射礼产生了精神上的快乐：(a)射礼集聚了不同阶层、不同年龄的男子，具有社交快乐；(b)一整天的全身运动所具有的身体愉悦；(c)通过展示个人才华，一方面赢得比赛的快乐，另一方面带来物质上的快乐：(1)射箭比赛前后的饮酒快乐；(2)在射箭前后、比赛过程中倾听音乐的快乐；(3)享受盛宴的极大愉快。

与射礼类似的还有投壶礼。投壶礼在宴会过程中举行，娱乐宾客。《礼记》中有一篇描述投壶礼①，我们在此仅略作介绍。在投
237 壶礼中使用的壶颈长七寸，壶深五寸，壶的口径两寸半，壶中盛小豆，以防箭矢投入后再跳出来。关于矢的长度，假如投壶礼在室中举行，矢的长度是两尺，在堂上举行，矢的长度是两尺八寸，在庭中举行，矢的长度为三尺六寸，箭的长度为七分之一寸。根据日光的情况，投壶礼可以在任何一地举行，假如在晚上，投壶礼在室中举行；假如在下午，在堂中进行；在傍晚，在庭中举行。而在室中、堂中与庭中三地举行投壶礼，壶距投壶者所在的席为二矢半，更确切地说，在室中举行时，壶距投壶者所在的席为五尺。在堂中为七尺，庭中九尺。

投壶比赛由两人一组，有多少名参赛选手就组成多少组，宾一

① 《礼记》，第三十七篇，第397—401页。

方在右边，主人一方在左边，每轮投壶比赛，比赛者投矢四次。其规则是：矢头进入壶中才算投中，连续地投入就不计数。在比赛中，投壶与音乐节奏协调。在比赛结果宣布后，胜方酌酒罚败方饮。当三轮比赛完全结束后，为祝贺胜方，司射就请为胜方设马。每轮比赛有一马，共有三马。如果一方仅赢得一轮比赛，那就把负方的一马拿过来立于胜方这边，以助胜者为荣。负方亲自为胜方酌酒以示祝贺，胜方饮过贺酒后，撤去所立的马，宴饮秩序井然，宾客尽兴饮酒。

Ⅳ　苑囿与田猎

苑囿制乃获得快乐的第四条途径。根据《春秋》的原则，苑囿面积与所辖土地面积是一比十的比例。根据孔子的理论，天子所辖国城周围土地千里，公侯百里，伯爵七十里，子、男爵五十里。根 238
据苑囿面积与所辖土地面积一比十的比例，那么，天子苑囿为方圆一百里，公侯苑囿为方圆十里，伯爵方圆七里，子、男爵方圆五里。① 可见，苑囿面积均足以供统治者与民众获得快乐了。

当孟子进见梁惠王时，梁惠王带孟子到了苑囿，二人站在池边，顾望着飞雁、驯鹿，梁惠王问孟子："贤者亦乐此乎？"孟子回答说："贤者而后乐此，不贤者虽有此不乐也。"为了向梁惠王说明这两种情形，孟子首先引用了《诗经》中描述周文王灵囿的诗句：

王在灵囿，

① 成公十八年。

麀鹿攸伏。
麀鹿濯濯，
白鸟鹤鹤。
王在灵沼，
於牣鱼跃。

孟子评论道，“古之人与民偕乐，故能乐也”。与此相反，孟子
239 指出，假如民众希望他们的统治者灭亡，他即使有高台池沼、飞禽走兽，难道能独自感到快乐吗？①（《孟子·梁惠王上》）与民同乐乃孔教之基本原则，而此基本原则决定了统治者是否拥有自己的快乐。这就是苑囿制的原则。

周文王的苑囿方圆七十里，民众觉得它小；齐宣王的苑囿方圆四十里，民众觉得它太大。孟子解释了二者间的区别——周文王的苑囿与民众共有，而齐宣王的苑囿不与民共有。孟子这样描绘了周文王的苑囿制：割草砍柴的人能去，捕鸟猎兽的人也能去。然后孟子总结说：“民以为小，不亦宜乎？”（《孟子·梁惠王下》）周文王的苑囿是苑囿制中的典范。② 简言之，王的苑囿应该与民共享。

在苑囿制中，还包括田猎制，这也是获得快乐的源泉。苑囿非常宽阔，在国都郊外，森林茂密，野生动物栖息其中，是适合打猎的场所。根据《春秋》③和《礼记·王制》④记载，天子、诸侯在正常情况下，每年打猎三次。这三次打猎分别在春季、秋季、冬季。一等

① 《中国经典》，第二卷，第127—129页。
② 同上书，第153—154页。
③ 齐桓公四年。
④ 《礼记》，第三篇，第220页。

的猎物供给宗庙祭祀，二等款待宾客，三等供君食用。而这些并非 240
为了获取财富，而仅起到管理狩猎的作用。除上述三等猎物所对应的三方面用途以外，狩猎也为农田利益而捕杀野生动物，以及练习作战的技能。以上所述均为孔子赞成狩猎的依据。

在原始生活中，狩猎是生产；但在文明社会，狩猎却常常是消费，其原因在于狩猎带给人心灵上的快乐，远远胜于猎杀动物的快乐。当孟子与齐宣王谈论快乐时，孟子仅提到两件事：音乐与围猎。因此，孟子认为围猎是获得快乐的重要源泉。然而，孟子又指出，如果统治者不能与民同乐，民众会抱怨统治者围猎，相反，如果统治者与民同乐，那么，民众会对统治者围猎感到欣欣然。于是，孟子再次得出结论，统治者必须与民众同乐。①

根据孔子的体制，庶民与天子、诸侯、大夫一样参加围猎，在周文王的围猎场所里，民众可以去捕鸟猎兽。根据《礼记·王制》，庶民在冬天打猎。在《诗经·齐风》里有两首诗描述了庶民狩猎。②事实上，庶民和统治者一样，应该享受打猎的快乐。

尽管孔子允许统治者与民众同享围猎快乐，但却不允许他们因此过度享乐。上文提到《诗经·齐风》中的第二首与第八首诗就谈到反对无节制地沉溺于打猎。《书经》说："文王不敢盘于游
田。"③孟子引用晏子的话"从兽无厌谓之荒"④。因此，孔子禁止在 241
夏季打猎，并在《礼记·王制》中制定了许多规则。简言之，孔子总是开出中庸之道。尽管他赞成作为宣泄人之激情的安全阀的

① 《中国经典》，第二卷，第150—153页。

② 《中国经典》，第四卷，第一部分，第131—132、158页。

③ 《中国经典》，第三卷，第二部分，第469页。

④ 《中国经典》，第二卷，第160页。

242 社会制度，但他制定规则以控制人的激情。这就是极高明的中庸原则。

15　支出之普通标准

I　介于奢俭之间的中庸之道

孔子之道始终追求中庸，就消费而论尤其如此。而在俭与奢之间，仅存在一正确之道。

243 孔子说："管仲镂簋而朱纮，旅树而反坫，山节而藻棁，贤大夫也，而难为上也。晏平仲祀其先人，豚肩不掩豆，贤大夫也，而难为下也。君子上不僭上，下不逼下。"①

可见，管仲乃奢侈的代表，晏平仲则为过度节俭的代表，二者皆偏离了适度的标准，均遭到孔子的谴责。

孔子说："礼不可不省也。礼不同，不丰，不杀。"②因此，消费不宜太多，如果太多，那就是奢侈；消费也不能太少，如果太少，那就是吝啬。奢侈与吝啬均违反礼之原则。

孔子举例说明消费的正确之道，他说："禹，吾无间然矣。菲饮食而致孝乎鬼神，恶衣服而致美乎黻冕，卑宫室而尽力乎沟恤。禹，吾无间然矣。"③(《论语·泰伯》)

---

① 《礼记》，第十八篇，第165页。

② 《礼记》，第八篇，第401页。

③ 《中国经典》，第一卷，第215页。

饮食、衣服、宫室，三者为生活之必需，孔子用此三项检验禹的品格，尽管禹的消费标准很低，但孔子称赞他。然而，当孔子从社会开支的角度评价禹时，比如宗教祭祀、公共事务，孔子却赞扬禹的慷慨支出。从该例中，我们发现，当为了个人利益花钱时，他应该节俭；而当为社会利益而支出时，他应该慷慨。

Ⅱ　穷奢极欲之恶

通常说到穷奢极欲的罪恶，孔子用一个词概括——损。孔子说："损者三乐；……乐骄乐，乐佚游，乐宴乐，损矣。"[1]（《论语· 244
季氏》）

在《书经》中，有一篇名叫《无逸》，该篇这样描绘奢侈的人："相小人，厥父母勤劳稼穑，厥子乃不知稼穑之艰难，乃逸。乃谚既诞，否则侮厥父母曰：'昔之人无闻知。'"然后，《书经》批评殷代后世的几代王，并且说："自时厥后立王，生则逸！生则逸！不知稼穑之艰难，不闻小人之劳，惟耽乐之从。自时厥后，亦罔或克寿。"《书经》提到了许多优秀的王作为典范，他们全都勤勉、不敢沉溺于奢侈、安逸，而周文王即为其中最显著之范例。《书经》上说："文王卑服即康功田功。……自朝至于日中昃，不遑暇食，用咸和万民。文王不敢盘于游田，以庶邦惟正之供。"

于是，《书经》的结论是今后所有继位的王，不要过度地贪图游玩、贪图享乐、贪图田猎。

尽管《书经·无逸》将矛头直接对准奢侈，但其观点却并不走

---

① 《中国经典》，第一卷，第311—312页。

极端，不惟如此，还允许合理的奢华。正是在《无逸》篇首，即说：“君子所，其无逸。先知稼穑之艰难，乃逸，则知小人之依。”[①]王充
245 这样解释此原则，人之肌骨非木石，如果没有合理的放任，肌骨就不能协调，这就是孔子谈论蜡祭饮酒礼时表达的原则。[②]

在《春秋》中，常常谴责奢侈与放纵的罪恶，而谴责的主要对象是兴土木，因为兴土木花费昂贵，并给民众以最沉重的负担。比如，《春秋》记载：在庄公二十三年，桓公的庙——桓宫的柱子被漆为大红色，这是篡夺天子权利的象征，礼法之规定，诸侯庙的柱子颜色为黑色。庄公二十四年，《春秋》记录了雕刻桓公庙中的椽子，这比前者更糟糕，因为，雕刻比油漆更需要劳动。

孔子总以兴土木来阐明他对奢侈的谴责，而之所以如此，其原因在于兴土木除需花掉相当的钱财以外，还极大程度地伤害民众。古代并未有奴隶制度，所以全部建设性工程均由劳役承担，当诸侯奢侈、浪费时，为了满足其贪欲，民众被迫付出艰苦的劳动；或者，民众至少必须缴纳更多的赋税。孔子当然不愿意牺牲民众的劳动与钱财，以满足诸侯个人欲望，此即为孔子谴责兴土木奢侈行为的原因。然而，当劳役废除以后，民众的处境发生了很大的变化。但由于中国人没有充分理解孔子的思想，在兴建土木上仍坚持古老
246 的习俗，因为他们担心被作为奢侈的对象遭谴责，这就解释了中国建筑在大体上偏差的原因。

除去谴责兴土木的奢侈，《春秋》还谴责其他全部的奢侈行为，为了在总体上谴责奢侈，记载了鲁哀公四年的薄（亳）社火灾。亳

① 《中国经典》，第三卷，第二部分，第464—470页。

② 参见上文，第230页。

社火灾象征着殷朝的灭亡，而且，亡国之社被放置在所有诸侯通往其祖宗祠堂的殿门外，以作为警告诸侯提防亡国的灾难。根据《春秋繁露》①记载，殷朝的最后一位皇帝殷纣王，是一位穷奢极欲的典型例子。纣王的食物、酒、衣服、宫室、苑囿、苑囿里的动物、各种艺术品、彩带、模特、音乐和妇女，所有这些均最豪华、最奢侈，但是，他的国家亡了，他的头也被砍掉了。这就是对殷纣王奢侈的惩罚。《春秋》记录亳社火灾，孔子的目的在于：警告豪华与奢侈的危险。既然奢侈能够毁灭皇帝与国家，那么，奢侈毁灭一位普通的人及其家庭，那是多么容易啊！

此外，孔子还谴责发生在社会交往、理财与建筑庭院方面穷奢极欲的罪恶。在《论语》第三篇中，有若干章节均对此进行了论述。我们选择其中最突出的章节，并将其分为两部分。首先，继续说大夫阶层的僭越行为。在《论语》第一篇中，孔子声讨季氏，因为他僭越了天子的权利，用六十四人在庭院中奏乐舞蹈，对此，孔子谴责道："八佾舞于庭，是可忍也，孰不可忍也？"在《论语》的第六篇，孔子再次谴责季氏，因为季氏僭越了诸侯权利，祭祀泰山。在《论语》第二篇，孔子责难三家——仲孙、叔孙、季孙三家，当他们祭祀祖先
时，他们使用了天子的礼，唱着《雍》这篇诗来撤出祭品。在《论 247
语》第二十二篇，孔子责难管仲，因为管仲娶三女，他手下的人员，各司其差，管仲门前立了一塞门，在堂上有放置酒杯的设备。"娶三女"、"树塞门"、堂上有放置酒杯的设备，这些均属于礼法规定于诸侯，但管仲却越礼而行。其次，我们继续讨论诸侯越礼行为。在《论语》第十篇，孔子谴责了鲁国国君举行仅有天子才举行的大祭

① 《春秋繁露》，卷六。

之礼。

在任何情况下，孔子均从社会角度关注这些行为，但同时孔子也从理财原则的角度进行关注。而之所以如此，乃在于孔子根据社会秩序限制消费，如果任何一社会阶层越过了其所属阶层的消费规定、僭越了更高阶层的消费权利，那么，一方面，这属僭越社会权利，而另一方面，也属在理财上的挥霍无度。奢侈与僭越属同样之事情，而其区别仅源于不同的观点、立场罢了。

简朴与适度之道

为了防止挥霍无度的倾向，孔子制定了简朴原则，并以祭祀仪式说明了这项原则。《礼记·郊特牲》说："酒醴之美，玄酒明水[①]之尚，贵五味之本也。黼黻文绣之美，疏布之尚，反女功之始也。

248 莞簟之安，而蒲越稿鞂之尚，明之也。大羹不和，贵其质也。大圭不琢，美其质也。丹漆雕几之美，素车之乘，尊其朴也，贵其质而已矣。"[②]

当然，引文中提到的全部物品是因为若干宗教的缘由，但在根本上还有理财的原因。此正与司马迁所指出的一样，使用这些物品阻止奢侈、救治腐败。[③]

在《易经》中，有一篇叫《损》，它阐明了适度的原则。《损》上说："损而有孚……二簋可用享。二簋应有时，损刚益柔有时。损益盈虚，与时偕行。"这意味着削减支出应合其时，而二簋淡食仅作为例子。诚信比物质财富更具有价值，但物质财富不应该一直被减少。这就是适度的原则，而不是过度节约。但是，我们如何才能

① "玄酒"与"明水"，二者均只是纯净的泉水。

② 《礼记》，第九篇，第435—436页。

③ 《史记》，卷二十三。

做到适度呢？与此问题相关，《易经》提出了“窒欲”一词。[①] 如果 249
我们具有支配理财欲望的道德控制，那么，我们就可以做到适度。

Ⅲ　吝啬之恶

孔子的思想体系是高级文明，而非远古教条，因此，在孔子的理财论里，他没有过多地强调节俭，相反，孔子反对过度的节俭。为了谴责社会上层的悭吝，在《诗经》里，孔子收集了《魏风》中的第一首诗，就是为了谴责社会上层的极端吝啬。[②]

孔子又以《唐风》的前两首诗谴责过度节俭。第一首诗分为三节，尽管三节诗层层推进，但在事实上，它们均表达了同一主题。

第一节如下：

> 蟋蟀在堂，岁聿其莫。
> 今我不乐，日月其除。
> 无已大康，职思其居。
> 好乐无荒，良士瞿瞿。[③]（《诗经·唐风·蟋蟀》）

第二首诗也分三节，其中一节摘引如下：

> 山有枢，隰有榆。
> 子有衣裳，弗曳弗娄。

① 《易经》，第 246、317 页。
② 该诗在前面已提到，第 154 页。
③ 《中国经典》，第四卷，第一部分，第 174 页。

子有车马，弗驰弗驱。
250 宛其死矣，他人是愉。①（《诗经·唐风·山有枢》）

所有这些诗歌均强调同样的原则，并被孔子安排在最显眼的位置上，以表现两国的精神。《魏风》尤其反对心胸狭隘，而《唐风》中的两首诗则鼓励享乐，前者考虑到逝去的光阴，仅关注眼前；后者设想到另一个人拿走（财产）所有权，则沉浸在将来的悲哀中。显然，前者考虑到责任，而后者则仅考虑享乐。而孔子为了表明反对悭吝的理财原则收集了上述所有的诗。事实上，消费是理财的目的，生产仅为理财之手段。如果人不能生产若干而进行适度地消费若干，那么，他将摧毁生产的目标，也不可能有理财的进步。

此外，如果极端吝啬为国家之普遍精神，那么，除了上述理财上的弊端外，将还会存在若干伦理性与社会性弊病。当民众小气、吝啬时，其思想就狭隘、本性残酷、品格低劣；他们就毫无志向；在生活上，他们无快乐可言；在社会交往上，他们不慷慨大方，且社会处境糟糕。

美学原则

孔子极其强调道德责任，然并未一概忽视物质享受。孔子具有审美意识，并为消费提出了美学原则。而不幸的是，自宋代开始，孔教徒极端关注个人的内在品质，而几乎完全忽视个人外在的康乐，他们只关怀人的思想与精神，而忽略人的身体。他们仅在意
251 什么是善，而忽视什么是美，他们使孔教成为如清教般狭隘的教

①《中国经典》，第一卷，第176页。

派，中国的物质发展因此受到阻碍。而正因为如此，我们必须回归孔子本身，并关注孔子如何在意美感，为了这样的目的，我们将消费区分为三种形式：(1)食物；(2)衣服；(3)住房。

首先，我们来考察孔子所吃的食物。《论语》告诉我们："食不厌精，脍不厌细。食饐而餲，鱼馁而肉败，不食。色恶，不食。臭恶，不食。失饪，不食。不时，不食。割不正，不食。不得其酱，不食。肉虽多，不使胜食气。惟酒无量，不及乱。沽酒市脯不食。不撤姜食。不多食。"①(《论语·乡党》)

从上述描写中，我们能想象到孔子在所吃食物问题上，他是多么细心！

在《礼记》中，有一篇名为《内则》，我们可以说，这就是家政学，或者是家庭理财。《内则》介绍了若干食品与烹饪艺术的细节。我们可以从《内则》篇中摘录几段作为例子：

> 饭：黍、稷、稻、粱、白黍、黄粱，稰、穛。
>
> 膳：膷、臐、膮、醢、牛炙；醢、牛胾；醢、牛脍；羊炙、羊胾； 252
> 醢、豕炙；醢、豕胾，芥酱，鱼脍；雉、兔、鹑、鷃。
>
> 饮：重醴，稻醴清糟，黍醴清糟，粱醴清糟，或以酏为醴；黍酏、浆、水、醷、滥。
>
> 酒：清、白。
>
> 羞：糗，饵，粉，酏。
>
> 食：蜗醢而苽食、雉羹；麦食，脯羹、鸡羹；析稌，犬羹，兔羹。和糁不蓼。濡豚，包苦实蓼；濡鸡，醢酱实蓼；濡鱼，卵酱

① 《中国经典》，第一卷，第232—233页。

> 实蓼；濡鳖，醢酱实蓼。腶修，蚳醢；脯羹，兔醢；麋肤，鱼醢；鱼脍，芥酱；麋腥，醢酱；桃诸、梅诸，卵盐。①

对庶民而言，并非必须拥有上述全部食物，而如果庶民拥有这些食物，他们在享用这些食物时，就应该遵循以上规则。对于宗教崇拜、社交娱乐，以及赡养父母，这些均为妇女学习的家政。《礼记·内则》中存在若干关于家政的规则，而我们以下仅再引一段：

253 > 炮，取豚若将，刲之刳之，实枣于其腹中，编萑以苴之，涂之以谨涂，炮之，涂皆干，擘之，濯手以摩之，去其皽；为稻粉，糔溲之以为酏，以付豚煎诸膏，膏必灭之；巨镬汤，以小鼎，芗脯于其中，使其汤毋灭鼎，三日三夜毋绝火，而后调之以醯醢。②

从这些引文中，我们发现，即便在孔子时代，中国烹饪已是那么美观！那么精致！无怪乎中国食物之好，居世界之最。

第二，我们看看孔子的服制。《论语》告诉我们："君子不以绀緅饰。红紫不以为亵服。当暑，袗絺绤，必表而出之。缁衣，羔裘；素衣，麑裘；黄衣，狐裘。亵裘长，短右袂。必有寝衣，长一身有半。狐貉之厚以居。去丧，无所不佩。非帷裳，必杀之。羔裘玄冠不以
254 吊。吉月，必朝服而朝。齐，必有明衣，布。"③

从这段引文中，我们可以获得孔子关于着装的部分观点，而孔子的观点是合时宜，在颜色、风格及搭配上最为相配。

---

① 《礼记》，第十篇，第459—460页。

② 同上书，第468—469页。

③ 《中国经典》，第一卷，第230—232页。

孔子的服制理论使人们的着装成为人格的象征，因此，服装在颜色上必须有区别，必须依照社会秩序进行分类，《书经》上说："天命有德，五服五章哉！"①根据孔子之论，凡官员均为有德之人，上帝依其美德授予他们礼服。因此，天子礼服上的绘饰为华虫、宗彝、藻火，以及山龙，而所有绘饰均置于黑色背景之上；那些公侯礼服的绘饰，除去山龙之外，其绘饰与天子一样；男爵，其礼服绘饰仅有宗彝、藻火与山龙；大夫的礼服绘饰仅由藻火与山龙构成，而士之礼服绘饰则仅有山龙。

根据《书经》记载，天子的礼服绘饰类似如此：上下衣由精美的刺绣镶边的衣料制成，而以下部分均由刺绣构成：(1)图案的线条，(2)谷粒，(3)黑白相间处，(4)黑青相间处。但当下身衣裳仅有这四类刺绣装饰时，上身衣服就有另外五类刺绣绘饰，也就是上文已经提到的山龙、华虫、宗彝、藻火，以及衣服本来的黑色。《书经》上 255
说："以五采彰施于五色作服。"②

任何人都会发现孔子的服制决不简单，与此相反，孔子的服制复杂而极其美丽，不惟如此，还具有社会价值。孔子的服制标志着个人声望，因此，它激发民众行善事，并预防民众陷入耻辱之中。孔子的服制作为社会表彰与惩罚的手段被运用。人们只有在服丧期间，或者在灾荒年与遭受惩罚时，才穿素服。比如说，白色绢制做的冠，冠沿以粗糙、白色的线镶边，"垂緌五寸，惰游之士也。玄冠，缟武，不齿之服也"③。

在文明社会，人类的需求超出了最低限度的必需品，因此，衣

① 《中国经典》，第三卷，第一部分，第74页。
② 参见《中国经典》，第三卷，第一部分，第80页。
③ 《礼记》，第十一篇，第9—10页。

服不仅为了保暖,也为了展示与美丽。孔子不像佛那样,着装如丧服,孔子也不像耶稣,在教堂里的修士与修女的服装也极为单调。孔子的宗教在尘世之中,并不与世隔离。这就是完整的解释。

在孔子的体系里,甚至对20岁以下的男孩着装也有规定。《礼记》告诉我们:"童子之节也,缁布衣,锦缘,锦绅,并纽,锦束发,
256 皆朱锦也。"[①]这是适合20岁以下的男孩服饰,但男孩不能穿毛皮,也不能穿帛衣,或者丝裤,原因是这两类面料的衣服对孩子来说太暖和。[②] 为了便于做事,男孩不能穿下裙。[③] 而又因为男孩还未成年,所以他不能穿有装饰的鞋。[④]

在《礼记》中,有若干关于衣服的细节,在此略而不论,我们仅打算提到"深衣"。这是在孔教服制中最简朴最普遍的服装,在所有场合、不论性别、不论阶层、从天子至庶民,均可以穿着"深衣"。深衣仅次于朝服与祭服,耐穿而且不昂贵,但深衣仍然有装饰性的边。在《礼记》中,有一篇名叫《深衣》,该篇介绍了关于"深衣"的细节。[⑤] 事实上,孔子已经提出了一整套关于头、脚,直至全身的服装体系。只要涉及服装,所有的中国人都会说他们的衣服最优雅、最舒适。

第三,我们看看孔子的居室观点。不幸的是,我们已找不到任何关于孔子居室的描述。而我们惟一知道的现在的孔庙,即是孔子弟子也曾住过的孔子的古老居室。因为孔庙兼为学校,而孔子

---

① 《礼记》,第十一篇,第19—20页。

② 同上书,第20页。

③ 《礼记》,第十篇,第478页。

④ 《礼记》,第十一篇,第20页。

⑤ 《礼记》,第三十六篇,第395—396页。

的信徒极其众多,因此,孔庙曾经必定非常宽大。孔子授徒的校舍一直被称为杏林,因此,杏花开放时非常美丽,就如我们今天所看 257
到的一样,杏林曾经的情形定会优美。

虽然我们没有描绘孔子自己的居室,但是,我们仍然能从孔子的著作中获得孔子关于建筑的思想。在《诗经》中,有一首赞美宣王的诗,宣王依据节俭之道,修建了新宫殿。节俭是这首诗之要点,同时诗中也表达了美感。以下我们摘录几节:

如跂斯翼,
如矢斯棘,
如鸟斯革,
如翚斯飞,
君子攸跻。

殖殖其庭,
有觉其楹。
哙哙其正,
哕哕其冥。
君子攸宁。[①]（《诗经·小雅·斯干》）

该诗的第一节展示了殿堂是多么富丽堂皇与惹人注目,而诗的第二节则展示了内室是多么好,令人喜爱。

描述与祖庙相似的房屋分散贯穿于《仪礼》中,这是由孔子采

① 《中国经典》,第四卷,第二部分,第305页。

用的古老风俗，今天中国人的住宅仍然有些与之类似。这样的住宅体系，从皇帝到士人，为各社会阶层所共有，其区别仅仅在住宅的大小与细节方面。以下我们来看看士人的住房。

258 设想一四面由砖墙构成的方室，在正面墙上，即在南面墙上（房子一定总是面对南方），是外门，在“外门”之后又有一道墙，在这道墙正中为内门，“外门”与“内门”均盖有屋顶。方室有东西夹室，每一夹室被划分为两阁，一个在内，一个在外。正屋在轮廓上大概是正方形，其位置正好位于方室的后面，由一个正堂及其后的三个内室构成。

正堂完全伸展跨过房屋前部，前面敞开着，有两根柱子替代了两面墙，一根在东面（东楹），一根在西面（西楹）。正堂靠近两个台阶，东阶与西阶。在正堂北墙的东部，在一扇通向内室的门，这扇门与北墙西部的窗户之间，也就是正堂北墙的中部，是为宾客准备的贵宾室。正堂的东、西尽头被分割成狭长的“夹室”。

在正堂之后是“主房”，被用作事务办公室，“主房”东西各有一室，在东室的北半部被称为“北厅”，“北厅”向北面敞开，这是女眷演礼之所。而西室贮藏贵重物品。整座正屋由瓦片构成的前后倾斜的尖屋顶覆盖。

在正屋的背后，是“私人住宅”，是吃饭与睡觉的地方，并有几所为孩子们或为儿子日后成家用的小屋。在那些较高官的家里，这第三与后面部分无限扩大出去。

在正房前面的开阔空间是庭院，通常庭院的长度是正堂长度的三倍。

庶民的住房与士人的住房类似，而最大的区别是庶民的住房仅有一道门进入，在房的两边没有厅，庭院的长度与正堂的长度一样。没有私室，主屋用来吃饭、睡觉等等。除了这些区别而外，正屋再没有更大的区别了。事实上，根据孔子的理财原则，没有贫 259 民；甚至最底层的民众也必须有他们的房子——充满阳光、空气清新的房子。

在孔教体系中，最美丽的建筑是“明堂”。《春秋繁露》上说：“明堂员，其屋高严侈员。”[①]根据《大戴礼记》所记，明堂总共有九室，每室有四扇门、八扇窗，整个明堂，共有三十六扇门、七十二扇窗。屋顶由茅草覆盖，以象征着清洁。明堂上半部为圆形，下半部为方形，周围环水[②]。明堂是最重要的地方，是帝王举行所有重大仪式的场所：祭天祭祖的场所，庆祝若干其他的重要典礼的场所。

Ⅳ　俭省与奢侈之间的选择

如果我们不得不在节俭与奢侈之间作出选择，那么，哪一种选择更可取呢？当林放问孔子礼的本质时，孔子回答说：“大哉问！礼，与其奢也，宁俭。”[③]（《论语·八佾》）孔子在这段陈述中很清楚地表达了他赞同节俭的观点。还有一次，孔子说：“奢则不孙，俭则固。与其不孙也，宁固。”[④]（《论语·述而》）因此，我们确信，假如人们在省俭与奢侈之间不能采取正确的行动，那么，孔子以为与其奢侈，不如省俭。 260

① 《春秋繁露》，卷二十三。
② 《大戴礼记》，第六十六篇。
③ 《中国经典》，第一卷，第155页。
④ 同上书，第207页。

V 社会生活的标准

1. 概论

我们在上文已讨论了礼之教义，并已看到了生活标准如何成为孔子体系的一部分。以下我们将必须特别地、明确地探讨生活标准的问题。在任何时代、任何地方，在不同的社会阶层之中，必定存在不同的生活标准，这包含在孔子教义中。如同我们所知道的，既然有五个阶层存在，那么，就有五个生活标准存在——那就是，天子、诸侯、大夫、士人、庶民。但是，在某些场合，诸侯的生活标准可能与天子的标准一样，大夫的标准与诸侯的标准一样，依次往下，等等。

我们必须牢记，社会生活标准除了标志着社会等级差别外，还对理财活动有着巨大的影响。根据所在阶层的标准，社会生活标准使每人获得需要上的满足，有助于使所生产的财富满足消费者的需要，并刺激每个人为了使自己进入更高的社会阶层而尽其全力生产。因此，孔子为不同的社会阶层规定了不同的生活标准。

比如，在宗教上的开支，《礼记·王制》说："天子社稷皆大牢。诸侯社稷皆少牢。大夫、士宗庙之祭，有田则祭，无田则荐。
261 庶人春荐韭，夏荐麦，秋荐黍，冬荐稻；韭以卵，麦以鱼，黍以豚，稻以雁。"①

上述引文描绘了不同阶层的人们在宗教祭祀上的祭品标准，而该标准大体根据各阶层的财富而制定。

---

① 《礼记》，第三篇，第226页。

以下我们再以天子至庶人的食物等差为例，以作说明。“诸侯无故不杀牛，大夫无故不杀羊，士无故不杀犬、豕，庶人无故不食珍。”①

《礼记·内则》说：“天子之阁，左达五，右达五；公、侯、伯于房中五；大夫于阁三；士于坫一。”②

尽管上文没有提到庶民的阁的数量，但是，我们可以从中理解为：庶民与士人的阁数量相等。

古代中国人喜欢修建宽敞的房屋，而不喜欢修建多层建筑。因此，住宅的标准通常以房屋大小而不以房屋高度衡量。然即便如此，仍然存在控制房屋高度的规则，此规则以堂的尺度进行说明。根据《礼记》规定：“天子之堂九尺，诸侯七尺，大夫五尺，士三 262
尺。”③《礼记》中没有提到庶民的堂高应为多少，但从上文已描述的堂高判断，以及从贾谊与现代学者中获得的可靠资料推断，庶民的堂高一定为一个台阶，那就是说，比地面高出一尺。在此，我们获得了关于自天子至庶民住房标准的一些了解。

中国人有着奇特的社会地位标志，准确地说，是在玉的使用上。中国人之所以赋予玉崇高的价值，其原因在于孔子对玉的解释。孔子在《礼记》中充分解释了玉的价值④，但我们仍可以将《礼记》中关于玉的若干解释归纳成一句话——玉具有的品质与君子的美德一样。《礼记》同一章告诉我们：“凡带必有佩玉，唯丧否。佩玉有冲牙。君子无故玉不去身。君子于玉，比德焉。天子佩白

---

① 《礼记》，第227页；第十一篇，第4页。

② 《礼记》，第十篇，第464页。

③ 《礼记》，第八篇，第400页。

④ 《礼记》，第四十五篇，第463—464页。

玉而玄组绶。公侯佩山玄玉而朱组绶。大夫佩水苍玉而纯组绶。世子佩瑜玉而綦组绶。士佩瓀玟而缊组绶。孔子佩象环五寸而綦组绶。"①

263 以上所述,即是与佩玉相关的不同的标准,也是赋予佩玉装饰所蕴含意义的极好范例。

2. 大夫阶层的标准

大夫阶层是社会的中间阶层,因此,尽管我们对天子与诸侯的生活标准并不十分感兴趣,但我们对处于社会中间阶层的大夫阶层的生活标准感兴趣。在《礼记》中,有一节讲述大夫的日常生活,我们选取这一节作为对高生活标准的描述。《礼记》上说:"日五盥,沐稷而靧粱,栉用椫栉,发晞用象栉。进禨,进羞,工乃升歌。浴用二巾:上絺下绤。出杅,履蒯席。连用汤,履蒲席,衣布,晞身,乃屦,进饮。"②

孔子曾经属于大夫阶层,但当他失去大夫位置后,他属于士人阶层。但当他返国后,作为退休官员,他又被授予大夫头衔,尽管他没有走上实际的位置。因此,孔子保持了大夫的生活标准。孔子的学生颜渊死了,颜渊的父亲请求孔子卖掉车子来替颜渊置办外椁,但孔子拒绝这样做。孔子指出这样的事实——孔子的儿子
264 离开人世时,他没有卖掉马车为儿子置办外椁,孔子说:"以吾从大夫之后,不可徒行也。"(《论语·先进》)由此观之,我们可以看出,孔子多么小心地保持其生活标准!当然,这个例子社会化倾向胜于理财,但这确实是孔子关注生活标准的绝佳例子。

---

① 《礼记》,第十一篇,第19页。

② 同上书,第5页。

3. 士人阶层的生活标准

在《礼记·内则》中，记载有若干日常生活的细节，而这些细节对所有阶层而言，在实质上均为常见。为了描述士人的生活标准，我们从《内则》中选取一些细节以作说明。士人阶层极其重要，因为士人的生活与庶民阶层相似。庶民或许不会完全遵守士人的生活细则，然这些规则仍然是庶民被教诲遵循的行为模式。

> 子事父母，鸡初鸣，咸盥漱，栉、纵、笄、总，拂髦，冠，緌缨，端，韠，绅，搢笏。左右佩用：左佩纷、帨、刀、砺、小觿、金燧；右佩玦、捍、管、遰、大觿、木燧。逼，屦著綦。（《礼记·内则》）

以上描述似乎过于琐碎，但却提供了一幅关于古代青年男子极其形象的图画。青年妇女侍候其父母，或者公婆，她们的着装与青年男子类似，其区别在于：用黑缯缠发髻，发髻中插上笄，再束好 265
脑后的头发让它下垂以为饰，穿上绡衣并束好腰带，她们佩带箴、管、纩，所有这些都置于小包中，她们不带玦、捍、管、遰这些东西，并系上香囊。

青年男女穿戴准备好后，他们到父母、公婆的住所去，并在各方面侍候他们。他们“问所欲而敬进之，柔色以温之，饘、酏、酒、醴、芼羹、菽、麦、蕡、稻、黍、粱、秫唯所欲，枣、栗、饴、蜜以甘之，堇、荁、枌、榆、免、薧、滫、瀡以滑之，脂、膏以膏之。父母舅姑必尝之而后退”（《礼记·内则》）。

而对于男子未行冠礼、女子未行笄礼者，他们不用穿戴成年男性与成年女性那样整齐的服饰，但是，他们都要使用香囊。在黎明时分，他们前去向父母请安，但要晚于他们的哥哥、姐姐。他们的职责是为父母做一些小事。

所有的家庭成员，尊卑长幼，“鸡初鸣，咸盥漱，衣服，敛枕簟，洒扫室、堂及庭，布席，各从其事”（《礼记·内则》）。

除了年迈的父母得到很好的特别照顾外，小孩也尽享关爱。孩子可以早睡晚起，他们需要什么，均事先准备好，吃饭也没有固
266 定的时间。无论父母吃剩什么，尽管儿子、儿媳可以吃完，但仍要将父母吃剩的好吃的、甜美而又柔滑的食物，留下让幼孩吃。[①] 这样的例子阐明了“慈爱年幼”的原则。

4. 庶民的生活标准

庶民的生活标准是各阶层生活标准之中最为重要者，当然，庶民的生活一定非常简朴，我们不能期望在孔子体系中存在若干庶民生活的细节描述。但是，在井田制下，庶民过着极其愉快的生活，孟子这样概括庶民的生活标准：“五亩之宅，树墙下以桑，匹妇蚕之，则老者足以衣帛矣。五母鸡、二母彘无失其时，老者足以无失肉矣。百亩之田，匹夫耕之，八口之家足以无饥矣。”

依孟子所述，“五十非帛不暖，七十非肉不饱，不暖不饱谓之冻馁”[②]（《孟子·尽心上》）。因此，丝绸衣服与肉食，这对年老者而言不属奢侈之物，相反，乃是年老者的必需之物。自此角度观之，我们可以说庶民的生活标准绝不算低。

267 “养老”是孔子的特别原则，孔子的养老原则提高了生活标准。根据《礼记·王制》，“五十异粻，六十宿肉，七十贰膳，八十常珍，九十饮食不离寝，膳饮从于游可也”[③]。对于庶人中的老年人，有一严

① 《礼记》，第十篇，第449—453页。
② 《中国经典》，第二卷，第461—462页。
③ 《礼记》，第三篇，第240页。

格的规定,那就是,“庶人耆老不徒食”①。因此,庶人之生活标准被其老年人维持,且永不能降低。

然而,根据井田制,虽然年五十可穿丝绸,年七十可享食肉,但却根本没有提到年轻人的情况.我们推想年轻人在日常生活中不能消费上面所提到的东西,而只能特别提供给老年人,其中原因则在于古代生产力极其有限。

我们已经叙述了庶民的生活标准,然而,我们所描写的庶民生活标准是结合了孔子的理论观点,而我们想要了解的是孔子时代民众的真实生活情形。李克②,子夏弟子,为魏文侯(孔子纪元128—165 年,或公元前 424—前 387 年)相,对当时民众的生活标准作了有价值的陈述,李克确切地指出了农民的理财环境。李克生活的时代稍晚于孔子,但又远远地早于孟子,因此,李克的陈述 268
或许显示了孔子时代的事实。李克说:

> 今一夫挟五口,治田百亩,岁收亩一石半,为粟百五十石,除十一之税十五石,余百三十五石。食,人月一石半,五人终岁为粟九十石,余有四十五石。石三十,为钱千三百五十,除社闾尝新春秋之祠,用钱三百,余千五十。衣,人率用钱三百,五人终岁用千五百,不足四百五十。不幸疾病死丧之费,及上赋敛,又未与此。③

① 《礼记》,第三篇,第 244 页;第十篇,第 462 页。

② 《史记》与《汉书》均正确地记载了李克的名字,但后来在《汉书》卷二十四中出现错误,将李克误为李悝。《史记》卷三十,卷一百二十九;《汉书》,卷九十一。

③ 《汉书》,卷二十四。

以上是以统计数字表明的观点，介绍了农民的不幸处境，而且，该陈述是我们目前据有的、最可信赖的信息。因农业乃古代中国人的主要职业，因此，魏国全体民众的理财环境必定极为糟糕。因此，李克介绍了其著名的平衡、调剂粮价的平籴法。① 而如此糟糕的理财环境，可能并不仅限于李克所在的诸侯国，而也许盛行于
269 整个中国。因此，孔子首先专注于民众的理财活动就不足为奇了。

16　特别支出

尽管生活标准可能包括全部各类支出，但是，为了展示孔子体系的特征，我们认为单独讨论一些特殊支出更可取。这些特殊支出为：结婚、葬礼与服丧、祭祀祖宗、社会交往的支出。这些特殊支出的理论极端复杂，它们不仅涉及理财学，也是社会学、政治学、哲学、伦理学与宗教学的。当然，理财学乃我们最感兴趣的方面，但由于我们正在研究孔子的思想体系，故而不得不考虑孔子所特有的并与理财学相关的其余若干方面。

Ⅰ　婚姻

首先，我们将讨论用于婚姻的支出。孔子认为婚姻乃人类生活的必需，所以，他将婚姻的费用减少至最低限度。根据《礼经》记载，婚姻需要履行“纳采、问名、纳吉、纳徵、请期、亲迎”“六礼”。

---

① 参看下文，第568—570页。

当女孩的父亲接受了提亲后,第一种仪式为"纳采";第二种仪式为"问名";第一、第二两种仪式在同时完成。第三种仪式为"纳吉", 270
占卜婚姻是否吉利;第四种仪式为"纳徵";第五种仪式为"请期",(男家)卜得迎娶吉日。所有这些仪式,均由新郎的父亲派代理人(媒婆——译者注)履行。而婚姻的第六种仪式为"亲迎",由新郎本人完成。

举行订婚仪式"纳采"需要一束帛与两张鹿皮,"纳币一束,束五两,两五寻"①。其中三束为黑色,另两束为深红色;两张鹿皮用于制衣服。除订婚仪式外,其余五项仪式均用驯服的大雁为礼物履行,这样的信物象征着夫妻关系的稳定与忠诚。根据上述婚姻"六礼"的叙述,可见,自"纳采"至"亲迎",仅需要五只大雁,一束帛与两张鹿皮,因此,婚礼所需开支不多,当然,美国人的婚礼支出甚至能削减至少于"六礼"所需费用,然而,根据孔子体系,这是婚礼支出的最低限度了。

《诗经》里有一首由一位勇敢女孩所写的诗,女孩写道,她已经允诺与一位名叫风的男孩结婚,但风的家人希望在婚礼完成之前迎娶她,女孩据此观点——婚姻乃最神圣的事情之一,如果没有完全履行婚姻仪式则不能成婚而拒绝了风的家人要求。风的家人起诉了这位女孩,女孩因此被带到法庭,但这位女孩坚持遵循结婚仪式,假如任何一样聘礼没有赠送,任何一项仪式没有完成,那么,她绝不离开自己的家,甚至牺牲生命她也不放弃。这首诗如下:"虽速我狱,室家不足。""虽速我讼,亦不女从。"②(《诗经·召南·行露》)

① 《礼记》,第十八篇,第172页。

② 《中国经典》,第四卷,第一部分,第27—28页。

孔子在《诗经》里选编了该诗，作为在道德上，也是在法律上的婚姻好典范。孔子表明，他不赞成允许民众借口没有财力而在没
271 有履行婚姻“六礼”的前提下结婚，孔子确实在一开始就极其精心地制定了夫妇之伦，并使年轻夫妇不草率结婚。

尽管孔子并未使结婚那么轻而易举，但是，孔子仍然尽可能地使结婚变得简单。孔子最喜爱音乐，在所有幸福的场合，孔子均使用音乐。但对结婚仪式，孔子却没有提到音乐。孔子说：“嫁女之家，三夜不息烛，思相离也。取妇之家，三日不举乐，思嗣亲也。”①

据此说法，婚礼并非快乐的典礼，而是一庄严的事务，在婚礼后，做儿子的承担起他自己的责任，并感受到父母在日渐变老。而正因为如此，婚礼应该从容、严肃。所以，《礼记》里说，在婚礼上，不演奏音乐，也不贺婚。②

尽管孔子将结婚的开支限制到最小，但是，他不得不安排必须的婚宴。孔子慎重男女之别，因此，他不允许在婚礼上新婚夫妇保持如此安静，以至于不能引起社会的明显关注。为了表明新郎与新娘之间的崭新关系，必须举行婚宴向公众通报结婚消息。《礼记》上说，新郎要“为酒食以召乡党僚友，以厚其别也”③。当然，婚
272 宴必定花费钱财，但由于婚宴所具有的社会与伦理价值，我们因此不能节约婚宴的开支。

因为新郎必须并有必要操办婚宴以款待左邻右舍、亲戚朋友，所以，尽管不存在贺婚，但宾客不能不带任何社会职责地为参加婚礼而参加婚礼，因此，宾客以另一种名义对婚礼表示庆贺，宾客不

① 《礼记》，第五篇，第322页。

② 《礼记》，第九篇，第442页。

③ 《礼记》，第一篇，第78页。

说是祝贺婚礼而只是作为款待宾客的礼物而已。《礼记》记载了使者祝贺娶妻人所使用的用语:“某子使某,闻子有客,使某羞。”[1]贺礼可能由四壶酒、十块干肉,以及一只狗构成。[2] 尽管这份礼物或许不太昂贵,但这份礼物依然会花掉一个家庭许多开支。因为结婚在社会生活中是必须的,因此,这样的支出也是必须的。然而,在今天,贺礼是直接对幸福婚姻的祝贺,而并非为了集合宾客。

今天,尽管中国人在基本方面依然遵循这些婚姻仪式,但是,他们极大地增加了婚礼的花费。因此,如果回到孔子制定的婚姻规则上去,再次使结婚简朴而节约,那么将会好得多。

Ⅱ　葬礼

在讨论了婚姻的支出后,接下来我们考察丧葬礼的支出,此为孔教中最重要的一点,我们必须相当详尽地进行讨论。我们首先从丧葬礼的某些细节着手,之后,再讨论丧葬礼的理论。 273

在丧礼中死者的“小敛”规定,“君锦衾,大夫缟衾,士缁衾,皆一”。但是,国君、大夫、士人“小敛”时,用衣均为十九套,上衣由稍短于长袍的短袍套在长袍之外组成,并一定配有下裳。“大敛”时,国君、大夫、士人都用两条被,但国君的敛衣共一百套,大夫五十套,士人三十套。关于棺木,“君大棺八寸,属六寸,椑四寸。上大夫大棺八寸,属六寸。下大夫大棺六寸,属四寸。士棺六寸”。关于棺材的棺椁(外棺),“君松椁,大夫柏椁,士杂木椁”[3]。当孔子

① 《礼记》,第一篇,第 78 页。
② 《礼记》,第十五篇,第 76 页。
③ 《礼记》,第十九篇,第 185—199 页。

担任中都宰时,“夫子制于中都,四寸之棺,五寸之椁”①,而这仅仅是说明葬礼开支的一个例子。

现在,我们看看赠送葬礼。葬礼费用如此昂贵,所以,赠送葬礼除了具有伦理与社交动机的事实外,还真正存在赠送葬礼的需要。根据《礼记》与《春秋》所记,我们可以将赠送葬礼分成三类。第一,为死者赠送。一些被称为“襚”,比如被子与敛衣;一些被称为“遣”,比如“明器”。赠送礼物没有具体的定制,而只是根据赠
274 送者拥有财物的情况。假如诸侯赠送士人,那么,所赠送的礼物为十八丈帛。当赠送者认识死者(平日互相存问而有来往的人),那么,其赠送物应该为第一类。第二,赠送丧家。这种赠送被称之为“赙”,赠送者用钱与其他财富来履行对丧家的“帮助”。当赠送者认识丧家,为了形成互相帮助、补给不足的目的,其赠送属于第二类。第三,既赠送死者又赠送丧家。这种赠送被称为“奠”,所捐助物品为一束帛、马车、马、羊等等,而这些赠送物既用于葬礼,也用于对送葬者在财政上的援助。当赠送者与丧主相知,与死者相亲,其赠送物属于第三类。而正因为这样的赠送,使社会犹如一张编织好的网,财富分配如潮水一般在人群中来回涌动。但尽管如此,赠送丧葬礼对赠送者而言也形成一笔支出。而当一位穷人不能为丧葬礼赠送任何物品时,他以自己劳动而不以其财物帮助他在丧葬礼中的亲属、朋友,此也是中国人的风俗。而在通常情况下,对于亲属与亲密朋友的葬礼,人们既付出劳动,也赠送财物。

孔子之所以使丧葬礼花销如此昂贵,其原因有四:(1)伦理上

① 《礼记》,第二篇,第150页。

的；(2)美学上的；(3)社交方面的；(4)理财方面的。而在此四者中，我们首先对伦理原因进行考察。我们知道，在孔子教义里，孝乃孔子道德准则的主要美德之一。我们已经注意到，当双亲健在时，在孔教教义中侍候双亲的礼仪非常之多，但是，当父母去世后，(孔教教义要求)儿女怎么做呢？人们应该自始至终厚待自己的父母，“夫厚其生而薄其死，是敬其有知而慢其无知也，是奸人之道而倍叛之心也。君子以倍叛之心接臧穀，犹且羞之，而况以事其所隆亲乎！”“死，人之终也”，它给我们以侍候父母最后的机会。① 孔子说：“人未有自致者也，必也亲丧乎？”②(《论语·子张》)孟子说： 275
“养生者不足以当大事，惟送死可以当大事。”③(《孟子·离娄下》)依据孔子的思想，如果有人在其双亲去世时，他没有对父母的热爱，他必定是不具备任何人类感情的、冷酷的动物。因此，孔子制定了丧葬制度，并使人们必须遵守丧葬制度，这确实是引导民众尽其本分的前进步伐！因为，民众必须忠诚地奉养其双亲，甚至在双亲去世后也如实地奉养双亲，那么，当其双亲健在时，民众奉养双亲会是多么忠诚啊！

伦理原因是与丧礼相关的至关重要者，然而，我们却不能站在伦理立场上解释：为什么丧葬仪式应该遵循孔子的规定而支出昂贵，这是出于对审美因素的考虑。子游说：“礼有微情者，有以故兴物者。有直情而径行者，戎狄之道也。”因此，丧礼不仅只是表达悲伤的感情，而且还要以正确方式精心地调节人们悲伤的感情。子游接着说：“人死，斯恶之矣。……是故制绞衾、设蒌翣，为使人勿 276

① 《荀子》，第十九篇。

② 《中国经典》，第一卷，第344页。

③ 《中国经典》，第二卷，第322页。

恶也。”①(《礼记·檀弓下》)

对此,荀子也表达了与子游同样的理由。荀子认为,不整饰尸体,样子就会很难看,而死者的样子难看就不会引起生者的哀痛。“一朝而丧其严亲,而所以送葬之者不哀不敬,则嫌于禽兽矣”。丧礼如何能毫无羞耻地以这样的方式进行呢?因此,为了阻止上述倾向的发生,制定丧葬礼,并在丧葬礼进行的每一步,增加更多的修饰。②

除了伦理与美学原因以外,举行丧葬礼还具有社交上的因素。孔子既然为活着的人划分了社会等级,那么,他也为死去的人作了等级划分。“天子七日而殡,七月而葬;诸侯五日而殡,五月而葬;大夫、士、庶人三日而殡,三月而葬”③。而葬礼之所以如此拖延的原因在于:(1)死者需要的物品可能没有准备完善;(2)前来参见葬礼(哀悼死者)的客人还未到。尽管存在上述原因,但我们必须清楚的是,在这段时期会有很大的开支。

而不管怎样,丧葬礼具有社会分等的意义。天子的丧葬礼由帝国所有诸侯参加;诸侯的丧葬礼由与其有外交关系的诸侯参加;而士与庶民的丧葬礼由其亲戚与朋友参加。但是,对那些受过刑法惩罚的人的丧葬礼,除其妻子与孩子以外,不允许任何人参加他
277 的丧葬礼,其陪葬的衣服只能有三件,棺材只能有三寸厚。棺材不允许有任何装饰,不允许在白天下葬,只能在晚上埋葬,那些规定中的丧葬仪式不属于他们,对他们而言,尸体埋葬以后,一切就结束了,根本没有对他们的哀悼,这是最耻辱的事。因此,丧葬礼开

① 《礼记》,第二篇,第177页。

② 《荀子》,第十九篇。

③ 《礼记》,第三篇,第222—223页。

支的规模反映了死者生前的情况。而且，如果财力条件允许，任何人不应该让父母的丧葬礼陷入与罪犯同样的等级。当人活着的时候，他应该是荣耀的，而当他去世的时候，他应该被痛苦地哀悼。①这就是丧葬礼支出昂贵的社会原因。

最后，也是我们讨论中最重要的方面——能满足人们需求的理财方面的因素。在这点上，孟子极其清楚地进行了解释。孟子说："盖上世尝有不葬其亲者，其亲死则举而委之于壑。他日过之，狐狸食之，蝇蚋姑嘬之。其颡有泚，睨而掩之。"②（《孟子·滕文公上》）

引文描述了最野蛮、不开化阶段丧葬礼的发展，指出为了满足人们的心理需求，必须举行丧葬礼。

既然社会文明向更高阶段发展，那么，人类对丧葬礼的需求也随之更加复杂，于是，孔子的丧葬制度产生了。如果只是简单地掩埋父母的遗体，而不是以慷慨、美观的方式埋葬双亲，那会使人感 278
到遗憾，此即为人性需要的特点。孟子埋葬了他的母亲后，孟子的弟子充虞，认为棺木似乎太好而请教于孟子，孟子回答说：

> 古者棺椁无度，中古棺七寸，椁称之。自天子达于庶人，非直为观美也，然后尽于人心。不得，不可以为悦。无财，不可以为悦。得之，为有财。古之人皆用之，吾何为独不然。且比化者，无使土亲肤，于人心独无恔乎？吾闻之，君子不以天下俭其亲。③（《孟子·公孙丑下》）

---

① 《中国经典》，第一卷，第 349 页。

② 《中国经典》，第二卷，第 259—260 页。

③ 同上书，第 221—222 页。

孟子又说："养生丧死无憾，王道之始也。"①(《孟子·梁惠王上》)换句话说，民众的理财环境是一个好政府的首要目标，因而必须满足这样的理财环境。但我们应该明白的是，孔子将赡养生者与安葬死者放在同一级别上，作为理财活动中不可或缺的两个方面。

279 伦理、审美、社会交往以及理财原因，此四方面原因解释了孔子缘何制订丧葬仪式。但是，我们也许会问这样的问题——孔子是否如此迷信，以至于相信人死后真正有知或具有力量。关于该问题，回答必定是否定的。因这涉及如此重要的观点，故而必须直接引用孔子的话，孔子说："之死而致死之，不仁而不可为也。之死而致生之，不知而不可为也。是故竹不成用，瓦不成味，木不成斫，琴瑟张而不平，竽笙备而不和，有钟磬而无簨虡，其曰明器，神明之也。"②

据此我们了解到，为了避免无智或无情，孔子视死者为介于生与死之间的存在；孔子另有一极其引人注目的表述，当子贡求教孔子"死人有知无知"时，孔子回答说："吾欲言死者有知也，恐孝子顺孙妨生以送死也；欲言无知，恐不孝子孙弃不葬也。赐欲知死人有
280 知将无知也？死徐自知之，犹未晚也！"③

孔子不仅以规则管理丧葬礼，而且也以规章管理对理财活动具有重要性的丧期。除了对为父母服丧进行探讨之外，我们将不探究服丧的任何细节。在古代，为父母服丧仅一年，孔子将其增加一倍，因此，为父母服丧的实际时间为二十四个月，但在名义上谓

① 《中国经典》，第二卷，第131页。

② 《礼记》，第二篇，第148页。

③ 《说苑》，卷十八；参见《中国经典》，第一卷，第99页。

之为“三年守孝”。在为父母服丧期间，人子不能饮酒，不能食肉，也不能和妻子同房。孔子说：“夫君子之居丧，食旨不甘，闻乐不乐，居处不安，故不为也。”[1]（《论语·阳货》）孟子说：“三年之丧，齐疏之服，饘粥之食，自天子达于庶人，三代共之。”[2]（《孟子·滕文公上》）此为人子回报父母的抚养恩惠。于此，孔子解释说：“子生三年，然后免于父母之怀。夫三年之丧，天下之达丧也。”[3]（《礼记·三年问》）

葬礼与丧礼乃孔子之教义，当孔子及其弟子宣扬孝顺之道时，葬礼与丧礼被用作使人们皈依的手段。但是，反对孔教者视丧葬礼为孔教最薄弱点而进行攻击，而墨翟则属其中主要的攻击者。墨翟是孔子的学生，但是，由于墨翟不满意葬礼与丧礼，因此，墨翟建立了新学派以反对他以前的老师。孔教与墨家在丧葬礼上形成二者间的基本区别。但为什么墨翟在丧葬礼上的主张与孔子不同 281
呢？墨翟的论点完全建立在理财根据上。因为我们在探讨孔子的理财之道，为了更好地理解孔教，我们将继续谈到墨翟关于丧葬礼的论证。

墨翟反对孔教的丧葬礼的理财论据有二。首先，孔教设置的丧葬礼不能增加财富；其二，也不能繁衍增加人口。经过支出昂贵的丧葬礼后，太多的财富因此被埋葬了，而且，人们长时间地履行丧礼，长期被禁止就业、生产，丧葬礼耗尽了已有的、过去积累起来的财富，又长时间地妨碍未来财富的生产，此违反了增加财富的规律。在为不同亲属服丧的各个不同时期，人们损坏了身体，“作疾

① 《中国经典》，第一卷，第328页。
② 《中国经典》，第二卷，第236页。
③ 《中国经典》，第一卷，第328页。

病死者,不可胜计”,此外,丧礼在很大程度上“败男女之交多矣”,这违背了繁衍人口的原则。因此,墨翟设置了如下的丧葬制度:在冬季,死者穿冬季的衣服,在夏季,死者穿夏天的衣服;但衣衾只须三件,棺材厚约三寸,丧期仅有三月。一旦死者入土,活着的人必须立刻回到财富生产上去。①

墨翟以理财论点作为抨击孔子的关键点,然而,在理财论据上,墨翟仍然被击败了。墨翟太关心生产,而极大地忽视消费,因此,在事实上,墨翟牺牲了财富的目的,而此点为孔教与墨家之间取得决定性效果的争论。在墨翟牺牲财富的目的这点上,庄子对墨家也做了最尖锐的批评。庄子说:“其生也勤,其死也薄。其道
282 大觳,使人忧,使人悲;其行难为也,恐其不可以为圣人之道。反天下之心,天下不堪。墨子虽独能任,奈天下何?离于天下,其去王也远矣。”②

从庄子的评价中,我们不必对墨翟失去了影响而孔子成为素王的原因感到惊奇,这完全是理财原因使然,是因为孔子满足了人的需要,而墨翟没有。

但是,我们绝对不能因此误以为孔子所制订的丧葬礼开支昂贵。事实上,孔子依然使用消费应该根据财富的原则,孔子的社会制度建立在美德的标准上,那些具有崇高德行的人居社会的高位,并获得更多的财富,因此,他们应该有更好的丧葬礼。此外,孔子是他所在时代真正的丧葬制度的改革者。在周朝,人们生活奢侈,过度支出葬礼费用,甚至埋葬活人为死者殉葬,而当孔子用一定的

① 《墨子》,第二十五篇。

② 《东方圣书》,第四十卷,第219页。

标准为不同的社会阶层制订了葬礼的规章而各社会阶层的葬礼不能越出孔子所设置之标准后，情况随之变得好起来了。根据孔子的规定，为死者用的全部物品必须完全异于活人所用的物品。比如，泥做的车、草做的人，这些只是表现了精神上的构想，而并不具有太多的经济价值。孔子甚至强烈谴责制作人俑与死者一起埋葬，那么孔子如何能赞成真正支出昂贵的葬礼呢？[①] 因此，乃至为 283
了谴责一位王的厚葬，孔子在《春秋》中记载了周桓王的葬礼。[②]

孔子正是为“三年之丧”应用了同样的原则，即不因为是君子而延长丧期，也不因为地位卑微者而缩短丧期。所有的丧葬仪式均以中庸为基础，这样的仪式因此满足了人的需要。

Ⅲ　祖先崇拜

其三，我们将探讨用于祖先崇拜的支出。祖先崇拜也是孔子宗教中最重要的一点，因此，我们必须从根本上对其进行研究。依孔子所论，社会各阶层——上自天子、下至庶民，都应该崇拜祖先。

祭祀祖宗意味着增加支出。首先，必须修建宗庙，宗庙必须好于或者至少与住宅一样，“君子将营宫室，宗庙为先……居室为后”（《礼记·曲礼下》）。尽管庶民没有权力建宗庙，但他们必须“祭于寝”，这必定花费他们若干财物；其次，必须有祭服，那些有田地俸禄的官员，要及时地制作祭服，“虽寒，不衣祭服”；第三，必须制作祭器。尽管那些无田地俸禄的庶民不能制作祭器，

① 《礼记》，第二篇，第 173 页。
② 庄公三年。

但官员家庭必须首先制作祭器，之后制造饮食用具。“君子虽贫，不粥祭器”①；第四，必须有祭品。当天子呈献祭品时，“水草之
284 菹，陆产之醢，小物备矣。三牲之俎，八簋之实，美物备矣。昆虫之异，草木之实，阴阳之物备矣。凡天之所生，地之所长，苟可以荐者，莫不咸在，示尽物也”②。甚至在庶民的祭物中，我们看到了庶民随四季之分而呈献不同的祭物。③ 因此，祭祀祖先必定增加活着的人的开支。

接下来，我们将对孔子赞成祖先崇拜的原因进行探讨。祖先崇拜乃孔教的根本依据。孔子虽然宣称一位至高无上的上帝，但是，他也有一位与上帝并重者，那就是人之祖先。因此，孔子的宗教体系为二元论，上帝是众人之父，没有上帝，人将失去天命之性；但是，我们也有一位具体的祖先，没有祖先，我们依然不能有生命。如果上帝是我们惟一的父亲，那么，我们可能会诞生成为其他任何形式的生命——人将为物，而不必其为人身。如果我们只有具体的祖先，我们可能失去最好的自然要素，并且不具有精神生活，因此，孔子承认上帝与祖先，再加上一位母亲，这样构成了孔教三位一体的教义。如果我们不考虑众人之父（上帝），那么，我们太狭隘、偏私、不仁，并违反爱的原则；而如果我们不考虑具体的祖先，那么，我们在家庭关系上将太不牢固，太无私心，并对自己的父亲
285 不尽职责，这违反了智的原则。因为孔子的心智健全是仁与智，所以孔子结合仁智之道，然后建立了孔子的二元宗教。

孔子说：“郊社之礼，所以事上帝也。宗庙之礼，所以祀乎其先

① 《礼记》，第一篇，第103—104页。

② 《礼记》，第二十二篇，第238页。

③ 参见上文，第260—261页。

也。明乎郊社之礼，禘尝之义，治国其如示诸掌乎！”①(《中庸》)

以上引文中，孔子指出在不同场合进行敬奉上帝与崇拜祖先具有同样的重要性，但是，孔子又在另一陈述中指出，祖先崇拜与敬奉上帝可以在同样场合中进行。孔子说：

> 天地之性，人为贵。人之行，莫大于孝。孝莫大于严父，严父莫大于配天，则周公其人也！昔者，周公郊祀后稷以配天，宗祀文王于明堂以配上帝。② (《孝经·圣治》)

诚然，只要我们没有抵达“大同世”阶段，家庭关系的纽带就存在，祖先崇拜就极为合理。

这里出现的问题是：孔子是否相信祖先与天(上帝)真正平等呢？答案绝对是否定的。祖先与上帝并重，这只不过是子孙后代给予其祖先的最高荣誉。因为这只是一种社会荣誉。孔子使皇帝 286
为惟一有权祭天的人，否则，既然孔子承认人人均为天的儿子，那么，缘何不允许人人祭天呢？缘何不允许人人使自己的父亲与天平等呢？在孔子的社会制度里，皇帝是主要的人物，而在孔子的道德体系里，孝顺是主要的美德；因此，皇帝的父亲或者祖宗能享受最大的荣誉，皇帝祭祀他，是向他的国家展示孝行的实践，此外，配享上帝的祖先必定为其所在朝代最著名的人物，而具有这样身份的祖先人数绝不能超过两人，而当其中一位配享上帝时，那么，另一位必须分开，只能有一位配享；因此，我们肯定孔子不会把祖先

① 《中国经典》，第一卷，第404页。
② 《东方圣书》，第三卷，第476—477页。

视为上帝。

那么,孔子相信灵魂的存在吗？是的,孔子相信灵魂的存在。祖先崇拜所直接对准的目标就是灵魂。一旦死者被埋葬入土,那么,他的灵魂立刻被安置回家,并被记录在牌位上,孔子说:“体魄则降,知气在上。”①孔子接着说:“骨肉毙于下,阴为野土。其气发扬于上,为昭明。”②《礼记》上也说:“魂气归于天,形魄归于地。”③

然而,孔子却没有证明灵魂的存在。《礼记》上说:“腥,肆,爓,
287 腍祭,岂知神之所飨也？主人自尽其敬而已矣。”④在《礼记》上,还有许多类似的文字论述。⑤ 事实上,孔子的思想不仅是宗教的,也是科学的;因此,根据孔子的思想,人的灵魂是不可知的精神。

但是,如果灵魂是不可知的,那么,缘何孔子使敬奉祖先成为必须呢？这完全是出于伦理方面的缘故。正如我们已说到的一样,孝道是孔子道德体系的主要美德,那么,在双亲去世以后,人子应该停止遵循如此重要的原则吗？当然不应该。而正是由于祖先崇拜,使对父母的赡养得以继续与加强,以及使对父母的孝道持续永存。⑥ 孔子说:“事死如事生,事亡如事存,孝之至也。”⑦(《中庸》)因此,祖先崇拜专为美德而设,而崇拜者并不追求任何个人自己的利益。⑧ 这是孔教最高尚的特征。

---

① 《礼记》,第七篇,第369页。
② 《礼记》,第二十一篇,第220页。
③ 《礼记》,第九篇,第444页。
④ 同上书,第446页。
⑤ 《礼记》,第二篇,第169、177页。
⑥ 《礼记》,第二十二篇,第237页。
⑦ 《中国经典》,第一卷,第403页。
⑧ 《礼记》,第二十二篇,第237页。

中国已经采用孔教作为国教，因此，人人均必须遵守孝道。根据《大清律例》条例，凡佛教徒与道教徒均须在双亲面前下跪、敬奉其祖先与遵循丧礼。如果佛教徒与道教徒不遵守《大清律例》的这条法律，他们将受到杖刑一百的惩罚，并被赶出寺庙、驱逐回家。[①]这显示出中国人独特的特征。尽管中国人允许任何人享有完全的 288
信仰自由，但是，他们迫使个人履行社会与伦理职责。因此，根据中国人的观点，祖先崇拜不是西方世界所认为的宗教仪式，而只是社会与伦理职责。

总之，对于葬礼、丧礼，以及祖先崇拜，尽管中国人必须改变若干细节，但中国人不仅要遵循孔子的教义，而且，还要比孔子的教义走得更远。

Ⅳ　社会交往

第四，我们将考察用于社会交往的支出，也就是见面礼，根据孔子所规定的社交礼节，某人初次拜访另一人，他必须带上礼物，以表达对受访者的尊敬与慰问。当封建诸侯朝见天子或者诸侯之间相互拜访时；当某人初次为官或者第一次获得晋升，首次拜访其君主或上级或同事时；当官员拜见刚来访的外国王侯时；当男孩第一次拜见老师时；当女子第一次拜见公婆或第一次拜见公主与王后时，更确切地，所有人凡第一次拜访上级或者同级，必须带上礼物。但是，上级第一次见下级不必赠送礼物。

用于见面礼的礼品是循例规定了的，礼品根据访问者的社会

① 《大清律例》，卷十七。

地位而有所区别,并具有涉及个人声望的典型意义。天子的见面礼为鬯,贵为天子,以至于不会成为诸侯的客人,但当天子视察诸
289 侯的国家时,为了展示天子到来的仪式,天子在诸侯宗庙里用此酒祭祀。而诸侯的见面礼则为代表诸侯王的圭,卿用羊,大夫用雁,羊与雁都是活的。士人用死野鸡,在夏季,为了避免死野鸡的气味,将野鸡制干。庶人用鸭。男孩用十块干肉。妇女的见面礼完全不同于男子,各阶层的妇女,其见面礼均用枳椇、榛、脯、脩、枣,以及栗子,这些是贯穿所有阶层的礼物。野外的军队,如果没有规定中的见面礼,可以用马缨、射箭时束袖的臂套或箭。以上述实例作判断,在某些地方,如果不能获得规定中的见面礼,可以用任何合适的物品作为见面礼。①

这些见面礼仅仅表现了客人的尊敬之情,主人不能自己享用见面礼。当诸侯朝见天子或者诸侯互相拜访时,作为见面礼的各式各样的玉立刻返还给对方。当下级拜见上级,上级会推辞下级作为见面礼的各种礼物,或者在拜见结束后,返还见面礼。如果同级之间互相邀请,当主人在同一天或者在另一天回访时,主人归还客人的见面礼,只有诸侯能收下其官员的见面礼而不归还,但诸侯会为此宴请官员。在所有同级的访问中,只要正式会面一结束,宾客就会被邀请与主人一起进餐②。

只要初次访问的见面礼是必须的,不论见面礼是否归还,都是
290 必须的支出。(初次见面)赠送见面礼,这样的礼节使社会生活和谐、有礼貌,但见面礼需要花费钱财。至于社交开支,在不同的场

① 《礼记》,第一篇,第119页。

② 《礼记》,第七篇。

合，存在若干表示友谊的各类礼物，但我们不必去探究它们，因为这些礼物并非必须，其开支也并非必须。

今天，初次访问携带见面礼的风俗已经被改变了形式或改变了名称，几乎被废止了。赠送见面礼的风俗，仅在学生群体里留下惟一的痕迹。当学生第一次上学，他必须拿出一些东西，通常以钱的形式，至少在第一年，或者在每年的开端，作为拜见他的老师或者老师们的见面礼。最近，由于现代模式的学校建立起来了，一些学校废止了赠送老师见面礼的习俗，而在其余学校继续存在。其区别是当有人被视为某私塾老师的私人弟子时，他需要带见面礼，但当学校替代了私塾老师后，学生就没有赠送老师见面礼的义务了。就这一风俗而论，中国处于转型期中。291

部丙　生产

第五篇　生产要素 293

17　生产之三要素

关于财富生产之三要素，我们从《大学》中选用以下段落：

> 是故君子先慎乎德。有德此有人，有人此有土，有土此有财，有财此有用。德者，本也；财者，末也。①

以上原则最初适用于统治者。如果一位统治者具备美德，他就能统治人，拥有土地，积聚财富，此处财富之意为资本，以及具有使用价值的若干物品。但是，上述引文表达的原则也通常适用于每个人。例如，以商人为例，首先，他必须具有在广泛意义上的某些美德，或者身体上、智力上，或者道德上。假如竞争完全自由，那么，他获得的财富与其所具有的美德成正比。假如他根本不具备美德，或者在某些方面，如果他没有成功地展示他的美德（比如具有工作能力，但根本不做），那么，他将成为一位遗弃者，他也不能

① 《中国经典》，第一卷，第375页。

独力挣得任何财富。社会上绝对不存在这种人，假如真有这种人存在，他也未必能长久地生存。流浪者、寄生虫与小偷，尽管他们
294 均为品性不端之人，但他们仍然具备某些挣得财富的特殊德行。因此，德行是根本，财富只是德行的结果。

因而，根据《大学》所论，生产要素有三：其一，具有某种德行的人；其二，拥有土地；其三，资本。此三要素均属生产范畴。然后，“使用”一词出现，消费开始了。

将生产要素划分为三，这是普遍的理财原则。在未开化时代，此原则甚至可以应用于个人。首先，他自己必须是人；其二，他必须依靠某类土地为生，或者为捕鱼之泽，或者为狩猎之地；其三，他必须具备资本以有助于捕鱼与狩猎。在原始生活时期，资本必定从属于土地，因为人在不具有资本的前提下能够生存，但是，如果没有土地，人就无以存活。在社会生活中，土地只是资本的一部分，如果人没有土地，但可以有若干其余的生产资料，因此，在社会生活中，仅存在两大因素——人与生产资料。但是，到了孔子生活的时期，情况发生了变化。在井田制下，每人均获得一份土地，否则，他可能没有其余任何生产资料或仅有极其少量的生产资料。因此，土地乃一独立因素，并在所有生产资料中扮演着最重要的角色。此外，在动态经济学中，土地与人造商品之间的区别变得突出，因为土地不会被制造，也不易腐坏。因此，《大学》分别探讨此三要素是正确的。

假如以国家为一理财单元，该原则就更加正确了。国家财富的第一要素就是人，第二是土地，第三是资本。无人区域绝不会形
295 成国家，除非该土地属于人。那些仅据有易腐坏的生产资料的人群，绝对不能形成国家，除非他们拥有土地；存在这样的人们，他们

具备人、土地、资本三要素，但却没有国家。但是，绝对没有这样的国家存在，既没有人、没有土地，也没有资本。

根据《大学》生产三要素的顺序，我们首先讨论人的因素，然后是自然。换言之，我们将人的因素放在土地之前。的确，土地不是人制造的，甚至先于人而存在。但是，同样也如此，只因人获得土地，土地才对人有用，否则，全世界只是茫茫一片的荒野。因此，理财学不是自然科学，但却是人文科学。我们应该首先关注人。此外，人类力量不断获得发展，因此，自然受人类支配。所有的自然力仅为机器，帮助生产财富，因此，自然界真正的统治者是人。正因为如此，我们将在讨论土地之前讨论人。

《大学》生产三要素顺序对中国人产生了特殊的理财影响。为什么中国拥有如此多的人口？为什么中国人愿意生育甚至超出其财富支撑能力更多的孩子？为什么中国士人从来没有思考诸如限制人口的问题？其原因就在于《大学》论述了人是生产的首要因素。根据此原则，土地与资本，二者紧随人之后，此原则为全体中国人所熟知。中国人有句谚语"钱由人挣"，在中国人的祝贺语中，首先是"添丁"，其次是"积财"。当新年来临时，人们写或说的新年贺语是"人财两旺。"无论是家庭、社区，还是整个国家，中国人都极其乐意有更多的成员，这不仅为了社会的熙熙和乐，也为了理财生产，因为中国人认为人是生产财富的首要因素，而之所以形成这样的认知，毫无疑问是受到《大学》的影响。亨利·乔治说："导致 296
人口增长的不是食物的增加；但人口的增长则会使食物增加。有更多的食物，只是因为有更多的人。"①这是中国人共有的思想。而

① 《进步与贫困》，第97页。

且，将人置于土地与资本之前，《大学》正好有着同样的理论。

在《通典》的第一部分，也正是在政治经济话题的开端，杜佑（孔子纪元1363年，或公元812年）列举了生产三因素。他说：“谷者，人之司命也；地者，谷之所生也；人者，君之所治也。有其谷则国用备，辨其地则人食足，察其人则徭役均。知此三者，谓之治政。”

尽管杜佑站在统治者的立场上进行论述，但他所描述的粮食、土地与人三方面内容，对所有理财活动而言却又是共同的。“谷”一词为资本的主要代表，我们将在以后对此进行讨论；而术语“地”与“人”无需解释。因此，也根据杜佑的论述，生产要素有三，即资本、土地与人，杜佑的三要素排序正好与《大学》相反，但二者在本质上是一样的，因杜佑以层进的顺序论说了生产三要素，而《大学》
297 正好相反。

18　人口

Ⅰ　劳动—人口

1. 人口的重要性

既然人为生产的首要因素，因此，我们首先从集体意义上讨论人，那就是人口。《论语》告诉我们“式负版者”①。这显示了孔子

① 《中国经典》，第一卷，第236页。

重视国家图籍。于此，朱熹注说：“……重民数也。人惟万物之灵，而王者之所天也，故周礼‘献民数于王，王拜受之’。况其下者，敢不敬乎？”（《论语集注》卷五）以孔子为例，我们看到，中国人总是认为人口是国有资产的首要因素。

在《周礼》里，有若干关于人口的段落，我们从中仅选择一小部
分。小司徒的职责为：“掌建邦之教法，以稽国中及四郊都鄙之夫 298
家九比之数，以辨其贵贱、老幼、废疾，凡征役之施舍，与其祭祀、饮食、丧纪之禁令。乃颁比法于六乡之大夫，使各登其乡之众寡、六畜、车辇，辨其物，以岁时入其数，以施政教，行征令。及三年则大比。大比则受邦国之比要。”①

“司民掌登万民之数，自生齿以上皆书于版，辨其国中与其都鄙及郊野，异其男女，岁登下其死生。及三年大比，以万民之数诏司寇。司寇及孟冬祀司民之日，献其数于王，王拜受之，登于天府。内史、司会、冢宰贰之，以赞王治。”②

根据《周礼》记载，曾有一次男女性别比例分布状态的人口统
计比较，为了便于人口统计研究，我们以表格形式介绍如下：③ 299

州	男性	女性
扬州	2	5
荆州	1	2
豫州	2	3
青州	2	3
兖州	2	3

① 《周礼》，卷十一。
② 《周礼》，卷三十五。
③ 《周礼》，卷三十三。

续表

雍州	3	2
幽州	1	3
冀州	5	3
并州	2	3

尽管表格中的数字可能与真实情况有所出入，但表格也显示了多数州的女性人数多于男性人数，于此，我们了解到女性优势不仅存在于现代，在古代就存在了，这一现象非常有趣。而之所以如此，或许因为首先是男性感到劳动艰苦与精神紧张。

从《周礼》所记，我们发现天子是多么仔细地获悉人口数的多少，统计描述的不仅仅是人口，同时，也是各种各样的生产资料。换言之，政府的权力已经触及到真实的民众生活的方方面面。但是，这并不意味着专制，而是民主，因为行使政府权力的就是民众自己。在周朝，在封建制度下的政治区域小，而且相对独立，君主世袭权力，因此，统治阶层与其臣民间彼此非常了解熟悉，易于管理。然而，自秦朝（孔子纪元 331 年，或公元前 221 年）开始，在绝对君主政体下，中央政府直接控制整个帝国，地方
300 官只是临时官员，因此，官吏与民众之间陌生，管理必然效率低下。因此，中国甚至没获得精确的人口统计数，因为政府已经远离民众。①

徐干（死于孔子纪元 768 年，或公元 217 年）总结了人口研究的重要性，指出："夫治平在庶功兴，庶功兴在事役均，事役均在民数周，民数周为国之本也。……人数者，庶事之所自出也，莫不取

① 参见下文，第 333—336 页。

正焉。以分田里，以令贡赋，以造器用，以制禄食，以起田役，以作军旅，国以建典，家以立度，五礼用修，九刑用措，其唯审人数乎？”①

简而言之，人口乃社会、政治经济调整的根据。

Ⅱ　人口法则

1. 人口与土地

与人口政策有关，（民众的）安居工程为首要之事。根据《礼 301
记·王制》规定，掌管工程营建的司空，使用不同的器具度量土地使民居住，他辨别地理形势，比如山川、沼泽地带；而且观察四季温度。② 简而言之，首要原则是必须根据自然环境对人口进行调节，这是原则之一。

第二，人口的稠密度必须与土地的范围协调一致，《王制》上说，“凡居民，量地以制邑，度地以居民。地、邑、民、居，必参相得也。无旷土，无游民”③。

但是，我们不应遗漏最为重要的支配上述两原则的关键点，即政府对人口的控制。既然司空掌管民众的安居，那么，正是他，而不是民众自身，依照自然环境与土地状况对民众进行安置。虽然政府完全满足民众的需要，但是，在对民众进行安置方面，政府也要采取非常积极的措施，因此，对人口进行分布为政府的职责。

但是，政府的分布措施必须与民众的利益协调一致，且不应改

---

① ［元］马端临：《文献通考》，卷十二；马端临，元初著名学者，《文献通考》于孔子纪元1873年（公元1322年）出版。

② 《礼记》，第三篇，第228页。

③ 同上书，第230页。

302 变民众对环境的适应,孔子说:"故圣王所以顺:山者不使居川,不使渚者居中原,而弗敝也。"①有注者说,居住在山区的民众,感兴趣于打猎,居住在水渚的民众,感兴趣于捕鱼与盐业,居住在平原者,感兴趣于谷物种植,政府应该让他们各自生活在他们一直习惯的地方,而不应该改变他们的居住地与职业,并使其生存艰苦。如果民众失去了他们的职业,他们将陷入贫穷;而假如民众贫穷,他们将有越轨行为。因此,政府安置人口,必须与民众自身生活习性保持和谐。

人口分布必须与土地面积相适合的原则受到所有士人的支持。孔子纪元702年(公元151年),崔寔说,古代圣人分配耕地给每个人,土地与人口相称、成比例。而现在,一些郡地人口稠密,土地不足以支撑人口;而另一些郡地则呈现相反的境况,人口稀少,尽管土地适合种植谷物,但却未经开垦耕作。因此,政府应该采纳这样的政策——迁徙那些"不能自业"的贫苦民众到有大量土地的地方,这就是发展耕地、帮助民众的政策。② 崔寔的理论表达了中国人普遍的思想。

在南宋京城浙江杭州,京畿周围,人口过剩,因此,叶适(孔子纪元1701—1774年,或公元1150—1223年)建议,从人口过剩的
303 区域迁徙多余人口到人口不足的地方,他说:

> 为国之要,在于得民,民多则田垦而税增,役众而兵强。田垦税增,役众兵强。……有民必使之辟地,辟地则增税,故

① 《礼记》,第七篇,第392页。

② 《文献通考》,卷二。

> 其居则可以为役，出则可以为兵。而今也不然，使之穷居憔悴，无地以自业。其驽钝不才者，且为浮客，为佣力，其怀利强力者，则为商贾，为窃盗，苟得旦暮之食，而不能为家。丰年乐岁，市无贵粜，而民常患夫斗升之求无所从给。大抵得以税与役自通于官者不能三之一，有田者不自垦，而能垦者非其田，此其所以虽蕃炽昌衍，而其上不得而用之也。……田无所垦而税不得增，徒相聚搏取攘窃以为衣食，使其俗贪淫诈靡而无信义忠厚之行，则将尽弃而鱼肉之乎！

叶适的结论是迁移多余人口到人口不足之地，于是，“田益垦而税益增，其出可以为兵，其居可以为役，财不理而自富”。叶适认为这是国家政策中极其重要的部分。① 304

而值得注意的是，崔寔与叶适均重视农业胜于工业，尽管工商业城市能供养更多的人口，但二人认为城市中的贫者只是依赖他人者，故而其处境极端糟糕。因此，在崔寔与叶适的行文中，均使用了术语“自业者”，而作为他们提倡的目标，贫者有自己的职业，在生计上独立于富人，国家惟一能为之事即提供给贫者免税土地。然而贫者聚居之城市，土地不足，所以，除非迁移贫者至人口不足之地，否则，他们不可能拥有免税土地。因此，崔寔与叶适的理论是使贫者拥有能被称为他们自己的职业。换言之，崔寔与叶适打算使城市中依赖他人的劳动者变成独立的农民。如果他们看到今天的工厂制，他们会更加激烈地提倡他们的计划。

理财原则是上文提到的人口迁移政策的基础，我们已经完全

① 《文献通考》，卷十一。

忽略了以军事防御为基础的人口迁移政策，但是，我们需要介绍一
些古代人口迁移的细节。在孔子纪元383年（公元前169年）晁错
（死于孔子纪元398年）说："臣闻古之徙远方以实广虚也，相其阴
阳之和，尝其水泉之味，审其土地之宜，观其草木之饶，然后营邑立
城，制里割宅，通田作之道，正阡陌之界，先为筑室，家有一堂二内，
门户之闭，置器物焉，民至有所居，作有所用，此民所以轻去故乡，
305 而劝之新邑也。为置医巫，以救疾病，以修祭祀，男女有昏，生死相
恤，坟墓相从，种树畜长，室屋完安，此所以使民乐其处，而有长居
之心也。"①

通过引文描述，我们发现，政府是多么积极有力地迁移民众！这是一段极具价值的叙述，因为它提供了一些古代制度的细节。

自汉朝始，多次颁布实现了人口迁徙政策，我们选取以下例子，孔子纪元1921年（公元1370年），明太祖颁布政令，其内容如下：

> 苏松嘉湖杭②五郡，地狭民众，无田以耕，往往逐末利而食
> 不给。临濠③，朕故乡也，田多未辟，土有遗利，宜令五郡民无
> 田产者往临濠开种，就以所种田为己业，给资粮牛种，复三年。
> 306 验其丁力，计亩给之，毋许兼并。④

上述政令是关于人口迁移的一般规定。

---

① 《汉书》，卷四十九。

② 在甘肃省与浙江省。

③ 现在的安徽凤阳。

④ 《续文献通考》，卷二；《续文献通考》在皇帝高宗的指导下编辑，在孔子纪元2335年（公元1784年）出版。

在此,出现的问题是:政府为什么控制人口分布呢?在自由竞争的理论下,人口自身自然合宜地分布,但却存在若干制约竞争自由的条件,尤其在贫穷的民众之中。首先,依恋自己久居之地,此为人之常情,因此,他们不喜欢迁移;第二,他们不知道如何迁移,因为他们不知道什么地方适合他们、对他们有益;而且,存在若干障碍,譬如不同的方言、风俗习惯,以及气候,尤其是障碍重重的交通运输,这些客观存在的因素均阻碍他们迁移;第三,他们凭借自己的力量不能完成迁移,因此,由政府进行移民乃必须之事,这首先是对贫穷民众自身有益的政策,其次,对全国而言也是有利的。由政府进行移民对理财活动、对民众的道德、社会境况和其余若干事情均有好处。此外,政府进行的移民政策并非强制的,而是自发的,政府仅仅提供吸引力以鼓励民众迁移的信心,而非增加民众的恐惧强迫他们迁移。所以,政府调节人口是极其有益之事。

今天,中国的东部与南部人口稠密,而西部与北部人口稀少,中国应该从东部、南部迁移人口到北部与西部,不仅要迁移经济状
况贫穷之人,也要迁移富人,因为富人拥有资金;不仅要迁移体力 307
劳动者,也要迁移专业人员,因为专业人员具有更多的智力能力。为了使满洲、蒙古、新疆、西藏的人口与中国内地人口接近,这样一场重大的(人口迁移)运动必须由国家开展。修建铁路,增加政治区划,建立公共学校,无偿分配土地,建立工厂,以及发展各类工业——所有这些措施都将鼓励外来移民,并改善当地人的生活。国家提供给外来移民若干豁免与特别待遇,否则,民众将不愿意迁移。此外,为了汲取中国文明,以及在他们当地人中传播中国文明,国家将从这些地区挑选出最优秀的本地人到最重要的城市学习各方面知识,总而言之,中国应该为实现孔子的“大一统”思想而

统一全国。在中国内地与其余区域之间没有存在差异的任何理由，这已经成为今日中国公众的观点。

2. 人口与粮食

孔子自己说明了人口与粮食之间的关系，孔子说："所重：民、食。"①有注者说，民众是重要的，因为民乃国家之本；粮食是重要的，因为粮食乃民众的生命。因此，这已经成为中国人的谚语："国以民为本，民以食为天。"

人人都知道人口与粮食之间的关系，尤其在马尔萨斯的"人口论"提出后。根据马尔萨斯理论，如果人口的增长超过了一定比
308 例，或者人口的增长超出了国家农产品的收成，那么，人口的死亡率不久就会超过人口的出生率，除非有移民发生。② 因此，人口的增长依靠粮食的供应。关于不幸民众的痛苦，孟子表达了相似的看法。当孟子与梁惠王交谈时，孟子说到秦、楚的统治者"夺其民时，使不得耕耨以养其父母，父母冻饿，兄弟妻子离散"③(《孟子·梁惠王上》)。又有一次，当孟子与邹穆公交谈时，孟子说，在灾年、荒年，粮食歉收，年老体弱者在山沟荒野奄奄一息，年轻力壮者四散逃难。④ 由此可见，根据孟子的观点，当粮食不足时，对民众而言，出现两种情况——移民与饿死，而对人口而言，这两种情况无可置疑地阻碍人口增长。

为了调整人口与粮食之间的关系，孟子提出了重要的政治经济原则，并表现在保护自然资源、井田制、控制价格等方面，更确切

① 《中国经典》，第一卷，第351页。
② 马尔萨斯：《人口论》，第39—40页，Ashley's edition。
③ 《中国经典》，第二卷，第135—136页。
④ 同上书，第173页。

地说，在总体上增加财富，而不是特别增加粮食，因此，孟子如何能认同几乎不增加粮食而只是依照民众的情形分配粮食的折中措施呢？梁惠王曾对孟子说，当河内饥荒时，他将迁移尽可能多的民众到河东去，同时，把河东的粮食运到河内去；而当河东饥荒时，也采 309
取相应的措施。梁惠王极为自负地谈到这样的措施，但是，孟子对他的举措并不认同，原因是孟子认为，作为统治者，应该采纳使民众财富持久增加的根本原则，而不是采取暂时要么迁徙民众，要么转移粮食，并以之作为解决问题的重要措施。①

3. 人口与财富

支撑人口最重要的支柱既不是土地，也不是粮食，而是财富。如果我们拥有更多的财富，那么，我们要么可以更大面积地浅耕粗作，要么可以更精耕细作，要么粗放、集约二者兼之地利用土地，然后，我们可以生产更多的粮食。因此，人口与财富之间的关系为基本要点，而孔子早已认可了此原则。当孔子去卫国，诚如我们上文已经提到的②，孔子在马车里发表了对卫国的印象，孔子说："庶矣哉！"冉有请教孔子说，"既庶矣，又何加焉？"孔子回答说"富之"（《论语·子路》）。孔子在其回答中说明了这样的观点，即财富对人口而言最为重要。因此，一旦人口增多，首要事情就是增加财富。尽管孔子没有就如何使民众富裕提出详细措施，但是，孔子如此综合性的陈述涵盖了整个理财领域。当然，凡能使民众富裕起来，无论哪一种方式、哪一条途径，为了养育人口，都应该为我们所利用。

---

① 《中国经典》，第二卷，第129—132页。

② 参见上文，第94—95页。

孔子欣赏人口众多，因为人口众多显示国家繁荣，但是，孔子认为，当财富没有获得平均分配时，人口众多并非好事。孔子曾说
310 “不患寡而患不均”（《论语·季氏》）。如果民众享有平均的财富，那么，他们就将没有贫困，民众也将处于和谐的环境之中。而如果民众和谐相处，那么，他们的人口就会稠密。① 因此，不论人口数量是多还是少，财富在消除民众贫困与带给民众和谐方面均是最重的。尽管孔子并非一位纯粹的理财学家，然而，却是一位全面的改革家，他从分配的角度谈到民众的财富，而不是从生产的角度。但是，孔子的观点无疑非常正确，其原因在于，即使财富生产极其丰富，但如果财富不能在民众中平均分配，那么，人口在总体上将丧失和谐，并遭受贫困之苦。

《礼记·杂记》也指出了人口与财富之间的关系。首先，宽阔的领土必须足以养活相应的人口；第二，同样的人口数量必须具有相同的效率。“地有余而民不足，君子耻之；众寡均而倍焉，君子耻之”②。引文中“君子”一词，或者指统治者，或者指官员。而统治者（官员）首要之过，则来自于这样的事实——统治者（官员）不能使财富充裕，乃至于不能养活与土地范围相应的众多民众，而这样的过失导致民众离弃他的国土。因此，尽管他有绰绰有余的土地，但民众人数稀少，因为人口不仅仅依赖于土地，还依赖于财富。第二种情形，尽管他拥有与邻国同样稠密的民众人数，但是，邻国能取得比他加倍的功效。这意味着他有同样的人口数量，但却只能是邻国效率的一半。这指出了人口数量的多少与生产效率之间的

① 参见下文，第465页。

② 参见下文，第165页。

差异，纯粹拥有大量的人口是没有用的，除非大量的人口生产相应数量的产品。因此，假如广袤的领土不能养活大量的人口，大量的人口不能生产大量的产品，“君子”把这两种情况视为他的耻辱。311
简而言之，财富必须与人口一致。

Ⅲ　人口迁移

1. 自由迁移

潜在于人口问题之下的基本原则是人口的自由迁移，根据《春秋》的原则，有国土的分界线，但却没有人的分界线。此即意味着民众可能要么移居国外、要么从外国移入，而没有永久不变的居处。在这样的原则下，民众享有完全的迁移自由。当政府英明时，民众就移入，而当政府糟糕、腐败无能时，他们就移出，民众数量是政府政治环境与民众的理财环境的指数，并通过对人口数量的审查检验官员的功绩。

人口迁出的主要原因是理财，只要民众满足于他们的理财环境，甚至可能有某些其他不幸事情，他们也愿意留下来。当孔子途经泰山旁，看见一位妇女在墓前痛哭，孔子让子路去询问她，那位
妇女说：“昔者吾舅死于虎，吾夫又死焉，今吾子又死焉。”孔子说：312
“何为不去也？”妇人说：“无苛政。”然后，孔子对他的学生说：“小子识之，苛政猛于虎也。”[①]事实上，驱赶民众最坏的事情即是苛暴的政令，假如“苛政”借助繁重的税收影响到民众的理财活动时，尤其可怕。

---

① 《礼记》，第二篇，第190—191页。

另一方面，理财是民众移入的主要原因。根据晁错所论，民众“趋利如水走下，四方无择也”①。而民众的迁移，也如水一般。如果一地方的理财利益大于另一地方，如果没有阻止民众迁徙的障碍，民众将会从后者往前者迁移，因此，民众的移入与移出，二者均取决于理财原则。

2. 鼓励一般的民众移入

孔子将民众移入视作仁政的征候，因此，孔子提倡、鼓励民众移入。孔子说：“上好礼，则民莫敢不敬；上好义，则民莫敢不服；上好信，则民莫敢不用情。夫如是，则四方之民襁负其子而至矣。”②(《论语·子路》)

通过这样的方式，孔子说明了民众移入是善政之成效。当叶
313 公问政于孔子时，孔子回答说：“近者悦，远者来。”③(《论语·子路》)在此，孔子使远方民众移入、前来归附成为仁政的两目标之一，孔子又说：“故远人不服，则修文德以来之。既来之，则安之。”④(《论语·季氏》)因此，吸引移民来归乃孔子的教义，此意味着赢得民众的心，并用美德与文化来征服他们。

而就上述观点，孟子也论述了与孔子相似的观点，当孟子与齐宣王交谈时，说：“今王发政施仁，使天下仕者皆欲立于王之朝，耕者皆欲耕于王之野，商贾皆欲藏于王之市，行旅皆欲出于王之涂，天下之欲疾其君者皆欲赴愬于王。”⑤(《孟子·梁惠王下》)

---

① 《汉书》，卷二十四。

② 《中国经典》，第一卷，第265页。

③ 同上书，第269页。

④ 《中国经典》，第一卷，第308—309页。

⑤ 《中国经典》，第二卷，第146—147页，仁政意指井田制，参见下文，第501—506页。

事实上,孟子所论即为施行王政的情形,而这样的情形使国家成为全世界移民移入的中心,并以“发政施仁”而非诉诸武力征服全世界,这就是在孔教意识上的、真正意义的“王”或“皇”,这是与帝国主义形成对照的普世主义。[1]

为了鼓励外来移民,政府免除外来移民课税。例如,《王制》 314
即有这样一段描述:“将徙于诸侯,三月不从政;自诸侯来徙家,期不从政。”[2]孔颖达注说:“诸侯地宽役少,为人所欲,故惟三月不从政……以大夫役多地狭,欲令人贪之,故期不从政。”

自孔氏注中,我们得出以下两点:第一,它显示了人口迁徙自由。民众随其心意,可从大夫采邑迁徙到诸侯采邑,反之亦然。第二,它显示了政府对民众迁徙的真正鼓励,因为移民从所免徭役中获得若干实质性利益。

孔子关于人口迁徙的理论正好与欧美国家的实际情形相反。美国主要基于经济竞争而对外来移民进行限制与排斥,换言之,即劳动者想挣得更多的钱,而孔子关于外来移民的理论则建立在政治信条、道德规范与宗教信仰之上。事实上,孔子的理论倾向于创造世界帝国、世界宗教、世界观念、世界法律、世界关税、世界交通、世界语言、世界历法等等。所有这些概念汇总在一起构成一个术语——普世主义。孔子说:“有教无类。”[3](《论语·卫灵公》)从此
角度出发,为了实现普世主义,要鼓励移民。 315

中国在孔子思想的影响下,虽然并非完美,但确实在最大程度上实现了普世主义,幸运或是不幸,英国人发起的鸦片战争,打破

---

① 参见下文,第530—531页。

② 《礼记》,第三篇,第243页。

③ 参见《中国经典》,第一卷,第305页。

了中国的宁静，标志着中国历史上一段重要时期的来临。鸦片战争以前，中国是普世帝国，而她现在只是世界国家中之一员。自鸦片战争始，中国被迫签订不平等条约，引进了诸如“治外法权”、“势力范围”、“瓜分中国”、“门户开放”等术语。到中国的外国人，尽管并非所有的外国人，他们威胁中国国家主权、剥夺中国人的个人自由、触犯中国法律，在中国为所欲为。① 我们中国人，确实真诚地欢迎行为端正的外国人，但绝对没有中国人喜欢那些为所欲为的外国人。孔子普世主义理想远离现实、过于先进，因为普世主义并不适合还盛行非正义行为的世界。因此，中国被迫倒退至国家军事状态的更低阶段。但我们希望，在中国强大到足以维护和平、抵制任何外来干涉后，为了实现孔子的普世主义、依靠民族国家创造世界国家的目的，中国将全面、自主地向任何遵守中国司法管辖的外国人打开门户。

316 3．鼓励百工与商人移民

一般而言，尽管移民对移入国的理财活动产生极大影响，但实际上移民对移入国的影响远越出理财领域本身，因此，我们现在特别谈到外来移民问题，也就是说，工匠与商人的移入问题。当鲁哀公询问孔子关于为政之道时，孔子向鲁哀公提供了九条原则，在九条原则之中，第七条是勉励百工迁入；第八条是与外国人安好相处，前者清楚地提到了百工，而后者则尤其意指外商，尽管在通常意义上也包括所有的外国人。

① 由于受“治外法权”保护的外国人的出现，中国人不得不因此忍受若干侮辱与压迫，仅一典型实例就足以说明中国人忍受的侮辱与压迫。在上海公共租界入口，有一告示上写：“狗与华人不得入内。”这是完全由外侨代表组成的地方自治委员会张贴的命令。

孔子介绍了第七、八条原则的理想结果以及实施细节："来百工则财用足，柔远人则四方归之……日省月试，既禀称事，所以劝百工也。送往迎来，嘉善而矜不能，所以柔远人也。"（《中庸》）

简而言之，政府应该使国家成为工业与商业的中心，而为了实现此目标，国家必须鼓励外来移民移入。

尽管孔子重视农业，但是孔子在向鲁哀公提供的九条标准中，却没有考虑农业，仅提到工业与商业，而我们了解这点极其重要。为了说明其中原因，我们必须完整地阐明九条标准原则，其内容如下：（1）自己修德；（2）尊重贤人；（3）亲近亲者；（4）敬礼大臣；（5）体恤小臣；（6）爱民如子；（7）来百工；（8）柔远人；（9）安抚诸侯。 317
此九条原则乃政府完整的行动方案，并以统治者自身的个人品质为九条原则的开始，为此，与其亲近者必须为贤能之人，然后，他必须亲近亲者，善待所有的官员与民众，前六条原则完全应用于国内；而对国际关系，由余下的三条原则支配；除了作为外交原则的最后一条外，其余两条（第七、八条）均属于理财学范畴。我们极其有趣地发现，孔子通常认为理财活动不仅是国家现象，也是世界现象，而正因为孔子抱有这样的观点，因此，在九条原则中，前面六条，孔子没有涉及理财方面的内容，而直到第七、八条，孔子才提到理财方面的内容。也正是因为同样的原因，在《大学》的最末一章才提到理财问题，也就是说，理财活动，世界平等。①

现在，回到我们讨论的要点上来。就上述九条原则，除第七、八条而外，其余均没有涉及理财原则，而第七、八条也仅仅提到工业与商业，完全遗漏了农业，而之所以如此，可能有以下几方面原

① 参见上文，第139—142页。

因：首先，农业包含在工业与商业之中，因农业乃基础性产业，而工
318 业与商业是在农业基础之上的延伸性产业；其次，对于国际竞争而言，工业、商业比农业更可取；再其次，因为有百工的存在和四方民众的大迁移，这需要工业与商业支撑如此庞大的人口，而非农业。孔子或许已经考虑到了这三点，故而只提到工业与商业，而没有提到农业。

此外，还有一点，对于“柔远人”的结果，孔子仅提到了“四方之民而至”；但是，对于“来百工”的结果，孔子则极其清楚地指出“财用足”。因此，如果国家要实现财富充裕，那么，它必须诉诸工业。工业能独自地使财富充裕，而商业只能在既存的财富之上创造新的价格，从此角度论，我们可以说孔子了解工业资本的重要性。上述所提到的所有要点，均为孔子的理财原则。[①]

尽管中国还没有真正实现“来百工”的政策，但是，在美国、英国，已极其成功地贯彻了此政策。在爱德华三世、伊丽莎白统治时期，佛兰德工匠移入英国，对英国的工业给予了重要的推动力。自孔子纪元2371年或公元1820年始，佛兰德移民移入美国，对美国的发展也作出了贡献。如果没有外国移民，美国不会有今天这样的繁荣。而对中国而言，不幸的是，长期以来一直保持闭关锁国的政策，“来百工”的政策并未对中国产生明显的影响，当然，之所以
319 如此，也是中国周边国家的技艺大大低于中国使然。现在，由于技术的改进，中国真正需要大量熟练的工匠。然而，外国的政治干涉暂时形成障碍，阻塞了中国这方面的需求。但我们坚信，这样的障碍物不会持续太久，此原则会在将来取得巨大的胜利。

① 《中国经典》，第一卷，第408—411页。

4. 没有种族问题

根据《春秋》原则,国家的划分不是根据血缘,也不是根据地理位置,而是根据真实的文明——礼和义,国家或被称为文明国或未开化国。没有一个种族、一个国家能永久地拥有文明种族、文明国家的头衔,除非该民族、国家的行为是正义的。这就是孔子的原则。而正因为如此,在中国根本不存在种族问题。

然而,中国之所以不存在种族问题,不仅因为孔子的教义,也因为中国所处的地理位置。中国位于世界上最大的大陆上,有着巨大的山系与河流,她产生了伟大的民族,在中国根本不存在产生种族问题的机会。纵观中国历史,我们都会发现,中国接受了来自世界各地的任何宗教与任何民族,所谓的野蛮人不仅成为中国的普通民众,而且,也成了显赫的文武官员,还成为了诸侯。尽管我们缺乏关于中国早期历史的详尽知识,但自周朝至现在,中国确实一直不存在反对其他任何民族的种族歧视。

唐朝为中国没有种族问题提供了最好的例子。在孔子纪元1181年(公元630年),在突厥汗国被(唐朝)灭亡之后,除那些逃跑到西方去的突厥人外,向唐朝投降的人数大概有十万人。唐太宗命令其朝臣们讨论如何处理突厥人的问题,有些朝臣希望将这些突厥人驱出塞外,但大臣温彦博建议说:“王者之于万物,天覆地载,靡有所遗。今突厥穷来归我,奈何弃之而不受乎!孔子曰:‘有 320
教无类。’若救其死亡,授以生业,教之礼义,数年之后,悉为吾民。选其酋长,使入宿卫,畏威怀德,何后患之有!”(《资治通鉴·卷第一百九十三》)

唐太宗最终采纳了这个建议,并将突厥的领地划分成数郡,并“分立”突厥酋长以“领其部落”。当突厥首领归附唐朝朝廷,他们全被授予官职，任命为军事长官，并任职于朝廷，在唐中央政府任五品官以上的突厥人就达百余名，几乎占唐朝臣子数的一半。入居长安的突厥人近万余家①，这显示了中国民众多么宽阔的胸怀！甚至当突厥人被征服时，中国人立即给予突厥人平等的政治权利。中国人确实将野蛮民族放在与他们自己同等的地位上，并同化他们。

我们提出这样一个问题：在以前和现在，为什么西方世界有种族问题发生？这看起来似乎因地理区域（较中国）更狭小的缘故。欧洲并非一块真正的大陆，而只是亚洲的一个半岛，还存在若干地理上的分支，以及许多小的岛屿与半岛。这样的环境培养了欧洲人的地方性观念。在古代，除亚历山大与恺撒之外，希腊人与罗马
321 人仅知道城邦。甚至在柏拉图的《理想国》里，其理想也只是城邦国家，一切取决于战争。在现代，欧洲人的种族意识更加糟糕，这似乎是地理环境的产物。

现在，我们转向美国。美国是由贤能者在新大陆上建立的国家，美国人比欧洲人心胸开阔。但当一个国家立国稍久，旧有的真诚逐渐减弱，于是出现了排华法案（孔子纪元 2433 年，或公元 1882 年）。而种族歧视似乎并非来源于美洲大陆本身，而是来自于欧洲半岛，尤其来自欧洲的新移民。排华法案对世界而言，乃为一极端糟糕的示范，也是美国光荣历史上的严重污点，而自此角度论之，中国人优于美国人。

Ⅳ　与中国人口相关的条件

审视中国人口众多的原因，可从以下两点入手：其一，夫妻关

① 司马光著《资治通鉴》，卷一百九十三，孔子纪元 1635 年（公元 1084 年）出版。

系;其二,父子关系。换言之,我们可以根据中国的婚姻习俗与孝道教义解释中国人口众多的原因。

1. 婚姻

(a)婚姻的重要性

孔教与佛教、天主教之间存在较大差异。孔教绝不反对婚姻,孔子不仅把婚姻视为人类的快乐,而且也视为人类的责任。孟子说:“男女居室,人之大伦也。”①(《孟子·万章上》)而年老 322
的鳏夫与寡妇被归为最不幸的人。如果结婚太晚,人们认为这是不幸福的事。当孟子描绘文王的祖父——太王(死于孔子纪元前680年,公元前1231年)统治时期的社会生活时,说:“内无怨女,外无旷夫。”(《孟子·梁惠王下》)这意味着在适当的时间,人人都已成婚,而这样的理论极大影响着中国人口。在中国,除去在特殊境况下被迫出家为佛教徒的人而外,几乎没有不成婚的人。事实上,极少有人愿意保持独身生活,故而中国人口数量居世界首位。

(b)婚期

尽管孔子认为婚姻是必须的,但是,孔子却没有安排早婚,男子20岁加冠,这是婚姻的第一个仪式,而成婚则在30岁时;女子在30岁时行笄礼,而成婚则在20岁时。如果女子一直没有订婚,那么,她在20岁时戴发笄,在某些情况下,女子可以在23岁时结婚。② 在《礼记》与许多其余的书里,都介绍了这条关于婚姻的一般规则。婚姻的一般规则虽然使婚期很晚,但却不会抑制人口的增

① 《中国经典》,第二卷,第346页。

② 《礼记》,第十篇,第478—479页。

长,而只是为了身体发育与个人责任心作准备而已。《尚书大传》指出,女子可以在20岁结婚,因为在这个时候,她能够懂得所有的家庭责任与家庭事务,如若不然,她既不能侍奉公婆,也不能相夫教子。

323 在汉朝(孔子纪元491年,或公元前61年),王吉向天子荐言其婚姻理论,夫妇乃社会关系的主要形式,"人伦之大纲,夭寿之萌也。世俗嫁娶太早,未知为人父母之道而有子,是以教化不明而民多夭。聘妻送女亡节,则贫人不及,故不举子"①。王吉的理论,尽管未能依法得以执行,但却是中国人的普遍想法。

在讨论婚姻问题上有两要点:其一,为了增加民众的平均寿命,通过延缓结婚以提高民众的身体条件;其二,为了增加人口,鼓励穷人结婚。上述两点,于人口而言,不是控制,而是帮助与支持。在中国,人们极其重视仪式,人与人之间的社会关系非常密切,这使男女双方乃至于在最贫穷的民众中,用于婚姻的费用均极为昂贵。因此,为了使结婚变得容易,中国人通过改良风俗,总是设法减少婚姻用度。简而言之,人们通常认为男人或女人结婚比独身好,而且随着人口数量的增加,财富也随之增加。所以大体说来,
324 中国人结婚早于孔子所规定的日期。②

---

① 《汉书》,卷七十二。

② 在孔子时代,吴越两国是敌对的国家。吴国征服了越国(孔子纪元58年,或公元前494年),但吴国没有占领越国作为她自己的领土。和平来临后,越王制定了以下的政策:"令壮者无取老妇,令老者无取壮妻。女子十七不嫁,其父母有罪。丈夫二十不娶,其父母有罪。将免者以告,公(令)医守之。生丈夫,二壶酒,一犬;生女子,二壶酒,一豚。生三人,公与之母;生二人,公与之饩。……勾践载稻与脂于舟以行,国之孺子之游者,无不铺也,无不歠也……"这些都是越王为了军事目的而增加人口的政策,21年后,越王成功地征服了吴国,并占领了吴国。《国语》,卷二十。

(c)与异族通婚

在中国,有两种重要的风俗导致中国人口众多,风俗之一是与异族通婚;之二为一夫多妻。《左传》介绍了与异族通婚的原则:“男女同姓,其生不蕃。”①这是早于孔子86年前所揭示的生物学法则,但是,自周公时期(大约孔子纪元前564年,或公元前1115年)开始,该法则才付诸实践。《礼记》说:“百世而婚姻不通者,周道然也。”②这意味着在最遥远的、同一祖先的父系家族里,没有近亲结婚。所有的中国人一直遵守着(禁止近亲结婚)的原则。而从此原则出发,一方面,中国人已经扩大了他们自己的种族;另一方面,他们已经同化了所有其余的种族。大约在三千年前,中国就与今天的美国一样,出现了各民族间的大融合。

根据《春秋》原则,禁止男子与其母亲的亲属结婚,其原因与禁止男子与同宗族女子结婚一样,该原则也被应用于父亲姊妹的后代,在《大清律例》里,该原则在极为广泛的范围内被应用③。在这 325
样的背景下,异族通婚就具有两项重要的理由:一、在伦理方面,异族通婚促进了道德意识,阻止了人们与其亲属相爱;二、在生理学方面,异族通婚给夫妻自身带来了身体的改善,进而更多地生育后代,这就是对中国人口问题产生了巨大影响的第二点原因。

(d)一夫多妻

审视中国人口,也必须谈到一夫多妻制的实行。一夫多妻制,此为一古老的、仍未被废除的、但已经被孔子改革了的习俗。根据孔子的规定,天子可以娶十二位妻子,诸侯娶九位,大夫娶三位,士

① 《中国经典》,第五卷,第一部分,第187页。

② 《礼记》,第十四篇,第63页。

③ 《大清律例》,卷十。

人娶二位，庶人娶一位。一些权威人士认为，天子与诸侯皆仅允许娶九位妻子，因此，我们以诸侯婚姻为娶妻最多的例子。当诸侯从其他诸侯国娶回一位王后后，王后会带其妹妹与侄女一道，之后，另外两个诸侯国分别赠送一位陪伴给王后，这样，王后与其妹妹与侄女，再加上陪伴的妹妹与侄女，全部随行女性共有九位。

而之所以允许天子与诸侯娶九位妻子，其原因在于：天子与诸侯为天下国家主权之所在，其婚姻成功与否，至关重要。然尽管如此，如果天子、诸侯所娶之九位妻子，确实未能生育儿子，那么，他们将没有任何理由世袭任何更多的东西，在这点上，一旦其完婚，不允许再娶，不允许有第二次婚姻；天子与诸侯必须娶其他国家的女孩，所有这些规则均使他们更加尊重他人，并防止他们爱上其他妇女。王后的妹妹、侄女，尽管他们可能太年幼，但在王后结婚时也必须陪伴王后，然后回到自己的诸侯国，并一直到年满 20 岁才返回王后身边。那么，为什么王后和王后的陪伴要带上她们的妹妹与侄女呢？其原因可能是王后与其妹妹、侄女之间不存在嫉妒，当她们中任何一人生了儿子，其余三方都会感到同样快乐。那么，
326 为什么王后不带两个妹妹来取代侄女呢？那是因为侄女的身体条件可能与王后妹妹的身体条件不一样。那么，为什么诸侯国君会从三个不同的诸侯国中挑选女孩为妻呢？其目的是为了种族的多样化，以免同一诸侯国的女孩有着同样的血缘，以致根本不能生育儿子。简言之，所有这些细节使天子与诸侯国君有更多的把握生育儿子，从而满足他们在政治上的需要。

大夫可以娶三位妻子，而之所以如此，是向贤明、能干之人表示敬意，并延续大夫血脉的重要性。大夫以下的阶层，士人可以娶两位妻子，对于庶民，可娶一位妻子，庶民夫妻因此被称为“匹夫

匹妇”。

尽管孔子没有废除一夫多妻制，但他的确对一夫多妻制的婚姻习俗进行了改革。因为在当时，天子经常有一百二十一位女人，诸侯必不止九位妻子，大夫必不止三位妻子，士人必不止二位妻子，庶民必不止一位妻子，而孔子减少天子、诸侯、大夫、士人与庶民娶妻数量至一确定限度，而且，也不允许天子与诸侯第二次结婚。通过这些措施，孔子明显地制止了当时盛行的婚姻风俗。在孔子生活的年代，天子、诸侯、大夫皆世袭，因此，其家族的继嗣，系一至关重要的事情，再者，孔子本人认为家族的繁衍乃男子一项重要职责，所以，孔子不会也不能完全地废除一夫多妻制。

更确切地说，孔子没有废除一夫多妻制的原因，即是家族可以 327
通过一夫多妻的婚姻保持其血缘，这尤其适用于封建社会时期。但我们必须认识到孔子赞成一夫一妻制。尽管天子、诸侯、大夫、士人可以娶一位以上的妻子，然而，在他们所娶的女性中，仅有一位为妻子，其余女性均为妾——完全为了生育儿子的妾，而且，妾不能被称为妻子。因为对于父系家族而言，儿子如此重要，而一位妻子也许不能生育儿子，于是，妾获得了孔子认可。但尽管如此，孔子本人没有纳妾，虽然孔子有权娶两位妻子。据《易经》上记载，孔子说：“二女同居，其志不同行。”孔子又说：“二女同居，其志不相得。”①从孔子自己的实践，以及上述孔子所说的两段话，我们可以
肯定，孔子赞成一夫一妻制。的确，一夫多妻制适合于“据乱世”阶 328
段，而一夫一妻制则适合于“升平世”阶段。

事实上，中国人并没有遵循孔子关于婚姻的规定，尽管确实存

① 《易经》，第243、253页。

在自然因素的限制,但是,他们尽可能多纳妾。诚然,一夫多妻制是恶习,但此习俗仍然具有某些优点。从道德和社会观点论之,既然男子可以公开地纳妾,那么,他将不会去淫荡或非法通奸;而从理财的角度论之,纳妾可以从贫困的深渊中救济一些可怜的女孩,然而,其中最重要的方面是:实行一夫多妻制,在相当程度上增加了人口,此即我们要在此讨论一夫多妻制的原因。但是,中国很快可能由一夫多妻制变为一夫一妻制。

2. 孝悌之道

(a)延续家庭

世界上没有任何一个国家,其民族作为独特的种族悠久绵延能与中国匹敌。这归功于孔子,系孔子提倡孝悌之道使然。根据孝悌之道,家庭繁衍、绵绵不息乃男子的主要义务。孔子说:"父母生之,续莫大焉。"[1]因此,儿子必须延续父母血脉。孟子说:"不孝有三,无后为大。"[2](《孟子·离娄上》)其他两条不孝之事,根据赵岐(死于孔子纪元752年,或公元201年)所注为:其一,"谓阿意曲从,陷亲不义";其二,"家穷亲老,不为禄仕"。而"不娶无子,绝先祖祀",无后代为祖先扫墓、祭拜,此为最大的不孝。

简而言之,根据孔子的陈述,在总体上,父母对社会最大的贡献莫大于为社会生子,延续其种类。而根据孟子的论述,无后乃为人子对其列祖列宗的最大冒犯。因此,家庭的绵延不绝乃父子的主要义务。

我们已经从宗教与伦理角度讨论了孝悌之道,因此,我们在此

---

① 《东方圣书》,第三卷,第479页。

② 《中国经典》,第二卷,第313页。

仅着眼于孝悌之道对中国人口的影响。在孔子的影响下，为了生育儿子、传宗接代，人人都愿意结婚。为父母者视子女完婚为自己的义务，直到他们为女子举行了婚礼后，他们才会感到满意。在极其穷困的家庭中，朋友帮助他们的子女成婚，甚至成为了朋友的社 329
会责任。

如果有人结婚后没有生育儿子，他可以纳妾以指望生儿子，其妻子对丈夫纳妾也几乎持同意态度。而如果他已经没有指望生育儿子了，那么，他可以从他自己的家族或从别的家族里收养一子。甚至有时候，当他还未成婚就过早弃世时，其家属为了延续他的血脉，会为他收养一子。

(b)报答父母

延续家庭，是驱使中国人生育儿子最强烈的动机，同样，期望回报父母是另一驱使中国人生育儿子的因素，我们对该原则进行了讨论，故而无进一步解释之必要，在此，我们仅指出以上因素对中国人口所产生的巨大影响。与我们看到的一样，中国使赡养父母成为一成文法，父母通常获得儿子的赡养，尽管儿子未必很恭顺地赡养父母，但是，隐藏在赡养父母后面的风俗，有着极其强大的舆论。因此，儿子回报父母是普遍的期望。所以，当有人一旦没有儿子，他会把无后视为最大的不幸，而之所以如此，首先，他害怕绝嗣、家庭血脉中断、生生不息的生命之火永远熄灭；其二，在其年迈时，无望得到儿子的赡养；其三，甚至当其年迈不需要赡养时，他需要儿子作为快乐的对象，以及作为社会与宗教职责的履行者等原因。事实上，中国人对儿子的渴望，比其他任何民族都更强烈。

儿子对父母的回报可以分成两类：第一，物质上的报答。赡养父母乃为人子之义务，因此，父母要求儿子的职责与债权人向债务

330 人提出的要求一样，所以，教养孩子可以被当作为以后生活的防备。的确，养儿防老与保险政策、提供生病补助费、失业救济金、老年保险金、丧葬抚恤金等等，具有同等的意义。第二，非物质的报答，这可分成三方面内容。首先，在父母有生之年，儿子以荣誉回报父母，使父母受尊敬。曾子说："君子之所谓孝也者，国人称愿，然曰：'幸哉有子！'如此所谓孝也已。"①其次，在父母离世后，他可以使父母荣耀，孔子说："扬名于后世，以显父母，孝之终也。"②《礼记·内则》上说："父母虽没，将为善，思贻父母令名，必果；将为不善，思贻父母羞辱，必不果。"③

由于孔子把名声视为如此重要之事，因此，父母渴望从儿子处获得荣誉。在中国，无论儿子获得何种官衔，其父母在生前或死后均可享有儿子的称号，其祖父母、曾祖父母也享此殊荣。其三，儿子可以祭祀祖宗的形式向父母回报敬意。如此，我们看到，报答父
331 母的原则如何有助于促成中国庞大的人口。

V　人口的历史研究

汉语人口一词由两个词——"户"与"口"表达。"户"一词意味着家，而"口"则指人。但是，我们不喜欢将"户"一词翻译为术语"家"，因为中国曾经有"户税"，一种曾经使民众隐瞒其家庭成员的税，而且，"户"一词不能代表"家"。同样的原因，为了逃避"人头税"，民众隐瞒他们的人数，因此，"口"一词不能代表"人"。

---

① 《礼记》，第二十一篇，第226—227页。

② 参见上文，第112页。

③ 《礼记》，第十篇，第457页。

我们使用以前的术语“户”与“口”，以特定文字作为历史上中国人口的形象叙述，并提供用“户”与“口”的人口统计数字。尽管这些人口统计数据过于远离真实的数据，但它却是通往我们获得中国人口历史思想的惟一途径，因此，我们将以表格的形式，提供最重要历史时期的、最重要的人口统计数字，无论最大的还是最小的数据。借助该统计表格，我们能够对某些方面作出判断，这些方面不仅包括真实的人口情况，还有理财、社会与政治环境方面。 332

各历史时期的中国人口

孔子纪元	统治朝代的时期	户数	人口数	基督纪元
孔子纪元前1654年（大约）	夏禹		13,553,923	公元前2205年
孔子纪元前564年（大约）	周成王		13,714,923	公元前1115年
孔子纪元前132年（大约）	周庄王第13年		11,941,923	公元前683年
孔子纪元219年	周宣王第36年		30,000,000（大约）	公元前333年
孔子纪元352年	汉高帝第7年		5,000,000（大约）	公元前200年
孔子纪元553年	汉平帝第2年	12,233,062	59,594,978	公元2年
孔子纪元608年	汉光武帝末年	4,279,634	21,007,820	公元57年
孔子纪元707年	汉桓帝	16,070,906	50,066,856	公元156年
孔子纪元814年（大约）	三国时期	1,473,423	7,672,891	公元263年
孔子纪元831年	晋武帝	2,459,804	16,163,863	公元280年
孔子纪元1044年（大约）	南北朝时期	6,000,000（大约）	40,000,000（大约）	公元493年

续表

孔子纪元 1131 年（大约）	南北朝时期	4,090,000	11,009,604	公元 580 年
孔子纪元 1157 年	隋炀帝第 2 年	8,907,536	46,019,956	公元 606 年
孔子纪元 1178 年	唐太宗元年	3，000，000（少于）		公元 627 年
孔子纪元 1305 年	唐玄宗	9,619,254	52,909,309	公元 754 年
孔子纪元 1311 年	唐肃宗	1,933,134	16,990,386	公元 760 年
孔子纪元 1396 年	唐武宗第 5 年	4,955,151		公元 845 年
孔子纪元 1527 年	宋太祖末年	3,090,504		公元 976 年
孔子纪元 1653 年	宋徽宗第 2 年	20,019,050	43,820,769	公元 1102 年
孔子纪元 1711 年（大约）	宋高宗	11,375,733	19,229,008	公元 1160 年
孔子纪元 1744 年	宋光宗	12,302,873	27,845,085	公元 1193 年
孔子纪元 1774 年	宋宁宗	12,670,801	28,320,085	公元 1223 年
孔子纪元 1758 年	金章宗	7,684,438	45,816,079	公元 1207 年
孔子纪元 1758 年（大约）	宋朝与金朝	20,355,239	74,136,164	公元 1207 年
孔子纪元 1841 年	元世祖第 14 年	13,196,206	58,834,711	公元 1290 年
孔子纪元 1932 年	明太祖第 14 年	10,654,362	59,873,305	公元 1381 年
孔子纪元 1954 年	明成祖元年	11,415,829	66,598,337	公元 1403 年
孔子纪元 2172 年	明熹宗元年	9,825,426	51,655,459	公元 1621 年
孔子纪元 2212 年	清世祖第 18 年		21,068,609	公元 1661 年

续表

孔子纪元 2262 年	清圣祖第 50 年		24,621,334	公元 1711 年
孔子纪元 2300 年	清高宗第 14 年		177,495,039	公元 1749 年
孔子纪元 2334 年	清高宗第 48 年		284,033,755	公元 1783 年
孔子纪元 2393 年	清宣宗第 22 年		413,020,000	公元 1842 年

333

以上表格显示了贯穿所有朝代的中国人口规模，主要依据《三通考》①。《三通考》取材于历史，而历史的材料来自于官方报告。上述表格中引用的所有数字，除去孔子纪元 219 年与 352 年，这两年属估计数字以外，其余均取自于《三通考》。元朝末年，大约在孔子纪元 1918 年，尽管这是一重要的历史时期，但因为没有根据，所以，我们不能对元朝末年的人口统计数字作出估算。表格中引用的所有年代也来自于《三通考》，但是，少数几种情形的年代为不确定，我们已经标出“大约”二字，以简要说明这些年代可能不准确。表格中所有数字与年代都建立在非常详细的研究基础之上。

1. 表格的差错

表格所表达的内容不准确。

（1）夏禹统治时期，周成王统治时期，周庄王统治时期，此三时期存在不真实的人口记录，而仅是一位著名学者——黄甫谧（孔子纪元 766—833 年，或公元 215—282 年）的估计。

（2）表格中最值得信赖的数字是汉朝的人口统计数据。

① 它们是《文献通考》，卷十至卷十一，《续文献通考》，卷十二至卷十三，以及《皇朝文献通考》，卷三。

(3)三国时期,大约在孔子纪元814年,魏国与蜀国,两个国家仅有943,423户、5,372,891口。在晋武帝继承了兼并蜀国的魏国之后,他在孔子纪元831年征服了吴国,于是,被晋武帝征服、占领的户有530,000、口有2,300,000。在孔子纪元831年,这两组数字
334 的总额是1,473,423户、7,672,891口。那么,为什么晋武帝在同一年(孔子纪元831年)却拥有2,459,804户、16,163,863口呢?尽管从孔子纪元814年到孔子纪元831年间,第一次数字可能增加,但是,在间隔短短的17年时间,人口数额几乎不可能呈两倍增长,这似乎是历史学家的错误——以晋武帝统治末年(大约在孔子纪元840年)的人口数、作为晋武帝刚刚统一全国(孔子纪元831年)那一年的人口数而造成的错误。

(4)唐朝开始于孔子纪元1169年,在孔子纪元1305年,唐朝已经持续了137年。在那时,民众享受了长时期的繁荣时代,因此人口必定已经增加了。据杜佑说,天宝年间全国实际户数至少有一千三百万至一千四百万,但根据表格上的记载,在孔子纪元1305年,唐朝却仅只有9,619,254户。

(5)在西汉时期,每十户的平均人数不止48口;在东汉时期,每十户平均人数不止52口。但在宋朝,每十户平均人数仅有21口,绝不存在一户只有两人的任何理由。比如,在孔子纪元1774年,宋朝有户数12,670,801,仅有口数28,320,085。但是,在孔子纪元1758年,金朝的户数7,684,438,就有口数45,816,079。绝对没有理由宋朝拥有几乎两倍于金朝的户数,而口数却只约有金朝口数的一半多。根据表格记载,金朝的每户口数多于6口,假如我们采用最低比例,每户口数有5口,那么,宋朝应该有口数63,354,005,再加上合理估计的金朝口数,在孔子纪元1758年,中国至少有口

数 109,170,084。

(6)明朝的人口普查更糟糕,我们仅选取了明初与明末的人口统计数字,孔子纪元 1932 年革命战争刚结束以及孔子纪元 1954 年内战刚停止。假如在过去的时期里,人口数已经增加至与表格显 335
示的人口数一样的众多,那么,为什么在后来的和平时期,人口数却变小了呢？事实上,中国从来未能得到一次甚至是一次近似精确的人口普查,这样的状况一直持续至孔子纪元 2300 年。

2. 差错的原因

那么,为什么中国没有精确的人口统计呢？关于此问题,存在一合理的原因。中国存在一远离民众、不密切接触民众的君主制政府,民众不能很直接地享有政治利益,于是,民众设法逃避政府的税收。既然“户税”与“口税”完全依靠人口数,因此,为了躲避税收,民众不得不隐瞒其人口数,于是没有人了解真正的人口数。在汉朝,“户税”与“口税”都非常轻,以致汉朝的人口数更加值得信赖。在此之后,“户税”与“口税”变得更重,故而人口数变得更少。然而,为了征收全部人口数的税收,政府为什么没有使用武力呢？这是因为政府受孔教之影响。孔子的教义,诸如“爱民”、“轻徭薄赋”以及“仁政”,为所有官员所熟知。因此,中国政府通常不敢将专制力量直接诉诸民众。所以,假如民众想隐藏某事,政府不能查明真相,因为政府没有控制民众的实际生活。此外,中国政府的高级官吏有某些深远的想法,举例来说,当马人望①进行人口统计时,他用了不到二十天的时间就完成了,有人对此很惊讶,并询问他,他回答说:“民产若括之无遗,他日必长厚敛之弊,大卒十得

① 在孔子纪元 1664 年(公元 1113 年)马人望任辽大臣。

六七足矣。”然而，我们不能因此犯这样的错误——以为孔门弟子
336 不愿进行准确的人口统计。更确切地，孔门弟子视人口为最重要之事，并高度评价准确的人口统计，对民众轻徭薄赋为一回事，而精确的人口统计当属另一回事。而因为户税与口税的缘故，中国未能赢得一次完善的人口统计。

3. 表格的意义

尽管表格中的数字并不准确，但是，它仍然颇有价值。如果有人能完全懂得表格中数字，那么，他将能把握全部的中国历史。夏禹建立了真正的世袭君主制帝国，那时的人口超过了1300万。周朝之初为黄金时代，因为大约在孔子纪元前564年，中国人口就有1300万强，而自此两百年之后，中国应该拥有更多的人口，因为这样的和平时期整整持续了大约三百年之久。我们可以认为，此时期孕育了春秋（孔子纪元前171—71年）战国（孔子纪元149—331年）时期最辉煌灿烂的文明。

战争是人口的破坏者，对人口具有最坏的影响。根据表格，汉朝之初，人口失去了六分之五；东汉之初，人口减少了大约三分之二；三国时期，大约是七分之六；在魏晋南北朝的晚期，大约为四分之三；在唐朝初年，大约为三分之二，在唐肃宗统治时期，仅仅五年之内，人口减少不止三分之二；在宋朝初期，大约五分之二；在南宋初期，一半以上；在元朝初期，根据“户”的数目，人口减少三分之一
337 强；在清朝初期，人口减少大约五分之三。从此角度观之，大变革的战争是巨大的灾难，它不仅摧毁了人口，也延迟了文明的发展。

在中国历史上，当她的文明前进到高水平时，她就会被战争拖曳下去。在经历了长时间恢复后，当她的文明再发展时，她又会（因战争的破坏）跌下来。无怪乎中国的发展如此缓慢，也不足为

奇了。但是，通过现代发明，比如铁路、电报、电话等等，将使她改变绝对君主政体，成为一真正的立宪君主政体，于是，中国可以避免以前曾经困扰她的国内战争，并使她的文明持续不断地进步、向前发展。此外，从来未有任何外来势力能够控制中国，所以，她将能改变立宪君主政体，成为一真正的共和政体，而且，她可能与其他主要民族一起组成世界国家，并能实现孔子的大同世界，然后，全世界所有人将享受到没有任何战争的“太平世”。

应该注意的是，表格中人口数据的大小未必由当政的统治者所导致，通常情况而论，朝代建元之初的统治者是能干、贤明者，而朝代呈衰落之时的统治者则为无能或道德败坏者。但在朝代建元之初，人口数偏小，而在朝代衰落之时，其人口数则会偏大；对于前一种情形，朝代建元之初承受刚过去的低潮与萧条，而对于后一种情况，朝代衰落之时则将会享有刚过去的好运。因此，表格仅仅说明历史事实，而并非准确地显示所提供年代间的政府统治。但是，作为规律，大量的人口产生于好政府之下，而仁政之下的大量人口 338
也需要相当一段时间。

最惊人的人口增长是隋朝。在隋文帝统治的第一年（孔子纪元1132年），仅有人数9,009,604，在隋文帝第九年（孔子纪元1140年），他从南陈获得人口2,000,000，于是，总人口数达到了11,009,604。但是，在孔子纪元1157年，仅仅过去了25年的时间，隋文帝的儿子（隋炀帝）统治时期，有人口数46,019,956，可见，在这25年间，人口数的增长超过了三倍，此时期人口数的增长，似乎不仅仅是因为人口的出生率，而是征税制度，征税制度是人口增长的主要原因。隋朝伟大的政治家高颎，通过减轻征收民众赋税的方式，建立了有利于自由民的税收制度，在此之后，民众不再为躲避税收而依附于高社会阶层，因此，纳税的自由民人数迅速增加。的确，在中国金融史上，隋朝是经济最富裕的朝代。

根据表格，孔子纪元 2300 年以前，人口数总计从未超过一亿。那么，为什么清朝人口数超过了过去所有朝代的人口数？这是因为本朝既没有“户税”，也没有“口税”。在孔子纪元 2212 年，人口数为 21,068,609，而在孔子纪元 2262 年，人口数为 24,621,334；而整整五十年的和平时期，人口仅增加了 3,552,725。但在孔子纪元 2300 年，人口数为 177,495,039，显然，在 38 年时间里，人口数的增长超过了 7 倍。那么，为什么人口呈如此迅速的态势增长呢？究其原因，则是清圣祖在孔子纪元 2263 年废止了两税。他颁布的政令如下：

> 今海宇承平已久，户口日繁。若按现在人丁加征钱粮，实
> 有不可。人丁虽增，地亩并未加广。①……今国帑充裕，屡岁
> 蠲免，辄至千万，而国用所需，并无遗误不足之虞，故将直隶各
> 339 省见今征收钱粮册内有名人丁，永为定数，嗣后所生人丁，免
> 其加增钱粮，但将实数另造清册具报。

随后本朝立法机关制定了法律，根据孔子纪元 2262 年（公元 1727 年）征收钱粮册内有名人丁，永为定数，以后新增人口——被称为“滋生人丁”，将永不征税。

这标志着中国理财史上的新纪元，在孔子纪元 2300 年，人口开始显示出它的近似数，经过 34 年的时间，到孔子纪元 2334 年，人口

---

① 这使人想起马尔萨斯的学说。

增长超过一半；经过59年的时间，到孔子纪元2393年，人口增长不超过一半。在太平天国时期（孔子纪元2401—2417年），人口可能已经失去了一亿五千万。尽管本朝的人口普查仍然极不精确，但已接近真实了。几年后，当中国有了正式议会，我们将获得准确的 340
人口统计资料。

19　天然物及资本

Ⅰ　自然

1. 五行

土地只是自然的一部分，因此，我们应首先考虑全部自然要素，而正因为如此，我们可以采用五种自然物质以介绍自然力量的详尽分类，尽管我们所采用的五种自然物质乃中国哲学的基础，但是，我们在此所关心的仅是五种自然物质的理财方面。

《尚书·洪范》将五种自然物质置于"九畴"之首，被认为是首要之事，此五种自然物质是：水、火、木、金、土。在汉语里，此五种自然物质被称为"五行"。而之所以称为"五行"，因"五行"乃贯穿天地间永不停息的物质运动。在孔子纪元6年（公元前546年），春秋宋国大夫子罕说："天生五材，民并用之，废一不可。"①（《左传》）中国人完全视"五材"为人类生活依赖的自然力量。

① 《中国经典》，第五卷，第二部分，第534页。

在为五种自然物质命名以后,《洪范》描述了它们的性质:“水
341 曰润下,火曰炎上,木曰曲直,金曰从革,土爰稼穑。”然后,《洪范》又介绍了五行的味道:“润下作咸,炎上做苦,曲直作酸,从革作辛,稼穑作甘。”[①]这五种自然物质有它们的声音、颜色、样子以及味道;但是,经文仅说到它们的味道,因为味道对民众而言,较其他几方面都更为重要,而且,味道能成为其他方面的代表。不考虑所有的哲学观点,我们可以说,五行乃生产与消费的基础。

《尚书大传》上说:“水火者,百姓之所饮食也;金木者,百姓之所兴作也;土者,万物之所资生,是为人用。”因此,五行最初为免费品,因为它们系大自然所生。

而金、木、水、火、土,兼以谷,中国人谓之为“六府”,首次出现在《禹贡》之中,“六府孔修”[②],谷乃民众之食物,因此,他们把谷视为与五行同等重要。根据《左传》,“水、火、金、木、土、谷,谓之六府”。它们被称为“府”,是因为它们是依赖自然的财富源泉。而“正德、利用、厚生”,被称为“三事”,“六府”与“三事”谓为“九
342 功”[③]。“六府”与“三事”之间的区别为:“六府”产生于自然力量,“三事”却产生于人为力量。然而,“六府”尽管依赖自然,但却受到人类力量所管理,因此全部被称为“九功”。

管理“六府”的方式可以由以下几个例子说明。在古代,有许多官员管理六府事宜,在帝舜统治时期,大臣的主要职责即为治理水、土,乃至在“大洪水”被治服以后(孔子纪元前 1725 年,或公元前 2276 年),治水对人类仍很重要。灌溉、航海,以及成功地应付

---

① 《中国经典》,第三卷,第二部分,第 325—326 页。

② 《中国经典》,第三卷,第一部分,第 141 页。

③ 《中国经典》,第五卷,第一部分,第 250 页。

水灾,这些均为治理水的例子。在古代,有若干管理火的例子,《周官》里就有关于“司爟”的记载,“四时变国火,以救时疾”。“春取榆柳之火,夏取枣杏之火,季夏取桑柘之火,秋取柞楢之火,冬取槐檀之火”。“季春出火,民咸从之。季秋内火,民亦如之”。春二月田猎焚莱之时,可以放火烧野草,“时则施火令”①。关于管理矿产与森
林,金与木也同样由规则所控制,至于管理土与谷,我们稍后再说。 343

2. 控制自然

人类力量的制高点是控制自然,如果人类能控制自然,那么,人与至高无上的力量就没有高下之分、处于相同的地位了。但是,人类如何才能具有这样的力量、控制自然呢?至诚,这就是人类控制自然的途径。诚然,这是极尽仔细、彻底探讨真理的结果。《中庸》对此进行了阐述:“唯天下至诚,为能尽其性;能尽其性,则能尽人之性;能尽人之性,则能尽物之性;能尽物之性,则可以赞天地之化育;可以赞天地之化育,则可以与天地参矣。”②

而荀子也极其清楚地指出了控制自然的教义,在荀子著作的第十七篇《天论》中,尽管荀子多半在自然意义上使用天一词,但我们仍可以保留天一词,荀子说:“强本而节用,则天不能贫,养备而动时,则天不能病……本荒而用侈,则天不能使之富;养略而动罕,则
天不能使之全;倍道而妄行,则天不能使之吉。”(《荀子·天论》) 344

荀子的这段论述显示了积累资本与保护劳动力,二者依赖的是人,而不是自然。

根据荀子的理论,人能与天、地合而为三,并与天、地有相同的

① 《周礼》,卷三十。

② 《中国经典》,第一卷,第416页。

地位。我们所说的"神的"只不过是"天的职能",圣人不受天——超自然力量的影响。当人类具有"自然的情感"与"天生的感官"时,人赖以控制它们最重要的手段就是"天生的主宰者"——心。用心来控制那些外在于人的事物,就是"天养"与"天政"。因此,当天生的主宰者至高无上时,人就能依赖天地之助,而奴役万物加以利用。这就是一种关于人与自然间关系的唯物主义和科学的学说。其主导力量就是人的心,也即天生的主宰者。

接下来,荀子在能控制自然与不能控制自然之间进行比较,荀子认为:"大天而思之,孰与物畜而制之?从天而颂之,孰与制天命而用之?望时而待之,孰与应时而使之?因物而多之,孰与聘能而
345 化之?思物而物之,孰与理物而勿失之也?愿于物之所以生,孰与有物之所以成?故错人而思天,则失万物之情。"(《荀子·天论》)

因此,根据荀子的理论,人不是从属于自然,而是自然的控制者。

3. 保存自然资源

采取三种形式保存自然资源,首先是保护现存生物。在古代,每季打猎四次,但是,孔子规定禁止夏季打猎,因为夏季是动物正在成长的季节。《礼记·王制》说:"田不以礼曰暴天物。"而与打猎和捕鱼相关的规定如下:"天子不合围,诸侯不掩群。……獭祭鱼,然后虞人入泽梁。豺祭兽,然后田猎。鸠化为鹰,然后设罻罗。草木零落,然后入山林。昆虫未蛰,不以火田。不麛,不卵,不杀胎,不妖夭,不覆巢。"这些规定,均为《礼记·王制》①所提出。

从伦理的观点出发,设计了上述规定,以培养仁慈与同情心,

① 《礼记》,第三篇,第220—221页。理雅各教授的注释有误,因为理雅各在注释中说秋天禁止打猎。

但是，从理财的角度论之，是为了保护自然资源而制定了这些规定。伦理、理财均为这些规定实现的目标。对于这些规定的实践，我们可以孔子为例，《论语》告诉我们，“子钓而不纲，弋，不射 346 宿”[①]。这就是仁的原则，但这只是一方面，而另一方面，孟子则指出了理财的原则，孟子以为：“数罟不入洿池，鱼鳖不可胜食也。”[②]（《孟子·梁惠王上》）在古代，渔网的网孔在大小上需要四英寸，人们不可以吃长度小于一尺的鱼。因此，保护动物，即是为民众保存食物。

保护自然资源的第二种形式为保护森林。孟子说：“斧斤以时入山林，材木不可胜用也。”[③]（《孟子·梁惠王上》）那么，什么是“按季节”呢？我们可以从《礼记·王制》里找到答案：“草木零落，然后入山林。”[④]据《周礼》所记，虞人负责掌管山林政令。比如，在仲冬，南方山上开始伐树，而在仲夏，北方山上开始伐树。当民众被容许进山砍伐树木时，他们受一定数量的天日限制。尽管我们不知道限制时间的长短，我们可以肯定的是，这项规定保护了树木。在春季与秋季，人们不得进入禁区砍伐树木，尽管他们可能砍伐的是野生树木。假如人们在禁止砍伐树木的时间里偷偷伐树，那么，他们将被罚款。[⑤] 这些就是保护森林的规则。

保护矿产资源是保护自然资源的第三种形式。《中庸》上说，“今夫山……宝藏兴焉。”[⑥]但《中庸》没有触及保护自然资源。《礼

① 《中国经典》，第一卷，第203页。
② 《中国经典》，第二卷，第130页。
③ 同上书，第130页。
④ 《礼记》，第三卷，第221页。
⑤ 《周礼》，卷十六。
⑥ 《中国经典》，第一卷，第421页。

347 记·王制》上说"名山大泽不以肦"。① 这条规定具有两点意义：对于分配方面，该规定反对垄断，这将在随后进行讨论；而关于生产方面，它保护了自然资源。既然所有的名山大泽都在中央政府的管制之下，那么，没有人能够用尽自然财富。据《周礼》所记：凡出产金玉锡石之地，均为矿人所掌管，矿人制定严格的禁令，并命令住在附近的民众看守这些矿藏。假如在适当的时间，当某些矿需要开采时，他会绘制一张关于开采矿藏的地图，并将图纸交给采矿人。在开采矿藏附近，他巡视是否有人违反禁令②。而之所以制定上述规则，乃在于保护矿产资源。

收益递减规律是保护自然资源所根据的基本原则，尽管这条规律未被表达出来，但已隐含其中。

4. 自然环境的影响

自然是生产的要素，并为人所控制，但它又反过来改变人类，并对人类产生巨大的影响。《礼记·王制》上说："凡居民材，必因天地寒暖燥湿，广谷大川异制。民生其间者异俗：刚、柔、轻、重、
348 迟、速异齐，五味异和，器械异制，衣服异宜。"③

根据上文自然环境塑造人的陈述，其一，自然环境决定了人们的体能；其二，自然环境培养了人们的性情；其三，自然环境产生了不同的风俗；其四，自然环境，或者在生产方面，或者在消费方面，确定了不同的理财条件。这更进一步地告诉我们，政府不应扰乱

---

① 《礼记》，第三篇，第211—212页。

② 《周礼》，卷十六。

③ 《礼记》，第三篇，第228页。

这种种区别，并在相应的范围内采取自由放任政策。认识到这些差异就是国际贸易的基础。[1]

敬姜是鲁国的一位贵族寡妇，她提出了自然环境影响民众的一般原则："昔圣王之处民也，择瘠土而处之，劳其民而用之，故长王天下。夫民劳则思，思则善心生；逸则淫，淫则忘善，忘善则恶心生。沃土之民不材，逸也；瘠土之民莫不向义，劳也。"[2]

之后，敬姜描述了各阶层——自天子至庶民男女的不同事务。349
后来，孔子告诉弟子记下敬姜的话。

敬姜所提出的原则是理财学与伦理学的结合，我们现在仅关注纯粹的理财原则，在《货殖列传》里，司马迁介绍了商业地理，他叙述了重要城市的地理环境、自然资源、人口、历史、重要职业与风俗等等。我们虽不能对司马迁所叙述的全部细节进行讨论，但是，我们可以浓缩他的结论。根据司马迁所论，在南部中国，土地广袤，人口稀少，土壤肥沃，粮食充裕，无饥荒之担忧。由于民众懒惰、短视且没有积蓄，因此，尽管没有人遭受饥饿之苦，但是，却没有千金富户。而在中国北方，土地缺乏，人口密集，土壤有利于农业，但是，民众常常遭受水灾与干旱。因此，北方民众具有积蓄的愿望，因此，他们勤勉于各行业，诸如农业、动物饲养业、蚕丝业、商业，以及投机事业。上述差异在中国的南北方真实存在，但却仅限于古代。而自汉代末年（大约孔子纪元735年，或公元184年）始，这样的差异已在逐渐消失，但一般人认为司马迁的理论是符合实际的。司马迁的理论与敬姜类似，二者均建立在过于容易谋生的

① 参见下文，第450页。
② 《国语》，卷五。

民众会被宠坏的思想上；而二者惟一的区别在于：敬姜从理财与伦理的角度考虑自然环境对民众的性情、理财环境等方面影响，而司马迁则仅从理财的角度考虑。自然环境确实在决定人类的理财环
350 境与性情方面有着重要的影响，而只有当人类力量变得更大，自然力量才会减弱。

Ⅱ　土地

1. 数量限制

土地是促进生产的自然物质的主要代表，因此，我们对土地进行单独考虑。当我们研究土地问题时，我们首先面对的是土地在数量上的限制。《礼记·王制》上说："方一里者为田九百亩。方十里者为方一里者百，为田九万亩。方百里者为方十里者百，为田九十亿亩。方千里者为方百里者百，为田九万亿亩……凡四海之内，断长补短，方三千里，为田八十万亿一万亿亩。方百里者，为田九十亿亩，山陵、林麓、川泽、沟渎、城郭、宫室、涂巷，三分去一，其余六十亿亩。"①

2. 土质多样

我们其次需要面对的，是土质多样，《禹贡》极清楚地阐述了此观点。当大禹制服了大洪水后，他划中国为九州，并按类别将土地
351 划分为九等。为了方便评论，我们将《禹贡》的论述②简化成一表格形式。

① 《礼记》，第三篇，第244—246页。

② 《中国经典》，第三卷，第一部分，第94—125页。

土地等级	州名	现在所在的省份	土壤的颜色与性质
一级	雍州	陕西与甘肃	柔软的黄色泥土
二级	徐州	山东、甘肃与安徽	肥沃的、棕色的黏土
三级	青州	山东	土质肥沃、呈灰白色，盐性
四级	豫州	河南	土壤肥沃，黑色硬土
五级	冀州	直隶与山西	柔软的白壤
六级	兖州	直隶与山东	肥沃的黑土
七级	梁州	四川与陕西	色青黑的沃壤
八级	荆州	湖南与湖北	潮湿泥土
九级	扬州	江苏、安徽、江西、浙江	潮湿泥土

上述表格就整个州而论，显示了土地在颜色与性质上的差异，并将土地划分为九等，尽管表格中的分类的确极其笼统、粗糙，但却说明了土地质量的比较研究在很早就开始了。

《周礼》也将土地划分为九等，但《周礼》的土地划分与《禹贡》不同，当《禹贡》从整个州的总角度出发、整体地对土地做判断时，《周礼》从土地质量本身出发，具体对土地进行判断。根据《周礼》[①]所记，衡量土地质量，其依据是土地养活人口的能力。《周礼》仅特别介绍中等土地，以规定数量（一百亩）的上等土地能养活
七口人家，中等土地养活六口人家，下等土地养活五口人家，这些 352
属于中等级土地中的三等土地。而这样的论述，根据郑玄注，意味着土地分九等，并仅以中等土地为例进行说明。最高等土地，一百亩能够养活八口之家，或者九口或者十口之家；最低等土地，一百亩能养活两口之家，或者三口之家，或者四口之家。以大类划分，土地被划分为三等，而将三等再细分，就分成了九等。而这样的土地等级，乃由土地能养活的人口数决定。

① 《周礼》，卷十一。

3. 土地位置的差异

土地的差异性不仅由于土地的质量,也应归于土地所处的位置。根据孔子的理论,国都位于国家的中心。而以此为中心点,把全国土地划分为五个区域。在城之外是郊,在郊之外是野,在野之外是林,在林之外是坰。[①] 这五个区域的名称,仅为了指出不同位置的地理划分。五个区域的宽度相等,而各区域宽度发生变化,仅依据整个国家的面积而定。事实上,各区域位置的差异是以离中心城市远近进行衡量。如果以简单的方式,则仅存三类划分,即城、郊与野,野包括林与坰。

4. 田的形式

关于土地的划分,我们必须研究井田制。井田制如此重要,乃至于我们将另辟专章对井田制进行讨论,而我们在此所讨论者,仅为井田的形式。

在古代中国,土地被划分为井的形式。井(Tsing)意味着井,用汉语拼写为"井"(井)。因为田的形状像"井"(井),因而被谓为井
353 田。田(田)意味着田地。一井包含九平方土地,每一平方为一百亩。

一井包含九平方田地(一平方里),每一平方为一百亩,谓为一夫,一井田的土地总亩数为九百亩。井田制开始于黄帝统治时期,大禹将井田制普遍建立起来,周公完善了井田制的细节。

一平方土地的一百亩包含一万平方步,根据古时候的量度标准,六尺为一步,一百平方步为一亩,因此,一亩为六尺宽、六百尺长。是故,《诗经》上说:"禾易长亩,终善且有。"[②]在亩与亩之间,

① 《尔雅》,第九章。

② 《中国经典》,第四卷,第二部分,第378页。

有一条小水沟(畎),如果有一百亩,就有一百条小水沟(畎)。田的位置高,而小水沟(畎)的位置低。“耜宽五寸,二耜为耦。用藕掘土作沟,宽一尺,深一尺,称为畎。”农民耕作,首先用耜翻土除草,形成界线,比如亩与亩、沟与沟,这就是一平方土地的平面图,遂为测量全部沟洫的基础。

对井田制度而言,沟洫极为重要,因为沟洫确定田界并成功疏通洪水,这样的沟洫制由禹发明。在大禹治理了自然水路后,他投身于环绕田地的人工水道上来。

在周朝,井田制发展到了顶点,田间沟洫完备。根据《考工 354
记》[1],匠人负责沟渠,并为修建各类沟渠规定标准:在一夫以内,在亩与亩之间,有一条深、宽各一尺的小沟,如此,一夫有一百条小沟。沿着田头,在一夫之外有一条大沟(遂),其宽、深各二尺。因此,三夫共有一条大沟(遂)。九夫为井,在井之外的水沟宽、深各四尺,因此十井共有一条这样的沟。十里见方为一成,成有一百井,在成之外有更大的水沟,宽、深各八尺,因此十成共有一条大沟(洫)。百里见方为一同,一同有一万井,在同之外为最大的水沟(浍),宽、深各十六尺,其长度不确定,沟里的水直接流向天然河道。同完善了井田制,并有五等沟:(1)一尺的沟(畎);(2)二尺的沟(遂);(3)四尺的沟(沟);(4)八尺的沟(洫);(5)十六尺的沟(浍)。这是一般的标准,但必须随地理位置而改变标准。

沿着所有的水沟,除了一尺长的畎而外,分布着宽窄不一的道

---

① 《考工记》乃周朝人所作之专著,但是,现在《考工记》被《周礼》收入、并被置于《周礼》的最末,卷四十二。

路。沿着两尺长的沟，其道路（径）的宽度能行牛马；沿着四尺长的沟渠，其道路（畛）能行马车；沿着八尺长的沟渠，其道路（涂）足够
355 容下两辆战车；沿着天然河流以及人工沟渠，其道路（路）能行两辆战车。① 这些沟与道路构成了井田制的一般规则。

根据《诗经》所记，亩被划分为两类："南亩"与"东亩"。在南亩，亩与小沟都是东西走向，而东亩，则都是南北走向。从北看，亩向南排列，因此谓之为南亩；从西看，田亩向东排列，因此谓之为东亩。田亩依照河流往南或往东，与河流流向保持一致，因为中国的河流大部分自西向东流，这使更大部分的田亩变成了东亩。因为，如果河流沿东西方向流，那么，最大的沟渠应该是南北流向；然后，较小的沟渠沿东西方向，四尺的沟沿南北方向流；再接下来，如果两尺沟渠沿东西方向流向，那么最小的沟渠纵向沿南北经线方向流；因此，田亩向东排列。南亩的排列则反之。中国也有河流向南、向北流，因此也有南亩。南亩与东亩，二者均依据田亩的自然位置。

Ⅲ　资本

1. 资本与财富

用汉语表达"资本"一词是"本"，"本"最初之意为树木之根，因此，"本"意味着事物之主要部分或事物的基础。管子首先在资本意义上使用"本"一词，直到现在，"本"一词广泛地被人们使用。但是，在资本意义上使用"本"一词，这样的用法没有出现在孔子的

① 《周礼》，卷十五。

著述里,孔子使用"资"一词替换了"本"。《诗经》说:"丧乱蔑资,曾莫惠我师。"[①]《说苑》说这句话表达了奢侈、铺张所导致的无序 356
状态的忧伤。[②] 陈奂说,"积累财富"被称为"资"。[③] 因此,汉语"资"一词,精确地对应于英语"资本"一词。在《易经》中有"旅"卦,内容关于"行旅",尽管包含所有的旅行者,但其中尤其提到行商。"旅即次,怀其资,得童仆"。这段陈述包括生产的三要素[④],"资"一词意味着资本,而安全客舍与可信赖的童仆分别谈到土地与劳力。孔子的确使用"资"一词当作资本,因为"资"意味着积累与存储。因此,关于术语"资本",中国人使用"资"或与"财"一词结合,或与"本"一词结合,构成资本,而日本人采用了后一种。

汉语中"财"一词常常与资本一词相同,《大学》已经显示了这样的例子。[⑤] 有时,财一词与货一词结合,构成资本一词。比如,孟子说:"田野不辟、货财不聚非国之害也。"[⑥](《孟子·离娄上》)孟子所说的"货"与"财"二词,代表英语中资本一词,而"田野"则代表土地。这就是汉语的表达方式。

既然"货"与"财"有时被视为一体,因此,我们也许找到了财的 357
真正含义。许慎在《说文解字》[⑦]上说:"财,人所宝也。"郑玄注说财富包括全部的钱谷。如我们所见,钱谷是资本货物的主要代表,

---

① 参见《中国经典》,第四卷,第二部分,第502页;又参见第520页。
② 《说苑》,卷七。
③ 陈奂《诗毛氏传疏》,孔子纪元2398年(公元1847年)出版。
④ 《易经》,第188页。
⑤ 参见上文,第293页。
⑥ 《中国经典》,第二卷,第291页。
⑦ 《说文解字》成书于孔子纪元651年(公元100年),并于孔子纪元672年(公元121年)上呈天子(汉安帝)(公元100—121年)

因此，郑玄以作为财的解释，甚至在今天，中国人仍然使用“钱谷”以概括整个理财领域。尽管术语“钱谷”不及术语“食货”显得高雅，但二者为同义。对财一词做最好定义的是项安世（死于孔子纪元1759年，或公元1208年），他指出：资财包括所有生产资料与消费品的一般名称。简而言之，财是涵盖所有生产资料与消费品的一般术语，而资本则只是包含生产资料以及那些为了生产目的而用于消费品的特别术语。因此，中国人用“资金”、“本钱”、“积财”、“母钱”代表资本。

为了理解财的含义，我们可以从各阶层立场审视这问题。据
358 《礼记》所论，每一社会阶层均有其财富的专门代表物。“问国君之富，数地以对，山泽之所出。问大夫之富，曰：‘有宰食力，祭器衣服不假。’问士之富，以车数对。问庶人之富，数畜以对。”①

根据以上所论，任何一阶层的财富代表物都是全部物质财富的总称，均没有限制于特定财物，如果民众理解这点，他们绝不会错误地以为金钱就是惟一的财富，因为上述引文根本没有提到金钱。当然，财富不仅包括生产资料也包括消费品。

2. 粮食资本

因为粮食是一种消费品，因此，孔门弟子也将粮食视为极其重要的资本货物，因此就有了储备粮食的原则。《礼记·王制》上记载：“国无九年之蓄曰‘不足’，无六年之蓄曰‘急’；无三年之蓄，曰‘非其国’也。三年耕，必有一年之食；九年耕，必有三年之食。以三十年之通，虽有凶旱水溢，民无菜色。”②

---

① 《礼记》，第一篇，第115—116页。

② 《礼记》，第三篇，第222页。

简而言之，每户必须以上述比率储备粮食，即每三年耕种，余有足够一年的粮食，这就是古代储备粮食的普遍原则，而粮食是惟一例子，因为粮食在古代是最重要的东西。

根据《礼记》，一个国家必须至少有九年的储备，而储备的只是 359
粮食。因此，粮食不仅是目前的消费品，同时也是未来的资本。粮食并非永久物品，因此需要持续更新陈粮，但粮食同样可以作资本。事实上，在古代中国，既然土地属于一单独分类，因此，在所有的资本货物中，粮食即为主要者；而且，储存的粮食是一国家的盈余，是财政上的顺差。

在汉代，完全实施了粮食积贮论，主要代表为贾谊与晁错，贾谊上书汉文帝，指出："生之有时，而用之亡度，则物力必屈。……今背本而趋末，食者甚众，是天下之大残也；淫侈之俗，日日以长，是天下之大贼也。残贼公行，莫之或止；……生之者甚少而靡之者甚多，天下财产何得不蹶！……夫积贮者，天下之大命也。苟粟多而财有余，何为而不成？以攻则取，以守则固，以战则胜。怀敌附远，何招而不至？今殴民而归之农，皆著于本，使天下各食其力，末
技游食之民转而缘南亩，则畜积足而人乐其所矣。可以为富安天 360
下。"（贾谊《论积贮疏》）汉文帝乃受贾谊上书的影响，"始开籍田，躬耕以劝百姓"（孔子纪元374年，或公元前178年）。

在孔子纪元384年（公元前168年），晁错进谏汉文帝说："圣王在上而民不饥者，非能耕而食之，织而衣之也，为开其资财之道也。故尧、禹有九年之水，汤有七年之旱，而国亡捐瘠者，以畜积多而备先具也。……明主知其然也，故务民于农桑，薄赋敛，广畜积，以实仓廪，备水旱，故民可得而有也。"（晁错《论贵粟疏》）晁错直接的策略为号召民众纳粟到北方边疆，以充实边疆的粮仓，以供中

国戍边士兵抵御匈奴。政府应该赐给纳粟民众以爵位，爵位的等级高低应以民众所纳粮食的数量为标准。在汉文帝采纳、实施了晁错建议后，晁错又向汉文帝谏言，命令民众纳粟到内地郡县，汉文帝再次采纳他的建议。于是，在汉文帝与汉景帝统治时期（孔子纪元 373—411 年，或公元前 179—前 141 年），国家极其富有，“民
361 人给家足”，“府库余财”①，这即是贾谊与晁错的贡献，而二人的理论则来自于孔子。

3. 节约

资本乃节约之结果，因此，我们现在回到节约的原则上来。孔子论节约，不仅指私人家庭，同时也指国家。治理好一个方圆百里、拥有千辆兵车的国家，五项政事中之一即为“节用”。② 在《易经》中，有“节”卦，其意为节制、控制、抑止、节约与储备等等。它包括三阶段，即礼数法度、道德行为与理财，开篇，陈述了节制是进步与达到“亨通”的基础，但提醒读者，如果节制过分而感到苦涩，就不能守持正固。③ 此显示了孔子教义中的节制原则并非残酷的过度节俭，而是持正、适中的节制。

“节”卦的要点如下，“节以制度，不伤财不害民”④。这是一抽象的理财原则，它或涉及公共理财，或涉及私人理财，一旦浪费资财，就残害百姓，甚至私人也属同样情况。因此，如果你不希望浪费资财，那么必须制定一些制度，诸如财政立法，或者抑制私有的个人开支。因此，节制是保存资财与有益于百姓的基础。

① 《汉书》，卷二十四。
② 参见上文，第 79 页。
③ 《易经》，第 197 页。
④ 同上书，第 262 页。

当孔子谈及诸侯的孝道时，他说："制节谨度，满而不溢……满而不溢，所以长守富也。"①

又一次，当孔子提到庶民的孝顺时，他提出了节用。② 因此，从 362
天子到庶民，各社会阶层都必须遵守节约原则。

荀子这样讲述了节用的重要性："今人之生也，方知蓄鸡狗猪彘，又蓄牛羊，然而食不敢有酒肉；余刀布，有囷窌，然而衣不敢有丝帛；约者有筐箧之藏，然而行不敢有舆马。是何也？非不欲也，几不长虑顾后而恐无以继之故也。于是又节用御欲、收敛蓄藏以继之也，是于己长虑顾后，几不甚善矣哉！今夫偷生浅知之属，曾此而不知也，粮食大侈，不顾其后，俄则屈安穷矣，是其所以不免于冻饿，操瓢囊为沟壑中瘠者也。"③

诚然，开辟财源、节约开支是增加资财的两条途径，虽然此为全中国人所熟悉，然而仅有后者为增加资本之道。

① 《东方圣书》，第三卷，第468页。

② 参见上文，第157页。

③ 《荀子》，第四篇。

367 # 第六篇　生产事业

20　泛论生产事业

Ⅰ　四民

中国人很早就以劳动分工原则为基础，将人们划分为四类。这样的分类并非种姓制度，而是在职业上的区分，包括了所有人。《穀梁传》上说："古者有四民，有士民，有商民，有农民，有工民。"①

何休给四民的定义为："古者有四民，一曰德能居位曰士；二曰辟土殖谷曰农；三曰巧心劳手以成器物曰工；四曰通财鬻货曰商。四民不相兼，然后财用足。"②这是古人的分类体系，我们今天仍在
368 使用。

在孔子思想影响下，中国不存在社会阶级与种姓制度。但是，根据劳动分工，中国曾经有、现在也有四民。仅从以上所引材料的

---

① 《春秋穀梁传·成公元年》。

② 《春秋公羊传解诂·成公元年》。

陈述中，我们注意到具有特殊意义的三点。第一，社会平等，士、农、工、商均一视同仁谓之为民，即四民平等；第二，商与士、农、工一样，他们均具有生产性。在汉语里，“四民”的排序通常为：士为四民之首，其次是农，再其次是工，最后是商。然而，根据《穀梁传》，商人却仅次于士人。显而易见，孔教徒认可商人所具有的生产性，无论商在四民中居第二，或居第四，他们并不因此对商人不友善。第三是劳动分工的原则。划分“四民”的目的是使生产力量更加充分，而且，民众并未被限制在任何被指定的职业类别之中，而只是通过职业分类被划分为某一类“民”。以上所述均是划分四民体系的实质。

关于四民在古代存在静态的理论。据管子所论，“昔圣王之处士也，使就闲燕；处工，就官府；处商，就市井；处农，就田野。……
其事君者言敬，其幼者言弟。少而习焉，其心安焉，不见异物而迁 369
焉。是故其父兄之教不肃而成；其子弟之学不劳而能”。这样，每类“民”之子孙通常继续从事其父辈的职业。因此，四民应该分开居住，“勿使杂处，杂处则其言哤，其事易”①。管子成功地贯彻了“四民”分开居住的理论，而且，该理论与孔教徒的理论一致。事实上，分开“四民”的目的并非为了社会差别，而是为了职业专门化。

古代中国人认为，民众不改变其职业，此为有益之事，之所以如此，其原因在于古代中国人具有静态经济学思想。当楚国令尹子囊描述晋（孔子纪元前27年，或公元前578年）良好的社会环境时，说：“其士竞于教，其庶人力于农穑。商工皂隶，不知迁业。”②

---

① 《国语》，卷六。

② 《中国经典》，第五卷，第二部分，第440页。

(《左传·襄公九年》)根据这段论述,我们可以看出,子囊根据晋之四民对其职业的忠诚,以判断晋的理财环境。而子囊这样的判断是正确的,如果民众不满意他们的职业,那么,他们必定从一种职业换到另一种职业。而只要民众没有变动地停留在他们自己的职业中,那就意味着民众在其行业中能够谋生,并根本不受其他行业引诱。这是静态情形,因为四民处于同等地位上,人们因此不愿意改变其职业。

Ⅱ 自由职业

根据四民划分体系,尽管人们因职业不同而被分开,但却存在
370 民众选择职业的自由。根据孔教徒的理论,人人均应享有选择其职业的自由,而自由选择职业在古代已是确凿的事实。孟子说:"矢人岂不仁于函人哉?矢人唯恐不伤人,函人唯恐伤人。巫、匠亦然。故术不可不慎也。"①(《孟子·公孙丑上》)

根据以上论述,孟子所指为任何一种职业,而制造箭的人,制造盔甲的人,制造棺材的人,以及巫师,这些都只是孟子举例而已。孟子的基本点在于,为了人之培育是非感,任何人均应小心选择其职业。造箭的人与造棺材的人不是不仁慈,而是他们所从事的职业使他们希望有人死。班固说,"'鬻棺者欲岁之疫。'非憎人欲杀人,利在于人死也。"②显然,在这点上,班固的思想与孟子的一样。

通常而论,职业确实能影响人的动机,而由于这样的原因,中

① 《中国经典》,第二卷,第204页。

② 《汉书》,卷二十三。

国人还具有从道德立场出发选择职业的普遍观念。但是，我们在此讨论的并非从道德观点出发，而是从理财的角度出发。既然孟子教导人们谨慎地选择职业，这表明那时存在人们选择职业的自由以及人人可以自由选择职业的可能性，如果不存在自由选择职业的可能性，那么，人们如何能谨慎地选择他们的职业呢？ 371

既然存在选择职业的自由，那么，儿子在选择职业上，没有必要追随其父辈的脚步，而儿子通常继续其父辈职业的原因，不是因为他没有选择职业的自由，而是因为儿子易于继续从事父亲的职业。而根据《礼记·学记》所记，儿子通常会改变其父亲的职业，这完全是因为他将从父亲职业中获得的知识应用到另外的职业上去了。《礼记·学记》上说："良冶之子必学为裘。良弓之子必学为箕。"①而这是因为冶铸工熔化不同的金属，"使之柔和以补治破器，皆令全好"，这样的技术与"裘袍补续兽皮"，使之"片片相合，以至完全"的制作皮袍的技术类似；而弓匠弯曲木头"调和成其弓"这样的技术与制作畚箕的技术相似。因此，冶铸工与弓匠之子弟经常"观其父兄世业"，于是，他们以其"父兄世业"操作的同样原理应用于其他制作。总而言之，子弟利用其父辈职业作为其（职业）训练基础，而又专攻他们自己的职业。职是之故，儿子并非必定继承其父辈的职业，他们有选择的自由。

Ⅲ 劳动的必要、正义与荣誉

孔子从不对任何职业怀有轻蔑之情，他认为劳动是必须的、正

① 《礼记》，第十六篇，第90页。

义的与可敬的。首先，让我们看看为什么劳动是必须的。《书经》
372 上说："若农服田力穑，乃亦有秋。……惰农自安，不昏作劳，不服田亩，越其罔有黍稷。"因此，盘庚（孔子纪元前 850—823 年，或公元前 1401—前 1374 年）这样责备他的民众，"汝万民乃不生生"①。他鼓励民众迁徙到新都去，说："往哉生生，今予将试以汝迁，永建乃家。"诚然，创造财富是民众必须的职责，他们不能贪图享乐、不事耕种。因此，有这样一句谚语，"民生在勤，勤则不匮。"②（《左传·宣公十二年》）

根据孔子所论，懒惰的人极其糟糕。孔子说："饱食终日，无所用心，难矣哉！不有博弈者乎？为之，犹贤乎已。"③（《论语·阳货》）孔子并非教育人成为博弈者，但孔子依然认为即便成为博弈者，也比无所事事的懒惰者好，所以，对人类活动而言，无论体力劳动，还是脑力劳动，均为必需。

其次，我们看看为什么工作是正义的。孔子说："君子之所谓义者，贵贱皆有事于天下。天子亲耕，粢盛秬鬯，以事上帝，故诸侯勤以辅事于天子。"④

373 世界上确实不应有懒惰的人存在，即便是天子与诸侯，也必须履行其工作职责，此即君子所谓之义，换言之，懒惰即为不义。

第三，我们来揭示劳动如何光荣。以孔子为例，孔子是一位优秀的劳动者，"尝为委吏矣，曰会计当而已矣；尝为乘田矣，曰牛羊茁壮长而已矣。"⑤（《孟子·万章下》）可见，孔子从事过许多行业，

① 《中国经典》，第三卷，第一部，第 226—227、239、241 页。
② 《中国经典》，第五卷，第一部分，第 318 页。
③ 《中国经典》，第一部分，第 329 页。
④ 《礼记》，第二十九篇，第 338 页。
⑤ 《中国经典》，第二卷，第 383—384 页。

而且多才多艺，工作出色。然而孔子自己却谦逊地说："吾少也贱，故多能鄙事。"①(《论语·子罕》)这虽然只是孔子的自谦之语，但却说明了孔子认为劳动是光荣的。

对劳动光荣这一原则的说明，我们可以看看孟子的观点。孟子说：

> 舜发于畎亩之中，傅说举于版筑之间，胶鬲举于鱼盐之中，管夷吾举于士，孙叔敖举于海，百里奚举于市。故天将降大任于是人也，必先苦其心志，劳其筋骨，饿其体肤，空乏其身，行拂乱其所为，所以动心忍性，曾益其所不能。②（《孟子·告子下》）

根据孟子所言，凡伟大人物均成就于艰难困苦的磨砺，因此，农民、工人或商人，通过自己的艰苦努力，均有可能成为杰出的天子或大臣，结论是："然后知生于忧患而死于安乐也。"所以，我们不应该厌恶劳动，而应该带着对天的感激接受艰难困苦的磨砺。诚 374
然，贫困是砥砺杰出人物的条件，劳动根本不会带给人任何耻辱，受这样的教义影响，贫者甚至可以比富者更能保持雄心，劳动者因此有机会位居社会高位。

Ⅳ　没有奴隶制度

在中国历史上，有一极为荣耀之事，那就是奴隶制度从未作为

① 《中国经典》，第一卷，第218页。

② 舜是最优秀的天子，傅说与胶鬲是殷朝的重要大臣，管夷吾（管子）、孙叔敖与百里奚分别是齐、楚、秦的著名大臣。《中国经典》，第二卷，第446—447页。

一项普遍制度在中国存在过。在井田制下,每夫受田一百亩,以致人人均成了地主,那么谁可能是奴隶呢?奴隶制度如何能成为现实呢?且因土地肥沃,易于耕作,拥有耕地限制在一百亩,因而并无奴隶存在的需要;此外,如此精耕细作的耕种并不适合奴隶劳动;又因人口众多,在这样的竞争下,自由劳工也不容许奴隶制度存在;而且,中国自古以来就是一农业国家,人民勤奋刻苦,因此,中国人使农业成为基本的、光荣的职业,甚至天子也从事农业劳动。当我们研究中国历史时,奴隶制度成为一项制度常见于农耕时期的理论似乎并不成立,奴隶制度也许存在于史前,然即便如此,我们也无痕迹可循了。

尽管中国不存在普遍的奴隶制度,但依然有少量的奴隶存在。根据《周礼》所记,奴隶因犯罪行为而产生,但并不存在无罪的人成
375 为奴隶,成为奴隶只是对犯罪行为的一种惩罚,而且,对那些享有爵位,以及年满七十的老者或未满八岁的孩童则免于惩罚。[①] 但这并不是一项社会制度或理财制度,因此,许慎在《说文解字》中定义“奴”一词为“古之罪人”。

以上所述是历史事实,我们现在回到孔子的教义上来,根据孔子及其学派,不应当有奴隶制度存在,社会阶层被划分为五:天子、诸侯国君、大臣、士人与庶民;人们被划分为四类:士、农、工、商,但却没有这样的阶层与职业类别存在,即奴隶阶层与奴隶。根据孔子的体制,在家里,凡仆人的工作均由儿子、女儿与儿媳承担;在社会上,由年轻男子承担;在政府里,由政府雇员承担,因而并不存在对奴隶的需要。以孔子本人为例,他过着大夫的生活,但他却没有

① 《周礼》,卷三十六。

奴隶，甚至没有一位仆人。孔子的车夫是他的学生，诸如樊迟、冉玉。孔子曾雇用一位童子为来访者传送名片，孔子的用意是应该教育这位童子。[1] 甚至对他自己，孔子说：“吾执御矣。”[2]（《论语·子罕》）因此，孔子的弟子子夏教育他的学生洒水扫地、接待客人、应对进退的工作。[3] 尽管这些事情都是仆人必需的课程，但是，子夏却以这些事情来教育他的学生，这说明人人均应认识到仆人的职责，而其原因就在于日常生活中没有仆人。孔子曾说：“天地之性，人为贵。”[4]（《孝经·圣治章》）根据孔子的教义体系，绝对不存在奴隶制度。

尽管在孔子之前，中国并无奴隶制度存在；在孔子的教义体系 376
中也无奴隶制度，然而，理财环境在秦朝发生了变化，奴隶随之出现了。在井田制被破坏后（孔子纪元202年，或公元前350年），战争连绵不断，赋税极其繁重，财富分配不均，乃至于贫穷之人难以维持其独立的理财环境，奴隶市场随之建立起来了，绑匪与强盗掠夺人口，贩卖为奴[5]，所以，奴隶制度在秦朝出现了。

孔子纪元347年（公元前205年），在楚汉战争时期发生了严重的饥荒，以致饥民人相食，于是，汉高帝“乃令民得卖子”，这是中国历史上第一次允许民众卖身为奴。但是，在孔子纪元350年，当汉高帝征服了楚国、掌握皇权后，他颁布政令：“民以饥饿自卖为奴婢者，皆免为庶人。”这说明了奴隶的存在并不是一项制度，尽管罪

① 《中国经典》，第一卷，第293页。
② 同上书，第216页。
③ 同上书，第343页。
④ 《东方圣书》，第三卷，第476页。
⑤ 《汉书》，卷九十九。

人成为官家奴婢、因穷困而卖身成为私人奴婢，这已很糟糕。然而，奴隶在数量上极其少，并没有形成特别的社会阶层，他们应该被称为奴婢，而非奴隶。譬如，卫青（死于孔子纪元446年，或公元前106年）曾是一位骑奴，但随后却成为汉军战胜匈奴人的骠骑大将军，封爵长平侯，享有封地总计二万二百户，并做了汉武帝大姐的丈夫。

第一位公开宣告反对奴隶制的是西汉董仲舒，在孔子纪元432
377 年（公元前120年），他向汉武帝上书道“去奴婢，除专杀之威”①，
但汉武帝并未采纳董仲舒的建议。

第一位废除奴隶制的是王莽。孔子纪元560年（公元9年），王莽下令，所有奴婢改称为“私属”，“皆不得买卖”。但是，作为对不法行为的惩罚，奴隶制依然存在。然而，由于王莽的政治改革并不成功，在孔子纪元563年，他又下令准许民众买卖“私属”。②

对废除奴隶制产生最大影响的儒者皇帝是光武帝，其统治时期从孔子纪元576年至608年（公元25—57年）。在孔子纪元577年，光武帝颁布政令：“民有嫁妻卖子欲归父母者，恣听之。敢拘执，论如律。”在孔子纪元581年，光武帝再次下令：“王莽时吏人没入为奴婢不应旧法者，皆免为庶人。”在孔子纪元582年，光武帝又一次下令：“吏人遭饥乱及为青、徐贼所略为奴婢下妻，欲去留者，恣听之。敢拘制不还，以卖人法从事。”

孔子纪元586年的二月，光武帝颁布政令：“天地之性人为贵。其杀奴婢，不得减罪。”在同年八月，光武帝下令：“敢炙灼奴婢，论

① 《汉书》，卷二十四。
② 《汉书》，卷九十九。

如律，免所炙灼者为庶人。”当年十一月，光武帝“诏除奴婢射伤人 378
弃市律”。

孔子纪元587年，光武帝颁布政令：“陇①、蜀民被略为奴婢自讼者，及狱官未报，一切免为庶人。”孔子纪元588年，光武帝颁布政令：“益州②民自八年以来被略为奴婢者，皆一切免为庶人；或依托为人下妻，欲去者，恣听之；敢拘留者，比青、徐二州以略人法从事。”孔子纪元589年，光武帝下令：“益③、凉④二州奴婢，自八年以来自讼在所官，一切免为庶人，卖者无还直。”⑤

尽管在中国历史上曾有许多解放奴婢的皇帝，但光武帝是其中最重要的一位，他九次下诏释放奴婢（或禁止残害奴婢），而自光武帝统治以后，中国在事实上就根本不存在奴隶。尽管有些皇帝付钱给奴隶主，但光武帝并未这样做。光武帝是中国的亚伯拉罕·林肯，但他在没有国内战争的前提下，废除了奴婢制。在专制政体里，尽管皇帝易于作恶，但也易于行善。

不幸的是，在五胡（孔子纪元855—990年，或公元304—439年）骚乱期间，以及鞑靼人与蒙古人控制时期，奴隶制被这些野蛮的部落带进中国，然而，从北魏到本朝初期（孔子纪元937—2195 379
年，或公元386—1644年），通常而论，奴隶不是真正的奴隶，他们大部分是为了逃避缴税而假装依附于贵族与富户的人。在孔子纪元2460年（公元1909年1月），奴隶制在中国被彻底废除。

---

① 甘肃省。
② 四川省。
③ 四川省。
④ 甘肃省。
⑤ 《后汉书》，卷一。

我们不能说中国完全没有奴隶，但我们否认中国有像古希腊、
380 古罗马以及美国内战以前的奴隶制度存在。

21　论农

I　农业的重要性

以四民为基础，我们将生产部门划分为农业、工业、商业。尽管士人也如农、工、商三类群体一样具有生产性，但是，士人并不生产物质财富。因此，我们首先从其余三类（农工商）开始，之后再讨论士人的生产力。[①] 而在农工商三类群体中，农民排在首位，因此，我们从农业开始。人依靠食物维持生存，而食物来源于土地，因此，农业总是主要的职业。而且，因为中国的土地适合农业，又有着大量的人口，中国人因此总是把农业放在最重要的位置。而因为如此，中国的理财主要是农业理财。

《尚书·洪范》指出了农业的重要性，我们已经看到《洪范》将“食”与“货”放在“八政”的第一与第二位上。[②] 所以，《洪范》说：“农用八政。”[③]显而易见，《洪范》重视农业，因为“食”为“八
381 政”之首。

自古以来，就有“籍田”制存在。“籍田”有千亩，由天子亲自耕

① 参见下文，第487—488页。
② 参见上文，第50页。
③ 《中国经典》，第三卷，第二部分，第324页。

种，天子没有时间完成全部土地的耕种，因此，借助民力耕种，故而称之为“籍田”。孔子纪元 276 年（公元前 827 年）前，当周宣王废除“亲耕（籍田）之礼”时，虢文公向周宣王提出抗议：“夫民之大事在农，上帝之粢盛于是乎出，民之蕃庶于是乎生，事之供给于是乎在，和协辑睦于是乎兴，财用蕃殖于是乎始，敦庞纯固于是乎成。”①

根据《礼记》记载，“孟春之月……乃择元辰，天子亲载耒 382
耜……帅三公、九卿、诸侯、大夫，躬耕帝籍田。天子三推，三公五推，卿、诸侯、大夫九推。”②天子籍田之礼具有两点重大意义：其一，“籍田”制度关系到宗教，《礼记·祭义》上说，“籍田”制是为了祭祀天、地、土地神、谷神，以及祖先之神的仪式，因为新酿制的酒、乳酪、谷物，这些都取自于“籍田”的收获，于是，耕种“籍田”的程序成为对鬼神敬意的最高表现。③ 其二，从理财角度论，“籍田”也具有重大意义，以天子之尊亲自耕种田地，这是对农业的鼓励。今天，“籍田”制度依然存在，皇帝与其代表在所有省份全体履行耕种“籍田”的仪式，这充分显示出农业被赋予的重要性。

《春秋》记录了庄公二十八年“大无麦、禾”。这意味着严重的荒年，孔子纪元 432 年（公元前 120 年），董仲舒谏汉武帝：

> 《春秋》它谷不书，至于麦禾不成则书之，以此见圣人于五谷最重麦与禾也。④ 今关中⑤俗不好种麦，是岁失《春秋》之所

① 《国语》，卷一。
② 《礼记》，第四篇，第 254—255 页。
③ 《礼记》。第二十一篇，第 222 页。
④ “五谷”指稻、黍、稷、麦、菽。
⑤ 山西省。

重，而损生民之具也。愿陛下幸诏大司农，使关中民益种宿麦，令毋后时。①

董仲舒的建议为汉武帝所采纳，并得以贯彻实行，我们因而看到了孔子的理论付诸实践。

实际上，所有的孔教徒均赞同农业，但并不需要我们在此话题上引用全部孔教徒的话语。在整个汉朝，存在一流行的理论——人们最大的获益归根结底是由于农业。为了强调农业的
383 重要性，晁错以激烈的言辞表达了他的观点："贫生于不足，不足生于不农，不农则不地著，不地著则离乡轻家，民如鸟兽……"于是，游食之民出现了。之后，晁错在珍珠、玉石、黄金、银与谷、稻、布、帛之间进行比较，并认为"明主"应该高度重视粮食胜过黄金珠玉。晁错的结论是："方今之务，莫若使民务农而已矣。欲民务农，在于贵粟。贵粟之道，在于使民以粟为赏罚。今募天下入粟县官，得以拜爵，得以除罪。如此富人有爵，农民有钱，粟有所渫。夫能入粟以受爵，皆有余者也。取于有余，以供上用，则贫民之赋可损，所谓损有余补不足，令出而民利者也。顺于民心，所补者三：一曰主用足，二曰民赋少，三曰劝农功。"这就是晁错的政策，被汉文帝采纳并极其成功地实施了的政策。尽管晁错并不懂得土地报酬递减律，因为晁错说人们在田地上生产的粮食将"生于地而不乏"，但晁错在强调农业的重要性上产生了巨大的影响。②

---

① 《汉书》，卷二十四。

② 同上。

Ⅱ 农业并非惟一的生产性行业

尽管就食物而言，孔子认为农业最为重要，但他并不认为人人 384
均应务农，也不认为在农业以外，不存在任何生产性的劳动。为了证明孔子的观点，我们以《论语》中的例子进行说明。一天，樊迟请求孔子教他种庄稼，孔子说："吾不如老农。"樊迟又请求孔子教他种蔬菜，孔子回答说："吾不如老圃。"①在这两次回答中，尽管孔子已表达了反对樊迟学农的意思，但孔子依然担心樊迟不明白，因此，当樊迟出去后，孔子说："小人哉，樊须也！"随后描述了政府善政对民众的影响，而孔子的结论为如果政府善政，"焉用稼！"（《论语·子路》）孔子说这些话，是希望有人向樊迟重复他所说的。

孔子拒绝教樊迟种庄稼，其原因在于农业仅为普通民众的职业，士人不应该学习农业。因为士人乃公职候选人，他们应该学习如何管理政府，如何影响民众，而不应该学习如何实践农艺、种庄稼。此外，孔子是一位伟大的改革者，而樊迟是他的学生，为什么樊迟请教孔子诸如"学稼"、"为圃"这样的小事呢？这说明樊迟的志向并不比成为一名农夫高，因此，孔子指出政府善治在影响民众方面的极大作用，并以为士人参加农业生产并非必须。简而言之， 385
孔子教育樊迟以政治，而非农业，因此，根据孔子所言，农业只是四民中的一种职业，而士人可以为社会创造比农夫更多的效用。

而因为这样，孔子的大部分学生都不是农夫，以子路为例，当

---

① 从孔子与樊迟的对话中，我们了解到农学的存在。《中国经典》，第一卷，第264—265页。

他跟随孔子出行，碰巧掉在后面，他询问一位老农，“子见夫子乎？”农夫回答说：“四体不勤，五谷不分，孰为夫子？”[①]（《论语·微子》）我们可以把这位农夫所言作为孔子弟子的代表性特征。

在孟子时代，曾有一位农学派的奠基人许行[②]，他声称他研究了“神农之教”，并有众多的门徒，共有“数十人”，他们全都穿着粗麻编织的衣服，以打草鞋与织坐席谋生。许行的学说是：贤明的君主应该平等地与民众一起种出庄稼来吃，做出饭来才处理政务。君主不应该有粮仓、钱库与军械库，如果君主拥有这些，那么，他就压榨民众以奉养自己。[③] 许行的教义极端民主，但却不切实际，因为许行之说意味着废除政府，并鼓吹全面实施共产方案。

386 孟子反对许行的学说，其论点基于劳动分工原则。[④] 但我们在此仅想说明，孟子并不认为单单农业具有生产性。孟子利用历史事实以支持自己的论据，例如，孟子说：“当是时也，禹八年于外，三过其门而不入，虽欲耕，得乎？”“圣人之忧民如此，而暇耕乎？”“夫以百亩之不易为己忧者农夫也。”“尧舜之治天下，岂无所用其心哉？亦不用于耕耳。”[⑤]（《孟子·滕文公上》）这样，我们注意到孟子认为政府官员也是生产者，而且，他们不应从事农夫的工作。

Ⅲ　农耕方法

通过描述田亩的形状，我们已笼统地说明了农业耕作的方法。

---

① 《中国经典》，第一卷，第335页。

② 许行的学说可能来自于商鞅的老师尸佼（尸子），因为尸子提倡同样的理论。

③ 《中国经典》，第二卷，第246—247页。

④ 参见下文，第485—486页。

⑤ 《中国经典》，第二卷，第251—253页。

但是，我们现在必须在一些细节上对农业的耕作方法进行研究。农业耕作方法的主要特点是“代田法”，这是一古老的体系，尧帝时期主管农业的大臣后稷（大约孔子纪元前1732年，或公元前2283年）发明了“代田法”。“一亩三甽。岁代处，故曰代田”，“一亩三甽，一夫三百甽，而播种于甽中。苗生叶以上，稍耨陇草，因隤其土以附（苗根）”。除草一次，苗的根部就获得一次保护，这样的程 387
序反复重复。因此，沟逐渐地变成了垄，反之，垄逐渐变成了沟。“比盛暑，陇尽而根深，能风与旱，故儗儗而盛也。”（《汉书》卷二十四）

上述耕作体系之所以被称为“代田法”，其原因如下：其一，因为在面积一亩的土地里有三条沟，有三条垄，每年沟垄互换，土壤的肥力每年都得到恢复，农作物长势好，孔子纪元463年（公元前89年），这古老的耕作方法再次得以推行。而采用“代田”耕作方法，“一岁之收常过缦田亩一斛以上，善者倍之”①。

其二，“代田法”的第二点特征是耦耕。因为由金属制作的犁长十一寸，宽五寸，耕作土地时由两人共用一张犁，并肩耕地。既然一人的力量足以操作一把犁，那么，为什么耕作要由两人来进行呢？这是因为两人协作劳动比单个人的力量更大。后稷也发明了耦耕法，《诗经》上说：“亦服尔耕，十千维耦。”又接着说：“千耦其 388
耘。”②根据《周礼》③与《礼记》④所记，地方官在十二月安排耦耕，而这样的安排是为了平衡进行耦耕的劳动者年龄与健康状况。

① 《汉书》，卷二十四。
② 《中国经典》，第四卷，第二部分，第584、600页。
③ 《周礼》，卷十五。
④ 《礼记》，第四篇，第308页。

在孔子生活年代，耦耕法依然存在，《论语》记载："长沮，桀溺耦而耕。"[1]耦耕法一直持续到汉代。

其三，"代田法"的第三点特征为使用牛耕。根据《山海经》所记，后稷之孙叔均"始作牛耕"。在孔子生活时代，盛行这种耕作方式。相传在孔子的弟子之中，有名为冉耕者，字伯牛；另有一名为司马耕者，字子牛。冉与司马均为姓，而"耕"之意为"耕作"。既然牛与耕作之间有着联系，因此，他们二人均使用了"牛"一词作为他们的字，因为"牛"就意味着耕牛。此外，孔子本人也说"犁牛之子"[2]，所以，尽管中国人很早以前就使用牛耕地，但在今天还一样。中国人绝少使用马耕地。

其四，"代田法"的特征之四是应用农业化学。根据《周礼》所记：土壤分九种，挑选不同的种子，播种在适合种植的各类土壤里，人们用不同的动物骨煮汁，分别浸泡不同的谷物种子，并种在适合的土壤里；或者焚烧动物的骨头成灰，然后撒入不同的土壤里。[3]

其五，"代田法"的第五点特征是农作物二熟制，尽管我们并不知道此体系始于何时，但我们发现了荀子对农作物二熟制的陈述。荀子说："今是土之生五谷也，人善治之，则亩数盆，一岁而再获
389 之。"（《荀子·富国》）尽管由于气候和土壤的差异，农作物二熟制可能没有盛行于全国，但却是极大的进步。

以上所述"代田法"的五点特征，均为古代中国农业最重要的耕作方法。

---

① 《中国经典》，第一卷，第333页。

② 同上书，第186页。

③ 《周礼》，卷十六。

Ⅳ　粗放与集约耕作

土地耕作有两种方法，即粗放与集约。假如土地劣等、贫瘠，为了获得与肥沃土地同样的收益，农民必须扩大比肥沃土地更大面积的耕作土地，这就是粗放的耕作方法；如果土地肥沃，农民通过投入更多的劳动、更多的资金在比贫瘠土地面积更小的土地上，进行耕作而获得与贫瘠土地同样的收益，这就是集约式耕作。可耕地规模决定粗放式耕作的边际收益；而集约耕作边际则决定于报酬递减法则。在静态环境下，在粗放耕作边际与集约耕作边际上，劳动与资本的生产效率相等。

关于粗放耕作，贾逵（孔子纪元581—652年，或公元30—101年）——《左传》的注者①曾提出一项理论，他将土地划分为九类，并以最上等的土地作为基本标准。最上等的土地，肥沃且平坦，一夫一百亩为一单位，九夫为一井。现在，如果采用九夫为井——九百亩作为基本标准去衡量其余全部八类土地，那么，区别在于：第二种土地，“隰皋之地，九夫为牧，二牧而当一井也”；第三种土地，“原防之地，九夫为町，三町而当一井也”；第四种土地，“偃猪之地，九夫为规，四规而当一井也”；第五种土地，“疆潦之地，九夫为数，五数而当一井也”；第六种土地，“淳卤之地，九夫为表，六表而当一井也”；第七种土地，“京陵之地，九夫为辨，七辨而当一井也”；第八种土地，“薮泽之地，九夫为鸠，八鸠而当一井也”；第九种土地，“山 390
林之地，九夫为度，九度而当一井也”。尽管九种土地的分类是为

① 《中国经典》，第五卷，第二部分，第517页。

了征收赋税，但在同时，九类土地也代表了不同程度的粗放耕作，以一井最上等土地为标准，如果我们希望从较差类别的土地上获得与最上等土地相等的收益，那么，我们必须扩大我们的耕作面积两倍至九倍。越是贫瘠的土地，其扩大耕作土地的面积必定越大。

这样一种数学计算仅仅为粗略的推论，它不可能准确地测量土地的价值，但是，它却是楚国（孔子纪元4年，或公元前548年）征收地租的分级依据。楚国是位于中国南部的新兴国家，那儿地多但土质贫瘠，盛行粗放耕作。在古代中原地区，土地富饶，人口稠密，因此，这里是集约耕作方式。从总体上看古代中国，耕作大部分是集约耕作，因为在井田制下，每户仅仅耕种一百亩。

根据《孟子》与《王制》，集约耕作如下："耕者之所获，一夫百
391 亩，百亩之粪，上农夫食九人，上次食八人，中食七人，中次食六人，下食五人。"①（《孟子·万章下》）既然耕地与人口数量之间存在这样的关系，那么，一定面积的土地与一定数量的人相对应。但是，农夫每户耕种一百亩耕地，其所得数量不一，而这样的差异来源于不同的耕作方式。事实上，收益量决定于农夫耕作的集约度。然而，为什么上等农夫不能通过在一百亩耕地上投入更多劳动与资本的方式，以获得比供养九人更多的收益呢？其原因就在于土地收益服从于报酬递减法则，因此，耕作一百亩地能够供养九人为集约耕作边际。

李克非常成功地实现了集约耕作制，李克的理论被谓为"尽地力之教"，其内容大致为："以为地方百里，提封九万顷，除山泽邑居三分去一，为田六百万亩，治田勤谨则亩益三斗，不勤则损亦如之。

① 《中国经典》，第二卷，第376页；《礼记》，第三篇，第210页。

地方百里之增减，辄为粟百八十万石矣。”当李克的“尽地力之教”应用于魏国后，魏国变得富裕强大。① 但是，李克为什么没有说，假如耕作集约度增加，每亩可增加的粮食将会超过“三斗”呢？其原因在于土地收益服从于报酬递减法则。因此，根据李克的“尽地力之教”，“三斗”的粮食增产数量为集约耕作边际。 392

V　报酬递减法则

关于报酬递减法则，中国人没有提出完整的理论，但有人却指出了报酬递减法则的事实。《韩诗外传》上有这样一句话：“夫土地之生物不益，山泽之出财有尽。”②这句话的前半部分谈到农业，而后半部则笼统地提到自然资源。这段话显示出对报酬递减法则的充分理解。

叶适在描述京畿人口拥塞的危害时③，他说：“凿山捍海，摘抉遗利，地之生育有限而民之锄耨无穷，至于动伤阴阳，侵败五行，使其地力竭而不应，天气亢而不属。”（《水心别集·卷二·民事中》）

引文中所述，都是过多的人口时自然资源产生的不良后果，在事实上，大量人口生活在狭窄的土地上，这是理财恶行，而之所以如此，其原因在于土地受报酬递减法则支配，而叶适已极其清楚地表达了这一点。

---

① 《汉书》，卷二十四。
② 《韩诗外传》，卷五。
③ 参见上文，第303页。

Ⅵ　农业生活

以下我们将从总体上对古人的农业活动进行考察,并从我们视野所及的古人最早的农业活动开始。在《诗经》里,有一首由豳地人写的诗,该诗描绘了豳地在公刘时代(大约孔子纪元前1245
393 年,或公元前1796年)的理财活动,周公将此诗献给周天子作为周朝之根本。这首诗非常有价值,它为我们描绘了那个时代周之先民真实的生活图画,因此,我们将全诗引录如下:

> 七月流火,九月授衣。一之日觱发,二之日栗烈。无衣无褐,何以卒岁?三之日于耜,四之日举趾。同我妇子,馌彼南亩,田畯至喜。
>
> 七月流火,九月授衣。春日载阳,有鸣仓庚,女执懿筐,遵彼微行,爰求柔桑。春日迟迟,采蘩祁祁。女心伤悲,殆及公子同归。
>
> 七月流火,八月萑苇。蚕月条桑,取彼斧斨,以伐远扬,猗
> 394 彼女桑。七月鸣鵙,八月载绩。载玄载黄,我朱孔阳,为公子裳。
>
> 四月秀葽,五月鸣蜩。八月其获,十月陨萚。一之日于貉,取彼狐狸,为公子裘。二之日其同,载缵武功。言私其豵,献豜于公。
>
> 五月斯螽动股,六月莎鸡振羽。七月在野,八月在宇,九月在户,十月蟋蟀入我床下。穹窒熏鼠,塞向墐户,嗟我妇子,曰为改岁,入此室处。
>
> 六月食郁及薁,七月亨葵及菽,八月剥枣,十月获稻,为此

春酒，以介眉寿。七月食瓜，八月断壶，九月叔苴，采荼薪樗，食我农夫。

九月筑场圃，十月纳禾稼。黍稷重穋，禾麻菽麦。嗟我农夫，我稼既同，上入执宫功。昼尔于茅，宵尔索绹，亟其乘屋，395
其始播百谷。

二之日凿冰冲冲，三之日纳于凌阴。四之日其蚤，献羔祭韭。九月肃霜，十月涤场。朋酒斯飨，曰杀羔羊。跻彼公堂，称彼兕觥，“万寿无疆”！①（《诗经·豳风·七月》）

这首诗描绘了古代中国人的理财活动，诗的第一节包括了全诗的思想，而其余七节则进行了细节上的描述。在理财活动中，最重要的方面即为食物与衣服，食物来自男人的生产劳动，衣服则出自妇女的制作，各种谷物是主食，而蔬菜与水果则是副食。丝帛与亚麻是衣服的主要材料，而毛皮则是丝帛亚麻的辅助。食物与衣服，是这首诗的主题。除了理财活动而外，这首诗也描述了全部的家庭活动、社会活动与政治活动。事实上，该诗描绘了一幅古人生活的黄金时代。

汉初，曾实施重农抑商政策，然而，农民的处境极其糟糕，并受
商人兼并。晁错说：396

今农夫五口之家，其服役者不下二人，其能耕者不过百亩，百亩之收不过百石。春耕夏耘，秋获冬藏，伐薪樵，治官府，给徭役；春不得避风尘，夏不得避暑热，秋不得避阴雨，冬

① 《中国经典》，第四卷，第一部分，第226—233页。

不得避寒冻，四时之间亡日休息；又私自送往迎来，吊死问疾，养孤长幼在其中。勤苦如此，尚复被水旱之灾，急政暴赋，赋敛不时，朝令而暮当具。有者半贾而卖，亡者取倍称之息，于是有卖田宅、鬻子孙以偿责者矣。

而商贾大者积贮倍息，小者坐列贩卖，操其奇赢，日游都市，乘上之急，所卖必倍。故其男不耕耘，女不蚕织，衣必文采，食必粱肉；亡农夫之苦，有阡陌之得。因其富厚，交通王侯，力过吏势，以利相倾；千里游遨，冠盖相望，乘坚策肥，履丝

397 曳缟。此商人所以兼并农人，农人所以流亡者也。今法律贱商人，商人已富贵矣；尊农夫，农夫已贫贱矣。[①]

从周末到汉初，理财活动极不稳定。因此，农民的状况比商人糟糕得多，晁错所描绘的是汉初，然而，却合于周朝末期的事实，而这样的状况大约始于孔子时代，并大约在孟子时代盛行。但是，当汉文帝实施晁错[②]的策略后，农民的状况获得了极大的改善，在汉文帝及其子统治时（孔子纪元 373—411 年，或公元前 179—141 年），曾出现了一段黄金时期。事实上，此时期是基于农业之上的

398 国家繁荣时期，是鼓励农业的结果。

22 论工

工匠群体的职业是工。“工”一字，我们意指由人的力量制造

① 《汉书》，卷二十四。

② 参见上文，第 360 页。

物品,尽管手工业一词为工提供了准确的含义,但是,我们被迫使用“工”。在汉语里,“工”(kung)真正的意思是工业,尽管古人的工业是由手工操作,但我们不能使用手工业一词代替工业。如果我们用手工业替代工业,那就意味着我们必须在“工”之前加上“手”字,构成“手工业”,于是,手工业一词将改变工的意义——将具有广泛与抽象意义,并适合所有时代的工,改变成仅具有限定意义的与仅适合古代的狭隘意义上的工。

I　工业的重要性

孔子本人指出了工业的重要性,与我们已经看到的一样,在治理天下国家事的九项原则中,孔子说:“来百工则财用足。”[①](《中庸》)因此,如果政府欲使国家财富富足,那么,它必须勉励“百工”,因为“百工”是产业工人。而且,在根本不受自然约束的前提
下,正是仅有工业能创造新财富。工业比农业能在更大程度上、更 399
易于生产财富。正因为如此,孔子在治理天下国家事的九项原则中没有提到农业。商业仅仅增加既有财富的效用,而工业则制造新的财富。因此,孔子只将制造充裕财富的力量归于工业,这段阐述清楚地显示了孔子认为工业比农业、商业均更具重要性。

而中国人将农业置于工业之前的原因为:其一,农业提供食物;其二,农业供应原材料。故而在生产过程中,农业自然走在工业前面。但是,至于生产效率,工业在人的力量的绝对控制之下,所以工业比农业更重要。中国人将农业置于商业之前的原因则更

---

① 参见《汉书》,卷二十四,第318页。

为清楚：首先，除非多少有些工业，否则，没有任何商业的可能。货物在进入市场待售之前，必须在工场制作完备，因此，在生产过程中，工业自然先于商业；其二，商业只是一种交换——交换已经生产好的货物，而工业是创造在此之前根本不存在的货物。所以，就生产效率而言，工业远比商业更具有创造性力量。因此，工业比商业更为重要。诚然，农业、工业、商业三者均为必需，但工业为三者之中最重要的生产部门。

Ⅱ　工业分工

在古代，尽管工业门类一定极其少，但仍然存在六大工业部
400 门。据《礼记》所载，天子有六府以贮藏物品，并设六府之官掌管：第一，司土；第二，司木；第三，司水；第四，司草；第五，司器；第六，司货。在那个时候，按实物征课远远多于按货币征课，因此，帝国政府设立六府以贮藏各类物品。由农夫、山林川泽从事生产者、艺园圃者、工匠与商贾所交纳的所有产品，都贮藏在六府里，而所有的贮藏都来自于税收，但是，这些贮藏物品大部分为原材料，因此需要进行加工。

由此原因，存在（与六府对应的）六工，工业随之被分为六类，有土工、金工、石工、木工、兽工与草工，此六种工官，加工六府贮藏的原材料。[①] 六府没有金、石与皮，其原因是此三者被包括在器与货之中。同样的原因，六种工官没有提到水泽中出产的物品、手工作坊中出产的器具与矿产品，因为此三类产品包括在金工、石工

① 《礼记》，第一篇，第110页。

中。事实上，六工并不必须在细节上与六府保持一致。比如说，司土负责的农产品，可以直接用于消费，而土工却是陶厂。因此，六府只是简单地将不同的产品入库存放，而且这些货物也不是必须移交给六工用于生产。另一方面，六工是加工不同物品的地方，他们也不只是从六府获得用于生产加工的材料，当然，六工与六府 401
有着非常密切的联系，但二者却又不完全保持一致。六府与六工均为殷朝的制度（孔子纪元前 1215—前 571 年，或公元前 1766—前 1122 年），我们因此确信，甚至在那个时候，中国工业就已分为六类。

在周朝，工业已经获得了高度的发展，但却依然只有六大门类，据《考工记》所载：攻木之工，攻金之工，攻皮之工，设色之工，刮摩之工，搏埴之工，这些均为工业的大的分类。

再将上述六大门类细分，攻木之工有七种，即：轮人、舆人、弓人、庐人、匠人、车人、梓人。攻金之工有六种：筑氏、冶氏、凫氏、栗氏、段氏、桃氏。攻皮之工：函人、鲍人、韗人、韦人、裘人。设色之工有五种：画人、缋人、钟氏、筐人、㡛氏。刮摩之工有五种：玉人、楖人、雕人、矢人、磬氏。搏埴之工有两种：陶人、瓬人。在这六大 402
门类里，有四大门类以材料的不同为基础，比如木材与金属；其余两大门类以技术性的不同为基础，比如设色之工与刮摩之工。如此，总共合计有 30 个工种，但这数目并不完全。这 30 个工种只是突出的技术性工种的代表，而《考工记》并未提供那个时代的全部工种。此外，在《考工记》里提到了一个工种，而此工种甚至未列入上述三十个工种之内，这就是辀人。正因为如此，上述所列三十个工种只是周朝时期工种的范例而已。

以上所述的三十个工种全属政府作坊，并由政府官员控制、管理，因此，它们受制于政府的提倡。既然文明的进步是由简单到复杂，因此，劳动分工遵循同样规律而行，支配性的各类行业也沿着这样的方向变化，所以，有虞氏尊尚负责制陶的工官，夏后氏尊尚负责水利的工官，殷人尊尚负责礼乐的工官，周人尊尚负责制造车舆的工官。而政府如此尊尚提倡，完全遵循了自然进程。有虞氏时代，社会最为简单，陶器之工是最简单的工艺形式，因此，陶器为当时主要的工种。夏后氏时代，禹治洪水，“民降丘宅土，卑宫室，尽力乎沟洫而尊匠”。因此，建造宫室、开挖沟渠成为主要的工种。在殷代，当文明已经进步了，社会存在超出了生活必需的要求，此时治理木材的工匠成为支配性的工种。根据《考工记》，梓人的工作是：制作编钟的悬架，并在上面雕刻动物的形象；制造用于喝水
403 的饮器；制造用于箭术比赛的箭靶，而这些物件远远超出了生活必需品种类。在周代，当文明已经发展到高度复杂时，劳动分工明显，制作车舆成为主要行业。在以上所有工种中，马车为主要器物——聚集多个工种的制作完成的一种器物，轮人、舆人、辀人、车人，这些均为制作马车的工人。周朝的理财活动舒适、宽松，故而使制造车舆成为主要的工种。事实上，政府所尊尚的行业普遍与社会需求一致，而社会需要与文明发展的进程一致，因此，文明程度越高，工业的复杂程度越高。

Ⅲ　工业的四大要素

根据《考工记》，工业依赖于四大要素：“天有时，地有气，材有美，工有巧。合此四者，然后可以为良。”

(1)天有时使万物生长，但有时又使万物凋零。草木有时欣欣

向荣，有时枯萎零落。在炎热的夏天，石头有时会产生裂纹；水有时会凝固，而有时冰冻会消解：这些都是季节的不同。对于顺应季节，我们可以弓人制弓为例，制作弓有六种原材料：条状的木材、牛角、剽疾动物的筋、牛胶、漆与丝。在冬季采取木材，在秋季采取牛 404
角，在夏季采取漆与丝。冬天剖析弓干，分割好条状的木材；春天浸治角；夏天治筋；秋天用丝、胶、漆合干、角、筋三材；冬天弓制作好了，寒冬定弓体，张弓时就不会变形走样。简而言之，制作弓的过程顺应季节，并与季节和谐一致，这就是顺应天时、适应地气的例子。

（2）郑地的刀，宋地的斤（郑国与宋国均在河南省），鲁（山东省）的削（书刀），吴（江苏省）与越（浙江省）的剑，这些全都是极其有名的器物。但是，如果这些器物不使用同样的原材料，而且改变其产地（郑国、宋国与鲁国），那么，它们就不会这样精良，因此，任何工种（器物的制作）均应与地气和谐一致。

（3）燕地（直隶）的牛角，荆州的弓干，妢胡的箭杆（荆州与妢胡均在湖北省），吴粤的铜锡，这些都是上好的原材料。因此，任何工种，均应为器物的制作从那些出产优质原材料的地方获取材料。

（4）在越地，人人都能制作农具镈，其原因在于越地的土壤需要这样的器物，而且，越地的矿产提供制作这类器物的原材料。在燕地，人人均能制作防御的铠甲，因为燕地的边境邻近胡境。在秦地（在陕西省），人人均能制作长兵器的柄（庐器），因为秦地的木材适合制作柄。在胡人生活的地方人人均能造车制弓，因为这是一游牧地区。这显示出不同地区民族的不同技艺，工匠的技能决定于自然资源与自然环境。如果一个地方适合某一项独特行业，那么，生活在那儿的民众就会习惯于从事此行业，并将此行业发展成一项特殊的技能。因此，任何行业都需要工匠的技能。

此四项条件，对任何行业而言，都至关重要。如果原材料上
405 乘，工艺精巧，但制作出来的器物却并不精良，那么，该器物的制作就是没有顺应天时、不适应地气的缘故。因此，可以得到精良器物的四项条件是建立任何行业的基础，而四项条件中又以工匠的工艺精巧最为重要，因为工匠的技能可以矫正其他三方面因素。

Ⅳ　工具的重要性

在《考工记》里，记载了许多关于行业制作方法的细节，这些方法是专门技术，在此，我们将不进行讨论。而因为在上文所提因素之中，没有可能包含在技术之中的工具因素，因此，我们在此特别指出工具因素，并说明其重要性。

《书经》中引用了一位“古之贤史”迟任的一段话，“人惟求旧，器非求旧，惟新”①。根据该段引文，可见任何行业均需要新工具。工具越新越好，因此在生产方法上，应该不断有变化，而这种追逐新工具的原理，是存在于理财活动中的强有力的能动力量。

孔子自己也指出工具的重要性，孔子说：“工欲善其事，必先利其器。”②（《论语·卫灵公》）因此，工具的重要性仅次于工匠本人，这就是生产中劳动与资本同等重要的原因，也是工具为行业决定力量的原因所在。如果工匠想制作精良的器物，那么，他应该始终
406 改进其生产工具。

① 《中国经典》，第三卷，第一部分，第229—230页。

② 《中国经典》，第一卷，第297页。

V 工的地位

关于工匠的地位，最好参考《考工记》开篇的一段文字。《考工记》上说：

> 国有六职，百工与居一焉。或坐而论道；或作而行之；或审曲面执；以饬五材，以辨民器；或通四方之珍异以资之；或饬力以长地财；或治丝麻以成之。坐而论道，谓之王公。作而行之，谓之士大夫。审曲面执，以饬五材，以辨民器，谓之百工。通四方之珍异以资之，谓之商旅。饬力以长地财，谓之农夫。治丝麻以成之，谓之妇功。①

自以上陈述中，我们发现四个要点，首先，它展示了工业民主。《考工记》将天子、诸侯、士人、大夫与百工、商人、农民、妇功放在一起，进行职业分类，他们全属劳动阶层，任何个人均不高于其他人，人人都要履行国家的六种职事之一，因此就有了六类划分。而这样的分类体系只是劳动分工，并非种姓制度；其次，《考工记》给予 407
了百工首要的重视。《考工记》开篇即表明“国有六职，百工与居一焉”而尤其强调百工，这显示出百工在国家理财职责中起着最重要的作用。《考工记》因此将百工放在第三位，在商旅、农夫、妇功之前；第三，《考工记》指出了妇女的理财位置，它将劳动妇女与天子、诸侯等放在一起分类，这说明了妇女独立于男性群体、具有理财的

① 《周礼》，卷三十九。

独立性；不惟如此，妇女享有政治上的权利，像天子与诸侯一样承担国家的职事，郑玄说："妇功，丝麻也。"由于妇女能担任国家职事，故而妇女享有政治权利也就显而易见了。第四，《考工记》指出，各类职事均具有生产能力。"坐而论道"的王公、"作而行之"的士大夫，正好与其余四类职事一样，均具有生产能力，事实上，人皆应备生产能力。以上所述，即是我们从《考工记》开篇一段文字中发现的四点意义，而在此四点中，我们想引起注意的主要一点，即是"百工"在一国之中占据着的显著位置。

Ⅵ 百工的状况

我们已经描述了百工在整个国家中的地位，现在，我们来考虑百工自身。就百工自身而论，我们注意到以下六点：

第一，政府管理全部工业部门。在古代，政府不仅是政治机构，同时也是理财组织，整个社会并不存在比官府更大的工业企
408 业，官府的工业企业征收各类产品作为税收，因此，官府拥有全部的原材料和半成品货物，并因此具有进行生产的财力。而且，官府拥有一庞大的雇工团体，又是全社会最富有的组织，享有进行消费的最大权力，正因为如此，官府工场出现了。各重要工业均有相应的工场，且全部工场均属于劳动部门管辖，官府官员是高级别的工官，而普通工匠是官府的雇员。从此观点论之，我们可以说这是一种工厂制。而在此体系中，政府是雇主，为工场提供全部的原材料与制作工具，支付雇员的工资并占有工场的产品；但是，官府并不销售工场中生产的产品，而是自己消费这些产品；尽管工场中的雇员只是依赖官府的雇佣工人，但他们可以获得丰厚的薪水，因为他

们的工作并非劳役，与百工一样，官府并未增加负担于任何特定的人群。此外，雇员的工作相当固定，对他们而言，并不知道何为失业，因此，我们敢说，在官府工场里的工匠，与私人作坊中的工匠相比，其处境更好。

第二，各类工种均为世袭。《考工记》这样定义名词“工”：“知者创物，巧者述之，守之世，谓之工。”由于劳动分工并不完善，行业技术培训错综复杂，行业秘诀没有书面记载，因此，工匠通常从其父辈那儿获得其行业制作的特殊训练，行业技术由此变成了世袭。而这样的行业世袭并非种姓制度，是通过行业的专业化、家庭教育以及行业秘诀的细心传承而必然地产生。因此，尽管工匠具有从业的自由，但他们通常继承其父辈的职业。而关于这点，我们必须明白的是，任何行业并未拒绝不属于同一家族的外人，此即行业世袭的基本点；并且，由于官府支配全部行业，所以，并不存在任何私人家族垄断任何行业的空间。但是，因为行业技术绝大部分为世袭，故而百工常常采用其行业的名字作为其姓氏，比如，裘姓（毛皮 409
衣制作工），陶姓（制陶工）等等。

第三，各行业均有一位“师”负责全行业，行业“师”为政府官员，据《考工记》载，梓人有“梓师”，我们据此推测各行业均有其师。孟子曾说“工师”①。而行业工师的职责是挑选、检查原材料，视察行业工作，检验已经制成的器物，以及教育工人等等，而教育工人可能是工师的主要职责。孟子说：“大匠诲人必以规矩，学者亦必以规矩。”②（《孟子·告子上》）师与工人之间的关系部分地像

① 《中国经典》，第二卷，第167页。

② 同上书，第421页。

学生与老师之间的关系。尽管我们不知道学徒向师学艺的年限长短，但是，这样的技术训练为任何希望专攻某项特别行业的人开放。

第四，工匠终其一生大部分被限制在单一行业里，据《王制》记载，“凡执技以事上者，不贰事，不移官”①。而之所以如此，原因有二：第一，这使工匠们集中关注所从事的行业；第二，工匠们不具有从事一般工作的资格。

410 第五，工匠在一专门区域集中生活，并独自居住。我们在上文已陈述了管子的理论：——“四民”不“杂处”②，所以，我们在此不作进一步讨论。同行工匠集中生活在一起，一方面，在其行业群体里，易于学会行业专门技能；另一方面，不受外行业任何影响。这是为了行业技术的专业化安排。

第六，我们确信百工处于真正的手工业阶段。上述五项特征，全部属于官府工场的工匠。而除第一与第四项特征应作某种变动外，五项特征对所有的个体工匠而言是共有的。个体工匠也受政府控制，他们的行业技术世袭，各行业也有匠师。他们约束自己终其一生固定在其专业上，并生活在特定的行业区域里。但他们拥有自己的工场与作坊；他们购买自己需要的原材料与制作工具，出售他们自己的生产品；他们既是雇主，又是受雇佣者。他们与官办工场的工匠不同，后者真正是工厂制，是靠工资为生的雇佣劳动者，而前者是手工工场制，子夏说：“百工居肆以成其事。”③（《论语·子张》）而为了陈列与出售货物，这样店铺位于市场。就工匠居住在市场上的店铺里而言，那么，他们不仅是工匠，也是商人，这是个

① 《礼记》，第三篇，第235页。

② 参见上文，第368—369页。

③ 《中国经典》，第一卷，第341页。

体工匠极其重要的特征。

上述六点特征，标志着古代中国的工匠生活，也显示了那个时期的工业状况。今天，中国正从家庭手工作坊体系向现代工厂制行进，中国目前的工业状况完全不同于古人。 411

23　论商

商人从事的职业是商业，尽管理财学家所谓之“交易”包括在其中，但我们将保留“商业”一词，因为“商”乃“四民”之一的惯用指定名称。在汉语里，商划分为两类，一类称为游商，游商仔细考虑市场的远近距离，然后推算市场情况，并运输其货物到遥远的地方；另一类称为坐商，为了在获利的条件下出售货物，坐商储藏货物，等待消费者购买。在古代中国，区分游商与坐商一度非常重要，但在今天，这样的区分已没用了。因此，我们使用“商业”一词包括游商与坐商两类商人，在二者之间不作任何区分。

Ⅰ　商业的重要性

由于中国人将商放在“四民”之末，于是，误解由此而生。根据通常的观点，商人属“四民”中的末类、最末等阶层，而原因在于商人自己不制造任何产品却从别人生产的产品中获取利润；此外，商人引起民众的憎恨，为了抬高商品的价格，商人囤积商品，然后获利出售商品，这就是汉高帝（孔子纪元350—357年，或公元前202—前195年）颁布政令，禁止商人穿丝织的衣服、不准乘车，并加重其负担、重课租税以“困辱之”的原因所在，这也是中国历史上在全国范围实施抑商的第一部法律[①]。自那时起，在中国理财史上，曾有数段时期，商人遭受大量的痛苦，但这样抑制商人的政策并未遵循孔子之道。

412

与我们已经看到的一样，在《春秋穀梁传》里，商人仅排列在士人之后[②]，根本不是民众中最低的阶层。而中国人之所以总是将商人置于四民之末，其原因完全在于：农民生产原材料，工匠生产制成品，因而作为交易原材料与制成品的商人不应位居农民与工匠之前，这是生产进程的顺序，而非贵贱高低的社会秩序，也非道德差异。因此，中国人称农业为本业，工商业为农业的从属行业，而农、工、商是生产的自然顺序，并非对工业与商业的轻视。

孔子从未轻视商人，在汉朝以前，从未有孔教徒提倡重农抑商的政策，叶适曾指出士、农、工、商同样有用于社会的原则，他认为“夫四民交致其用而后治化兴，抑末厚本，非正论也”[③]。

413 农业与商业的相对重要性随着时代的变化而变化，司马迁论述了这一原则：“故《书》道唐虞之际，《诗》述殷周之世，安宁则长庠序，先本绌末，以礼义防于利；事变多故而亦反是。是以物盛则衰，时极而转，一质一文，终始之变也。”[④]

根据司马迁的理论，在一动态、复杂的文明下，商业自然比农业更重要。因此，即使理财利益削弱了道德的影响，资本主义生产

---

① 商鞅（孔子纪元192—214年，或公元前360—前338年）是（中国历史上）第一位提倡重农抑商政策的人；参见《商君书》，第二章；《史记》，卷六十八。

② 参见上文，第367页。

③ 《文献通考》，卷二十。

④ 《史记》，卷三十。

摧毁分配均等，而即便如此，商业也比农业重要，这也是注定到来的自然结果。事实上，当普世帝国出现、外无争斗、民众依靠自己的社会收入养活自己时，中国人将更加重视农业，这是从分配角度考虑问题；但是，当国家争端、民族斗争存在时，中国人将更加重视工业与商业，这是从生产的角度考虑问题。

Ⅱ　通讯与运输

有助于商业发展的重要因素是通讯、运输，而通讯、运输通常 414
沿着同一路向运转。在孔子生活时代，通讯依赖马的力量与人的速度、耐力，因此，孔子说："德之流行，速于置邮而传命。"[①]（《孟子·公孙丑上》）在驿传沿途，以一定距离设置驿站，当政府的急件到达任何一个驿站，驿站上使用自己的驿车与驿骑转送急件到下一站，而下一站以同样的方式再转送。按照这样的方式，急件迅速地向前传递。

根据《大清律例》[②]，每隔十五里设一驿站，在每一驿站设置一位驿站长、四位驿骑。在二十四小时内，急件传递到三百里以外，驿骑不能在半途延误。急件一旦抵达，无论多少，驿站长必须马上交给驿骑，随到随递，不能等下一份急件。这样的驿站制度是古老邮传方式的遗留，但是，这样的驿站制度已逐渐在废除中。

以前，私人信函由私营邮局递送；而现在，通讯通常经过新的邮政、电报、电话体系传送。而邮政、电报、电话体系属于同时管理

① 《中国经典》，第二卷，第184页。

② 《大清律例》，卷二十二。

轮船、铁路的邮传部（建立于孔子纪元2457年，或公元1906年）。

因为运输甚至比通讯更为重要，所以，我们将用更多的篇幅讨论运输。陆上运输自然比水上运输容易，因此，陆上运输首先受到
415 关注。根据历史记载[①]，轩辕黄帝发明了车，少昊是第一位用牛拉车的人，尧是第一位役使马车的人。在古代，牛车比马车更普遍[②]。

黄帝发明指南车，当黄帝与蚩尤打仗时，蚩尤用魔力制造大雾，黄帝的士兵迷失了道路，为了显示方向，黄帝因此发明了指南车。在黄帝战胜蚩尤以后，指南车被经常使用。周朝时，前来周朝朝贡的安南使臣越裳氏迷失了回国的路，周公赐其指南车，于是，他用了一年时间回到了家。因此，在皇帝出行时，为了引起民众敬畏，指南车总是作为引领仪仗队伍的车辆。后汉张衡（孔子纪元629—690年，或公元78—139年）始复创造指南车，但是，张衡的发明在汉末的战乱中遗失了。之后，在魏明帝（大约在孔子纪元784—787年，或公元233—236年）统治时期，博士马钧受魏明帝曹睿之诏制造指南车。马钧制造的指南车顶部，上立一木制人，引臂南指，但马钧的指南车再次在晋朝的战乱中损毁。在孔子纪元968年指南车被发现，但是它的机械装置已破损。在宋顺帝统治时期（孔子纪元1028—1029年，或公元477—478年），祖冲之恢复并完善了指南车。在之后的时代，尽管有许多类型的指南车，但始终指向南方的实质却总是一样。指南车对运输的发展有着巨大的重要
416 性，因为指南车是指南针的起源。

根据天子出行的队列，在指南车之后是"记里鼓车"（汉末魏晋

① 《文献通考》，卷一百一十六。

② 《中国经典》，第三卷，第二部分，第404页；第四卷，第二部分，第356、413页。

时期)，“记里鼓车”上有小木人，手持铁锤对着鼓，车走一里，小木人击鼓一次。“记里鼓车”在孔子纪元968年被发现，但发明者失传。在以后的时代里，“记里鼓车”又有了许多的修改[1]。这种最早形式的里程计对运输发展也具有重要性。

运输行业最精彩的发明之一是“木牛流马”。在孔子纪元782年(公元231年)，三国时期最伟大的政治家诸葛亮，为了驮运粮食到军中，发明了“木牛流马”[2]。“木牛流马”是节约劳力的机械，其操作也非常成功。然而，不幸的是，在诸葛亮去世后(孔子纪元785年)，尽管仍然保存着对“木牛流马”描述，但却再无人能使用这种发明。

统一性是孔夫子极其重要的原则，并尤其适用于运输系统中。《中庸》上说：“今天下车同轨。”[3]这就是孔教徒的理论观点。统一性理论要求全世界的道路整齐划一，当铁路系统完善后，统一性理论将容易付诸实现。

根据《王制》，“道路，男子由右，妇人由左，车从中央”[4]。据此 417
而论，道路极其宽阔，男女有别，车从来不会伤害行人，此即是道路的一般体系。

根据《周礼》所记，道路体系已极其完善，有量人[5]为有“广狭之差”的道路确定标准，这些道路的宽度变化从八尺到七十二尺不等。有司险“掌九州之图”[6]，“以周知其山林川泽之阻，而达其道

① 《文献通考》，卷一百一十七。
② 《三国志》，卷三十五。
③ 《中国经典》，第一卷，第424页。
④ 《礼记》，第三篇，第244页。
⑤ 《周礼》，卷三十。
⑥ 同上。

路”，并沿途植树。有检查员（野庐氏）[1]巡视检查国都与野外的道路、庐舍、井以及树木。《周礼》记载有关于道路体系的总规则[2]，在国都和野外的道路上，每十里设有庐，庐中备有饮食；每三十里设有宿，宿处有路室，路室有粮草积聚；每五十里有集市，集市有候馆，候馆有粮食积聚。庐、宿、路室、集市以及候馆，所有这些公共设施均为方便旅行者。为了旅行者的安全，设置治安首领候人，候人在沿途派遣执戈乾的士兵[3]；而对于理财活动，最后与最重要的有官员“合方氏”[4]，他的职责是负责使天下道路通达，使天下财物流通。而通过这些规定各类官员职责的条例，确保了道路体系的有效运转。

关于水路运输，我们必须追溯至《尚书·禹贡》，该篇描述了九
418 州向国都进贡经由的各类水道。《禹贡》所指的国都在冀州，现在的直隶省与山西省，环绕冀州的东、南、西三方，有一条河——黄河，而此即国都冀州便于运输的原因。根据孔子的理论，为了便利诸侯进贡、朝觐，以及商人进行交易，国都必须位于水路交通上等之地，因此，《禹贡》在讲述了税收与各州上贡的贡物后，描述了连接国都的水路。而连接国都水路的基本点是河，因为任何物品抵达河，就易于被运送到都城。《禹贡》详细地描述了从九州船运贡物至国都的水路通道，此即帝国历史上最古老的水路运输体系。[5]

海上运输也能追溯至《禹贡》。当扬州（江苏、安徽、江西、浙

① 《周礼》，卷三十六。
② 《周礼》，卷十三。
③ 《周礼》，卷三十。
④ 《周礼》，卷三十三。
⑤ 《中国经典》，第三卷，第一部分，第92—127页。

江、福建）运送贡品时，“沿于江河，达于淮泗”，然后抵达河。然而，从江口到淮水入口，仅有六七百里。由官府经营的海上长途运输事实上开始于唐朝，在孔子纪元1290年（公元739年），幽州节度使被任命为河北海运使。那时，为了供给士兵的给养，江苏的稻米通过海路被运送到直隶。元朝，自孔子纪元1833年（公元1282年）开始，至孔子纪元1914年，也就是在元朝大约要结束之时（元朝结束于孔子纪元1918年），海路运输变得极其重要，每年两次从江苏、浙江运送稻米到北京，而每年运输的稻米总量，其最高点达到三百余万石，全部官民均依赖此海路运输。① 419

《禹贡》描述了天然的通航水路，我们接下来看看运河体系。在古代，并不存在为了运输目的而开凿的运河，因为当时并未有这样的需要。孔子纪元66年（公元前486年），第一条运河邗沟开掘出来了，这是最重要的一条运河。《左传》记载，这年秋天，吴国“于邗筑城穿沟”，以沟通江淮，自此，在江淮之间形成了一条运河通道。② 而在此之前，江淮两条大河从未曾沟通，而正是吴国为了北上争霸、取得控制北方的霸权、运送粮食供给其军队，吴国因而率先开凿了这条运河，正是这样，江水通向了淮水，由此成为京杭大运河的基础。在孔子纪元1138年（公元587年），隋文帝在邗沟之西开掘了一条新的运河，这是首次淮水流向了江水，但遗憾的是，这条运河宽不足以航行战船。在孔子纪元1156年（公元605年）， 420
隋炀帝为了拓宽这条新运河，他征发了十余万民工。这条运河的长度为三百多里，水面阔为四十步，通龙舟。沿着运河两岸，修建

---

① 《续文献通考》，卷三十一。

② 《中国经典》，第五卷，第二部分，第819页；邗是现在的扬州。

了御道，在御道边种植了柳树。为了连接洛水与黄河，以及黄河与淮水，就在同一年，男女民工百余万被征发开掘通济渠。在孔子纪元1159年，为了开掘并打通沁水南部，与黄河连接，然后向北到达北京的运河——永济渠，再次征发百余万民工开掘运河。在孔子纪元1161年（公元610年），开通了江苏镇江到浙江杭州的江南河，此运河的长度有八百余里，河宽十余丈，这样，京杭大运河完成了。因为中国的大河，大部分自西往东流，只有京杭大运河越过漫长的路程贯通南北，因此，在事实上，京杭大运河沟通了中国南北，并对中国人的生活影响很大。在现代铁路体系出现之前，没有其他运输手段能与京杭大运河匹敌。

关于水上运输，最卓越的发明当属“千里船”。在孔子纪元1034年至孔子纪元1051年间（公元483—500年），祖冲之发明了“千里船”。“千里船”由机械力驱动，在试验时，该船日行一百多里。[①] 尽管“千里船”类似现代汽船，但是，却未曾引起实用的效果。

Ⅲ　度量衡

在商业计量制里，不同的量度极为重要。在古代中国，所有的量度均依据黄钟律管。上古之制的十二律管由黄帝用竹子制成，之后，由玉制作，沿至汉代，则以铜为之。十二律管，其在直径上略多于十分之三寸，而孔的圆周准确到十分之九寸。十二律管中最
421 长的被称为“黄钟”，宫长九寸，而最短的律管为“应钟”，宫长仅有四点六六寸。在十二律中，阳六为律，阴六为吕；十二律一起构成

① 《南齐书》，卷五十二。

半音音阶。十二律除了应用于音乐之外，也用于度量衡，(1)“黄钟”度长短，为长度的标准，以一粒黑黍谷子的宽度为分寸，“一黍之广，度之九十分，黄钟之长。一为一分，十分为寸，十寸为尺，十尺为丈，十丈为引”。(2)“黄钟”衡体积，也是容量标准。十三又三分之一粒黑黍谷子填满一分，“千有二百实其龠……合龠为合，十合为升，十升为斗，十斗为斛”。(3)“黄钟”衡轻重，提供重量的标准。一百粒黑黍谷子重一铢；“二十四铢为两；十六两为斤；三十斤为钧。四钧为石。”因此，“言王者统业，先立算数以命百事也”①。

关于古代与现代计量制之间的对比，我们尽可能简单地进行说明②，首先，关于长度的计量制，古代的一尺仅为现代的七点四寸(工部的一尺)；而现代的一尺为古代的一尺又三点五寸。假如我们采用该标准测量土地，那么，古代的一步为六尺，而现代的一步为五尺；因此，古代的一步仅为现代的四尺又四点四寸，而现代的一步为古代的一步又七点五寸。在古代，三百步等于一里；在现代，三百六十步等于一里，因此，古人的一百里与现代的五十五里又二十二步相差无几。在古代，一百(平方)步为一亩，而在现代(从汉朝到现在)，二百四十步为一亩。根据不同的计量制，现代的二百四十步与古代的三百六十四步相差无几。因此，古代的一百亩与现代的二十七亩相差无几。第二，关于容量的计量制，古代与 422
现代的比率为十比二，比如说，古代的十升仅等于现代的二升③；第三，关于重量的计量制，古代与现代的比率为三比一，比如说，古代

① 《汉书》，卷二十一。

② 凡本论文中提到的所有计量制均参考此段文字。

③ 《皇清经解》册三十九，卷二。

的三斤重仅等于现在一斤重(自隋朝开始)①,如此看来,现代全部的度量衡单位比古代的要更大。②

既然不同的度量衡对"百事"极其重要,对商业而言尤其重要,因此,政府应该更加重视度量衡。根据《尚书》,天子舜每隔五年出巡视察一次,在那段时间里,舜统一全国的音律、度、量、衡。③ 根据
423 《礼记》记载,二月进入春分,官府"则同度、量、钧、衡、石,斛、甬,正权、概"。八月进入秋分,与二月进入春分一样,官府要统一度量衡单位。④ 如此,官府一年两次调节各类度量衡。从这段陈述中可以看出,在古代中国,为了防止在商业活动中的欺诈行为,官府更加关注各类度量衡。

在孔子生活时代,官府并不关注度量衡,不是没有专门官员经管度量衡,就是官员不尽其职责。因此,孔子提出治政准则如下:"谨权量,审法度,修废官,四方之政行焉。"⑤(《论语·尧曰》)根据孔子的原则,度量衡乃最重要的商业工具,官府必须谨慎管理并统一度量衡,如果度量衡均合乎标准,那么,这不仅有益于商业,也在总体上有利于政治事务。

---

① 《皇朝文献通考》,卷二。

② 将现代中国的度量衡与英国进行比较,结果为:(1)按照条约规定,中国的一尺合十四点一英寸,或零点三五八一米;根据条约,中国的一亩合七百三十三又二分之一平方码,或六点六华亩等于1英亩。一华里为三百六十步或一千八百尺,合一千八百九十四点一二英尺。(2)中国的一升约比英国的一品脱少四分之一。(3)根据条约,中国的一斤等于一又三分之一常衡磅,或604.53克。除了品脱的度量单位制引自理雅各的注(《中国经典》,第一卷,第185页),其余全部均引自翟理斯(H. A. Giles)编撰的《华英词典》。

③ 《中国经典》,第三卷,第一部分,第36页。

④ 《礼记》,第四篇,第260、289页。

⑤ 《中国经典》,第一卷,第351页。

Ⅳ　价值与价格

物品价值不仅依赖其有用性，也依赖其稀缺性，孟子提出了这样的原则。孟子说：

> 民非水火不生活，昏暮叩人之门户求水火，无弗与者，至足矣。圣人治天下，使有菽粟如水火。[1]（《孟子·尽心上》） 424

根据孟子所述，水与火具备有用性，因为如果没有水火，人们不能生存，而当水火充足并易于获得时，水火则无价值可言了。另一方面，因为豆与粟在供应上受到限制，所以，二者兼备有用性与价值。因此，圣人想使豆、粟与水火一样富裕，换言之，圣人希望有价物品与免费物品一样丰富。设若对某物品有一持续的需求，那么，物品供应在数量上的增加是降低物品价值的基本原因。如果所有的有价物品全部转换成免费物品，那么，这些有价物品将不具备价值，但却具备有用性，民众因此不用付款就能获得这些物品，于是，民众愿意成为品德高尚的人。这就是圣人想要实现的目标——通过解决理财问题而解决伦理问题，这也是实用性的原则。

宋代伟大的作家苏轼（孔子纪元1587—1652年，或公元1036—1101年），曾清楚地指出了有价物品与免费物品之间的差别。苏轼说：

---

① 《中国经典》，第二卷，第462—463页。

且夫天地之间，物各有主。苟非吾之所有，虽一毫而莫取。惟江上之清风，与山间之明月，耳得之而为声，目遇之而成色。取之无禁，用之不竭。(《前赤壁赋》)

尽管苏轼的散文根本不是关于理财主题，但文中所论述者却是极好的理财学原理。根据苏轼的论述，有价物品供给有限，属于有价物品所有者；与之相反，免费物品供给无限，仅属于大自然，所以，前者具有价值，而后者却不具备价值。因此，在物品供给上，有
425 价物品有别于免费物品；然而，在对物品的需求上，二者并不存在任何差别。

尽管孔子绝少说价格，但却有一段关于价格的论述，并且，该论述与理财原则一致。子贡询问孔子："有美玉于斯，韫椟而藏诸？求善贾而沽诸？"孔夫子回答道："沽之哉！沽之哉！我待贾者也。"①(《论语·子罕》)这段对话完全不关理财问题，而只是一种比喻，子贡以玉喻指孔子，并请教孔子为什么不为谋取官职而自我推销，孔子的回答是，自尊比谋官职更重要、更合体。因此，孔子并不为谋求官职而屈尊，此即子贡与孔子对话的全部意义。然而，子贡与孔子的言语却表达了价格原理。因为价格由供需决定，如果卖主在商品出现任何需求之前，就提供商品以待售，那么，商品价格必定低；但是，如果卖主在手头保存商品，并等待商品需求的出现，那么，商品价格必定高。因此，这确实是严格的价格原理。

尽管孔子绝少论及价格，但是，由于他在官府任职，他的确影

① 《中国经典》，第一卷，第221页。

响了市场价格。据荀子所论，“仲尼将为司寇，沈犹氏不敢朝饮其羊……鲁之粥牛者不豫贾”[①]（《荀子·儒效》）。尽管虚抬价格在那时已普遍存在，为了抬高商品价格，卖者要手段欺骗购买者，尤其是贩卖牲口的商人。但是，当孔子将要就职鲁国的司寇时，他的 426
道德影响甚至挫败了市场上的欺诈行为，整个市场因此没有了虚抬价格。

在回答许行的追随者陈相时，孟子提出了一项非常好的价格原则。当陈相被孟子[②]挫败后，他提出下列论点争辩说：

> 从许子之道，则市贾不贰，国中无伪，虽使五尺之童适市，莫之或欺。布帛长短同则贾相若，麻缕丝絮轻重同则贾相若，五谷多寡同则贾相若，屦大小同则贾相若。

针对陈相的论点，孟子回答说：

> 夫物之不齐，物之情也，或相倍蓰，或相什百，或相千万。子比而同之，是乱天下也。巨屦小屦同贾，人岂为之哉？从许子之道，相率而为伪者也，恶能治国家？[③]（《孟子·滕文公上》）

根据上述辩论，我们可以看出，许行的学说认为物价应该统一在物品的数量基础之上，然而，孟子的价格原理认为价格应该根据物品的质量而发生变化。我们不能在许行的学说与孟子的原则之 427

---

① 《荀子》，第八篇。

② 参见上文，第385页；又参见下文，第485—486页。

③ 《中国经典》，第二卷，第256页。

间作出比较，因为前者显然错误，而后者明显正确。以下我们只对孟子的价格原则作一解释，根据孟子的原则，物品的价值不由物品的长度、重量、数量、大小决定，而是由物品的质量决定。在此，我们的问题是：是什么因素决定物品的质量呢？事实上，物品质量依靠于制作物品的成本，因此，如果粗劣的鞋与优质的鞋卖同样的价钱，那么，就没有人制作优质的鞋。如果我们用现代术语表达，即物品价格受制于生产物品的成本。当某物品的制作成本是另一物品的制作成本的两倍，或者五倍、十倍、百倍、千倍、万倍时，该物品的价格也将以同样的比例高于另一物品。关于制成品的价格，上述原则是正确的，甚至天然物品，比如珍珠、玉石，它们的价格也无法逃脱成本要素，因为获取这些天然物品极其困难，所以，这条价格原则对天然物品也是正确的。尽管此原则自生产者的立场出发，但生产者在形成物品价格上实在比消费者具有更大的力量。因此，生产成本是决定价格的重要因素。此外，如果我们回到孟子论点的起点上去，我们肯定会说一切物品的价格受制于物品本身的特性。根据“物之情”，一方面，孟子意味着自物品而衍生出的物品有用性，并从消费者的角度进行考虑；另一方面，孟子意味着投入生产物品之中的成本，并从生产者的角度进行考虑。因此，孟子关于价格受制于物品的特性的论述，极其正确并具有说服力，因为孟子的论述结合了物品的有用因素与物品的成本因素。

在消费者的需求与物品的价格之间存在着非常密切的关系，
428《礼记·王制》指出了二者间的密切关系。《王制》中说：天子巡视天下，“命市纳贾，以观民之所好恶，志淫好辟”①。郑玄注说，“质

① 《礼记》，第三篇，第216页。

则用物贵，淫则侈物贵。”因此，物品价格是消费者需求的标志，如果我们不知道消费者需求的特点，我们可以根据价目表的价格作出判断。事实上，大抵而言，消费者的需求是原因，而价格则是消费者需求的结果，尽管后者有时可能影响到前者。

V　货币与银行业

1. 货币与银行业的历史

中国的货币历史开始于最遥远的时代，据说从庖牺氏（孔子纪元前2420—前2288年，或公元前2953—前2839年）统治时代开始，就使用货币了。在虞夏时代，三种金属用于造货币，黄金作为本位为上币，白银居第二，铜最次。[①] 根据《禹贡》记载，扬州与荆州，均向帝国政府进贡“金三品”。[②] 我们可以这样说，中国人给了我们黄金本位最古老的范例。

周朝之初，“太公为周立九府圆法：黄金方寸，而重一斤；钱圆函方，轻重以铢”[③]。根据贾逵所论，四个朝代——禹、夏、殷、周有着相同的货币体制。[④] 他们使用金、银、铜三种货币，因此，楚国有“三金”[⑤]。 429

我们无可考证古代金、银、铜三种币制之间的比率，但是，我们确实知道汉朝时的比率。在王莽统治时期（孔子纪元561年，或公

① 《史记》，卷三十。

② 《中国经典》，第三卷，第一部分，第110、115页。

③ 《汉书》，卷二十四。

④ 《国语》，卷三（注）。

⑤ 《史记》，卷四十一。

元10年)，小钱，重一铢，名“小泉直一”，大钱重十一铢，名“大泉五十”，银货一品，重八两为一流，每流直钱一千；金货一品，重一斤，直钱一万，这些就是汉代金银铜三金之间的兑换比率。而根据此比率，银一两兑换略多于一斤十两钱，金一两兑换略多于八斤二两钱，事实上，金一两仅等于银五两。根据胡渭(其著作在孔子纪元2252年或公元1701年出版)所论，在古代，钱为衡定百货价格之标准，而钱之价则由金银衡定，当支付大项款额时，金、银替代钱，而
430 当金、银不足时，则由钱补足金、银。这三金体系的应用使三种币得以互相补充。①

秦朝时，仅有两种货币，黄金为上币，其重量为一镒，一镒为二十两，其名字因此为镒。铜钱为下币，铜币上刻有“半两”二字，其重如其字。汉高祖改变了铜币的重量，使之变得更轻，同时，汉高祖也改变金币重量(由镒改斤，一斤等于10000钱——译者注)。因此，秦朝与汉朝之初，货币体制相同。

自虞夏之始，中国就将黄金为货币本位，那么，为什么晋朝以后，中国又放弃了黄金本位呢？我们探寻其原因。第一，由黄金数量减少所致。在周朝与汉朝时，政府与民众均使用黄金。汉朝与北魏赎罪，皆可用黄金，后魏以金难得，令金一两收绢十四。在唐朝，用铜币替代金交纳赎金。因此，在南北朝时期黄金数量开始减少。而导致黄金数量如此减少的原因有四：(1)黄金消费量大。佛教寺庙是黄金的主要消费者，其次是朝廷；(2)黄金被输出国外；(3)黄金收藏者秘密储藏；(4)几乎没有金矿开采，没有大范围的黄金生产。以上原因使黄金稀缺，并妨碍了中国继续使用黄金作

① 《皇清经解》，册九，卷七。

为货币本位。

第二,金币的使用受格雷欣法则支配。除汉武帝与王莽统治时期之外,汉朝仅有两种货币,两种货币的法定货币一样多,因此, 431
铜币驱逐了金币。尽管两种币被分等,金为上币,铜为下币,在流通中也不平等,但是铜驱赶了金,获得优势,下币变成了主要的货币。此外,古代商业并未获得高度发展,小额款自然由下币支付,因此,铜币占据了更有影响的地位。而铜币驱逐黄金的主要麻烦是,因未对利用铜币的数量进行限制,民众不仅愿意在小额款上支付铜币,而且在大额款上也支付铜币,他们或者秘藏黄金,或者为其他目的使用黄金,而并不愿意用黄金支付大额款,于是,黄金逐渐地演变成了纯粹的商品,而非货币。因此,在晋朝之后,黄金停止作为货币。

秦朝以前,银作为一种货币被使用,其等级介于黄金与铜之间,但从秦朝到金朝,银不再作为货币使用。而仅在汉武帝与王莽统治时期,银被当作货币使用,但这体系仅持续了短暂的时间。在梁武帝(孔子纪元1053—1100年)统治时期,中国南方使用黄金与银作为货币;在北周时期(孔子纪元1110—1131年),中国西北也使用黄金与银作货币;经由唐朝到宋朝,中国南方依然使用银为货币,但是,银币被限制在某些指定的地方流通。在金代(孔子纪元1748—1197年)统治下,银开始被铸造充当货币,在全社会流通使用,并一直持续到现在。

纵观中国历史,主要种类的货币是铜,即我们通常说的铜钱。从秦朝到隋朝,最好的币为“五铢钱”,“五铢钱”首先由汉武帝(孔子纪元434年,或公元前118年)铸造。马士(H. B. Morse)说,“这种铜币,现今易于得到,浇铸美观,直径0.95寸,重46至51黍。” 432

从唐朝至今，最初由唐高祖（孔子纪元1172年，或公元621年）铸造的开元币，一直为铸钱标准。开元币直径为0.95寸，推测起来，是现代两（570至580黍）的十分之一。[①]

纸币是中国人的发明，《周礼》说到里布[②]，注疏者郑众（死于孔子纪元634年，或公元83年）注“里布”说：“布，参（叁）印书，广二寸，长二尺，以为币，贸易物云。”[③]元初何继先（Ho Yi-sun）指出里布如同现代的纸币。《周礼》记载有“书契”[④]。它由一木片制成，在其边缘上刻有字，分为两部分。这样书契用于买家与卖家付款与收款，并受到审计员“质人”的检查，这类似于现代的账单。因此，纸币的形式在周朝已出现了，尽管用的材料不是纸，因为那时候还没有纸。

官府发行纸币是唐朝的发明，唐中期曾一度货币缺乏，货币不允许带出当地。在唐宪宗（孔子纪元1357—1371年）统治时期，商
433 人们来到京城，他们存放钱在诸道设于京城的办事处“进奏院”，然后，从“进奏院”领取存钱的凭证（代币券）。以这样的方式，无论商人们去哪儿，他们都非常容易使用凭证提款，此凭证就称为“飞钱”。但这样的实践被中央政府禁止了，因为中央政府以为“进奏院”使货币不在流通之中，商品的价格因此将被降低。但是，当中央政府禁止商人提取“飞钱”后，导致的结果比以前更糟糕。因此，

① 这里是英寸，马士《中国泉币考》，第4页。马士（Morse，Hosea Ballou）也说：“在周朝，以铜币为证，二十四铢钱为一两，一两或许是97.5黍，一铢重4.06黍。”马士：《中国泉币考》，第8页。

② 《周礼》，卷十四。

③ 尽管郑众的注释可能不正确，但是，他的注已具有纸币的概念，这是显而易见的。

④ 《周礼》，卷十五。

在孔子纪元1363年(公元812年),为了继续开展“飞钱”业务,官府在京城开办了自己的办事处,那就是说,官府向存款人发行证券,在各省大城市,存款人以证券换成货币。这就是官府第一次发行纸币。这种制度盛行于宋朝(孔子纪元1511—1573年)早期。

在宋代,当“飞钱”像汇票一样进行交易时,四川人张咏发明了真正的纸币,这也是一种自发的行为。大约在孔子纪元1556年(公元1005年),“蜀民以铁钱重,私为券,谓之交子,以便贸易,富民十六户主之”。在这之后,当富民十六户倒闭、不能支付民众的债务时,于是发生了许多诉讼。因此,大概在孔子纪元1574年,官府在四川地区建立了银行以管理“交子”。大约在孔子纪元1574年,这种纸币在全国盛行,而且在整个宋代,有若干种类的纸币存在。

宋以后,历经金、元、明各朝,中国货币主要是纸币,尤其在元朝。而惟一的区别是在金朝以前,纸币仅仅代表铜币,而在金朝之 434
后,纸币既代表铜币,也代表银币。由于叙说中国纸币的全部历史需要太多的篇幅,况且我们以上所提到的史实,已足以说明纸币的起源了,所以对此不再赘述。

我们并不打算对私人银行系统进行讨论①,而只是对政府银行的发展进行大致了解。根据《周礼》所载,在周朝存在名叫“泉府”的政府银行。“泉府掌以市之征布,敛市之不售、货之滞于民用

① 中国有一种非常有用的机构,叫着“标会”。参与“标会”的每一位成员定时性地出资一定数量的钱,然后,在秘密竞标中,通过出最高利息,或者,当需要钱时,通过无利息的抽签可以获得一大笔钱。这些“标会”类似合作银行、人民银行、储蓄银行。相传这项制度由生活在东汉(孔子纪元771年,或公元220年)末期的隐士庞公所发明。

现存有影响的银行,是一世纪以前由山西人建立起来的,它们在全国设有支行。

者”，取息或不取息的贷款给民众①，这就是中国最初的政府银行。

在周朝之后，就没有政府银行了，即便在唐朝，当商贾“飞钱”之制运转之时，尽管存在银行业务，但却没有专门银行。而为了实施“飞钱”之制，宋初（孔子纪元1521年，或公元970年）建立了真正的、名叫“便钱务”的政府银行。在此后的时代，为了管理“交子”与“会子”，出现了许多银行。在金朝，在孔子纪元1749年
435（公元1198年），“流泉务”建立起来了。孔子纪元1814年（公元1263年），元朝在燕京建立“平准库”（又称“平准行用库”），“平准库”于次年设各路“子准库”，而所有这些银行都是为了发行与回收纸币。②

2. 货币原理

（a）一般原理

关于货币，孔子并未提出太多原理，但我们可以列出几项。首先，在民众的理财活动中，货币是必须的，其重要性仅次于粮食。因此，根据《尚书·洪范》，首先是食，其次是货，而在食与货之中，货为主要。其二，货币即是货，货币是财富的一部分，但却并非财富的惟一形式。因此，《洪范》将货币包含在术语货之中，没有人误认为货币等同于各类财富。③ 第三，货币是交换的媒介。《诗经》上说“氓之蚩蚩，抱布贸丝”④。第四，根据《禹贡》所载，有三种金属货币“金三品”，即金、银、铜三种。尽管这似乎是三金属本位制，但

① 参见下文，第587—588页。

② 目前，尽管货币与银行体系还没有得到完善，但是，在孔子纪元2456年（公元1905年），中央银行已经开业，在孔子纪元2461年（公元1910年），并采纳了银本位。

③ 参见上文，第50页。

④ 《中国经典》，第四卷，第一部分，第97页。

因为在“金三品”中，金为上币，银与铜为中币与下币，因此，在理论上存在金本位。假如我们用现代术语对金本位制进行阐述，那么，我们可以说黄金是本位，银与铜是辅币[①]。以上所述，均为孔子本人的货币原理。

在孔门弟子中，存在若干货币的原理。尽管管子不是孔门弟子，但其理论源自古代圣王，因此，管子的理论对孔门弟子而言是 436
共有的，所以，我们介绍管子的理论。根据管子所论，货币本身必须具备昂贵的价值，因为货币乃极难获得之物，能衡定其他物品的价值，因此，管子“以珠玉为上币，以黄金为中币，以刀币为下币”。管子说：“三币，握之则非有补于暖也，食之则非有利于饱也，先王以守财物、以御人事而平天下也。是以命之曰衡，衡者，使物一高一下，不得有调也。”管子的这一理论被孔门弟子接受[②]，诚然，货币的主要功能可用作价值本位。

(b)货币数量论

货币数量论是最重要的理论，它是孔门的理论，但该理论早在孔子之前就已出现了。根据《周礼》，当遇到灾荒和瘟疫时，免征商税，而铸造货币。[③] 根据《国语》，在孔子纪元 28 年(公元前 524 年)，卿士单穆公(单旗)说：

> 古者，天灾降戾，于是乎量资币，权轻重，以振救民。民患轻，则为作重币以行之，于是乎有母权子而行，民皆得焉。若 437
> 不堪重，则多作轻而行之，亦不废重，于是乎有子权母而行，小

---

① 参见上文，第 428 页。
② 《文献通考》，卷八。
③ 《周礼》，卷十四。

大利之。①

对这一理论需要做更多的解释。首先，我们必须明白为什么在发生自然灾害期间需要铸造货币。在古代，不仅有金属货币，谷物也被用作货币。然而，谷物并非价值本位，仅充当交换的媒介。因此，无论任何时候发生任何自然灾害，都会像现代危机一样，因为谷物非常珍贵，并不足够用来充当货币。于是，为了留给民众食物，政府补充金属币以替代谷物，以节省流通中的谷物。这就是为什么在灾害时期政府铸造货币。

根据货币数量论，如果增加货币供应量，那么，物价就上涨，而正处于灾荒时期、谷物价格昂贵之时，究竟缘何要铸币呢？是为了提高粮食价格吗？为了回答此问题，我们必须了解古人的情形。在古代，民众大部分是农民，他们拥有自己的谷物以供食用，除非他们交换他们的粮食，否则，他们不能获得其他必需品。但是，如果他们这样做了，他们的粮食将不足以供自己使用。因此，政府提
438 供货币给民众，以使其为获得其他必需品而进行交换。而政府提供货币给民众，则完全是为了扩大民众的购买力，并非特地为了提高粮食价格。而这样一来，即使农民缺乏粮食，他们也能用货币购买粮食，否则，他们根本没有用于交换的媒介。因此，即使因增加货币量而稍微提高了粮食的价格，但对农民而言，依然会比他们根本没有货币购买粮食更好。然而，问题是农民如何能获得货币呢？遭遇灾年时，政府将贷款或分发货币给农民。简言之，古代政府为这样的目的而铸币，这如同现代政府为了缓解危机而发行钞票一

① 《国语》，卷三。

样。然而，尽管年成不好时确实存在对货币的大量需求，但却并不是过量地提供货币。

此外，在饥荒与疫疾流行期间，除了粮食昂贵外，通常情况下商品便宜，社会购买力因饥荒与疫疾的流行而减小，对商品的需求量也随之降低，商人破产、情绪低落，整个社会处于停滞状态。处于这样的时期，铜也非常便宜，因此，政府采用廉价的铜，并使之转换成为货币，之后，为了帮助商人渡过难关，政府向市场发行铜币，以抬高商品的价格；而且，如果商人不能出售其商品，政府将用铜币购买商人的商品，以便商人能在任何地方利用铜币做他们的生意，这样，整个社会被刺激起来了。这就解释了在荒年时缘何政府要铸造货币，确实，这并不与货币数量论相悖，相反与货币数量论一致。

其次，让我们继续谈谈货币数量论本身。根据单穆公所阐述的观点，所铸币应该与币本身的数量与价值一致，当过量地供给货币时，货币的价值降低，商品的价格升高，因此，当出现这样的情况时，政府就会缩减轻币的数量，而发行重币，具有更高价值的重币称为“母”，轻币则称为“子”。母钱为本位，子钱则为辅币。例如，物品价格总额为八十钱，其中五十钱应由母钱支付，而其余三十钱 439
由子钱支付，这是单本位制，于是“母权子行”，这就意味着减少货币数量而增加货币价值，商品价格因此被降低了。另一方面，与前者相反，当货币供给不足时，货币价值就高，商品价格就低。所以，政府应该发行更多轻币，而又不废止重币。然后，民众以重币贸其贵，而以轻币贸其贱，这样，是子钱而非母钱成为了本位，于是“子权母行”，这就意味着货币在数量上增加、在价值上减少，而商品价格因此随之提高，这就是单本位制，政府为了调节重币与轻币——

两种货币的价值与价格，而控制两种货币的数量。尽管存在重币与轻币两种货币，但在一确定的时期内，却只有一种货币本位。而货币本位根据货币的数量，在两种货币之间交替，这就是货币数量论。

货币数量论为所有政治家与士人认可，因此，我们除了介绍贾谊的论述之外，不再继续讨论其他权威看法，贾谊说："上挟铜积以御轻重，钱轻则以术敛之，钱重则以术散之，货物必平。"根据贾谊的理论，货币价值偏低，是因为货币数量太多，此时应该缩减货币数量。而货币价值偏高时，是因为货币数量不足，此时应该发行货币。这是由政府控制货币数量以调节物价，这就是孔门弟子共同
440 的货币理论。

(c)铸币

自有史记载以来，货币总是由政府铸造，而只有在汉文帝(孔子纪元377年，或公元前175年)统治时期，才有"使民放铸"的自由铸钱政策。贾谊反对汉文帝任民铸钱政策，并对此提出以下各项理由：(1)允许民间自由铸币，将诱使民众在铸钱时杂以铅铁以谋取大利，以致犯黥罪；(2)摧毁统一的标准(货币本位)，并引起"市肆异用"，钱文混乱；(3)鼓励民众放弃农业而从事铸造"奸钱"，这些均是巨大的灾难。而与此相反，如果政府垄断铸币权，将会有七大益处：(1)民众免于犯罪；(2)建立起了民众的信心；(3)采矿工与铸币者将回到农业中去；(4)政府能够控制货币数量与平抑价格；[1](5)政府能控制社会秩序；(6)政府能够控制对商品的供需。[2] (7)通过财政上的控制，能与胡人抗衡。但是，汉文帝没有采

① 参见上文《国语》卷三，第439页。

② 参见下文《国语》卷三，第552—556页。

纳贾谊的建议。在孔子纪元408年（公元前144年），汉景帝才废除了《盗铸钱令》，并颁布了惩罚造伪币者死刑的法律条文"定铸钱伪黄金弃市律"。因此，贾谊所表达的内容由此成为了经典理论。

为了阻止违法铸币，铸造货币应该根据标准的质量与重量。孔子纪元1033年（公元482年），朝臣孔觊指出，政府严刑峻法之所以不能遏制民间非法盗铸，"由上铸钱惜铜爱工也。惜铜爱工 441
者，谓钱无用之器，以通交易，务欲令轻而数多，使省工而易成，不详虑其为患也"。宋代杰出的孔教徒吕祖谦（孔子纪元1688—1732年，或公元1137—1181年），将孔觊的"不惜铜爱工论"视为铸币制度的基本原则。吕祖谦说，"国家之所以设钱，以权轻重本末，未尝取利。论财计不精者，但以铸钱所入多为利，殊不知铸钱虽多，利之小者；权归公上，利之大者。""若不惜铜钱则铸钱无利，若不得利则私铸不敢起，私铸不敢起则敛散归在公上，鼓铸权不下分，此其利之大者。徒徇小利，钱便薄恶，如此奸民务之皆可以为。钱不出于公上，利孔四散，乃是以小利失大利。"因此，良币阻止私铸劣币，因为私铸劣币已无利可图。

根据历史记载，在孔子纪元1046年（公元495年），自由铸币制度有了发展，在北魏孝文帝统治时期，政府开放了铸币厂，并招收了铸币工，"民有欲铸，听就铸之。铜必精练无所和杂"。此法令或许为了鼓励使用货币，以及鼓励供给造币厂铜，因为孝文帝是北魏第一位颁布政令要求民众使用货币、建立铸币厂的皇帝。如果我们将孝文帝所颁政令用现代用语表达，那就是自由铸币制。 442

（d）纸币

为了管制纸币的币值，必须有若干收兑纸币的准备金，沈该提倡这一理论，并得到宋高宗的采纳（孔子纪元1678—1713年）。沈该认为政府应该“官中常有钱百万缗，如交子价减，官用钱买，方得无弊”。马端临也提出了关于纸币的极其优秀的理论，他说：“昔也以钱重而制楮，楮实为便；今也钱乏而制楮，楮实为病。”（《文献通考·钱币二》）根据沈该与马端临的观点，纸币只能代替钱币发挥流通手段的职能，但纸币非钱币本身。换句话说，当有钱流通时，能以纸币代替钱币流通，而当“钱乏”时，则不能以纸币流通。[1]

叶子奇[2]提出了极令人信服的理论，他说：

> 元之钞法……宋之交会，金之交钞，当其盛时，皆用钞以权钱。及当衰叔，财货不足，止广造楮币以为费。楮币不足以权变。百货遂滥而不行。职此之由也。必也欲立钞法，须使钱货为之本，如盐之有引，茶之有引，引至则茶盐立得。使钞
> 443 法如此，乌有不行之患哉？当今变法，宜于府县各立钱库，贮钱若干，置钞准钱引之制，如张咏四川行交子之比，使富室主之。引至钱出，引出钱入，以钱为母，以引为子，子母相权，以制天下百货。出之于货轻之时，收之于货重之日，权衡轻重，与时宜之，未有不可行之理也。譬之池水，所入之沟与所出之沟相等。则一池之水，动荡流通而血脉常活也。借使所入之沟虽通，所出之沟既塞，则水死而不动，惟有涨满浸淫。（《草木子·卷三下·杂制》）

---

① 自从孔子纪元1682年（公元1131年）将铸钱司合并到漕司，除了以现钱收兑纸币外，诸如茶、盐、香、矾等物品，在不知不觉中被使用作为实物收兑纸币。《文献通考》，卷九。

② 叶子奇的著作写于孔子纪元1929年（公元1378年）。

根据叶子奇的理论，控制纸币最好的政策就是兑现纸币——譬如池之水沟泄水。然而，如何兑现纸币呢？“使钱货为之本”，以钱为母，这就是纸币的基本原则。而纸币的基本原则，还应与货币数量论一致，换言之，纸币的投放不能超出一定的限度，即使存在现金储备。但是，我们如何知道准确的纸币投放量呢？而纸币投放量以“天下百货”之价为判断。无论是纸币，还是钱币，物价即为货币数量的标志，这就是叶子奇的理论。 444

(e)格雷欣法则

第四，自宋朝使用纸币以来，就存在与格雷欣法则相似的理论。叶适说：“人不究其本原，但以钱为少，只当用楮，楮行而钱益少，故不惟物不可得而见，而钱亦将不可得而见。”(《文献通考·卷九·钱币考二》)

叶适的论述结合了货币数量论与格雷欣法则，对于前一理论，叶适意指国家财富依赖于货物的增长，而非钱币的增加。当货物充裕时，其价即廉，而钱币之价值高。反之，如果货物不足，这就会导致钱币价值降低。因此，叶适说“物不可得而见”，因为他将钱币数量与货物数量进行比较。而对于后一理论，叶适意指当钱币与纸币同时在市场流通时，纸币驱逐钱币。因为使用纸币，钱币将从流通中被驱逐出去。所以，叶适说钱币“不可得而见”。这在原则上与格雷欣法则相似。因此，我们可以这样说，叶适发现了格雷欣法则，因为他看见了纸币驱逐金属货币的事实。

而袁燮比叶适更清楚地论述了格雷欣法则。孔子纪元1774年(公元1223年)，袁燮说：

今议者急于丰财，欲用铁钱与铜钱并。当不足之时，倏易

有余，宁不可喜？而其实有不然者。往时楮币多，故铜钱少，
445 而又益之以铁钱，不愈少乎。往时楮币多，故物价贵，今又益
以铁钱，不愈贵乎？……臣窃观当今州郡，大抵兼行楮币，所
在填委，而钱常不足。间有纯用铜钱不杂他币者，而钱每有
余。以是知楮惟能害铜，非能济铜之所不及也。①

根据袁燮所论，货币复本位制的弊端显而易见，假如铁钱与铜钱并行流通，那只会使铜钱更加少，因为铁比铜价廉，而劣币总是驱逐良币，这正好是纸币与铜钱并行流通时的情况。如果纸币与铜钱一起采用，纸币将驱逐铜钱；如果“间有纯用铜钱不杂他币者，而钱每有余”。因此，货币制度应该选择单本位制。货币制度单本位制的原则在任何情况下都切实可行，在铁钱与铜钱之间存在这样的原则，在金与银之间也存在这样的原则。确切地说，这就是格雷欣法则。

Ⅵ 商业法规

根据孔门弟子的理论，政府应该采取积极措施对民众的商业贸易进行管制。《礼记·王制》上说：

凡执禁以齐众，不赦过。

有圭、璧、金、璋不粥于市；命服、命车不粥于市；宗庙之器
446 不粥于市；牺牲不粥于市；戎器不粥于市；用器不中度不粥于

① 《续文献通考》，卷七。

市；兵车不中度不粥于市；布帛精粗不中数、幅广狭不中量不粥于市；奸色乱正色不粥于市；锦文珠玉成器不粥于市；衣服饮食不粥于市；五谷不时、果实未熟不粥于市；木不中伐不粥于市；禽兽鱼鳖不中杀不粥于市。关执禁以讥，禁异服，识异言。①

以上共有十四条禁令，我们可以将其分为四类。(a)从第一条到第五条禁令，维持社会秩序的规则——禁止庶民拥有之物；(b)从第六条到第九条所列物品不适合消费，这四条禁令维持法定标准；(c)从第十条到十一条禁令，为了防止奢侈与放荡；(d)从第十二条到十四条禁令，提到还不适于消费的物品。因此，这三条禁令一方面促进自然物品成熟生长，另一方面，防止来自于不合理消费的伤害。以上十四条禁令是商业法规的实例。

根据《周礼》记载，主管市场的司市负责商业法规。在司市的管治下，下设若干职务的官员。为了便于读者阅读，我们将以下述六类主题对商业法规进行分类：第一，按照官员的设置与商人店铺 447
来区分市场地段，按照货物的不同来分类安排店铺，换句话说，为了出售某种货物，这类货物的店铺安排在一起。第二，市场交易时间划分为三段，中午、早上与晚上。其中最受欢迎的交易时间是中午，此时，所有百姓前来市场，因此，这段时间被称为“大市”。“朝市”的主要参与者是商贾；“夕市”的主要参与者是贩夫贩妇。第三，为了禁止假冒商品与杜绝欺诈，每二十个店铺设一稽核员“胥师”。胥师对管辖地商人“察其诈伪饰行儥慝者，而诛罚之”。

第四，政府控制物价。为了实现对物价的控制，政府颁布了六

① 《礼记》，第三篇，第238页。

条政策。(a)每一店铺设置一位主管“肆长”,肆长“陈其货贿,名相近者相远也,实相近者相尔也,而平正之”。例如,各类珠玉,俱名珠玉,但其价值显示出巨大的差别。一方面,商人易于欺骗农夫愚民,因此,货物的排列必须使人容易区别。另一方面,质量相近货物,可以被排列在一起。辨别货物质量是控制物价的基础。(b)
448 所有货物都有一固定价格,而价格由货物数量的多寡而定,以此鼓励购买者购买。(c)每二十店铺(肆),设置一位商人负责人贾师,贾师视货物之成本并确定其价之高下。当有自然灾害发生时,禁止商人抬高货物价格。比如,在饥荒时,粮食应该按照通常价格出售;在有大的疾疫流行时,应该以正常价格出售棺材,禁止贵卖。[①] 此外,四季成熟之物也依据正常价格进行限制,禁止贵卖。简言之,价格应该稳定。(d)设置一价格审计员“质人”,以监视贵重物品的价格,通过质人评定物价,交易得以进行。(e)政府通过提价与降价,调节供给。当某物完全不在供应之列时,政府使其在供应之列;当某物有用时,政府促使其供应充足;当某物有害时,政府杜绝其供应;当某物放纵奢侈时,政府促使其供应减少。前两条政策通过提高价格实现,而后两条政策,则通过降低价格实现。(f)设置政府银行收购民众卖不动的货物,而当民众需要这些货物时,政府贷款给他们。以这样的方式,政府调节需求与供给,价格因此被保持在一固定的水平上。

第五,所有的买卖交易通过授予质剂进行。质剂由分为两部分的一块木片制成,一部分给买者,另一部分给卖者。为了“结信

① 在现代,这样的政策已经向对立面转变。在饥荒时期,为了促使商人运进更多的粮食而抬高粮食价格。

而止讼”，政府发行质剂，并由质人管理。当买卖大时用长券(质)；当买卖小时用短券(剂)。凡任何有关质剂的争论[①]，由质人受理。然而，从收到质剂到提出诉讼的时间期限，根据诉讼人(与都城)的 449
距离存在不同的限制，如果原告住在都城，在十天以内；原告在四郊，在二十天以内；原告在甸、稍之地，在三十天之内；原告在小都、大都，在三个月之内；在诸侯国，在一年之内。凡超出时间期限不予受理。

第六，设置警察系统。市场的大门由手持鞭子与戟的警察看守，每两个店铺，设一位警察“胥”掌管；每十个店铺，设一位首领“司暴”，管制那些打架、吵闹、扰乱市场与聚众吃喝的人。每五个店铺，设置一侦探“司稽”，司稽的职责是发现违反禁令的人、监视陌生人、注意那些长时间在市场游荡的人，并抓捕盗贼。对在市场违犯禁令者有三种惩罚——用告示宣布其犯禁行为，将其作为坏典型示众，以及最严厉的惩罚鞭打。如果违犯禁令者触犯刑法，将其转到法庭。

《周礼》介绍了以上全部的法规。[②] 尽管《周礼》由刘歆编撰，然而，以上所述真实地存在于周朝。事实上，在古典时代，政府的确非常细致入微地干预民众的商业活动。

Ⅶ　国际贸易

“柔远人也”[③]，这是孔子九项为政原则之第八项，因此，对外贸

① 参见上文，第432页。

② 《周礼》，卷十四、十五。

③ 参见上文，第316—317页。

450 易在孔子为政体系中占据了专门范畴。而对“与外国异族安和相处”的实践为:“送往迎来,嘉善而矜不能。”因此,根据孔子的原则,为了开展对外贸易,国家不仅应向外国人打开国门,而且,还因外国人住地遥远,故而还要给予他们特别的关切。

国际贸易原理建立在理财条件的地理差异上,《王制》上说:“中国、夷、蛮、戎、狄,皆有安居,和味,宜服,利用,备器。五方之民,言语不通,嗜欲不同,达其志,通其欲,东方曰寄,南方曰象,西方曰狄,北方曰译。”①

根据以上的陈述,掌管外交事务的官员,其主要职责为促进对外贸易。为了表达外国人的思想、交流他们的想法,外事官员的责任是通译外国语言。因为中原与东方、南方、西方、北方的人民,都各有安居的处所,合适的口味,适宜的衣服,有用的用具,完备的器材,这决定了对外贸易完全是提供彼此间的互惠需要,并共同获利。此外,因为不同区域人民的嗜好不一,而对外贸易能够交换相
451 互的需要,为了发扬不同区域人民不同的嗜好,并利用在此区域不短缺、在彼区域却需要的物品,于是对外贸易成为必需,“闭关”政策与孔子的“与外国异族安和相处”之原则相抵触。

据《周礼》记载,设置有负责外来移民的专员“怀方氏”,其职责是迎接各方来宾。怀方氏命令其下属,护送外国人启程回国,并迎接远道而来的外国人;发行通行证,以供外国人旅行;怀方氏关照、办理外国人的供应品、旅店、食物与水。依靠这样的方式,怀方氏促成外国人进献贡物与土特产给政府②,这即是古代对外贸易的特

① 《礼记》,第三篇,第229—230页。

② 《周礼》,卷三十三。

征。而因为中国周边的部族发展比中国自身低,中国的开放贸易实际有利于周边部族。因此,当周边部族前来中国时,他们总是给中国政府进贡,以示他们承认中国的宗主国地位;但与此同时,他们向中国输出他们的货物,以交换中国的货物。此外,作为对他们贡物的回报,中国政府总是根据他们的需要,回赠他们物品。因此,这实际上是在进贡名义下的对外贸易,进贡与贸易,互相因此被联系起来了。而进贡与贸易的同样程序一直持续贯穿于鸦片战争爆发前(孔子纪元2393年,或公元1842年)的整个历史。自鸦片战争开始,中国的对外贸易显示出在古代与现代之间的巨大差异。

以上我们讨论了中国与附属国之间的贸易,现在,我们回到在
中国内部平等国家之间的贸易上来。中国是一庞大帝国,在周朝
晚期分裂成不同的国家①,而在这些国家之间开展的贸易是真正的
国际贸易,而不是国内贸易。因此,国际贸易成为极为重要的问 452
题。根据《左传》所记,卫文公(孔子纪元前118—前84年,或公元
前669—前635年)通过促进通商贸易重新建立起严重毁坏的国
家,因此,"国际贸易"一词产生了,最初的汉语称为"通商"②。

哪里有国际贸易,哪里就一定存在商业条约,假如我们想追溯古代具有商业性质的条约,我们可以举出几个例子。孔子纪元前100年(公元前651年),七个诸侯国在葵丘盟会,在盟会上达成协议,协议第五条有一项规定:"无遏籴",因为粮食是主要的食物,七国使粮食免税出口,当孟子说到这次会盟,他赞扬七国在盟会上达成的协议。③

① 参见上文,第129页。
② 《中国经典》,第五卷,第一部分,第131页。
③ 《中国经典》,第二卷,第437—438页。

孔子纪元前18年(公元前569年),晋大夫魏绛指出了中国与戎人进行和平交往的有利之处,他列举了跟戎人媾和的五种利益,第一条即是交换的益处;第二条是生产的连续性。魏绛说:“戎狄荐居,贵货易土,土可贾焉,一也。边鄙不耸,民狎其野,穑人成功,二也。”①

孔子纪元前11年(公元前562年),十三国诸侯会盟于亳,制
453 定了共同遵守的邦交盟约,最前面的两条盟约为:“凡我同盟,毋蕴年,毋壅利。”②根据这两条盟约,第一条提到粮食,第二条指一般货物——或者出自一定地方的自然资源,或者来自具有高超技艺的某地民众,这就是确保出口免税的条约。

孔门的国际贸易理论是一极端的自由贸易学说。根据《大戴礼记》,孔子说:“昔者明王关讥而不征”③,《孟子》、《荀子》以及《王制》均重复了这样一段论述。孟子几次提到这一学说,一次孟子说:“关讥而不征,则天下之旅皆悦,而愿出其路矣。”④(《孟子·公孙丑上》)又有一次,孟子说:“古之为关也将以御暴;今之为关也将以为暴。”⑤(《孟子·尽心下》)另外一次,孟子将设置关卡与偷鸡作比较。⑥ 可见,孟子确实谴责关卡征收税金,并认为关卡征收税金为非正人。当荀子描述自由贸易的作用时,说:“通流财物粟
454 米,无有滞留,使相归移也,四海之内若一家。”⑦因此,根据孔门的

① 《中国经典》,第五卷,第二部分,第424页。
② 同上书,第453页。
③ 《大戴礼记》,第三十九篇。
④ 《中国经典》,第二卷,第200页。
⑤ 同上书,第481页。
⑥ 同上书,第278页。
⑦ 《荀子》,第九篇。

主张，国际贸易应该是绝对地自由。而之所以如此，其原因在于孔门弟子的原则是世界大同主义，而且，其目标是使全世界均平，因此，他们以极端的形式提倡自由贸易学说也就不足为奇了。

自由贸易仅为孔门的理论。周朝征收关税，根据《周礼》记载，管理关卡的官员，负责征收货物税与货物存放仓库的租金，如果走私任何货物，将没收走私货物，并惩罚货主。只有在饥荒、瘟疫时，才暂免征收关税，但是，针对个人的检查仍然进行。① 从这个例子我们发现，《周礼》所记与孔门弟子的理论之间的区别，前者是事实的记录，后者则是理论，二者有时走到一起，而有时又存在分歧。

Ⅷ　商人的地位

在周朝，商人的地位极为显著。虽然商人大部分以个体经营营业，但也存在合股企业与合伙企业，管子、鲍叔牙（在孔子纪元前143年，或公元前694年）就提供了合伙企业的最好示范②，二人后来成为了齐国著名的大夫。《周礼》里提到了公司："凡民同货财者，令以国法行之，犯令者刑罚之。"③郑众注说，"同货财者，谓合 455
钱共贾者也。"因此，商业合伙公司在周朝就存在了。

还有一证据能证明在周朝存在商业公司与商业行会。孔子纪元26年（公元前526年），郑国的大夫、孔子的好朋友子产曾说："昔我先君桓公，与商人皆出自周，庸次比耦，以艾杀此地，斩之蓬蒿藜藋，而共处之。世有盟誓，以相信也。曰：'尔无我叛，我无强

① 《周礼》，卷十五。
② 《史记》，卷六十二。
③ 《周礼》，卷三十五。

贾，毋或匄夺；尔有利市宝贿，我勿与知。’恃此质誓，故能相保，以至于今。”（《左传·昭公十六年》）

而通过这样的陈述，子产保护了一位被迫出售玉环给强国晋国的执政大臣的商人。①

从上述事实，我们注意到商人力量极其强大，他们帮助过最强大的公爵、皇帝的叔父建立新国家，并代代与诸侯订立盟约，这显示出民主运动、商业自由以及契约社会。从郑桓公迁民于洛水以东，立国于新郑，到子产陈述国君与商人缔结盟约的史实，历时248年，而在这段时间里，国家没有违背与商人订立的盟约；订立如此
456 的盟约绝不可能由个体商人进行，他们必定自己结合成一合法团体。因此，一代又一代，商人的合伙团体在制订与保护盟约上具有永久活力。为了保卫这盟约，弱国的政治家甚至敢于拒绝一重要强国的外交使节所提出的对玉环的要求。这证明了在国家与商人合伙团体之间的国内契约甚至强于国际关系。事实上，郑国是一个商业国家，而商人合伙在郑国具有强大的控制力。

了解了孔子时代就存在商业合伙团体，我们现在考虑个体商人的地位，为此，我们举几位卓越的商人为例。

在孔子纪元前76年（公元前627年），秦军去攻打郑国，郑国的商人弦高，在他经商的途中遇到秦军，弦高谎称自己是郑国国君派来的使者，他用四张熟牛皮为礼物，再用十二头牛犒劳秦军，又以恭维之语拖延秦军将领；同时，又派人员以最快的速度赶回郑国报信。郑国因此获救。② 这就是商人救国的例子。

① 《中国经典》，第五卷，第二部分，第664页。

② 《中国经典》，第五卷，第一部分，第224页。

《史记·货殖列传》①中的主要人物是子贡。子贡是孔子的弟子,但也是一位商人。他用自己的资本进行投机,出售财物,获得了巨大的利润。在孔子所有的弟子之中,子贡是最富有的,乃至于子贡在任何时候拜见任何诸侯,"所至国君无不分庭与之抗礼",甚 457
至孔子的名声也部分由于子贡的努力。

稍晚于子贡的商人是范蠡。范蠡是越国的大夫,在政治上取得成功后(孔子纪元79年,或公元前473年),范蠡成了一名商人,他从其老师计然那儿获得理财的理论,而该理财论值得我们讨论。计然说:"知斗则修备,时用则知物,二者形则万货之情可得而观已。……旱则资舟,水则资车……②平粜齐物,关市不乏,治国之道 458
也。积著之理,务完物,无息币。以物相贸易,腐败而食之货勿留,无敢居贵。论其有余不足,则知贵贱。贵上极则反贱,贱下极则反贵。贵出如粪土,贱取如珠玉。财币欲其行如流水。"(《史记·货殖列传》)

以上均为计然的理财原则。范蠡在成功地将这些原则应用于治国之后,他希望将这些原则也应用在发家上。因此,范蠡成了富有的商人,而他的方法就是挑选合适的人与抓住合适的时机。事实上,这就是(商业)投机。范蠡在十九年时间内,三次积聚财富(至千金之多),并两次将财富分发给穷人,其财富的数量上了亿。因此,范蠡以其富有而著名。

大约在孟子时代,曾有一位白圭。③ 白圭被称为"商祖",但他

① 《史记》,卷一百二十九。

② 这就是积著之理,"旱则资舟,水则子车,以待乏也",这项原则通常获得巨大的利润。

③ 白圭因此是一位孔教徒。

将理财学视为一门艺术，而非科学。白圭考虑更多的是时机的变化，其经商策略是："人弃我取，人取我与。"白圭"能薄饮食，忍嗜欲，节衣服，与用事童仆同苦乐，趋时若兽挚鸟之发。"因此，白圭将其理财之道，与最伟大的政治家的政见、兵学创始人的谋略、法学创始人的法治相比较。白圭说："是故其智不足以权变，勇不足以决断，仁不能以取予，强不能有所守，虽欲学吾术，终不告之矣。"(《史记·货殖列传》)

459 因此，司马迁告诉我们，中国的理财学家公认白圭为"治生祖"，他说："其有所试矣，能试有所长，非苟而已也。"①

① 子贡从事商业经营以后，成了鲁、卫两国之相；范蠡经商之前，已经是越国的大臣，而从商以后，又成为齐相。白圭是魏文侯的指挥官，并在孔子纪元144年(公元前408年)为魏国占领了中山国，但白圭也是一位商人。子贡、范蠡、白圭是那个时代卓越的商人代表。而此三人是事实上的真正的商业学派的奠基者。

在秦朝，商人的地位也非常显著，吕不韦是一位伟大的商人，他赢得了秦国，并成为了秦始皇的仲父(孔子纪元292年，或公元前260年)。(《史记》，卷八十五)秦始皇使一位名叫倮(乌氏倮)的牧民头领享受诸侯的待遇；他以客礼相待一位名叫清的寡妇，并为她修建了一座塔"怀清台"。乌氏倮与寡妇清，二人均以其财富著名。(《史记》，卷一百二十九)以上所述证明了商人的地位极具荣誉与力量。

第七篇　分配 460

24　分配通义并论租论息及利

Ⅰ　分配通义

孔教徒的理财论重视分配问题胜过生产问题，其原因在于孔教徒所具有的社会主义倾向胜于个人主义倾向。孔教徒具有若干关于财富分配的原则，我们可将其划分为以下三类：平均分配财富、按生产能力分配财富（按劳分配）与按需分配。

1. 平均分配财富

首先，财富应进行平均分配。平均分配财富，并非意味着人人均享有同等收入，而是人人均应有获得同等收入的同等机会，因此，会有少数人，由于他们的能力与工作贡献，他们理应获得与别人不一样的财富。但是，只要多数人能享有平等的生产机会，在不忍受贫穷的条件下能以社会标准生活，那么，此即是财富的平均分配。在事实上，财富从未有绝对的平均分配，而只能是最接近平均的分配。荀子说：

461 夫贵为天子，富有天下，是人情之所同欲也；然则从人之欲，则势不能容，物不能赡也。故先王案为之制礼义以分之，使有贵贱之等，长幼之差，知愚、能不能之分，皆使人载其事而各得其宜，然后使谷禄多少厚薄之称，是夫群居和一之道也。故仁人在上，则农以力尽田，贾以察尽财，百工以巧尽械器，士大夫以上至于公侯，莫不以仁厚知能尽官职。夫是之谓至平。故或禄天下，而不自以为多，或监门、御旅、抱关、击柝，而不自以为寡。故曰："斩而齐，枉而顺，不同而一。"夫是之谓人伦。①

根据孔子的社会原则，人被划分为两类，一类位居尊贵体面的社会地位，如天子、诸侯、大夫与士人，而另一类则位居卑贱的社会
462 地位，譬如庶民。尊贵者富有，卑贱者贫穷，因此，富与贵结伴，而穷与贱同行。但绝对没有把任何人限制在某一类人之中，而是根据他的能力，或者上升为尊贵，或者下降为卑贱。在天子、诸侯、大夫、士人与庶民这五个阶层之中，确实不存在财富平均，但在数量最多的庶民之中，财富必须是平均分配。这是因为：一方面，在他们之中，没有任何人能获得任何特殊的有利条件以增加其收入；另一方面，禁止上层阶级为了与庶民竞争而从事任何有利可图的职业。这就是孔子所说的平均分配。

而我们必须明白的是，根据孔子的原则，穷与富这两类人，不应被迥然分开；穷与富仅为相对，在二者之间并不该存在太多的差异。在周朝就存在阶级斗争，这在《诗经》里显示出来，《诗经》上说：

① 《荀子》，第四篇。

彼有旨酒，
又有嘉肴。
洽比其邻，
昏姻孔云。
念我独兮，
忧心慇慇。

这首诗的前四行描写了卑鄙的朝廷宠臣所拥有的财富与他们的享乐；后两行则是作者想到现实的混乱，以及行将到来的毁灭的忧伤。

诗中继续写道：

佌佌彼有屋，
蔌蔌方有谷。
民今之无禄，
天夭是椓。
哿矣富人，
哀此茕独。①（《诗经·小雅·正月》） 463

这首诗写于周幽王（孔子纪元前230—前220年，或公元前781—前771年）统治时期，幽王在位时，西周行将覆灭。诗中表现了在富人与穷人之间，横亘着巨大的鸿沟，如此不平等的分配正是西周行将毁灭的征兆，孔子以此为警示，以警告后来者，因此，《书经》上说："昔君文武丕平。"②

① 《中国经典》，第四卷，第二部分，第319—320页。
② 《中国经典》，第三卷，第二部分，第566页。

孔子之所以提倡平均分配财富，是站在心理学的角度上。就人性而言，拥有太多财富者，其人性不过与一贫如洗者一样潦倒。孔子说：

> 小人贫斯约，富斯骄。约斯盗，骄斯乱。礼者，因人之情而为之节文，以为民坊者也。故圣人之制富贵也，使民富不足以骄，贫不至于约，贵不慊于上，故乱益亡。①

因此，平均分配财富是为了保持富人与穷人的本性处于温厚，并维护社会和平。简而言之，孔子的意思是，政府是财富的分配者，也是生产与消费的管理者。

464 在《春秋繁露·度制》中，董仲舒说："孔子曰：'不患贫而患不均。'故有所积重，则有所空虚矣。大富则骄，大贫则忧。忧则为盗，骄则为暴，此众人之情也。圣者则于众人之情，见乱之所从生，故其制人道而差上下也，使富者足以示贵而不至于骄，贫者足以养生而不至于忧，以此为度而调均之，是以财不匮而上下相安，故易治也。今世弃其度制，而各从其欲，欲无所穷，而俗得自恣，其势无极，大人病不足于上，而小民羸瘠于下，则富者愈贪利而不肯为义，贫者日犯禁而不可得止，是世之所以难治也。"②

以上所述即是对孔子原则的解释。

平均是孔子重要的原则，平均也具有世界性的方面。正因为如此，孔子从国际视角出发，以提倡平均。《大学》中的最末一章，

---

① 《礼记》，第二十七篇，第284—285页。

② 《春秋繁露》，卷二十七。

也是最长的一章，被题名为“平天下”。而在该章中，最重要的主题
就是管理财富。[1] 在《中庸》里，孔子说：“天下国家可均也。”[2]因 465
此，孔子所设计者是应用于全天下的平均分配。

在孔子时代，各诸侯与大夫为了扩充领土与增加人口，发动战争、彼此讨伐，他们以为更多的土地与更多的人口将使他们更加富有。而在这些掠夺战争中，人民不仅没有任何利益，还牺牲他们的生命与财产。因此，当季孙氏家族准备攻打鲁国的附属国颛臾时，孔子提出了伟大的平均原则。孔子说：“丘也闻有国有家者，不患寡而患不均，不患贫而患不安。盖均无贫，和无寡，安无倾。”[3]（《论语·季氏》）

这三个特点，财富平均、境内安定与和平，是孔子理财理论的目标，但在三者之中，境内安定与和平是财富平均的结果。因此，财富平均为三者中之最基本者。

2. 按生产能力分配

第二，财富分配应基于生产能力。孔子说：“礼之先币帛也，欲
民之先事而后禄也……《易》曰：‘不耕获，不菑畲，凶。’”[4] 466

因此，孔子为孔门弟子制定了准则：“先劳而后禄。”[5]根据孔子的原则，分配以所生产的产品为依据，即使难于查明准确的生产能力，孔子依据生产能力进行分配的原则也是正确的。关于孔子的分配理论，我们将推延到工资问题上去做进一步讨论。

---

① 参见上文，第140页。

② 《中国经典》，第一卷，第389页。

③ 同上书，第308页。

④ 《礼记》，第二十七篇，第295—296页。

⑤ 《礼记》，第三十八篇，第404页。

3. 按需分配

第三，在《春秋》中按需分配是极其重要的原则。《春秋》记载：隐公元年，"天王使宰咺来归惠公仲子之赗。"既然周天子所赠之物并非鲁国原来的财富，而仅是天子所赠，那么，为什么孔子要使用"归"一词呢？那正是因为孔子想说明接受赠物的隐公，应该与天子共享所赠之物的所有权。何休这样注释这项原则："天地所生，非一家之有，有无当相通。"可见，这类似共产主义思想。然而，我们必须更加清楚地理解这项原则，孔子承认财富的私人拥有权，但
467 是，孔子否认私人对财富享有绝对的权力。因此，他使社会为万物的最高拥有者，并使暂时的财富所有者只是财富的托管者。大自然是生产的合作者，任何人均不能依据占有理论或劳动理论要求对任何事物的绝对所有权。所以，财富的分配应该根据社会成员的需要。简言之，那些拥有太多财富的人们应该有赠物的义务，而那些一无所有者，则享有受赠的权利。这就是《春秋》的原则，而且是《春秋》通过并非意味着隐公无财的例子阐明了该原则。

在《论语》中，孔子说："吾闻之也，君子周急不济富。"①这就是分配的一般原则。

孟子曾极其清楚地解释了财富按需分配的理由，当孟子见齐宣王时，他向齐宣王提出建议说：

> 无恒产而有恒心者，惟士为能。若民，则无恒产因无恒心。苟无恒心，放辟邪侈，无不为已。及陷于罪，然后从而刑之，是罔民也。焉有仁人在位，罔民而可为也？

① 《中国经典》，第一卷，第186页。

是故明君制民之产,必使仰足以事父母,俯足以畜妻子,乐岁终身饱,凶年免于死亡;然后驱而之善,故民之从之也轻。今之制民之产,仰不足以事父母,俯不足以畜妻子;乐岁终身苦,凶年不免于死亡。此惟救死而恐不赡,奚暇治礼义哉?① 468

(《孟子·梁惠王上》)

在井田制里,孟子解释了所谓"恒产"的意思。孟子向齐宣王提出建议之后,紧接着简短地概述了按需分配的制度。诚然,使人成为好公民所必需者,是以分配公平为基础,如果人的身体需要得不到满足,那么,除极少数人例外,没有人能全面发展其智力与道德力量。②

Ⅱ　论租

1. 没有土地所有权

《春秋》既禁止诸侯随心所欲地授予封建采邑给任何人,也禁止大夫独占土地。此原则意味着除非天子,任何人均不是合法地 469
主。《诗经》上说:"普天之下,莫非王土。"③在古代,国君或者天子

① 《中国经典》,第二卷,第147—148页。

② 理雅各教授评价说:孟子关于仁人当政应该考虑并关注人民的物质财富的原则,应受到充分的尊敬。孟子教导说,由于贫穷的痛苦,民众抱怨生活,而这样大量的民众无以教化,这显示了孟子自己对人性的充分了解。尽管就大体而言,欧洲的教育家们现在认可孟子的这一原则,但我认为这仅在一个世纪以内,采取了在中国两千年前呈现在孟子面前的确定性与重要性。《中国经典》,第二卷,第49—50页。理雅各教授于公元1894年出版了其译作。

③ 《中国经典》,第四卷,第二部分,第360页。

象征着至高无上的帝国权力。因此，凡属国家者，也就属于国君或天子。所以，根据孔子的原则，除了国家，没有人应该拥有土地；甚至诸侯与大夫也没有权力在其统治下占有土地，庶民如何能对土地私有权有任何要求呢？我们确信，孔子不会允许土地受私有权支配，因此，在孔子思想体系中并不存在地租。

应该值得我们注意的是，孔子以为收取地租的正当理由是土地长期属于私人财产。土地只是一种生产资料，而孔子并不谴责资本家收取利息，故而孔子一定不会谴责地主收取地租。以孔子的观点进行判断，如果土地并非私人财产，那么，他不会让土地落入私人手里；但是，如果土地是私人财产，那么，孔子不会否认土地所有者收取地租的权利。

2. 与税相同的租

在孔子生活的时代，土地属于国有，因此，孔子与其弟子均未提出关于地租的理论。尽管如此、他们的原则的基本要点却能应用于地租问题上来。在孔子及其弟子生活的时代，土地为政府所有，民众缴纳地税给政府，尽管名词“地税”与“地租”在今天存在
470 差异，但在古代却未有分别。因此，即使在汉、唐，“地租”一词在“地税”意义上被使用；甚至在今天，存在所谓的政府收取的、使用公共土地的地租。因此，孔子提出的地税原理也就是地租原理。

3. 地租的数量

根据孔教徒的理论，地租的数量应该是土地总产量的十分之一——“什一而税”，这是适度的地税率，而根据上文的论述，这也是适度的地租率；无地税的土地，也就相当于无地租的土地。

根据历史事实，缴纳地租最早的惯例为对分佃耕制。对分佃耕制规定耕者保留一半的收成，其余一半收成作为地租缴纳给土

地所有者。尽管对分佃耕制遭到了孔门弟子的强烈谴责，然而，这样的惯例仍从秦朝①一直持续到现在。

在魏晋时期，百姓租用“官田”与“官牛”，耕种所得，政府取地租十分之六，民众留十分之四；如果百姓用“私牛”而耕种“官田”，那么，耕种所得遵守对分佃耕制。

在孔子纪元1077年（公元526年），北魏规定每亩田租“亩五升，借赁公田者亩一斗”②。因此，地租的数量与土地税五升相等。

金代从官田中获得了大量地租。在孔子纪元1752年（公元1201年），地租的平均数为每亩五升粟米，其中包括地税。而那时私田输税仅为每亩五升三合粟米，每亩纳秸十五斤。③ 471

孔子纪元2304年（公元1753年），为支持公立学校，在没有地税的前提下，官田平均地租为每亩0.165两银。④

事实上，地租是地税一种形式，而且，地租大大低于私田租金。但百姓交给官府的地租却由于运输成本与吏治腐败而增加，所以，百姓不可能交纳与私田租金同样高的地租给政府。因此，宋、明两朝使地租与私人地租同等，这样确实极大地伤害了民众。

除了对分佃耕制，极难发现交给私人的地租率，然而，却存在一些文字记录。在孔子纪元1345年（公元794年），大政治家陆贽说：“每田一亩，官税五升，而私家收租，殆有亩至一石者，是二十倍于官税也。降及中等，租犹半之，是十倍于官税也。夫土地王者之所有，耕稼农夫之所为，而兼并之徒，居然受利。”（《陆宣公集卷二

① 《汉书》，卷二十四。
② 《文献通考》，卷二。
③ 《续文献通考》，卷一。
④ 《皇朝文献通考》，卷一。

十二·均节赋税恤百姓》)

稍早于陆贽生活时代,土地分配制度被破坏了①,因此,陆贽并
472 不认可私家收租的权力,他的结论是“望凡所占田,约为条限,裁减租价”②。然而,就在陆贽提出上述措施的年底,他失去了官职,其理论也未获实行。经过宋③、元与明④,地租总量实际上一样,为上等耕地每亩米一石。现在,部分地租用钱缴纳。

Ⅲ　论利息

在汉语中有“息”与“利”两词存在。然而,“利”一词要么仅指“利”,要么兼用于指“利”与“息”二词,因此,二者间存在很大的混淆⑤。但由于“息”一词决不能用于指“利”,也决不能包含“利”之意。因此,我们将首先讨论“息”的问题。

1. 论利息的正当性

在汉语中,“interest”一词称之为“息”,其意为子(child)。在《史记》中,“利息”被称之为“子钱”⑥;在《诗经》中,被称为“生”,其意为增利。而最古老的表述出现在《书经》之中,盘庚(孔子纪元前850—823年,或公元前1401—1374年)说“朕不肩好货,敢恭生
473 生……”⑦由此观之,在殷朝,以利息为生的有钱人非常突出。那

① 参见下文,第520页。
② 《资治通鉴》,卷二百三十四。
③ 《宋史》,卷一百七十三。
④ 《明史》,卷七十八。
⑤ 参见下文,第475页。
⑥ 《史记》,卷一百二十九。
⑦ 参见《中国经典》,第三卷,第一部分,第247页。

么，这里的问题是为什么盘庚拒绝任用爱财敛货、以谋利为生的人呢？其原因在于：对政府官员而言，以利息为生是不正确的事，因为官员不应该像私人那样追逐任何物质财富。① 但盘庚并未禁止谋取利息，因此，任何人都有权取息，而对此惟一的劝阻即是谋取利息者不被任用为官员。这就是孔子的原则。

根据孔子的原则，谋利息并非有错，资金是母，而利息为母之子。资金在企业家指导下使用，资金能生息，这是近因；而企业家使用资金生息，其原因在于他本人或者就是企业家，或者，他能从资本家那儿借入资金，因为如果缺乏资金，他无以谋取利息，这是远因。因此，利息归因于资金，正如子归因于母一样。在中国文献里，利息被称之为“子”，而关于将利息称之为“子”的正当性，从未曾出现任何疑问，依据语言这一用词本身，就能极其清楚地表明其正当性，并不会引起争议。关于获取利息，在欧洲语言中的不同用法可能会引起部分争议。孔子没有谴责谋取利息。

当孟子引用龙子所说的农夫以百分之百的税率借钱付税时，他也没有谴责贷方的高额利率，而只是责备课税制度。② 孟子知道利息率由供需决定，所以他并未说任何反对利息率的话。甚至对如此高的利息率，孟子也没有进行谴责，所以孟子也不会谴责那些以正常利率获取利息的人。准确地说，孔教徒表明谋取利息是正 474
当的。

2. 利息率

尽管利息是正当的，那么，利息的正常利率应该是多少呢？关

---

① 参见下文，第 543—548 页。

② 参见下文，第 623—624 页。

于这一点,孔子未曾涉及,而根据孔门原则及其常见的用语“什一而税”进行判断,我们敢说,依据孔教徒的观点,理想的利率将是百分之十。

在《周礼注疏》中,郑玄阐述了他的利息率理论:政府银行“泉府”贷款给民众,根据借贷者的居住处而年利率不一,都城的借贷者,利率是百分之五;近郊的借贷人,利率为百分之十;远郊的借贷人,利率为百分之十五;甸、稍、县、都的借贷者,利率是百分之二十。[①] 因此,如果借贷者越是远离都城,其借贷利率就越高。尽管我们不能确定上述利率标准是否为周公所制定,然而,郑玄所阐述之理论极为有趣。郑玄是最重要的孔教徒之一,他的注释对历史史实有着极大的影响,所以,我们可以有把握地说,郑玄所叙述的理论,即是孔门弟子的利率论。我们在解释这一理论时,可以做这样的示意:因为都城是商业中心,因此,利率最低;而离都城越远的地方,其利率就越高,这就是供需决定利率的原则。但是,因为最高利率规定在百分之二十,因此,以上利率论显示出政府银行“泉府”是为了民众的利益着想。

以上我们提到的利率,也许一直停留在理论层面或者在理想
475 层面上,因此,我们现在来谈谈历史事实。根据《史记》记载,汉代初期,在所有的农民、工匠与商人中,年利率都是百分之二十,这就是正常利率。在孔子纪元 398 年(公元前 154 年),当朝廷为了筹措军费(向富民)借款时,因为借款的风险太大,因此,非常利率是本金的十倍之高。[②] 根据《大清律例》[③],利率被确定为百分之三十

① 《周礼》,卷十五。
② 《史记》,卷一百二十九。
③ 《大清律例》,卷十四。

的限度,然而,现在的商业利率比此限度低得多。尽管现在的利率在很大程度上发生变化,但通常而言,现在的利率是百分之八。

Ⅳ　利

长期以来,"利"一词被笼统地运用。"利"在古代包括利息、保险、经营者工资。确实,除用于生产开支以外,所有的收获由"利"一词概括。对农民而言,"利"甚至包括地租,因为农民不用付地租给任何人,除了向政府纳税以外,甚至不用支付任何人工资,因为他们自己就是劳动者。因此,我们必须了解利一词的范围。利一词用于指企业家的净利仅仅开始于沃克(F. A. Walker,1840—1897,美国经济学家——译者注),因而,我们并不会对古代中国笼统地使用这样一术语感到惊奇了。

1. 罕言利

我们从《论语》中得知,孔子绝少提到利①,这一表述属实。司马迁指出了孔子罕言利的原因,司马迁说:"嗟乎,利诚乱之始也!夫子罕言利者,常防其原也。"②所以,孔子说:"放于利而行,多 476
怨。"③(《论语·里仁》)诚然,孔子极为忧虑人们在乎私利。在孟子生活的时代,利变得更加突出,因此,孟子不仅极少使用利,而且激烈地抨击利一词。④ 以上这些事实均简要地说明了孔教的理财原则是从社会的、道德的角度出发,而非从纯粹的理财角度。

① 《中国经典》,第一卷,第216页。
② 《史记》,卷七十四。
③ 《中国经典》,第一卷,第169页。
④ 《中国经典》,第二卷,第125—127、428—430页。

2. 论利的正当性

尽管孔子罕言利，但孔子并未发表任何反对庶民谋利的言论，《诗经》上说："如贾三倍，君子是识。"①这句话意指商人追逐利乃正确之事，而逐利对君子与官员而言，却是不对的。这是在谴责像商人一样逐利的政府官员，但却未曾谴责商人。对所有的庶民或农民或工匠及商人而言，获取厚利为正确之事，而孔子已经证明了庶民获利的正当性。

甚至对他自己的弟子，孔子也未曾谴责其谋利。我们知道，子贡是那个时代非常杰出的商人，而且是孔门商学派的鼻祖之一。
477 一日，孔子说："回也其庶乎，屡空。赐不受命，而货殖焉，亿则屡中。"②(《论语·先进》)"回"是颜渊的名，"赐"是子贡的名。绝大多数注者说孔子赞扬颜回、讽刺子贡，但这不是事实。孔子的确赞扬颜回，但他也赞扬子贡。颜回以其美德著称，而子贡以其能力出名。因此，在孔子的表述中，二人均获得了孔子的赞赏。当然，当颜回与子贡相比较时，颜回比子贡更优秀；但是，当子贡与孔子的其他弟子比较时，子贡居第二，仅次于颜回。③ 孔子首先赞扬颜回，称赞他在道德上几近完美，然而，孔子紧接着也赞扬子贡，并说子贡不安本分、囤积投机每每成功。让我们想一想，不安于本分，并在商业投机中屡屡成功，这是多么困难的事，这显示出子贡的才能，而孔子对他的才能高度赏识。从道德的角度论，颜渊是最优秀的，因为他具有最优秀的智力，但却不在乎其理财活动。从智力的角度论，子贡是一位非常能干的人，他的道德品格也没有不正当之

① 《中国经典》，第四卷，第二部分，第562页。

② 《中国经典》，第一卷，第243页。

③ 同上书，第176页。

处。这就是孔子在这段表述中的真正含义。现在,即使我们承认孔子根本没有赞扬子贡,但是,我们也找不到孔子反对子贡的地方。因为在颜渊与子贡之间做比较,并不意味着一个对,而另一个错。所以,我们可以说孔子的确赞扬子贡谋利,即使孔子确实没这样做,也无谴责子贡谋利之意。

在《盐铁论》中[①],子贡获得了辩护。《盐铁论》上说,子贡用其 478
资本谋利,并非一定是赚取民众的利益。子贡只是以其智力经营获利,根据市场情况进行货物交易,在价格差异之中获取利润。就此角度论之,利是巧妙交易的结果,而并非一定是取自民众。

3. 利润额

既然我们对利润额了解得并不确切,我们不能辨清利润率。然而,根据古人著作的陈述,我们可以得到关于利润率的梗概。与我们刚刚看到的一样,《诗经》里提到"如贾三倍",《易经》也说到"为近利市三倍"[②]。因此,我们可以说古人认为利润三百倍其本是厚利,然而,三百倍其本并非格外高的利润。

在《战国策》里,有一段文字说到了利润率,该段文字描述到:吕不韦问他的父亲,"耕田之利几倍?"其父回答说,"十倍",吕不韦又问,"珠宝之赢几倍?"其父说,"百倍"[③]。以此进行判断,战国时期的利润率极高,然而,如此高的利润率开始于春秋时期。管子说商人百倍其本,而为了阻止商人这样高的获利,国君必须以十取百。[④]

① 《盐铁论》由西汉汉宣帝(孔子纪元479—503年,或公元前73—前49年)统治时期的桓宽所撰写。《盐铁论》,第十七篇。

② 《易经》,第431页。

③ 《战国策》,第七篇。

④ 《管子》,第七十三篇。

根据管子的这一叙述，管子意指作为代表国家的统治者，应该为调节社会财富而获取利润，并阻止私营商人获取非常利润，因为获取非常利润的商人伤害了穷人的利益，摧毁了社会财富的平均分配。
479 总之，周朝的利润率非常高，不过，利一词也包括了若干因素。

25　论庸

I　工资的起源

当人人为自己工作时，不存在工资支付，尽管工资原理保持不变；而当人们为别人工作时，工资产生了。奴隶为别人而工作，但他不会得到工资。而当自由劳动者存在时，才产生了工资。在历史上，奴隶制度作为一种普遍制度而言，未在中国存在过。人人都是自由的，人人均能获得政府受田百亩。在这样的制度下，没有人愿意为任何私人工作，也不愿意从事公职，除非他们能够获得与务农同等的报酬，这就是工资的起源。《孟子》与《王制》把工资表示成“代其耕”。

薪金完全是工资的更高形式，二者之间不存在本质差别。在汉语里，薪金谓之为禄，工粮谓之为谷。《王制》的注释者说：“禄者，谷也”，换言之，薪金即粮食。这正如现代工资用货币表示一样，在古代中国，俸禄则用粮食表示。但是，我们在此想要说明的
480 是，中国的工资制度来源于自由农民，自由农民耕种别人的农田，并获取代耕的粮食工资。

在西方，工资制度起源于奴隶制度。[1] 然而在中国，情况却并非如此。在孔教徒的著作里，政府官员均被视为劳动者，他们全部的薪金"禄""代其耕"，如果中国存在奴隶阶层，那么，政府官员就不会获得薪俸，因为有奴隶代替他们耕地，而政府官员应该以其闲暇毫无报酬地服务于公众，古希腊就是如此。此外，即使政府官员应该获得薪俸，那么，为什么孟子称薪俸为"代其耕"呢？假如政府官员役使奴隶，并根本不事耕种，那么，为什么政府官员的薪俸应被称为"代其耕"、这原本不应该相称的名称呢？而我们现在已完全认识到这是因为中国并不存在奴隶制度，而又因古代所有的中国人均从事农业，所以使用了"代其耕"这样的语言表达。因此，甚至在今天，英语谓政府官员为公仆；但在中国，政府官员却被称为政府的劳动者（"百工"或"臣工"）；"仆"一词来自于依附奴隶，但"工"一词来自于独立的工人。

Ⅱ　雇主与雇员

中国工资制度极其古老，我们也不知道工资制度起源于何时。据墨子所记，我们知道傅说从一位筑墙修路的靠工资为生的雇佣劳动者而成为殷朝的宰相大臣。[2] 因此，工资制度在此（孔子纪年前770年，或公元前1321年）之前的相当长时间里必定就已经存在了。

在周初，雇佣制度存在于农业活动之中。《诗经》上说："侯主侯伯，侯亚侯旅，侯强侯以。[3]"诗中描写的所有人，他们全都忙于农 481

① 《劳工问题》，亚当斯和萨姆纳（T. S. Adams and H. L. Summer）著，第7页。
② 《墨子》，第九篇。
③ 《中国经典》，第四卷，第二部分，第601页。

事。诗中的强壮帮工，指那些在完成自己的农活之后，能去帮助需要帮助的人；雇工指受主人支配侍候主人者。我们从诗中发现，有两个分开的阶层存在：雇主与雇工。

据《周礼》所记，雇主与雇工，这两个阶层划分得极其清楚。《周礼》说："……主，以利得民。"这意味着雇主凭借其由利润带来的财力，赢得多数靠雇佣生活的民众。这种说法对雇主无丝毫不利，而是相当扼要地说明了这样的事实——雇主是联合民众理财力量的组织者，并将雇工分成两类——劳工与佣人。佣人主要在雇主家里工作，他们的劳动稍微轻松舒适，与雇主之间的关系亲密且颇为持久；劳工可以在任何地方工作，他们劳动繁重，而他们与雇主的关系松散且不持久。① 甚至在最好的环境里，雇佣劳动阶层的存在也是无可争辩的事实，这是因为人的能力并不一样，存在高低之分。

关于雇主与雇员之间的交易，《礼记》提出了一条总规则。当雇员想要承担雇主的某些工作时，在开始接受雇佣时，他首先应该权衡自己的能力与责任，以及全部的雇佣工作条件，按照这样的方式，一方没有不悦的理由，而另一方则避免了所有担责任的风险。②根据这条规则，雇员首先应该仔细地与雇主达成协议，之后雇主与
482 雇员之间不应发生冲突。如果劳工遵守已达成的协议，劳资纠纷就会更少。③

---

① 《周礼》，卷二。

② 《礼记》，第十五篇，第72页。

③ 在广东，有所谓的"七十二行"；由雇员一方组成的行业协会。数世纪以来，二者一直存在。

Ⅲ　生产率论

孔子的工资理论就是生产率论。这意味着劳工的工资总量应该以他所贡献的产品数量为依据。孔子说:“日省月试,既禀称事,所以劝百工也。”①(《中庸》)这是支配工资规律的公平原则。当然,对劳动而言,应该支付足够的工资,然而,也不应该多付工资。如果多付工资,或者对此作出清楚的说明,即如果差的工作与好的工作获得同样优厚的工资,那么,对百工就将失去鼓励。这样,优秀的工匠就会失望而去,留下的工匠则是不合格的,技艺水平也随之降低。但是,如果我们要根据工匠生产的产品付给工资,那么,每日的检查与每月一次的考核就成为必需,否则,我们无从知道劳动生产率的总量,该理论即为工资的基本规则。

孔子所提到的工厂体系,是在政府管制之下的工厂体系。如果政府想使国家富有,它必须付给工匠应得的工资,这是鼓励百工前来的原则。假如政府不履行上述原则,那么,百工既不会移入, 483
也不会留下来,国家的财富也不会充足。管子也认识到了鼓励百工前来的重要性,但管子推行的政策是抬高(本国)工资至其他国家的“三倍”②,而管子实行的这项政策,不能成为一项普遍原则,而只能是面对突然出现的劳动需求,而(采取的)一项临时性的措施。从孔子与管子的叙述中,我们了解到周朝存在劳工的自由迁移与劳动市场的国际竞争。因此,在劳工的自由迁移中,工资总额

① 参见上文,第316页。

② 《管子》,第五十一篇。

是决定性因素。

生产率论不仅被应用于体力劳动，而且，也被应用于脑力劳
484 动。孔子说："事君大言入则望大利，小言入则望小利。故君子不以小言受大禄，不以大言受小禄。"①

甚至关于言语价值的主张，"君子不以小言受大禄，也不以大言受小禄"，这就是公正的原则，也是接受工资的准则。

但是，根据孔子所论，君子可以接受少付的俸禄，但却不可以接受多付的俸禄。孔子说："君子辞贵不辞贱，辞富不辞贫，则乱益亡。故君子与其使食浮于人也，宁使人浮于食。"②

上述原则是以道德与社会理性为基础，而非以理财规律为基础。根据理财规律，决不应多付也不应少付薪水。

根据孔门弟子的原则，对社会而言，劳动分工乃极为重要之事，而且，所有的劳动均具有生产性。不仅农民具有生产性，工匠、商人也都具有生产性；不仅农、工、商三类人群具有生产性，行政官员、士人也无一例外具有生产性。而谈到行政官员与士人，存在若干关于他们不具生产性的争论。基于此原因，我们接下来研究这两个阶层的生产力问题。

首先，我们来看看政府官员如何具有生产性。陈相，原来是一位孔教徒，但（后来）追随许行，改变了信仰。当陈相拜访孟子时，他向孟子转述了许行的话，他说：国君应该平等地与其民众一起耕种土地。③ 孟子说："许子必种粟而后食乎？"陈相回答说："然。"孟子又问："许子必织布而后衣乎？"陈相回答说："否，许子衣褐。"孟

① 《礼记》，第二十九篇，第345页。

② 《礼记》，第二十七篇，第286页。

③ 参见上文，第385页。

子问："许子冠乎？"陈相回答说："冠。"孟子又说："奚冠？"陈相答："冠素。"孟子说："自织之与？"陈相说："否，以粟易之。"孟子问："许子奚为不自织？"陈相说："害于耕。"孟子问："许子以釜甑爨，以铁耕乎？"陈相说："然。"孟子说："自为之与？"陈相回答说："否，以粟易之。"

于是，孟子说："以粟易械器者，不为厉陶冶；陶冶亦以其械器易粟者，岂为厉农夫哉？且许子何不为陶冶，舍皆取诸其宫中而用 485
之？何为纷纷然与百工交易？何许子之不惮烦？"

陈相回答说："百工之事固不可耕且为也。"

孟子又继续说："然则治天下独可耕且为与？有大人之事，有小人之事。且一人之身而百工之所为备，如必自为而后用之，是率天下而路也。故曰或劳心或劳力，劳心者治人，劳力者治于人；治于人者食人，治人者食于人，天下之通义也。"①（《孟子·滕文公上》）

许行之说极端民主，他教导人人自食其力，自己养活自己，所有国君均应该是耕种土地的农夫，但这是不可能的。而孟子的学说则以劳动分工为基础，统治阶层虽由其他社会阶层供养，但并未压迫人民，因为这个阶层的人士在为政府工作的同时，不能同时兼顾耕地，而且，他们从事被统治阶层不能胜任的脑力工作；统治阶层与被统治阶层之间仅仅是一种服务交换，双方彼此依赖。国君以他的政府工作从农民那儿交换食物，正像制陶工与铸铁工以他 486
们的制作从农民处交换粮食一样。从此角度论之，我们不仅能证明国君与其臣民之间的政治关系是正当的，而且，管理者与普通劳

① 《中国经典》，第二卷，第247—249页。

动者之间的理财关系也是合理的。更确切地说，根据生产率而进行的分配是普遍的正义。

其次，我们看看士人如何具有生产性。孟子的学生彭更，曾认为孟子“后车数十乘，从者数百人，以传食于诸侯”的行为过于奢泰，他对孟子提出质询说：“士无事而食，不可也。”孟子回答说：“子不通功易事，以羡补不足，则农有余粟，女有余布；子如通之，则梓匠轮舆皆得食于子。于此有人焉，入则孝，出则悌，守先王之道，以待后之学者，而不得食于子。子何尊梓匠轮舆而轻为仁义者哉？”

然后，彭更又说：“梓匠轮舆其志将以求食也；君子之为道也，其志亦将以求食与？”孟子回答说：“子何以其志为哉？其有功于子，可食而食之矣。”孟子随后问彭更，“且子食志乎？食功乎？”对
487 此，彭更不得不回答道：“食志。”

孟子又问彭更：“有人于此，毁瓦画墁，其志将以求食也，则子食之乎？”彭更回答说：“否。”孟子随后总结道：“然则子非食志也，食功也。”①（《孟子·滕文公下》）从孟子的角度观之，分配公平的准则是：根据每个人的生产能力，而非根据其愿望进行分配。

孟子的学生公孙丑对孟子说：“《诗》曰：‘不素餐兮。’君子之不耕而食，何也？”孟子回答说：“君子居是国也，其君用之则安富尊荣，其子弟从之则孝悌忠信。‘不素餐兮’，孰大于是？”②（《孟子·尽心上》）

尽管彭更与公孙丑二人的争论涉及孟子本人，但是，孟子仍然坚持报酬应该根据生产能力，士人比木工、泥瓦匠、轮人、舆人更具

① 《中国经典》，第二卷，第269—271页。

② 同上书，第467页。

有生产能力。简言之,孟子所谓的酬劳根据生产能力,则意味着效用的生产,而并非只是物品的生产,而既然士人能产生巨大的社会效用,那么,他就有正当的理由从社会获取报酬。

Ⅳ　工资标准

既然我们已经了解到工资是代替耕种,因此,代耕的产品就是工资的基础。正如农民所生产的产品总量不同一样,工人的工资 488
总额也存在差异。但是,农民生产的产品与工人工资之间,二者必定相等,否则,没有人的工资足以替代耕种土地所得,也没有人愿意为了其他职业而放弃耕种土地。

根据孟子与《礼记·王制》,工资标准大约如下:每户耕种一百亩,投入(诸如肥料)资金的农夫,所得彼此不同。于是,每夫每户耕种百亩地所得被划分为五等:上等农夫耕种百亩地所得供养九人,次上供养八人,中等供养七人,次中等供养六人,下等供养五人。农夫耕种一百亩耕地,在所得产品上之所以形成以上的区别,其原因在于农夫耕种土地的能力不同,而这五等不同的产量用作普通劳动者的工资等级标准;受雇于官府公职的庶民,其俸禄代替这五等不同的耕种所得。①

孟子的俸禄理论很类似亨利·乔治的工资理论。亨利·乔治以农民的生产赢利作为工资标准,农民为自己所需耕种自由土地所能得到的产量总额是工资的基础,如果不是这样,农民将不会离开土地而受雇于人。“这些最领先、最宽广的行业的劳动状

① 《中国经典》,第二卷,第376页;《礼记》,第三篇,第210页。

况”，亨利·乔治说，“决定劳工的一般状况，正像大洋的洋面决定它所有海湾与大海的海面一样。”①而这正好是孟子所表达的
489 意思。在孟子生活的时代，并不存在土地的私人所有制，政府授田于每位男丁，农业为主导产业。在这样的条件下，尽管农民的耕种收益与土地价值混合在一起，但是，工资标准必须与农民的收益相等。

在孟子与《礼记·王制》的叙述中，工资意味着实际工资，既没有依据货币衡量工资，也没有按照任何特别的物品，而是依据能够供养一定数量人口的一般产品。实际工资的理论在任何地方、任何时期都适用、有效。甚至在生活水平影响到工资的涨落时，也不会影响到工资等级本身。如果生活水平更高，那么，工资就需要提高；同理，如果生活水平更低了，那么，容许工资低一些。但是，不管在上述哪种情况下，最低工资等级也必须足以供养五人，而且，各级工资之间的关系保持在同一比率上，此比率以实际工资为基础，因此，衡量工资的原则既不会因货币量的变化也不会因价格波动、生活水平的变化而改变。

孟子与《礼记·王制》的阐述，也确定了最低工资限度。坎梯隆说：“最下级普通劳动者，也至少须为供养儿女二人，而取得倍于自身所需的生活费。”②亚当·斯密说：“目前，大不列颠的劳动工资，分明超过了维持劳动者一家生活所必要的数额。”③但是，孟子
490 与《礼记·王制》却明确地提出了最低工资法，那就是能力最差的劳动者，其工资的最低比率必须足够供养五人。这是能力差、效率

① 《社会问题》，亨利·乔治（Henry George，1839—1897）著，第190页。

② 《国富论》，第一篇，第八章，第70页。

③ 同上书，第75页。

低的农民耕种一百亩土地所获的最低产量，并以此确定为能力最差的劳动者的最低工资收入。

Ⅴ　全社会理想的工资等级

我们已经表明，孔教徒视全部官府官员为劳动者，官员的俸禄为工资，因此，我们在此可以建构全社会理想的工资等级。从孔教徒的观点出发，我们绝不会犯这样的错误，认为农业劳动是惟一具有生产性的劳动。农民当然是地道的农民，而官员是农民的替换者，农民与政府官员之间的差别仅在于劳动分工，一些政府官员不仅具有生产性，而且其生产性程度的酬劳远远高于农民，于是，社会给他们的酬劳远远高于正常工资。根据孟子所论，上等农夫（耕种一百亩土地）所得构成全体公职人员俸禄的基础，以上等农夫所得为基数，下等士人的俸禄与上等农夫耕种所得相等；中等士人的俸禄是上等农夫所得的两倍；上等士人的俸禄是上等农夫所得的四倍；大夫的俸禄是上等农夫所得的八倍。所有这些人的俸禄——三个等级的士人与大夫，在整个帝国均统一。然后，小国卿大夫俸禄是上等农夫的十六倍，其国君是上等农夫的一百六十倍，中等国家卿大夫的俸禄是上等农夫的二十四倍，其国君是二百四十倍；大国卿大夫的俸禄是上等农夫的三十二倍，其国君是三百二十倍。根据国家的大小不同，国君与卿大夫的俸禄有所不同。孟子没有提到天子俸禄的总额，但是，依照以上的原则，暗指国君的俸禄是其卿大夫的十倍。所以，我们能够说，天子的俸禄是上等农 491
夫所得的三千二百倍，因为他的卿大夫的收入与大诸侯国国君的俸禄相同。简而言之，天子与其他全体公务员均为替换农民的劳动者，他们全部的俸禄都是代耕的工资。尽管他们从事不同种的工作，他们的工资额也彼此不一样，然而，他们的工资等级与农夫耕种所得是相称的、成比例的。

现在，我们来看看普通劳动者的工资等级是怎么样的。关于普通劳动者的工资等级问题，尽管在前面已经说明，而我们在此使之更清楚、更明晰。普通劳动者的工资等级以最低能力农夫耕种一百亩土地所得为基数，也就是足以供养五个人的数额为基础，然后，在此基数上逐级上升至不同的工资等级——能够养活六个人、养活七个人、八个人与九个人。按照这样的比例，一共有五级，对普通劳动者而言，最高等级的工资足够养活九个人，而最低者的工资，却只能供养五个人。

由此，我们能纵观全社会所有各类工资的所有等级，所谓专业人员与俸禄阶层应该属于官员阶层，他们的工资存在六大主要等级。但是，如果我们对六大主要等级进行详述，根据所显示的不同的工资数额，事实上存在十一等级。体力劳动或雇佣劳动者阶层，属于农民阶层，他们的工资分为五等。下等士人的俸禄与上等农夫（耕种一百亩）所得正好位于官员与农民阶层之间的分界线上，位于这个等级的两个极端，下等农夫（耕种一百亩所得）是最低工资，天子得最高俸禄；或者，换言之，最低工资能供养五个人，最高
492 工资能供养两百八十八万人。

Ⅵ　解决工资问题的教育

既然有官员存在，而他们的收入颇丰，那么，我们如何能解决工资中存在的问题并公正地分配财富呢？解决的途径就是教育。

亚当·斯密说:“例如两个性格极不相同的人,一个是哲学家,一个是街上的挑夫。他们间的差异,追究起来,大部分像是发因于习惯风俗与教育,并不发因于天性。”而这正好是孔子的观点。[1] 孔子说:“生而知之者上也,学而知之者次也;困而学之,又其次也;困而不学,民斯为下矣。”[2](《论语·季氏》)

因此,决定人的因素,不是天性,而是教育。如果他接受教育,那么,即使他原本迟钝呆滞、愚蠢,最终他也不会被列入迟钝呆滞、愚蠢、最下等人之列。[3] 而真正卑贱、低阶层的人,仅仅是那些不愿意学习、接受教育的人,因为教育决定人们的社会地位,也决定他们的工资收入。

子张想学习求官得俸禄的方法,孔子对他说:“多闻阙疑,慎言其余,则寡尤;多见阙殆,慎行其余,则寡悔。言寡尤,行寡悔,禄在其中矣。”[4](《论语·为政》) 493

一日,孔子说:“耕也,馁在其中矣;学也,禄在其中矣。”[5](《论语·卫灵公》)根据孔子表达的观点,尽管人们接受教育的目的不是为了获得俸禄,但是,人们接受教育却是获得俸禄的途径,因此,为了鼓励人们学习,孔子指出俸禄是接受教育的结果。

根据孟子所论,“人皆可以为尧舜”[6]。根据荀子所论,“涂之人可以为禹”。孟、荀所言,其含义为人人皆可以成为圣人。而荀子则更为清楚地说明了这一点。荀子说:

---

① 参见上文,第135页。
② 《中国经典》,第一卷,第313—314页。
③ 同上书,第407页。
④ 《中国经典》,第一卷,第151页。
⑤ 同上书,第303页。
⑥ 《中国经典》,第二卷,第424页。

> 今使涂之人伏术为学，专心一志，思索孰察，加日县久，积善而不息，则通于神明，参于天地矣。故圣人者，人之所积而致也。①

因此，根据荀子所论，教育是使卑鄙者高贵、愚蠢者聪明、贫穷者富有的惟一途径。诚然，教育在塑造人上具有强大的力量，有知识的人即使贫穷，但由于他具有的价值，他也是真正的富人。②

为了鼓励其子韩符学习，韩愈曾经写了一首诗，强调教育的重要性，诗的部分内容如下：

> 欲知学之力，贤愚同一初。
> 由其不能学，所入遂异闾。
> 两家各生子，提孩巧相如。
> 少长聚嬉戏，不殊同队鱼。
> 年至十二三，头角稍相疏。
> 二十渐乖张，清沟映污渠。
> 494 三十骨骼成，乃一龙一猪。
> 飞黄腾踏去，不能顾蟾蜍。
> 一为马前卒，鞭背生虫蛆。
> 一为公与相，潭潭府中居。
> 问之何因尔，学与不学欤。
> 金璧虽重宝，费用难贮储。

① 《中国经典》，第二卷，第85—86页。

② 《荀子》，第八篇。

学问藏之身，身在则有余。
君子与小人，不系父母且。
不见公与相，起身自犁钽。
不见三公后，寒饥出无驴。

以上所论，均涉及教育与官员俸禄之间的关系，而教育与一般
工资之间的关系如何呢？显然，这与以上所论教育与官员俸禄之
间的关系相同。如果做粗活的工人想挣得技术工人的工资，那么， 495
他首先必须接受教育成为一名技术工人。假如他想挣得管理人员
的薪水，那么，他必须首先接受教育成为一名管理人员。有时，也
有这样的情况，即使某人接受了良好的教育，但也不能挣得丰厚的
薪水，但是，在他没有接受教育的前提下，他没有任何希望挣得丰
厚的薪水。因此，正像政治民主建立在教育基础之上一样，工业民
主也一样建立在教育基础之上。简言之，以孔子的观点论之，教育 496
是解决工资问题——在财富分配中之主要问题的途径。

497 # 第八篇　社会政策

26　井田[1]

Ⅰ 井田的历史

在中国理财思想史上，井田制度是最重要的要素。根据一些现代历史学者的观点，井田制从来未有真实地实施过，而只是孔教徒的一种理论。井田制在古代本不像孔门弟子所倡导的那样完美，这是事实，但在孔子出现之前，井田制部分地获得实现，这也是真实的。或许，井田制最初的形式与英国的庄园制一样；之后，许多古代先王改进了井田制；最后，井田制被孔门弟子修改成完美的理想制度。但是，只要我们依据中国文献进行判断，无论最初的井田制是如何有缺点，但它从来不会与英国的庄园制度一样糟糕，在井田制中人们的处境也与农奴的处境不一样，如此悲惨。以下我们来探讨井田制度的历史。

---

① 关于井田的含义与形式，参见上文，第352—355页。

1. 黄帝统治时期

根据历史学家所论，井田制始于传说时代。中华帝国的创立者黄帝（孔子纪元前 2147—前 2048 年，或公元前 2698—前 2599 498
年）为井田制的开创者。为了防止纷争与贫穷的发生，黄帝第一个确定了测量标准，规定以步、亩对土地进行划分，使土地耕作者每八户人家为一井，在一井范围内，井开四道，而分八宅，凿井于中。由此可见，井田制的原则为：第一，在一井田之内，仅凿一井为八户人家共同使用，故而没有土地浪费；第二，因八户人家合用一口井，这为各家庭节约了开支；第三，风俗、习惯统一，教化齐同；第四，因为居住在一起的八户人家互相仿效、借鉴，故而改进、提高了各自的生产技术；第五，易于交换彼此的物品；第六，八家相保；第七，八户人家，出入劳作相互伴随，互相关照；第八，他们嫁娶相谋；第九，在需要的时候，他们互相借给对方财物；第十，疾病相忧，患难相救。因此，在一井之内，民众的感情和睦，没有争吵，没有法律诉讼，他们享有平等的财富，没有欺诈，没有压迫。

根据政治上的划分，“井一为邻，邻三为朋，朋三为里，里五为邑，邑十为都，都十为师，师十为州”。根据以上的划分，“井”是出发点，因为民众的安居是根本，“夫始分之于井则地着，计之于州则数详”。而这样的划分，历经夏、商两朝，而未易其制。[1] 因此，在黄帝统治时期，已具有井田的形式，也就是已具有土地的划分，然而，
与之相关的若干法规仍需完善。 499

2. 三代

经过夏、商、周三代，井田制逐渐地获得发展。根据孟子所述，

---

① 《文献通考》，卷十二。

夏朝按份额分配土地,每人可获得耕地五十亩,而作为税收,每人向政府交纳五亩耕地的农产品;殷朝每人七十亩,每人向政府交纳七亩耕地的农产品;周朝每人一百亩,每人向政府交纳十亩耕地的农产品。因此,夏、商、周三代的税收制度是名副其实的什一税。①

但是,我们必须明白的是,田亩分配从五十亩到七十亩,或者从七十亩到一百亩,田亩的面积大小并未改变,而导致耕地在亩数上的区别,是由于三代不同的计量单位使然。土地的地貌,正如我们所知道的,极其复杂,假如我们改变土地的结构,那将会很难,也没必要。因此,我们有足够的理由推测,在夏、商、周三代中之每一代,以同样数量的田亩分配给每户,而每户需要交纳同样的税收。

井田制在周朝获得完善。依据《周礼》记载,根据一定的原则进行田亩分配,土地数量应该与土地质量一致。在近郊,每户受"不易上田"一百亩,每年进行耕种;或者受"一易中田"两百亩,隔年休耕;或者受"再易下田"三百亩,"三岁更耕之"。但是,在乡野有更多有利的法规。如果是上地,一夫一妇,授给宅地五亩,田一百亩,休耕地五十亩;若是中地,一夫授给一处宅地,田一百亩,休
500 耕地一百亩;下地,一夫授给一处宅地,田一百亩,休耕地两百亩。如果一户有数口者,"余夫(定额以外的男性成员)"授给田亩数量如下:上地,授给十二亩,半亩休耕;中地,授给二十五亩;下地,授给五十亩;而在所有的上地、中地、下地三等级田亩之中,"余夫以率受田二十五亩"②。而在近郊与远郊实行的法规,其区别在于:在近郊,上田,一夫不另受休耕田亩,也无田亩分配给定额以外的"余

① 《中国经典》,第二卷,第240—241页。

② 《皇清经解》,卷五十三。

夫”;而之所以给予远郊民众更多的有利规定,原因在于政府给予远离城市的民众提供特别的照顾;此外,近郊人口稠密,耕地有限,因此,不可能在近郊与远郊实行同样的法规。而政府在远郊实行更有利的法规,则可能是吸引城市人口去远郊的政策,此外,城里的理财活动有别于远郊,生活在城里的民众并不需要在远郊那么多的耕地。

关于土地分配,还有另一原则:所分配土地的肥瘠质量与家庭人口多少一致。人数多的家庭,从八口人到十口人,授上地;人数一般的家庭,从五口人到七口人,授中地;人数少的家庭,从两口人到四口人,授下地。而每一等级耕地,又有进一步的细分,因此共有各级耕地九等。① 501

Ⅱ　孔子的井田制度②

我们已经探讨了井田的形式与历史,而现在转向孔门弟子所描述的井田制的细节上来。首先,我们从井田制本身开始,弄明白何为井田制。据孟子所论,“方里而井,井九百亩,其中为公田,八家皆私百亩,同养公田”③(《孟子·滕文公上》)。在公田的中央,二十亩共为八家的庐舍,每一家各得两亩半,余下的八十亩公田由八家共同料理,每户实际耕种十亩。而每户人家受田一百亩,并为

---

① 在以上两节所提到的土地分配原则,与下一部分的土地分配原则稍微不同。原因在于上面部分是建立在《春秋》、《王制》、《孟子》的基础之上,它提供了孔门弟子的土地分配原则;而在这两节中的描述,则以《周礼》为基础,并可能采用了与周朝真实实践相符的叙述。

② 《公羊传·桓公十五年》为井田制度提供了完全的描述。

③ 《中国经典》,第二卷,第245页。

政府耕种十亩公田,此即是十分税一制度。

井田是建立在共同的理财经济利益基础之上的最小的社会,它不仅是农业社会,也是商业社会。由于民众交换财物的额度极其小,而每井设置一市场,故而民众极易获得生活的必需品。而因
502 为每井同时也是一市场,因此,常用词“市井”出现了,“市”意为市场,而“井”就是井田;术语“市井”也用于指大城市的商业区。

为了确保土地的平均分配,制定了以下规则:通常而论,五口为一家,也就是一夫一妇,加上父母与孩子。一农夫之家授私田一百亩,五亩为宅地,两亩半为庐舍,十亩为公田,合计亩数为一百一十七亩半。如果一户多于五口,那么,其家众男谓之为“余夫”,“余夫”受田二十五亩。

士、工、商家,也受一份田,但所受田亩数额减少。士、工、商,他们各自受田五十亩,为一夫受田额的一半,“余夫”受田二十亩,为定额男丁受田的五分之一。①

民众年满二十,此时受一全额份田一百亩。但所受田既不能传给子孙,也不能转卖给别人,在年满六十岁时,必须交还政府。从十六岁至二十岁的青年人,谓之为“余夫”,“余夫”受田为全额一百亩的四分之一。在所有民众中,七十岁以上者由国家赡养,小于十岁者由国家抚养。十一岁以上者由国家“勉强劝之,令习事也”②。

503 根据土地的肥瘠质量,土地被划分为三等。上地,一年一耕;中地,两年一耕;下地,三年一耕。上地一夫受田一百亩,中地一夫

① 《汉书》,卷二十四;《周礼注疏》,第十三章。

② 《汉书》,卷二十四。

受田二百亩，下地，一夫受田三百亩；每三年，上、中、下三等耕地在各户之间轮换耕种，而以此方式厚薄平均财均力平，使“肥饶不能独乐，饶角不得独苦”。而以上所描述之规则仅适用于平原，在山区、丘陵、沼泽地，以及盐碱地，这些地区的土地分配，根据其土地肥瘠质量在数量上有所差异。①

根据孟子所论，自卿以下官吏必有圭田五十亩，用于生产祭品，但据何休所注，地方官吏，比如父老与里正，授两份田，那就是受田两百亩。孟子与何休，二人所言均为正确，因为前者所指是享有俸禄的政府官员，而官员享有圭田，仅为“供祭祀”所用，而后者提到的是由民众推选的地方官员，他们没有享有政府俸禄。

第三，我们看看如何管理民众的种植工作。为了避免歉收，以备灾害，在民众种植粮食作物时，不允许他们种植单一品种的粮食作物。通常情况下，民众种植五种粮食作物——黍、稷、麦、菽、稻。不允许民众在耕田中种树，以免妨碍粮食作物。在公田中心的庐舍附近，种植桑树；在其菜园里，种植各种蔬菜；在庐舍的疆畔，种植各种瓜果；每户人家养五只母鸡、两头母猪。妇女从事的专门职业是养蚕与织布。 504

每年春、夏、秋三季，民众所有的工作都在田里，在早晨或傍晚，父老与里正作为监督，分别坐在村庄门口两边的屋子里，不允许早晨出去太晚的人出村，禁止傍晚没有带回薪樵的人进村。傍晚人们带回薪樵时，“轻重相分，班白不提挈”。而父老与里正，只有在早晨人们均出村或者傍晚全部人都返回村之后，才可以回到自己的家中。

---

① 《汉书》，卷二十四。

除了田间的庐舍而外，在离田间不远的邑（市镇）上，人们也有宅地，一邑包括数里，每里由十井的八十户构成，而八户共同一巷；环绕庐舍，每户占用五亩地，在墙下空地，种上桑树，妇女们用这些桑树的桑叶养蚕。① 在收获以后，人们都居住在邑里。此时，里正催促大家赶紧织布，到了晚上，男女同巷工作，纺纱织布直到午夜；按照一月计算，女工一月的工作总计为四十五天的量。这样的工作自每年的十月开始，在第二年的一月结束。而之所以男女必须一起工作，则为了"省燎火，同巧拙而合风俗"。为了平均他们的财富，所有这些规则趋向于使他们的生产能力相近。事实上，井田制是一种协作生产的特殊形式。

第四，我们注意到井田制是与具有社会主义倾向的个人主义等同。在井田制里，人人都有自己的耕地、自己的庐舍、自己的住
505 宅、自己的桑树、蔬菜、瓜果与家禽动物，以及其余全部属于个人自己的财产。他收获在田间的生产所得，其收获所得数量的变化，从供养九人所需到仅能供养五人所需不等。此外，从60岁到69岁，在他已经还田于政府之后，他或者由孩子赡养，或者依靠其积累养活，因此，从11岁到70岁，他完全依赖自己生活，这也是个人主义。

最后，井田制是建立在地域之上的群体制度。在野外，一井就是一个单位，由八户构成；在邑里，一乡为一单位，由八十户构成。如果不考虑任何血缘关系，群体制度的惟一基础是地域，因此，井田制并不是族群社会，而是一理财的、道德的、合群的、政治的与军事的社会体制。在前面的描述中，人人都会注意到，井田制是一理

① 《中国经典》，第二卷，第461页。

财社会。而为了证明井田制是一道德社会,我们以下征引孟子的言论:“乡里同井,出入相友,守望相助,疾病相扶持,则百姓亲睦。”[①](《孟子·滕文公上》)里有序,乡有庠,每乡设有学校,学校也作为道德教堂,以及社会、政治活动的集会场所,因此,井田制也是合群的、政治的社会。农夫同时也是士兵,十井供一乘(战车)为军赋;在和平时期,他们是在家共同务农的合作者,而在战争时期,他们则为战场上的战友,因此,井田制是军事社会。简言之,井田 506
乃一切之基础。而关于井田其余方面的若干特征,我们在其他章节中已进行了描述,在此不再赘述。

Ⅲ　废除井田制的历史

周朝末年,孔子纪元 202 年(公元前 350 年),秦废除了井田制,这就是秦国大臣商鞅的“废井田、开阡陌”政策。商鞅认为,秦周边的三个邻国,其人民贫穷,土地狭窄,人多地少,土地不足以养活其民;相反,秦国则土地辽阔而民少,耕地富足,土地没有完全开垦、生产力也没有完全利用。因此,商鞅为韩、赵、魏三国民众,准备了上等的农田、住宅,免除他们三代人的徭役,免除其兵役,仅“使之事本”务农,以此招徕韩、赵、魏三晋之民。然后,命令秦国当地民众担任远征国外的责任。商鞅废除了古人创造的井田制度,为了粗放耕作,商鞅“开阡陌封疆”,并允许民众占有他们需要的耕地。商鞅政策推行的结果,使秦国在数年之内富裕、强大起来,并获得了统一全国的力量。

---

① 《中国经典》,第二卷,第 245 页。

在中国的理财历史上，商鞅推行新法，开始了一场革命，第一次授予民众土地私有权，实行土地私有制。从那时开始，土地不再在政府的掌控之中，社会财富不再在政府的控制之内。

孔子纪元336年（公元前216年），为了管理土地税，秦始皇颁布政令，规定民众自己上报土地的数量。自此，土地私有制在全国
507 盛行，并准许买卖土地。

Ⅳ　试图恢复井田制的失败历史

1. 限田政策

在井田制被破坏以后，土地成了买卖对象，因此，富者连田阡陌，而贫者无立锥之地。在汉武帝统治时期（大约孔子纪元432年，或公元前120年），董仲舒首先倡导限制土地所有权，但是，他的建议未能得以实施。

在汉成帝统治时期（孔子纪元520—545年，或公元前32—前7年），丞相张禹拥有上等良田四百顷，垄断兼并土地的其余人也占田无数，民众因此处于极其恶劣的境况。汉哀帝继位（孔子纪元545年，或公元前7年），大臣师丹曾上汉哀帝奏疏，建议限制财产。于是，制定法令规定“诸侯王列侯皆名田国中，列侯在长安，公主名田县道，及关内侯、吏民名田皆毋过三十顷。诸侯王奴婢二百人，列侯、公主百人，关内侯、吏民三十人。期尽三年，犯者没入官”，该法令推行后，“时田宅奴婢，贾（价）为减贱”，然而，朝廷的勋贵宠
508 臣并不喜欢此法令的推行，该法令随之被搁置起来。

2. 王田制

在王莽执政时期，贫者无地，仅能租用富者土地耕种，并将耕

种所得一半交给富者，故而富人因傲慢而刻毒，穷者因穷急愁苦而邪恶，二者均陷入犯罪状态。在孔子纪元560年（公元9年），王莽颁布法令，规定天下土地一律改称"王田"，天下奴婢一律改称"私属"，均不允许买卖。男口不足八人而土地超过一井的人家，把多余的土地分给九族、邻里与乡党。凡违抗者，处于死刑。然而，王莽所颁法令并未公正地确定下来，郡县官吏利用法令的细节牟取利益，因此，举国上下，混乱不堪，获罪之人，不可胜数。孔子纪元563年，在王莽了解了民众的怨恨后，王莽诏令宣布，王田与私属皆可买卖，买卖奴婢者也不予处治。由于王莽所颁全部政策均轻率、缺乏考虑，所以，他在任何方面均未能取得成功。

V　复井田的历史

1. 晋朝

东汉衰落之时，以及整个三国时期（孔子纪元735—831年，或公元184—280年），国家陷入战乱之中，纷扰不堪。孔子纪元831年，晋武帝重新统一了帝国，此时人口仅有16,163,863，尽管这数字不可能精确，但在战争持续了大约一个世纪的情况下，人口无疑会大幅度减少。于是，偌大的国家仅有少量的人口，又因土地所有 509
权或遭破坏，或被改变，再因土地实际上属于政府，所以，晋武帝才能将土地分配给民众。因此，从此时（孔子纪元831年，或公元280年）至唐朝（孔子纪元1264年，或公元713年），孔子所设想的井田制度实际上得到了实施，尽管曾一度中断了大约一个半世纪之久。

(a)按人口年龄分类

根据孔子纪元831年（公元280年）的一条法令，男女人口按照年龄进行分类，“男女年十六以上至六十为正丁，十五以下至十三、六十一以上至六十五为次丁，十二以下六十六以上为老小，不事”(《晋书·食货志》)。该法令区别不同的年龄，体现了与现代劳动法同样的原则，它向正丁提供了更多的劳动，次丁则更少的劳动，老幼则免除劳动。现代劳动法仅为儿童与妇女提供了特别的保护，而晋朝的法令也为老人提供保护，因此，晋朝的法令更为完善。

(b)占田制

征对全体民众，男子占田七十亩，女子三十亩。除此以外，正丁课田五十亩，丁女二十亩，次丁半之，课田二十五亩，(次丁)女则不课。

根据这条法令，从十六岁到六十岁，男丁占田一百二十亩，女子占田五十亩；从十三岁到十五岁，以及从六十一岁到六十五岁，每位男丁占田九十五亩，女子占田三十亩。这条法令赋予了妇女
510 真正的权利，妇女在理财上于是能独立于男子。而之所以妇女比男子占田更少，其原因是妇女不能与男子一样承担如此繁重的劳动，这条法令对妇女偏爱少了一些，但却多了一些同情。

历史学家告诉我们，在晋武帝统治时期，出现了“天下无事，赋税平均，人咸安其业，而乐其事”的情形，然而，关于晋武帝时期更详尽的土地分配细节却无从获得。[1] 不幸的是，晋武帝的继任者极其愚蠢，以致全国陷入混乱之中。这条法令(占田制)有效实施有多长时间，我们不得而知，但一定实施了至少约三十年之久。

2. 北魏

在晋武帝之后，首先出现了“八王之乱”(孔子纪元851—857

① 《晋书》，卷二十六。

年,或公元300—306年),紧接着是永嘉之乱(孔子纪元855—990年,或公元304—439年),兵戈不息。大量人口被战争一扫而空、摧毁殆尽,土地大量抛荒,在这样的局面下,北魏才能够再控制土地分配。此外,尽管晋武帝的土地制度已遭到破坏,但一定余留下其中部分内容。孔子纪元1028年(公元477年),孝文帝发布诏令,成年男子受田四十亩,未成年男子受田二十亩,这说明一定存在晋朝土地制度的余留部分,否则,如何有成年男子占田四十亩呢?在那时,大臣李安世(孔子纪元994—1044年)提倡均田,其均田的建议受到孝文帝赞许,并在实际的法律中得以执行。

(a)露田

孔子纪元1036年(公元485年),孝文帝颁布均田令,规定“诸 511
男夫十五以上,受露田四十亩,妇人二十亩,奴婢依良。丁牛一头,受田三十亩。限四牛。所授之田率倍之,三易之田再倍之,以供耕作及还受之盈缩”。

达到课税年龄的民众则受田,而那些年老免纳税者,或年老身死者则还田给国家。露田亦称“正田”,露田是土地分配法建立的基础,这是均田令得以贯彻执行的最重要的依据点。因为在井田制破坏以后,土地掌控在私人手里,如果政府夺富人之田以予穷人,这将导致极度的混乱与怨恨。而受还受之法支配的露田为其耕种者所抛荒,且可能是没有土地私有权并在实际上属于政府的无主之田。

(b)麻田

有一类土地叫麻田,用于种植麻,当“男夫及课,别给麻田十亩,妇人五亩,奴婢依良,皆从还受之法”。

在所有要“还田于官”的土地上,禁止种植桑树、榆树、枣树,甚

512 至任何果树。违反者与触犯法律者一样受到惩罚。当土地“还田于官”后,这些土地再进行分配。

(c)桑田

除麻田以外,还有另一类土地桑田。男夫一人给桑田二十亩。桑田不受还受之法支配,并被划分为倍田,更确切地说,露田是每个人的基本份额,而倍田是辅助田。假如桑田的数量超出成丁应受的份额,不应该计算在露田的数量内;但是,假如少于成丁所受的份额,就应以露田补充倍田的数量。这意味着世业田不能取代正田,但正田可以替代世业田。国家要求受桑田者种植桑树五十株、枣树五株、榆树三株。在没有桑田的地方,一成丁受田一亩,也应种榆树和枣树,奴婢受田额与自由民相同。在三年之内,必须完成规定种植的树木,假如没有完成,没有种上的土地部分将被收回。在桑田上,允许种植更多的桑树、榆树,或者其他种类的果树。所有的桑田都是世袭财产,当桑田主人死后,不必还官。分配桑田只与当时人口一致,超过应受份额的人,不再受田,也不还官;不足应受额的人,应该受足份额,并按照法律种植规定的树木。超出应受份额者,允许他出卖多余的部分;假如不足应受额,允许买足。但是,不允许出售份额,或者购买超出其份额的土地。

桑田是私有财产,是拥有者种植桑树或者榆树的田地。根据
513 北魏法令规定,因犯罪流徙或户绝无人守业的土地,收归这些人的房屋与桑田为国家所有,但在总体上,国家不会触及民众的私有财产。因此,为了平均民众的私有财产,法令给予了民众买卖桑田的自由。而对这样的平均,存在一总体标准,换言之,即是男丁受桑田二十亩。尽管允许超出应受份额的人保留其多余的桑田,但是,禁止任何人卖掉他们的份额,也不允许购买超出份额,这就是平均

“世业田”的便利途径。

(d)弱势群体的特权

凡是只有老小癃残不能受田的户，每位病残者、每位年满11岁的孩子按男夫应受额的半数授给；年满70岁的老人，不需还田于官；没有再婚的寡妇，免征其税，但仍与课税的妇女受同样的定额——二十亩露田。

(e)在土地与人口之间的调整

在人口稀少的地方，居民可以随力所及租用国有土地耕种。对新迁来者，依据法令受田。在人口稠密的地方，由于新添人口而新受田又不希望迁徙者，考虑其家的桑田作为正田定额，那就是说以其世业田填补其应受正田的定额；如果又不足，则取消受另外的倍田，也就是仅有应受正田的数量；如果还不足，则从其家内受田 514
口已受额中匀减出若干亩给新受田者。没有桑田的地方，依此法进行限制。允许想要迁徙的民众迁往任何土地充足的地方安居；对那些从不同州郡迁来的民众，绝对没有歧视。但是，如果只是企图逃脱艰苦，为自己的利益迁至安逸之地，则禁止这样的行为。在土地多的地方，居民不准无故迁徙。

对新定居者，每三口给宅地一亩，奴婢五口给一亩。凡15岁以上的男子或女子，要求在其份田上，每亩有五分之一用于种植蔬菜。

(f)其他各项授田法规

民田还受，每年正月进行一次。假如任何人在已经受田或出售或购买奴婢与牛之后死亡了，那么，还田与受田，二者均在次年的正月进行。

对于每个人的受田份额，正田与倍田应该有所区分，二者不应混淆。

一户新增成员，其新受田者从其附近额田中匀减出。当两户同时受田，紧邻两户的田地首先授以贫穷之户，次再授富有之户；
515 先贫后富，此项法令也适用于倍田。

那些因犯罪流徙到遥远的地方或户绝无人守业者，其所有宅地、桑田，均收归国有作均田授受之用，但首先授其近亲；而在土地进行授受之前，贷与其近亲。

政府官员任职，（按官职高低）授其任职附近的公田，作为官员的职分田。根据规定，刺史十五顷，太守十顷，治中、别驾各八顷，县令、郡丞各六顷，不许买卖，离职时移交于接任官。如果官员卖掉所受之田，将受到法律的惩罚。

(g)评论北魏均田制

在理财史上，就整个中国社会而言，北魏推行的均田制，其重要性仅次于井田制。上文我们已经阐述了均田制的优点，我们将在下文批评其弊端。首先，关于奴婢受田额问题。露田、麻田、桑田，奴婢与自由民相同；对新定居者，五位奴婢等于三位自由民；只要奴婢是依附者，是奴婢主人的所有物，就可以买卖奴婢，这样，奴婢所受额田归主人占有，这仅有益于奴婢的主人；第二，关于丁牛受额田的规定，每头耕牛受露田三十亩，尽管该规定限制耕牛数量不超过四头，但依然给予了牛的拥有者特别的利益。以上两点，我
516 们以一句话概括其实质，即：这项法令尤其有利于富豪，因此我们可以说，这条法令正好与均田制的基本原则相反。然而，从总体上看，该法令是有益的，所以我们不宜过度地强调它的缺点。

根据北魏的纳税制度，一夫一妇出帛或出布一匹、粟二石作为直接税，此数量为纳税标准。13岁以上未婚的男女四人，从事耕织

的奴婢八人，耕牛二十头，均要求其纳税分别相当于一夫一妇的数量。也许法令的制定者以为，既然奴婢与牛纳税，那么，奴婢与牛就应该享有受田的权利。

北魏的均田制至关重要①，因为它是北齐、北周、隋朝以及唐朝均田制的模式。

3. 北齐

北齐的授田在每年十月进行，所授田不允许卖，也不允许交换。在孔子纪元1115年（公元564年），武成帝颁布法令，规定：年满18岁的男丁受田、输租调；年满20岁的男丁入伍服兵役；年满60岁者免除任何徭役；年满66岁者还田于国，免除纳税。每位男丁受露田八十亩，妇女减半——四十亩，奴婢与自由民同等待遇。

限制奴婢受田："奴婢受田者，亲王止三百人，嗣王二百人，第二品嗣王以下及庶姓王百五十人，正三品以上及皇宗百人，七品以上八十人，八品以下至庶人六十人。奴婢限外不给田者，皆不输。" 517
"丁牛一头受田六十亩，限止四牛。"

"每丁给永业二十亩，为桑田"，而桑田"不在还受之限"，当"土不宜桑者，给麻田，如桑田法"②。

北朝奴隶制批判

北朝时期，各朝之统治者均来自北方的野蛮部落，故而在北朝存在奴隶制度。北方野蛮部落的统治者们习惯了奴隶制度，而当他们统治了中国的大部分区域后，他们使奴隶制度成为一确定的制度。一旦他们占领了一个地方，他们掳走贵族与平民，并使之成

① 《魏书》，卷一百一十。
② 《隋书》，卷二十四。

为奴婢。此外，在那个时候，因为战争还在继续，人们的处境极其恶劣，因此，他们卖身为奴。而这里的问题是，北朝的整体文明程度低于南朝，但为什么北朝对均田制显示出更大的关注？这是因为北魏孝文帝建立了均田制，在魏孝文帝统治时期（孔子纪元1022—1050年，或公元471—499年），当北魏之势力达到顶峰时，曾出现过一段和平时期，魏孝文帝尤其喜爱孔教，所以，均田制在北魏形成了。魏孝文帝从北部中国（平城：今山西大同市东北）迁都到周朝与汉朝的中原旧都；他禁止穿胡服，一律改穿汉人的服
518 装，他几乎改革了所有的野蛮制度，并采纳汉人的文明——他甚至改鲜卑复姓为汉姓，因此，北魏的均田制是孔教的产物，是井田制的复兴。然而，奴隶制度是北朝的一项制度，它是如此稳固，甚至在孝文帝统治期间也未曾改变。

4. 北周

在北周，文帝（孔子纪元1085—1107年，或公元534—556年）设立"司均掌田里之政令"。"凡人口十以上宅五亩，口七以上宅四亩，口五以下宅三亩。有室者田百四十亩，丁者田百亩"[1]。这条法令意味着已婚妇女享有实际的份额田四十亩。

5. 隋朝

在北魏分裂为北齐、北周以后，北周征服了北齐，而隋朝取代了北周。因此，北魏、北齐、北周、隋朝，这些朝代的均田制相似。在分配露田与永业田方面，隋朝沿用了北齐的法令，也命令民众种植桑树、榆树、枣树。一般而言，"其园宅率三口给一亩，奴婢则五口给一亩"。

① 《隋书》，卷二十四。

隋朝均田制规定:“自诸王以下至于都督,皆给永业田,各有差。多者至百顷,少者至四十亩。”对京官,根据官品高低授给职分 519
田,一品者授田五顷,九品,即最低官员,授田一顷;在不同官品之间的授田差额,每品以五十亩为差。①

6.唐朝

唐朝曾经出现过黄金时代,而黄金时代的降临来自于均田制。孔子纪元1178年(公元624年),均田制令:丁及男年满18岁以上者,授口分田一百亩;老男、笃疾、废残者授口分田四十亩,寡妻、寡妾授口分田三十亩,如果寡妻、寡妾当户者,另加授口分田二十亩,上述所有授田,均以百分之二十为永业田,百分之八十为口分田,而口分田意味着每人的份额均属于政府。对于永业田,在适合种桑树、榆树、枣树的地方,规定种植一定数量。

受田悉足者谓之“宽乡”,不足者称为“狭乡”,在“狭乡”,口分田减半授给;其所授口分田,如果需要休耕一年者(易田),则加倍授田(一百亩)。在“宽乡”,所授田为“三易以上者,仍依乡法易给”,而并不以两倍的比率授田,那就是说,如果在“宽乡”以两倍的比率授田,那么,将授一男丁田四百亩;而一男丁受田四百亩似乎太多了,因此,并不两倍授田。但是,如果法令这样规定,那些受贫瘠田亩者则受到不公正的待遇。而对以工、商为业者,工、商在“宽乡”者可受永业田、口分田,其所受田额为农夫的一半,但如果在
“狭乡”,则不受任何田。 520

那些迁徙和身死家贫无力供葬的民众,准许他们出卖永业田。那些从狭乡迁往宽乡的民众,甚至允许他们出卖口分田,但对其

① 《隋书》,卷二十四。

所卖，不再授田。而当受田者身死，其田为政府收回，并授予无地之人。

政府收授之田，每年起于十月，土地首先授给贫者、纳税者，以及课役者；如果乡授田悉足有余，多余者供隔乡授田；如果县授田悉足有余，那么，悉足有余者供临近县授田；如果州授田悉足有余，那么，有余者供临近州授田①。

评论唐朝均田制

唐朝均田制的主要缺点是允许民众出卖土地——出卖永业田与口分田。而由于允许出卖土地，故而失去了遏止财富不均的途径。于是，土地被豪富买完了，唐朝均田制因此仅持续了大约一百年的时间。

大约在孔子纪元1201—1206年（公元650—655年），唐高宗禁止民众出卖永业田与口分田；随后，他颁布诏令，规定买者“地还本主”，并对买者处以罚款。但是，到了唐玄宗（孔子纪元1264—1306年，或公元713—755年）统治时期，豪富兼并土地，自此，所有
521 中国土地几乎全部为私人据有，井田制从此再未有复兴。②

六朝土地分配制度表

<table>
<tr><th colspan="2" rowspan="2">土地种类</th><th rowspan="2"></th><th rowspan="2">人丁③</th><th rowspan="2">人口状况</th><th rowspan="2">奴隶</th><th rowspan="2">丁牛</th><th colspan="6">朝代④</th></tr>
<tr><th>晋</th><th>北魏</th><th>北齐</th><th>北周</th><th>隋</th><th>唐</th></tr>
<tr><td rowspan="2">还田</td><td rowspan="2">正田（露田）</td><td rowspan="2">正丁</td><td>男</td><td></td><td></td><td></td><td>120</td><td>40</td><td>80</td><td>100</td><td>80</td><td>80</td></tr>
<tr><td>女</td><td></td><td></td><td></td><td>50</td><td>20</td><td>40</td><td>夫妇140</td><td>40</td><td></td></tr>
</table>

①《新唐书》，卷五十一。

② 参见以下三页土地分配一览表。

③ “人丁”和“奴隶”栏的数字指人丁和奴婢。

④ 各朝代栏数字表示授田亩数。

续表

还田	正田（露田）	次丁	男				95					
			女				30					
				病男				20				32
				病女				10				
				寡妇				20				24
				寡妇家长								40
					男			40	80			
					女			20	40			
						丁牛①		30	60			
	麻田		男					10				
			女					5				
					男			10				
					女			5				
永业田	桑田		男					20	20		20	20
				病男								8
				病女								6
				寡妇家长								10
	宅田②		3					1			1	
					5			1			1	
			5—6							3		
			7—9							4		
			10—							5		

受田的年龄限制表

年龄分类	朝代③					
	晋	北魏	北齐	北周	隋	唐
正丁④………	16—60	15	18	18	18	18

① 丁牛栏是授每头牛的田亩数。

② 宅田栏中的人数，不是按人计数，而是按户计数。

③ 这些数字指年龄，除晋朝之外，仅指男子年龄。

④ 在“正丁”之年，民众受田；在“老”之年，还田。

续表

次丁……	13—15 61—65					
老①…………	66—		66	65	60	60
幼…………	1—12					

Ⅵ 关于井田制的主张

古代圣王建立了井田制，孔子制定了井田制的原则，它支配着一代一代士人的思想。我们在前文已阐述了董仲舒与师丹的限田政策，接下来我们将研究其他孔教徒最卓越的思想。

1. 荀悦

在汉朝（东汉），豪强地主收取一半的田亩所得为地租，输其赋大半，因此，荀悦（孔子纪元 699—760 年，或公元 148—209 年）谴责豪强地主之残暴胜于秦朝。然而，荀悦并不赞成立即废除土地私有制，他以为这样会使豪强地主产生忿怨之心，将会引起巨大的混乱，故而以这样的途径井田制断难实行。

六朝的人口概况与各时期的土地分配

孔子	基督	六朝的人口数③					
纪元②	纪元	晋朝	北魏	北齐	北周	隋朝	唐朝
831	280	16,163,863					
1036	485		32,327,726				

① 在北魏，未提到“老”的年龄；但“老”的年龄应不小于六十岁，也不会大于六十六岁。

② 在表格中列出的年代进行了授田。但是，孔子纪元 1131 年是一例外，因为文帝（孔子纪元 1085—1107 年）已授了北周的田地。

③ 晋朝、隋朝、唐朝统治了全中国，北魏仅仅统治了中国北部，北齐与北周分别是魏的一部分。在表格中提到的年代，魏处于其鼎盛时期，晋、隋与唐在朝代之初，刚刚经历了战争；齐与周正处于战争时期。

续表

1115	564			206,880			
1131	580				9,009,604		
1140	589					11,009,604	
1165	624						15,000,000（约）

荀悦的观点是，井田制不适宜于人口众多的时期，因为土地掌握在豪强地主手里；只有在土地充足、人口少的时候，才有可能建立井田制。

荀悦的结论依然是限田政策，但他更清楚地表明了土地不能买卖的观点。荀悦说：

> 既未悉备井田之法，宜以口数占田之为立限。民得耕种，523
> 不得买卖，以赡弱民，以防兼并，且为制度张本，不亦宜乎！（《通典·食货一》）

2. 苏洵

苏洵（孔子纪元 1560—1617 年，或公元 1009—1066 年）是一位伟大的作家，他极其强烈地谴责豪强地主。苏洵说：

> 自井田废，田非耕者之所有，而有田者不耕也。耕者之田，资于富民。富民之家，地大业广，阡陌连接，募召浮客，分耕其中，鞭笞驱役，视以奴仆，安坐四顾，指麾于其间，而役属之民，夏耨秋获，无有一人违其节度以嬉，而田之所入，己得其半，耕者得其半。有田者一人，而耕者十人，是以田主日累其半以至于富强，耕者日食其半以至于穷饿而无告。（《嘉

祐集》卷六）

苏洵如此谴责地主，令人想起拥护社会主义者对资本家的谴责。事实上，“田非耕者之所有，而有田者不耕也”，这是在井田制毁灭后滋生出的最大邪恶。

524 然而，苏洵并不赞成重新恢复井田制的策略，他的论点不是建立在政府不能“夺富民之田”的事实上，而是建立在井田制度本身不可能完全实现的基础之上。苏洵说，“今虽使富民皆奉其田而归诸公，乞为井田，其势亦不可得”。苏洵随后描述了周朝井田制的所有细节，接着他说，即使井田制经数百年彻底地重新建立起来，而“民之死，其骨已朽矣”。可见苏洵的理论较荀悦之论更为先进，因为他认为井田之形式不可为，也办不到。

但是，苏洵赞成限田政策，并指出限田令之所以没有实现，其原因在于政府担心“富民”不愿意放弃超出限田令限制规定的那部分土地。苏洵批评汉哀帝颁布的限田令①，并认为“一人而兼三十夫之田，亦已过矣；而期之三年，是又破蹙平民，始自坏其业；非人情，难用”。

于是，苏洵得出结论：以少量的限额限制土地所有权的占田额度，且这样的限额规定不应用于眼前，而只能应用于将来。在限额规定之前已经超过份额的，政府不收回其超过的土地；而仅阻止人们将来拥有多于限额的土地，这样，在经过几代人之后，富人的后代或者破落而陷入贫困，其超出限额的田产分散给其他民众；或者田产被他们自己的子孙分散，如此，富人没有占据太多的土地，土

① 参见上文，第507页。

地就会有富足;穷人于是易于获得土地而不被奴役。尽管限田政 525
策不是井田制,但却收到"不用井田之制,而获井田之制"的效果。

3. 朱熹

朱熹赞成荀悦的理论,并认为政府不能收回富民之田。朱熹认为,恢复井田的惟一机会是在大规模的革命战争以后,在这样的条件下,人口因战争而减少,如此,土地属于政府,土地分配就成为了现实,而在和平时代,这决不可能实现。

朱熹是第一位抛弃限田政策的人,他以为限田政策是荒谬的,大体上说,限田政策在推行之初是见效的;但是,经过三至五年以后,限田政策失去了它的影响力。即使现在确定了对土地占有的限制,但年复一年,它仍将流于只是形同虚设的规定。朱熹接下来提出了他的观点,即:如果井田制能够实现,我们就应该实现它;但假如井田制不能实现,那么,我们就保有现存制度。因此,根据朱熹的观点,限田论只是玩笑而已。

4. 叶适

叶适认为井田制不可用于现代,井田制也并非仁政的基础,叶适是持此观点的第一人。叶适说,"……虽得天下之田尽在官,文、武、周公复出而治天下,亦不必为井。"这是因为在现代社会,难以
实行井田制琐细烦密的规则。叶适所揭示的最重要点是封建制度 526
与井田制二者间的关系,井田与封建"相待而行"。从黄帝统治时期到周朝,"天子所自治者皆是一国之地","诸侯亦各自治其国",井田制因此盛行于全国。但是,"今天下为一国,虽有郡县吏,皆总于上",然"郡县吏"任职期限也不确定,"率二三岁一代",因此,谁着手为井田的形成而工作呢?即使官吏们准备实行井田,那也需要很长的时间——至少十年有余,而"此十数岁之内,天下将不暇

耕乎?”是故,“然封建既绝,井田虽在亦不可独存矣”。

叶适在井田制度之外去探寻对理财问题的解决,他提出了新的思想。叶适说,即使在井田制度之下,其生产收获量多寡无异于后世,此外,“大陂长堰因山为源,钟固流潦视时决之,法简而易周,力少而用博”。此显示了叶适具有活力的思想,也说明了叶适并不满意于井田的形式。叶适接着说,如果后世之治不如三代,那么,使民众通过农业养活自己,而如果这样,在后世与古代之间,就不存在差别了。然而,之所以后世“不如三代者,罪在于不能使天下无贫民耳,不在于田之必为井、不为井也”。

527 叶适的结论并未倒退,而是往前看,“因时施智,观时立法”,即是叶适的核心理念。叶适完全抛弃了井田制,并为了时代的需要而强调法规的重要性。叶适说:“诚使制度定于上,十年之后无甚富甚贫之民,兼并不抑而自已,使天下速得生养之利,此天子与群臣当汲汲为之。”(叶适《民事下》)

5. 马端临

马端临的理论与叶适一样,也强调封建制度与井田制二者间的关系。在古代,由于封建诸侯国小,人口少,因此,井田制易于建立起来。马端临认为,无论是古代封建国君“授其民以百亩之田”,还是后世“大富之家,以其祖父所世有之田授之佃客”,二者均一样。然尽管如此,但因后世地域广阔,人口众多,官吏取代了封建诸侯,再无人传其官职于其子,井田制绝对不能在这样的情形下存在。因此,在晋朝、北魏、北齐、北周、隋朝,以及唐朝,尽管已经实现了土地分配制度,但却并没有维持太长的时间。①

① 《文献通考》,卷一。

Ⅶ　结论

毫无疑问，已经消失的井田制不再复兴，从魏孝文帝的均田制开始，到唐玄宗元年，其间经历228 年时间（孔子纪元1036—1264年，或公元485—713 年）。而自黄帝统治时期始，迄至商鞅废除井 528
田制，其间经历2348 年（孔子纪元前2147 年—孔子纪元202 年，或公元前2698—前350 年），上述两时期历时之长度，显示了古代与中世纪时期二者间的差异。因为古代是封建制度，井田制持续了数千年的时间；而在中世纪时期，在绝对君主政体统治之下，土地均田制——并非严格的井田制，却持续不到三百年的时间。这即是没有封建制，井田制就无以生存的事实。

孔子反对封建制，但井田制与封建制有着密切的联系，那么，孔子为什么会赞成井田制呢？这是因为封建制导致政治上的不平等，故而孔子痛恨封建制度；而井田制带来理财上的平等，因此孔子热爱井田制。孔子的思想完全建立在平等原则的基础之上。此外，还因为孔子生活在封建时代，不能立即废除封建制，所以，他只得依据其生活时代提出更有利于民众处境的理论。在孔子时代，封建诸侯崛起并成为了大国，而井田制则日趋衰落，田税率高于田亩所得的十分之一；在农事季节，民众被残酷地征兵役，其服劳役时间远远超过三天；井田制自身的衰落足以在民众中引起混乱与不平等。简言之，这是一转型时期，而孔子处此转型期为什么不提倡井田制呢？因为根据井田制，不仅民众不能比其邻里拥有更多的土地，而且，封建领主既不能多征民众赋税，也不能使民众多服劳役。诚然，井田制保护民众免于封建领主多征赋税与多役使劳 529

役，是消除封建时代恶行的方法。

任何制度在任何时候衰落，都必定会产生混乱与困境。商鞅看到了井田制的衰落，于是，他彻底废除了井田制。这是毁灭性的政策，商鞅由此遭到许多孔教徒的谴责，然虽如此，商鞅仍是一位伟大的政治家。为了派遣（秦国）境内之民出境打仗，商鞅招徕境外之民耕种土地，并给予他们土地私有权，商鞅关注国家的荣耀胜于改善民生，其理财改革受军事动机所驱使，而非出于理财，而商鞅改革的结果使国家直接赢得了政治优势，但民众却失去了建立在土地所有权基础之上的理财平等。

与商鞅同一时期的孟子，当他注意到井田制时，他希望使井田制尽可能完美，这是一种建设性的策略。孟子关注民生改善胜于军事荣耀，其理财改革是受理财、民众的知识、道德教育所驱使，而并非受战争利益驱使。

然而，孟子也是一位伟大的政治家。孟子认为，如果君主明智地建立起井田制，那么他就可以征服天下。孟子的理论是，民众是国家的根本，因此，如果诸侯能赢得邻国的民心，他就会赢得那些国家，这似乎不切实际。在孟子生活的时代，诸侯在农事时驱使民众进行战争，导致饥馑与家人的丧生，民众因此怨恨国君。此外，所有的中国人实际上都一样，一般而言，对他们所在的诸侯国并没
530 有特别的爱，因此，贤明的君主易于把天下团结起来；如果有这样一位真实的贤明君主，他仁爱天下，建立起如孟子所言的井田制，使别国民众如本国民众一样爱他，当他进攻他的敌人时，敌方的民众会欢迎他，于是，他将君临天下。孟子的理论应被称为普世主义，意指用美德征服世界。它有别于商鞅的理论，而商鞅的理论被

称为帝国主义，意指用武力征服世界。①不幸的是，商鞅的政策付诸切实的实践，并获得了成功，而孟子的政策却仅停留在理论层面，这是因为没有诸侯重用孟子，这是一件不幸的事。

井田制的益处，并不是因为土地被划分为不同的井，而是因为它的原则建立在均等的基础之上。当我们说一本书是好书时，并不是指它的装订，而是指著者的作品。当苏洵与叶适议论井田的形式时，苏洵认为井田制的形式是不可能的，而叶适以为井田制的形式也是不必要的，而苏、叶二人均是对的。因此，当考虑井田制时，我们应该考虑它的原则，而不是它的形式。

从表面上看，井田制只是平均地权论，但这并非事实。平均地权论一词对更晚的六朝时期可能适用，但却对井田制本身不适用。根据孔子的理论，井田制乃万事之根本，而并非仅仅是分配土地的基础。井田制的基本思想是：人人均应获得均等的份额、均等地享受
理财活动，以及社会生活、政治生活、智力生活与道德生活的机会。 531

在许多基本思想上，井田制均类似于现代社会主义，二者均有平均全社会财富的相同目标。当然，由于实现目标的方法与组织的变化，现代工业时期必定不同于古代的农耕时期。在古代，土地是最重要的财富形式，因此，当土地被平均分配时，民众的财富在事实上就平等了。在井田制下，民众甚至不拥有他们的住宅，他们的全部理财活动均在国家的控制之下，这是极端的社会主义，或者国家社会主义。在现代，经过从农业时期到工业时期，土地不如从前重要，即使能够平均分配土地，或者能够实现土地国有化，民众

① 普遍主义是汉语“王”一词的真正意义，而帝国主义则是汉语“首领”一词的真正意义。参见《中国经典》，第二卷，第196—197，134—137、145—149、181—185、271—274、300—301、438—440页等。

的财富依然不均等，因为除了土地而外，还有许多其他的资本货物。因此，现代社会主义较古人的社会主义有着更多的困难需要战胜。但尽管如此，现代社会主义与井田制的基本思想却并不相异。根据井田制规定，人人收获他所生产的全部，因为在井田制下没有地主。苏洵之所以谴责地主，那是因为地主从耕种者那儿取走一半的产品，这与社会主义者反对资本家攫取工人一半的劳动产品的理由相同。总而言之，井田制与社会主义，二者的目标均旨在均等财富，以及旨在让生产者获得他们生产的全部产品。

然而，中国人一直是稳健温和的民族，他们从不走极端，当士
532 人考虑井田制时，尽管他们憎恨地主，但却从不认为应该与亨利·
乔治的主张一样：没收地主的土地。纵观整个中国历史，王莽是惟一根据"王田制"国有化土地的人。然而，即使是王莽，他也没有触及那些仅仅拥有一"井"的土地者。假如一户只有一百亩田，那么，免去该户田充公。此外，在推行"王田制"三年后，王莽废除了土地国有化的规定。因为孔教徒谴责王莽，没有人认为他的土地充公政策是对的。因此，除非有新的社会主义形式的出现，否则，中国
533 的土地或许将永远保持在私人所有者的掌管之中。

27　专利

I　对垄断的谴责

孔子痛恨垄断，但早在孔子生活时代之前，垄断就遭到声讨。

孔子纪元前298年(公元前849年),当周厉王热衷于利并打算任用荣夷公时,芮良夫就如下警示他:

夫利,百物之所生也,天地之所载也,而或专之,其害多矣。天地万物,皆将取焉,胡可专也?……匹夫专利,犹谓之盗,王而行之,其归鲜矣。(《国语·周语上》)

周厉王没有听从芮良夫的谏阻,他任用荣夷公为卿士,其结果是周厉王遭到了民众的驱逐。①

芮良夫的理论与孔子所论一致。而为了便于对孔子的理论进行论述,我们依照现代分类首先将垄断划分成两大类,即私人垄断与公共垄断。我们可以将公共垄断归类为财政垄断与社会垄断;将私人专利归类为个人特惠、法定垄断、自然垄断与商业垄断,以 534
下我们将依次进行考察。

Ⅱ　政府专利权

就公共垄断而言,我们的意思是由全体公众而非任何政府的统治者进行的垄断。统治者本人不仅不应建立任何垄断,而且,也根本不能谋取任何利益。根据孔子的原则,假如为了管理生产、分配,或消费而要求实行公共垄断,那么,赞成这样的垄断权,比如说,土地国有化与控制自然资源就是孔子的原则。根据孔子的思想进行判断,所有的自然专利,诸如车道、街道、沟渠、桥梁、渡口、

① 《国语》,卷一。

水路、海港、灯塔、铁路、电报机、电报、邮局、电灯、自来水厂、煤气厂等等，这些全属于政府专利权（范围），或者是市政的，或者是国家的，甚至是世界的。

如果政府完全为了财政（专卖）动机而垄断某物，无论以何种方式，孔子均不赞成这样。由管子率先提出政府对盐与铁的专利权，并不符合孔子的理想，而这是因为政府垄断盐与铁之后，盐与铁的价格因此被提高了。简而言之，旨在为社会的公正而进行的公共垄断是有益的，但旨在为政府财政的公共垄断则是无益的。

至于平常的商业交易，孔子以为国家应该控制价格，但却不能垄断整个市场。只要不存在自然垄断，而且只要竞争是可能存在的与可取的，孔子就不允许国家实行垄断。尽管国家应该是价格的调整者，但国家对价格的调整不是垄断，而只是促进自由竞争与
535 消灭私人垄断。以上所论，是孔子关于公共垄断的一般原则。

Ⅲ　私人垄断

1. 个人特惠

孔子反对私人垄断，而只有极少数例外。首先以个人特惠权为例，的确，对那些具有杰出美德与非凡才能者，孔子非常乐意赋予他们特殊的荣誉或财富。因此，赋予有道德者荣誉、任用有才能者与安置高贵者在高位上，这些都是孔子的原则。然而，即便如此暂时的个人特惠并不是为个体的利益，而是为了整个社会的利益。孔子说："举直错诸枉，能使枉者直。"①因此，向享有个人特惠的个

① 《中国经典》，第一卷，第 261 页。

体授予报酬，这不仅给他们以公正，也是给其余人以鼓舞。然而，甚至是个人特惠，孔子也加以约束，并使人们通过接受教育的途径而获得个人特惠，普遍的自由教育于是出现了，而个人特惠权又因民众教育被削弱。

2. 法定垄断

孔子并不赞成法定垄断。当卫国官员仲叔于奚表现出他的军事才能（孔子纪元前 38 年）、卫国国君赏给他城邑时，仲叔于奚辞谢了城邑的赏赐，而请赐“曲县、繁缨”。仲叔于奚所要求的东西，仅是诸侯的法定使用物，然而，卫君同意了仲叔于奚的请求，授予了他这样的权力。

后来，孔子听说了这件事，孔子说：

> 惜也，不如多与之邑。唯器与名，不可以假人，君之所司 536
> 也。名以出信，信以守器，器以藏礼，礼以行义，义以生利，利以平民，政之大节也。若以假人，与人政也。政亡，则国家从之，弗可止也已。①（《左传·成公二年》）

如果根据孔子的原则，甚至使用某一器物的权力也不能假借于人，那么，政府准予法定垄断的理由就不存在了。确定垄断的法定权力，包含在孔子使用的“名号”一词之中，它是君主权力的一部分，不应该授予任何个人。这是为了全社会的利益、为了民众的平等。

在中国历史上，除一特例之外，一直未曾出现政府授予个人的

---

① 《中国经典》，第五卷，第一部分，第 344 页。

法定垄断权。在孔子纪元1837年(公元1286年),由于朱清、张暄从事海运有功,所以,元世祖授予他们印纸币的印版,让他们制币。而当朱清、张暄二人"富既埒国"时,政府借口杀死了他们,因为政府虑其成为国家的危险。[①] 在通常情况下,法定专利权无益于整个社会。

然而,对于有限的法定垄断,诸如版权与专利品,孔子则持赞成态度。因为孔子的哲学以实践酬劳制度的公正为基础。为了酬
537 劳创造者或者发明者,也为了鼓励其余的人,孔子愿意授予有限的垄断权给创造者与发明者,然而,中国人却没有发展出这样一种垄断权。因此,对于发明创造,未有给予发明创造者以奖励,许多发明创造因此失传。在古代,一般情况下人们并不热衷于发明,即使是发明东西的士人,也是如此,而且,士人发明的目的不在理财利益,而是为了好奇心,或者为了展示他们的能力而已。由此,他们的发明随着他们的生命终结而消亡。而且在那样的时代,人们以孤立的方式生活着,缺少信息与运输,没有报纸与杂志,消息闭塞的人们不可能知道在某地已经出现的任何新发明。此外,即使人们知道这些新的发明,他们又如何能明白发明者的秘密制作方法并进行复制呢?因此,许多古老的发明只是记录在历史之中,却并未引起任何重大的影响;而且还有许多其他的发明,例如火药、印刷术,这些发明竟不知为谁所发明。虽然阻碍中国人发明创造的原因很多,但缺乏专利制度却是其中极为重要的原因。

既然如此,那么,问题是古人如何发展与保护他们的发明呢?此问题的答案是:因为他们具有准法定专利权——在不同的科学

① 《续文献通考》,卷九。

与技术领域担任官职的世袭权力。对每种专业与每种行业的技艺，均存在世袭持有的政府官职，这种状况甚至贯穿各朝代。因为他们的劳动分工极细，而且，他们的专业专门化持续若干代人，他们因此自然会发明新技术与改进陈旧的方法。而即使不如此，陈旧古老的技术与方法也几乎不会失传，即使在某专业世袭官职的家族灭绝后也不会失传，因政府是该专业的保护者。所以，尽管世袭官职是一糟糕的事情，但也依然会产生出一些有益的结果。 538

然而，孔子并不赞成世袭官职，而且，自汉朝始，这样的制度已经被破坏了。而因为民众不能获得法定专利，故而采用秘密专利，那就是说当他们有任何发明与发现时，他们保持秘密以作为自然垄断。夏德(Friedrich Hirth)教授说："在技术与工艺上的专业特殊性被视为某一家族的专利、绝对不允许(家族以外的)外人侵入，这是中国人社会生活中的特征之一。在汉朝，具有一定模式的丝绸织锦的情形即是如此。许多行业，诸如福州的上等漆器业、广州的铜鼓制造业，一直是家族的秘密，而且这些秘密保卫得如此之好，以至于某项技术随着创造此技术家族的最后一位子孙的死去而绝迹，这与著名的福州漆器业的情况一样，其工艺制作的秘密在太平天国叛乱中失传了。"①

这样的秘密专利在法律上不受保护，但是，由于在同一水平上不存在竞争，因而这样的专利绝对地存在，而如此专利具有两大害处：其一，垄断时间是无限的，一代又一代的延续；其二，技术秘密容易失传，因为不传给家族以外的人。因此，合法地创建有限专利权、让专利者教授其他人，这会好得多；这是发展秘密专利到开放

① 《中国古代史》，第117页。

专利的途径,而且经由此途径,社会从专利中所获远远超过专利者自己。自孔子纪元2449年(公元1898年)开始,中国的趋势就朝着此方向发展。

539 简言之,关于法定专利权,孔子给予了那些为社会做出贡献的专利者以时间限制,但却没有给予朝廷宠臣以专利。

3. 天然垄断

关于天然垄断,孔子绝对不允许任何私人占有。根据《春秋》的原则,"……名山大泽不以封诸侯,以为天地自然之利,非人力所能加,故当与百姓共之"①。在《礼记·王制》中,也阐明了这一原则。② 设若这样的自然资源被颁赐给了诸侯,那么他们将成为名山大泽的所有者,于是,民众将不能利用名山大泽。因此,为了全体民众,这些自然资源保留为公共所有物,不允许诸侯据有天然垄断。孔子甚至不允许封建诸侯据有自然资源,那么,任何个人如何能据有垄断自然资源的权利呢?现代特许专营的发展受此原则支配,例如像铁路、供水系统等等。

此原则不仅适用于因地理位置上的优势获得的地方垄断,或国家垄断,同时,也适用于国际性垄断。《白虎通》解释这一原则说:"名山大泽不以封,与百姓共之,不使一国独专也。山木之饶,水泉之利,千里相通,所均有无,赡其不足。"③

孔子以全世界为一理财单位,因此,对于在地理位置上的优
540 势,孔子不仅禁止私人独占,也禁止个别的国家垄断。诚然,如果有任何影响全世界的天然垄断,那么,该垄断应该属于世界国家政

① 《春秋公羊传注疏》,桓公十六年。

② 参见上文,第347页。

③ 《白虎通》,卷四。

府，这就是孔子的自由贸易学说的基础，也是他的世界社会主义学说的基础。

在汉代，当桑弘羊为政府专营盐铁辩护时（孔子纪元471年，或公元前81年），他提到了这一原则，并表明禁止民众垄断自然资源。[①] 晋朝（孔子纪元816年，或公元265年）与梁朝（孔子纪元1053年，或公元502年）分封诸侯时，规定凡名山大泽不以封，盐铁金银铜锡的产区、竹园、别都宫室园囿“皆不为属国”[②]。这些事实显示了孔教对实际法律所产生的影响。

4. 商业垄断

孔子不允许私人据有商业垄断，孟子说明了此原则，孟子说：

> 古之为市者，以其所有易其所无者，有司者治之耳。有贱丈夫焉，必求龙断而登之，以左右望而罔市利。人皆以为贱，故从而征之，征商自此贱丈夫始矣。[③]（《孟子·公孙丑下》） 541

孔子反对任何垄断利润。为了设法阻止垄断者，并使财富平均分配，那么，如果存在任何垄断利润，则必须征收垄断利润税。

为了防止商业垄断，有两项重要的原则存在：一是禁止统治阶级进入理财领域，食禄者不得（与民）争利；二是政府控制供应与需求。在随后的章节中，我们将对这两项重要原则进行讨论。

中国人憎恨商业垄断，根据《大清律例》规定，禁止任何商业垄

① 《盐铁论》，第六章。

② 《文献通考》，卷二百七十一—二百七十二。

③ 《中国经典》，第二卷，第227—228页。从此，中国人常常使用“龙断”两字代指“垄断”一词。

断。例如,禁止开设完全控制某行业的总商号以阻止同行其余商号的开办;禁止划分地盘霸市、控制运输;对垄断市场强买强卖者,杖责八十;以垄断而取利者,若已得利,"物计赃重者,准盗窃论"①。

542 然而,作为税制的结果,会有一些商业机构含有垄断因素,我们将在关于征税的章节中讨论。

28 食禄者不得争利

I 一般原则

在现代,社会主义者为劳动者提倡近世社会主义,反对资本主义。在古代,孔门弟子为农民倡导孔教的社会主义,反对封建主义。而这两种学说在原则上并无抵触,因为古代的封建领主,同时也是资本家,而农民自身就是劳动者。然而,当我们将两种学说进行比较时,孔教的社会主义似乎比近世社会主义走得更远、更彻底。近世社会主义与孔教的社会主义,二者均没有资本家的存在。在孔教的社会主义里,凡重要的生产资料应该属于民众,统治阶层只能获取他们的俸禄,而统治阶层能积聚俸禄并使自己成为资本家。近世社会主义者并不阻止领取俸禄的官员从事有利可图的职业,但是,孔门弟子则完全禁止食禄者言利。我们可以说二者之间的区别,应归于这样的事实——古代贵族统治允许官职世袭,而近

① 《大清律例》,卷十五。

世社会主义并非如此。因此，遏制食禄者言利，是孔门弟子必定要做的事。这样的解释是正确的，也一定是孔子最初的思想。但是，孔教的社会主义还意味着更多的内容，首先，孔教并不允许贵族统治的政体，无人能世袭官职；其二，甚至在废除封建制度与贵族统治以后，甚至对那些临时任职的官员也运用食禄者不言利的原 543
则。以此观之，孔教的社会主义比近世社会主义走得更远，这是明显的。

在孔子时代，封建制度盛行全国，封建诸侯与贵族家族占有所有的土地，他们因此是地主。他们也拥有许多牲畜，以及若干其他的生产资料，因此，他们也是资本家。这样的态势确实仅有少许生存空间留给了普通民众。不惟如此，他们可以任意压迫民众，这样民众的处境必定极端糟糕。把握全部政治权利与享有全部社会高位的诸侯与贵族，如果他们在理财领域与普通民众竞争，那么，他们将会赚取全部利润，这是因为民众没有与他们竞争的立足之地，于是，民众沦落至实际的苦役状态之中。因此，一方面，为了摧毁封建制度，使贵族政治改变为民主政治，孔子在君主专制政体上集中政治力量，不承认官员任职的世袭权利；另一方面，为了向民众提供全部的机会，孔子禁止食禄者言利。

孔子的总原则如下：“天子不言有无，诸侯不言多少，禄食之家，不与百姓争利。”①而该总原则的目标为：提升统治阶层的品质到更高的道德标准，剥夺他们在理财领域里的有利条件与强有力的竞争，并向所有普通民众提供相当的（理财）机会。这是社会改革的伟大计划，理财平等是它呈现的趋势。 544

---

① 《后汉书》，卷七十三。

1. 天子不言利

食禄者不言利的原则，首先适用于统治者——天子与诸侯。在《春秋》中有一项法规规定：天子不应向封建诸侯有任何钱财上的要求，当天子向诸侯有任何要求时，孔子均谴责之，而其中最受孔子谴责的，乃是天子对金钱的要求。既然天子已经据有国家的税收，也据有诸侯国的贡物，那么，天子应该是最有节制的人，并是整个国家的典范。如果天子重利，这一定使诸侯贪婪，大夫吝啬，士人与庶民奸诈狡猾。因此，《礼记》上说，“天子树瓜华，不敛藏之种也。”①

2. 诸侯不言利

在《春秋》中，有谴责鲁隐公从事渔业的记载，鲁隐公的鱼，其价值总计达一百斤黄金，相当于汉代一百万缗铜钱。何休注疏说鲁隐公弃政而与民争利。鲁隐公这样的行为非常可耻，对一位国君而言，这样的行为极其不适宜。

3. 凡食禄者不言利

根据孔子的观点，凡食禄者均不得言利。孔子说：“君子不尽
545 利以遗民。《诗》云：‘彼有遗秉，此有不敛穧，伊寡妇之利。’故君子仕则不稼。”②

让利与民是食禄者不言利原则的基本思想，其目的旨在保护弱者、抵制强者。因此，当孔子谈到鲁国大夫臧文仲时，他指责他不仁，因为臧文仲使其妾编织垫子以待售赢利。③

《大学》中说：“畜马乘，不察于鸡豚；伐冰之家，不畜牛羊。”④

① 《礼记》，第九篇，第433页。

② 《礼记》，第二十七篇，第296页。

③ 《中国经典》，第五卷，第一部分，第234页。

④ 《中国经典》，第一卷，第379—380页。

前面一句指刚担任大夫的人，后面一句则指大夫与卿大夫。确实，任何官员禁止经商。

Ⅱ　建立原则

1. 典范公仪休

公仪休为食禄者不言利作出了最好的示范。公仪休，鲁国的博士，后成为鲁穆公的宰相（孔子纪元 145—176 年，或公元前 407—前 376 年）。他是第一位将食禄者不言利的孔教理论作为法定准则颁布的人。在公仪休的治理下，食禄者禁止与民争利。当有人给他送鱼，他拒绝了。送鱼的人说："闻君嗜鱼，遗君鱼，何故不受也？"公仪休回答说："以嗜鱼，故不受也。今为相，能自给鱼；今受鱼而免，谁复给我鱼者？吾故不受也。"从公仪休的言论中，我们可以推测，在那时就有禁止官员从任何人手中收取礼物的规定，用这样一句话表述："所受大者不得取小也。"公仪休吃了冬葵菜，546
他拔掉了园子里的冬葵菜；当他看见他的妻子织布，他烧毁了她的织机，并休掉了他的妻子。公仪休说："吾已食禄，又夺园夫红女利乎！"①《史记》这样表述了公仪休的话，"欲令农士工女安所雠其货乎？"②公仪休的基本点是，食禄者只应该拿取俸禄，并为庶民保持整个理财领域的自由。

2. 董仲舒的论述

孔子纪元 412 年（公元前 140 年），董仲舒在给汉武帝的著名

① 董仲舒引文，《汉书》，卷五十六。
② 《史记》，卷一百一十九。

"对策"中,对当时的社会情形进行了批评。董仲舒说:

> 夫天亦有所分予,予之齿者去其角,傅其翼者两其足,是所受大者不得取小也。古之所予禄者,不食于力,不动于末,是亦受大者不得取小,与天同意者也。夫已受大,又取小,天不能足,而况人乎!此民之所以嚣嚣苦不足也。身宠而载高位,家温而食厚禄,因乘富贵之资力,以与民争利于下,民安能
> 547 如之哉!是故众其奴婢,多其牛羊,广其田宅,博其产业,畜其积委,务此而亡已,以迫蹴民,民日削月浸,浸以大穷。富者奢侈羡溢,贫者穷急愁苦;穷急愁苦而上不救,则民不乐生,尚不避死,安能避罪!此刑罚之所以蕃而奸邪不可胜者也。故受禄之家,食禄而已,不与民争业,然后利可均布,而民可家足。此上天之理,而亦太古之道,天子之所宜法以为制,大夫之所当循以为行也。

在"对策"的结论中,董仲舒引用了《易经》中一段有趣文字:"负且乘,致寇至。"董仲舒对此解释说,"乘车者"指的是"君子之位",而"负担者"则指"小人之事",设若居"君子之位"而为"小人之事",那么,"其患祸必至也"①。董仲舒的这些议论,极大地影响了孔教的社会主义。

3. 历朝的法规

548 禁止食禄者言利被历朝历代载入现行的法规之中。在晋朝,

① 《汉书》,卷五十六。

当晋武帝统一全国后（孔子纪元 831 年，或公元 280 年），颁布法令："王公以国为家，京城不宜复有田宅。今未暇作诸国邸，当使城中有往来之处，近郊有刍槁之田。"然后，晋武帝做了以下限制："国王公侯，京城得有宅一处。近郊田，大国十五顷，次国十顷，小国七顷。城内无宅城外有者，皆听留之。"

对官吏的土地所有权也有限制。官吏占田数额，按其官品高低占田，"品第一者占五十顷，第二品四十五顷，第三品四十顷，第四品三十五顷，第五品三十顷，第六品二十五顷，第七品二十顷，第八品十五顷，第九品十顷。而又各以品之高卑荫其亲属，多者及九族，少者三世"①。

孔子纪元 1175 年（公元 624 年），唐朝颁布法规，凡享有俸禄之家禁止与民众争利。②

根据《大清律例》，"凡有司官吏，不得于见任处所置买田宅。违者，笞五十，解任，田宅入官"③。 549

如果官吏有息贷款，或者据有抵押财产，尽管符合法定利率，官吏将受到杖击八十的惩罚；而如果官吏在超出法定利率之外所赢利，这样的赢利将被视为贿赂，并因此遭到惩罚。④

如果官吏为了谋取利益，从官府购盐并卖给民众，依法杖击一百，以示惩罚，并被流放至同省的另一地区三年，其所购之盐没收充公。⑤ 上述之全部法令，皆阻止官吏与民争利。

---

① 《晋书》，卷二十六。

② 《旧唐书》，卷四十八。

③ 《大清律例》，卷九。

④ 《大清律例》，卷十四。

⑤ 《大清律例》，卷十三。

Ⅲ　结论

胡寅(死于孔子纪元1702年,或公元1151年)对食禄者不言利提出批评,他说:

> 食禄之家毋得与民争利,此以廉耻待士大夫之美政也。古之时,用人称其官,则久而不徙,或终其身及其子孙,禄有常赐……当是时而与民争利,斯可责矣。后世用人不慎,升黜无常,朝飧大仓,暮而家食。苟非固穷之君子甘于菽水,彼仰有事,俯有育,若不经营生理,又何以能存?卢怀慎为丞相,其死
> 550 也,惟有一奴,自鬻以办丧事,况其余哉!
>
> 以理论之,凡士而既仕者,即当视其品而给之田;进而任使,则有禄以酬其品;置而不用,则有田以资其生。惟大谴大呵,不在原宥之例,然后收其田里。如此,则不得与民争利之法可行,而廉耻之风益劝矣。①

胡寅的论点极为合情合理,并适用于现代,尽管封建制度已消失,但禁止官吏言利的原则对中国的理财活动产生了不可忽视的影响。在中国历史上,极少有官吏以他们可能的任何手段积累大量的财富,谦虚与纯洁是官吏普遍的精神。而正因为他们没有与民争利,因此,民众在没有特权官吏参与竞争的前提下,充分享有理财活动的自由,并有更多机会互相竞争。然而,公众情感在最近

① 《文献通考》,卷二。

开始偏离此原则。由于与外国的国际斗争,中国不幸需要更多的人参与理财战争;在以前,官吏在国内与民争利是不适当的,但在今天,人人均应对外与外国人争利。准确而言,此原则昔日是建立在平均分配的目标上,而今天,它将在为了大生产的目标上赋予新的生命与新的活力。 551

29　调剂供求

Ⅰ　一般原则

在理财社会里有两种利益存在:其一为生产者的利益,另一则为消费者的利益。而直接明显地影响此二利益者,则莫过于价格,因此,对全社会而言,价格乃一极其重要的问题。根据孔子的理论,为了确保生产者的成本与满足消费者的需要,政府应该通过调剂供求以平稳价格,而主要目的则是消灭所有的垄断,一方面,以便个体的或者小规模的生产者能获得保护,另一方面,也保护消费者;与此同时,阻止中间商获取大的利润,并向卖方与买方提供全部的利润。最初,这理论完全是为了民众的利益,并不给政府预算带来任何利润;之后,此理论变成了政府谋取巨大利润的财政计划。然而,如果该计划彻底成功地获得实施,那么,它又将有益于社会,因为它仅仅取走了大商人的利益,减轻了所有人的税收。保守的孔教徒依据食禄者不言利的原则,总是反对政府调剂供求的方案,其原因在于他们认为政府不应该与民争利。但是,我们应该

辨别在政府预算中的这两项差别——一部分为君主自己，另一部
552 分则为整个国家。当然，至于君主自身，他应该被杜绝在任何有利可图的职业之外，并禁止与民争利。但是，作为整个国家、民众的共同代表，则应该允许国家以最方便的途径获得国家的岁入。如果国家与少数大商人竞争，并减轻多数人的负担，那么，这是一满足国家开支的良策。此外，如果能与刘晏（孔子纪元1267—1331年，或公元716—780年）一样进行优秀的管理，那么，就会出现以下三项成效：国家获利、民众一直享受合理的价格、分配接近公平。然而，进行管理能如刘晏一样优秀非常困难，因此，王莽与王安石都失败了。尽管政府调剂供求的理论适用于所有的商品，但是，因谷与钱币是具有被独立探讨的极为重要的问题，因此，本章仅在大体上涉及商品的价格。

当我们探讨孔教理论时，我们必须提到孔教的圣经。《易经》说："君子以裒多益寡，称物平施。"①这里的"过多"与"不足"涉及供求关系。前一种情况，应该减少供给；后一种情况，应该增加供给。两种情况可能在不同的时期发生；或者在同一时期但在不同的地方发生；或者在同一时期、同一地方发生，但却涉及不同的货物。因此，为了保持价格在一水平上，君子的任务是调剂供需。

553 在《书经》中，有一段文字说，"懋迁有无化居。烝民乃粒，万邦作乂"②。此商业政策是禹的作为。当物品丰富时，供给方就充分；但当物品缺失时，需求方就不能满足。供需双方互通为必需，

① 《易经》，第286页。

② 《中国经典》，第三卷，第一部分，第78页。

例如，山区有木材贮藏，海边有鱼盐贮藏，山区的木材与海边的渔盐需要进行互相交换，谁也不可能只从对方获得物品，他也必须是物品的给予者，因此，商业（贸易）的结果，不仅是民众由此获得充足的食物，而且，所有国家由此建立起友好的感情，这就是商业论。

根据《周礼》，政府银行“泉府”的功能之一是调剂商品的供需，当商品卖不出去、供大于需时，于是“泉府”以商品的市场价格收购货物；而当市场对货物的需求上升、需大于供时，“泉府”以货物的原价——审慎地一件一件加上标签、标明价格出售。前一种情况，生产者获益；而后一种情况，消费者获益，但政府自身并未从交易中挣钱。进货商从“泉府”进货之前，他们必须从其所在辖区的地方官处获得进货的证书，以此杜绝那些想从官府低价购买货物、为了谋利又出售货物的商人。通常而论，当市场货物价格下跌之后，又会再次上升，因此，政府应该供给民众急待需要的货物。①

在刘德（死于孔子纪元422年，或公元前130年）所传的《乐语》中，其中有一段记载：“天子取诸侯之土以立五均，则市无二贾，四民常均，强者不得困弱，富者不得要贫，则公家有余，恩及小 554
民矣。”②

“五均”是官职的名称，其职责是平抑市场价格。根据马端临所论，在古代有这样的官职存在，尽管我们不能找到“五均”的来历，但我们知道，这至少是一孔教理论。

① 《周礼》，卷十五。
② 《汉书》，卷二十四。

Ⅱ　桑弘羊

均输与平准制度

关于控制供需的实践,汉代有一位商人的儿子、非凡的财政家桑弘羊(孔子纪元 421—472 年,或公元前 131—前 80 年),由于桑弘羊的理财天赋,13 岁即入官为汉武帝的亲信侍从。孔子纪元 436 年(公元前 115 年),桑弘羊担任大司农中丞,开始实行均输法。孔子纪元 442 年(公元前 110 年),桑弘羊担任治粟都尉,负责管理国家盐、铁官营事务。他注意到因各部官员互相争购盐、铁,而哄抬了京城盐、铁的价格。而按照古老的方法,由各郡国向京师输送物资作为贡物,而贡物的价值甚至常常不足以支付运输费。
555 于是桑弘羊建议委派大农部丞数十人,分配到各郡国,使他们明确地承担起指定的各郡国事务。而这些官员在各区域指派下属官员设置"均输"官。这样,甚至在规定民众用货物纳税的偏远区域,在设置"均输"官以后,民众纳税之货物由从前的商人交易,变为在均输官自己之间进行交易,而为了使货物的价格合理,由地方上大宗出产的产品作为纳税货物。随后,均输官将在其他地方出售这些货物,并从中获益。通过这样的方式,节约了地方运输货物的成本,带给偏远区域以便利,就如同他们的邻近地区一样。

在京师,设置"平准"官以管理整个国家的运输;官员所需的全部物资,则由大农部的平准官供给。通过平准官,全国所有的商品处于控制之中。当商品价格高时,出售商品;而当商品价格低时,买进商品。按照这样的方式,豪富大贾没有可能谋取优厚的利润,然后,价格将恢复到正常水平。价格受到人为的管理、控制,该官职因此被称为“平准”。汉武帝认可并实施了桑弘羊的建议。在汉武帝统治时期，政府开支尤其庞大，但通过推行“均输”与“平准”法后，官府在没有增加税收的前提下，也满足了国家财政之需。[①] 556

很难准确地说桑弘羊是一位严格意义的孔教徒，但是，他出生在孔教成为国家宗教之后，因此，桑弘羊是一位在广泛意义上的孔教徒。[②] 孔子纪元471年（公元前81年），在桑弘羊与主张废除“均输”的民众代表之间，曾发生了一场辩论，反对桑弘羊的是贤良与严格意义上的孔教徒，而他们的论点建立在政府不能从事商业贸易的道德教义基础之上，并认为农业胜于工业。然尽管如此，由于给辩论双方提供原则的是孔教的伟大哲学，所以，桑弘羊把论据建立在孔教的基础上。桑弘羊的论述赞成工业，然而，也不反对农业。桑弘羊认为：有大量肥沃土地的地方，如果没有生产出充裕的粮食，则需要改进工具；有富饶的自然资源的地方，却没有富足的财富，则需要工商业。凡各地大宗出产的物品，正待工匠去加工、商人去交换。根据古代圣王所论，农业并非政治经济惟一的对象，因此，反对桑弘羊的贤良与孔教徒没有赢得辩论，而均输制度也没有被废除。

桑弘羊的均输制度尽管遭到了广泛的反对，但均输制度被证明为正当的。从社会方面观之，它剥夺了豪商大贾的赢利，帮助处

---

① 管子（死于孔子纪元前93年，或公元前664年）曾非常成功地实施了国家调剂供求的政策。在管子的著作中，有几篇讨论该问题，但管子使用了术语“轻重”、而不是供求，“轻”意味着供大于求；而“重”则意味着求大于供。管子的政策可以总结为几句话：为了平均穷富，也为了使国家在理财活动中占据主导地位，政府应通过发行与兑换货币的方式，控制货币与商品之间的比率。管子的理论类似国家社会主义，管子也是桑弘羊“均准”制度的真正先驱。

② 桓宽称桑弘羊是“博物通士”；他的儿子桑迁，是一位孔教士人。

于困难中的贫者；从理财的角度论，它节约了从各地运输货物到京师的费用，而国家获得了巨大的岁入，此外，在那时存在国家对外扩张的军事斗争，以致国家从均输制度中获得岁入成为必需。如
557 果我们以国家主义的角度评判桑弘羊，那么，正是他使汉武帝有财政势力扩张中华帝国，他对整个国家作出了巨大且持久的贡献，他是第一位在规模庞大的范围内成功地实践了国家社会主义的人①；但是，在桑弘羊去世后，他的制度随之消失了，因为无人能实施这个计划。

Ⅲ　王莽

“五均”制度

王莽根据《乐语》中“五均”一词，设置了五均司市，其目的在“齐众庶，抑并兼”。孔子纪元561年（公元10年），在京师，开三市；在五个主要城市（洛阳、邯郸、临淄、宛、成都），均设置一市（洛阳称中市，邯郸称北市，临淄称东市，宛称南市，成都称西市）。在每一市中，设置交易丞五人，钱府丞一人。在每年的二、五、八、十一月，每一市的司市评定一次物价，每种商品的价格分为上、中、下三等，尽管各地价格有所区别，但每一市将使用该市自己确定的价格作为“市平”。当民众不能出售他们的商品时，为了防止给生产者带来损失，在官员司市核准了实情后，由司市按商品成本价收购；而当市场上某种商品的价格超过“市平”一钱时，在司市调查了实情后，就要按平价出售这种商品；而当市场上商品的价格低于

① 《史记》，卷三十；《汉书》，卷二十四。

"市平"时,为了阻止投机者囤积商品,司市则不予干涉,并让民众自行交易。但是,王莽推行"五均"制度没有获得成功。① 558

Ⅳ　刘晏

唐朝转运使刘晏是一位卓越的理财家。在刘晏生活的时代,发生了一次重大的叛乱(孔子纪元1306—1313年,或公元755—762年)。这次叛乱使"天下户口十亡八九",人口减少了三分之二强,许多地方被独立的、与中央政府对抗的军事将领占据,并常常爆发叛乱。在这样的境况下政府所获财政岁入极少,但由于国内叛乱和边境上匈奴人的入侵,政府必须支出庞大的费用,而在此恶劣环境下出现了令人愉快的结果,则完全归功于刘晏。刘晏在实施"常平法"的基础上,"斡山海,排商贾,制万物低昂,常操天下赢资",为政府谋取了巨大的利益。在没有增加税收的前提下,刘晏使政府岁入充分而用度足,这就是刘晏在复兴唐朝中所起到的作用。

执行均输

刘晏是一位伟大的政治家,他认为税收建立在社会能力上,因此,他的财政政策从社会方面着手,以仁爱民众为首要之事。在刘晏任职之前,地方官员迫使富人负责交通与运输,强迫富人缴纳超出规定的税额,迫使民众变成盗贼与海盗已有十余年。而自刘晏任职后,他开始使用政府船只从事运输、雇用职员从事交通,并废除了全部非法的关税。

① 《汉书》,卷二十四。

刘晏在诸道设置地方巡院，在所有巡院设立无数的驿站，并以高价招募那里善走的人，于是四方物价及其余的详细情况，乃至在
559 极遥远偏僻的地方，不到四五日，其情形全在刘晏的掌握之中。因此，刘晏能确定所有商品的轻重，并使商品与商品价格保持正常的关系。这样，刘晏使朝廷获利丰厚，并使民众受益，生产者不会遭受商品价格太低的痛苦，消费者不会遭遇商品价格过高的苦痛。

刘晏以为“王者爱人，不在赐与”，一个好的政府应该通过调节民众的生产显示对其民众的仁爱，而非通过赐与。在正常的年份，刘晏以市场价格收购商品；在荒年，为了救济民众，他出售商品。平均而言，商品每年增加十分之一，他精明地依照形势对商品进行控制，他任命官员负责地方巡院，这些官员每十天、每月向他汇报各地的气候情况，当他们看到灾年的迹象时，他们提前向刘晏汇报应该减免多少赋税，以及在哪几个月中应该出售多少商品。这样，不等地方官提出要求，刘晏就能及时、准确地供给，满足了民众的需求。因此，民众从未陷入糟糕的情形之中，人口也在增加。当刘晏始任转运使时（孔子纪元1311年），“时天下见（现）户不过二百万”（1,933,125），但在刘晏生命的最末一年（孔子纪元1331年），达近四百万户（3,805,076）。人口的增长“在晏所统则增，非晏所统则不增”。刘晏也增加了政府的岁入，在刘晏任职的第一年，每年的岁入只有四百万缗，但在他最后一年，每年的岁入超过了一千万缗。

在刘晏所推行的政策中，引起争论的是：他完全应该向民众免
560 费提供商品，而不是贱卖给民众，而刘晏以预防胜于治疗的理论回应了争论。刘晏以为赈给的缺点有二，第一，设若赈给的数目小，那么，救活的人数有限；但如果救活的人数多，赈给的数目就大，但

那样会耗尽国家岁入，导致国用不足、税收增加，加重人民负担；第二，赈给导致不公平，官吏腐败，强者得到的多，弱者得到的少，即便是以死刑惩罚也不能阻止这样的事情发生。反之，如果廉价出售商品，则优势有二：首先，在发生歉收的地方，尽管民众缺乏粮食，但他们拥有另外的产品，此时，官府在歉收的地方贱卖粮食，以粮食交换歉收地区民众的其他生产品，然后，将这些生产品运往年成好的地方出售，或者留给官府自用，推行这样的方案，可使"国计不匮"；其次，给市场带来大量的粮食供给，并在很大程度上允许民众出售与运输粮食。当零售商进入村落，那些不能进城的贫困民众，能间接地受益而免于饥饿之苦。此外，刘晏沿袭"常平仓"制度，在所辖各州县保有大量储粮，粮食的平均储量达三百万石。因此，无论对民众，还是对国家，刘晏均是一位伟大的政治家。

盐是刘晏为官府获取大量岁入的主要商品。在刘晏生活的时代，中国西部消费的是由户部控制的、出产于山西的盐；中国东部消费的则是由刘晏控制的海盐。刘晏认为，盐是民众必需之物，通过盐可以获得大量的国家财政收入，刘晏在产盐地设置盐官；而在 561
非产盐之地，因刘晏以为官吏设置太多扰民，故而没有设置盐官。刘晏随时节的转移发出指令，以教授民众如何生产盐。因为盐由政府专营，官员从盐户处购买盐，然后，将盐出售给商人，任凭商人到任何地方出售，官府并不加以限制。以前，当盐商运输盐经由地方关口时，地方官员向盐商征收盐税，刘晏于是废除了这种恶习，使盐进行自由贸易。为了摆脱走私，在不与地方官员接触的前提下，他特别选任了能干的官吏到地方巡院任职。

刘晏运输官盐至那些远离盐产地的区域，并将盐储藏起来，当盐商没有到那些地方、盐价居高时，此时，刘晏低价贱卖储藏的官盐，这一方案被称为“常平盐”。政府由此获得丰厚的利润，而民众因此免遭高价盐之苦。当京都盐价暴涨时，皇帝命令刘晏运输三万石盐到京都。从扬州（江苏）运盐至西安（陕西），其间仅用了四十天，“人以为神”。

刘晏任盐铁使的第一年（孔子纪元 1311 年），每年的盐利收入总计六十万缗，但在刘晏任盐铁使的最后一年（孔子纪元 1330 年），年盐利收入达到这个数的十倍有余。孔子纪元 1330 年，在一千二百万缗国家财政总收入中，盐利达到六百余万缗（约占国家财政收入的一半），“国用足”而没有加重人民的负担。将刘晏管辖的海盐与山西盐进行比较，山西盐利收入不但仅大约八十万缗，而且其盐价也高于海盐。

在刘晏的时代，南部诸道的贡物土特产品，粗重、廉价并有瑕疵，刘晏以为，即使这些土特产品运输到京都，其价值也不足以支
562 付运输成本。于是，刘晏将这些土特产品贮藏在长江流域，并将这些产品交换铜、铅、燃料与木炭，每年铸币达十万缗有余。这展示了刘晏的理财政策，一方面使地方土特产变得更有用，另一方面使银钱流通充足。

刘晏非凡的理财管理，部分因为他自己的天赋，部分则由于他选任人员。刘晏认为士人注重名声胜于金钱，因此选任了数百位最优秀的士人去主持商业交易。在他的部吏中，即便任职于千里之外，也无人欺绐他。在他去世二十多年后，这些部吏也成了出名的理财家，这显示了刘晏的智慧。①

① 《新唐书》，卷一百四十九，等等。

V 王安石[①]

1.均输法

在宋朝,在孔子纪元1620年(公元1069年),王安石恢复了均输法。而建议恢复均输法,其原因在于按照古老的惯例,管理国用的官吏不懂得中央政府与地方情况之间的关系,不能以盈余弥补亏空。政府条例确定了由各路每年上缴京都的固定贡赋数额,即使在年成丰厚、运输通畅之时,也不允许上缴超过规定的数额;同时,也不允许在荒年,以及在运输成本极高之时低于上缴定额。后一种情况,地方各路以正常价格两倍或者四倍的成本上交贡赋,但 563
当这些贡赋抵达京都时,或许只是实际价值的一半。而这只能使富商大贾趁政府与民众处困窘之时,“以擅轻重敛散之权”。而当采纳了王安石建议的均输法后,发运使总管东南六路富裕区域的全部财赋,其职责是收取处理茶叶、盐、明矾、酒的税收,于是国家财赋收入绝大部分来自于发运使。因此,钱与货物委托给发运使,而发运使则根据六路的财政情况处理钱与货物。由政府购买的所有物品,或者各路上贡给政府作为税收或贡赋的物品,允许发运使对这些物品进行置换与交易,当某地方的某物品价格居高时,允许发运使从其他价格低的地方获得该物品。而当运输某物品不便时,允许发运使就近进行交易,而不选择远地进行交易。发运使需

---

① 从这部分以及在随后的陈述中(第589—594页,第667页,第673—676页),读者将读到由荷马·李将军(General Homer Lee)所作的《社会主义如何在中国失败》的一章的错误观点。《社会主义如何在中国失败》,General Homer Lee著,Van Norden's Magazine(1908年9、10月号)。

要预先知道中央政府年支出需求的数量，这样，当形势需要之时，便于他对物品进行购买、保存与交易。按照这样的方式，国家调剂供需，以便于运输、减少开支、取消重税、减轻农民负担，然后，国用足而民之财富取之不尽。宋神宗采纳了王安石的建议，委任薛向为发运使主管贯彻此制度，宋神宗拨给薛向五百万贯钱与三百万
564 石米作为籴本，但该计划的推行并没未获得成功。

2. 市易法①

在效法"平准法"的基础上，王安石建立了"市易法"。平民魏继宗首先提出在京师设常平市易司。魏继宗以为，京师乃全部物品云集之中心，但市场却没有正常的价格，无论物品昂贵，或者廉价，均仅依靠投机买卖而定，而贤明的政府应该能削减富人的财富以救济穷人；现在富人与显赫家族，乘民众于艰难时刻，谋取厚利，数次倍增其资本，少数人获得了财富积聚，国用也随之不足。正因为如此，所以应该拨款给"三司"以建立常平市易务。为了执行任务，官府选拔财政官员、任用优秀的商人；而所选拔之财政官员与被任用之商人必须了解所有物品的市场价格。当某物价格低时，常平市易务以更高的价格收购该物品；而当某物昂贵时，常平市易务以较低的价格出售该物品，而国家由此获利。在孔子纪元1623年（公元1072年），设立常平市易务的建议获得执行。在京师设置常平市易司，以1,870,000贯钱作为该常平市易司的本金。在极短的时间内，在全国建立起大量的分支机构。

在京师，常平市易司的组织总规则如下：行会商人与经纪人能成为常平市易司的行人与牙人；但是，参加常平市易司的商人自报

① 又参见下文，第592—593页。

家产或借金银进行抵押，五人以上结成一保。当商旅货物滞销时，允许其把货卖给常平市易司。在卖主与市易务的行人与牙人之间 565 公平议价、达成一致意见以后，根据行人与牙人购买货物的数量，常平市易司以货币放贷；卖主如愿意与官物做物物交易，也准许其进行，卖主交易数量与其抵押品的价值相当；若"半年纳，即出息一分，一年纳，即出息二分"。凡各类商人不急需、但可以储藏并在以后用于交易之货，应由常平市易务官员易货交换或购买，并随后在不谋取任何额外利润的前提下，以市场价出售。当官吏短缺任何物品时，他们可以从市易务购买。在所制定的市易条例中，其中一条规定："兼并之家。较固取利，有害新法。令市易务觉察，申三司按置以法。"然而，宋神宗删去了该条。

关于市易务的本金，京城市易司的本金为1,870,000缗。同年（孔子纪元1623年），在镇洮军（甘肃）建立了本金约为500,000缗的市易务。在孔子纪元1624年，杭州（浙江）建立了市易务，本金为200,000缗。孔子纪元1625年，皇帝准予借贷2,000,000缗给京师市易司。孔子纪元1626年，拨100,000缗给广东市易务；拨300,000缗给郓州（山东）市易务。孔子纪元1627年，拨150,000缗给熙河（甘肃）市易司。孔子纪元1628年，京师市易司的本金数量确定为7,000,000缗；如果市易司资金数量减少了，由每年的利息收入补给。市易司从内库借款，年利息为百分之二十。事实上，566 市易司的资金极为庞大。①

市易务制具有三个典型的特点：贷款银行、当铺，以及市场。我们将在政府贷款的专题下讨论前两个特点，而这里仅讨论最后

① 这些数字来自《宋史》，卷一百八十六，而其余不为历史所提供者，则无从考证。

一点。吕嘉问管理市易务的业务，然而，他并未获得成功。王安石设法以各种方式仿效桑弘羊与刘晏，但因王安石没有像桑弘羊、刘晏那样的人才，故而最终以失败告终。自民众一面观之，市易务引起了大量的问题。市易务以低价收购、高价出售，这垄断了市场。摆脱富商对市场的垄断，此为市易务最初的想法，但由于市易务甚至出售冰、芝麻，以及水果，因此使市面商品价格高，零售商由此难以谋生，于是市易务导致的真正结果是甚至损害了“稗贩贫民”。而自政府一面论之，政府没有挣到大钱。孔子纪元 1627 年，当市易务建立了大约五年，市易务从放贷、抵当、市场交易中获得利息与利润总额，仅合计 1,332,000 贯钱。在那时，商人不来京师，并将其货物运到其他地方，以此方式摆脱市易司迫使他们出售其货物的强制权力，于是，市易司获利极少，甚至不足以抵消商品税的损失。孔子纪元 1637 年，市易务的制度被废除；孔子纪元 1648 年，市易务制度再度建立；孔子纪元 1679 年（公元 1128 年），因为市易
567 务制度入不抵出，故而最终被废除。

30 谷政

I 平均粮价[1]

粮食供给始终是贯穿人类生活各个时期的必需品，数千年来，

---

[1] 这是政府控制供需的特殊方面。

中国一直是农业国家。粮食问题是中国理财历史上最大的问题之一，出现了无数关于粮食的理论与法令，而我们仅选择其中最重要者论之。大体而言，因平均粮价的政策影响到全社会的利益，故而在若干关于粮食的理论与法令中，其重要性居首位。

平均粮食价格的政策具有悠久的历史，根据《周礼》记载，粮食主管司稼巡视田地庄稼，以农作物情况（年成的好坏）为依据，确定征收或分配粮食的数量。司稼均平民众粮食，满足民众需求的不足，调整民众的供给。① 管子与范蠡也推行了这一政策，但李悝是特别重视该政策且为之建立全部法规的第一人。正因为如此，我们首先从李悝的法规着手。

1. 李悝的平粜政策

李悝在任魏文侯相时，他指出："粜甚贵伤民，甚贱伤农，民伤 568
则离散，农伤则国贫。故甚贵与甚贱，其伤一也。善为国者，使民毋伤而农益劝。"（《汉书·食货志》）李悝在描述了农民不利的处境之后②，提出了平均粮价的平粜政策：

施行平粜政策的官员必须谨慎地考察年成的好坏，丰收年份粮食产量分为三等：上熟年份、中熟年份、下熟年份。百亩田，常年生产粮食（粟）一百五十石；而上熟年份，其产量可达到四倍，即百亩田的粮食产量可达六百石，农民五口之家全年所需口粮两百石，因此，他们有余粮四百石，官府向他们收购三百石，留下一百石余粮；中熟年份，粮食产量可达三倍，即一百亩地产四百五十石粮食，五口之家有三百石粮食的余额③，政府收购两百石，留下一百石；下

① 《周礼》，卷十六。

② 参见上文，第 268 页。

③ 当然，这只是粗略地说，如精确地计算，只有二百五十石粮食剩余，因为，五口之家自己需要消费两百石。

熟年份，百亩粮食产量是常年百亩粮食产量的两倍，即百亩产三百石粮食，然后，五口之家余一百石粮食，政府收购五十石，余下一半。政府收购粮食，是为了依据民众对粮食之需求量而对民众粮食的供给进行限制。而当粮食价格正常时，政府停止收购。这一
569 政策阻止粮食价格下跌至正常价格之下，以使农民免遭随之而来的伤害。

饥年的粮食产量也分为三等：大饥年份、中饥年份、小饥年份。在小饥年份，百亩产粮是常年百亩产粮量的三分之二，即百亩产一百石粮食，此时，政府以正常粮价出售在下熟年份收购的粮食；在中饥年份，百亩产粮是常年百亩产粮的二分之一，准确地说，百亩产七十石粮食，此时，政府粜出中熟年份收购的粮食；在大饥年份，百亩产粮仅等于常年百亩产粮的五分之一，即百亩产粮三十石，此时，政府粜出大熟年份收购的粮食。如此，“虽遇饥馑水旱”之灾年，粮价不会居高，能做到“籴不贵而民不散”。而之所以能这样，其原因在于政府取熟年之余粮，以供给灾年之不足。换句话说，为了满足饥年的粮食需求，政府对熟年供给过额的粮食进行控制。

李悝的平籴政策既为了全社会的利益，也为了农业阶层的利益；其平籴政策的主要思想正是为了民众的福利，而不是为了国家财政。因此，李悝是真正地站在民众一边的孔教徒，并在实际方案中完全体现了其理财原则。当李悝的平籴政策在魏国实施后，不
570 仅民众富裕了，也使国家强大起来。①

① 《汉书》，卷二十四。

2. 孟子的论述

在孟子的著述中，我们也能找到关于调剂粮食供需的同样原理，孟子曾对梁惠王说："狗彘食人食而不知检，涂有饿莩而不知发；人死，则曰：'非我也，岁也。'是何异于刺人而杀之，曰：'非我也，兵也。'"①(《孟子·梁惠王上》)

3. 常平仓制度

李悝提倡平籴政策、调剂粮价，而孟子的思想被"常平仓"制度采用。在汉宣帝统治时期，在历经多年粮食丰收以后，谷价低贱至一石五钱，农民损失巨大。孔子纪元498年(公元前54年)，大司农中丞耿寿昌建议政府从京师附近购买粮食，以代替从东部各省运送粮食进京。根据汉代旧的惯例，政府每年从东部省区运输四百万石粮食，以供给位于中国西北陕西省的京师。因为从东部各省区依靠水路运输粮食进京，需投入漕卒达六万人。皇帝认同并实施了耿寿昌的方案，而通过实施耿寿昌的方案，政府节约了一半 571
多的运输开支，农民也因此获利更多。之后，耿寿昌建议官府在边郡设置谷仓，"以谷贱时增其贾而籴以利农，谷贵时减贵而粜，名曰常平仓"。而由于推行"常平仓"制度取得的成效有益于民众，因此皇帝封耿寿昌为关内侯。② 常平仓制度自建立之时(孔子纪元498年始)一直持续到现在，尽管由于各时期不同的政治环境，"常平仓"制度有时得以实施，但也有时也荒疏久不实践，但"常平仓"的名义却几乎一直存在着。尽管在以后的时代"常平仓"制度有所改变，但耿寿昌关于"常平仓"的基本原则却未曾改变。因此，我们将

① 《中国经典》，第二卷，第132页。
② 《汉书》，卷二十四。

572 不再对各朝各代关于“常平仓”的各项不同规定进行述说。①

4. 评论

(a)优点

平粜政策调节粮价，这是一极其有益并实用的方案，它使国家不花费成本而民众受益。当市场粮价太低时，尽管政府以高于市场价的价格收购粮食，这对政府而言，也不意味着浪费；当市场粮价太高时，尽管政府以低于市场价的价格出售粮食，这对政府而言，也不意味着损失。对政府而言，即便低于市场价出售粮食应属损失，但社会利益远远重于政府损失。而在事实上，政府从平粜制度中并未形成损失，相反能从中获利。在古代，管子利用同样的方案使齐国富足。在唐朝，该方案使财富满足了国家开支的需要；在宋朝，由于为边境常备军供给粮食，该方案变得尤其重要。而我们在此并不涉及国家开支的一面，而仅仅论述这项制度在最初需要考虑的民众的一面。

根据自由放任学说，常平仓制度属于违反常情，弊大于利，然而，根本上并非如此。首先，农民眼光短浅，不能筹措他们自己的利益，如丘濬(孔子纪元1791—2046年，或公元1420—1495年)所

① 纵观所有时代，常平仓制度对市场价格的增减有所不同，在唐玄宗统治时期，大约在孔子纪元1293—1305年(公元742—754年)，以每斗粮加市价三钱购买。孔子纪元1363年(公元812年)，唐宪宗诏令，加市价十钱；在宋真宗(孔子纪元1557年，或公元1006年)统治时期，确定了粮价：政府收购粮食时，在市场价上加三五文；在出售粮食时，从市场价中扣除三五文。扣除额不低于最初收购粮食的价格。大约在孔子纪元1712—1740年(公元1161—1189年)，金朝的法律规定，政府收购粮食增市价十分之二，政府售出减市价十分之一。孔子纪元1741年，政府售出价格减至市场价的三分之一。孔子纪元2308年(公元1757年)，本朝的高宗规定，一石粮食的售出价减市价银三钱。从以上提到的事实，我们能从中获得一些价格范围的理念。

说，农民缺乏远虑，当粮食丰收了，他们把粮换成钱，然后，再用钱换成消费品。农民很快用完了所有的粮食，于是，当荒年来临时，他们难以谋生。

其二，即使农民目光长远，他们在保护自身利益上，需要别人的帮助。从李悝与晁错的论述中①，人人均能注意到农民处境非常 573
糟糕，而在现代，农民的处境大致相同。而正因为农民处境糟糕，所以，他们无论如何必定要出售他们的粮食，当粮食收获以后，农民不得不同时出卖粮食。而由于市场有着巨大的粮食供应，其粮价自然低于平常价格；再加上商人人为地压低粮价，农民走投无路，没法逃避由此带来的苦难。此外，由于农民总是以高利息从商人处借贷，因此，他们的粮食实际上在收获之前就已出售了。简言之，商人控制了农民的生活。

第三，粮食是人类生活的必需品，因此，粮食价格对整个社会所产生的影响，无可比拟。假如商人囤积粮食以控制粮价、限制市场的粮食供应，那么，消费者会因此遭受极大的痛苦。中国灾荒时期的历史研究表明，高粮价通常扰乱国家的安宁，至少局部地扰乱，有时乃至引起重大的革命。甚至在今天，民众对高粮价仍会感到恐慌，因此，除了常平仓制度以外，中国现存有禁止粮食输出国外、地方禁止出口、禁止商人囤积等若干法规。事实上，粮价起到了中国理财环境晴雨表的作用。

第四，这是最后也是最重要的一点，农业受制于自然，因此，农
产量不会遵循供需规律。饥馑年可能同时伴随着（对粮食的）巨大 574
需求，而在荒年之后，可能数个丰年接踵而至。如果我们采纳自由

① 参见上文，第268、395—397页。

放任政策，对前一种情况，民众可能死于饥饿；而后一种情况，农民则只有粮食，因为最低的粮价不足以把粮食交换为其他物品。假如我们以最低价出售农产品，商人就会在损害农民的情况下谋取利益。假如消费者以最高价购买粮食，那么，商人就会在损害全社会的情况下牟取利益。这样的情况在中国尤其真实，中国人口稠密，人们以稻米作为主食。在鸦片战争以前，中国几乎没有对外贸易，不会通过进口得到更多的粮食。甚至现在，对外贸易也不会在粮食方面对中国有所帮助，因为西方国家不会提供稻米给中国。① 人们不能受自然摆布、靠天吃饭，因此，必须进行必要的人为调节粮价。

鉴于以上四点考虑，平粜制度已经对中国产生了不可低估的益处，由于交通困难与粮食进口缺乏，虽然平粜制度在古代比现代更具重要性，但平粜制度在现代依然很重要。例如，我们以广东省为例，广东的水路运输非常便利，从越南、泰国与邻省进口的稻米量非常巨大。当收成不好时，政府的政策是提供资金，并与民众的订购款一起，到各地收购稻米，再以低价出售，以此与米商竞争，并降低米价；禁止商人人为地限制供应与不合理地抬高稻米价格。
575 而之所以如此，其主要原因在于民众如此地依赖稻米，对稻米的需求量如此之大。改变民众的口味与习性，并因而减少稻米的消费，似乎是可取的。

(b)缺点

尽管常平仓制度具有益处，但仍然存在缺点。首先对常平仓制度持异议者是刘般（孔子纪元 570—629 年，或公元 19—78 年）。

① 惟一的稻米进口来自越南与泰国。

当汉明帝打算设置常平仓时，刘般指出，常平仓制度空有益于民众之名，但并无其实，因为富商趁机利用常平仓制度，而民众未能获得利益。

孔子纪元1637年（公元1086年），司马光（孔子纪元1570—1637年，或公元1019—1086年）极其清楚地描述了在他生活时代常平仓制度存在的缺点：有些地方官没有公共资金购买谷物，又有一些官吏厌购谷物之烦而不肯购买。又有官吏不能察知实际价格，并受到“行人”与商人的合伙欺骗，当收成后农人要钱急于卖谷时，“行人”故意估计低价，以使农民的粮食尽卖给商人，而不卖给政府，当商人仓廪盈满后，才提高价格由官府购买。因此，农民只得贱价，官府总是付高价，厚利皆归商人。还有这样的情况，即使有官吏想趁机购买谷物，他们不得不由乡申报到县、由县申报到州，再由州申报到京师，等得到回报时，时间已过去数月，粮价已翻倍了。因此，几年之后，政府购买谷物的原价仍比市场价高，这样的谷物卖不出去，只有堆积腐烂了。但司马光指出：这些过失 576
产生于人的管理，而并非来自于常平仓制度本身，制度本身是正确的。①

司马光对常平仓制度的批评仅涉及（政府对粮食的）收购，因此，接下来我们将谈到对常平仓出售（粮食）的批评。朱熹指出，由于常平仓只设在城市，粮食藏于州县，只能使“市井惰游辈”得到好处；“至于深山长谷力穑远输之民，则虽饥饿濒死而不能及”；此外，法令太细密，其结果使“避死畏法”的官吏，甚至眼看饥民饿死而不肯发放粮食，他们常常锁上仓库，并交给接任者，这样仓里存粮往

① 《文献通考》，卷二十一。

往一关几十年,等到关键时刻,非打开不可时,存粮“则已化浮埃聚壤而不可食”①。但是,所有这些缺点,均非常平仓制度本身所致,而是人为管理的结果。

今天,尽管常平仓制度无论在名称上,还是事实上均仍存在,但是常平仓制度并不具有相当的重要性。通常而言,因为常平仓贮藏陈粮,这样官吏既不收购新粮,也不出售陈粮,鉴于此,常平仓制度的基本原则已经失效,于是常平仓与市场价无关了。而之所以如此,其主要原因在于官吏很难在承担政治职能的同时,兼顾承担商业职能。

Ⅱ　粮食分配②

义仓制度

从“常平仓”制度中,隋朝提出了“义仓”制度。在“常平仓”与
577 “义仓”之间存在以下差别:常平仓属于政府,以付款的方式收购与出售粮食;而义仓属于民间,义仓以增加税收募集粮食,并免费分配粮食。孔子纪元1136年(公元585年),工部尚书长孙平提出以孔子贮藏粮食的原则为基础的方案③,建议在每乡建立义仓,在丰年时,劝告与鼓励每位农民,在与其收获所得粮食相称的前提下自愿缴纳粟与麦。义仓储藏这些劝募所得的粮食,社司(乡官)掌管每年粮食的募集缴纳、贮藏与账目。在饥馑之年,假如该乡的居民缺乏粮食,那么,义仓将向他们供给粮食。隋文帝采纳了长孙平的

---

① 《文献通考》,卷二十一。

② 在任何灾年,凡临时的粮食分配,均不予考虑。

③ 参见上文,第358页。

建议，义仓制度随之盛行于诸州。

孔子纪元1147年（公元596年），隋文帝颁布政令：在各县也设置义仓。同年，隋文帝改变自愿缴纳的形式为定额收税，并为定额收税规定了三等级：上户不超过一石，中户不超过七斗，下户不超过四斗。①

义仓也称为“社仓”。义仓制度受到胡寅的高度评价，胡寅说，“振饥莫要乎近其人”，而今天“设义仓于州县，惟近于城郭”，隋朝当县设置义仓，因此，隋朝的义仓制度比现存的义仓制度更好。② 578

在唐朝，孔子纪元1179年（公元628年），宰相戴胄也利用孔子贮藏粮食的原则，建议恢复义仓制度。之后，唐太宗采用了戴胄的建议并将其载入法令。根据各类土地生产所得，每亩征税二升。在灾年，如果产量损失了十分之四，那么，免该税一半；如果产量损失了十分之七，该税全免。由于商贾无田，故而将商贾户分九等，分别纳粟自五石至五斗不等。而最穷困之户与野蛮部族免税。当灾年粮食歉收时，义仓分发粮食赈民，或者在春季（播种时）义仓借贷民户作种子，在秋季收获后归还。③

到了宋朝，义仓制度事实上已消失，但曾有一恢复义仓制度的建议值得我们在此提出，大约在孔子纪元1585—1588年（公元1034—1037年），王琪提出恢复义仓制度的建议：义仓税自五等户开始征收，其税率为正税的二十分之一，与正税一并征收，灾年免征。以中郡计，正税每年为十万石，于是义仓每年得五千石。富户占田广，因此将纳更多的义仓税；而中等户与下等户占田狭少，纳

① 《隋书》，卷二十四。
② 《文献通考》，卷二十一。
③ 《新唐书》，卷五十一。

更少的义仓税。遇到灾荒年，富户可能不需要义仓分发粮食，而中下户却真正得到义仓的益处，这遵循了“损有余，补不足”的原则，
579 并将使整个国家受益。[1] 尽管王琪的上疏并未被制定成法令，但王琪在上疏中清楚地指出了义仓制度的原则。

义仓制度是具有社会主义性质的措施：它从富者中获取更多的税收，并给予穷者更多的利益。尽管如此，从未有人以为义仓制度不受富人欢迎，其原因在于：第一，税收额度非常小，且与纳税能力一致，因此，民众轻松纳税。第二，富者与贫者一样参与社会公益，并为义仓纳税，否则，一旦社会动荡，他们将比贫者失去更多。第三，因为富者与贫者共同生活在一范围不大的社区内，出于道德的缘故，富者也乐于接济贫者。第四，由于账目掌握在富者手中，他们完全了解财政情况，因此根本不担心官员贪污。第一个原因使民众能够纳税，而后三个原因则使民众愿意纳税，这些均是义仓制度的力量源泉。

Ⅲ 政府贷粮

1. 经典理论

在古代中国，整个国家都是一农业社会，因此，这决定了粮食不仅是生产与消费的对象，同时也是交换与分配的财富。事实上，货币在现代是工业资本最重要的因素，但在古代，粮食却是最重要的。因为农业阶层构成了民众的多数，所以，如果构成民众多数的

① 《文献通考》卷二十一。王琪的理论是支付能力课税理论，与受益课税理论对照。

农业阶层遭受痛苦，那么，整个国家就处于危难之中。在农耕阶段，没有什么比高利贷对农民的伤害更甚了，但幸运的是，古代中 580 国没有颁布任何禁止高利贷的法律，因为古代中国人知道高利贷不能依靠法律废除。① 政府抵制高利贷、给予农民惟一的保护是以最低之利率或者根本无利地借贷资金、借贷粮食给农民。尽管政府的贷款形式由于国家处于农耕阶段而采用了借贷粮食的形式，但是，甚至在工业阶段，政府贷款的原则也同样适用。此即孔教的社会主义理论。

《诗经》上说："倬彼甫田，岁取十千。我②取其陈，食我农人。"③郑玄作注说："仓廪有余，民得赊贳取食之，所以纾官之蓄滞，亦使民爱存新谷。自古者丰年之法如此。"

根据《周礼》记载，国家设有征收税的官员旅师，掌管来自三类 581 税收的三类粮食。首先，当分发粮食给民众时，旅师根据课税名单召集民众，按比例分配贮藏。一些用于维持生活与消费，而一些用于经商与生产，对这两方面用途，要求民众交纳同样的利息；其次，也有另外一条无息借贷粮食的法令。春天，当民众需要粮食时，旅师供给民众粮食；秋天，当民众收获大量粮食时，民众归还粮食给旅师，政府以这样的方式把陈粮换成新粮，而民众能够借此满足其需要。这样的方式使民众受益，但政府却没有任何付出。④

在周朝，政府借贷粮食给民众，旨在赢得民心。因此，该政策

① 在历史上，汉朝首先出现高利贷法；孔子纪元 436 年（公元前 116 年），旁光侯殷被部分剥夺了封建领地，因为他谋取利息超过了法律规定（《汉书》，卷十五）。在《大清律例》（卷十四）里有关于高利贷的法律，但并未付诸实施。

② 诸侯。

③ 《中国经典》，第四卷，第二部分，第 376 页。

④ 《周礼》，卷十六。北周文帝采纳了第二条法令。

为许多贵族所实施,例如,郑之罕、宋之乐、陈之乞[1],而实施的结果是他们全都成了所在国家的执掌政权者,上述事实足以显示政府借贷粮食给民众的重要性,这就是:首先,它救济了民众,其次,它加强了统治贵族的力量。

2. 社仓制度

从义仓制度中,发展出“社仓”制度。义仓与社仓之间的差别在于:前者免费分配粮食,而后者是借贷粮食。但是,因为义仓也被称为社仓,而且,唐朝义仓的粮食也允许借贷给民众,因此,社仓制度在事实上与义仓制度一样。尽管如此,义仓主要目的在于分
582 发,而社仓主要目的在于借贷。因此,我们最好在二者之间进行区别。此外,义仓之粮食来源于增加税收,并受政府干预;而社仓之粮食则完全来源于自愿的捐献,并由民众单独控制,没有政府干预。因此,社仓制度是独立的设置,系义仓制度之派生。

朱熹建立了社仓制度。孔子纪元 1719 年(公元 1168 年),朱熹所在地方(福建省)饥荒,乡民严重缺乏粮食,为了赈济乡民,朱熹请求官员借拨常平仓官粮六百石米给他,夏天出借,冬天偿还,并纳息米每石二斗。在此年以后,社仓夏季出借、冬季收回的形式年年如是。当收成不好的年头,利息减半,当收成最坏的年头,全免利息。如此,在十四年之后,朱熹建立了三座社仓,用于贮藏民众归还息米。朱熹归还了最初官员借拨之常平仓米以后,在义仓中积下仓米,其所积仓米数量达三千一百石。此后,借出社仓米不再收息,每石只收取三升作为耗本。因此,“凡置仓之地,虽遇凶岁,民无菜色”。以上所述被称为社仓制度。孔子纪元 1732 年(公

① 《中国经典》,第五卷,第二部分,第 548、589 页。

元1181年），朱熹奏请朝廷，朝廷采纳了朱熹的建议，并诏各地参照实行。

社仓制度的具体措施，是在所有的借贷者中，以每十家为一
甲，每甲推一人为首。在五十甲之中，由社仓委员会选出乡里年长 583
者为社首。每年正月，社首着手形成甲。而那些藏匿逃兵、没规矩、行为不检点的人，以及那些富裕人户被排除在请贷之外，但同时也不强制任何人加入。当人们愿意加入时，他们登记甲户有大人若干、小儿若干口。每位成人，可以借贷一石粮食，小儿减半。五岁以下的儿童，不能申请贷款。甲首能申请两倍量的粮食。乡里年长者社首，在他检查之后，社仓所有成员画押，然后社首再次核查。他们名字根据甲的编排登记注册，并记下每户人家借贷粮食数量。对于每甲借贷粮食的总量，甲首得到一份借贷凭证以领取粮食。社仓粮食借贷的发放分为二次，一次在播种时，而另一次在除草时。在收获以后，在八月以前悉数偿还借贷。如果还贷粮食品质差，还贷者被处予罚款。以上所述的细节即为社仓制度的一般规则。

社仓制度与“青苗钱”类似①，但社仓制度较后者更为成功，朱熹自己曾经对此作出了解释，朱熹说，“青苗法其立法本意固未为不善也，但其给之也以金而不以谷，其处之也以县而不以乡，其职之也以官吏而不以乡人士君子，其行之也以聚敛亟疾之意而不以
惨怛忠利之心”。因此，北宋王安石在县推行“青苗法”时是成功 584
的；但是，当王安石在全国推行“青苗法”时，却是失败的。这样一来，尽管朱熹的社仓制度与王安石的“青苗法”具有同样的原则，但

① 参见下文，第589—592页。

社仓制度的实施与“青苗法”有所不同。社仓制度借贷谷米，地方在乡，并由乡民管理，其制度之实施以慈善为动机，而所有这些原因，均是社仓制度成功所在。[①]

自朱熹建立社仓制度后，一直有许多仿效者实施社仓制度。在宋代，社仓制度有一些修改，社仓粮食也借贷给无地的农民，而朱熹最初推行的社仓制度则以无息“贷谷止及末等有田之人，而细民无田者不得预也”[②]。在本朝，社仓制度依然存在。孔子纪元2275年（公元1724年），社仓借贷粮食的利率为：夏季出借一石粮食，冬季偿还两升粮食作为利息，就是说半年利率为百分之二十。根据荒年粮食歉收情况减息，或减免一半，或全免。在十年以后。当利息总计超过原来谷物的两倍有余时，半年利率降至百分之十。[③] 如是观之，尽管社仓制度在随后的时期存在小幅度修改，但
585 社仓制度的实质却依然未变。

31　借贷及赈恤

I　政府借贷

1. 经典理论[④]

孟子记录了政府救助农民的原则，他说：“天子适诸侯曰巡

---

① 《文献通考》，卷二十一。

② 《续文献通考》，卷二十七。

③ 《皇朝文献通考》，卷六。

④ 参见关于借贷的经典理论，参见上文，第580—582页。

狩”,“诸侯朝于天子曰述职”,“春省耕而补不足,秋省敛而助不给。”①(《孟子·梁惠王下》)

事实上,每当天子、诸侯出游时,他们必须采取各种方式帮助农民。在农民播种前、收获后,政府的援助满足了农民所有的不足,这就意味着当农民需要援助时,政府总是应该帮助他们。但是,因为孟子并未说农民是否返还他们从政府那里已获得的资助,所以,我们不能对此作出确定无疑的认定。但看起来,似乎农民必定已归还了政府所提供的资助,否则,政府不可能像孟子所说的那样经常向农民提供资助,只是不收取利息。586

在全部的孔教文献中,并没有政府有息贷款的理论,而仅在《周礼》中有所介绍。不幸的是,惟有王莽与王安石二人实施了《周礼》中政府有息贷款的法规,而且,二人均以失败告终。于是,就有这样的问题被提出来:是否是周公发明了政府有息贷款的法规。许多孔教徒否认政府有息贷款为周公初创,并认为《周礼》中所记,乃刘歆为支持王莽变法而将此法规放进《周礼》之中。然而赞成由周公发明的一方阵容强大。虽然刘歆在《周礼》中的其他许多地方加入了自己的语言,但似乎确定了政府有息贷款乃周公所创立。在周朝之初,政府完全控制了民众的理财活动,并不存在资本家阶级。因此,在民众需要时,如果政府不提供贷款,民众如何能获得钱以满足其开支呢?民众如何获得足够的生产力呢?政府在形式上是家长式的统治,而周公是伟大的圣人,毫无疑问,周公为了民众的利益确实建立了政府银行。②

---

① 《中国经典》,第二卷,第159、436页。

② 《文献通考》,卷八、二十。

根据《周礼》，政府银行被称为“泉府”，“泉”意为钱，“府”意为国库，“泉府”为民众提供赊欠与贷款。“泉府”有待售的货物，允许民众从“泉府”无息赊购货物，但这样的赊购仅在两种情况下提供——祭祀与葬礼。祭祀与葬礼乃民众所必需的宗教事务，为了
587 满足民众的急需，政府提供赊购货物。而这样赊购货物的时间限制为：“祭祀无过旬日，丧纪毋过三月”，民众无论何时需要从“泉府”借钱或赊购货物，“泉府”首先必须在地方官的帮助下，调查需借钱或赊购货物的民众的情形、审订虚实，然后准予他们借贷。以这样的方式，“泉府”确保民众将贷款用于生产，而不是消费，以致对贷方（“泉府”）与借方（民众）而言，双方均不存在风险。而对于民众必需的消费，如祭祀与丧纪，政府无利息要求；但对于生产资本，则要求还息。通过这样的方式，一方面阻止了人们以公家资金谋取私人利益；另一方面，在不对政府形成损失的前提下有益于民众，这是因为全部利息足以预防风险。而关于还息，规定以所在地的主要行业付息，例如，如果借方 A 所在地的主要行业是农业，那么，以农产品偿还利息；如果借方 B 所在地的主要行业为制造业，那么以制成品偿还利息。这样的规定是为了方便借方，便于借方易于还清债务。因为文中并未提供利率，我们因此无从知道利率，但利率必定非常低，因为“泉府”借贷给民众的目的不是为了税收，而是为了民众的利益。①

在周朝，借贷是发展民众理财利益的一部分政策。例如，晋悼公为了息民、利民（孔子纪元前 13 年，或公元前 564 年），将国家积

① 《周礼》，卷十五。郑玄在他的注疏中介绍了利率（参见上文，第 474 页），但是，那仅仅是猜测。

聚的财物转运出借给民众，自晋悼公以下，凡有积聚财物者，尽出之，因此，结果是“国无滞积，亦无困人”①。 588

2.具体应用

(a)赊贷与借贷制度

王莽密切地仿效周公，孔子纪元561年(公元10年)，王莽颁布法令，规定“五均”机构中的钱府应向民众提供赊贷与借贷，当民众需要进行祭祀与丧纪但无钱满足其需求时，钱府应该无利息地凭简单信用赊贷税收所得的钱(泉布)给民众，其归贷时间限制为“祭祀无过旬日，丧纪毋过三月”。而在民众处于贫困之中，为了生产目的欲借贷时，根据其申请次序贷款给他们。除了所借贷的生产成本，以及每月3%的月息，政府还征收其年纯利的十分之一的所得税作为政府的利润。② 因为在利润与利息之间存在差别，因此，它显示了在理财理论与实践上的前进。但是，王莽在孔子纪元574年被杀，如此，该方案并没有持续多久。

(b)青苗钱制度

宋朝，常平仓制度被改变为“青苗法”，这是王安石最重要的法令。王安石的青苗法尽管以孟子的论述、《周礼》的法则为基础，但青苗法独具其特征：政府贷给民户的不是谷米，而是现钱；政府不仅贷现钱给农民，也贷给市民，不过，青苗法的主要目的是贷现金 589
给农民，因此，王安石的这条法令被冠名为“青苗钱”，其意为在收获季节之前，农民以青苗作抵押向政府借贷现金。

孔子纪元1620年(公元1069年)推行“青苗法”。如果民众希

---

① 《中国经典》，第五卷，第二部分，第441页。

② 《汉书》，卷二十四、九十九。

望在收获之前预先获得现金,允许他们从政府处借贷现金,而当他们缴税时,他们偿还谷米折合所借贷现金。如果民众希望借贷谷米而非现金,或如果民众在偿还时,因粮食价格居高,民众此时希望偿还现金而非谷米,政府允许他们进行兑换,并偿还现金。正月为夏粮借贷现金;五月为秋粮借贷现金;如遇荒年歉收,“许展至次料丰熟日纳”,如此,“青苗法”“使农人有以赴时趋事,而兼并不得乘其急”。

根据历史记载,“青苗法”的实践为:无论政府贷出,还是民众偿还,二者均用现金,而非谷米,年利率是百分之二十。孔子纪元1625年(公元1074年),王安石说政府从借贷中所获年利总计达三百万贯。孔子纪元1634年(公元1083年),发行贷款总额为11,037,772贯,而收回的借贷总额,包括利息在内为13,965,459贯。这两项总和,是三年发放贷款与收回借贷的平均总和。但是,当规定了放贷数目后,官员们必须贷出与定额数目一样多的现金,不仅如此,当官员们想要获得额外奖赏或想展示他们的能力时,他们甚至贷放超出规定数目的钱,于是官吏强迫民众借贷;再者,当
590 规定了收回借贷的数目后,官员们迫使民众随息还贷。青苗法给政府直接的利益,就是给国家带来了一笔巨大的岁入。

那么,实施青苗法对民众而言,结果是什么呢?施行青苗法的官吏们想获取利息,而并非赈济民众,他们因此尽可能贷出多的现金。富民不愿借贷,他们却贷给富民大笔金额;而贫户需要借贷,他们却贷给贫户小笔金额,并根据户等财富高下匹配借贷数额,例如,王广廉的标准是:一等户借贷现金十五贯,二等户十贯,三等户五贯,四等户一点五贯,五等户一贯。不分贫富,十人为保,富人被安排为保首,而这样一来,穷户与富户一道负担沉重的借贷债务,

并被官员压榨着偿还债务。

尽管青苗法想要帮助民众逃离高利贷,初衷是好的,但青苗法的实施却存在弊端。因为青苗法开始迫使民众借贷,最后又逼迫民众偿还债务。总体说来,民众获得贷款容易,然而,“虽良民不免非理费用。及其纳钱,虽富民不免违限”。这样,官吏必定会遭遇大量的麻烦。另外,在发放贷款与收回债务时,无法遏止经办官吏营私舞弊。这就是青苗法失败的主要原因。

此外,青苗法自身与其说是赈济民众,不如说是获取国家税收。首先,青苗法年利息百分之二十;其次,政府一年借贷两次。
在春季,尚可说农民需要“青苗钱”;但在夏季,正是蚕麦成熟时,民 591
户为什么要为秋季的庄稼再次贷“青苗钱”呢?五月的贷款与收回春季的债务同时进行,民众如何能从这样的借贷中获利呢?显而易见,政府有意放债以获取利息。

从孔子纪元 1620 年至 1636 年(公元 1069—1085 年),青苗法持续了十七年。在孔子纪元 1637 年,新皇帝宋哲宗即位,反对王安石的司马光一派掌权,随之废除了青苗法。孔子纪元 1645 年,摄政皇太后病死后,王安石的追随者再度掌权,于是又恢复了青苗法。但是,他们对青苗法做了一些改革:首先,年息被减少至百分之十;其二,没有贷款定额,官吏因此不用被迫迫使民众借贷;第三,对于收回更多利息的官员,没有额外的奖赏,这样就防止了官员强迫民众贷款。孔子纪元 1674 年,又颁布了一条法令以管制借贷。青苗法的实行随着北宋的灭亡(孔子纪元 1677 年,或公元 1126 年)而结束。①

① 《宋书》,卷一百七十六;《文献通考》,卷二十一。

(c)市易法[①]

除青苗法之外，孔子纪元1623年(公元1072年)，王安石设立了市易务，允许民众贷款，贷款方式有二：一、民众能以他们的田产、房契与金银等为抵押，借贷市易务钱货；二、当民众没有抵押品
592 时，三人相互担保向市易务借贷钱货。前一种情形类似抵当行；后一种情况则类似贷款银行。而以上两种情况，其年利息均为百分之二十，如果逾期不还，除了偿还规定的利息之外，每月罚款百分之二。

然而，当民众负债甚至不能偿还利息时，他们如何能支付罚款呢？在这种情况下，甚至以关押惩罚他们也是徒然。于是，在孔子纪元1630年，颁布了新的法令——政府发放贷款仅仅根据贷款人财产的抵押，并将年利率减少至百分之十二，而对那些没有财产抵押、仅有简单担保的民众，不提供贷款。除了本金与利息以外，免除在新法颁布之前的所有罚款，总共免除数十万贯。而对于负债的民众，给予宽限半年时间偿还本金与利息。

孔子纪元1631年，京城市易司总计贷款定额不超过三百万缗；而各路市易务总计贷款定额不超过本金(三百万缗)的四分之一。孔子纪元1633年，皇帝颁布政令，在三年内还清欠下的所有市易务的债务，采用按月均分依次分期付款的方式偿还。这就是为了民众的利益。[②]

(d)抵当制

"市易务"除了具有抵当行特征外，在"市易务"名称下也有真

---

① 又参见上文，第565—567页。

② 《宋书》，卷一百八十六；《文献通考》，卷二十。

正的政府抵当所存在。孔子纪元1632年(公元1081年),在贾青的建议下,京城建立了四个抵当所。孔子纪元1633年,在京畿所属诸县,建立了抵当所,次年,推行到各路,抵当所遍及全国。在五 593
路中,每路各十万贯作为抵当所的本钱;其余各路为五万缗本钱,年利不超过百分之二十。

市易抵当所也经营商业事务,因为允许抵当所与民众交易货物,抵当的功能与市易的功能彼此交迭,两机构互相关联。抵当制度持续了多久,我们不得而知,但自孔子纪元1679年(公元1128年)始,在历史记载中再没有出现抵当所了。① 或许,抵当制度在孔子纪元1679年之后,就消失了。

3.结论

政府借贷显示了同时完成两件事的困难,也就是接济穷人与国家岁入。如果政府借贷纯粹就是孟子所提倡与《周礼》所记的社会计划,那么,对资助民众而言,政府借贷也许是成功的;如果政府借贷纯粹是财政计划,具有像私营买卖一样的优秀经营,那么,对国家利益而言,政府借贷或许也是成功的。但是,如果政府借贷设法同时完成这两个目标,那么,其结果必定是两个目标均不能实现。而之所以出现如此结果,其原因在于:政府借贷的主要目的是资助穷人,因此,贷款就应该只提供给穷人。但穷人借钱,不仅偿还利息难,就是偿还本金也的确存在难度。那么,政府该怎样对待他们呢?如果政府全免其债务,那将是国家的损失;如果要求他们偿还债务,那么,又将给他们带来巨大的麻烦。如此一来,任何一种路径必定失败。王莽、王安石就属于这样的例子。

① 《宋书》,卷一百八十六。

既然如此，为什么青苗法依然给国家带来了巨大的财政收入
594 呢？其原因就在青苗钱更多地贷给了富人，又因为富人被迫为穷人的信用作担保。推行“青苗钱”的部分目的为了税收，故而在税收方面取得了一定程度的成功，然而，却几乎未给穷人带来任何大的利益。但是，历史经验告诉我们，抵押贷款比私人担保贷款更好，因为抵押贷款既对出借人，又对借用人，二者均存方便，不惟如此，还免去了第三方担保的麻烦。

以刘晏的观点，政府贷款并非有益之事，因此，刘晏从不向民众提供任何贷款，当有人指责刘晏这一政策时，他回答说：“民侥幸得钱，非国之福；吏以法责督，非民之利。吾虽未尝假贷，而四方丰凶贵贱，知之不逾时，有贱必籴，有贵必粜，故自掌利柄以来，四方无甚贵甚贱之病，又何必贷也？”①

刘晏的论述很好，但这仅对刘晏相宜，因为没有人能如刘晏一样创造这样的条件——民众不需要贷款的条件。在通常情况下，民众的确需要贷款，如果政府以薄息借贷给民众，那将给民众许多帮助，并废除高利贷。但是，以薄息借贷给民众的行为却不准与提
595 高税收之目的混淆，如果将二者混淆，那么，政府借贷如何能比私人借贷者更好呢？

依照马端临的理论，在封建时期，政府借贷是有益的，但在郡县制的君主专制时期，政府借贷却是有弊无益。在三代，不仅周公这样的圣人能成功地借钱给民众，甚至普通人也能。三代以后，不仅王莽与王安石不可能成功，就是圣哲也不行。而之所以如此，原因很简单，“盖三代之时，寰宇悉以封建”，统治者的利益即为民众

① 《宋书》，卷一百七十六。

的利益,二者被视为一体,统治者通过世袭获得权力,天子之国与诸侯国都很小,并易于治理。而自封建变为郡县,在郡县制下,郡守县令,"其始至也,茫然如入异境","为守令者,率三岁而终更",而三年满离开时,郡守县令不能完成其职责,因此,政府"欲以《周官》之法行之,则事烦而政必扰,政扰而民必病"。因为如此,自秦代以降,政府更愿选择自由放任政策。①

马端临在上文所论尽管是正确的,但对我们而言,《周礼》中的某些法规似乎可以应用于现代民主社会。以政府借贷为例,如果政府权力真正为民众所掌握,那么,政府的利益与民众的利益将为一体,在这样的情形下,政府,尤其是政府官员,奸弊无由生,不会对民众犯错作恶;如果在各方面都具备优良的管理制度,那么,政府最薄息的借贷不仅帮助了处于困难中的民众,而且,也增加了国家的收入。王安石确实是一个伟大的政治家,但他却生不逢时。如果王安石的全部计划得以贯彻施行,那么,中国早在一千年前就 596
应该是一个现代国家了。

Ⅱ　政府救济

1. 孔子的原则

尽管孔子希望人人都在理财上独立,但却有许多不幸的民众,他们不能独立理财,他们需要政府的救济。《礼记 · 王制》上说:"少而无父者谓之孤,老而无子者谓之独,老而无妻者谓之矜,老而无夫者谓之寡。此四者,天民之穷而无告者也,皆有常饩。"②

---

① 《文献通考》,卷一百八十。
② 《礼记》,第三篇,第244页。

以上所述，即是孔子对不能独立理财的民众的政府救济原则，孟子提供了历史事实以支持此理论。孟子说："文王发政施仁，必先斯四者。"①(《孟子·梁惠王下》)

而此"四者"，他们或太年幼或太年迈而不能从事工作，因此，国家在不要求他们劳动的条件下，用经常性的生活补贴救济赡养他们。而还有另一类不幸的人，这类人虽然能从事工作，但是，凭他们自己难以找到适合他们的特殊工种的职业，因此，《礼记·王制》上说："瘖、聋、跛、躃、断者、侏儒、百工，各以其器食之。"②除最后一类人之外，其余五类人都有身体缺陷，谋生极其困难。甚至就
597 最后一类人，他们虽具有特别专业与技能，但在若干境况下，也许会失业而不能自己维持生计，因此，必须得到政府的救济。"瘖、聋、跛、躃、断者、侏儒"，因为这类人既不年迈，也非年幼，尽管具有某些缺陷，但他们的身体条件仍然允许他们工作；而工匠各有技艺之能，"足以供官之役使"，政府因此并不向他们提供经常性的生活补贴。而国家在并不损失岁入的前提下给予"瘖、聋、跛、躃、断者、侏儒、百工"以巨大的帮助，这些不幸的民众于是获得一些依靠，并仍然有尊严地依靠他们自己的工作谋生。这就是介于仁爱与公正间的中道。

2. 历史事实

汉文帝(孔子纪元373年，或公元前179年)首先将对鳏寡孤独幼等人群的特殊关爱与救济原则付诸实践，而宋代则充分确立了对鳏寡孤独等人群的救济原则。在孔子纪元1608年(公元1057年)后，政府在各州郡设置广惠仓，用于贮藏公地所产的租谷。"自

① 《中国经典》，第二卷，第162页。

② 《礼记》，第三篇，第244页。又参见《荀子》，第九篇。

十一月始，三日一给，人米一升，幼者半之，次年二月止”。在孔子纪元1654年（公元1103年），对鳏寡孤独幼等人群的特殊关爱与救济的思想推行得太远了，经费开支过于庞大，在居养院、安济坊，全都提供食物、衣服，以及床；雇工、厨师，以及护士也一并供给。孔子纪元1671年（公元1120年），制定了以下的居养法令：在居养院的贫者，每人隔日供米一升，小孩减半。废除每日支钱十文，以及自每年十一月至次年一月添支柴薪费五文的旧法规。① 598

为了救济鳏、寡等，元世祖十次发布政令，以下我们举出几例。在孔子纪元1820年（公元1269年）十一月，元世祖颁布政令，各路每月每贫户供粮两斗；在孔子纪元1822年一月，元世祖颁布政令，建立济众院，收留鳏寡孤独、无家可归的贫者，除提供粮食外，还提供柴薪；孔子纪元1842年（公元1291年），元世祖颁布政令，依法向寡妇给予冬夏衣服；孔子纪元1843年（公元1292年），元世祖准予贫者每户每日五斤柴薪。

明太祖数次颁布供养鳏寡孤独及笃疾之人的政令。孔子纪元1937年（公元1386年），明太祖诏令：“贫无产业者八十以上，每人月给米五斗，肉五斤，酒三斗；九十以上，岁加给帛一匹，絮五斤，虽有田产，仅足自赡者，所给酒肉絮帛亦如之。”对鳏寡孤独四类人，每年给米六斛。②

在本朝，各府州县均设有养济院。根据《大清律例》，凡鳏寡孤独及笃废之人，贫穷无亲属依倚，不能自存，所在官司应收养而不收养者，杖六十。③ 显然，孔子的政府救济原则已经在被制定的实

① 《宋书》，卷一百七十八。

② 《续文献通考》，卷三十二。

③ 《大清律例》，卷八。

际法令之中，而仅因为行政管理效率结果不同。

以上我们提到的仅是政府长期救济的一个方面，而在任何灾
599 难时期，比如火灾、水灾或饥荒时期，临时发放的政府救济则完全未提到。而我们在此只是简要地说明，在孔子的思想体系中存在积极的供养穷人的制度。

3. 私人慈善

与政府救济一起运转的是私人慈善。孔子不喜欢任何人占有在他人之上、不成比例的财富总量；但是，如果有人拥有大量财富并受之无愧，那么，孔子鼓励他以适当方式散布财富。因此，慈善工作乃有益之事。

子贡对孔子说："如有博施于民而能济众，何如？可谓仁乎？"孔子回答说，"何事于仁，必也圣乎！尧舜其犹病诸！"①(《论语·雍也》)从这段对话中，我们发现孔子是多么高度地赞扬那些博施民众以仁爱、帮助所有民众的人，诚然，甚至仍然无人能实现这样的理想。

当子路问孔子的愿望时，孔子回答说："老者安之，朋友信之②，少者怀之③。"(《论语·公冶长》)事实上，这就是博爱之道，它就像普育万物的天，没有人将被遗弃。虽然慈善工作不能达到如此完
600 美的理想境界，但这却是慈善工作前进的方向。

对于孔门弟子的操行，孔子说："分散者，仁之施也。"④(《论语·儒行》)孟子说，"分人以财谓之惠"⑤(《孟子·滕文公上》)。当荀

① 《中国经典》，第一卷，第194页。

② 参见《礼记》，第二十三篇，第257页。

③ 《中国经典》，第一卷，第183页。

④ 《礼记》，第三十八篇，第409页。

⑤ 《中国经典》，第二卷，第253页。

子描述士人的品质时，荀子说，士人高兴散布其财富给他人，假如他独自富有，他感到羞耻。[①] 我们在此只是指出个人慈善为孔子的原则，故而没必要提供这方面的历史事实。

今天，规模或大或小的慈善机构遍布各地，这些机构由私人团体支配管理，并由自愿捐献维持。但是，这些慈善机构是真正的私营公用事业机构，且远远重于政府机构。以广州的慈善机构为例，它们越出广州省实施它们的政策，并承担起省际间任务的重负。除社会工作外，它们甚至参与政治与实业活动。倘若这些机构拥有优秀的人物，那么，这些慈善机构在未来将有不可估量的发展。 601

① 《荀子》，第六篇。

部丁　财政

译校　丁晴

第九篇　财政 605

32　国用

I　财政学的名义

财政学以政府的收入与支出为内容，讲明政府的收入与支出之道，系理财学的一部分。在中国，财政学几乎占据了理财学的全部领域，因为政治家与学者大多关注国家财政，而略于私人财政，所以，一言及理财学，听者通常狭义理解其含义，以为这不过是论国家财政而已，但是，在汉语之中，本有一特别的名词表示财政学，即“国用”（kuo yung），这一名词首先出现在《王制》中，而马端临在其百科全书《文献通考》里遵用“国用”一词为篇名。[①] 骤视之，这似乎不甚精确，因为其惟一清楚明言者，不过一用字。然而，国用一词包括了国家收入与支出，因为哪有无所入而能有所用者。而之所以国用一词仅言用，这是因为汉语普通的文例，避免使用两字以

---

① 《文献通考》，卷二十三至卷二十七。

上表示专一的概念。

但是,假如我们采用比国用一词更精确的名词,那么,我们可
606 以使用名词国计。国计一词更加通俗,亦古老悠久,在唐朝被用作篇名;或者,我们可以使用会计(kuei chi)二字,出自孔子之口①。我们还可以采用名词"财用"(ts'ai yung),以作为国家收入与支出的更好解释,这种情况出现在《大学》、《中庸》之中,孟子说到财即所谓收入,用即所谓支出。② "国计"、"会计"、"财用",凡此三名词,均可用作英文"公共财政"。而此三名词间惟一的区别,则是国计专属公共财政,而会计、财用二词,则兼指公共财政与私人财政。

Ⅱ 财政的必要性

说到财政学,我们会提出这样的问题,即我们何以必须有国家财政?换言之,我们何以必须有政府?根据许行之学,君主应自食其力,不应有仓廪、国库、武器库,若君主据有这些,即是为了自己的利益而压迫民众的压迫者。③ 尽管许行固非无政府者,但他的学说似乎认为,政府可有,而公共财政不可有,然而,这是不可能实现的理想。

正如我们已经看到的那样,政府的存在,其首要目的是为了民众的理财利益。政府既为生产者,那么,民众何以不供养政府呢?根据孔子所论,政府乃是社会分工的结果,而公共财政者,则是供
607 养公仆之必要,所以,孟子说:或劳心,或劳力,"劳心者治人,劳力

① 《中国经典》,第二卷,第383页。

② 《中国经典》,第一卷,第380、409页;第二卷,第483页。

③ 参见上文,第385页。

者治于人,治于人者食人,治人者食于人”,此为受到普遍认可的原则,乃天下之通义。[1]

Ⅲ　国用之准则视社会之收入为衡

既然公共财政的存在是必需的,那么,我们一定要问,社会总收入与用于国家的一部分之间,适中的比例准则是什么。土地所产是整个农业社会收入的主要来源,而田赋为政府收入的惟一源泉,因此,我们可以说,根据孔子体系,适中的比例准则应当是十比一,更确切地说,全社会收入的百分之十当归于政府,这是从孔子税制中推论而得。

十分之一的税收,是孔子税收制度的标准,不能多于该标准,亦不能少于此标准。《春秋》、《尚书大传》以及《孟子》均坚持什一而税的观点。不但税太重为有害,税太轻也为不利。桀,夏朝的最末一位君主,是一位暴君,如果征税十分之四或十分之五,那么,可以称之为大桀;如果征税十分之二或十分之三,那么,可以称之为小桀。貉是北方野蛮部落的通称,如果仅取税十四分之一或者十五分之一,这应该被称之为大貉;如果税取十二分之一或者十三分之一,这应该被称为小貉。简言之,太重的税收伤害民众,非暴虐如桀者不能为;而太轻的税收则不能支付国家必需的费用,非野蛮如貉者,亦不能为之。

白圭曾对孟子说:“吾欲二十取一,何如?”孟子说:“子之道,貉道也,万室之国,一人陶则可乎?”白圭回答说:“不可,器不足用 608

① 《中国经典》,第二卷,第249—250页。

也。”孟子于是说：“夫貉，五谷不生，惟黍生之，无城郭宫室宗庙祭祀之礼，无诸侯弊帛饔飧，无百官有司，故二十取一而足也。今居中国，去人伦，无君子，如之何其可也。陶以寡且不可以为国，况无君子乎？”①（《孟子·告子下》）

据孔子之道，赋税之法并非轻赋税就更好；国用之法，不是以少为更好，征收社会收入的十分之一以为国用，这是适中之限度，多于此标准，民众不堪承受重负；而低于此标准，则国家不能振兴百事。

Ⅳ　国用之通义

凡一国财政的现状，实由其政治现状所决定。因此，作为预算的基础，各部门的统计研究是必须的。《王制》上说：

> 司会以岁之成，质于天子，冢宰斋戒受质。大乐正、大司寇、市，三官以其成，从质于天子。大司徒、大司马、大司空斋
> 609 戒受质，百官各以其成，质于三官。大司徒、大司马、大司空，
> 以百官之成质于天子。百官斋戒受质，然后休老劳农，成岁事，制国用。②（《礼记·王制》）

由此观之，来年的国用，由今年的十月预订，此时，各部的年终总结已上奏天子。粗看起来，这似乎以会计年度与历年年度合而

① 《中国经典》，第二卷，第441—443页。

② 《礼记》，第三篇，第239页。

为一，但在事实上，真正制定预算，实在明年两月以前。

此外，《王制》又说：

> 冢宰制国用，必于岁之杪。五谷皆入，然后制国用。用地大小，视年之丰耗，以三十年之通，制国用，量入以为出。祭用数之仂……丧用三年之仂。丧、祭，用不足曰“暴”，有余曰“浩”。祭，丰年不奢，凶年不俭。 610

其结论是，冢宰以这样的方式制定国用，当使政府有十余年之余财。①

制定国用，即是真正地制备预算，按照孔子之制，冢宰掌制备预算之权。因为政府的形式为君主政体，除和平易位及大的革命以外，君主不能轻易地变换，不宜屡次易君。但由于贤圣之君并非总是出现，因此，百姓或许遭受暴君之虐。在这样的政体之下，孔子授予冢宰巨大的权力，使其担负行政全局的责任，尽管冢宰在名义上次于天子，但他总揽全局，舜之于尧，禹之于舜，伊尹之于成汤、太甲，傅说之于高宗，周公之于成王，均为这样的例子。这有些类似现代立宪国的责任内阁，因为冢宰担负政治上的责任，故而有权以制备预算。而即便没有国会以监督冢宰预算，但冢宰掌握制备预算的权力，比天子掌握此权好多了。

量入为出的原则最为重要。该原则不仅适用于公共财政，也适用于私人财政，这为人们所公认。自现代预算制度兴起，有人以为量入为出的原则仅适合于私人财政，而对公共财政则应反其义

① 《礼记》，第三篇，第221—222页。

611 而用之，即量出以为入，这是极其肤浅的观点。从宪法的角度观之，决定收入在决定支出之后；但是，从理财角度论之，则无论何时，支出总是受制于收入。预算制度，只不过是法律程序，但是，如果从根本而论，却从未有预算可超出社会收入。事实上，社会收入是基础，是国用所从出之源，是国用的调节器，因此，量入为出的原则完全正确。

此外，在古代中国，既不存在国会投票公议预算，也没有为增加税收而投票，那么，政府如何增加收入以满足支出呢？如果必须增加收入，政府只好利用其独裁权力向民众征收赋税，而此当然不为孔子所允许。既然孔子提出了不能任意变易的赋税定制，那么，制定支出就不能不量入为出。

尽管支出以收入为准，但仍然具有弹性。其一，制定预算，依据本年的丰耗而定。如果在丰年，那么，来自田亩的赋税必然增加，用度也可随之而增加；如果在灾年，必然减少赋税，而用度也当随之削减，这就是依赖特别年份之情形的弹性。其二，制定预算，以三十年收入的平均数为基准，因此，甚至连续丰年，政府可保持其盈余而不浪费；又甚至连续灾年，政府能毫无困难地支付其费用。这就是依赖以三十年收入的平均数为基准的弹性。

又有一问题，政府如何应保有足供十年之用的盈余呢？要理解这样的规定，我们必须牢记古代中国处于农业时代，那时的农业主要依赖自然，水、旱灾均足以对农业收成产生巨大的危害，因此，收成极其不确定，不可预测，田赋收益相应地处于变化中。处在这样的情势下，如果政府不保留盈余，若遭遇持续凶年，如何能维持
612 国家持久的生计呢？因此，三年耕则必有一年的贮蓄，而以此为常例，三十年后，政府当有十年的贮蓄。当政府贮蓄达到此数目时，

政府或减征民众的赋税,或通过扩展政府职能与工作以增加政府开支。明白了政府保持盈余的必要,就不必忧虑政府因保持盈余而助长奢侈以损害政府。

与我们将看到的一样,古代国家的财政与君主的私人财政混合在一起,因此,节用为首要原则。与我们在上文已指出的一样,孔子非常重视此原则。[①] 历经各代以至今日,一直公认节用为公共财政的首要原则。《皇朝文献通考》即以“节用”为“国用考”的首要部分。事实上,节用是极为合理的原则,在君主政体下,节用尤为重要。

在中国历史上,有若干帝王能施行节用原则,其中最为显著者,即为汉文帝与隋文帝,他们都是在极其不利的条件下开始其统治,但他们不仅使政府富有,也使整个国家、民众富有。他们向民众征收薄税,但他们慷慨地把大量钱财用在公众幸福上,而致使他 613
们如此做的基本原因,就是节用,即他们节俭自己的开支。例如,汉文帝因惜百金而不敢修建露台,身衣弋绨,帷帐无文绣;隋文帝每餐也不过只吃一个肉菜,除非是大宴宾客时,亦不允许用布袋贮干姜,用毡袋进香。[②] 粗看起来,以为他们过于吝啬,而事实上是具有大禹之德,孔子赞扬大禹,因大禹节俭于私用,而慷慨于公用。[③]

Ⅴ 国用的分类

尽管孔子并未区分国用的种类,但我们可以从他的著作中,推

① 参见上文,第79、361—362页。

② 《汉书》,卷四;《隋书》,卷二十四;《文献通考》马端临的评注,卷二十三。

③ 参见上文,第243页。

断出国用的两种分类。在指出这些种类之前，为了展示古代中国人的实际情形，我们先介绍《周礼》的分类。根据《周礼》，国用共分为九类，“一曰祭祀之式，二曰宾客之式，三曰丧荒之式，四曰羞服之式，五曰工事之式，六曰币帛之式，七曰刍秣之式，八曰匪颁之式，九曰好用之式”（《周礼·天官·大宰》）。这九类国用，分别由九赋所入供给，这九赋或来自不同的地方或来自不同目的的贡物。
614 每种国用开支各有其确定的标准，并由冢宰每年制定其标准，因此，天子的用度，听命于冢宰，并受制于法律。①

但这样的国用分类并不完整。如果我们对九类国用开支进行分析，第一类与第三类的一部分，是宗教典礼费用；第二类与第六类，交际费用；第三类的一部分，慈善费用；第八类可以被称为普通行政费用，分发给官员的俸禄；第五类与第七类，可以归入国家公用与天子私用，因为第五类兼有公共工程的费用，第七类兼有军事费用；第四类与第九类，天子的私人用度。

如果我们依孔子之论，对国用分类，所根据者是《书经·洪范》与《书经·尧典》。根据《洪范》对国用分类，其分类如下：

一 理财费用（1）农林（2）工商

二 宗教典礼费用（1）祭祀（2）丧葬

三 公共工程费用

四 教化费用

五 司法费用

六 交际费用

七 军旅费用

---

① 《周礼》，卷二、六。

这样的分类，以《洪范》"八政"为基础，第一类"理财费用"合并了《洪范》"八政"的食货二政，而将"八政"的祀分出"祭祀"与"丧葬"两部分。① 615

根据《书经·尧典》之法，对国用进行分类。其分类又如下：

一为民众的物质福利而设的费用

(1)工程（修治自然环境，如整治水土之类）

(2)农政

(3)工政

(4)虞政（保养天然之财源如山泽、草木、鸟兽之属）

二为民众的德智而设的费用

(1)教化

(2)宗教典礼（如事神人之三礼）

(3)音乐

三为政府事宜而设的费用

(1)司法

(2)行政

此种分类，其依据为《书经·尧典》②的九官。

以上两种分类，大致相同，其费用主要用于民众，而非主要用于政府自身。两种分类均未考虑君主的私人用度，这显示了孔子并不注意君主本人的费用。

但是，只要有君主，君主就必须有所用，而君主的用度构成了国用的一部分。那么，在这两种国用的分类中，君主的用度应该属

① 参见上文，第50—51页。

② 参见上文，第73页。

于哪一类呢？君主的费用由家宰制定，而其款由财政部支出，然而，根据上述两种国用分类，均没有财政部，这虽缘于孔子重视人
616 民胜于重视国家之故，但财政部既为必需的，是故其职能包括在农业部之中（或者，根据《书经·洪范》，财政部被并入工商部），甚至在汉朝，财政总长仍然被称之为大司农，因此，财政部与农业部合并为一。

而在两种国用分类之间，仅存在一大的差别，那就是用于军旅的费用。① 只要战争还存在，孔子就依然认可军旅费用为必需的支出，因此，“师”为《洪范》八政之一，但《尧典》表现了孔子理想社会的太平之制，在这样的理想社会里根本没有战争的存在，所以，《尧典》不需要军旅费用，第二种国用分类故而比第一种分类走在更前面。

Ⅵ　古代国用的特征

在此，我们将指出古代国用显著的特征。第一，在古代，行政元首代表国家的主权，国家元首的收入包括了国家的总收入，于是在行政元首的私人用度与国家公用之间，并不存在区别，而且，前者为后者的一部分，或者，我们甚至可以说，国家公用不过是元首
617 私人用度的一大部分，因为行政元首对公共福利和国家公用负责任。所有的行政元首，无论是天子、诸侯国君、贵族家族的大夫，总之，凡拥有土地者，无论大小，均收取地税为其私人收入，而地税是整个政府收入的大宗，于是在公共财政理论中存在很大的混乱。

① 第一种分类的第六条，包含在第二种分类的第二条宗教典礼之中，因此，两种分类在这点上并不存在大的差别。

在《礼记·王制》中,在皇室经费与百官用度之间划出了分别,尽管其区别并不明显。"天子百里之内以共官,千里之内以为御"①。这显示出财政原则上的进步,因为《王制》所言区分了百官用度与皇室开支。但是,这样的区分并不彻底,因为在皇室开支之内,仍然包含了国用的大部分,而所谓的百官用度,不过是用于不同部门以保持各机构运转的一般费用。而为什么来自百里之内的有限土地税足以供给百官用度,这将在下文说明原因。

据《周礼》之制,除管理全部财赋的大府外,还有玉府、内府、外府,尽管此三府似乎是与大府分开,并专供天子的用度,然而,此三府与部分国用混合在一起。② 所以,自汉朝以来,政府总设有两库,一库供国用,另一库供天子私人用度,贤明之君以其私库供国用,相 618
反,暴虐之君则取国用之库供其私人用度,这就是政府善恶的表征。

第二则是百官的俸禄,该俸禄包括了百官的行政费,正如国家元首的收入包括了国家的普通费用一样,因此,百官的收入也包括了他们所在部门的特别开支。官分两种,高官授田于公,并征收其田赋以为俸禄,而小官则直接授俸禄于政府。这两种情况,高官与小官,二者均负担其官之行政费用,因此,百里以内的田赋足以供百官所在机构的一般需要。如果官员贤明,他们慷慨地以其俸禄以充公费,不贤之官则相反,肥私而已,但他们可能因此失其官职。官员的俸禄是国用的大项,因为官俸包括行政费用,但其大部分并不出自国库,而是以授田之官直接收取田赋为官俸。

在《中庸》为政的"九个原则"中,其中第五项原则为体群臣,关

---

① 《礼记》,第三篇,第212页。

② 《周礼》,卷六。

于“体恤下臣”的细节与目的，孔子解释说：“忠信重禄，所以劝士也。”[①]（《中庸》）事实上，当官员不授田而直接受禄于政府时，孔子倡导给予官员高额俸禄的原则，而对于孔子的俸禄体系，我们已经
619 谈到了孟子与《礼记·王制》中所记的俸禄体系。[②]

第三，与现代相比，古代军费开支更少。（1）古代寓兵于农，不存在称为兵的特殊阶层，所有成人均为兵，因此，并无养兵费用的需要。（2）民众服兵役，大抵自具军器，政府既不支付军饷，也不供给粮食。（3）没有军粮运输。当军队出征时，军士携带干粮，除此之外，军队所途经与军队停留的诸侯国，将负责供给军队粮食。因此，在国用之中，兵费并不占主要部分，而正因为如此，国家可以不需要太多的公共财政收入。

第四，在古代，宗教典礼费用太重。古人花费大量国帑以祭祀鬼神，而这样的支出在事实上是君主的私人用度，因此，在“王制”中，如上所述，孔子为祭祀鬼神的费用规定了限度。祭祀是固定的，因此以一年总用度的十分之一为祭祀费用的限度；而丧葬是不固定的，也很少，因此以三年总用度的十分之一为丧葬费用的限度。尽管为丧葬拨出的费用多于祭祀费用，但若在长时期内将丧葬与祭祀费用进行比较，结果是丧葬费更少。但在整个服丧期间，省去了大多数的祭祀仪式，这就是孔子的改良之制。然而，根据孔子的理想，在《王制》中提出的宗教典礼费用限度仍然太宽了。事实上，该限度仅为制约古人，随着社会进步，此限度当愈来愈小，以
620 至到最小。

① 《中国经典》，第一卷，第408—410页。

② 参见上文，第491—493页。

总之，我们可以说，国用的主要部分随“三世”而转移，在据乱之世，国用中的大部分为宗教君主私人所用，其中包括宗教典礼的费用；在升平之世，军费为国用中的大项；在太平之世，国用中的大部分则用于民众，培养民众的体力、智力、德力为主要目的，这就是孔子的“三世”说原则，我们可以此标准衡量各国与各时代，并审视 621
其发展趋向。

33　赋税通义

我们已讨论了一些社会主义政策，这些政策供给了公共收入的特殊来源，然而，依孔子的原则，采用这些政策并非为获得公共收入，而是为了对民众平均分配财富。因此，我们在讨论财政收入的来源时，将不再考虑这些政策。以下我们仅以赋税为考虑对象对收入来源进行讨论。

Ⅰ　早期赋税的发展

“三代”赋税制度所使用的术语，提供了一些赋税发展的信息。据孟子论，夏朝之赋税制度被称为“贡”——贡品；殷代之赋税制度被称为“助”——帮助；周代之赋税制度被称为“彻”——抽取。孟子没有对“贡”一词进行解释，因为“贡”一词本身表达了清楚的含义。但孟子对“助”与“彻”二词做了以下注解：“彻者彻也，助者藉也。”①

① 《中国经典》，第二卷，第240—241页。

(《孟子·滕文公上》)

在夏朝,当中央政府第一次完好地组织起来,民众乐意向政府缴纳赋税以作为礼物,故而赋税制度被称为“贡”,即民众自愿供给政府的贡品。在殷代,民众以为他们帮助了政府,因此,殷代的赋税制度被称为“助”,即民众给政府的帮助,或政府对民众的“依赖关系”。在周朝,政府享有向民众征收赋税的独立权利,因此,其赋
622 税制度被谓为“彻”,即政府对土地进行全面估价,并强制向民众征
税。极为有趣的是:我们发现“贡”、“助”、“彻”三术语本身,就足以扼要地说明赋税制度的历史发展。①

尽管周朝的赋税制度达到了最高的发展,但孔教徒更喜欢殷代的赋税制度。在《礼记·王制》上,就有“古者公田籍而不税”②的表述;而孟子亦说:“耕者助而不税,则天下之农皆悦,而愿耕于其野矣。”③(《孟子·公孙丑上》)

孔教徒之所以更喜欢殷代的赋税制度,其原因在于孔教徒对民众利益的关注。当民众在豁免税收的条件下耕种公田时,那不一定意味着他们将不履行他们的职责,正相反,假如政府贤明,民众将首先关注公共事务,之后才是他们自己的利益,《诗经·小雅·大田》上说:“雨我公田,遂及私田④”,此即是在贤明政府之下的民众的无私感情。因此,《春秋穀梁传》上说,“私田稼不善,则非吏;
623 公田稼不善,则非民。”⑤前一情形显示了官吏催促民众专为公共利

① 参见塞里格曼(Seligman,Edwin R. A.):《租税各论》,第5—7页。

② 《礼记》,第三篇,第227页。

③ 《中国经典》,第二卷,第200页。

④ 《中国经典》,第四卷,第二部分,第381页。

⑤ 《春秋穀梁传》,宣公十五年。

益劳动，而不考虑民众的私人利益；后者则意味着民众专注于私人利益而忽视公共利益，因此，"助"或服役的赋税制度使政府与民众结合为一体。所以，政府应该关心民众的私人利益，同样，民众应该关心公共利益。此即是孔子的社会主义理想。

孔子的原则如同西人的政治哲学"没有代表权则不纳税"，个中缘由，乃在于根据"彻"的赋税制度，政府享有霸权，而民众则仅仅是纳税人；而根据"助"之赋税制度，政府是受帮助者，而民众则是政府的帮助者。因此，孔子不考虑"彻"的赋税制度自历史角度而论较"助"的赋税制度更具成熟形式的事实，而是从其哲学观点出发，使后者成为赋税制度之典范。今天，立宪政府下的民众控制了征税，这在根本上与孔子所倡导的"助"的赋税制度有着同样的原则。

此外，赋税制度应该与民众的能力一致，孟子引用古代贤士龙子的一段话说：

> 治地莫善于助，莫不善于贡[①]。贡者校数岁之中以为常。乐岁，粒米狼戾，多取之而不为虐，则寡取之；凶年，粪其田而不足，则必取盈焉。为民父母，使民盻盻然，将终岁勤动，不得 624
> 以养其父母，又称贷而益之。使老稚转乎沟壑，恶在其为民父母也？[②]（《孟子·滕文公上》）

依照"助"之赋税制度，政府向民众征税，没有固定的征税数量

① 龙子所谓的"贡"不是夏朝的赋税制度，而是在战国时期实行的赋税制度。
② 《中国经典》，第二卷，第241—242页。

要求,民众向政府缴税,则根据其每年的情形而定,这与每年重新制定预算的现代预算制度有着同样的原则,简言之,“助”之赋税制度符合支付能力课税理论。

然而,在中国理财历史上,除了孔教徒所提倡的“三代”赋税制度以外,历朝历代的赋税制度均规定了固定的税额——不仅是数年的平均值,也是若干世纪以来的惯例,这与孔子所倡导之赋税原则对立。

Ⅱ　税收来源

税收来源不在政府自身,而在民众之中,因此,增加税收之途径在使民众富足。当鲁哀公问政于孔子时,孔子回答说:“政有使民富……”哀公问,“何谓也?”孔子说:“薄赋敛则民富。”然后鲁哀公说:“若是则寡人贫矣。”孔子回答说:“诗云:‘凯悌君子,民之父
625 母’,未见其子富而父母贫者也。”①(《说苑·政理》)孔子与鲁哀公之间的对话,简要地说明了政府与民众之间的关系,并显示了税负的真正标准是社会所得。

一日,鲁哀公询问有若,“年饥,用不足,如之何?”有若回答说:“盍彻乎?”哀公说,“二,吾犹不足,如之何其彻也?”有若回答说:“百姓足,君孰与不足?百姓不足,君孰与足?”②(《论语·颜渊》)诚然,使民富足是通往政府富足的惟一途径,而减轻民众赋税是给

① 《说苑》,第七章。

② 《中国经典》,第一卷,第255页。

予民众发展其理财利益的最重要政策。

孔子的理论类似于 Halse 之原则，Halse 说："当臣民一无所有时，国王也不可能享有财富。"荀子说："下贫，则上贫，下富，则上富。"[①]因此，社会所得为源，而税收仅为其流。

根据赋税政策能够判断一个国家的情形，荀子说：

> 故王者富民，霸者富士，仅存之国富大夫，亡国富筐箧，实府库。筐箧已富，府库已实，而百姓贫，夫是之谓上溢而下漏，入不可以守，出不可以战，则倾覆灭亡可立而待也。[②] 626

孔子纪元 1345 年（公元 794 年），陆贽提出了一项好的赋税论。陆贽说：

> 建官立国，所以养人也；赋人取财，所以资国也。明君不厚其所资而害其所养，故必先人事而借其暇力，先家给而敛其余财。[③]

在以上论述中，陆贽指出了缘何要建立政府、民众为何应该被征税，以及政府如何征收税。事实上，政府的存在完全是为了全体民众的利益，政府向民众征税的正当理由是为了支付国家的费用，而民众纳税多少则随民众之能力而定。

---

① 《荀子》，第十篇。
② 《荀子》，第九篇。
③ 《资治通鉴》，卷二百三十四。

Ⅲ　轻赋税论

既然民众是纳税人，征税之数量随社会收入而定，因此，孔子倡导轻赋税论。而我们必须要记住的是，在孔子时代，封建制度已
627 经存在，诸侯并不关心民众的幸福，他们凭己之意愿随意向民众征税，在这样的情形下，轻赋税制度为更好。孔子曾对其国君鲁哀公说："时使薄赋，所以劝百姓也。"[①]（《中庸》）孟子说："易其田畴，薄其税敛，民可使富也？"[②]（《孟子·尽心上》）诚然，轻赋税是孔子一项重要的理财原则，其原因在于它保留财富在民众的掌握之中，并有助于发展民众的理财利益。

在封建时代，君主是公共收入的主要消费者，增加公共收入，对民而言，害多益少，正因为如此，孔子强烈谴责公共财政官员。

冉有因其具有理财治国之才而闻名，他曾对孔子说："方六七十，如五六十，求也为文，比及三年，可使足民。"[③]（《论语·先进》）孔子也赏识他的政治才能[④]。但是，当冉有比周公的鲁国贵族季孙氏还富有，并为季孙氏增加税收时，孔子指责冉有说："求非我徒也，小子鸣鼓而攻之可也。"[⑤]（《论语·先进》）于此，孟子评价说，"由此观之，君不行仁政而富之，皆弃于孔子者也。"[⑥]（《孟子·离娄上》）冉有是孔子重要的弟子之一，故而不会以不公平之手段增

① 《中国经典》，第一卷，第410页。
② 《中国经典》，第二卷，第462页。
③ 同上书，第247页。
④ 同上书，第175页。
⑤ 同上书，第242—243页。
⑥ 《中国经典》，第二卷，第305页。

加收税，而是通过其行政管理能力增加税收。但尽管如此，冉有帮助季孙氏增加税收，这在孔子看来已很糟糕了，因为孔子憎恨使非君子的国君富裕。628

孟子强烈谴责公共财政官员，孟子说："今之事君者皆曰'我能为君辟土地，充府库'，今之所谓良臣，古之所谓民贼也。君不乡道、不志于仁而求富之，是富桀也。"①（《孟子·告子下》）

在孔子的影响下，历朝历代的公共财政官员受到不利的批评，"集敛"一词已经变成了可憎的术语。就总体而言，这样的精神是有益的，因为中国之政体在形式上为君主制，而且，宫廷依然为公共收入的主要消费者，当皇帝贤明时，少量税收即能满足其消费，国家也随之繁荣；反之，当皇帝昏庸尤其是奢侈放纵时，甚至大量的公共收入亦不能满足其需求，国家因而随之穷困。因此，孔子的教义极大地帮助了民众的理财活动。

但是，中国人在这点上走得过于远了，这种情况阻碍了财政学的发展。当政府需要更多开支时，通常情况是正逢时势不利，尤其是处于战争之中，而正因为如此，民众会产生这样的印象——增加税收是糟糕的事情。然而，一旦国家需要经费，就不可避免地增大财政收入，于是，税收制度，连同与税收制度相关的全部环节，对国家命脉而言均至关重要。如果我们重视税收制度，那么，我们可能 629
获得更好的结果；如果我们忽视税收制度，作为一个国家，我们必将毁灭。然而，由于中国士人甚至为了国家开支，他们也惶恐于讨论赚钱，中国财政制度的自然发展因此受到束缚，以至于当优秀的财政制度产生时，会遭到废止或被推迟执行，或者至少遭受到不公

① 《中国经典》，第二卷，第440—441页。富桀（For Chieh）参见上文，第607页。

平的批评。

政府形式是财政制度发展的根本障碍，只要政府形式是君主制，那么，君主对公库享有最大的权利，因此，中国人从来不重视增加公共收入，而只有在将来建立了真正的立宪政体，财政制度才将获得最大程度的发展。

Ⅳ　征税的一般原则

孟子给出了包含全部税收原则的综合陈述，孟子说："是故贤君必恭俭礼下，取于民有制。"[1]（《孟子·滕文公上》）孟子的论述非常概括，简而言之，为了阻止政府的专断权利，必须要为税收确定规章制度。而所有的规章制度必须与税收原则协调一致，因为规章制度以税收原则为基础。

税收之首要原则是平等——针对任何人、在任何地方，征税必须平等。在《诗经》中，有一首诗阐明了税收平等的原则，此诗之作者为帝国的一位大夫，他来自东方最小的诸侯国之一——谭，诗中
630 显示了东方诸侯国与这个西方帝国之间的不平等税收，其中最重要的一句为："周道如砥"，其意为周朝的税收制度与磨刀石（砥）一样地公平，这与作者当时的情形不一致。于是，作者在诗中描绘了东方诸侯国的痛苦，诗中写道："小东大东，杼柚其空。纠纠葛屦，可以履霜？佻佻公子，行彼周行；既往既来，使我心疚。"

该诗在专门描述了东方诸侯国无休止的困苦之后，作者比较了东方诸侯国与西周王室之间的理财条件，诗中写道："东人之子，

① 《中国经典》，第二卷，第240页。

职劳不来；西人之子，粲粲衣服。”

从诗的描述中明显看出，东方诸侯国贫穷，西周王室富足，而且，税收不平等、不公正。① 简言之，税收制度必须如磨刀石一样的均平。

在《诗经》中，有这样一句：“瓶之罄矣，维罍之耻。”②郑玄依据税收制度注释了这句诗，而孔颖达对郑玄的注做了如下的解释，孔颖达说：“是为主罍者之耻，即酌者也。以罍大似富众，瓶小似贫寡，然罍瓶并列，俱以酌之，则当多酌罍，而少酌瓶，以至于俱尽，是均也。犹上之赋役，以富贫并对，俱以役之，则当多役富，而少役穷，以至于俱堪，亦为均也。” 631

尽管孔颖达的解释可能不是文本的原始含义，但却是孔教徒的税收理论。根据郑玄与孔颖达所论，税收应该是累进税，而不是比例税，因为税收应该将穷人与富人放在与其能力一致的同样位置上。

税收的第二条原则是普遍性，即税收应该针对每一个人。《诗经》中有一首诗阐明了普遍性的原则。与我们将注意到劳役是一类税一样，这首诗就谈及这样的税。诗的作者为一位官员，他在诗中抱怨辛勤地、无休止地、不公平地强加于他身上的兵役，这使他不能赡养父母，而其他人却不用服兵役，享受着他们的安逸。我们从这首诗中选取三段：

溥天之下，莫非王土；
率土之滨，莫非王臣。

① 《中国经典》，第四卷，第二部分，第353—354页。
② 同上书，第351页。

大夫不均,我从事独贤。

四牡彭彭,王事傍傍。
嘉我未老,鲜我方将。
632 旅力方刚,经营四方。

或燕燕居息,或尽瘁事国;
或息偃在床,或不已于行。[①]（《诗经·小雅·北山》）

尽管这首诗仅仅说到服役,但它清楚地指出了征税的普遍性原则。诚然,任何一种税收均必须以普遍性为基础,以防止任何人逃脱对国家的责任。

虽然普遍性原则是税收的总原则,但也存在一些例外。以田赋为例,孟子说:"卿以下必有圭田,圭田五十亩。[②]"（《孟子·滕文公上》）《礼记·王制》上说:"夫圭田不征。"[③]"圭田"分配给大夫之家,以用于祭祀其祖先。"圭田"是作为受尊敬者的社会荣誉,因此,免征"圭田"税。

在孔子的社会制度里有两个阶级,即统治阶级与被统治阶级。统治阶级作为领俸禄的阶层,不交纳土地税。而他们的俸禄来自耕地所收,由农夫作为赋税交纳的收成;被统治阶级是惟一的纳税人,他们从政府那里获得受田,并向政府交纳十分之一的收成以作为税收。因此,前一阶级的成员被称为"君子",后一阶

① 《中国经典》,第四卷,第二部分,第360—362页。
② 《中国经典》,第二卷,第244页。
③ 《礼记》,第三篇,第227页。

级的成员被称为“野人”。孟子说：“无君子莫治野人，无野人莫养君子。[①]”（《孟子·滕文公上》） 633

根据孔教徒所论，田赋是事实上的惟一的税收。官员不耕作土地，不要求他们交纳田赋。尽管他们收取田赋作为俸禄，但这是国家为他们的服役而支付的报酬，所以，官员的俸禄不纳税。除官员之外，甚至庶民在官、受雇于政府职务者，他们也不交纳田赋，因为他们无地可耕。这说明官吏实际上并未享有任何特权，也说明了免征每位官员五十亩“圭田”税，这并未影响到税收的普遍性原则。

再以个人服役为例，虽然国家要求庶民服力役，而以智力服役于国家的官员们，则被免除力役。然而，全体官员，不论其职位高低，在战争期间均须担负起服兵役的责任。因此，免除官员的部分力役，例如各类公共建设工程，将不会影响税收的普遍性原则。

此外，在孔子思想体系的影响下，统治阶级与被统治阶级之间可相互转换。这两个阶级不是种姓制度，而是劳动分工。这只是向社会上层提供应得的报酬，并激发社会下层的雄心，因为任何人经过努力，一旦步入社会上层，就可以获得同样的免税。在今天，没有政府授田，没有任何劳役；人人立于相同的地位，享有同样的资格。因此，税收制度显然相当具有普遍性。

V　赋税的分类

关于赋税的分类，《大戴礼记》提供了完整的赋税制度的陈述。[②] 634

---

① 《中国经典》，第二卷，第244页；又参看上文，第606—607页。

② 《大戴礼记》，第三十九篇；参见《礼记》，第三篇，第277页。

孔子说：

> 昔者明主关讥而不征，市廛而不税，税十取一，使民之力，岁不过三日，入山泽以时，有禁而无征，此六者取财之路也。明主舍其四者而节其二者，明主焉取其费也。

从孔子的这段论述中，我们知道在孔子时代有六类赋税存在。但是，根据孔子的理想，应该只有两类适度的税收①，孔子的基本点是废除各种间接税。

孔子在另一段陈述中，描述了古代先王的赋税思想体系，即依照纳税能力纳税的赋税思想体系。孔子说：

> 先王制土，籍田以力，而砥其远迩；赋里以入，而量其有无；任力以夫，而议其老幼。于是乎有鳏、寡、孤、疾，有军旅之出则
> 635 征之，无则已。其岁，收田一井，出稯禾、秉刍、缶米，不是过也。②

根据以上孔子的陈述，我们发现有三类税存在。一类为土地税，另一类是宅地税，第三类是劳役形式的税。在三类赋税中，宅地税需要一点说明，因为丝之由来，乃妇女由其房前屋后种植桑树而成，而植桑之地属于受公共管理的公地，因此，要求住宅之地以麻布与丝征收赋税。这是妇女所纳之税，正如男性所纳之税是以粮食形式交纳的地税一样，这也是一种从宅地抽取收益的税。因

① 宅地税包括在地税中。

② 《国语》，卷五。

此,一户家庭贫富的总体情形,均应考虑在征税之列。在这样的考虑下,宅地税不是毛收入的税,而是净收入的税。因为当穷困之家没有剩下净收入时,免征其税,而这类税在以后变成了家庭课税,即大家所知道的“户税”,征收家庭财产与所得的税。

土地税、宅地税与劳役,这三类税要求在不同的时期交纳,以布与丝交纳的宅地税,要求在夏季交纳;以粮食来交纳的地税,在秋季交纳;以劳役所纳之税,在冬季。孟子说:“有布缕之征,粟米之征,力役之征。君子用其一,缓其二。用其二而民有殍,用其三而父子离。”①(《孟子·尽心下》)

在周代,凡民无职业又不能服劳役者,他需要以货币交纳人头 636
税“夫布”;如房前屋后不种桑麻者,需要以钱(“里布”)交纳宅地税,这些属于正当征税。然而,在孟子时代,诸侯征收民众的丁税,即使他们已经服了劳役;国君征收民众住房的宅地税,即使他们已经交纳了丝与布。这就意味着两次征收民众的丁税与宅地税。所以,孟子如是说:“廛无夫里之布,则天下之民皆悦,而愿为之氓矣。”②(《孟子·公孙丑上》)

在中国,在法律上没有将地方税收与国家税收分开,所有税收均属于国家,并完全由中央政府任命地方官员征收,地方官员根本没有征收与使用任何税收的合法权利,除了经财政大臣、天子钦准之外。

然而,在事实上一直存在国家财政收入与地方财政收入间的
区分,我们注意到这样的区分开始于禹统治时期③。在唐宪宗统治 637

---

① 《中国经典》,第二卷,第491页。

② 参见《中国经典》,第二卷,第200页。因为宅地税只是地租的从属物,因此,我们不对宅地税做任何进一步的讨论。

③ 参见上文,第639—640页。

时期(孔子纪元1357—1371年),整个帝国的财政收入开始被分为三部分——中央政府为一部分,都督政府为一部分,还有一部分为州县政府。宋延续了唐制。即便就在今天,国家财政收入也分两部分:一部分留作地方开支;另一部分送至中央政府。因此,我们可以说,在中国存在国家税收与地方税收分开的原则,但这样的分开只是税收用途上,而非税收来源上,虽然如此,这样的分开却在财政体制上引起了巨大的麻烦。尽管中国政府自夏朝开始一直是中央集权的政体,但是,中央集权的实践却变成了分权政体,而其原因就在于中央与地方的税收来源没有分开。但在今年,分开税收来源已得到允诺。

既然中国不存在税收来源的分离①,因此,我们对税收进行分
638 类,不以中央税与地方税进行划分,而以直接税与间接税分之。

34　直接税

I　土地税

1. 孔子描述的最古老的土地税制

尽管土地税开始于黄帝时期,但再没有比《禹贡》更古老的土

① 在事实上,中国存在单独的地方税收类,除地方官员的非法聚敛外,为了本地的福利税,民众自己评定税额并自行征收合理的税收,在乡镇,民众受制于乡绅与长老;在城市,民众受制于商人。乡镇的乡绅、长老与城市的商人,他们公正地向民众征税,其管理有效率且民主。因此,民众甚至并未意识到这就是税,而且,不称之为税。

地税制了，孔子认可这一税制。根据《禹贡》记载，九州之土地被分类为九等，而从九州征收的税收数量随之划分为九级。而这九等土地与九级税收意味着仅提供了大致的分类方法，与个别情形并不相符。这样，在任何一州内，整州的土地不会极其合适地处于同一等，税收因此不会属于同一级，所以，土地与税收的等与级仅仅是平均数。此外，以一州为一整体，税收级别不一定与土地分等一致。因为，如果民众的耕种较好，那么，征收较低等土地所收入的十分之一能提供更多的财政收入；相反，当民众的耕种较差，那么，征收较高等土地所收入的十分之一将提供更少的财政收入。尽管九州税收总额呈现不同的九级，但是，我们必须清楚地认识到，整个国家的税率却是一致的——十分之一。但因为各州领土范围与人口各不相同，各州因此提供的总税源必定不一样。639

在《禹贡》中有一重要的原则存在，那就是中央政府与地方政府的赋税区别。虽然，中央与地方都以同样的税率对土地征税，但二者仍存在区别。

在帝都之州冀州，以实物纳税，五百里构成“甸服”，更确切地说，从作为中心的国都往北、往南、往东、往西五百里地，换言之，一千里的平方，甸服的面积等于百万平方里。事实上，甸服将国都的各边划分成五个纳税地带，每一地带均具有同样的宽度——一百里。相距国都一百里范围内，这里的民众缴纳连穗带秆的全禾作为税；相距都城二百里范围内，民众缴纳穗头；相距都城三百里范围内，民众仅纳秸，但是，这里的民众负责运输从四百里、五百里民众纳税的粮食；相距都城四百里，民众缴纳带有外壳的谷物；相距都城五百里，民众缴纳细米。

当然，以上所述为最原始的税制，但是，此制度的原则却值得赞美。环绕国都的第一百里，距离国都最近，这里的民众缴纳连穗带秆的全禾；第二百里距离国都稍远，因此，这里的民众仅纳穗头；第三百里，距离国都更远，这里的民众纳没有谷物的稻草，这是五个地带所纳税价值最少的，但这里的民众也供给劳力之役；第四百里距离国都更为遥远，这里的民众缴纳带有外壳的谷物；第五百里距离国都最遥远，民众仅缴纳细米。从第一百里到第三百里，民众自己送农产品到国都，但第四百里与第五百里，民众不用自己送，仅送至第三百里的地方，这就是公平的原则。不同地带的税收，根据距离国都的远近与因运输而发生的劳动而被安排。这样的安排
640 既考虑了税收总额，也考虑了运输税收的成本，其目的在使全体民众担负同样的纳税责任。

甸服的税收制度是整个国家征税的标准，各封建诸侯以同样的方式征收土地税，因此，《禹贡》中没有介绍诸侯国征税的细节。但表明中央与地方征税区别的是：由诸侯缴纳给中央的税不是普通的实物，而是具有独特价值的物品。

诸侯以十分之一的税率向民众征税，除了保留所征税的一部分作为其诸侯国的支出外，他们向帝国政府交纳土地税总额的一部分，大诸侯国向帝国政府交纳二分之一，中等诸侯国交纳三分之一，小诸侯国交纳四分之一。诸侯以此固定数量的税入购买所在诸侯国的主要物品，并将这些物品送至帝都。这样的缴纳，就是众所周知的“贡”，是应支付给中央政府的地方税中之一部分。宅都之地冀州，不向中央政府纳贡，而是直接以实物的形式缴税，而其余八个州，除了向中央政府纳贡、这本身即为税的贡品外，不缴纳

其余的税。

所有贡品全都进入了政府工厂，然而，其中有些贡品盛于竹筐之中，这些竹筐进入妇女的工厂，于是，在一般贡品与特别装在竹筐中的贡品之间形成了区别。为了方便读者，我们把说明各州、蛮夷部落与盛于竹筐中作为贡品交纳的各类物品制成一表格。从表格中，我们能想象出整个帝禹时代(孔子纪元前1704—前1655年，或公元前2255—前2206年)的理财发展。 641

贡品清单

州名	税		进贡(不是税)
	贡品	竹筐	蛮夷的贡品
冀州			东南沿海岛屿上的夷人进贡的皮服
兖州	漆、丝	染成各种花纹的丝织品	
青州	盐、细葛布、种类繁多的海产品；来自泰山的丝、大麻、锡、松与奇特的石头	柞蚕丝	
徐州	五色石、羽山山谷地区的杂色羽毛的野鸡、峄山以南的特产桐木、泗水河畔的制磬石料	黑色的丝绸、白色绢	淮夷地区的蚌珠与鱼
扬州	黄金、银子、铜、美玉、美石、小竹、大竹、象牙、兽皮、鸟羽、木材，待命进贡的橘子、柚子	锦丝织品	沿海夷人草编织的衣帽

续表

荆州	鸟羽、牦牛尾、象牙、犀牛皮、金、银、铜、椿树、柘树、桧树、柏树、粗细磨石、制箭镞的砮石、朱砂、竹笋、美竹、楛树。待命贡献神龟	黑色、黄红色的丝绸带子、珍珠	
豫州	漆、大麻、细葛布、纻麻、待命进贡的石磐与治玉石	细棉、绸	
梁州	美石、铁、银、钢铁、石箭镞、磐		来自西倾山的熊皮、马熊皮、狐皮、狸皮
642 雍州	美玉、美石、珠宝		西方的戎族进贡的兽毛织皮

从表格中，我们了解到有两类人存在：文明人与野蛮人；而九州被划分为五部分领地，这就是：(1)天子都城(甸服)；(2)大夫采邑(侯服)；(3)绥靖安抚之地(绥服)；(4)约束之地(要服)；(5)荒裔之地(荒服)。每一服有一千平方里，因此，五部分领地(五服)总计为五千平方里。前三部分领地被称为"中央王国"，而后面两部分领地称为戎狄之地。越出上述五部分之外的领地，所有地域仍然属于九州。九州之外被蛮夷所占据的那些区域称为"四海"。以上之划分是古代中国的行政区划，而这样的行政区划构成了征税的基础。

在中央王国以内的土地被划分为"井田"，民众以耕种所得的十分之一为税率交纳正税，所有的土地根据其土质被分等为上、中、下三等，然后，再细分为九等，而土地的分等构成了税收级别的基础，事实上，税收总额必须与土质等级一致，这就是按支付能力课税的原则。

蛮夷占据的地方，无论在九州之内，还是在九州之外，均没有被划分为“井田”，而且，也不要求蛮夷交纳正税。那些生活在九州之内的蛮夷，为帝国的臣民，他们必须进献贡品；那些生活在“四海”的蛮夷，则不是帝国的臣民，仅仅因为承认高级文明而进献贡品。所有蛮夷经由各州使用的不同水路进献贡品。

来自各州的贡品，大部分由土特产品构成，并以特定的地名对 643
贡品形成区别，例如来自泰山的丝、大麻、锡、松与奇特的石头，羽山山谷地区杂色羽毛的野鸡等，一定是这些地方出产的产品。当诸侯国并不位于这样的产地时，该诸侯国就必须从邻国购买这些物品，并作为贡品进献。以这样的方式，没有土特产品的诸侯国，依然承担进贡贡物的职责。而这样的制度证实了有一定程度的商业发展存在。

以贡物而非农产品进献国都，这是真正的文明进步。因为甸服靠近国都，民众缴纳农产品，而不是进送贡物；又因为另外四部分领地远离国都，民众缴纳农产品给所在诸侯国的地方政府，诸侯再转换这些农产品为贡物，然后将贡物送到国都。这样的方式，既方便了民众，也方便了诸侯，并具有节约运输成本的益处。这也正是宋神宗认为《禹贡》符合“均输法”思想所提到的。[1]

于是，问题自然产生了，既然货币更加便利，那么，为什么诸侯不以货币而以贡物形式进送都城呢？很可能那时的理财发展依然

① 《文献通考》，卷二十。

没有达到货币理财的阶段。而且，即使已经达到了，当时也存在进送贡物而不送货币的其他理由：首先，政府是整个国家最大的消费者，政府需要全部的、各式各样进贡而来的物品。第二，政府是惟一最大的、独一无二的消费者，而民众整体的理财条件依然很低，并不存在商人获利的商业需求，因此商人不愿运贡品中的许多物
644 品来国都，政府发现极难从商人处购买到进贡的物品。所以，如果各州均以货币形式进送，而非进送贡物，那么，这对政府而言，货币较贡物用途更少，其原因就在于政府不能将货币转换成所需要的贡物。第三，民众并未大量、普遍地使用货币，因此，诸侯从其国民处征收贡物比货币更容易；第四，即使诸侯能征收到大量的货币，也不适合各州进送流通中的货币到国都，因为在各州市场上流通中的货币数量少，而国都也不适合从各州接收多余的货币，因为这将抬高国都的市场价格。简言之，我们必须记住，那时根本没有汇票，即使实在必须进送货币，那么，货币将必须以现金进送，又因为封建诸侯国是半独立的，中央政府通常在“甸服”之外不使用货币、不进行汇兑。因此，各州以货币进献实在并非良策。尽管以贡品纳税并未发展至与货币纳税一样高的形式，但仍然是巨大的进步，因为存在一种以普通实物形式纳税到以具有特殊价值的贡品纳税的转换。

在中国理财历史上，存在两种与《禹贡》原则相反的制度。其一，自各省运送粮食到国都的漕运。根据《禹贡》记载，只有“甸服”缴纳农产品作为税收，而其余各州仅纳贡。事实上，国都依
645 赖自己领地以供给其粮食，而并不要求“宅都之地”以外更远的州运输粮食到国都。而自更远的地方运输粮食到国都的制度开始于汉高祖（孔子纪元 350—357 年，或公元前 202—前 195 年），

起初，每年运输到都城的粮食仅总计为几十万石。但在汉武帝统治时期，增加到六百万石。从那时到现在，国都粮食的供给已来自于极其遥远的地方，而运输粮食的成本成为国用中一项极大的浪费。

既然这项制度与《禹贡》的原则相反，并引起理财上的浪费，那么，为什么这项制度延续如此长的时间？为什么历朝历代的政治家没有废止它？为了对此做出解释，我们可以从不同的立场进行考虑：第一，之所以如此，这存在理财上的原因：(a)因为国都是工商业中心，但不是农业中心，因此，国都需要各省供给粮食，但这是忽视农业的一种迹象。中国被认为是一农业国家，故而每一地区均应有足够的粮食供应。都城自身不能生产足够的粮食，那么，其邻近地区为什么不能供给其需要呢？尽管如此，这仍是政府的主要过失，它没有在国都周围开垦耕地。(b)一般而言，在朝代建立之初，运输粮食的总额小，但到了朝代中期或者晚期，粮食总额逐渐变大，这显示出政府日益加剧的奢侈。而只要政府变得奢侈，它都会消费更多的粮食，于是，粮食的运输就不能停止。(c)即使国都邻近地区不能生产足够的粮食，而政府需要过多的粮食，那么，政府为什么不从国都的商人处购买粮食、而要从遥远区域转运粮食到都城呢？这是因为不存在一个规模足够大的私营的粮食运输 646
以支撑政府的需求。从前，从事运输，尤其是运输粮食，极端地困难。运输成本是如此高，以致商人可能无以获利，相反在事实上是亏损。因此，政府自己运输粮食，并任命高官负责粮食的运输，这就是“漕运”制度存在的根本原因。

第二，“漕运”制度的存在有军事与政治方面的原因。因为粮食的主要消费者不是宫廷成员，而是士兵，所运输的粮食数量与士兵的人数相对应，为了加强国都的力量，政府必须拥有自己的粮食运输，在任何情况下使用自己的船只、自己的雇员从事运输。

今天，虽然京师仍需要南方各省的粮食供给，但漕运制度也应被废止。其原因为：首先，为了根本解决京师的粮食供应问题，政府应该向北方开发耕地。第二，可以依赖商人的私营运输，因为与从前相比，现在从事运输就容易多了。第三，即使政府必须运输粮食，那么，经由海路或铁路，均能够运输粮食，这是更简单、节约的运输方式。因此，废止漕运，而且必定会在不久的将来实现从以漕运粮食纳税到以货币纳税的改变。

与《禹贡》原则相反的另一项制度为要求各地上贡贡物。《禹贡》所指的“贡”是实际上的土地税——政府征收的惟一税收。但从汉代开始，政府要求各地以驰名产品作为贡物。起初，政府总是表示，贡物的价值可以替代正税额，但在以后，在征收正税之外，政
647 府要求各地上贡贡物，昏聩的国君常常索要这样的贡物，而不良官员在期望获得特别宠爱时，呈献上这样的贡物。这是真正的非法征税，民众为此承受巨大的痛苦。如此糟糕的惯例，在名义上被本朝废止了，但是，那些政府所需的贡物，却由官员用公款购买。[①] 而即便是官员购买依然给民众带来麻烦，而如此糟糕的结局只有在真正的立宪政体下才会被消灭。

我们已经看到，“三代”均以什一税率征税，什一税率贯穿全国。[②] 但这可能只是孔子的理想方案，在事实上并不与古人征税的制度相符合，我们举《周礼》为例，根据《周礼》记载，“园廛二十而

① 由属国所送的贡品，不在这一规则里，因为属国不缴纳正税。

② 参见上文，第499页。

一，近郊十一，远郊二十而三，甸、削、县、都皆无过十二，唯其漆林之征二十而五”①。由此可见，《周礼》的税收制度，对于不同的土地，或对于在不同区域的同样土地，以不同的税率征税。此税收制度，因与孔子的税收原则不一致而一直处于争论之中。当然，尽管《周礼》的税收制度与孔子的思想体系并不一致，但它可能是周朝真实的税收制度。 648

孔子赞成什一税，什一税制论是合理的。塞里格曼教授（Prof. Edwin R. A. Seligman）说：“因为土地本身不是私人财产，土地不能买卖，因此，能够衡量纳税人能力的，不是依据土地的价值，而是依据土地产品的价值，即与土地数量形成某种比例的土地产品的价值。”②因此，尽管什一税制是对总产量征税，然而，它却是对纳税能力的公正检验。

根据大卫·李嘉图所论，反对什一税的主要理由是：它不是持久不变的固定税种，其价值随着生产谷物难度的增加而成比例增长。③ 大卫·李嘉图的论说是正确的，但是，在孔子的税收制度下，这样的异议实际上并不存在。每位成年男丁，政府授予同样数量的耕地——一百亩，生产出产量相近的产品，并交纳总额相近的税收。对于生产谷物增加的难度，或对于税收的价值，并不存在大的差别。尽管农夫的生产能力呈现五等差异④，然而，其中大多数一定属于普通的农夫，既非最好的，也非最坏的。因此，税率等于产量的十分之一，这在事实上是永久性的、固定的税收。

---

① 《周礼》，卷十三。

② 《租税各论》，第 14 页。

③ 《政治经济学》，大卫·李嘉图著，Bohn's edition，第 158—159 页。

④ 参见上文，第 390—391 页。

关于什一税，我们应该注意的是，什一税是为了国家而征收的税，而不是为了教会。在中国，教会没有任何收入来源于征税，因为教会没有征税的权利。

2. 土地税的后续发展

土地税是中国主要的税收，因此，关于土地税，存在大量有趣的事实。但我们并不对这些事实进行逐一述说，而只是挑选那些能展示土地税发展的最重要的事件。由于“三代”税制与孔子的理
649 论交互在一起，我们在上文已经进行了说明，因此，我们接下来的述说将从周朝末期开始。

孔子纪元前43年（公元前594年），鲁宣公根据土地亩数对民众征税。在此之前，因为有公田存在，而为了增加民众的财富，只要求民众助耕公田而不必缴纳税。然而，由于鲁宣公并不十分关怀民众，民众因此也并不十分关注公田。于是，鲁宣公废除了公田制度，并根据土地亩数直接对民众的私田征税。尽管鲁宣公征税的税率仍然为十分之一，但政府对民众行使了更多的权利，课税更有效更正规了，这是税收制度的进步。然而孔子以为按亩征税是竭泽而渔、将耗尽民众的财富，因此，孔子反对按亩征税。孔子在《春秋》中记下了他对鲁宣公按亩征税的反对。①

孔子纪元204年（公元前348年），就在井田制（孔子纪元202年）被破坏之后，秦国开始颁布新的税收制度。这是一重要的事件，因为土地由此开始受私人所有制支配，征税基础发生了从土地总产量到所拥有财产的改变，我们虽然并不知道所征税率，但是，这样的税制确实是进步。

---

① 参见《中国经典》，第五卷，第一部分，第329页。

在汉代，土地税的税率低。西汉初年，土地税税率为土地产量的十五分之一。最节俭的天子汉文帝，在他统治的第十二年，他免除了民田一半的土地税；在第二年（孔子纪元385年，或公元前167年），汉文帝免除当年的全部土地税。在汉文帝的儿子在位（孔子纪元397年，或公元前155年）的第二年，政府恢复了已经被免除了十二年之久的土地税，之后，所征地租的税率减至三十分之一， 650
并根据田亩数量缴纳。

在汉章帝统治的前一段时期（孔子纪元627—629年，或公元76—78年），土地税以钱交纳。孔子纪元716年（公元165年），汉桓帝要求有田者每亩交十钱为税，这是第一次要求以钱缴纳土地税；在孔子纪元736年（公元185年），汉灵帝采取了同样的方式。汉桓帝与汉灵帝，均非贤明的人君，以上所征之税，为正税之外的附加税。然而，这不是永久的税制。

自晋朝至唐朝前期，土地税与丁税、户税混合在一起，人或户成为纳税的基础，每人或每户交纳相同税率的赋税。那时期授田均等，以致人人能力几乎相等、均能交纳相等的税。

"三代"以后，最著名的税收制度是唐朝的"租庸调制"。孔子纪元1175年（公元624年），唐颁布的赋税制度如下：凡授以公田者，每成年男丁每年向国家交纳粟二石，称作租；根据所在地的特产品，每户每年向国家交纳三种丝绸——绢、绫、纯中之任何一种，共二丈，棉三两；如交纳布，则布二丈五尺，麻三斤，这样的税被称为调；每成年男丁每年服徭役二十天，闰年再增加两天；如不服徭役，则每天输绢三尺，这样的税被称为庸。在某些特殊情况下，如果服役的天数再增加十五天，那么，可以免除其调；如果再增加三

651 十天，租调一并免除；但在总体上，服役不超过五十天。①

租、庸、调这三种税，均与民众的能力一致。因为人人均能受田一百亩，“有田则有租，有家则有调，有身则有庸”。租庸调，所有这些要求都建立在民有的基础之上，而不是建立在民无的基础之上。但是，公田的分配是使民众能够完纳税的基本。而这正是“租庸调制”著名的原因。

在“租庸调”赋税制度下，人是征税的基础，并以实物代钱交纳税收。但是，在租庸调制衰落之后，宰相杨炎于孔子纪元 1331 年（公元 780 年）建立了新的税收制度——“两税法”。“两税法”规定如下：

> 户无主客，以见居为簿；人无丁中，以贫富为差……居人之税，秋夏两征之，俗有不便者正之。其租庸杂徭悉省，而丁额不废，申报出入如旧式。其田亩之税，率以大历十四年垦田
> 652 之数为准而均征之。夏税无过六月，秋税无过十一月。②

杨炎是一位伟大的改革者，他废止了全部其余的直接税，并将其总括为单一的土地税，丁税包含在土地税之中。这是首次发明“一条鞭法”③。杨炎使本地住户“土户”与外来住户“客户”、成年人与未成年人之间没有了区别，直接税惟一的根据是土地，而不是人，这既简易又统一，既杜绝了官吏乱摊派，又使民众不能逃避他们应缴的税。由于此次土地税用钱交纳，一年分两段时期，因此，

---

① 《旧唐书》，卷四十八；《资治通鉴》，卷二百三十四；《文献通考》，卷二。

② 《旧唐书》，卷四十八。

③ 参见下文，第 656、667—668 页。

这在财政制度上是一次划时代的革命。“两税法”完全改变了古代的税收制度,并成为以后各朝的范式。

孔子纪元1345年(公元794年),陆贽对“两税法”进行了批评。陆贽说:

> 夫财之所生,必因人力,故先王之制赋入,必以丁夫为本。不以务穑增其税,不以辍稼减其租,则播种多;不以殖产厚其征,不以流寓免其调,则地著固;不以饬励重其役,不以窳怠蠲其庸,则功力勤。如是,故人安其居,尽其力矣。两税之立,惟以资产为宗,不以丁身为本;曾不寤资产之中,有藏于襟怀囊
> 箧,物虽贵而人莫能窥;有积于场圃囷仓,直虽轻而众以为富。653
> 有流通蕃息之货,数虽寡而计日收赢;有庐舍器用之资,价虽高而终岁无利。如此之比,其流实繁,一概计估算缗,宜其失平长伪。由是务轻资而乐转徙者,恒脱于徭税;敦本业而树居产者,每困于征求。此乃诱之为奸,驱之避役,力用不得不弛,赋入不得不阙。①

陆贽论述了古代的税收制度,其论述的前部分坚持古老的制度,以人丁为征税的基础,这在古代具有正确性,因为在古代,人人几近平等,并获得一份均等的授田份额。然而,到了中古时期,当古代的土地分配制度被打碎后,民众的财富已变得不均等,此时,以人丁为征税基础不再具有正确性。此外,陆贽所论的税制与征税的基本原则相反,依陆贽所论,以收入与资产为征税基础是对效率

① 《资治通鉴》,卷二百三十四。

高的生产者的惩罚。可见，陆贽未能认识到支付能力课税的原则。但是，陆贽理论的后半部分的确是合理的，因为它指出了在夏秋征税制度的缺点。实际上，陆贽的反对理由与今天反对总资产税的
654 理由一样。①

根据马端临的观点，自晋至唐，税收的基础是户，而不是土地，但由于每户获得一份授田，因此，户税实际包含在土地税里，尽管唐朝将税划分为租、庸、调三类，但缴纳租庸调者也是土地所有者。在唐朝中期，土地变成了私有财产，并允许买卖，原来缴纳租庸调者，大部分不再是土地所有者了，他们如何能与富人一样纳税呢？此外，在安史之乱（孔子纪元1306—1313年，或公元755—762年）以后，人口发生了变化，人口统计数已不能作为征税的根据，而惟一没有被改变的就是土地。因此，以孔子纪元1330年的垦田数作为确立夏秋两季征税的标准，虽然这并不是国家的长久计划，但暂时不失为好的税收制度。如果可能重建租庸调制，那么，必定率先重建授田制度。只要不能平均分配土地，那么，夏秋征税制度将是最好的税收制度。

还有另一种税，即各朝的“算赋”，“算赋”始终以人丁为征税的依据，并仅依照人丁的年龄进行修改。但人之贫富不均，已存在很长时间了。根据旧的制度，“有幼未成丁，而承袭世资，家累千金者，乃薄赋之；又有年齿已壮，而身居穷约，家无置锥者，乃厚赋之，岂不背缪？今两税之法，人无丁、中，以贫富为差，尤为的当”。这
655 里由陆贽所指出的“两税法”的缺点，是以管理为依据，而非在该制度本身。因为农业与商业都能收获财富，尽管商人逃避纳税更为

① 塞里格曼：《租税各论》，第24—33页。

容易,农民也遭受重税之苦,但受害者仍然是富人,这不比根据原来人口统计、不考虑民众财产多寡而征收民众的税相对更好吗?

而马端临又往前进了一步,他指出了以丁夫为本征税的缺点。根据中国历史(本朝以前),垦田面积增加了,但人口数却减少了,马端临引此以说明“算赋”与“户税”乃诱民奸诈、隐瞒人口实情,指出陆贽借人的能力不均等、而竭力主张以人丁为基础征税的理论错误。马端临认为,“均是人也,而才艺有智愚之不同;均营生也,而时运有屯亨之或异。盖有起穷约而能自致千金,其余力且足以及他人者;亦有蒙故业而不能保一簪,一身犹以为累者,虽圣人不能比而同之也”。因此,马端临作出结论,“以田定赋,以家之厚薄为科敛之轻重”,此为救时之策。①

马端临的理论若是支付能力课税理论,其基本点仍然是正确的,但其理论若运用于现代却必须被修改。土地既然不是纳税能力的惟一检测,那么,土地就不能作为征税的基础。

土地税征银始于宋朝。在孔子纪元1628年(公元1077年),夏季征税合计银31,940两,秋季征税合计银28,197两。金朝与元 656
朝从未土地税征银。在明朝统治下,孔子纪元1927年(公元1376年),有法令规定,允许以银替代粮食;在明成祖(孔子纪元1954—1975年,或公元1403—1424年)统治期间,每年的贡物合计银300,000两。然而,上述以银纳税,完全是为了方便,银被视为如同其他实物一样。而仅从孔子纪元1987年(公元1436年)始,(明朝政府)规定土地税折征银两。在这一年,南方诸省土地税折银两征收,并规定米麦四石折银一两;孔子纪元2038年(公元1487年),

① 《文献通考》,卷三。

折银征收土地税的制度被扩展到北方诸省,而且,一石粮食征银一两。这些数字显示了金属货币的价值在与粮价相对照时呈现的波动。而土地税折征银两的制度是理财历史上的一次革命,此制度一直延续到今天。①

孔子纪元2132年(公元1581年),"一条鞭法"在全国广泛地建立起来,并确定了各地方的土地税与丁税的总额,而且,丁税被分摊并入土地税之中。什么时候有劳役,官吏就折银征用力役,所有各类夏税、秋粮、里甲、均徭、杂役以及加派的贡纳等等,合并起来编为一项,化繁为简,由官吏折银统一征收。这样,土地成为征收直接税的惟一对象,于是根据田亩数征收直接税。

657 在明朝的财政制度中,经常加征土地税是最为糟糕的事情,原来,每年的国库收入大约为2,430,000两白银,而每年支出的费用不超过2,000,000两,常常只有七八十万两。明朝政府规定,政府花费国库收入的十分之七,保留十分之三以应对任何突发情况,比如饥荒,或者军费开支。这样的规定与孔子的理财原则相合。但是,在孔子纪元2065年(公元1514年),明武宗临时加征税银数量至1,000,000两,用于重建皇宫,因为宋武宗已耗尽了国库中的储备银两。这是明朝政府第一次加征税收。在孔子纪元2102年(公元1551年),当军费开支增加时,明世宗进行临时"加派"税收,在

① 以黄金征收土地税开始于宋朝,孔子纪元1528年(公元977年),一两黄金等于八千铜钱;孔子纪元1948年(公元1397年),明太祖颁布法令,允许以黄金交纳土地税,二十石粮食折合黄金一两。在这些情况下,黄金作为商品使用,事实上,无论是以实物缴税,还是以货币纳税,均依赖于民众的理财条件。以前的中国人总是持这样的观点,认为农夫以实物纳税更好,因为这样一来农夫不必为了货币交换他们的产品,他们的产品因此不受市场价格支配,这样的观点非常正确,因为中国是一个农业国家。

江苏、浙江“加派”土地税银 12,000,000 两。从孔子纪元 2169 年至 2171 年(公元 1618—1620 年),满洲爆发叛乱,明神宗在全国三次加征土地税,全部加征税银 5,200,000 两,而在后来,此加征额变成了岁额。在孔子纪元 2181 年(公元 1630 年),明崇祯帝加征税收,税银达 1,650,000 两;在孔子纪元 2186 年,崇祯帝提高土地税十分之一,称之为“助饷”;孔子纪元 2188 年,他再次加征税银 2,800,000 两,孔子纪元 2190 年,他另外加征税银 7,300,000 两。自孔子纪元 2169 年,至这一年,每年土地税加征总额合计税银 16,900,000 两。为了镇压叛乱者与匪徒,政府想获得更多的税银,所以一再加征,而民众无法忍受加征税银的重压,于是被迫成为匪徒,此即是明朝崩溃的原因之一。因此,孔子纪元 2207 年(公元 1656 年),本朝废止了全部的土地税加派,并使土地税恢复至原来的数额。 658

孔子纪元 2263 年(公元 1712 年),本朝在税收制度上进行了一场伟大的改革,规定以孔子纪元 2262 年(公元 1711 年)(全国各地所报)丁数征税,固定税额,以后增加人口不再增加赋税。① 从孔子纪元 2274 至 2280 年(公元 1723—1729 年),各省的丁税被摊派到土地税中,因此,直到现在,中国没有丁税,而且,无田民众完全不用缴纳直接税。

长期以来,根据田亩数征收土地税。在孔子纪元 755 年(公元 204 年),曹操每亩征收土地税粟四升;孔子纪元 881 年(公元 330 年),晋朝每亩征收米三升,称之取十分之一;孔子纪元 912 年(公元 361 年),这样的税率减少至每亩征收两升。孔子纪元 1321 年(公元 770 年),唐朝土地税规定如下:“夏税上田亩税六升,下田亩

① 参见上文,第 338—339 页。

税四升；秋税上田亩税五升，下田亩税三升。”孔子纪元1831年（公元1280年），元朝规定田亩税每亩粟三升，以纸币缴纳。明朝初年（孔子纪元1919年，或公元1368年），每亩征收田亩税3.35升。所有这些税率都只是一般税率。而自唐中期开始，就一直未有统一税率了，粮食的价值大部分由固定等值的货币金额折合。

本朝各省所征土地税存在很大的变化，例如，在甘肃省，每亩征银从0.002至0.1504两，每亩征粮从0.03至8.11升，每亩征稻草从0.3至0.46捆。① 在西安县（陕西），每亩征银2.38171两，每亩征粮从5.25至5.85升，这些税率由惯例所定，而并未依据任何
659 纳税能力的科学衡量。②

在正税之外加征附加税开始于五代。在孔子纪元1477年（公元926年），废止了百分之十的附加税；孔子纪元1501年（公元950年），由于土地税征实，因此借口为预防正税损耗，又加征附加税百分之二十。在明朝中期，尽管以银两折征土地税，但却以另一种借口——弥补火炼银锭的耗损而命令加征附加税。自孔子纪元2275年（公元1724年），本朝已将加征附加税“火耗”从地方官员手中收归中央政府，并确定附加税的征收数额，从百分之二到百分之二十不等，其数额变化很大。但后来，作为增加地方官俸禄，以及为了其他的地方开支，“火耗”再次分配给州县官。

加征附加税，这并非好的纳税制度，如果为了合法的开支，希望获得更多的税收收入，那么，应该直接增加税收本身，而不是强征附加税。征收附加税是不公平的、复杂的，而且是腐败的来源。

---

① 一大捆重十五斤。

② 《大清会典实例》，卷一百六十二。

地方官首先强制性要求征收了一种附加税，之后，他的办事员又强征另一种附加税。民众交纳超过正税数额百分之五十的附加税。此外，穷人由此遭受的痛苦与损害超过富人，因为穷人的税额更小，抵抗力更弱。因此，应该废止征收附加税。

总之，土地税是中国最古老、最重要的税，根据今年（孔子纪元2462年，公元1911年）的预算，土地税总额为银48,101,346两。但自从孔子纪元1331年（公元780年）开始，土地税制一直未有大的改变，各朝只是沿着前朝的足迹而行，民众必须交纳的土地税， 660
不是依据任何合理的原则，而是根据在此之前民众所交纳的土地税，这样的土地税制远离公正。简言之，中国必须从根本上改革土地税制，这也将在很大程度上增加公共财政收入。

Ⅱ　徭役

在古代，税收制度简单，在实际上只有土地税。但对政府而言，却有多种必需的工程，而从少量的税入中，不能抽出以支付需要，因此，民众为各种各样的公共工程无偿地劳动，这就是最古老的丁税形式，尽管这样的税收不以货币交纳，而是以劳动支付。因此，孔子视劳役为一种税。

1. 孔子的原则

在封建时代，民众遭受大量的劳役之苦，因此，孔子谴责任何战争[1]以及不必要地建造与修补城郭居邑[2]，因为民众被痛苦地役

① 参见上文，第142—144页。

② 参见上文，第245页。

使。这类税收的总原则是征用民力不误民众的农时。[1] 孟子说："不违农时，谷不可胜食也。[2]"（《孟子·梁惠王上》）诚然，服劳役
661 易于打断百姓从事的职业。然尽管如此，孔子并不提倡废除民众服劳役，这是因为那时的一般民众不能支付货币，因此，孔子只是提倡对服徭役进行改革，而废除劳役，则是在孔子之后的张说、杨炎、王安石三人的功劳。[3]

孔子为服劳役规定了年龄限制，根据《礼记·王制》与今文经典，男子二十岁开始服劳役，五十岁后不再服劳役；三十岁开始服兵役，六十岁以后免服兵役。[4]

民众服劳役一年不超过三天，凡使用民力从事公共建设工程，即使对壮年人，也仅让他们承担少量的活，与老年人承担的一样；即使对老年人，也提供给他们充足的粮食，与供给壮年人一样的粮食。以这样的方式，给予民众有利的待遇。此外，根据这样的原则，使用民力从事公共建设工程不是劳役，而是雇佣劳动，因为民众由此获得维持生活的粮食。[5]

劳役中最重要的形式是兵役，民众服兵役不仅要贡献劳动，还要贡献装备。根据井田制，十井（八十户）出兵车一乘。而其余若干种类的装备由政府补给。

管子首次规定十六井（128 户）的民众提供"七张丘甲"。[6] 在孔子纪元前 39 年（公元前 590 年），鲁成公仿效管子的成例。但

① 参见上文，第 79、627 页。

② 《中国经典》，第二卷，第 130 页。

③ 参见下文，第 665—667 页。

④ 参见《礼记》，第三篇，第 241 页。

⑤ 同上书，第 227—228 页。

⑥ 《管子》，第五篇。

是，孔子在《春秋》中却谴责这项法令，因为孔子认为制作“丘甲”并非普通百姓的职业，这样的规定是不正义的。①　662

以下为免服徭役的规定：第一，免除读书人的徭役。上报到司徒那里的“选士”，乡里免征他们服徭役；升入大学的“俊士”，免除他们全部的徭役。第二，对有老人、残疾或丧事的家庭，为了这些家庭的利益，免除他们的徭役。有八十岁老人的家庭，可有一子不服徭役；有九十岁老人的家庭，全家都不服徭役。有残废或有病人需要照顾的家庭，免除一人徭役，有父母的丧事在身，三年不服徭役；服丧一年或者九个月者，免除三个月徭役；第三，免除迁出与移入之民的徭役。将外迁到另一诸侯国的人，外迁前三个月不服徭役；从别的诸侯国刚迁来安家的人，一年不服徭役。这些均是孔子免除徭役的规定。②

2.《周礼》中的徭役规定

关于徭役，《周礼》中提供了若干规定。尽管《周礼》中对徭役的规定与孔子的规定有所不同，但它们是周朝关于徭役的真实规定，因而具有重要性。因此，我们将提到《周礼》中的一些徭役规定。《周礼》规定：“国中自七尺以及六十，野自六尺以及六十有五皆征之。”③“五人为伍，五伍为两，四两为卒，五卒为旅，五旅为师，五师为军，以起军旅，以作田役，以比追胥，以令贡赋。”足够强壮可　663
以胜任兵役与劳役的民众，其平均人数如下：“上地家七人，可任也者家三人。中地家六人，可任也者二家五人。下地家五人，可任也者

① 参见《中国经典》，第五卷，第一部分，第337页。

② 参见《礼记》，第三篇，第232、243页。

③ 因为住在都城之内的民众（“国人”），其服徭役比住在郊外的民众（“野人”）更频繁，但是，其服徭役时间更短。

家二人。凡起徒役,毋过家一人,以其余为羡。惟田与追胥竭作。”①

全部的地方事务由众多地方官吏管理,由五家组成最小的团体,其上是最低职务的官吏,然后,为二十五家、一百家、五百家、二千五百家组成的团体,设置一些更高级别的官吏,团体越大,官吏的级别就越高。这些官吏都是从民众中挑选出来,所有的徭役都由他们管理,他们既是文职又是军事官员,在和平之时,他们是行政官,而在战争时,他们是指挥官。②

664 设置“均人”,“均人”对于人民、牛马、车辇的使用均平并调整民众的徭役。不论何情况,服役的平均征用时间都依据年成好坏而定:“丰年则公旬用三日焉,中年则公旬用二日焉,无年则公旬用一日焉。凶札则无力政。”③

3. 汉代的“更赋”

在秦朝,政府规定民众在地方政府服徭役一个月,然后到中央政府服徭役。合计一年服徭役的总数量,既作为士兵在边疆戍守,又作为公共事务的工匠,均超过古人服徭役量三十倍④,这是中国历史上最糟糕的例子。

汉初,汉承秦制。然而,汉朝在随后制定了这样的法令:徭役被称之为“更”,“更卒”服役一月,“践更”交纳二千钱,可以替代“更卒”,“过更”支付三百钱替代三日戍边之役。

据以上所述,可见雇工制度在汉朝就已完全建立起来了。为这种雇工所支付的工钱,称之为“平价”,一百钱为雇工一天的报

① 《周礼》,卷十一、十二。
② 《周礼》,卷十二。
③ 《周礼》,卷十四。
④ 《汉书》,卷二十四。

酬。因此，每男丁一年"更赋"的总数量为两千三百钱，这实在是很多了。[1] 但是，如果中国人普遍富有足以交纳"更赋"，那么，就不会有徭役的存在。因此，民众的理财情形是徭役存在的根本原因。 665

4. 张说的改革

自中国历史开始，民众就有服兵役的责任。孔子纪元 1273 年（公元 722 年），在军事制度上发生了一场重大的革命，在那时，兵籍之中的常备军士兵，年二十一而为兵，年六十而免，此外，他们的家属并不因为他们服兵役，而免除其余的徭役。因此，他们变得贫穷、衰弱，并大量逃离其军事驻扎之处，民众深受此军事制度的痛苦。之后，宰相张说建议招募魁健强壮之人以担任国家的守卫，免除他们其余徭役，并且提供给他们有利的待遇，以此吸引逃兵参与这样的招募。唐玄宗采纳了张说的建议，并使之迅速生效。十日之内，唐玄宗招募到十三万优秀士兵，他们被分配到不同的驻扎地，并被命令到京城轮值。这是中国历史上兵与农的首次分离。[2]

在军事制度上发生了这场革命性的变化开始，中国人不再被强制要求服兵役了。从军事的角度论之，对军事制度这样的变化存在许多反对的理由，然而，从社会与理财观点论，民众从中获得了相当的利益。尽管民众为供养士兵交纳更多的税，但他们却由此解除了因服兵役所引起的全部困扰。况且每位男丁都成为士兵，这没有必要，不惟如此，专业士兵比普通人当兵更强。诚然，兵与民分途，根据劳动分工原则是正确的。尽管张说在军事上的改

① 《汉书》，卷七。除了这类税以外，还有丁税与户税存在。（参见下文，第 669—671 页）

② 《资治通鉴》，卷二百一十二。

革遭到许多人的指责，但张说是一位伟大的改革家，他的创新堪比
666 王安石的“免役法”。

5. 杨炎的改革

我们已经了解到在“租庸调制”下，唐朝的丁税或由服力役或由输绢的形式交纳。[①] 这样的规定没有征收双重的丁税，也没有要求民众既服力役，又缴纳税收，所以，这与孔子的原则一致。我们也了解到，根据杨炎的改革，丁税与土地税结合在一起。[②] 这意味着在文明进程上的一次重大进步，因为既没有以货币形式交纳的丁税，也没有徭役。因此，从那时起（孔子纪年1331年，或公元780年），中国应再未征收丁税或征徭役，此即是杨炎改革的伟大成就，我们给予他的荣誉，应该不少于王安石（这是中国人从未有给予他的公正）。

6. 王安石的改革

然而，另一类徭役产生了。在唐朝，天下人户，量其资财，分为九等，要求富户承担差役，而我们在此必须记住的是，这类差役是光荣的，它有别于普通的劳役。富户担任差役，其地位类似周朝的地方官[③]。但在孔子纪元1262年（公元711年）后，富户承担差役的地位不再光荣，而开始成为耻辱，并逐渐演变为类似于徭役，因此，我们视之为徭役而谈到它，但我们永远不能忘记的是，这类徭
667 役区别于杨炎所废除的通常的徭役，前者建立在财产的基础之上，后者则以人丁为依据。

在宋朝，这样的差役变得让人无法忍受。诸如看守（保管）、

---

① 参见上文。

② 参见上文，第651—652页。

③ 参见上文，第663页。

转运政府财产、收税、维持治安、送信等差役，尤其对那些按资财而分等高的人户，形成极其繁重的负担，并使许多人倾家荡产，家破人亡。

孔子纪元1621年（公元1070年），王安石制定了“免役法”，这是中国理财史上的重大革命。“免役法”的基本点是把差役变成了雇役，王安石将“免役法”的原则置于先王制度的基础上，即为了支付政府官员的俸禄而向民众征税。然而，王安石的“免役法”事实上是以货币税代役。我们将在“财产税”一节中，对王安石的“免役法”进行讨论。

7. 最后的解决

雇役制是王安石建立的一项最优秀的制度，即使单独就此一项，王安石应受到所有的当之无愧的赞扬。但是，在孔子纪元1637年（公元1086年），又恢复了差役制，在孔子纪元1645年（公元1094年），差役制再次被废除。孔子纪元1686年（公元1135年）之后，支付雇役的薪金被挪用于军费开支，于是，再次恢复了差役制。于是形成了差役与雇役二者并存的局面。自金开始，一直存在摊派土地税的人户与不摊派土地税的人户之间的服役区别，但他们服役的性质与徭役正好一样。

孔子纪元2132年（公元1581年），在“一条鞭法”被普遍地采用后，就加征土地税以取代徭役，政府从田亩中征收货币（白银）以支付雇役薪水，并免除民众徭役。然而，直到本朝（孔子纪元 668
2263—2280年，或公元1712—1729年），这项制度才彻底地建立起来。[1] 今天，再没人被迫承担任何劳役了。

① 参见上文，第338—339、658页。

关于徭役存在的原因,除了我们在上文已经提到的基本点——民众的理财环境之外,还可提出其余三点原因。第一,政府所征税额小,以至于不能支付雇役薪金。其二,除了杨炎以增加土地税的方式废除徭役之外,再没有任何人具有王安石的智慧与勇气,创设一种新税以取代徭役。因此,尽管可选择以钱代役曾经是周朝与汉朝的制度,但徭役本身却并未曾被废除;而尽管王安石已经废除了差役,但当支付雇役薪金的款项被挪用于他途时,差役再次被恢复。第三,因为地方支出没有独立的税收来源,对于地方政府必须履行的兵役与劳役,必然被强加于地方民众身上。因此,尽管兵役,这对于国家而言的主要徭役被张说废除了,但地方徭役,对其来说,仍使其不堪重负、难以承担,而且,尽管杨炎废除了差役,但雇役在地方上依然存在。以上即是徭役存在的三条理由。

关于徭役的罪恶,粗看起来,似乎起源于广大民众的无知与软弱,如果他们有智慧、强大,那么,他们的生命财产将不会被诸如纳
669 税、维持治安这样的徭役所摧毁,相反,他们甚至可以从这些徭役中获取利益,因为被官府所征徭役者,有若干的补偿与豁免。但在事实上,他们颇为胆小、软弱,从而易于被官员与官员的下属所强征暴敛。因此,甚至在差役已被改变为雇役之后,他们依然被官员与其下属所掠夺。事实上,对民众最好的保护,就是教育他们如何保护自己。因此,如果我们要彻底进行改革,那么,我们必须从根本着手,而政治教育就是我们着手的根本所在。

Ⅲ 丁税

算赋就是丁税,在孔子的著作原文中并未出现"算赋"的记载,

乃至于有一种推测——在古代不存在丁税。但是,根据管子所论,算赋为每年十钱①;在《周礼》中,算赋被称之为赋②;班固谓“赋共车马甲兵士徒之役,充实府库赐予之用”③。因此,我们确信算赋在古代一定存在,但所征算赋可能非常轻。而算赋的征收并不为孔子所赞同,因为孔子以为,对已服徭役者不应征收二次税。

在孔子纪元349年(公元前203年),中国历史上第一次出现了按固定比率征收的算赋。每位男丁,从十五岁至五十六岁,每年交纳算赋一百二十钱,而随后,此算赋数量被减少至原来的一半,或者四分之一,或者三分之一,但商人与奴婢交付此数的双倍。孔子纪元363年(公元前189年),颁布法令规定:“女子年十五以上至三十不嫁,五算。”这大概是为了增加人口。儿童自七岁至十四 670
岁,一年征收口赋额二十钱。在汉武帝统治时期,儿童从三岁起征口赋,并在原来的口赋额上增加三钱。孔子纪元508年(公元前44年),儿童起纳口赋的年龄改变为最初的七岁起征,但所征口赋数量不变,每年二十三钱。

自晋朝开始,丁税与土地税合并在一起。孔子纪元928年(公元377年),规定算赋每口纳税米三斛;孔子纪元934年,增加至每口纳税米五石。但是,每人获得七十亩免税的公地。

孔子纪元1331年(公元780年)之后,杨炎将丁税并入土地税之中,与土地税一并征收,这样,应没有丁税了。然而,五代又恢复了丁税,而且一直持续贯穿整个宋朝。④

① 《管子》,第七十六篇。

② 《周礼》,卷二。

③ 《汉书》,卷二十四。

④ 《文献通考》,卷十、十一。

孔子纪元 1831 年（公元 1280 年），元朝调整了丁税，其规定如下：全科户丁税每丁粟三石，趋于粟一石，这就是元朝征收丁税的标准。针对某些民户，每丁或驱丁仅纳以上规定数量的一半，或每丁仅纳粟一石。因此，在征收丁税上，存在分等级的规定。

本朝的丁税数额变化很大。丁税的最少数额为每丁 0.001 两银，而最大数额为每丁 8.7786 银两。但自从国家摊丁入亩征收统一的地丁银以后，中国再没有丁税了。

Ⅳ　户赋

自汉朝开始，就存在"户赋"，一种按户征收的税。户赋与算赋
671 相关并类似于算赋。户赋在汉朝并不繁重，每户每年交纳户赋两百钱。①

加征户赋开始于魏国，孔子纪元 755 年（公元 204 年），曹操制定法令，规定每户每年交纳绢二匹、棉二斤。

孔子纪元 831 年（公元 280 年）之后，晋武帝颁布"户调法"，规定：正丁（十六岁至六十岁）为户主，每年输绢三匹、棉三斤；女与次丁男（十三岁至十五岁，或者六十一岁至六十五岁）立户者交纳一半，输绢一匹半，棉一斤半。沿边境上的县交三分之二，在远离国都的地方交三分之一。②

粗看起来，晋朝的户赋或户调包括了土地税，晋朝的户赋因此重于汉朝。但因为有受田存在③，户户有田亩，因此，规定征收户

---

① 《史记》，卷一百二十九。

② 《晋书》，卷二十六。

③ 参见上文，第 509 页。

赋。此外,没有征收针对个人的丁税。

按等征收户赋,开始于孔子纪元1101年(公元550年),北齐文第一次将户划分为九等,富裕之户以货币纳户赋,贫困之家服劳役。[1]因此,此时所征收的户赋特点,开始呈现出财产税性质的变化。

元朝户赋繁重,每户交纳绢一斤又6.4两,银五两。此即是“本位”,不同户等交纳少于此“本位”的不同数额。这确实是财产 672
税。除了户赋之外,元朝也征收丁税[2],交纳粟三石。

本朝没有征收户赋。

我们的结论是,当人们的财富均平时,以户作为整体征收户赋是无可厚非的,因为户赋包括了由家庭主妇挣得的收入,宅地税与孔子、孟子提到的“布缕之征”的例子就属这样的情况。[3] 但当财富分配不均时,就不应该征收户赋。所以,自唐朝中期始,户赋被改变为财产税。

V　一般财产税

孔子纪元69年(公元前483年),鲁国设立了以土地税率为依据的财产税。比如,土地税原来征收土地产品的十分之一,但现在加倍征收,第二次征收的十分之一税则建立在一般财产税之上。这是首创一般财产税,但土地排除在一般财产税之外。孔子谴责这种新税,因为它只是对土地税的添加。[4]

---

① 《隋书》,卷二十四。

② 《续文献通考》,卷十六。

③ 参见上文,第634—635页。

④ 参见《中国经典》,第五卷,第二部分,第826页。

孔子纪元570年(公元19年),王莽以三十分之一的税率向官员与民众征收财产税,这是第一次在全国范围内征收一般财产税。①

孔子纪元1320年(公元769年),唐代宗规定户税如下:所有
673 家庭,无论是庶民还是王公,一并被划分为九等,并要求以钱纳税:一等户4000文,二等户3500文,三等户3000文,四等户2500文,五等户2000文,六等户1500文,七等户1000文,八等户700文,九等户500文。任职官员依九品分别归入这九等纳税。如果一户有数位官员任职于不同的地方,那么,其中每一位依其官品在任职之地纳税。拥有旅馆、店铺、作坊的户,在本来的等级上另加二等纳税;居住在外籍的农户被视为七等户;临时居民住户视为八等户;"其诸色浮客及权时寄住户"依其收入划分为八等户或九等户。由一人或一户拥有、位于各地的庄园,在各自所在地分别纳税;正在服役的士兵享有特别待遇,"从九等输税。"②

这就是一般财产税与所得税的结合,但是,除去官员的俸禄与商人的买卖营业外,重点依然放在田亩上。在孔子纪元1331年(公元780年),当"两税法"建立起来之后,这样的税收被改变了。

孔子纪元1621年(公元1070年),王安石建立"免役法",事实上的一般财产税。"免役法"的细节如下:根据人户的不动产与个
674 人财产,凡当役人户,分五等出免役钱或助役钱。每年随夏秋两税按户等输免役钱。乡户从四等户,坊镇从六等户以下免交代役钱。③ 在两个县里都有产业的人,上等户分别各随其户交纳,中等

① 《汉书》,卷九十九。

② 《旧唐书》,卷四十八。

③ 我们应该记住的是,在"免役法"批准实施之前,天下人户,量其资财,分为九等。

户可以并到一县里交纳。分家的户，根据所分到的财产而定，降其等级。官户、女户、未成丁、寺庙道观均减半交纳。所有的这些钱都用于招募三等以上的税户代役。根据力役的轻重来定俸禄。比如，在开封县有22,600多户，每年交纳钱币12,900缗，其中用10,200缗作为俸禄，剩下2,700缗，以补偿凶荒年成的亏空。

凡当役的人家，按其户等出钱，叫做“免役钱”。所有的官户、女户、未成丁、单丁、寺观等，这些以前免役各户被规定纳役而出的钱，叫做“助役钱”。根据州县应当的雇值多少以确定应纳的税额，并随户等平均征收。除雇值之外，额外多征收二成，以备水旱灾害 675
与亏空，役钱征收不足。这样的税收（免役宽剩钱），作为准备金被保留，以使政府在年成不济之时免除当年的税。

王安石的“免役法”并不是不好，但却遭遇到太多的反对。其一，“免役法”创立了一种以钱交纳的新税；其二，“免役法”向所有原来不负担差役的上层阶级（上、中户）征税。庶民从“免役法”中获得了实际的利益，而上、中户则因“免役法”尤其遭受损失，故而强烈抵制“免役法”，但宋神宗与王安石均强硬地维持新法，宋神宗说：“更张法制，于士大夫诚所不悦，然于百姓何所不便？”对中国而言，“免役法”意味着社会革命，那就是上、中户交纳更多的税，而下户不仅免除差役，也从一般财产税中解放出来。

免役税按五等主户的户等征收，这样户等划分所依据者，“或以税钱贯百，或以地之顷亩，或以家之积财，或以田之受种”。既然雇役取代差役是必要的，而雇役需要由某种方式支付薪金，因此，征收免役税就无可厚非。而且，征收免役税给政府带来大笔收入，正因为如此，除了支付雇役的工资以外，也被用于政府职员的俸禄，以及作为灾荒救济金。

然而,征收免役税存在两方面的缺陷,一为土地受到双倍征
676 税;二为该法不应征收额外的百分之二十,在孔子纪元 1645 年(公元 1094 年),百分之二十减少至百分之十。

在孔子纪元 1625 年(公元 1074 年),王安石被罢相后,王安石原来的私人朋友吕惠卿,为了使"免役法"有效实施,建议推行"手实法"。政府为房地产、个人资产与家畜全部确定"中价",然后,使民众根据其资产总值(参照官府所定中价折算),对自己进行估价。"屋宅分有无蕃息立等,凡居钱五当蕃息之钱一"。隐瞒财产者许人告,如果告发信息属实,以所隐财产三分之一充赏。发给各户应征税财产的明细表,各户登记并返回表格,各地方官收到表格并作记录,再以应征税财产的价格列定"高下,分为五等,于是,既该见一县之民物产钱数,乃参会通县役钱本额而定所当输"。

"手实法"对获得收益的资产进行征税,并对用于消费的财物免税。但是,这样却遭遇了区别用于消费的财物与用于生产的财物的困难,其原因在于,农业产品与工业产品,二者均可用于生产或消费。此外,"手实法"更糟糕的事是诱使人告发,因此,当王安石恢复职务后,"手实法"被废止(孔子纪元 1626 年,或公元 1075
677 年),而"免役法"在实际上却贯穿整个宋朝。①

金朝征收一般财产税的规定如下:所有田园、邸舍、车辆、牲畜、树木与收藏金银的金额,均计算为资产,并根据其数额多少征税,这被称之为普遍税,无人豁免。但是,由于资产的所有者已交纳了土地税,再交纳普遍税,这样就陷入了与田亩有牵连的双倍征税。孔子纪元 1746 年(公元 1195 年,宋庆元时),普遍税总额为

① 《文献通考》,卷十二、十三。

2,604,742贯。[①]

金之后,除了以户税形式征税之外,没有一般财产税的征收。在本朝,既不存在一般财产税,也没有户税。

Ⅵ　房产税

根据孔子所论,除了征收宅地税之外,没有对住宅进行单独的征税。[②] 但在周朝,却有房产税的征收。除了《周礼》所提到的对店铺、作坊、仓储,以及商业区域的住宅进行征税之外[③],管子说:"巨室美修其宫室者服重租,小家为室庐者服小租。"[④]

但在随后的历史里,对各类建筑物征收房产税的情况,仅有一例。孔子纪元1334年(公元783年),唐德宗按屋之好坏划分为三等,并对房屋征收"间架税",上等房屋税钱二千,中等房屋税钱一千,下等房屋税钱五百。如果有人敢隐匿一间房屋不报,杖六十,赏给告发者钱五十缗,赏钱由隐匿房屋者付给。但是,"间架税"于 678
次年(公元784年)即被废除。[⑤]

在本朝,自孔子纪元2452年(公元1901年)始,各省政府试图对所有房屋征收普遍税,但这仅在城市取得了成功,却并未能触及乡村地区的房屋,因为民众不愿缴纳这一新税。

因此,我们得出结论,中国从未对整个国家的房屋普遍地征收

① 《续文献通考》,卷十三、十五。

② 参见上文,第634—635页。

③ 《周礼》,卷十五。

④ 《管子》,第七十四篇。

⑤ 《新唐书》,卷五十二。我们推测,"间架税"仅仅影响到了城市里的房屋。

专门的房产税，管子可能在乡村地区征收过房产税，但他所在的国家仅是一封建诸侯国，而封建诸侯国在经营管理上与庞大帝国之间存在差异。尽管各朝的一般财产税的确包括了房产税，但那不是专门的房产税，而是一般财产税。

Ⅶ 所得税

每一种税最终都由所得税来负担，根据孔子所论，孔子不反对征收所得税，尤其是对商人的垄断利润征税。[①] 所得税的征收开始于周朝，是对利润征税。根据《周礼》，政府公用的剩余物品出售给商人，然后对他们的利润征税，作为给天子的礼物。[②]

根据汉朝的律令"缗钱令"，必须缴纳所得税者，自行申报财物
679 数量，由一户的户主本人申报财物数量。隐瞒不报或少报者，或所申报的财物数量不是由户主本人所报，那么，罚黄金两斤，隐报之财物与收入，一律被没收充公。[③] 汉朝"缗钱令"并不为人们所熟知，因此，我们可以举出两例以说明颁布"缗钱令"的作用。孔子纪元 436 年（公元前 116 年），房光侯被剥夺侯爵，取消封国，因为他在对财产进行自行申报时，没有对他放贷的收入所得进行估价。孔子纪元 471 年（公元前 81 年），政府废止了酒类专卖，根据法律规定，民众缴纳所得税后才能酿造酒。[④] 因此，在汉朝，已经完全建立起了所得税。

---

① 参见上文，第 541—542 页。

② 《周礼》，卷二、六。

③ 《汉书》，卷七。

④ 《汉书》，卷十五、七。

王莽征收所有人的所得税，孔子纪元561年（公元10年），他制定法令：凡是从事采集、狩猎、捕捞、畜牧、养蚕、纺织、缝纫、商店、医、巫、卜、祝之人，以及所有居住在商店、住宅、旅店里的工匠与商贾，都要向当地官府自行申报经营状况，并要从其经营收入扣除成本，算出纯利，按纯利额的十分之一纳税，如有不报或不实者，没收全部收入[1]，而且没有豁免[2]，没有区别，也没有等级之分，民众因此遭受大量的痛苦。然而，关于这类税的征收，存在有益的一点，即不是针对总收入，而是针对净收入收税。680

在中国，存在这样的惯例，即每当政府财政困难时，将缩减（官员）俸禄与津贴。这实际上是征收所得税，在收入的源头扣除收入。这样的惯例开始于刘宋（420—479年，南北朝时期南朝的第一个朝代）。孔子纪元1001年（公元450年），从俸禄中的扣除额为三分之一[3]。

孔子纪元1333年（公元782年），唐朝按此方式减俸：官员每月俸禄总额在一百贯以上者，减俸三分之一；在八十贯以上者，减俸五分之一；每月俸禄更低收入者，以同样方式减俸；但是，月俸低于三十贯者，免于减俸。孔子纪元1335年（公元784年），俸禄全额发放。[4] 这样的减俸具有以下两点益处：其一，对高薪征收累进税；其二，低薪免于征税。

---

① 《汉书》，卷二十四。

② 孔子纪元560年，王莽将土地国有化，因此，就不存在来自土地的收入。直到孔子纪元567年，王莽才支付俸禄给官员们（甚至在那之后，官员们也没有得到真正的俸禄），因此，并不需要征税官员的俸禄。

③ 《宋书》，卷五。

④ 《文献通考》，卷六十五。

孔子纪元1673年(公元1122年),南宋以百分之一的税率对官员的俸禄进行征税,在孔子纪元1716年(公元1165年),这一税率逐渐被提高至百分之五点六。马端临曾以政府可以裁减某些不重要的职位“冗官”或者公开减俸而不应扣下已经允诺支付的俸禄为由,批评这一惯例。[①] 马端临的理论是正确的,但设若存在普遍的所得税,那么,按比例减俸就不会存在异议了。

今天,广东存在民众为地方开支自征其房屋一个月房租的惯例。在上缴的房租中,一半由房客预付的定金交付,其余一半则由房客本人交付。这样的惯例在城市里盛行,这实际上是对租金与利润两要素征收的所得税。现在,省政府以同样的方式征收房
681 产税。

Ⅷ　遗产与赠与税

后蜀(孔子纪元1458—1516年,公元907—965年)的民众结婚时,其嫁妆被估价并被征税。这是历史上首次发生的嫁妆税。但在孔子纪元1524年,宋太祖废除了征收嫁妆税。

名副其实的遗产税起征于孔子纪元1670年(公元1119年),这一年,规定所有遗嘱,或留给女儿的遗赠,都要盖上政府官印并缴纳税收,但是,该税在极短时间内即被废除。[②]

根据孔子纪元2458年(公元1907年)的印花税法案,规定每份遗嘱缴纳一千钱的印花税,但此法案并未获得普遍的执行。

---

① 《文献通考》,卷十九。

② 同上书,卷十四。

Ⅸ　公债

尽管公债在名义上并非税，但在事实上却是一种税。马端临将公债置于“杂征敛”的名目之下。公债开始于刘宋。孔子纪元1001年（公元450年），当国防紧张时，王公贵戚以及官员，大部分自愿捐款以帮助国家。在富人之中，有的拿出了数百万。于是，刘宋采用了公债制度：有五十万钱者，国家举借四分之一——八万；僧侣拥有二十万钱者，国家举借四分之一——五万。而如果他们的钱财超出了以上数额，那么，国家也以同样的比率向他们举借。政府做出承诺，在战争结束之后，政府立即偿还欠债。①

当唐肃宗登上皇位（孔子纪元1307年，或公元756年）时，由于一场大的叛乱，国家难以获得税收，府库空虚。因此，唐肃宗以 682
十收其二向南方“江汉、蜀汉一带”民众借钱，被称之为“率贷”，这实际上是强迫性贷款。因为同样的原因，各地驻军用度不足，必需军费，唐德宗发布针对富商豪贾的借商令（孔子纪元1333年，公元782年）。无可置疑，这对民众造成了巨大的伤害，此外，这次借商所得，在京都仅征得总额共计二百余万缗。②

在本朝，在数次不同的时期，产生了公债。孔子纪元2445年（公元1894年），由于与日本的战争，政府“息借商款”，向商人举借了一千万两白银。孔子纪元2449年（公元1898年），本朝政府采纳了黄思永的建议，政府试图举借内债一亿两白银，但实际仅募集

① 《文献通考》，卷十九。

② 《新唐书》，卷五十一、五十二。

白银大约四百万两。以上两笔实际上都是强迫借款。孔子纪元2456年(公元1905年),袁世凯试图建立一种现代类型的公债,但没有成功。袁世凯为了实施他的计划,除了运用武力强行借款一百八十万之外,他还秘密地向日本横滨的正金银行借贷三百万两白银。其他许多官员试图模仿他的计划,但没有任何人取得了成功。简言之,直到中国成立了立宪政体,她才可能建立起国内公
683 债制度。①

35　间接税

孔子憎恨间接税,按他的观点,根本就不应该存在间接税。而不论依据常理,还是参照中国税收历史,孔子的观点也是有理的。汉朝前期(孔子纪元346—422年,或公元前206—130年),隋朝(孔子纪元1134—1168年,或公元583—617年)、唐朝前朝(孔子纪元1169—1306年,或公元583—617年),事实上并不存在间接税,除了隋末(孔子纪元1162—1173年,或公元611—622年)起义期间,在以上所述时期,政府非常富有,民众也十分富足。然而,在随后的历史时期,政府不征收间接税就不能对付过去,这一点,我们可以从周朝到今天间接税的历史发展叙述中看出来。

① 中国外债开始于孔子纪元2425年(公元1874年),当时中国通过与汇丰银行订约,以负担百分之八的利息举借外债627,675镑。在中日战争与义和团运动之后,外债大量增加。最近几年,为了工业与其他改革的发展,中国举借大量的外国资本。从理财的角度看,没有理由反对借外债,但从政治的角度论,目前的政府根本不适合举借外债。

Ⅰ　进口税

就国内与国外贸易而论，孔子均是一位极端的自由贸易主义者。[①] 但根据《周礼》记载，货物在三个地方被征税——对外（关），国内的关卡（门），以及市场（市）。虽然货物仅在关、门、市中的一处纳税，但当货物在通过三者中任何一处时，必须出示缴税收据。684 当进口货物时，在缴纳了进口税后，由关发行缴纳进口税的收据，当货物通过国内关卡进入市场时，将验证缴税收据。当货物出口时，市场管理者司市首先发给出口税收据，当货物经过国内关卡出关时，将验证出口税纳税依据。为了制止走私，关、门、市三职权协同合作。因此，周朝并不允许在任何货物上进行自由贸易。[②]

1. 国内贸易的关税

当秦兼并各封建诸侯国、统一天下时，中国的国内贸易远远重于国际贸易，正因为如此，我们将首先考虑不同朝代的内地关税。

根据历史，自秦至晋朝前期，并不存在进口税。因此，国内贸易与国外贸易一样，均为自由贸易。

东晋率先恢复进口税。自东晋至南陈（孔子纪元 868—1140 年，或公元 317—589 年），沿河道水路建立了关卡，例如像燃料、木炭、鱼等这样的货物，以百分之十的税率征收关卡税。

宋朝以降，当货物经过关卡时，货物税的一般税率按商品价格的百分之二征。[③]

---

① 参见上文，第 453—454 页。

② 《周礼》，卷十四、十五。

③ 《文献通考》，卷十四。

后来，仅有一段历史时期完全实现了孔子的自由贸易学说。孔子纪元1713年（公元1162年），金世宗采纳了张中彦的建议，并
685 进行改革，废除了全部关税，命令海关仅稽查旅客，并不征税。①

本朝拥有二十六个主要的旧式关卡，这些关卡既包括内地关卡，也有沿海海关。用于征收关卡税、稽查而设置在各关卡附近的全部下级关卡，均被限制在一些确定的地方。关卡税的一般税率是按商品价格的百分之三征收。为了支付关卡管理费用，许多关卡需要收通关费，税收本身的十分之一。假如不收通关费，那么，则由"盈余"税支付关卡管理费用，每一关卡所征税额是固定的，并被划分为"正额"与"盈余"两部分，当所征税不足定额时，则由征税官员对缺额负责；而所征税超过定额时，征税官员则应将所征关税之实际金额上交政府。②

(a)船税

向商人征收船税始于汉武帝（孔子纪元423年，或公元前129年），五丈以上的船每只年纳税一百二十钱，而这只是对用于贸易工具的商船征税。五代时期（孔子纪元1458—1510年，或公元907—959年），曾对渡船征税。后宋太祖废除对渡船征税（孔子纪元1511年，或公元960年），但随后（至少在孔子纪元1622年）又恢复了对渡船征税。孔子纪元1630年（公元1079年），为了征收
686 船税，官府建立了"堆垛场"，用政府的船只运输商人货物并征税，但用私人船只运输免于征税。地方官员对船只进行非法征税，仅在南宋时期出现过。对船户征收正税，由专职官员征收的船料，真

① 《续文献通考》，卷十八。

② 《大清会典》，卷二十三、五十八、六十；《皇朝文献通考》，卷五。

正开始于元朝末年。但三年之后（孔子纪元 1888—1891 年，或公元 1337—1340 年），废止了征收船料。

孔子纪元 1980 年（公元 1429 年），明朝为了以钞征收船料税，设立了七个内地征税关卡钞关。在孔子纪元 2076 年（公元 1525 年），设置内地水路要津十二处。除其中两处兼收货税以外，其他关卡只征收船钞税。从孔子纪元 2031 年至 2080 年（公元 1480—1529 年），所有钞关逐渐地由征银替代了征钞。钞关在本朝仍然存在。

(b)关税

在中国历史上，最令人反对的税收种类是对旅客征税。孔子纪元 451 年（公元前 101 年），汉武帝在重要关口武关，为供“关吏卒食”，设关收取过往旅客的税。在北魏（孔子纪元 1077 年，或公元 526 年）、北周（公元 1131 年，或公元 580 年），对前来集市的民众征收关税，一人一钱。但在孔子纪元 1132 年，此关税随后被废除。幸运的是，这样的例子仅存一例。

(c)厘金

除了关税之外，另有厘金的征收，或者千分之一的捐厘税，是当货物经过任何厘卡时所征收的货物税。孔子纪元 2404 年（公元 1853 年），当太平军占领南京后，官府用于军费的税收来源被切断，为了筹措军饷，军官雷以诚创设了厘金税。起初，厘金来自商人的自愿捐输，政府允诺，一旦叛乱被平息，就取消征收。厘金的征收 687
在维护现存统治中起到了重要的作用。然而，政府并未遵守取消厘金的诺言，厘金的征收现在已成为一无法忍受的负担。各省厘金的法定比率变化不一，有些省的厘金比率为百分之一，或者百分之二，而有些省份为百分之五或者百分之九。根据今年的预算（孔子纪元2462年),厘金的总金额为银43,187,907两。① 在不远的将来,厘金将被废除。

2. 进出口货物关税

在宋朝以前,我们还不知道征收外国货物的进口税。孔子纪元1522年(公元971年),在广东建立了第一个海关“市舶司”,最初设海关的目的,是管理外国贡船与外商贸易,还不是征税。孔子纪元1542年(公元991年),关税的税率为百分之二十,在宋仁宗统治时期(孔子纪元1574—1614年,或公元1023—1063年),在杭州、宁波、广东三处设置了“市舶司”。抽取百分之十的货物作为进口税,官府以折扣价抽买货物百分之三十。孔子纪元1698年(公元1147年),年收入因关税与抽买货物总计达两百万贯。孔子纪元1715年(公元1164年),政府废除了以折扣价抽买货物百分之三十的制度,并确定了百分之十的关税税率。②

元朝数次改变关税税率。孔子纪元1828年(公元1277年),
688 规定普通货物十分取一,质量差的货物十五分取一。在土货(国产货物)与番货(外来货物)之间加以区别,前者所征税额仅为后者的一半,即前者单抽,后者双抽,这就是保护关税的发端。在孔子纪元1834年(公元1283年),改定了关税税则,规定优良货物十分取一,而粗劣货物十分取二。孔子纪元1843年(公元1292年),在本省有市舶司的地区出售已抽分的舶货,抽分之数规定为:细货征二十五分之一,粗货征三十分之一,并免除其余课税。当商人在市舶司购买货物时,对货物不能二次课税,仅在商人贩卖的地方征收商

① 这笔总数包括了其他一些次要的税收。

② 《文献通考》,卷二十。

税。次年，所有市舶司规定征三十分之一。

明朝大度地对待外国人，对外贸易有时免税。孔子纪元1920年（公元1369年），明朝制定法令，规定由进贡者一并进口的外国货物，免征关税，但官府以低价收购其货物的百分之六十。该项政策是为了向外国人显示宽容，在政治方面的考虑多于理财。通常而言，进口货物需要交税。[①]

在本朝，鸦片战争致使中国政策发生了革命性的变化。鸦片战争以前，中国的对外贸易是沿袭旧例的旧关，而自鸦片战争以来，则是新形态的对外贸易海关。我们先从鸦片战争以前的旧关说起。孔子纪元2236年（公元1685年），所有进奉贡品的外国船
只免于征税，在同年，减征吨位税率。[②] 孔子纪元2249年（公元 689
1698年），所有的外国船只分为（食物、衣物、用物和杂物）四等，并减征外国船只吨位税率至1,120两，880两，480两，320两。由于难以查明并对珍珠、宝石难以正确估价，孔子纪元2335年（公元1784年），清高宗准予免征珍珠、宝石的进口税。

进入中国的大米不受关税约束。孔子纪元2273年（公元1722年），从泰国进口的大米免纳进口税。孔子纪元2276年，中国出海商船随大米回载的其余货物也免纳进口税。孔子纪元2279年（公元1728年），颁布了米粮免征进口税的海关征收总则。孔子纪元2294年（公元1743年），颁布了减征随外国运米船一同进口货物

① 《续文献通考》，卷二十六。

② 以前，明朝对外国货物征收的进口税，已改变为根据外国船只大小对外国船只征税的制度（孔子纪元2122年，公元1571年），而之所以有这样的变化，乃因为难以察觉外国人实施的欺诈行为。当时欧洲船只被划分为九等，根据船只的大小缴纳固定的关税，在以后，考虑到外国人的请求，取消固定税额的百分之三十；在同一年（孔子纪元2236年），又减百分之二十。

的进口税法令：外国货船带来10,000石大米，免其货税十分之五；外国货船带来5,000石大米，免其货税十分之三的减免税优惠政策。①

鸦片战争以后，对外贸易的特点发生了变化。孔子纪元2394年（公元1843年），广州、福州、厦门、宁波与上海五口对外开放通商口岸；自孔子纪元2405年（公元1854年），新海关开始由外国人操纵。于是就有了旧关与新海关之别。新海关的税则为值百抽五，系从价计征。甚至就这样的关税税率，直到孔子纪元2452年（公元1901年）才得以实施生效。在孔子纪元2456年（公元1905年），在新海关征收的关税总额为银35,111,004两。如果中国裁撤厘金，各国同意缴纳等同于原进出口税率（值百抽五）1.5倍的
690 附加税，这样，关税税率总计为12.5%。

根据在孔子纪元2409年（公元1858年）中英达成的关税协议，以下货物免征关税：金银锭、洋钞、洋面、面粟、谷米、面饼、熟肉、熟菜、牛奶酥、牛油、蜜饯、外国衣服、金银首饰、攙银器、香水、碱、碳、柴薪、外国蜡烛、外国烟丝烟叶（洋烟、洋雪茄）、外国酒（白兰地、威士忌、葡萄酒、啤酒等）、家用杂物、船舶杂物、客人行李、纸张、笔墨、毡毯（地毯、印度产的粗毛毯、厚毯）、铁刀利器、外国药材、玻璃器皿。以上各物，进出通商口岸皆免征进出口关税；但是，假如这些货物输入内地，除了客人行李、金银、洋钞属“例不纳税之物”以外，其余货物按价计税、值百抽二点五的税率交纳通行税。②

孔子纪元2452年（公元1901年），上述所有进口免税各货，除

① 《皇朝文献通考》，卷六。

② 《赫茨勒特的中国条约》，卷一，第36页。

了外国运来的大米、各杂色粮面、金银各钱、书籍、图表、地图、期刊与报纸例外，均应被列入按价抽税、切实值百抽五的税率缴税①。

在中国修改不公平的关税税则以前，中国难以征收本国的酒、烟草特种消费税，如果可能修改关税税则，中国将对本国酒、烟草征收特种消费税。如果中国对本国的酒、烟草征收特种消费税，那么，这样的消费税不仅不公平，也是无利可取的。不幸的是，中国许多种类的税收情况均如此。事实上，现有的关税税则制度，是在 691
损害中国人的情况下保护了外国人。

关于出口货物，以前几乎免于征收输出税。尽管存在一些禁止某种货物出口的规定，但事实上，除了少数情况外，出口货物免纳出口税。孔子纪元2393年（公元1842年），首次确定常规出口税，出口税率大约为值百抽五、按价计税。如果中国废止厘金的征收，那么，可能将出口税提高至7.5%。

孔子纪元2409年（公元1858年），中英签订《天津条约》，条约规定商船吨税为：英国商船应纳钞课，150吨以上者，每吨纳钞银四钱；150吨整及以下者，每吨纳钞银一钱。②

总之，正如中国历史所展示的一样，中国在她的海关实际上采用了自由贸易的原则，但是，由于财政支出一直在增加，迫使中国从进口与出口关税中获取收入，因此，尽管她没有采取保护性的海关关税税则，但为了国家收入，她被迫维持关税税则。然而，无论何时，当她想从她的海关进出口税中获得收入时，她的关税自主权均受到外国势力的干涉，这对中国极端不公平，它抑制了中国的工

① 《赫茨勒特的中国条约》，卷一，第170页。
② 同上书，第28页。

业发展，并阻挡了必需的财政改革，中国必须废止关税自主权受外国势力干涉所带来的不公。

Ⅱ 营业税

1. 商铺税

据《孟子》，“关市讥而不征”。[①] 但根据《周礼》记载，有多种形式对商人征税，即征收店铺税、征不租用官府店铺、市场上流动商贩的税、征住宅税，以及货仓税等。这些税大部分以货币交纳，但某些税以实物交纳。例如，从事屠宰牲畜行业者，以交纳牲畜的皮、
692 角、筋、骨为税，然后，这些产品交入政府工厂“玉府”进行加工。[②]

孔子纪元 1077 年（公元 526 年），北魏将市场“店舍”划分为五等以收税有差。在明代，依照商人营业的种类与生意规模的大小，每月或每季度以钞征收“市肆门摊税”。孔子纪元 2303 年（公元 1752 年，即乾隆十七年），本朝规定北京的“商号税”如下：按商号资本多少征税，资本多的商号分类为第一等，规定年纳税银五两；资本中等的商号年纳税银二两五钱，最低等级的商号免于纳税。地方官员每年亲自检查商行，并根据商行的实际情况对商行进行分等。

宋朝（大约在孔子纪元 1630 年，或公元 1078 年）开始征收水磨坊税；孔子纪元 2261 年（公元 1710 年），本朝在四川以五点三三的税率征收水磨坊税。这就是出厂税。

---

① 参见下文，第 697 页。

② 《周礼》，卷十五。

2. 车税

对商人的车辆征税开始于汉代(孔子纪元 423 年,或公元前 129 年),孔子纪元 433 年(公元前 119 年),开始将车税的征税范围扩大到庶民。除官吏、三老、骑士以外,凡有轺车者,每人每辆车每年征税一百二十钱,商业用车则加倍征税。[1] 不久,车税停止 693
征收。

明代开始对骡驴车受雇装载者征税(孔子纪元 1980 年,或公元 1429 年),并以钞缴纳这些税。[2] 在本朝,直到最近,当新的警察制度建立起来后,车才纳税。但是,该税并不重。

3. 缗钱税

孔子纪元 433 年(公元前 119 年),汉武帝根据积存的贯钱总额征收缗钱税,所有工商业主,如手工业作坊主、高利贷者、放贷取利者、囤积居奇者、谋取盈利者,均要根据自己的财物积存数额据实上报,并以此为纳税基数,税率为百分之六。以出售其制作品挣钱的小手工业者,其积存缗钱以百分之三的税率抽取。对那些隐瞒财产不报,或陈报数与实有数不相符者,处罚到边境服一年徭役,并没收他们的缗钱财物。对告缗者,政府赏给没收财产的一半。因此,孔子纪元 435 年(公元前 117 年),"告缗"遍天下,富裕之家大都被告发了。课税对象实际上遍及有蓄积的所有阶层,不少中等以上的人家因而破产,致使人们只顾眼前消费而不愿意蓄积。孔子纪元 439 年(公元前 113 年),官府借给民众以母马,以每三年征百分之十的利息,确切地说,满三年时,借官府母马之

① 《汉书》,卷六、二十四。

② 《续文献通考》,卷十八。

民众，规定十四母马归还官府一匹马驹，作为三年前借官府母马的利息。

既然政府的目的在于获取“马息”，因此，汉武帝就在那年废除了“课马息”。①

缗钱税是对资本征税，但对小手工业者例外。他们所征的税只是商人的一半，而之所以如此，是因为小手工业者与商人相比，
694 他们更靠自己的劳作，却赚得更少的利润。征收缗钱税，这是中国历史上第一次直接对现金征税，而缗钱税最坏的结果是鼓励了告缗者。

在唐肃宗统治元年（孔子纪元1307年，或公元756年），爆发了一场大叛乱，各州官府向富商豪贾征税作为军费开支，对通过内地关卡、持钱数额超过一千的商人，需按率纳税。孔子纪元1333年（公元782年），唐德宗以百分之二的税率，对通过地关卡、持钱一千以上的商人，征收内地关卡通过税。② 而这些是政府合法地对商人所持钱单独征税仅存的例子。而在其他情况下，商贾所持钱包括在一般资产税里。

4. 行会税

宋朝，在京城的各行各业，均有行会组织。当政府需要某种物品，各行会负责提供本行会物品，行会经常因此遭受损失。吕嘉问提出建议，对各行会的收入数量进行逐一评定，并使其纳税而非向政府供给物品。当政府需要某物品时，政府通过官吏出钱“下行”购买这些物品，各行会便解除了供给政府物品的义务，此被谓为

---

① 《汉书》，卷二十四。

② 《新唐书》，卷五十一、五十二。

"免行税",而"免行税"的规定颁布于孔子纪元1624年(公元1073年)。行税是对行会全部财产进行征税,行会中每一位商人必须在 695
政府部门登记,并每月向政府纳税。[1]

Ⅲ 营业执照税

1. 鱼税

根据孔子的原则,允许民众在任何水域自由捕鱼,不需纳税。孟子描述文王之治,说周文王治理天下,"泽梁无禁"[2](《孟子·梁惠王下》)。固然,如果穷人为日常生计小规模地捕鱼,官府确实不应征其鱼税。

然而,鱼税属于古老的税种。根据《周礼》,鱼税收益进"玉府",以供天子使用。[3] 齐国"官山海",使海成为国库,政府垄断渔业。[4] 汉朝有"海租"——对渔户征收的税。在汉武帝统治时期,官府自己在海捕鱼捞虾,实行国家专卖。从汉朝至明朝,一直存在由渔民缴纳的对江河、湖泊、池塘等征收的税,尽管这些税被多次减免。明朝使鱼税变得突出,并设置了征收鱼税、管理鱼税的官员,称之为河泊官。

在本朝,对捕鱼征收的"鱼票"营业执照税属于杂税类,十二省各有渔税定额。至于"鱼票"营业执照费,在锦州(奉天),每份"鱼

① 《续资治通鉴》,毕沅(孔子纪元2280—2348年,或公元1729—1797年)编,卷六十九。

② 《中国经典》,第二卷,第162页。

③ 《周礼》,卷四。

④ 《中国经典》,第五卷,第二部分,第683页。

票”营业执照每年花银半两。但是，在伯都讷（吉林），每网必须付银二十两。[1]

2. 牙税

牙税必定由来已久，但是，我们无从发现它的起源。在元朝（孔子纪元1836年，或公元1285年），牙税曾经被废止。在本朝，696 牙贴由各道的藩司颁发，并限制牙贴数量。当任何牙行以一定额的代理税率从卖者到买者之间说合交易某种货物时，必须获得牙贴。牙贴税率分为三级，以甘肃省为例，上级年纳银三两，中级纳税银二两，下级纳银一两（孔子纪元2311年，或公元1760年）。在孔子纪元2343年（公元1792年），在南宁（广西），建立了十家牙行，各行年纳税银五两。

3. 当税

孔子纪元2203年（公元1652年），本朝制定当铺税例，规定各省各当铺每年课银五两。[2]

Ⅳ　特许权税

1. 一般特许权税[3]

我们已经知道孔子不赞成征收间接税，主张“市廛而不税，关讥而不征”[4]。我们可以从《孟子》中再引一段，“市廛而不征，法而

① 《大清会典事例》，卷二百四十五。

② 与当贴费密切相关的是由本朝在孔子纪元2455年（公元1904年）设立的注册代理费。各类商行可以在农工商部注册组成公司。或者根据合伙企业的股东人数，或者根据股份公司的资本总额，注册费从五十元至三百元不等。在户部注册组成的各类银行，其注册费为银四两。这在孔子纪元2459年（公元1908年）制定。

③ 该名称只是一种近似表达，并不意味着任何事物都得征收特许权税。

④ 参见上文，第634页。

不廛,则天下之商皆悦,而愿藏于其市矣”。[①] 在另一处,孟子宣称,697
“关市之征”,此与偷邻居的鸡一样不公平。[②] 因此,根据孔子的原则,不应该征收任何物品的税。

但在事实上,征收货物税由来已久。据《周礼》所载,“国凶札,则无关门之征”。而之所以在灾荒瘟疫流行时,市场停征货物税,目的在于降低市场货物的价格。[③]

孔子纪元1331年(公元780年),唐朝在商人经营的地方征收其货物税,从价计征,税率为价值的三十分之一。次年,由于军费支出,税率增至十分之一[④]。

孔子纪元1509年(公元958年),后周以卖价的百分之三征收牲畜交易税;在宋朝,货物税的一般税率与之相同。[⑤]

孔子纪元1731年(公元1180年),金朝制定了货物税率,买卖金银征税税率为百分之一,而其他所有货物征百分之三。随后,买卖金银税率提高到百分之三,其他所有商品为百分之四。孔子纪元1758年(公元1207年),金朝户部尚书试图以与其他商品税一
样的税率对金银进行征税,其理由是金银是富人拥有的贵重物品,698
尽管此论是公正的,但其他官员以为,如果与其他商品同等税率对金银进行征税,那么,这将助长隐匿金银。因此,金银税率保持不变。

孔子纪元1821年(公元1270年),元朝规定税制,货物税率三

① 参见《中国经典》,第二卷,第199页。
② 同上书,第278页。
③ 《周礼》,卷十四。
④ 《资治通鉴》,卷二百二十六。
⑤ 《文献通考》,卷十四。

十取一,孔子纪元 1849 年(公元 1298 年),税率增至二十分取一。因此,孔子纪元 1821 年(公元 1270 年),以 45,000 锭银为货物税定额,一锭合银五十两,然而,至孔子纪元 1880 年(公元 1329 年),实际税额超过了 939,568 锭白银。可见,元朝的税收是暴虐的。

孔子纪元 1915 年(公元 1364 年),明太祖规定商税税率为三十取一。孔子纪元 1919 年,明太祖规定书籍、农具免税。孔子纪元 2095 年(公元 1544 年),每年税收总额达 156,204 两银。明朝最坏的弊端之一是派遣太监到地方征税(孔子纪元 2147—2171 年,或公元 1596—1620 年),太监收税成为明朝灭亡的原因之一。①

本朝顺治元年(孔子纪元 2195 年,或公元 1644 年),规定买卖牲畜,按价征收百分之三。②

落地税是商人购得货物到店发卖时所征收的税。落地税,这一术语在明代就出现了。本朝将落地税划入杂税之列。落地税现在虽无足轻重,但仍应废除。

(a)包税制

包税制开始于宋朝,包税人向官府交付规定的税额(购买垄断
699 的经营权),实际上是向官府纳税,该税用于地方与国家财政。以前,包税人是国有财产的管理者或输送者,其意图是包税人从承包中获得利润。官府规定包税人必须支付抵押,并在一确定期限内,合法地享有征税权。孔子纪元 1621 年(公元 1070 年),当徭役改变为雇役时,征税权的价格变成了竞标价格,官府向民户出售征税权,谁出最高价钱,官府就将征税权出售给他,次年,包税人以承包

① 《续文献通考》,卷十八。

② 《大清会典事例》,卷二百四十五。

价格百分之五纳税，通常情况下，由于价钱太高，包税人不仅不能获取优厚利润，甚至还遭遇损失。

这样的包税制限制在某一市场上征收全部商税，或者被限制在一定地点的某种商品交易上。商税包征从未应用在直接税的征收上，而商税包征的目的是为了保证稳定的财税收入，以及避免收税之麻烦。因为乡村小镇市场规模小，特定的简单交易，政府若设置一专门的收税机构以收取这无关紧要的税，这并非节约之举。此外，政府常利用包税人，以作为一种新税或者未成熟税种的试征者，而且，一旦一种新税值得征收，政府自己就开征此税。废除这样的包税制，似乎甚至更好，然而，包税制在那个时候存在，却无可非议。

在元朝，曾发生过一件奇怪的事情，孔子纪元 1790 年（公元 1239 年），一位商人以二百二十万两银买天下课税，当然，这是统治的蒙古人的野蛮方式。然而，除了该例外，中国没有出现在全国范围的包征征税权。甚至上述事例，也仅局限在北部中国，因为在那时，中国南部在南宋的统治之下。 700

包税制在今天依然存在。现存包税制的形式，一是政府把已税产品的垄断权给予经营某货物的商人，比如盐商即为最好的例子；另一种形式为政府授予商人包征某项税的权利，比如，广东收税的某行行会，包征其行业的货物税。但在今天，中国已没有理由不废除包税制。

2. 特殊特许权税

特殊特许权税远远重要于一般特许权税，在历史上，特殊特许权税常常是国家收入的主要来源，大部分特殊特许权税，无论在其最初的发展，或在现在的管理上，均具有政府垄断的特征，但尽管如此，特殊特许权税确实是税。对特殊特许权税公正的特性描述，据说最初是由政府定价，之后发展成为特殊特许权税。

根据孔子的原则，所有的自然资源应该向全体民众开放，政府不应垄断自然资源，但如果自然资源不受控制地向民众开放，那么，富人会获得对自然资源的垄断权利，而穷人将会被排斥在享有自然资源之外。因此，在以后的时代，孔门弟子主张政府控制自然资源，并在政府的控制下允许人人对自然资源拥有享有权，并对他们的产品征税，而并非由政府垄断自然资源。我们依据富人而非穷人大量利用自然资源从事资本主义生产的事实，证明对来自自然资源的产品征税是合理的；而出于同样的原因，征收产品制造商
701 或商人的利润税，比向农民征收土地税更好。尽管这样转换了特许权税，但是，被替换的特许权税仍然是利润税，因为被征税的产品来自于高度资本主义性质的企业，盐、铁等的经营的确如此。然而，自汉朝中期开始，政府或者垄断了自然资源，要么以高税率对自然资源征税，所以，中国没有产生出工业大王。简而言之，没有为资本主义企业留下发展空间。

（a）木材税

根据《周礼》，森林由政府控制，所有的天然产物，譬如动物的齿、角、皮革、羽毛，细葛布（岛夷人所献的一种称为“卉服”）与其他的草、柴薪、木炭、煤、水果及蔬菜，均需要纳税。木材以百分之二十五的税率纳税。①

管子成为齐相后，他将森林与草地置于政府的垄断之下。山上的木材被分类为三等——用作燃料、用作建筑物、用作棺材，三

① 《周礼》，卷十六、十三。

类木材也要求以三种税率纳税。① 齐国垄断自然资源一直至国家灭亡。② 但齐国这一实践与孔子原则相左。

后秦（大约孔子纪元944—967年，或公元393—416年）开始征收竹子、木材的运输税。孔子纪元1333年（公元782年）唐朝恢复了竹子、木材运输税的征收，但在孔子纪元1335年又废除了。702
南宋时期，再度恢复。

金代设置专门机构征收竹子税，并确定了每年纳税的数量。在元代，竹子由政府垄断经营。

明代以不同的税率——百分之十、百分之二，或者百分之三十的税率，也对竹子、木材征税。各朝用于建筑与其他目的的竹子与木材，通过税收被征集起来。孔子纪元2022年（公元1471年），竹木税以银、钞交纳，并充工部营缮之用。在本朝，木材税为百分之三或百分之十。

（b）矿产税

矿产税的征收开始于周朝，根据《周礼》，金、玉、锡与宝石，均受制于官府垄断。③ 管子继续实行同样的官府垄断政策，所有的矿产，铁、铅、银、辰砂、金、铜等等，均置于官府垄断之下。④

铁矿为管子的官府垄断之下的主要矿产，铁矿以百分之三十征税⑤，管子认为铁矿税与盐税一样重要。⑥ 孔子纪元433年（公元前119年），汉武帝首次使铁实行政府专卖，政府在各郡国设置“铁

① 《管子》，第八十、七十四篇。
② 《中国经典》，第五卷，第二部分，第683页。
③ 《周礼》，卷十六。
④ 《管子》，第七十七篇。
⑤ 《管子》，第八十一篇。
⑥ 《中国古代史》，第204页。

官”，其职责为负责所在郡的铁器销售。自此以后，官府垄断铁矿，对铁矿实行专卖、征收特种营业税。纵观整个中国历史，尽管官府极少承担制造铁器，但官府对铁的垄断制度越来越频繁，并仅以控
703 制原材料而满足。

孔子纪元1065年（公元514年），北魏设置“银官”，负责银矿的开采与冶铸。北魏时期，汉中（陕西）有“金户”千余家，于汉水沙淘金，并于年底送交官府。①

唐朝，矿产税开始变得很重要，唐朝矿冶一百六十八处，有金、银、铁、锡等矿；②宋朝也有二百七十一处。③

所有的矿山均设有专门的官员，有些矿由官府用自己的资金开采，而有些矿则由按一定比例缴纳矿产品的民众购买，所缴官府矿产品的比例通常是百分之二十。但无论如何，政府对各类矿产享有垄断权，因为政府不仅征收矿产品税，而且，也以固定价格收购其矿产品。

自元、明至本朝，政府垄断铁矿的政策一直没有重大的改变。在本朝，官府对铁矿课以百分之二十的矿税，并以官价收购矿产百分之四十，其余百分之四十听任采矿者贩运；官府对铁矿课以百分
704 之十矿税，并以官价全部收购余下的百分之九十；官府课以百分之三十矿税，余下铁矿听任商民自由买卖。官府有时自己出资，并与

① 《魏书》，卷一百一十一。

② 在唐献宗统治时期（孔子纪元1357—1371年，公元806—820年），各类矿每年的矿税数量为：银12,000两；铜266,000斤；铁2,070,000斤；锡50,000斤；铅没有固定的数量。

③ 孔子纪元1629年（公元1078年），各类矿产征税数量如下：金10,710两；银215,385两；铜14,605,969斤；铁5,501,097斤；铅9,197,335斤；锡2,321,898斤；水银3,356斤；朱砂3,646.14斤。

商人签订合约，以完成铁矿开采事务。

官府对明矾实行垄断开始于唐朝。官府有时自己开矿。孔子纪元1389年(公元838年)，废除对明矾的垄断，并把对明矾的控制交给地方政府，五代时期设置专门官员垄断明矾。在宋朝，对明矾征税变得重要起来，孔子纪元1634年(公元1083年)，明矾的年税额达337,900缗。①

贯穿金、元、明三朝，也存在对明矾的政府垄断。《大清律例》“私矾”条规定，“凡私煎矾货卖者，同私盐法论罪”。② 因此，尽管在今天对明矾征税已无足轻重，但官府对明矾依然具有垄断的性质。

孔子纪元2455年(公元1904年)，本朝制定了以下的采矿规则。开矿执照税为十平方英里纳税银一百两，每增加一平方英里，税银增加一两，以三十平方英里为限度。开矿经营者也需纳一年的地价税。当从矿石中提炼出矿产时，不再征土地税，但却要对矿产课税，其课税率如下：煤税、锑税、铁税、明矾税以及硼砂税，均为 705
按价计税百分之五；煤油税、铜税、锡税、铅税、硫黄税以及朱砂税，按价计税百分之七点五；金税、白金税、银税、水银税以及粗锌税，按价计税百分之十。钻石税、水晶税以及其他宝石税，按价计税百分之二十。这些产品出口时，也需缴纳关税。

中国的矿产资源之所以没有被大规模地开采出来，存在若干原因：首先，政府不愿意采矿，我们以唐太宗为例，这位具有代表性的皇帝，在孔子纪元1187年(公元636年)，当他的亲信权万纪向

① 《宋书》，卷一百八十五。

② 《大清律例》，卷十三。

太宗建议开发(宣、饶)二州银矿、每年可得数百万贯钱时,太宗回答说,“朕贵为天子,所乏者非钱也,但恨无嘉言可以利民耳”,“卿未尝进一贤、退一肖,而专言税银之利……卿欲以桓、灵俟我邪!”之后,唐太宗即刻下敕令权万纪罢官回家。[①]

第二,官吏不顾矿产量而命令采矿者缴纳规定的矿产税额,这有时的确对民众形成伤害。大约在明朝末年(孔子纪元2147—2156年,或公元1596—1605年),太监负责采矿事宜,而这是导致明朝灭亡的原因之一。因此,采矿被视为不利之事。

第三,中国的矿产资源没有被大规模开采,还存在理财上的原因。中国是一个农业国家,她不愿意让她的民众为了采矿而离开土地,此外,从事采矿的工人,大抵并非优秀公民,因为优秀公民将
706 不会从事采矿工作。因此,存在这样一种恐惧——惧怕从各地前来采矿的违犯乱纪之人或投机分子扰乱国家的安宁。因为采矿受报酬递减法则支配,尽管当采矿有利可图时,采矿极容易吸引工人前来采矿,但是,当采矿利润已经枯竭时,打发这些采矿者返回家乡则并非易事。而该道理在清世宗(孔子纪元2275年,或公元1724年)的敕令中得到了充分的阐述。

缺乏采矿的资金、科学以及机器设备,这些是目前制约采矿的原因,再加上上述曾在历史上起作用的三方面因素,这所有的原因合在一起,使得中国的矿产资源不会获得极大的开发。这或许证实了今后一极为幸运的事情——中国以这样的方式保存了她的矿产资源,而西方国家已经以极快的速度耗尽了他们的矿产资源。

---

① 桓帝与灵帝是后汉两位昏庸暗昧的皇帝。《资治通鉴》,卷一百九十四。

(c)盐税

官府对盐实行垄断开始于管子。① 征收盐税实际上贯穿所有的朝代。在特许权税中，盐税已经成为一主要的税项。关于盐税，尽管存在若干理论与规章，但我们不需要讨论它们。根据今年(孔子纪元2462年)的预算，盐税总额为银四千万两，如改革现存的征收盐税方法，政府将获得比现在更多的盐税收入，而与此同时，民众可以享受到更低的盐价。

(d)酒税

根据孔子的原则，尽管没有绝对禁酒，但对酒应有所控制。如果有人集聚酗酒，并密谋反对政府，那么，将被处死。假如饮酒者 707
完全沉溺于酗酒的坏习惯，他们应该被教化，而不是被处死②。《周礼》有“萍氏”之职，负责稽查与管制酒③。汉朝的法律规定，“三人以上无故群饮酒，罚金四两”④。因此，民众无权集聚饮酒(“禁群饮”)，除非政府给予他们特别的许可。中国历史上之所以禁酒，有两方面原因使然，其一为道德缘故，其二为理财原因。后者因为酿酒浪费粮食——民众的食物。

政府对酒实行垄断开始于汉武帝(孔子纪元454年，或公元前98年)。在那时候，有时禁酒，有时准许私人酿造酒，而有时又由政府垄断控制。在宋仁宗统治时期(大约在孔子纪元1600—1604年，公元1049—1053年)，对酒与酿酒粮食征税，年税总计达14,986,196贯。在本朝，政府没有对酒实行垄断，但是，自孔子纪元2452年

---

① 《中国古代史》，第203—204页。

② 《中国经典》，第三卷，第二部分，第411—412页。

③ 《周礼》，卷三十六。

④ 《汉书》，卷四。

(公元 1901 年),政府大幅度地增加酒税。在中国,因为不存在酒吧,因此,并不存在酒吧执照。

(e)醋税

与酒税相关的是醋税,政府垄断醋开始于魏,实施于五代、宋、金及元代。明朝没有政府垄断醋,但却征收醋的营业执照税。在
708 本朝,醋不征收特种营业税。

(f)茶税

孔子纪元 1333 年(公元 782 年),第一次征收茶税,但在孔子纪元 1335 年,废止了对茶征税。孔子纪元 1344 年(公元 793 年),茶首次成为固定征税的物品,在产茶州县及商运要道设官抽税,估价征税百分之十。在孔子纪元 1372 年(公元 821 年)之前,每岁得钱四十万贯。孔子纪元 1372 年,加倍征收茶税。李珏在下述话语中表达了(对盐铁使王播——译者注)增加茶税的抗议,李珏认为:"今增税既重,时估必增,流弊于民,先及贫弱。其不可二也。且山泽之饶,出无定数,量斤论税,所冀售多。价高则市者稀,价贱则市者广。"李珏的这段推论是正确的,而关于另外的特许权税,在大体上的确如此。然而,李珏的建议并未获得政府采纳。孔子纪元 1386 年,政府开始对茶实行垄断,但就在同一年,又取消了对茶的垄断。而在此之后的时间里,茶税变得越来越高。

在宋朝初年,政府垄断了茶。孔子纪元 1585 年(公元 1034 年),茶税岁入总额为 1,500,000 贯。孔子纪元 1610 年(公元 1059 年),弛茶禁行通商法,更确切地说,政府对茶不实行垄断,而只是向茶农、茶商均摊茶叶租。在以后的时间里,茶有时处于政府的垄断之下,有时行通商法。元、明、清三朝采用了后面的制度。当茶商想从茶农手中购买茶时,他们必须首先从政府官员处购买"茶引",商人凭引向内地关卡纳税。如果商人的茶的数量与茶引不

符，或者，如果商人没有携带茶引，那么，他们将作为走私犯而受到惩罚。与此同时，禁止茶农出售茶叶给无茶引的商人。根据今年（孔子纪元2462年）的预算，茶税总额大约为银六百万两。 709

(g)乳香税

宋朝，除了茶税、盐税以及明矾税，大量的税收来自对乳香或树胶的征税，宋朝政府从蕃商手中专买乳香或树胶，再直接出售给消费者。政府有时将乳香出售给商人，商人再出售给消费者。简而言之，乳香受政府垄断。①

(h)人参税

人参是一种植物，其根部形状被想象成人形。在汉代出版的许慎的《说文解字》里，人参被认为是药材。在唐朝，人参成为从山西太原向皇帝上贡的贡参，今天，中国人极高地估计人参的价值。

自从在满洲发现了最好的人参后，清朝从其朝代之初，就将出产人参之山岭置于专门的政府控制之下，采参人丁必须获得“参票”许可执照，并限制“参票”数量。采人参者将去哪儿采集以及他们什么时候返回，这些情况将受到严格的控制。在盛京，每份“参票”许可执照纳税人参五钱；在吉林，纳银二两。在采参人已经向政府提供了最好的人参之后，余下的人参允许他们出售给在官府参局里的商人。孔子纪元2360年（公元1809年），确定人参价格，每一两上等人参定价为银二十两，禁止商人带着已购买的人参进入山海关——位于长城最东端的关口，政府将商人的人参与政府的人参一 710
道运输，收取商人的运费与关税。一斤盛京参纳银四两作为运费与关税，吉林参纳银六两。因此，人参必须非常严格地交纳特许权税。②

① 《宋史》，卷一百八十五。

② 《大清会典》，卷二十二。《大清会典事例》，卷二百三十二、二百三十三。

(i)烟草税

烟草在明朝开始被使用。清初,烟草被称为“恶物”,在仁宗嘉庆皇帝统治时期(孔子纪元2347—2371年,或公元1796—1820年),曾有人建议禁烟。根据孔子纪元2331年(公元1780年)的旧规定,一百斤烟草缴纳银四钱六分的内地关卡税。在孔子纪元2435年(公元1884年),户部首次提议向烟草商号征收执照税。烟草税在未来将成为重要的税收。

(j)鸦片税

中国本来禁止鸦片。在孔子纪元2390年(公元1839年),制定了极端严厉的禁止鸦片的法令,规定凡进口、制造、贩卖、种植鸦片者,以及吸食鸦片者,尽管处罚的方式不一,但全部处以死刑。鸦片战争后(孔子纪元2393年,或公元1842年),英国迫使中国接受鸦片,因此,中国对鸦片的禁令被废除,中国随后自种土产鸦片,这就是英国向中国输入鸦片的结果。孔子纪元2455年(公元1904年),内地关卡课本土鸦片“土药”税为银3,750,598两,而由外国
711 进口的鸦片“洋药”的进口税总计达银6,025,121两。

孔子纪元2457年(公元1906年),清政府颁布政令,在十年内完全禁止鸦片。于是,种植罂粟的面积,以及吸食鸦片的人数,由此被大大地减少。

V　交易税

交易税的征收开始于周朝,根据《周礼》记载,全部的商业交易税由“质剂”支付,大买卖用长券,小买卖用短券,也有用作收据与

支票、刻有字的符木“书契”①。“质剂”与“书契”由官府制作,上盖章。“质剂”与“书契”之性质类似印花税,对造假与逃避、违犯规定者,处以罚金。

自东晋至陈朝(孔子纪元868—1140年,或公元317—589年),买卖奴婢、牛马、田宅,立文据或契约进行交易,并对交易课税,税率为估价征税百分之四,其中百分之三由卖者交纳,而其余百分之一由买者支付。即使在借助文据交易不能生效时,那么,也折算出买卖货物的价值,并以计价征税百分之四的税率征税。②

孔子纪元1334年(公元783年),开征货币交易税“除陌税”。凡交易所得及公私支付钱物,每一千钱,官抽五十文税钱,税率为百分之五。如果以物付款或者以物易物时,就要将物品折合成现钱,再依百分之五的税率抽取相应货物作为税收,并通过经纪人“牙商”进行交易,牙商持有官府发给的印纸,以登记下每天的交易,并在次日核算出交易的总数量。那些不通过牙商交易的店铺, 712
由店铺自备登记簿,登记他们的交易额,并自行申报纳税。如果藏匿钱达一百文者,罚钱两千充公,杖六十,以示惩罚藏匿之罪,赏告者酬金十缗,由犯者承担。当实施这条法令时,牙商处于控制、垄断收集罚金与赏金的地位,存在巨大的瞒报行为,官府实际所入不得其半,举国上下,怨声载道。第二年(孔子纪元1335年),废止了这条法令。③ 尽管交易税并非良税,但征收交易税却利用了税款从源扣缴的方法。

在宋朝,契税成为了重要的收入来源。凡购买、典卖房产田地

---

① 参见上文,第432、448—449页。

② 《隋书》,卷二十四。

③ 《旧唐书》,卷四十九。

与牛畜者，均须出示官府印造的契约，并估价交纳税收。以上手续须在两个月以内履行，如若逾出期限，则须加倍纳税。假如所出示契约没有官印，那么，该契约不受法律保护。官府为了获利，也出售契约。从孔子纪元1595年至1672年（公元1044—1121年），契税为按价计税百分之四，但在孔子纪元1722年（公元1171年），契税率被提高至按价计税百分之十二点一二。契税是满足军费开支的重要税项。

在孔子纪元1771年（公元1220年）前某些时候，允许民众购买盖以官印并附有契约的文据，这就完税了，这极其类似印花税。但是，由于官府并不了解购买文据者的土地位置所在，因此，允许
713 民众购买盖以官印的文据使得一些与地税制度有关的问题凸显出来。因此，官府再次规定，交易文据必须经官吏之手，由官吏承办（孔子纪元1771年）。[1]

在本朝，契税确定为按价计税百分之三（孔子纪元2198年，或公元1647年）。自孔子纪元2286年（公元1735年）以后，官府对抵押契据不征税；孔子纪元2340年（公元1789年），缴纳契税的时间限定为一年，然而，契税的征收并未产生任何大宗的国家岁入，这是因为官府并未强迫购买土地与房产者在其契约上加盖官印，这是因为官府一旦要求他们盖官印，他们可能会隐瞒其田亩数，或隐瞒购买价格，又因为征收契税的衙役与官吏常常夤缘为奸、贪污腐败。此外，就征收契税的法令本身而言，并非良法，因为它为有些州县规定了契税定额。

孔子纪元2458年（公元1907年），本朝颁布了《印花税规则》。

---

① 《文献通考》，卷十九。

该《规则》为各类交易制定了不同税率，对价值在一万钱以上的交易，印花税的一般税率为百分之零点二。该规则并未普遍施行。

Ⅵ　结论

从国家需要财政收入这个意义上说，国家不能严格遵照孔子废止全部间接税的原则。但是，为了与孔子的思想保持一致，同时满足国库岁入的需要，我们可以采取这样的方案：中国应该废除国内贸易的关卡税，仅留下海关进出口税；除了对极少的专用产品征收特许权税而外，中国应该普遍废除所有的特许权税；绝对不征收契税；不应存在印花税；为了使营业税与执照税转换为直接税以对纯收入征钱，也就是改为征所得税。通过这样的途径，间接税能被减至最小。

至于直接税，我们可以采用这样的方案：丁税、户税以及一般 714
财产税，这些中国在很久以前已经废除了的税种，不予复活。保留地税，普遍采用房产税；高度发展所得税，重新引入遗产税。简言之，中国应该征收所得税，而不是财产税。

中国的财政体系就整体而言，必须进行激进改革，以使中国的财政体系与现代财政原则保持一致，并为了适合中国人民的风俗、理想与理财需要而作修改。 715

部戊　结论

结　论

717

36 结论

我们已经逐一讨论与评价了所考虑到的全部论题,而余下来的最末一章便是概括所有的结论了。

根据我们已采用的顺序,首先应说说消费。孔子为不同社会阶层规定了不同的消费标准——有点类似禁止奢侈令。毫无疑问,这在一定程度上已阻碍了理财发展。但孔子的禁止奢侈令的基本观点与其说是社会的,不如说是理财的。孔子担心,如果人人均无休止地膨胀其欲望,那么,财富生产将断难满足所有人的需要。孔子意识到了收益递减律,而古代生产规模相当有限的事实证明了孔子思想的正确性;再者,在古老的君主政体统治下,为了维护社会等级,禁止奢侈令的存在成为必需。此外,既然孔子容许任何人提升自己至更高的社会等级,那么,当任何人步入更高的社会等级行列时,其消费可以随之扩大,因此,如果个人能够将自己提升到更高的社会地位,那么,禁止奢侈令并未真正阻止理财的发展,富贵相互交换。在中国历史上,禁止奢侈令影响极小,或者根本没有影响,而且,除了极少与官职高低相关的物品外,富人可以任意消费,因此,我们必须在其他原因中寻找中国生产停滞不前的解释。
718 孔子对中国的生产停滞并不负有责任,因为不同阶层的人们按其不同收入享有不同消费标准,这是合乎情理的,也是不可避免的。

现在,我们必须解释为什么数个世纪以来,中国的理财活动一直停滞不前、生产取得极少进步。原因之一在道德界。人总是具有两类动机,即理财动机与道德动机,但通常而言,人的理财动机比道德动机强烈,然而,孔子教导人们理财动机受制于道德动机,虽然这样的教义并不始终被人们接受与遵照执行,但在中国,孔子的教义一直在相当程度上被遵循着,正因为这样,中国人耻于谈论挣钱,并由此阻碍了生产。孔子对此要负责任,但我们不应为此批评孔子。

第二,中国之所以缺乏进步,存在哲学上的原因。道教与佛教过于关注精神,不重视物质幸福。在晋朝与南朝,士人们热衷于清谈,抽象且玄虚。这就是受道教的影响。王衍(孔子纪元 807—862 年,或公元 256—311 年)甚至不说"钱"字就是例子。佛教的哲理是消灭人的欲望,并使生活尽可能地艰苦,在佛教的影响下,宋、元、明甚至本朝的士人,都极少关心理财问题。当然,这不仅因为佛教,也因为孔教的影响,但孔教绝不走极端,甚至可以说孔教士人有些受佛教的影响。因此,儒、释、道三教,其哲学观点相结合,阻碍了中国的理财进步,而尤其是佛教与道教。

719 第三,中国之所以进步缓慢,存在教育上的原因。汉朝以后,中国实际上缺乏适应民众的日常需求的公共教育,从魏至唐,狭隘意义的文学流行。从宋朝到现在,尽管一直非常流行对《四书》[①]、

① 《四书》包括《大学》、《中庸》、《论语》、《孟子》。

《五经》的研究，但通常而论，《四书》、《五经》并没有获得学者们的充分利用，而其中最糟糕的部分，则是称作“时文”（八股，或者“八个部分”）的规定。孔子纪元1921年规定了“时文”，并在孔子纪元2453年（公元1370—1902年）废止了“时文”。所有官员必须通过科举考试，以致所有的士人必须学习如何写“时文”。因此，一般而言，学习《四书》、《五经》的目标，不是为了使用它们，而是为了通过考试。这是对孔教圣经的真正亵渎。“时文”完全没有实际的用途，但其文体却多种多样、复杂，掌握“时文”需要长期训练。但是，甚至这类文体中最好的作品，也不足以好得与其他类型的文学作品同列，学习八股文完全是浪费时间与精力。当然，除了八股文外，也有许多深入地、广泛地学习了若干学科的优秀士人，但是，有多少普通士人的心智被如此糟糕的教育制度困惑！甚至那些优秀的士人，假如他们摆脱了八股文的规定，他们会更优秀！诚然，许多杰出的人物，的确通过科举考试而出人头地，但这不是因为科举考试产生了伟人，而只是因为伟人碰巧通过了科举考试。这是中国衰弱的主要原因，而中国理财活动停滞，则是其结果之一。但 720
是，我们必须明白，孔教没有使中国衰弱。中国的衰弱，不是因为她遵循了孔子的教义，相反，恰恰因为她没有真正地遵从孔子的教义。

事实上，中国缺乏针对农民、手工业者与商人的学校教育，没有农业学校，也没有矿业、工程、化学与商业学校。农民获得的惟一的教育，来自于他们的土地，手工业者获得的教育，来自于他们学徒时期所学，商人获得的教育来自于他们的商行。在这样的体制下，中国可以保持其理财状况的稳定，因为她的民众受到极好的实用训练。但是，中国无法取得巨大的理财进步，因为农民、手工业者、商人缺乏科学的指导。

第四,中国理财停滞的局面,有社会方面的因素。我们已经阐明了中国将其人群划分为“四民”——士、农、工、商。根据孔子的论述,四民皆平等。但是,中国社会通常最尊敬士,因此,国家中最出色者都努力成为士,而将工业世界留给了智力一般的人。当然,我们不能说士阶层都是有才智者,而其他三阶层农、工、商都属无知。但这样的倾向,使得聪明的人由于社会偏见被驱赶出后三阶层。工业世界长时期缺失士阶层的帮助,农、工、商没有取得重大的改进与发明丝毫不足为奇。尽管士人已有一些发明,但士人所做的,除了出自科学的好奇心外,他们不会将发明转变成实际运用,那么,我们如何指望一般人发展出科学的好奇心与发明的能
721 力呢?

除了士、农、工、商这四个阶层以外,我们可能提到另外两个阶层,那就是佛教徒与道教徒。我们不是立足于宗教的角度批评他们,而是自社会观点着眼。佛教徒与道教徒,他们游离于社会,不属于士、农、工、商中的任何阶层,他们自己形成了两个独立的阶层,他们只吃不耕,只穿不织。根据历史记载,他们被免征多种税收,一般而言,他们是社会的寄生虫。尽管我们可能也说士人阶层有些游手好闲,但是,士人与佛教徒与道教徒之间存在许多大的区别,例如,士人为社会工作,而佛教徒与道教徒独居、脱离社会,但又依赖社会。有谚语说,“僧肥士瘦”,和尚肥胖,因为和尚闲散无所事事;士人瘦弱,因为他们艰苦地研究。许多中国人成为佛教徒、道教徒,由此形成两个闲散的阶层,在总体上削弱了社会生产力,此外,他们以非生产性的方式消耗大量的社会收入,所以,佛教徒与道教徒也为受阻碍的中国理财发展承担责任。

现在,我们根据性别对人群进行划分,并将妇女看作一社会阶层。诚然,中国的妇女确实具有生产力,但妇女并未获得社会解放,她们中大多数不出家门,因此,尽管她们具有生产力,但是,她们的生产能力却受到限制。事实上,我们在工业世界并未发现妇女的身影。此外,社会中层以上的妇女通常是有闲阶层。除了在理财方面以外,我们忽视妇女所处社会地位的其他所有方面。我们断言,没有获得社会解放的妇女极大地阻碍了理财的发展。 722

第五,中国理财之所以停滞,也有政治上的因素。秦朝统一封建国家后,中国一直处于单一的帝国政府统治之下,统治如此庞大的国家,缺乏良好的交通与运输体系,其管理必定效率低下。因此,自汉代开始,中国政府采用了老子的学说——自由放任政策。元代之后,行政管理变得更加糟糕,因为行政区的范围太大。因此,政府远离民众,官员并不是真正的管理者,只是收税人而已,这样的政府如何能帮助民众发展其理财利益呢?

但是,假如政府真正采用自由放任政策,对民众不干扰,那么,其结果比我们今天看到的情况将会更好,但不幸的是,政府制定了一极不利的政策结合,在发展全体民众的理财利益上,政府的干预无效率,而政府的自由放任政策,并没有充分地允许大生产者发展他们自己的利益,作坊主与商人常常被政府干预。假如中国允许资本家作为一个阶层存在,那么,中国早就度过了资本主义阶段。但是,中国过早地采用了具有社会主义性质政策,破坏了资本主义的存在,中国缺失大生产。

第六,中国经济之所以停滞,有理财原因。在理财上存在若干方面延缓了中国理财发展,它们有:

(a)在生产方法上缺乏革命性的变化;

723 (b)除了以商业行会的形式之外,缺乏大规模的资本结合;

(c)缺乏资本上的大幅度增长①;

(d)未能开发利用自然资源;

(e)人口持续增长;

(f)相对地平均分配财富。

以上各点,除了最末一点之外,其余均不需要讨论。在中国,分配也许比其他任何现代国家更均等,这对中国人而言是特有的。这确实具有优势,但也存在严重的缺陷,换言之,平均分配阻止了大规模生产。

谈到财政的话题,我们发现甚至在今天,孔子的若干原则仍然适用,惟一的区别在于,在古代君主政体下,尽可能地薄征赋税,而在现代立宪政体下,我们必须增加赋税,以供给不断增长的社会需要。然而,由于政府的需要被限制,行政管理效率低下,所以,中国并未在其财政制度上显示出任何重大的进步。

724 至于中国整体的理财活动,我们可以说,与任何西方民众的理

---

① 在本书将要出版之时,威斯康星大学的教授 Edward Alsworth Ross,已经在1911年7月《世纪杂志》上发表了一篇题名为《在中国的生存斗争》的文章,他说,引起中国大量贫困的普遍原因之一是大量人口所依存生计,他的结论是:“在中国,至少在一两代人之内,将以东方方式迅速繁衍,而这些人将以西方方式逐渐死掉……在四十或五十年内,这些多余的中国人将出现向外猛烈地出击……向墨西哥、中南美、东南亚、小亚细亚、非洲,乃至欧洲,这些黑头发的寻找生计者将如河流流来,于是,‘我们怎么应对这些中国人呢?’……这将成为一世界性的问题。”诚然,大量的中国人口是中国贫穷的主要原因之一,但是,与我们上面指出的一样,它也不是惟一的原因。至于将来的中国移民,我们可以说,在出现任何大的向东移民之前,中国将首先向满洲、蒙古、新疆和西藏移出多余的人口(参见上文,第306—307页)。在整个中国出现多余人口之前,必定要经历很长一段时间,到那时候,中国人口将或许比现在更加接近稳定,或者将有低的出生率。除非国内没有足够的空间提供给依然过量的人口,那么,中国人移民出境才有必要。

财活动相比，中国民众的理财活动均更具社会主义特点。这里以消费为例，消费比生产更具有个人主义的特点，然而，中国人却在社交方面消费了更多的财富。在中国，一个人必须为自身以外的其他人花费更多的钱，在这方面比美国的个人支出金额更大。在中国的家庭以外，存在宗族关系、乡里关系、婚姻关系以及朋友关系，这些社会关系延伸、超越地缘的限制，并延续若干代人。因为社会关系非常密切、复杂，并扩大延伸，所以，在个人预算中的社交开支就极其庞大。因此，有谚语说："人情如债。"①

生产也显示出这样的差异。在中国，农业活动有些社会主义倾向，而我们在这里暂不对此进行讨论。但是，即使在商业社会里，中国行会不同于美国的托拉斯。尽管中国的行会组织是为了行会成员的私人利益的组织，但它们并不和托拉斯一样地自私与个人主义化，并且同样具有如俱乐部一样的社会功能。中国工会大约与美国工会一样，但是，中国工会并不干涉他人的自由。因此，尽管行会与工会已经存在若干世纪，但公众在感情上并不抵触它们。总之，它们的竞争并不非常尖锐，而且，它们的利己性并不足以引起公众整体的憎恨。

中国的分配与西方国家相比，也更具社会化。

此外，关于征税，中国人通常具有社会观念。营业税、契税、政 725
府垄断的盐铁专卖等，被以为或被宣称是为了社会的利益。因此，我们可以说，中国的理财活动，总体趋势倾向于社会主义方向。理财活动的社会化思想在孔子时代之前就已经培养起来了，而大大

① 例如，陶侃（孔子纪元810—885年，或公元259—334年）的母亲，一位贫穷的寡妇，曾剪发换钱以款待儿子一位突然来访的朋友。《晋书》，卷六十六。

巩固了这样的思想。

现在，还有一使中国人区别于其他民族的一般原因，那就是中国人的自然环境。为什么中国人的理财活动处于停滞状态呢？为什么中国人的理财活动比其他民族的理财活动更具社会化呢？其原因在于中国是一个与世隔离的国家。中国人视中国为世界：中国以外的地域不在考虑之内，中国人以外的人是野蛮人，而如此错误的观念被这样的事实支持——中国人在数千年内没有发现任何国家、民族与中国、中国人一样优秀。既然不存在国家之间的竞争，因此，对中国人而言，惟一需要做的事情，即是使人民在其国土上平静地生活。他们不希望成为有钱人，因为他们以为富人之所以变得富足，是在损害穷人的情况下实现的。因此，人们对农业的喜爱胜过工业与商业。某些狡猾、自私的皇帝甚至不需要聪明的人，因为他们害怕聪明的人会对其政府构成威胁，正因为如此，使公共教育范围极端狭窄，这是一最重要的原因，并从此原因中滋生出若干其余的原因来，阻碍中国向前发展。

因此，在春秋、战国时期，中国文明高度发展，以后再无超越此文明水平的时代。战争时期比和平时期产生更多的英雄，每一朝代之初，统治阶级精力充沛、充满活力，杰出的人物刚刚经历了革
726 命斗争的考验，因而各朝代之初均呈现出好的面貌；但是，几乎每一朝代，一旦到了中期与晚期，其统治者软弱、无知，因而出现衰败的景象，而民众通常也如此。宋朝之后，由于其哲学学派过于抽象与不切实际、过于优雅与不好战，宋之后的国力变得越来越弱。因此，中国第一次被蒙古人征服。

到此，我们已经尽可能苛刻地批评了中国人，而中国人有什么值得称道的呢？（1）中国人有最好的宗教——孔教，当然，这点并

不被所有的人认可，但我们退一步，至少可以说孔教是最好的宗教之一；(2)中国人具有最高的道德标准，即使它可能不高于其他民族，但毫无疑问，它与其他民族的道德处于同一水平上；(3)中国人有着最广泛使用的语言，尽管外国人学说汉语困难，但汉语是四万万民众全国通用的语言，另外，在安南、韩国与日本使用汉语的书面文字；(4)中国人创作了各类最优秀的文学作品，这是无可争议的。而因为各朝的黄金时代持续了相当长时期——远远长于伯里克利时代、奥古斯都时代、伊丽莎白一世时代或路易十四时代；并因为汉语的使用贯穿于全部历史时期，因此，中国文学的发展达到了巅峰，不足为奇。(5)说到精美的艺术，我们可以分开进行讨论。尽管我们对中国古代音乐不了解，但中国现代音乐次于西方音乐。中国今天的建筑并不优秀，然而，秦朝与汉朝的建筑甚至比希腊优秀，而且，在那以后的朝代，也有许多优秀的建筑。不幸的是，除了在书籍上的描述之外，我们对这些优秀建筑已无实证可考。在中 727
国，雕塑还未被高层人士接受，中国的风俗不允许暴露裸体，这是中国雕塑发展的主要障碍。绘画也遭受到同样的不利，但中国产生了许多著名的画家。与绘画艺术类似，中国拥有一种精美的艺术，这是中国人独特的艺术——书法。书法被视为与绘画艺术同等。(6)中国的政府体系是稳健的、民主的、中央集权的与持久的，在现代政府出现之前，中国的政府体系是存在如此长时期的最好政府类型。

如果我们将中西历史进行整体比较，那么，中国人将不会有羞愧之感。周代的文明优秀于希腊文明，汉朝的文明优秀于罗马文明，我们更无需与欧洲中世纪黑暗时代进行任何比较。然而，最不幸的是：在中国政府效率最差之时，稍早于中国崛起的现代国家，闯进她的大门，干涉她的事务。因此，在某些方面，中国目前滞后于西方国家。

那么，中国该怎么办呢？中国必须接纳外部世界所有有益的事物，并保持她自己优秀的事物。中国应该接受基督教作为她的国家宗教吗？答案是否定的！[①] 中国人愿意仅从道德的角度理解、
728 欣赏基督教，但基督教所具有的道德戒律并不如孔教蕴意丰富，总
而言之，基督教所有的优秀之处在孔教中都能找到，不惟如此，孔教还能提供更多的优点。从哲学的观点出发，基督教不如孔教，也不如佛教与道教那么深邃与丰富，从实用的立场出发，基督教不如孔教那么具有人性或那么切合人类需要。因此，要使中国士人信服基督教极端困难。当基督教到了庶民中，这更糟糕，庶民甚至害怕谈论基督教一词，基督教与民众的感情扞格不入。首先，基督教反对庶民祖宗崇拜。第二，基督教借助炮舰传人，并受不平等条约、治外法权的保护，它使许多中国人丧失了生命，使中国丧失了若干的国土，以及数百万美元的损失。许多传教士举止不端，干涉民众的公共事务，比如诉讼、宗教信仰。他们视自己为外交大使，损害中国官员与民众的利益，因此，所谓的“教案”多次发生，义和团纷争是教案中最大的一次。第三，极少的中国人真诚地成为了基督教徒，大多数中国人为了两件事改变信仰，即为了获得保护与利益。如果弱势的民众只是为了寻求保护（而信仰基督教），那么，他们可能仍然是良民，但是，在许多情形下，民众一旦获得教会的保护，他们就会做一些报复的事情，或者甚至犯下极大的罪恶。而

① 作者丝毫不反对基督教，不反对传教士，也不反对本国的基督徒。在接下来的讨论中，作者只是试图阐述实情。

且,在成为基督徒前,他们常常是莠民无赖,而对这些人所追求的利益,我们无需说什么了。因此,在任何时候,当一名中国人成为基督徒,中国失去了一位公民,而中国民众却因此遭受更多由这样的基督徒带来的麻烦。

假如外国真正忧虑基督教的传播,那么,他们需要更加明智,不干涉中国人,并坦诚地向每一位中国人送去《圣经》,然后留心他是否愿意接受,而不是利用武力,也不是以私利吸引中国人改变信 729
仰。如果传教这样做,那么,传教士于基督教,是极大的伤害,而非裨益。但是,外国不相信这些,因为传教士传教是作为对中国施加影响的手段。[①] 这正是中国人不愿意接受基督教的原因,除此之外,中国人不满意基督教的《圣经》。因此,除基督教之外,所有的外国宗教都毫无麻烦地在中国获得了立足之处,而且,即便是基督教也是在鸦片战争之后,才给中国带来麻烦。所以,中国人视教案为政治起义,而非宗教争端。

有些基督徒说,除非中国信奉基督教,否则,她不能成为一强大的国家,这种论调极其荒谬！我们可以简明地指出一些历史事实:如果在不考虑其他因素的条件下,基督教能使任何国家强大,那么,为什么罗马帝国会灭亡？为什么西班牙与葡萄牙变得更加衰弱？为什么中美洲与南美洲的国家没有变得强大？形成现代国家的主要因素不是基督教,而是军国主义与工业主义,甚至连宗教革命也是文艺复兴的产物。我们确信,基督教在过去、现在均极其有益于基督教国家、有益于整体而言的世界,但是,没有理由认为

① 为了传授中国佛教,日本甚至设法派出传教士到中国——最为荒谬可笑的事,因为日本从中国得到了佛教。

只有信奉基督教才能使国家强大。如果一个国家没有基督教就无
以强大,那么,为什么中国在鸦片战争之前,强大如此之久呢?为
什么日本成为强大的国家呢?日本政治革新的发动不是基督教
徒,而是孔教徒。甚至孔教中的一支——王守仁的学说就足以使
730 旧日本转型为现代的日本。那么,为什么孔子的整个学派不能使
中国现代化呢?

中国的未来是光明的,中国有五千多年绵延不绝的历史,有四
万万聪明、勤劳、智慧、精力充沛的人民,有四百二十五万平方英里
的广袤连绵的领土,有丰富的自然资源,在一个中央集权的政府、
一种统一的语言、高度发展的宗教、统一的思想下,毫无疑问,中国
将成为一个强大的国家,但是,世界不必害怕所谓的“黄祸”,中国
肯定将采用军国主义与工业主义,但中国将不会伤害任何人,不会
如西方国家一样损害其他民族的利益。在中国强大后,孔子的“大
731 同世”将来临,世界国家将出现,民族间的兄弟关系将建立起来,将
再没有战争,而是永久的和平。

附录一 中西年表

纪元	公元	朝代	历史时期	大分期
2402—2288 B. K.	2953—2839 B. C.	庖曦氏		
2287—2148"	2838—2699"	神龙氏		
2147—2048"	2698—2599"	黄帝	五帝	
1806—1707"	2357—2258"	尧		
1704—1655"	2255—2206"	舜		远古
1654—1215"	2205—1766"	夏朝		
1215—571"	1766—1122"	殷朝	三代	
571—220"	1122—771"	西周		
219B. K—303 A. K.	770—240"	东周	春秋战国	
331—346 A. K.	221—206"	秦		
346—557"	206 B. C.—6 A. D.	西汉		
576—771"	25—220 A. D. "	东汉		
771—816"	220—265"	魏	三国	
772—814"	221—263"	蜀		
780—831"	229—280"	吴		
816—867"	265—316"	西晋		中古
868—971"	317—420"	东晋		
971—1030"	420—479"	宋（刘宋）		
1030—1053"	479—502"	齐	南北朝	
1053—1108"	502—557"	梁		

续表

1108—1140"	557—589"	陈	南北朝	现代
937—1085"	386—534"	北魏		
1085—1101"	534—550"	西魏		
1086—1108"	535—557"	东魏		
1101—1128"	550—577"	北齐		
1108—1132"	557—581"	北周		
1132—1169"	581—618"	隋		
1169—1458"	618—907"	唐		
1458—1474"	907—923"	后梁	五代	
1474—1487"	923—936"	后唐		
1487—1498"	936—947"	后晋		
1498—1502"	947—951"	后汉		
1502—1511"	951—960"	后周		
1511—1678"	960—1127"	北宋		
1678—1830"	1127—1279"	南宋		
1488—1676"	937—1125"	辽		
1666—1785"	1115—1234"	金		
1811—1919"	1260—1368"	元朝		
1919—2195"	1368—1644"	明朝		
2195—　"	1644—　"	清朝		

注:五帝是传说时期,表中给出的日期只是习惯表达,那时必定经历了更漫长的时期,一些小的问题表中未列出。东吴、东晋、宋、齐、梁、陈统称为六朝。

附录二　引用书目略表[1]

1. *Analects*《论语》,收入《中国经典》[2](*The Chinese Classics*)詹姆斯·理雅各(James Legge,1815—1897)译

2. *Annotation and Explanation of the Thirteen Canons*《十三经注疏》

3. *Biography of Noteworthy Women*《烈女传》

4. *Book of the Lord of Shang*《商君书》

5. *Book on the Great Similarity*《大同书》

6. *Canon of Changes*《易经》,詹姆斯·理雅各译,收入《东方圣书》[3],马克斯·缪勒主编(F. Max Muller,1823—1900),Clarendon Press,1882 年出版

7. *Canon of Filial Piety*《孝经》,收入《东方圣书》

8. *Canon of History*《书经》,收入《中国经典》

9. *Canon of Mountains and Seas*《山海经》

---

① 该书目并未包括著作中所引全部中国典籍。《十三经注疏》、《二十四史》、《皇清经解续编》、《御纂七经》是指著作所征引系列中国典籍的总称。

② 《中国经典》(*The Chinese Classics*),詹姆斯·理雅各译。共五卷,第一卷:《论语》、《大学》、《中庸》;第二卷:《孟子》;第三卷:《尚书》,该卷分两部分;第四卷:《诗经》,该卷分两部分;第五卷:《春秋》、《左传》,该卷分两部分。

③ 《东方圣书》(*Sacred Books of the East*),马克斯·缪勒主编,共五十卷,包括了多位东方文化研究家翻译的儒、释、道及印度宗教的主要典籍,其中也有缪勒亲自翻译的典籍,如《佛教经文》、《律戒经文》、《大乘经集》。

10. *Canon of Poetry*《诗经》,收入《中国经典》

11. *Canon of Rites*《礼经》

12. *Canonical Interpretation of the Ts'ing Dynasty*《皇清经解》

13. *Cases of the Institutes of the Ts'ing Dynasty*《大清会典事例》

14. *Chuang Tzu*《庄子》

15. *Continuation of the Canonical Interpretation of the Ts'ing Dynasty*《皇清经解续编》

16. *Continuation of the General Political History*《续资治通鉴》

17. *Continuation of the General Research on Literature and Authorities*《续文献通考》

18. *Correction of the Youth*《正蒙》

19. *Debate on the Government Monopoly of Salt and Iron*《盐铁论》

20. *Elder Tai's Record of Rites*《大戴礼记》

21. *General Discussion in the White Tiger Palace*《白虎通》

22. *General History of Institutes*《通典》

23. *General Political History*《资治通鉴》

24. *General Research on Literature and Authorities*《文献通考》

25. *General Research on Literature and Authorities of the Present Dynasty*《皇朝文献通考》

26. *Great Commentary of the Canon of History*《尚书大传》

27. *Han's External Commentary of the Canon of Poetry*《韩诗外传》

28. *Han Fei Tzu*《韩非子》

29. *Hsun Tzu*《荀子》

30. *Hsu Shen's Dictionary*《说文》

31. *Imperial Editon of the Seven Canons*《御纂七经》

32. *Institutes of the Ts'ing Dynasty*《大清会典》

33. *Ku-liang's Commentary*《穀梁传》

34. *Kuan Tsu*《管子》

35. *Kung-yang's Commentary*《公羊传》

36. *Lao Tzu*《道德经》

37. *Law Code of the Ts'ing Dynasty*《大清律例》

38. *Lieh Tzu*《列子》

39. *Many Dewdrops of the Spring and Autumn*《春秋繁露》

40. *Meng Tzu*《孟子》

41. *Mo Tzu*《墨子》

42. *Narratives of Nations*《国语》

43. *New Narrations*《新序》

44. *Official System of Chuo*《周礼》

45. *Oldest Chinese Dictionary*《尔雅》

46. *Park of Narratives*《说苑》

47. *Plans of the warring States*《战国策》

48. *Record of Industry*《考工记》

49. *Research on the False Bible of the School of Hsin*《新学伪经考》

50. *Research on the Reformation of Confucius*《孔子改制考》

51. *Seven Adjuncts*《七纬》

52. *Spring and Autumn*《春秋》,收入《中国经典》

53. *Tso's Commeantary*《左传》,收入《中国经典》

54. *Twenty-four Histories*《二十四史》

55. *Younger Tai's Record of Rites*《小戴礼记》,收入《东方圣书》

引用書目略表

一　論語
二　十三經注疏
三　列女傳
四　商君書
五　大同書
六　易經
七　孝經
八　書經
九　山海經
十　詩經
十一　禮經
十二　皇清經解
十三　大清會典事例
十四　莊子
十五　皇清經解續編
十六　續資治通鑑
十七　續文獻通考
十八　正蒙
十九　鹽鐵論
二十　大戴禮記
二十一　白虎通
二十二　通典
二十三　資治通鑑
二十四　文獻通考
二十五　皇朝文獻通考
二十六　尚書大傳
二十七　韓詩外傳
二十八　韓非子
二十九　荀子
三十　說文
三十一　御纂七經
三十二　大清會典
三十三　穀梁傳
三十四　管子
三十五　公羊傳
三十六　老子道德經
三十七　大清律例
三十八　列子
三十九　春秋繁露
四十　孟子
四十一　墨子
四十二　國語
四十三　新序
四十四　周官
四十五　爾雅
四十六　說苑
四十七　戰國策
四十八　考工記
四十九　新學偽經考
五十　孔子改制考
五十一　七緯
五十二　春秋
五十三　左傳
五十四　二十四史
五十五　小戴禮記

陈焕章先生学术年表*

1880 年(光绪六年)。

生于广东省肇庆鼎湖区(原高要县)砚洲乡,字重远,名嘉让,又名光然。

1888 年,8 岁。

正式进入学堂读书。开始"谒圣",拜祭孔子。

1891 年,11 岁。

到肇庆参加高要县童生的县试,稍后参加府试,相继考中。

1892 年,12 岁。

参加广东学政主持的院试,被录取,"补县学弟子员",入高要县学,成为秀才。

1893 年,13 岁。

到省城广州,在康有为创办的"万木草堂"读书学习。

1898 年,18 岁。

确立了"尊孔崇儒,树尼山教义,振民族精神"之志。任澳门

---

* 本年表由韩华撰写。主要参考文献:韩华:《民初孔教会与国教运动研究》,北京图书馆出版社 2007 年版;中共肇庆市鼎湖区委员会、肇庆市鼎湖区人民政府编:《孔学大师陈焕章》,南方日报出版社 2011 年版;中华民国史料组编:《中华民国史资料丛稿》特刊(1919—1949)第 2 辑,中华书局 1974 年版;《中华民国史资料丛稿》,中华书局 1974 年版;《民国人物传》(第二卷),中华书局 1980 年版;韩达编:《评孔纪年》(1911—1949),山东教育出版社 1985 年版;《孔教会杂志》;《经世报》等。

《知新报》主笔，撰文倡明孔学，主张变法维新。

1899 年，19 岁。

在家乡砚州创立“倡教会”。

1902 年，22 岁。

任广州时敏学堂教习，翌年升任监督。

1903 年，23 岁。

考中“举人”。是年冬在家乡砚洲创办“颍川两等学堂”，为全省家族学堂首创。

1904 年，24 岁。

考中清末最后一次科举考试的“恩科联捷进士”，并于保和殿复试，朝考点内阁中书，入进士馆。

1905 年，25 岁。

奉派为留美学员，先入美国库克学院学习英语。

1907 年，27 岁。

考入美国哥伦比亚大学政治经济系，学习政治经济。

在纽约创办“倡教会”。

1911 年，31 岁。

获哥伦比亚大学哲学博士学位。其博士论文《孔门理财学》（*The Economic Principles of Confucius and His School*），作为“哥伦比亚大学历史、经济和公共法律研究”丛书之一，以 45 卷、46 卷 112 号、113 号同时在纽约和伦敦出版。此后又相继在 1973 年、1974 年、2002 年、2003 年分别由美国 Krishna Press、美国 Gordon Press、英国 Thoemmes Press、美国 Lightening Source Inc. 、美国 University Press of the Pacific 等多家出版社重印。《孔门理财学》集中总结并阐发了儒家的经济思想，是中国人第一次以西方语言向世界全面展示中国古代儒学思想的重要著作。

1912 年,32 岁。

回到祖国,在上海撰写《孔教论》。

7 月 20 日,完成《孔教论》。

7 月 30 日,康有为写信给陈焕章,指示他开办孔教会。

10 月 7 日(孔子诞辰日),孔教会成立,以"昌明孔教,救济社会"为宗旨。陈焕章、沈曾植、朱祖谋、王人文、梁鼎芬、陈三立、张振勋、麦孟华、陈作霖、姚文栋、沈守廉、姚丙然、沈恩贵为发起人,陈焕章任孔教会总干事。因孔教会会长职务一直虚位以待康有为就职,而康有为始终未曾就位,陈焕章因此实际主持孔教会事务。孔教会总会事务所设于上海海宁路西 1789 号。

11 月 23 日,陈焕章将"论孔教是宗教"、"论中国今日当昌明孔教"两文,合印成《孔教论》,在上海公开发行。《孔教论》在当时产生了一定的影响,传教士李佳白、李提摩太、梅殿华,著名学者沈曾植,以及一些社会团体均表示称赞。

12 月 12 日,陈焕章与孔教会其他发起人朱祖谋、沈曾植、梁鼎芬、姚丙然、沈守廉、姚文栋、张振勋、陈作霖、沈恩桂、麦孟华、陈三立等,草订孔教会开办章程,分寄大总统、教育部、内务部,争取立案,取得组织的合法地位。

1913 年,33 岁。

2 月 28 日,《孔教会杂志》在上海创刊,陈焕章任总编辑。该刊是当时宣传"孔教"的主要刊物。陈焕章在杂志上撰写了"孔教会序"、"上参众两院请定国教书为宪法起草委员会否决国教敬告全国同胞书"、"祭天礼仪"等有关孔教会与国教运动具有纲领性作用的重要文章。

2 月，上海成立女界尊孔会，陈焕章为发起人。

7 月 4 日，孔教会派陈焕章北上北京，组织成立孔教会在北京的组织机构，为在即将起草的宪法中明确规定孔教为国教联合各种尊孔势力。

7 月 18 日，决定在太仆寺街衍圣公府内设立孔教会事务所。

8 月 15 日，陈焕章与严复、梁启超、夏曾佑、王式通等联名上书参众两院，请于宪法上明定孔教为国教。

8 月 28 日，孔教会陈焕章等人，呈请教育部准用国学举行丁祭。

9 月 3 日，经教育部批准，孔教会在北京国子监举行"仲秋丁祭祀孔"。祀孔礼毕后，陈焕章讲经，阐述丁祭的宗教意义与现实意义。

9 月 20 日，陈焕章为筹备全国孔教大会，"只身先诣曲阜"，同孔祥柯商量大会事宜。全国孔教大会筹备会在曲阜师范学校召开，大会推定陈焕章为会议筹备员。

9 月 24 日，全国孔教大会在山东曲阜开幕，与会者齐集孔庙奎文阁，大会主席衍圣公致欢迎词，陈焕章致答词，并设坛讲经。

11 月 26 日，《孔教会杂志》迁往北京太仆寺街衍圣公府内出版发行。

被聘为（袁世凯）总统顾问。

1914 年，34 岁。

因反对袁世凯称帝，春丁（3 月 2 日）后，陈焕章似乎有意远离北京，去香港向康有为汇报教务情况，并希望辞去孔教会北京总会干事及《孔教会杂志》主编，未获康有为允许。时值南方大洪水，家乡砚洲尽成泽国，于是在家乡投入救灾活动，倡议筑砚洲基围，并亲赴香港筹款筑成。

1915 年，35 岁。

因担心筹安会议波及孔教会，是年秋天，从广东回到北京，以图自立门户，中立不倚。袁世凯称帝前夕，陈焕章停止孔教会活动，也“韬光养晦”，潜心撰写《孔教经世法》。

1916年，36岁。

9月，陈焕章、张尔田等人向国会提出定孔教为国教。

12月9日，上书总统黎元洪，请举行祀天礼。

组织国教维持会。

1917年，37岁。

3月4日，在陈焕章等人的授意下，山东、浙江、江苏、安徽、山西、广东、湖北、湖南、福建、直隶、云南、四川、陕西、奉天、黑龙江、广西等十六省尊孔会、社在上海代表发起“各省公民尊孔会”，以“定孔教为国教，列入宪法”为宗旨。陈焕章担任会长，康有为、张勋担任名誉会长。

5月，陈焕章为国会否决定孔教为国教撰写“敬告全国同胞书”，文章说“中国历数千载而岿然，则以孔教为国命”，希望全国尊孔分子“抵死力争，务使宪法规定孔教为国教而后止”。

9月11日，陈焕章与张尔田、林传甲等孔教会代表，上书参众两院请定孔教为国教。遭否决后，撰写“为宪法起草委员会否决国教告全国同胞书”。

12月，孔教会接办《北京日报》，改名为《经世报》，陈焕章任主编。与编辑《孔教会杂志》一样，陈焕章为《经世报》不辞辛苦、笔耕不已。

1918年，38岁。

被推举为全国参议院议员，向国会提出《圣诞节案》，主张将孔子诞辰日定为中国的圣诞节，孔子诞辰应张灯结彩，放假庆祝，该提议得到了参众两院的批准；提出与泰国建交以保护华侨案，获通过;提出尊孔法案,该法案经参议院数次开会讨论、表决,最终不了了之;提出祀天案,被否决;提出祭告天坛圣庙建议案、读经议案;为"迦匿奇世界和平基金会"撰写《孔教经世法》共 24 卷,力主和平,主张裁军弭兵,倡议组织世界政府,受世界舆论重视,此稿藏美国华盛顿国会图书馆。

1919 年,39 岁。

4 月 10 日,北京政府讨论《宪法大纲——决议》,陈焕章、林炳华提议仍用天坛宪法草案,国民教育以孔子之道为修身之本,获会议通过。

8 月前后,陈焕章等人发起筹建"孔教总会"会堂,得以立案,孔教会由此得到北京政府指拨的一块基地,获拨地捐款兴建北京孔教大学。

被聘为(徐世昌)总统顾问。授予文虎勋章。

1920 年,40 岁。

回广东,联合各省绅商学各界,将原有孔教会广州支会改组,特设一总会事务所于广府学宫明伦堂,3 月 16 日开成立会。聘番禺谢祖贤主讲,每来复日必开讲会,干事则有新会林福成。

1922 年,42 岁。

被聘为(曹锟)总统顾问。陈焕章撰"行政方针"一文,强调孔教会的宣教员们应该到社会基层到妇女以及农工商兵中去宣传孔教。

1923 年,43 岁。

3 月 15 日,陈焕章与香港孔圣会李葆葵等人,联名发出为建立孔教大学及孔教总会堂筹办启事。

9 月 28 日(大成节)孔教大学诞生,校址设在西城甘石桥,陈焕章任校长。孔教大学附设两级小学。办学宗旨:昌明孔教,培育通儒。

12 月 13 日，上书总统曹锟，请举行祀天礼。

1926 年，46 岁。

目睹国内难以弘扬孔学，赴东南亚各国传扬孔教。

1927 年，47 岁。

应纽约世界宗教和平大会邀请，赴瑞士日内瓦参加世界宗教和平大会，被大会推举为世界宗教和平大会副会长。

1928 年，48 岁。

时值北伐战争，内忧外患之时，联合一些人致电南京国民政府教育部，为保护孔德成"衍圣公"封号奔走呼号，又借平息山东曲阜发生的反政府事件，宣传尊孔读经。

1929 年，49 岁。

从欧非讲学返香港。

1930 年，50 岁。

在香港创建"孔教学院"，自任院长，每周亲作专题讲学。

1931 年，51 岁。

应聘为宣统《高要县志》主编，不久因故而停顿编纂工作。"九一八"事变后，写诗 24 首痛斥日军侵略，力主团结抗战。

1932 年，52 岁。

"一·二八"事变后，又写诗 20 多首，大力赞扬我十九路军将士抗日的英勇，愤怒痛斥日军的侵略行径，充分展示了一位爱国人士的风采。

1933 年，53 岁。

10 月 24 日，因中风于香港孔教学院内辞世。

陈焕章与《孔门理财学》

韩　华

中国近代社会面临的巨大危机,催迫着每一位有良知的中国知识分子对社会问题的关注与思考。对于陈焕章这位自幼受中国传统文化熏陶、濡染的知识分子,正是中国近代社会强烈的危机感,使他在面对西学冲击下日渐衰落、岌岌可危的儒学时,始终倾力于振兴传统文化、为传统儒学的近代转型探索道路。本文将系统陈述陈焕章的孔教思想、概要介绍《孔门理财学》及其在西方产生的影响,以探讨陈焕章重建传统儒学所选择的思路,以裨益于我们理解近代儒学转型并把握《孔门理财学》的真精神。

在中国近代史上,陈焕章是一个不应该被忽略但却曾经被极大忽略了的人物。他的著作《孔门理财学》也与他本人一样,在相当长时期内被国人所忽视。陈焕章,字重远,广东高要人,生于1881年(光绪七年),1933年去世,终年52岁。陈焕章生当中国社会新旧转型时代,是一个典型的亦新亦旧的角色,其旧学与新学的造诣均极为深厚。他既曾在中国传统科举制度下金榜题名,考取进士,又接受了当时所能接受的最好的西方教育,在美国哥伦比亚大学获得博士学位。从受学经历上看,陈焕章真正算得上是“历史上罕有的新旧学问、中外知识相对均衡集于一身的一代知识分子”。在当时的中国,兼具中外双重最高学位者(科举废除之后新式学堂毕业生被授予同科举功名者除外），在我们的阅历范围内，还没有发现第二人。

陈焕章一生致力于重建中国传统文化，所谓“保存吾民族固有之特征，发挥吾先圣相传之大训”，在其思想体系中，一开始就体现了提倡孔教、复兴儒学的主张。为了复兴儒学，使儒学适应急剧变化的社会环境，陈焕章付出艰辛的重铸传统儒学的努力。民国初年，他曾秉承康有为旨意，发起国教运动，企图将孔教立为“国教”。作为国教运动的实际领袖，陈焕章全面系统地阐述了自己复兴儒学的思想主张，他建构孔教思想体系，努力发掘传统儒学中对新时代、新社会有用的方面，并将自己的孔教思想付诸国教运动的实践。综其思想体系，略归纳为以下两大方面，这两大方面互为贯通，理解前者有助于认识后者，反之亦然；换言之，陈焕章孔教思想体系与其皇皇巨著《孔门理财学》之间的关系，在实质上，二者紧密联系、不可分割。

其一，陈焕章努力挖掘儒教“神性”，以建树孔教。陈焕章早年拜师康有为，在万木草堂受业。作为康有为的学生，陈焕章深受乃师的思想与学术影响。冯友兰论及晚清思潮之发展时说：“盖自清之中叶以降，中国渐感觉西洋人之压迫。西洋人势力之前驱，以耶教传教师为代表，其后继以军事政治经济各方面之压力，此各方面之压力，在当时中国人之心中，引起各种问题。其中较根本者，即（一）西洋人有教，何以中国无之？岂中国为无教之国乎？（二）中国广土民众，而在各方面皆受西洋之压迫，岂非因中国本身，有须改善之处欤？当时有思想之人，为答此问题，即在思想方面，有新运动。此运动之主要目的，即为自立宗教，自改善政治，以图‘自强’。简言之,即为立教与改制。”[①]康有为在1891年、1896年先后完成了《新学伪经考》、《孔子改制考》两部著作,他之所以重新解释儒家经典,给儒家学说创始人孔子作一新的历史定位,就是为了开展“立教创制之运动”,“保教”则为其中目的之一。为了保教,康有为采取了“创教”、“立教”(宗教)之手段,力图将传统儒学上升为民族宗教。

陈焕章从早年在砚洲乡创立昌教会、建立颖川学校始,到民国初年发起国教运动,皆在致力于倡明孔教——“创教”与“立教”,显然,陈焕章承继了康有为的孔教思想,并立意将其师的思想主张付诸实践。为了使传统儒学上升为民族宗教,陈焕章于守成之中复有创造,发现了或重新解释了孔教学说中被忽略了的内容。

发掘孔教“神性”内容,这是陈焕章“立教”、确立儒学“宗教”地位的一个方面。首先,陈焕章从“宗教”定义入手,他认为所谓宗教,无非是一种人群笃信的用以维系社会关系并被偶像化了的信仰形式。信仰宗教是人的天性,所有民族,“自野蛮半化以致文明最高之民族,无不有教,无不有其所奉之教主”[②],中国当然不能例外。从历史上看,尽管各民族“有群鬼之教,有多神之教,有合鬼神之教,有一神之教,有托之木石禽兽以为鬼神,有托之尸像以为鬼神,有托之虚空以为鬼神,其道虽殊,其以神道设教者则一”[③],但“教”不能只有以“神道”作为内涵的一种表现形式。宗教应当包罗

① 冯友兰:《中国哲学史》(下册),华东师范大学出版社2002年11月第1版,第324—325页。

② 陈焕章:《孔教论》,收入《民国丛书》第四编·2(哲学·宗教类),根据孔教会事务所1913年版影印,上海书店1989年版。

③ 陈焕章:“孔教会序”,《孔教会杂志》第1卷第1号,1913年2月。

万有，而儒教即具有这一特征。“大地诸教，皆不脱神道之范围，而孔子独以人道为重”，这是事实，但如果因为神道之教而怀疑“人道”不是宗教，则显然没有真正弄清“宗教”的内涵。①

陈焕章在做出上述论证的同时，鉴于“教”与“神”不可两分、“不言神道即非宗教”的认知尚普遍存在，又致力于发掘“孔教”的“神性”内涵，对孔子并非完全不言“神道”进行论证。他举例说，“六艺”之文，皆孔子手定，在《诗》、《书》之中，“言上帝者数百，非鬼神而何”。《尚书·洪范》言天人相与之故，尤为详尽。《礼》、《乐》尽管尊严，但“行于清庙明堂者十六七，不有鬼神，何有祀享”？被尊为“圣道之微言”的《易》，亦明言“圣人以神道设教”。《春秋》之旨，在明天人之故，故往往“以灾异警人”，而灾异“实鬼神主之”。此皆“孔教并非无鬼神之证也”②。从“教”字的含义上看，陈焕章解释说，尽管中国的“教”字有三种含义，一是宗教，二是教育，三是教化，孔子之教兼有三者，但却“以宗教为本”。正因为如此，孔教才能“包举天地，六通四辟”③。

为了增强孔教的“神道”色彩，陈焕章提倡祭祀，认为祭祀仪式是宗教的一大要素，祭祀首先要祀天，“天”是无所不能、无处不在、极为神圣的，如将“天”作为孔教徒祭祀的对象，孔教就可以由“人教”提升为“神教”。在祭天的同时，陈焕章还主张祀孔、祀祖。孔子是孔教的“教主”，孔孟言论或著作是孔教的“圣经”，孔子诞辰日成为“圣诞”，于是，“祀天”、“祀圣”、“祀祖”成为孔教的“三本”④，要求教徒

① 陈焕章:《孔教论》。

② 陈焕章:“为宪法起草委员会否决国教敬告全国同胞书”,《孔教会杂志》第1卷第9号,1913年10月。

③ 陈焕章:“孔教会序”,《孔教会杂志》第1卷第1号,1913年2月。

④ 同上;“孔教会教规”,《经世报》第1卷第2号,1922年2月。

谨记。而且,“祀天以孔子配”,将孔子塑造成“天生圣人”,神圣化了儒学及其创始人孔子,从而确立了儒学的宗教地位。

在进行上述努力的同时,陈焕章还视建立教会组织、设置教职、制定教规与仪式、修筑教堂、广建文庙、创办孔教学校、搜集历朝历代赞颂孔教的诗歌等为将儒学上升为“宗教”的急务,经过陈焕章对儒学“神学体系”的精心建构与虚拟,“孔教”已经在内容和形式上可以等同甚至优于其他任何形式的宗教(譬如基督教)了,这是陈焕章保存传统文化、努力促成传统儒学现代转型的思路,尽管这样的思路并没有也无法改变多数国人对儒学作为一种传统“人文化”的基本定位,但陈焕章对传统文化的爱护弘扬、对民族命运的忧患意识、对现实问题的人文关怀等,值得我们思考与肯定。

其二,陈焕章发掘儒教“现代性”内涵,使之具有现代性的生存活力。对儒学“神性”内涵的发掘,是为了使孔教符合近代国家所范围之宗教,在形式与内容上不逊色于基督教,可以与基督教抗衡。而孔教是否昌明、传统儒学能否得以振兴所面临的又一挑战,在当时的历史背景下,则是孔子学说是否具有“现代性”的问题。因此,努力使孔教与现实社会联系起来、裨益于改变民初国蹙民贫的现状、服务于现实,成为陈焕章致力于发掘儒学“现代性”工作的宏大目标。

人们普遍认为,孔子的学说是古代中世纪的道德说教,不能适应现代社会的需要。马克斯·韦伯(Max Weber)在比较研究儒教与新教伦理特性的异同时,曾认为儒家伦理存在适应现实的世俗理性化的人文精神的局限。他将这一局限表述为:儒家伦理的人文理想缺乏超越目的性,不能培养出现代职业者或专门化人才,而只是以非职业化或非专业化的雅儒为最高人格价值理想。韦伯的结论是："对儒家来说，专门化的人才并不能提高其真正的正面的尊严，无论其社会有用性如何。决定性的因素是'文化人'（雅儒）'不是工具'；也就是说，在对世界的适应和自我完善中，他趋向于自己的目的，而非任何专家官僚和专业训练，而首先，他否定了追求利润的经济学上的训练。"①

事实上，陈焕章意识到了韦伯所判断的儒学在强调国人进行"追求利润的经济学上的训练"时的局限性，意识到中国摆脱贫穷与传统儒学间存在的关系，特别是在中国经历了制度变革之后，尤需改革儒学中不适合时代者。正因为具有这样的意识，陈焕章开始了促使近代儒学转型的又一艰巨工作，这项革新传统儒学的工作集中反映在他的博士论文《孔门理财学》上。

《孔门理财学》以孔子及其儒家学派的经济原则为研究对象，陈焕章在书中探本溯源，援古证今，以今明古，发展延伸传统儒学；又引进西学，以近代西方经济学原理、进化论学说等，诠释中国古代经典，探究孔子的"理财"学说，使传统儒学蕴含崭新的、适应现代社会发展的内容。《孔门理财学》在结构与体例上，虽然依照西方经济学模式，但全书的逻辑与写作目的依旧是今文经学的思想体系。陈焕章著是书的最终目的，与发掘儒学"神性"目的异曲同工，前者是将孔教与基督教作比，结论是孔教优于基督教，后者则站在中西文化视野上，将西方思想家的思想与中国思想作比较，以中为体，以西为用，凸显儒家思想的独特价值及儒家思想的优越性，而这样的目的并未使陈焕章作腐儒之论与牵强附会之

① Max Weber, *The Religion of China: Confucianism and Taoism*, Macmillian Publishing Co., 1964, pp. 246—248.

说。陈焕章在作者自序中说："在本质上，本书是关于中国古代思想与制度的研究，它是对独立于西方而发展的中国思想与制度的全面考察，我虽然在材料安排上遵循西方著者的写作惯例，对古老经文的理解也极大地受益于西方思想家，但我一直非常仔细，避免从现代西方经济学家的视角去曲解中国古代思想。"诚然，本书的形式与内容构成了极强的张力，然而，凭着著者学贯中西、扎实的学术功底以及缜密的思维，不仅化解了这种张力，还独辟蹊径。

《孔门理财学》系跨历史、法律、经济等多门学科的研究著作，凡800余页，上下两卷，分五部分，分别讨论了孔子及其儒家学派的一般经济学说及其在消费、生产、公共财产方面的思想。全书内容丰富，旁征博引，见解精辟，深刻而精湛地阐述了政治、经济、文化、道德为一体的孔子理财学说，论证了孔子学说博大庞杂、深邃与经世致用。

首先，陈焕章以"理财"谈进化，认为"理财"是进化之母。在陈焕章那里，"理财"是一个内涵极为丰富的概念，它不仅包括财政，还包括了社会生产，与现代意义上的"经济"意思颇为相近。陈焕章认为，人类社会之所以能延续发展，是通过生产实践，不断创造出人们需要的物质财富，因为对物质财富的不断追求与创造，才有了社会的不断发展进步。《礼运》所记载的由上古先民的茹毛饮血到"黄帝垂衣裳而天下治"的变化就是人群进化的历史，"此孔子追原文明之发生，而以衣食住三者之发明为初祖也"。显然，陈氏所言，事实上已包含了物质的生产是推进社会历史向前发展的动力的思想，而这正是孔子思想始终贯通之处，包含了进化论的一般规律；而《系辞》中有关理财进化"这一来自孔教徒的观点，对文明进步是多么的重要！”[1]

其次，孔子的思想博大精深，是关注人类生存、发展诸方面的综合性、特别性的哲学体系。孔子融理财学与伦理学为一体，并将人类欲望作为其哲学基础，即人的理财需要作为其伦理教义的基础，社会制度为了满足理财需要而制定，没有理财学就没有伦理学，所以，“孔子的思想体系不是无人性的，而是体现人的本性；不是理论的，而是实践的；颇具精神的，但绝对物质的；是伦理的，但又是理财的。孔子尤其强调‘其居人也曰养’，礼在人为义，是为了满足人的欲望。孔子不仅关注人的心智，同时，也关注人之肉体。他不仅重视个人，也重视社会与外界”[2]。孔子与马尔萨斯相比，马尔萨斯是专业的经济学家，孔子则是最广泛意义上的伟大导师，但如果取孔子哲学总体系中部分内容来看，孔子显然也是一位经济学家。[3] 所以，孔子的思想体系不仅包含了西方经济学家的经济思想，也超越了西方经济思想的境界。

第三，陈焕章认为，儒家的理财学说与近世西方学者将社会经济分为生产、分配、交换、消费四个部分的理论是一致的。一方面，他用西方近代经济学理论来解释儒家的理财学说，另一方面，又将儒家的理财学说与相关的西方经济学说进行比较，并认为西方经济学将社会经济划分为生产、分配、交换、消费四个部分过于繁琐。《大学》中生财有道一节，包括理财学之两大部，即生产与消费二部，所以，理财学的分部，实只有生产与消费二部，这表明传统儒学有关理财的主张与西方学者的近代经济学理论若合符节。不惟如

① 陈焕章：《孔门理财学》，韩华译，中华书局版，2012 年第 83 页。

② 同上书，第 124 页。

③ 同上书，第 122 页。

此,陈焕章还将西方近代生产的组织与方法,结合《大学》中有关理财的内容,并加以发挥,以为《大学》谓生产宜众宜疾、消费者宜寡宜舒这一主张体现了理财学的基本原理,强调如果我们遵循《大学》“为之者疾”的理财学原则,“则生财恒足矣”①。显然,这是以中国传统的理财学说,辅以西方的经济学理论,指导中国经济,加快生产的疾速发展。

第四,陈焕章强调了儒家学说对工商业的重视。《孔门理财学》“鼓励百工与商人移民”一节,讨论了工匠与商人对移入国的理财活动的影响。陈焕章认为,当鲁哀公询问孔子关于为政之道时,孔子向鲁哀公提供了九条原则,这九条原则是政府完整的行政方案,其中第七条是勉励百工迁入,第八条是与外国人安好相处,孔子介绍了第七、第八条原则的理想结果以及实施细节:“来百工则财用足,柔远人则四方归之……日省月试,既禀称事,所以劝百工也。送往迎来,嘉善而矜不能,所以柔远人也。”(《中庸》)这表明了孔子对工商业的态度。而孔子鼓励外国工商业者移民鲁国的做法,表明孔子通常认为理财活动不仅是国家现象,也是世界现象。而孔子仅提到工业与商业,没有提到农业,原因之一就是对于国际竞争而言,工业、商业比农业更可取。在处理工业与商业的关系时,陈焕章指出,对于“柔远人“的结果,孔子仅提到了“四方之民而至”,但对于“来百工”的结果,孔子则极为清楚地指出“财用足”,即工业能独自地使财富充裕,而商业只能在既存的财富上创造新的价格。从此角度论,我们可以说孔子了解工业资本的重要性。②

① 陈焕章:《〈孔门理财学〉旨趣》,收入《民国丛书》第四编 · 2(哲学 · 宗教类),上海书店 1989 年版。

② 陈焕章:《孔门理财学》,韩华译,中华书局 2012 年版,第 201—202 页。

《孔门理财学》内容之丰富，绝非以上所能概括。但从以上叙述中，可以看出陈焕章发掘儒教“神性”与“现代性”的艰辛努力，也可以看出《孔门理财学》融儒教“神性”与“现代性”结合的思想体系。而正是因为陈焕章学贯中西、融通古今、学力深厚，才能在《孔门理财学》中组织起中西合璧、相辅相成的宏大叙事；也因为近代中国内忧外患的艰难处境，陈焕章对民族命运强烈的忧患意识、对传统文化倍加爱护弘扬，使他成就了这本历经一百多年却依然充满魅力的儒家经济思想史名著。

近一个世纪前，当陈焕章博士论文著成，就获得了学界的肯定与赞扬。1911 年，《孔门理财学》作为“哥伦比亚大学历史、经济和公共法律研究”丛书之一，以 45 卷、46 卷 112 号、113 号同时在纽约和伦敦出版，哥伦比亚大学教授夏德（Friedrich Hirth）、施格（Henry Seager）为之作序，高度评价了《孔门理财学》采用了西方经济学框架对孔子及其学派的经济思想所做的精湛研究。1912 年，经济学家凯恩斯（John Maynard Keynes）在《经济学杂志》（*The Economic Journal*）上为《孔门理财学》撰写书评。1930 年，《孔门理财学》再版，《美国历史评论》（*American Historical Review*）称陈焕章取得了破天荒的成就，此后哥伦比亚大学政治经济学教授、财政学专家兼经济思想史学术权威塞利格曼（Edwin Robert Anderson Seligman）在主持中国留学生博士论文答辩时常以此书中的观点提问，《孔门理财学》显然已成为入门必读书。熊彼特（Joseph Alois Schumpeter）在《经济分析史》（*History of Economic Analysis*）中强调了本书的重要性，并指出在中国古代经济思想中存在着现代经济分析的先行因素。马克斯·韦伯（Max Weber）在《儒教与道教》（*Konfuziamismus und Taoismus*）中将本书列为重要的参考文献。正由于《孔门理财学》特有的价值与魅力，此后又相继在1973年、1974年、2002年、2003年分别由美国 Krishna Press、美国 Gordon Press、英国 Thoemmes Press、美国 Lightening Source Inc.、美国 University Press of the Pacific 等多家出版社重印。

《孔门理财学》是中国人"在西方刊行的各种经济学科论著中的最早的一部名著"（胡寄窗语），在中西交通中占据着独特的位置，并成为"一本不同凡响的奇书，现在读来仍有发人深省的新意"（相蓝欣语）。毫无疑问，《孔门理财学》配得上这样的肯定与赞誉，其重要原因之一，即《孔门理财学》为现实问题的解决提供了借鉴，充分证实了中国古代经济思想在解决现实问题中的作用。从书中，西方学者不仅获得了以中国为基础的经济理论的强有力的陈述，还汲取了来自中国古代经济思想的有用因素，并为现实问题的解决提供了借鉴。钱存训先生曾在"美国对亚洲研究的启蒙"一文中说："我们这代人所亲身经历，完全经由学术途径传播的最有利而重要的实例，就是美国采用了中国古代的所谓的'平粜'制度，那就是在丰收的年头由政府向农民收购米谷储藏，到歉收时期便以平价抛售给平民。这项中国古代的经济理论，最早是由哥伦比亚大学的陈焕章在其1911年的博士论文中加以讨论。1918年，华勒斯（Henry Wallace）先生主编一份周报，这篇研究论文正巧落在他手里，自此他对这一项中国古代制度极为赞赏。当华勒斯于1933年出任农业部部长时，这个中国的理想终于为美国所采纳。他运用此经济理论以控制不断增加的小麦及其剩余农产品，当20世纪30年代中，美国剩余农产品的堆积，形成了1929年不景气的重要原因。1933年第一次颁布的农业调节法案（*The Agricultural Adjustment Act*），乃是罗斯福实施新政的主要措施，也就是'平粜法'这个中国制度在美国具体化的一个案例。"

《孔门理财学》出版后第二年，威斯康星大学学者罗斯（E. Rose）在《美国经济评论》上发表书评，认为陈焕章打通了中西经济传统，为西方的政治经济学接上了孔子以降的中国伦理学和社会学资源，相互补充，使得《孔门理财学》在浩如烟海的西方政治经济学文献中占据一个独特的位置，这是《孔门理财学》贡献给西方学术界的一个重要方面；孔子的理财思想体系充满了人类的智慧，蕴含着孔子的孝、仁爱、信义、和平的思想，是经济学与伦理道德的有机契合，这对世界进步一定会提供重大的贡献。

本文的撰写参考了拙著《民初孔教会与国教运动研究》（北京图书馆出版社 2007 年）、译著《孔门理财学》（中华书局 2010 年 8 月）、拙文"论陈焕章对孔子'理财'思想的现代诠释"（《社会科学研究》1999 年第 1 期）、拙文"陈焕章与民国初年的国教运动"（《近代史研究》2002 年第 3 期）等。

中华现代学术名著丛书

论逻辑经验主义

洪谦 著
范岱年 梁存秀 编

商务印书馆
创于1897 The Commercial Press
2012年·北京

图书在版编目(CIP)数据

论逻辑经验主义／洪谦著；范岱年，梁存秀编.
—北京：商务印书馆，2010
(中华现代学术名著丛书)
ISBN 978-7-100-07455-1

I. ①论… II. ①洪… ②范… ③梁…
III. ①逻辑实证主义—研究 IV. ①B085

中国版本图书馆 CIP 数据核字(2010)第 202471 号

本书据商务印书馆 2005 年版排印

中华现代学术名著丛书
论逻辑经验主义
洪谦 著
范岱年 梁存秀 编

商务印书馆出版
(北京王府井大街36号 邮政编码 100710)
商务印书馆发行
北京瑞古冠中印刷厂印刷
ISBN 978-7-100-07455-1

2010 年 12 月第 1 版 开本 880×1240 1/32
2012 年 3 月北京第 2 次印刷 印张 12¾ 插页 1
定价：37.00 元

洪　谦

(1909—1992)

罗素致洪谦的信

Ffestiniog 235

Penralltgoch
Llan Ffestiniog
Merioneth

3.1.50

Dear Mr. Isiha Hung

Thank you for sending me your excellent paper on Schlick. I had a very high opinion of him, & am glad that you have emphasized his merits.

Yours sincerely

Bertrand Russell.

出版说明

百年前，张之洞尝劝学曰："世运之明晦，人才之盛衰，其表在政，其里在学。"是时，国势颓危，列强环伺，传统频遭质疑，西学新知亟亟而入。一时间，中西学并立，文史哲分家，经济、政治、社会等新学科勃兴，令国人乱花迷眼。然而，淆乱之中，自有元气淋漓之象。中华现代学术之转型正是完成于这一混沌时期，于切磋琢磨、交锋碰撞中不断前行，涌现了一大批学术名家与经典之作。而学术与思想之新变，亦带动了社会各领域的全面转型，为中华复兴奠定了坚实基础。

时至今日，中华现代学术已走过百余年，其间百家林立、论辩蜂起，沉浮消长瞬息万变，情势之复杂自不待言。温故而知新，述往事而思来者。"中华现代学术名著丛书"之编纂，其意正在于此，冀辨章学术，考镜源流，收纳各学科学派名家名作，以展现中华传统文化之新变，探求中华现代学术之根基。

"中华现代学术名著丛书"收录上自晚清下至20世纪80年代末中国大陆及港澳台地区、海外华人学者的原创学术名著（包括外文著作），以人文社会科学为主体兼及其他，涵盖文学、历史、哲学、政治、经济、法律和社会学等众多学科。

出版“中华现代学术名著丛书”，为本馆一大夙愿。自1897年始创起，本馆以“昌明教育，开启民智”为己任，有幸首刊了中华现代学术史上诸多开山之著、扛鼎之作；于中华现代学术之建立与变迁而言，既为参与者，也是见证者。作为对前人出版成绩与文化理念的承续，本馆倾力谋划，经学界通人擘画，并得国家出版基金支持，终以此丛书呈现于读者面前。唯望无论多少年，皆能傲立于书架，并希冀其能与“汉译世界学术名著丛书”共相辉映。如此宏愿，难免汲深绠短之忧，诚盼专家学者和广大读者共襄助之。

商务印书馆编辑部

2010年12月

凡　　例

一、“中华现代学术名著丛书”收录晚清以迄20世纪80年代末，为中华学人所著，成就斐然、泽被学林之学术著作。入选著作以名著为主，酌量选录名篇合集。

二、入选著作内容、编次一仍其旧，唯各书卷首冠以作者照片、手迹等。卷末附作者学术年表和题解文章，诚邀专家学者撰写而成，意在介绍作者学术成就，著作成书背景、学术价值及版本流变等情况。

三、入选著作率以原刊或作者修订、校阅本为底本，参校他本，正其讹误。前人引书，时有省略更改，倘不失原意，则不以原书文字改动引文；如确需校改，则出脚注说明版本依据，以“编者注”或“校者注”形式说明。

四、作者自有其文字风格，各时代均有其语言习惯，故不按现行用法、写法及表现手法改动原文；原书专名（人名、地名、术语）及译名与今不统一者，亦不作改动。如确系作者笔误、排印舛误、数据计算与外文拼写错误等，则予径改。

五、原书为直（横）排繁体者，除个别特殊情况，均改作横排简体。其中原书无标点或仅有简单断句者，一律改为新式标点，专名号从略。

六、除特殊情况外，原书篇后注移作脚注，双行夹注改为单行夹注。文献著录则从其原貌，稍加统一。

七、原书因年代久远而字迹模糊或纸页残缺者，据所缺字数用“□”表示；字数难以确定者，则用“（下缺）”表示。

目　录

附录

现代物理学中的因果性问题

导　论

众所周知,因果性问题在科学讨论中占有重要地位,这一方面是因为一般的认识问题与它密切相关,另一方面是因为自然科学作为研究规律的科学在其建构中必然要求对此予以澄清。因此,不仅哲学而且物理学都从各自的角度对这一问题给予异乎寻常的关注,特别是最近,在与这一问题有密切关联的原子物理学达到了一个新的发展阶段的时候。

以往哲学发展的实质在于,因果律问题被列为形而上学问题之一。研讨这一问题的形而上学方式或这类研讨的危险性甚至在现代物理学中也还没有完全得到克服。因为除了先验形而上学,还产生了另一种形而上学,这种形而上学把物理学中的规律概念归结为概然性,并且试图以这种方式从事思辨。

这种形而上学的研讨似乎源于一个极其朴素,也许甚至毫无意义的问题,即在自然界中因果律的普遍有效问题,或在自然界中有决定论还是有非决定论的问题;这一问题只能使我们陷于思辨,因为它在它的传统形式中事实上与物理世界毫无关联。哲学研究因果规律性的真正任务,不在于或者肯定或者否定因果律的普遍有效——这必须让经验来回答——而在于向我们清楚地表明,实际上在现实世界中出现了哪种因果秩序。如果我们能够弄明白,一个关于合乎规律的过程的陈述的意义何在,我们就能够完全把握自然规律的"本质"。每一种自然知识都是对合乎规律的过程的发现,而每一种科学理论都是这类知识组成的体系。

我们的研究结果将表明:

1. 我们根据科学方法获得的因果观,一般对于认识论来说并不新奇和意外,而是在几个世纪以前,就被培根和休谟预见到了;使现代物理学有助于解释因果问题的若干事件,今后将能被视为他们的思想的经验证实。有一种观点认为,作为按照因果关系严格地描述自然界的可能性的前提,因果律将为另一种规律所取代。这种观点不仅没有任何特殊意义,而且我们认为它是不合乎目的的,因为对于现代物理学在因果性问题上所能获得的重要内容或崭新的内容,它没作出正确的表达。

2. 如果对这种迄今几乎未被人们注意到的崭新内容作一番认识论上的考察,那么,我们不仅会看到自然规律是我们用以构造陈述的基础,而且我们能够据此规律确定"预言的准确性的根本界限";也就是说,我们可以想像,借助于预言去描述自然事件究竟在何种程度上是可能的。这就导致一个结果,即通常被视为自然科学认识的基本前提的先验因果概念的普遍"适用性"受到了限制。

对于自然科学认识的基础来说,这当然具有特殊的意义。因为由此产生的结果是,科学理论建构决不受任何必然的、独立于经验的前提的限制,对自然界的描述并不是确立一个唯一可能的结构,而是任何结构都有成为现实的可能性。但这种可能性并不能先验地被预言,而只能由纯粹科学的经验来确定。通过某种由我们人类精神确立起来的公式去把握世界上所有的事件,这是拉普拉斯的古老梦想和康德的希望,在现代已难如愿,但或许将来又会受到推崇。

1. 物理学中的因果概念

任何科学的考察都是从某种确定的假设出发的,人们在某种意义上也把它视为科学考察的目标,并且所有的知识都应溯源于它。以往科学的发展表明,几乎没有任何其他科学假设像人们通常所谓的“因果假设”那样,具有如此深远的影响和如此重要的作用。这种假设可表述为:科学研究事实上也就是“因果关系研究”。这种情况甚至在今天也没有改变,虽然世界图景由于近来物理学的新发展而经历了一次前所未闻的变化。这种变化并未及时得到阐明,因为没有任何一种迄今存在的已知的因果观能够清晰地表述因果关系的本质。只有我们考察清楚这一假设的意义,对它进行逻辑分析,即弄清楚“因果性”一词在现实中究竟有一种什么意义,因果性的本质才会对我们昭然若揭。晦暗不明的决不在于事实本身,因为没有什么事实是不清晰明了的,而是在于对描述事实的命题的误解或不适当的解释。因此,我们觉得有必要首先弄清楚因果概念的意义。

大家知道,迄今以通常的方式作出的因果性表述,表达了一种因果关系,而且是借助于确定的时间关系。“A 与 B 有因果关系”,一方面意味着一个原因与结果的关系,另一方面(在时间意义上)

意味着过去与将来的关系。因此,因果依存性的表述还不是明确地给出的。倒还不如说,这种表述的意思是,结果概念根本不能独立出现;结果概念只是某物产生自某个原因的一个表达式,也就是说,不与原因一起出现,结果概念根本就是不可能的。人们还进而这样表达时间规定性的表述:将来绝对明确地依赖于过去,或更确切地说,从任何一个时间段落出发,整个世界都可以完全地被确定。虽然这对我们来说,在日常经验中是很自然而然地出现的,但对于我们认识现实来说,要把这点分析清楚,却毕竟是困难的。

因此,按照这种借助于因果关系表述的因果概念,任何事件都应是按因果规律发生的。如果存在某个事件,那么,人们根据这种规律就可以作出推论说,它有某个确定的原因,结果完全决定于这个原因。因此,在原因与结果之间存在着一种人们想称之为"因果链条"的联系。把"链条"一词附缀到因果联系中,显然是以因果联系是一种必然联系为前提的。所以,因果概念的内容可以表述如下:所有发生的事件都是按有效的规律毫无例外地发生的。在现实中给出一个关于"所有的东西"的陈述是否可能,在这里仍然没有予以研讨。我们要深入讨论的是:(1)"必然性"概念的真实意义是什么?(2)所谓因果律的上述表述是否明确表达了自然规律性的本质?

(1) 关于第一个问题,我觉得引证一下罗素和石里克关于必然性概念在科学中的运用与意义的考虑,并非无益。罗素说:"如果说 B'必然'跟随着 A,那么这只是表示,依照某种普遍的准则——这一准则已被大量的观察所证实,并且没有在任何情况下被证明是假的——B 类事件是紧跟 A 类事件出现的。这里我们无需任何'强制'概念,好像是原因强迫结果出现似的。……强制概念之不适合于结果，就如同它不适合于原因一样。如果说原因强迫结果出现，那么，这个说法正如同人们反过来说结果强制原因出现一样，会导致同样的谬误。强制是一个拟人论的概念。一个人在想做某件事情时，却被强迫去做相反的事情；但在既不考虑人的愿望，也不考虑动物的愿望的地方，强制概念是不适用的。科学要研究的只是发生的事实，而不是必须发生的事实。”①

关于这个问题，石里克是这样说的：“的确，因果概念因而自然规律概念也包含着必然性概念。但这种说法的真正意义是什么呢？它表示的决不是某种强制，而只是一种规则性。必然性除了意味着普遍有效性以外，再无所指；命题‘A 必然跟着 B’是与命题‘在任何情况下，如果状态 B 发生，则状态 A 也跟着发生’在内容上完全相同，而丝毫也没有言说更多的东西。”②

能否作出其他解释呢？就我们所见，的确再无其他可能，因为这里涉及的不是规定或定义，而是纯粹的经验事实。陈述“A 强制 B 出现”的意义，不可能由任何证实加以阐明，但在我们能谈到有自然规律的地方，事实上却使用了陈述“在 A 和 B 之间存在着普遍有效的联系”。因此，以强制概念为基础的自然规律性的表述在科学中是没有任何意义的。为了探究能否以某种方式拯救因果性表述的意义，我们转入第二个问题。

（2）如上所说，因果性在经典意义上的表述指的是自然界的每一事件都是按照因果规律的联系出现的。正如下面我们将要表明的，这样一种因果观具有同语反复的特点，因而既不能被经验证

① B. 罗素（Russell）：《人和世界》，第 126 ~ 127 页。

② M. 石里克（Schlick）：《自然哲学》，1925 年，第 434 页。

实,也不能被经验驳倒。这一特点并没有被因果概念根本改变,因为没有任何自然规律包含这种因果概念,也没有任何东西是由这一概念来定义或解释的。这一点我们在下面将试图加以澄清。

没有任何东西是由这一概念来定义的,这指的是:要认识到因果联系表达的自然规律形式能被运用于所有的事件,并不太困难。假如一个事件尚无秩序和规律,人们便可用因果概念来表达它。做到这一点的方式是:或者,我们在任何情况下都把状态 A 看作状态 B 的原因,也就是说,我们可以对不同事件分别进行考察,进而确定状态 A 和状态 B 之间的因果关系;或者,我们主张事件会在一个长的时间内发生,从而把某一状态看作另一状态的原因。以这种方式确立起来的、采取因果关系形式的规律概念,无论在逻辑上还是在事实上,都是可能的。在逻辑上之所以可能,是因为没有任何逻辑学给我们指定了确立规律概念的一种特定方式;在事实上之所以可能,是因为对于自然界的描述来说,人们使用什么样的公式并不重要。

没有任何东西是由因果概念来解释的,这指的是:在自然科学发展的初期,"规律"一词首先在严格的意义上被使用的时候,人们就已经指出,自然规律性肯定不能被归结为因果概念,或用这种概念来表达,因此,确立自然规律的那种形式是不适用的。我们可以在伽利略和牛顿那里发现这种观点。伽利略拒绝探究加速的原因;牛顿也一样,他放弃在因果意义上去理解引力和引力规律。在最近,我们可以在著名物理学家如 E. 马赫和 W. 维恩那里遇到同样这类趋势。马赫尤其反对用因果概念去表述物理学的规律性。在马赫看来,自然界根本就没有原因和结果,因为自然界是不可重复的;我们在谈到原因时,也不过是借此表达一种连结关系。W. 维恩更加尖锐地明确指出："如果人们把自然规律看作因果原理，这在物理学中带来的将不是更清楚，而是更混乱。"③

虽然以上所作的考察已清楚地表明，在自然规律的严格表述中，我们不需要使用原因或结果概念，我们也不能通过它去描述或说明任何事实；但为了说明因果概念，对它们作出解释仍是必要的，特别是这样一来，我们就更容易达到我们的目标。我们有必要考虑马赫的想法，即"原因—结果"只表达了一种连结关系。这里的"连结关系"一词当指什么呢？如果人们断定，某一原因已被确定，那么这意味着什么呢？显然不是别的，而是指会确立一种规则。自然描述中的任何规则都在于一种连结关系，而任何具有特定形式的连结关系也都是一种规则。因果连结与自然规律性的关系只在于自然规律是一种特定种类的规则。"同因则同果"这一陈述就是说明这一点的一个很好的例证，也就是说，它表达了自然规则的一个特定形式。但这里必须首先弄清楚，在科学中"规则"一词是在什么地方出现的。由于"规则"这个词条等于"连结关系"，所以显而易见，只有在人们假定了某些事件的一种连结的地方，才出现连结关系，人们通常都是用蕴含形式："如果 A 则 B"去表达这种连结。因此，因果陈述只有在这样的前提下才是有意义的，即我们认识了给出这种连结的内容的规则，而且只有在现实世界中的确存在这种连结，人们才能断言，这一事件或那一事件是有因果关系的。只有自然规则存在，才能构成因果陈述的内容；只有根据这种内容，因果性才能表述某种现实东西。所以，因果性概念只意味

③ F. 埃克斯纳（Exner）：《关于自然科学的物理学基础的讲演》，1922 年，第 675 页。

着“自然规律的存在”,而别无他指。

在这里我们必须附带地作两点说明,它们与我们的探讨有十分密切的关系,并且具有根本的重要意义。这就是对两个问题的回答:(1)为什么因果概念在现实中没有任何运用的可能性?(2)为什么“自然规律之不可移易的次序”这个用语在现实中没有任何运用的可能性?对这两个问题可以回答如下:

(1)似乎可以断言,在某种意义上,根据因果概念表述或解释自然规则不是不可能的。这一论断的真正意思是什么呢?它决不意味着任何自然规律是存在的,而只意味着任何自然规律都是通过一个简单的用语得到描述的。不可能把这些概念在通常的意义上运用于现实的原因在于,“A是B的原因”和“B是A的结果”这类陈述在现实中找不到任何相应的内容。因为任何一个看起来很简单的事件在具体场合中都是由无数的联系组成的。比如,一个家庭主妇在取火时遇到了某种困难,就会说这是由风造成的。但她事实上一点也没有谈及这一事件的原因,而只是使用了一个简单的表达方式。为了确定这一事件的原因,就必须知道许多宇宙学的关联。所以,如果人们问及并且确定一个事件的原因,那么这并不意味着对这个事件的说明,而只是用这种方式强调了充分说明这个事件的原因是不可能的。

(2)如果我们完全可以谈论自然规律的不可移易的次序,那么它根本就是另一种东西,而不是一般经验中的东西,这种经验告诉我们,在相同条件和相同状态下,B是跟随着A出现的。罗素曾经最清晰地说明了这一点:

如果我们在自然界寻找具有不可移易的次序的规则,那么结果将表明，这种规则不同于一般理智所确立的规则。一般理智说：雷鸣跟着闪电，海浪紧随狂风，等等。在实际生活中，这样一些规则是必不可少的；但是，在科学中它们的有效性只能是近似的。在原因和结果之间，即使只存在一个短暂的、有限的时间间隙，也总是可能有某物介入其间，从而妨碍结果的出现。因此，科学规律只能用微分方程来表达。这意味着，我们虽然不能确定，在那个有限的时间之后将发生什么，但是，人们却能断定，我们选择的时间越短，事件将越按照规则发生。试举一个很简单的例子：我现在在一个房间里，但人们却不能断定在一秒钟之后我在哪里，因为举例说，一颗炸弹可能爆炸，我可能被炸成碎块；但假如人们能够看到我的两小块尸体相距很近，那么人们就可以肯定，在任何一个很短的有限时间之后，这些碎块总会依然相距很近。如果一秒钟还不够短的话，那么人们可以取一个更短的时间；该取多短的时间，并不能预先确定，但人们却可以在相当大的程度上肯定，将有这样一个足够短的时间。④

概括上述讨论，则可看到，只有规律的存在才是因果性的唯一正确的表述，因果原则本身并不是自然规律，而是对自然界存在的规律性的表达方式。但是，只有当我们能够知道，为什么因果原则并不是自然规律，而只是事实，为什么世界事件服从于一定的规则，同时能够知道，应将规律的存在理解为什么，这个概括出来的结论才对我们昭然若揭和富有意义。

---

④　B. 罗素：《人和世界》，第127页。

2. 决定论与非决定论

任何理论研究都是基于被视为其基础的一个确定的原理，人们总能从这个原理推演出理论研究的论点或将这些论点溯源于这个原理。但是，如果人们在确定这样一个原理时不以事实为依据，而是服从于传统哲学观点，那就会有许多模糊不清的地方；也就是说，如果人们完全忽视这样一个原理与现实的真正关系如何，那么他们的做法便是先明确规定这个原理的意义，然后把它运用于现实。如果人们遇到某一种情况或整整一类情况，而这个原理在其中不能在任何意义上被毫无异议地加以运用，人们便会有两种做法：或者附加上另一个原理，它能补救前一个原理的意义，或者构造另一个不同的原理，以取代前一个原理。但如此一来，便突显出这样的问题，即科学作为科学是一种定义游戏，抑或是一个在现实中没有任何对应的东西的假设体系，换句话说，科学是否真正给我们描述了某种东西，传授了对现实的认识。

此类观点也出现在因果关系问题的探讨中，它一方面导向了决定论，另一方面导向了非决定论。虽然这两个方向在根本上完全不同，因为前者主张，自然界的每一事件都受严格的因果规律的支配，后者则否认了这一点，反而主张，任何自然规律都与严格的因果律风马牛不相及，因为自然规律只是一种概率关系；但是，两者却不知不觉地完全一致认为，世界是通过这种或那种选取的假设被认识的，并且不可能独立于世界上的事件去追踪世界上的事件。

对于这些说法或命题,我们应持什么看法?“决定的”和“非决定的”这些词意味着什么?为了弄清这些问题,我们必须首先确定和解释词的含义和命题的意义,确定和解释这个命题如何不同于相反的命题。一个有意义的命题的本质在于,它的反命题也同样有意义。因此,必须首先确定决定论或非决定论的意义。前者说的是,A 决定 B,或 B 由 A 决定,而后者说的是,A 不决定 B,或 B 不由 A 决定。因为只有我们明了这些,我们才能理解那些命题的意义。

我认为,物理学中的“决定的”一词的确只能像石里克所做的那样,被理解为“可预言的”或“可预测的”。陈述“A 决定 B,或 B 被 A 决定”是指“B 可以根据 A 来预言或预测”。为了能把这个陈述用于现实,或一般说得有意义,我们必须首先假定,有一个描述 A 和 B 之间的状态的公式,人们可以根据这个公式推演未来,此外,这个公式必须是普遍的。只有借助于这个公式,即借助于这个公式的普遍性,那些命题才能表达某种有意义的东西。现在的问题是,人们究竟在何种程度上能谈论一个公式的普遍性,也就是说,“普遍的公式”这个用语在现实中究竟是什么意思。

为了弄清这个问题,稍微联系一下康德为因果律所确立的表述,我认为并不离题。这个表述是:“凡是发生的东西都以某物为前提,是按某一规则随该物出现的。”⑤这里暂且不必研讨这个表述作为自然规律的表述是否适合;对我们来说,这个表述的意义仅仅在于,它能够使我们易于把握两个术语:(1)“公式”和(2)科学中的“普遍公式”。根据康德的意见,前者意味着规则,它规定了因果

⑤ 康德:《纯粹理性批判》,“先验分析论”,第二卷第二章第三节。

联系的内涵,后者则可以用表达式“总是按某种规则发生”加以表述,也就是说,公式在这样的条件下才是普遍的:它不仅适用于一种特定的状态,因而同样能被运用于状态 A 和 B,就像能被运用于状态 A′和状态 B′一样,换言之,它适用于按同一种规则发生的各种事件。

康德的因果律表述显然已经假定,只有存在一种规则,它像所述的那样,说明了各个状态之间的联系,才能谈得上因果关系的严格有效。为了判定严格的因果性是否真正有效,人们必须首先定义“规则”是什么,此外,人们还必须弄清楚,为什么会假设一个事件将按因果律的形式发生。这个问题可以分为两个问题:(1)我们如何得到规则?(2)规则从何而来?

(1) 确立规则的可能性是以这样的前提为基础,即在自然界的不同情况下,各个事件在原则上有一致性。如果人们断言,有人成功地确立了一条自然规律,这无非是意味着,他通过长期的观察,确定了各事件的某种一致性。在一个所有事件都孤立地发生而丝毫不影响其他事件的世界里,根本不可能应用规律概念或谈论自然的规律性。在这样的世界里,所有事件之间都不会有任何连结(不管是通过直接经验,还是通过某种推论),因为总是会发生另外的事件,而决不会重复出现类似的情况。在这种情况下,完全没有希望去谈论任何自然知识,因为每一种自然知识只有在那个前提下才是可能的。每个科学陈述都在于概括观察,这是事实。但是,对事件作出观察的可能性都依赖于自然的可重复性;只有通过可重复性,我们才能在自然界获得规律或知识。

(2) 我们首先在康德那里,然后在最近的所谓约定论那里找到了迄今对第二个问题的回答,这些回答在科学中都起过或大或小的重要作用。虽然两者并不否认这样的事实,即对规则的认识只有通过经验才是可能的,但两者都认为,科学陈述的基础不在经验中。因为根据两者的观点,科学认识的最高原则完全独立于经验,因此是纯先天的,既不能以经验为根据,也不能被经验驳倒。

我们可以把这种观点视为正确的吗?

根据康德的看法,自然科学的基础并不是由经验奠定的,因为对他来说,科学的基础不是经验的规律产品,而是经验的可能性或经验的条件。这种可能性或条件首先使谈论我们的外在世界的经验成为可能,而不是相反。康德谈到"经验的可能性的先天条件,这些条件同时也是〔认识的〕来源,普遍的自然规律必定是从它们推导出来的"⑥。因此,自然规律的所有原则都不是什么经验事实,而是范畴、公式,是永远具有普遍有效性的先天综合判断。

现在我们想提出这样的问题:(a)科学中的"可能性"概念或"经验的条件"究竟是什么意思?(b)是否存在像先天综合判断这类命题?

(a) 确实不能否认,谈论科学中的经验(在这里经验被理解为经验陈述)的"可能性"并非没有意义,因为一个包含着认识的陈述必定是以构成这个陈述的意义的某物为条件,也就是说,这个陈述是以各种证实它的情况为条件。陈述的真假依赖于情况的变化。如果一个陈述在情况发生变化之后,也总是真的,如果它的真假对于我们的世界没有意义,那么,它关于世界就毫无所说,因而是毫无意义的。有这样一些命题,人们通常把它们称为同语反复或分析命题,它们与现实完全无关。这些命题,并且只有这些命题,才

⑥ 康德:《导论》,第17节。

总是真的，但我们却不能通过它们认识世界上的任何东西，换句话说，在这里经验这个术语在逻辑上是禁止使用的，因为在这里决不会出现任何与经验有关联的东西。因此，我们可以断言，经验的“可能性”并不是先天的前提，而是可检验性，经验可以据此而成为真的或假的。要说明这一前提的真正意义并非易事，但是，我们可以越过这个问题，而不考虑这个前提，因为对这一命题作最终的分析对于我们的研讨并无特别的重要性。

（b）康德意义上的先天综合命题是一个陈述世界却不能由经验检验的命题。可以说它总是真的，但它又不是分析命题，换言之，它不是纯形式的关联，而是与现实有关。它既是综合的，又是分析的。根据各种理由，我们把这种观点视为不能成立的，而加以拒绝。

（1）如果一个命题必须与现实有关联，那么必须用经验来检验它的真假。如果一个命题没有这种被检验的可能性，那么它肯定不是描述事实的命题。这一点石里克阐述得尤为清楚：

“如果一个命题陈述了关于现实的某种东西（只有它陈述这种东西，它才包含着认识），那么，它必定要由对现实的观察来确定它的真假；如果原则上不存在这种检验的可能性，因而命题与任何经验都是相容的，那么它必定毫无所述，或不能包含任何自然知识。在能经验的世界中，如果在命题的真或假的前提下，存在某种其他的东西，那么，它应当是可检验的；因此，借助于经验的检验性意味着；如果世界的外观独立于命题的真假，那么，命题便根本对世界毫无所述。”⑦

⑦ M.石里克：“现代物理学中的因果关系”，载《自然科学》（*Naturwissenschaften*），1931年，第154页。

（2）如果那种先天综合命题不是经验命题，而只是一种公设，它既不以经验为根据，又不能被经验驳倒，这也完全无济于事。现代物理学已经创造了一种新的局势，在这种局势下，每个讨论现实的命题都要由经验来支配。在海森伯的理论中情况就是这样。依照他的观点，科学理论的建构是以经验为基础，而不是以别的东西为基础。早些时候人们还在谈论物理学中"因果律的不可判定性"，但现在这种说法就不再正确了，因为在现代物理学中"因果律的无效性"已被视作物理学的事实。人们不再认为，那个作为纯粹公设的命题虽然不能为经验所检验，但对科学却是有用的。这里我们有必要援引一下海森伯的论述：

"根据康德的看法，因果性原则既不能为经验所证明，也不能由经验驳倒，它只是一个公设，我们用这个公设接近自然；不过，我们要问，如果我们观察的事件显现为不确定的，怎么可能维护这样一种公设？"⑧

按照现代物理学，因果性原理不应被视为一个使所有经验成为可能或具有现实效用的公式，而只能被理解为一个经验命题。换言之，决不存在什么先天综合命题。

在约定论那里也有类似于康德的看法的观点，根据约定论的观点，任何自然规律都只是同语反复的约定，也就是说，只是一种定义，而且自然界的任何规则都必定是普遍的，因为规则的普遍性是自然规律的本质。约定论试图以惯性定律为例去解释这一点。这一定律表明，一个自由运动的物体在同样的时间内走过同样的距离。根据约定论的观点，这是一种纯粹的约定，因而是一个给这

⑧ W. 海森伯"因果律与量子力学"，载《认识》（*Erkenntnis*）1931 年，第 181 页。

种不受外力影响的物体所下的定义，它不能被任何经验驳倒，虽然这是一个纯粹物理学的事实。

人们可以看到，这一定律并不是约定论意义上的定义，因为它涉及现实，我们完全能够从另一个并非同语反复的定律推导出惯性定律，而这另一个定律已经得到经验的论证，并且以这样的方式在经验中证明了不受外力的物体。为此，我们可以引证费格尔的一段清晰的描述：

“一些相距甚远的物体（恒星）在一定的、通常任意选定的时间内，运行了一段直线距离，这一距离的长度是一种特定比例关系，它对于每一个这样的物体都同样适用。”⑨

所以我们看到，约定论忽视了自然规律的存在与自然规律的形式意义之间的区别，而这就导致了一个结果，即约定论会认为，自然规律似乎是形式上的关联，而实际上两者涉及的是完全不同的事物。每个自然规律都给我们提供预言未来的可能性；而自然规律的可能性，恰恰在于我们能否根据这种规律去预言某种事物。至于人们怎样描述自然规律，以什么样的公式描述这种规律，以及一个公式是描述了未来的事态，则完全是次要的问题。我们自然可以断言，每个自然规律都是一个定义。但这并不意味着，每个自然规律都是一个不能由经验检验的约定，而是意味着，只要我们能用某种定义式的规定表达一个自然规律，这一自然规律就是可能的。为此，附加定义是必要的。每个约定只有借助于附加定义才表达某种现实的东西，而且它的有效性也依赖于这一定义。这就表明，没有任何自然规律只是一种纯粹的约定。

---

⑨ H. 费格尔（Feigl）：《物理学中的理论与经验》，第 109 页。

根据我们迄今的经验，没有任何自然规律是先天综合命题或纯粹的约定，毋宁说，自然规律是一种归纳，所有规则都是根据归纳而成为普遍的。但归纳问题，即在逻辑上证明一个关于世界的普遍命题的正确性问题，已被休谟回答到这种地步：永远不会有这种证明。休谟还看出，只有习惯才使我们假定了这样的命题，它只是我们感官的活动与在一定条件下发生的自然过程的联系，而在逻辑上很难得到论证。显然，逻辑上不可论证的命题也就不具有普遍的可预言性。所谓可预言性，如我们明确强调的那样，无非是指从旧的观察中推论出新的观察。为此，必须给出一个公式。只有在这一前提下，更深入地谈论决定论才有意义。但如我们上面所说的，任何公式实际上都不能用定义来规定。人们这不就说出了一种非决定论的观点了吗？

因为我们已经确认，没有任何公式是普遍的，换言之，没有任何自然规律是一种在逻辑意义上的普遍蕴涵，因此看来可以得出结论说，自然界像有人断言的那样，是非决定论的。于是，看来自然事件的这种或那种可预言性或可预测性都是偶然的，B 只是偶然地根据 A 预言的，或 A 只是偶然地决定 B。这的确与非决定论论点的内涵一致，这一论点认为，世界上的各种事件基本上不可预言。那么“不可预言的”或“非决定的”一词意味着什么呢？如果我们弄清这一问题，我们就能规定非决定论的内涵。

根据我们迄今的思考，“决定的”一词意味着什么，已经得到澄清。前面提到，它意味着借助于公式从旧的观察推论出新的观察，因此，它的反面只能这样加以表述：我们没有任何一个能够借以从旧观察预言新观察的公式。在现实中不管用何种方式，都不可能确立这样一种公式。像下面将要指出的，这并不能被看作一种“合法的命题”。

对我们来说，显而易见的是，这种看法作为区别确定的自然界和不确定的自然界的标志，不仅在逻辑上而且在事实上都不能令人满意。在逻辑上，我们已经指出，即使在所谓偶然的事件中，也可以找到一个公式，因为如果一个事件尚无秩序和规则，我们就会寻找一个公式，它不仅描述了新的观察，也描述了旧的观察，并由此构成一个规则。没有任何逻辑学会说不存在表示“探索性质的公式”，而只能说，描述物理量的所有可能性在逻辑上都是给定的。在事实上，即使那个标志是通过限制得到说明的，即任何合乎规律的事件只在于可预言性，这也毫无所获。因为这里必须考虑到，明确的预言是通过单纯的猜想才成为可能的。换句话说，通过纯粹的偶然情况，我们能够预言有确定性的事件。的确，在科学中猜想具有特殊的重要性。凡是科学上可预言的东西，均可视为猜想。如果上述标志在事实上是有用的，那么人们必须首先说明，自然规律与猜想性预言有何区别。

根据我们迄今的阐述可以看出，在现实中把决定论或非决定论的思想当作自然认识的基础是不能成立的。自然规律存在与否的问题完全不同于决定论或非决定论的有效性。没有任何自然规律的前提在于自然事件仅仅服从这个或那个假设。不，规律只是表明，不可能根据决定论或非决定论去正确把握一个关于合乎规律的过程的陈述。我们只有根据规律去期待未来的某种秩序和构造真命题的可能性。把决定论或非决定论的原则视为给自然规律奠定基础的概念，总是一种错误的思想。不过，这两个原则倒都试图表达了这样一个事实，即自然事件总是或者服从于有效的规律，或者不服从任何规律。

3. 关于因果性的“本质”

我们已经拒绝了把决定论或非决定论的论点当作对物理规律性的前提,因而就出现了怎样才能说明自然规律的真正“本质”的问题。我们觉得,这肯定要么是决定论的,要么就是非决定论的,并且只有这样,我们才能揭示自然事件,才能区别合乎规律的自然和不合乎规律的自然。那么,自然界是否真是那样,以致对它的任何预言都是无意义的呢?

不过,这的确表达了物理学规律性的最本质的内容,即有规律的自然和无规律的自然的区别,而这就是研究因果性的课题。为了理解因果性陈述的意义,我们必须首先确定这一区别。因为只有我们知道这一区别,我们才能阐释因果性到底是什么。这样就会比过去更清楚地看到,传统看法是多么没有意义。因此,这里涉及的是合乎规律的东西与不合乎规律的东西、规律与偶然性的区别,或者说,是这样的问题:我们在什么情况下能说 B 与 A 有合乎规律的联系,或 B 与 A 有因果联系呢?

在迄今对因果律的考察中,只是通过形式的特点确定了这种区别。但是,对于因果性特别重要的问题——它使我们能够阐明这一区别——并未得到考察。对于这种观点来说,问题只是:人们何以能作出那种形式的确定,自然界与这种确定的关系如何。我们能否把这当作自然界有因果性或规律的有效标准呢?

在科学中规律概念标志一种秩序,这种秩序有别于自然秩序,因为它不仅描述了我们的体验,而且建立了我们的体验与任意的确定之间的关系。任何自然规律作为规律也必定具有这一性质，因此，这一性质是自然规律存在的先决条件。如果人们断言，自然界的一个事件是按规律发生的，那么这只意味着，这个事件可以用某种秩序来表述。因此，关于因果性的存在问题或关于规律与偶然性之间的区别问题也就是这样的问题：我们如何以及在何种情况下才能断言一个事件可以用某种秩序来明确表达？我们怎样才能彻底做到这一点？

如果人们要根据秩序概念去定义规律，那么这里必须首先加以规定的是，在科学中秩序概念究竟指的是什么，人们是怎样表述这一概念的意义呢？只有在人们谈论某些事件之间的关联的地方，人们通常才应用秩序概念。这种关联总是可以用数学函数来表达，也就是说，只有一个事件依赖于另一事件，它们之间可相互推导，这些事件之间的关联才被称为秩序。因此，物理学中的秩序概念可以等同于数学函数。这样，因果性究竟是什么的问题就能直接得到回答；如果一个被观察的事件系列可以由数学函数来表达，那就有因果性。人们能否谈论被观察的事件可以由函数来表达，或能否谈论规律或因果性的存在，也属这种情况。我们能认为这是正确的吗？

（1）我们知道，数学中的函数概念并没有什么明确的意义。这里指的是我们在高等数学中碰到而大家并不称之为分析函数的那种函数。即使事件可以用这种函数表达出来——事实上人们永远做不到这一点——它也根本不表达自然界的任何规律性的东西；但是，倘若人们执意要用这种函数定义自然规律，则没有任何自然规律得到描述。这种函数只适合于那种在相同情况和相同条件下将永远不会重现的事件，而在这样的情形时，我们就要说，这里不受规律的支配，因为规律概念在人们能够谈论"自然的可重复性"这一前提下，才是有意义的。不过，这对这类函数来说完全是不相干的。

（2）因此，这一思想根本未受到动摇。它似乎可以通过两个假设得到挽救：(a)能够描述自然规律的那种函数是一种明确的、即分析的函数；(b)此外，这种函数不明显地包含时空坐标。

就(a)而言，我们要说明，即使我们能够成功地找到这种可以充分描述大量观察结果的函数，我们仍不能断言事件有规律性。因为必须考虑到，即使我们能够为某一确定的事件确立一个那样的函数，但在我们把它用于进一步的观察时，它就马上不再适用于那个事件。既不能根据这种函数认识新近观察到的事件，也不能根据新近观察到的事件证实这种函数。如果事件可用这种函数来描述，那纯粹是偶然的。为这一观点的不充分性作出的一个众所周知的抗辩是，这种函数不仅能描述合乎规律的事件，而且也能描述偶然的事件。但是，假如把这种函数看作因果性的标志，那么，规律和偶然性之间就不存在什么界限，因而给自然规律下定义的任务也就毫无意义了。

就(b)而言，这一观点在过去探究规律的历史中有过非凡的影响。事实上，这一观点是与麦克斯韦所确立的因果性定义一起衰落的，而人们通常把这一定义表述为："在某个地方和某个时间，以某种方式发生的事件，在另一任何地方和另一任何时间，在相同条件下将完全按同样的方式发生。"⑩我们必定会看到，是否允许把这一定义作为自然界有规律性的标志。

⑩ M. 石里克：载《自然科学》，1931 年，第 147 页。

麦克斯韦的自然规律定义忽略了可件在其中发生的空间和时间。只有在这一前提下,因果关系才是可能的。这个"可能的"是指什么呢?可以设想,即使我们把某一事件看作是有规律的,这一事件也不满足麦克斯韦提出的条件。我们根据某一方程式,推论出在现实中实现的预言,从而达到了那种规律。现已众所周知,自然的描述显得决不限于某种唯一的可能性,这种限制在经典物理学中只有实践意义,而决不能被视为构成自然描述的根据的唯一概念。不管是旧的还是新的量子理论,都已经明确表明,严格的因果律运用于原子领域里发生的事件有某一界限,因为我们无法确切地说,为何一个原子在一定状态下和一定时间内一般要释放好多量子辐射能量。此外,应该提到一件与麦克斯韦定义完全不相容的物理学事实。因为根据这一定义,很难想像和解释,为什么电磁波的辐射可由普朗克为量子振动频率所选定的恒量来描述,为什么不可能以某种方式追问光谱线中电磁波辐射的原因。因此,现代物理学告诉我们,麦克斯韦的因果性定义就其在现实中的运用而言,事实上有很大局限性,而且它并不表达自然规律或因果性的真正意义,因为在现代物理学中可以按规律表述的事件显然不能通过这一定义得到确切的描述。

这里有必要附带地作出一个对我们的研究有特殊意义的说明。因为麦克斯韦的标准作为自然规律的标准终究是无效的。原因在于,因果律不具有普遍效用,这在物理学中是已被确认了的事实。但是,"普遍有效性"一词应当指什么呢?它在这里只是指:没有任何公式能随便有效地被运用于各种世界领域的事件而不遇到困难。一个与任何系统有关,并总是导致相同结果的命题,根本就不是什么命题,而只是重言式。但如果一个命题是重言式,那么,它的反面就只表达一个矛盾的说法，而不是证明它在原则上的无效性。不过，我们所说的显然并不是这种情况，因而用现代物理学否定麦克斯韦的定义并无原则性的意义，它在现代物理学中同样也会有用。在后面将表明，为物理学维护这一定义很有必要，因为自然规律是由这一定义描述的。如果A与B的关联可以被看作是有规律的，那么，这一关联就A和B总有这样或那样的固定关系而言，必须由麦克斯韦的定义来说明。这一定义还表达了一个对自然规律具有深刻意义的事实，即简单性。简单性概念意味着什么，是很难说清的，但我们在这里可以这样把握它的意义：一个可由麦克斯韦的定义表述的事件是简单的。现在我们要问，用这种方法能否给出自然规律存在的标志。

现在我们需要具体说明这样一种观点的意义，这一种观点可表述为：所有的自然规律都有简单的性质，观察结果可通过结构简单的公式来描述，这就说明了规律与偶然性的区别，换言之，自然规律性存在的问题也就是所寻找的函数的简单性或复杂性的问题。因此，人们不能因为某一事件可由公式来描述，就把它称为有规律的。因为即使一个事件还是混沌无规律的，它在任何情况下也可用某一公式来描绘。不过，这也许很复杂；因为我们必须首先认识全部过程的各个状态，以便寻找一个适于描述这些状态的函数，而这个函数可能是复杂的。但是，如果A与B具有规律性的联系，那么，A与B之间的这种联系就能够通过一条简单的曲线或一个确定的框架得到充分的描述。这就得出了一种观点：自然规律存在的正确标志就是简单性，而所有的规律性都可以通过所谓公式的简单性得到充分的表述。

当人们从纯粹数学的角度看待这种观点时，它就是合理的。

不容置疑的事实在于,如果我们事后用一个数学函数描述一个无法作任何简单的描述的事实,这一函数便会很复杂。但这种标准不能运用于现实。可以设想,我们为一个观察系列找到一个简单的公式,并且当我们为检验它的正确性,将它运用于进一步的观察时,结果将表明,它的简单性并不能作为自然规律性的标志。我们的检验得知,一个可由简单公式描绘的观察没有得到新的论据的证明,而且人们无法确立新旧观察之间的联系。因此,我们可以得出结论说,所谓的简单性具有纯粹形式的性质;它只涉及形式的关系,而不涉及现实,因而不涉及自然规律的存在。我们能用这个标准确定任何形式的关系,但不能提供真实的知识。对于这种知识,重要的是自然规律存在与否,而不是现存的自然规律具有简单的性质还是具有复杂的性质。

不过,在另一方面,简单性在科学中毕竟有一种特殊的重要性,即对自然界的实践研究的重要性。比如,描述自然的各种可能性的选择或自然规律的检验,就视简单性而定。科学的最终目的是,尽可能简单地掌握自然事件,尽可能简化复杂的自然知识,并且始终从简单的原理推出新知识。但是,人们不可把这里涉及的两件不同的事情混淆起来,一件是与现实的直接关系,一件是纯粹的描述方式。如果我们断言,规律A比规律B简单,那么这只是表示,为A找到的公式比为B找到的公式更简单,而不是表示,只有A才表述了规律性,B则不表述规律性。这是被某些思想家忽视了的,在所谓约定论那里,这种忽视尤其引人注目。在约定论看来,科学的原理可溯源于简单性概念。但自然规律并不是约定,而是对自然的解释;这里重要的只是可解释性或不可解释性,而不是简单的可解释性或复杂的可解释性。因此,用简单性概念定义自然规律的任何尝试,都必定要失败。

据我们迄今的讨论,我们仍未回答因果性究竟是什么的问题。不管是麦克斯韦定义还是简单性概念,都不能给出这种回答。不过,这并不让我们感到意外,我们已经料到情况必定如此。因为迄今人们对这一问题所持的看法一直限于规律的形式特点,以致完全忽略了表示因果性的真谛的“最重要的东西”。其结果是,我们彻底澄清规律的种类,却不知道我们是否由此认识因果性在现实中的存在。现在的问题是,使理解自然规律成为可能的最重要的东西是什么呢?

我们如果放弃传统的看法,也就踏上了回答问题的征途;而根据传统的看法,在一个纯形式的特点中寻找因果性的标准是可能的。因此,规律的存在问题就这样得到了简单的回答,即某种现存的体系遵循一种函数或拥有一个纯形式的结构。但根据我们的思考,这不足以作为因果性的标准,因此,为了寻找这一标准,我们必须寻找另一种办法,以使认识自然规律性在事实上成为可能的。这种方法无非就是证实的方法。只有通过这种方法,科学陈述的意义才能展现出来。如果因果陈述是一个真陈述,它就首先必须是可证实的。如果人们断言,B 与 A 有合乎规律的关系,则必须验证,在某种条件下和某个时间内 B 是否与 A 真有因果假设断言的那种关系。只有这样,断言自然事件有规律性才是可能的和有意义的。

由于自然规律使我们有可能预言某种尚处于遥远的时空中的事物,因此,对自然规律的证实也就是对预言的证实。对这种检验方法无须作特殊的解释,因为在科学中检验的本质都是相同的,尽管方式各不相同。在某种条件下和某个时间内 B 与 A 总有某种关系，大家知道，这是科学中一再使用的证实方法的唯一标准。即使有一个公式，它看来很适合于描绘我们的观察结果，我们也不想断言有自然规律，因为这一公式是否描述了自然事件的合乎规律的过程，必须首先加以检验。假如我们想像，例如有一个公式，那便有检验这个公式的两种可能性，一是通过一些被用于确立自然规律的事件，二是通过那些尚未被用于确立这个公式的事件。这究竟是什么意思呢？

这并不难以说明。第一种可能性在于归纳推理。但相对于另一种可能性来说，这种可能并不重要，因为归纳推理不是逻辑推理。第二种可能性是最近才由石里克明确提出来的。这种可能性在于："所获得的公式是否也能正确地描绘我们尚未用于证明它的观察"，或说，"从某种数据推论出来的方程式是否也能对新的数据验证不爽"。[⑪] 这两种可能性虽然在本质上各不相同，却都以同样的方式服务于认识自然规律的目的。因果性作为规律的存在并不意味着对业已观察到的或尚未观察到的事件的验证，而是意味着对一般事件的验证。换言之，我们的问题根本不在于可验证的事件是过去的还是将来的，而唯独在于从某一公式推论出来的预言在现实中能否实现。如果实现了预言，我们就说有因果性，如预言没有实现，我们则说没有规律。自然规律的验证是自然规律的存在的唯一标志；只有根据这样的验证，我们才能正确把握一个关于自然事件合乎规律的过程的陈述的意义。

迄今得出的结论看来是说，只有自然规律的验证或预言的实现才是自然规律存在的唯一标志，因而我们只有根据这一标志才

⑪ M. 石里克：载《自然科学》，1931 年，第 149 页。

能谈现实性。但是，只有我们弄清楚“验证”指的是什么，这一标志对我们才有意义、才有用处。只有在这一前提下，我们也才能把自然规律的验证当作自然规律存在的唯一标志。

一个命题的验证在于确定事态。人们如果用它表达了一个事态，也就确定了这个事态。有意义的命题的本质在于，“任何关于现实的命题的意义终归完全取决于所与的东西，而决不取决于任何别的东西。”⑫每个可验证的陈述都以数量有限的情况为前提。由有限情况向无限情况的跨越是通过归纳法实现的，但这种方法一开始就遭到了我们的拒绝。因此，自然规律的验证并不等于因果性的存在的验证，我们只能概然地说，在自然界中一个同类的验证又将出现。因此，我们认为，培根和休谟关于因果性的观点是正确的，根据这种观点，因果性的存在问题只有实践意义，而不可能是理论上的事情。这一思想越来越被物理学的新发展所证实。

4. 因果性与量子力学

因果律在现代物理学中的失灵成了最近以来研究自然科学和认识论的人们关注的焦点。有些人把这视为物理学中规律概念的基础的一种转向的开端，虽然另一些人否认这一点。为了确认这种看法是否确切，我们必须首先检验一下这一论断的意义与真理性，也就是说，必须弄清楚，现代物理学明确地取消了因果律本身，因果律在科学中、至少在物理学中失去了意义，因而不是无意义的

---

⑫ M. 石里克：“实证论和实在论”，载《认识》，1932 年，第 7 页。

便是错误的，这些究竟意味着什么。因为我们只有弄清楚这些，才能知道，物理学家为何断言因果律的失灵，以及人们是否能完全精确地说明这一点，也就是说，因果陈述是否像人们主张的那样，不是无意义的便是错误的呢，还是这两种论断对于事实都是不确切的呢。

普遍的看法认为，人们之所以谈到因果律的失灵，是因为海森伯所述的不确定关系向我们明确表明，根据因果律的理论对未来作出的任何预言都是不确定的。因为在这种理论所确定的界限内，我们无法同时精确地确定电子的位置和速度；而且，只有假定瞬时状态的准确性，我们才能谈到因果律的有效性。换句话说，为了能预言最终状态，必须准确地认识初始状态。但是，由于不确定关系，是不可能作出这一假定的。

因此，在物理学中因果律失灵的真正原因看来在于瞬时状态的不确定性或严格的因果假定是无法满足的，这一假定说的是："如果一个孤立系统的现时状态在一切确定的部分都能被准确地认识，那么，这个系统的未来状态就能由此被计算出来。"⑬那么，瞬时状态的不确定性就是因果律失灵的真正原因吗？命题"在原子世界，状态 A 是确定的，状态 B 不是确定的"，是什么意思呢？

举例来说，在现代力学中人们之所以谈到电子的不确定性，是因为人们只有放弃空间坐标系的确定性——这一确定性与速度的确定性结合起来，使准确地确定电子[状态]成为可能——才能确定电子的速度。我们要准确地测量电子的位置，就必须首先假定

⑬ W. 海森伯(Heisenberg)："因果律与量子力学"，载《认识》杂志，1931 年，第 174 页。

一种波长极短的光线,而这恰恰妨碍了确定电子的速度,因为测定位置所需要的光线使电子逸出了自己的轨道,因而使电子动量发生了不连续的变化。而且我们要越准确地测定位置,所要求的波长也就越短,因而动量的变化也就越不连续。当我们用长波射线代替短波光线时,显然电子动量的改变非常小,因而我们能准确地测量电子的速度,但是对位置的测定却不准确了。人们通常是这样表述这一理论的:对电子位置的测量越准确,对其速度的测量则越不准确。⑭ 海森伯把这描述如下:

"电子的位置和动量不能同时准确地被测定。要测定电子的位置,就必须照亮电子。这就假定了一个光电效应,所以也可以这么加以解释:光量子撞击电子,并被电子反射回来或改变方向。因此,在这个瞬间,电子肯定要不连续地改变其动量。对位置的测定越准确,也就是说,所用的光线的波长也就越短,动量的改变就越大,因此,位置被测定得越准确,动量就越不准确。人们也能够通过高速粒子的撞击实验来测定电子的位置,但这又意味着动量的不连续的改变;另一方面,粒子的动量可以通过测定其速度而得到任何预期的精确测量,但这就必须假定光波是长的,因此,反冲可以忽略不计。但在这时,位置却相应地不再能得到准确的测定。"⑮

为了理解这一表述的意义,我觉得,在若干点上与人们在经典物理学中谈到的准确测定电子的位置和速度的主张结合起来,是不适当的。人们通常认为,这里涉及的不是假设,而是定义。对速度的测定被定义为用时间除位置所得到的商。但显而易见,我们

⑭ H. 柏格曼(Bergmann):《在现代物理学中围绕因果律的斗争》,1929 年,第 37 页。

⑮ W. 海森伯:《物理学杂志》(*Zeitschr. f. Physik*),第 43 卷,第 172 ~ 179 页。

用这种定义既没有揭示那种确定性的根据，也没有在旧力学和新力学之间作出区分。假如情况果真是这样，海森伯的理论事实上就会丧失意义，而确定性概念在旧力学中是模糊不清的。因为显而易见，一个那样定义的确定性同样可以在不确定关系中找到。例如，假如我们在测定位置时首先选用短波光线，我们就能使位置的测定的准确性达到任意的精确度，但在这种情况下，电子的速度则是不准确的了。现在我们要问，在假定了测定位置的确定性的前提下，如何能测定电子的确定性。对此可以这样回答：如果这两种测定不能同时确定，则可以用互补的方式，准确表达电子的确定性。人们是用直接的方式还是用互补的方式规定一个科学陈述，是同样有效的；对科学来说，这在逻辑上不仅是次要的事情，而且也毫无意义，即使它在现实中是可行的。关于这一点，我们可以援引爱丁顿的说明：

"……对粒子位置的认识的准确性我们没有划定任何界限；前提是，我们并不同时力求得到对速度的准确认识。在这个瞬间，首先完成的是对位置的极准确的测定，而且在我们等待一个短暂的时刻之后，我们重又完成一个这样的准确测定。通过相互比较位置的准确测定，我们获得了粒子的准确速度，并且巧妙地破坏了关于不确定性关系的原理……但我们却决不能把速度的这种测定运用于预言未来，因为我们在第二次完成对位置的准确测定时，已对粒子产生了重大影响，以致它不再具有我们精心测定的速度……"⑯

爱丁顿对不确定性关系的阐述显然是有前提的，即对科学来

⑯ A. S. 爱丁顿(Eddington)：《物理学的世界图景》，1931 年，第 300 页。

说重要的不是认识人们怎样和以什么方式测定某种状态,不是一种状态究竟能否加以测定,而是能否根据状态的某种被确认的确定性作出某种预言。人们在不把不确定性关系归结为瞬时状态的不确定性时,怎么论证这种关系,是一目了然的。正是规定预言的不可能性导致了不确定性的关系。断言电子的速度和位置不能同时得到测定,意味着我们认为根本不可能确定地作出关于一个粒子的预言,不管是关于它的速度还是关于它的位置。这也可以这样加以表述:在原子世界中一个物理系统的确定性问题也就是预言的确定性问题。不确定性关系只是表达了这样的事实,即没有任何预言能确定在什么条件下和在什么时间内电子从一个轨道跳入到另一轨道,并将达到哪个点,即使我们用我们起初拒绝的方式制定一个公式,由此推导出预言,也不可能通过新的观察去证明从这个公式推导出来的预言。

因此,人们之所以谈到瞬时状态的不确定性,原因在于,根据这个理论,我们在某个界限内无法确定地预言任何事件,但预言的确定性却构成了自然规律性的内涵;只有这种预言的确定性才能表达合乎规律的事件。海森伯理论的最大功绩在于,它告诉我们,一个确定的预言只有在这个理论确立的界限内才是不可检验的,换言之,绝对不可能根据旧的观察推导出在这一界限内存在的事件。所以,如果我们能够谈预言的确定性,因果概念的运用就是有效的,如果这一假定不能得到确定的证明,因果律的预言就成问题了。因此,现代物理学拒绝因果律的原因在于主张预言的不确定性。

所以,海森伯的表述即使不错,也毕竟没有特别强调他的理论给因果问题作出的重要贡献。他的理论是这样说的:

“……以为我们认识现在,就能算出将来的看法,不是结论错了,而是前提错了。我们根本不可能认识现在的所有确定的部分。因此,所有的知觉都是对大量的可能性的选择和对未来的可能性的描述……由于所有实验都服从于量子力学的规律,所以量子力学能明确地断定因果律的无效性。”⑰

我们的探索表明,孤立地谈现在的可知性对科学是没有意义的,因为任何科学陈述本身不仅断定事实,而且也断定进入未来的向导,换言之,它向我们描绘了支配未来的可能性。没有任何自然规律能表示某种物理状态原则上是确定的或不确定的。因果原理说的是,在现实中只出现严格合乎规律的东西,也就是说,只有因果原理才是这样一种准则,它在现实中对任何行动都是完全充分的,而且我们能够根据它认知未来。反之,现代物理学告诉我们,它确定的界限内并未发生任何可以按照那个准则加以预言的东西,看来只能根据自然规律本身,确立应用任何假设或准则的可能性所依存的一个界限。某个假设如果是有效的,就不是由一个确定的量值,而只是由统计的陈述来勾画的。现代物理学的伟大成就在于,它揭示了所有对自然研究有用的科学假设或准则都是由自然规律来检验的。因此,没有任何理由假定一些决不能由经验检验的前提。由于现代物理学的这一进步,我们就很清楚地看到,可供观察或研究自然的理论基础只有通过自然规律或经验才能加以确定。这在以前是几乎没有人预见到的,因此,可以视它为海森伯理论的最新贡献。

但这肯定不是对海森伯关于因果律的无效性的表述应说的全

---

⑰ W. 海森伯:《物理学杂志》,第43卷,1927年,第197页。

部内容。因为这一表述不仅说出了我们所叙述的内容,而且说出了因果律在原则上的不可能性。这究竟是指什么呢?

因果律的失灵,只意味着我们觉得不可能根据那种表示因果原理的准则,去表达现实中的某种事态,或期待未来的某种秩序。换言之,根据现代物理学,在现实中不可能发生可按因果律加以描述的事件,也就是说,我们不可能提出一个公式,能够用它在不确定性关系给定的界限内预言某种确定的东西。因此,因果律在原则上的不可能性可以这样加以表述:我们原则上不能根据那个准则去描述某种自然事件或从某种公式导出某种自然事件。这是否真正表达了因果律在原则上的不可能性呢?

因果原理说的是,所有发生的事件都毫无例外地是可预言的。"可预言的"一词首先假定了存在着我们能据以预测出新的观察的公式,其次假定了所有服从此类公式的事件都是可预测的。因此,我们可以用两种方式谈因果律在原则上的无效性:或者根本不存在具有我们所寻找的那种性质的公式,或者从某种公式推导出来的东西是无法证实的。虽然这两种方式描述了同样的事实,但它们之间在本质上却彼此颇不相同,因为在前一种情况下,因果律是重言式,在后一种情况下,则是经验命题。如果因果律是重言式,我们在原则上就不能断定因果律的无效性,因为重言式本身不可能是无效的。只有因果律是经验命题,我们才能在某些情况下有理由说因果律的无效性,因为没有任何科学陈述是绝对有效的。在这种情况下,"原则上的不可能性"一词便没有意义了。让我们来进一步检查以下两个表述。

(I) 重言式的因果律陈述的是:自然规律意味着能够用一个据以推论未来状态的公式进行描述。显而易见,即使事件还是无序的，人们仍能找到进行这种描述的公式。如果自然界的规律性只是这个意思，人们就不能断言因果律的无效性，因为在现实中没有任何东西会与这种规律相抵触。换言之，这里没有任何偶然性。

“没有任何偶然性”这一陈述可以作两种解释：（1）因果律绝对有效，（2）规律与偶然性之间的界限只有形式上的意义。

（1）因果律不具有重言式的性质，这是由现代物理学的发展和因果律在物理学中的失灵才看出来的。如果自然规律具有重言式的性质，任何经验科学就都不可能确认它无效。但这种确认是千真万确的。因此，我们必须说，因果律不是重言式。谁要是这么断言，谁就不认识自然规律的本质。

（2）这种解释也可以这样加以表述：规律与偶然性之间的界限不仅是某种经验上确定的东西，而且也是纯形式的。依照严格的因果规律性，自然规律仅仅在于，我们根据这样的假定就能陈述它。但根据我们迄今的讨论，这已被我们视为不可能的而加以否定。因此，那种界限不能通过形式特点予以确定地陈述，而只能通过预言的实现予以表述。所以，这里涉及的不是纯理论的思辨，而是实践的事情。

（II）因果律在经验中是无效的，这只是意味着，在不确定关系断定的界限内，不可能在经验中找到这样一种东西，关于这种东西，我们可以断定它有因果假设所要求的行为。因此，因果律的无效性意味着，不管用何种方式，都在原则上不可能预言自然事态。显而易见，（1）这种无效性并不能得到经验的证明，（2）没有任何经验能表明在自然中会发生一种在原则上不可预言的东西。如果在经验科学中谈论最后的证实是有意义的，情况可能就是那样。但就我们所见而言，这并没有得到任何科学方法的支持。没有任何科学陈述是最后可以证实的,同时任何最后可以证实的陈述肯定不是科学陈述。现代哲学的严格分析越来越清晰地挑明,科学陈述在逻辑意义上并不是陈述,而只是“构造陈述的指示”,因为陈述必须是最后可以证实的。而这在科学陈述中几乎是不可能的。

我们已经把所谓因果效用在原则上的不可能性当作不正确的解释拒绝了,现在,要考察的最后一个观点可表述为:因果律如果不是错误的,也毕竟对科学是无内容的,因而是一个重言式。显而易见,在陈述“因果律是重言式”与陈述“因果律被现代物理学证实为重言式”之间是有区别的。前者指因果律在所有情况下都必定有效,并且不能被任何东西驳倒,后者则是说,因果律因为有重言式的性质,是被现代物理学当作无效的东西加以拒绝的。没有任何自然规律是重言式的,这是一个无须再作解释的物理学事实;这里我们只想探讨,能否用经验驳倒重言式的陈述。

显然,重言式不可能被经验驳倒,因为它涉及的不是事态,而是事态的各种可能的特定组合。凡可由经验确定的东西都不会具有这种特点。为了把重言式的命题与经验命题区分开,人们自然无需实验,而只需弄清命题的意义。那种认为我们的经验能表明这个或那个命题是重言式的论断,本身就是重言式。如果情况并非如此,我们就很难想像我们的外部世界,于是在世界上就不存在任何在逻辑上可以思议的东西了。因此,我们把这种表述当作是不确切的,而加以拒绝。

总而言之,物理学中因果律的无效性并没有因为预言的不确定性,就能使我们去建立自然规律的新基础,同样我们并不能断定因果律在原则上是不可能的或无意义的,而只能根据自然规律本身,确定应用科学原理的界限。这就是近来物理学的新形势和新成就。

5. 统计规律与概率规律

原子物理学的发展加强了一种观点，按照这种观点，自然规律性不是所谓严格的因果规律性。确切地说，这种观点以一个特殊领域为根据，人们可以把这一领域与严格合乎规律的领域对立起来，而且在这一领域中可以说几乎没有规律与偶然性之间的区别。也可以这样说，在自然界中并不是一方面有规律，另一方面有偶然性，而是人们把偶然性的规律，或更简单地说，把概率规律当作现代物理学的基础。这里虽然规律与偶然性这两个相互矛盾的概念似乎被联系在一起了，但讨论这类规律确实是有意义的。这是因为，经过严密的哲学分析，事实已表明，统计描述虽然在现代物理学中广为使用，但规律概念却牢固不变，并且任何其他概念都几乎不可能代替或修正概率概念，所以显然可见，当我们谈概率规律时，我们确实不知道我们说的是什么意思。这种混乱看起来起源于人们把现实中存在的概率的意义与概率计算中的概率的意义相混淆，却不知道如此一来便无法获得任何自然观念。因此，必须首先从概率规律的意义问题谈起。所以，这里要讨论的问题是，说这个或那个东西遵循所谓概率规律究竟是什么意思。

人们通常用掷骰子或轮盘赌的游戏来说明概率概念。人们谈的是一种逻辑的和事实的概率。被理解为逻辑概率的东西在数学的概率计算中有其表达。但我们不仅在日常使用（比如在保险统计）中，而且在精确科学（比如在对策理论）中都运用概率计算中分析概率元素的方法。虽然概率概念是一个逻辑概念，似乎与其他数学概念并无差别，但在它的现实运用中却不难发现差别。哲学分析的一项任务始终是要表明，数学概率在现实中的运用究竟能否与其他数学概念的运用是等价的。这一所谓运用问题至今还没有一个最终答案，虽然最近有人更明确地指出了得到这个答案的方法。深入探讨这一问题不属于我们的课题，这里只需指明，这一问题的难点在什么地方。

在概率计算中，概率概念被定义为一个集合(Kollektiv)中有利情况与可能情况的商，这个集合必须被假设为无限的，其中有一个极限值。比如大家知道，在掷一个标准的骰子时出现某个数字的概率就是商 g/m。但知道这一数字是否具有某一意义，对于数学的概率计算却完全无关紧要。这只有对于所谓的应用问题才是重要的。但人们如何表述这一问题呢？概率计算在现实应用中的可能性问题意味着什么呢？或者说，物理学中的统计理论能否对应用问题给出满意的回答呢？

我们再次回到概率计算上来，并追问：(1)究竟什么是概率计算？(2)概率计算以什么为对象？关于第一个问题，在概率计算中并不出现概率元素，而是所有的东西都能被视为合乎规律的，在这里，“合乎规律的”一词当然仅仅是指合乎概率规律的。从概率计算中不可能推导出一个具有普遍意义的概率概念——这只有在应用中才能发生——概率计算只是向我们指明，这一概念与其他概念有什么关系，以及在这里什么规则起支配作用。关于第二个问题，概率计算并不以概率元素为根据，而是以出现一个集合的所谓相对频率为根据，这个集合被视为一个无穷系列，也就是说，这个系列不局限于数量有限的情况，而是越出了各个情况的所有界限。

这是概率计算的唯一前提,没有这一前提,概率计算实际上是不可能的。

这可以用掷骰子为例加以具体说明:如果我们投掷一个标准的骰子,那么,根据概率计算,一个事件出现的概率是1/6,也就是说,如果我们投掷一个足够长的时间,那么,比如说,4这个数平均会出现1/6次。这当然只有假定一个极限概念才是可能的,这一概念趋于情况的无限性,因而永远不可能通过有限的观察来证明。所以,我们觉得可以理解,为什么在概率计算中决不出现任何能被人们完全当作偶然性的东西。如果事件还是混沌无序的,那么,通过一个长的观察系列,用排列的方法就能从各种事件中构造出一个级数,它有一种合乎规律的性质,虽然这里并不是在经验意义上谈论合乎规律性。但这就表明,在物理学的统计理论和数学的统计理论之间有本质的区别,因为前者涉及的是数量有限的情况,而后者则涉及一个无限的数。

在米塞斯(Mises)那里,我们遇到了另一种看法,根据这种看法,一个集合的概率能够借助于极限值,通过相对频率加以定义。但这一思想必须接受检验。

米塞斯首先为"概率"一词的使用确立一个条件,并且确立了概率的课题:只有在有界限、有规定的集合那里才能谈概率;而概率的课题则是,能从一个给定的概率出发,推论出一个集合未来出现的概率。这样确立起来的概率理论理应在现实中有效,它具有这样的优点,即把概率的意义问题当作无意义的问题加以否弃,因为概率可以由相对频率来代替,而且自然规律可以由相对频率来定义。例如,在掷骰子的游戏中,在足够长的持续投掷系列中出现4的概率是1/6。这里,概率的意义问题是这样得到回答的：显然得假定一个相对频率，然后由此构造概率规律，比如，在假定骰子事件的一个长系列时，数 4 和其他情况一样，以相同的次数平均出现。但这样阐述的概率理论也有缺点，就是说，如果所谓相对频率的概念不能确定，这一理论在现实中就没有应用的可能性。相对频率只有在这样的前提下才是可定义的，即存在一个极限值，频率趋向于这个极限值，而集合不受一个确定的数值的限制。这也可以这样加以表述：一个集合的数值必定比情况的总体数值小。只有在这一前提下，才能根据相对频率给出事件概率的定义。

我们的经验对此能说些什么呢？

米塞斯用数学中的极限概念去定义概率，众所周知，这一概念是以两个相互矛盾的规则为前提的：(1)任何排列和分配在一个集合中只能出现一次；(2)概率是以一定的频率出现的。当然，这一矛盾在概率计算中没有显露出来，因为概率计算不涉及有限的情况。只有在具体的命题中才会出现矛盾。这似乎假定了两个对于解释概率在现实中的应用来说是必要的问题：即(1)在我们的经验和无限东西之间就不存在任何关系吗？(2)人们能把集合的相对频率归结为大量的观察数值吗？

(1) 人们通常用无限概念表示什么意思，我们不感兴趣，这里需要指明的是，在概率计算中人们把什么当作无限的，它与我们的经验关系如何。在概率计算中，人们把无限当作一个数值，它总是比情况的总体数值要小。如果我们想根据概率规律把握某一事件，我们就必须假定一无限系列。用石里克的话说："……为了根据某个事件出现的相对频率去确定它在自然界的概率，即为了获得具体的、就像给数学研讨假定的命题，人们必须到处转向无限多的情况的极限值。”[18]我们能用经验证明这样一种命题吗？最容易不过的回答是说不能。没有任何经验告诉我们，据此构造经验陈述是可能的，因为没有任何经验陈述涉及无限多的东西。经验陈述总是局限于有限多的情况。凡在谈到经验陈述的地方，总是仅仅假定了一个有限的观察序列。如果一个事件原则上是可观察的，它就一定可以由有限多的情况来规定。如果这是不可能的，那么，或者是不存在任何观察的可能性，或者是纯粹偶然性居于支配地位。一个只有借助于那样的假定才可能的陈述对世界根本毫无所述；一个仅仅借助于极限值决定的陈述不可能被应用于现实中。在语法上不允许我们在科学中作出关于无限性的陈述，或者根据一个无限的因素去确定陈述，因为它并不确立与现实的任何联系。

（2）如果把概率规律归结为一个相当大，但又有限的数，它表示在经验上可确定的值逐渐接近于一个极限，那么，概率的课题，即从给定的概率推论出一个关于未来的统计分布的预测，是很难实现的。显而易见，如果根据关于平均结果的一个有限而很大的观察数据，把概率归结为一个关于相互独立的事件的数据，那么，人们就必须把这个平均结果理解为概率公理。但这一公理的应用将导致下列矛盾：第一，如果概率被归结为有限的情况，那么，这里讨论的就不是概率计算意义上的概率，而是可能的观察情况的枚举，也就是说，不是对一个集合的相对频率的观察，而是一定范围内的统计秩序；第二，虽然人们根据一个很大的观察数字，能够以上述方式确定一个频率的特定值，但人们却找不到这个频率的任何应用，而且它也无法用类似的方式再加以论证。在这里，我们必

[18] M. 石里克：载《自然科学》，1931 年，第 158 页。

须指出，这涉及一种纯粹的无规律性。这两个矛盾按米塞斯的看法是这样消除的：(1)概率本身并不考虑，根据一个给定的、可观察的概率能否对一个尚未被关注的概率给出充分证明；(2)他为所谓偶然事件确立了一个公理，人们可以根据这个公理，把概率规律与相互"独立的事件"区分开；但这种做法决不是出路。因为第一个定义完全取消了米塞斯意义上的概率课题，这里涉及的不是一个集合的相对频率，而是一个集合内的概率，而且这一定义与相对频率的基础不相容。对(2)尚须补充的是，严格地说，那个公理不宜应用于现实，因为这个公理只在集合内有效，而且无法根据观察来确定它事实上存在与否。因此我们必须说，把米塞斯的概率理论运用于现实，是站不住脚的。

我们尚未澄清，自然规律的基础能否归结为概率计算。这里还有另一种观点，它的表述是："如果不利用概率的分布，因果律便无法表述，或者说，任何关于自然事件的预测的因果陈述都具有概率形式。"⑲这也就是赖兴巴赫的观点，他试图在因果性和概率之间确立一个平行关系。上面已经指出，这种观点应被视为同样站不住脚的，而且不能带来任何对现实的认识。

赖兴巴赫的概率理论与米塞斯的概率理论的区别在于，对赖兴巴赫来说，概率概念可以简单地归结为不精确的物理量的数值，而对米塞斯来说，情况则相反，虽然两者都认为极限概念对于概率在现实中的应用是必不可少的。在我们谈自然界中的规律的地方，赖兴巴赫假定了概率概念，并且是以下列形式假定它的；如果

⑲ H. 赖兴巴赫(Reichenbach)："物理学中的因果问题"，载《自然科学》，1931年，第715页。

我们知道 A 与 B 之间的关系，那么，我们对现实就只能达到这样的认识；A 与 B 之间有一定程度的概率关系，换句话说，用以描述 A 与 B 之间的关系的量的数值只能表示一个近似值。赖兴巴赫本人说过，我们关于 A 所认识的一切，都可以用概率形式加以表达，一个不同于 A 的状态具有很大的概率。[20] 我们能认为这个思想正确吗？

科学讨论的最终目的是合乎规律地描述一切自然事件。如我们早先指出的，规律一词只应该指严格的秩序，并且也只应该被应用于事实上存在这类秩序的地方。如果一个事件应该被称为合乎规律的，我们就必须指出，它不受任何“剩余因素”的影响；凡在需要谈到一个事件的剩余因素的地方，也就是没有任何规律可循的地方。如果 A 与 B 真正存在，那么，断言 A 与 B 有某种概然的联系就是毫无意义的。在这里，我们的语法不允许我们使用概率这个词汇。一个陈述给我们描述一个事态，它的真假完全取决于这个事态在现实中是否存在。如果情况是这样，我们就可以说，那个陈述是真的，否则，则是假的。断言一个陈述可以不仅是真的或假的，而且也是概然的，这根本对现实毫无所述；仅当一个陈述除了真假以外，还允许有无限的值时，这一断言才会有意义。但是，把概率概念理解为概然性程度，却是一种思维错误，因为这两个概念只涉及不同的内容。

这里必须加以解释的是，海森伯的不确定性关系与这有何关系。一种看法认为，不确定性关系的理论证明了一个论断，即观察的精确性界限实际上是存在的。但就我们所见而言，这种解释根

[20] H. 赖兴巴赫：“物理学中的因果问题”，载《自然科学》，1931 年，第 715 页。

本是错误的,因为确定性界限在不确定性关系的理论中并没有那样加以表述,而只是意味着对自然事件不能作出确定的预言。我们不能说,只有我们不考虑观察的准确性,物理观察才是可能的。所以,那个界限并不是指物理系统的准确性界限,而是指预言的可能性界限。这就表明,海森伯的观点没有证明赖兴巴赫的观点。

在我们迄今的考察中,规律概念好像要表达一种严格的秩序。在有这种秩序的地方,就有规律性,如果我们在自然中发现这种秩序,这就只能意味着我们确定了一条自然规律。一条规律是什么样的,这对于作为研究规律的科学的自然科学毫无意义;重要的是,在自然界是否存在某种秩序。因此,我们不把所谓概率规律看作任何意义上的科学规律,因为一个在概率规律中获得表述的事件并不展示出任何秩序,此外,我们也不能由此在现实中确立某种秩序。因此,概率规律这一术语具有无秩序之秩序的意味。它标明的不是某种规律性,而是有规律的事件的否定。只有假定某种在经验中能获得证明的秩序,并且能够断定其中不存在任何不同的状态,人们才可以谈一种特殊的规律。因此,我们断言,物理学的统计规律完全是另一种规律,而不能被归结为概率计算,同时,为了确立物理学的统计规律,也不需要极限概念,而对于数学的概率计算来说,极限概念则是必要的。

现在必须加以解释的是:所谓物理学中的统计规律是指什么,它与所谓概率规律有何区别。而这种解释也就等于解释规律概念与偶然性。

在物理学中,可以考虑到这样一些情况,在这些情况下各个事件的规律性联系通过单一的观察是无法发现的。为了确立这种联系,我们必须借助于一个很长的观察系列,确立一个特定范围。这样，我们才说，A 只是在这一范围内与 B 具有规律性关系。例如，在通常测量量的大小时，我们能够借助于百分数(%)认识到平均误差的规则，而无须考虑在这百分数之内是否有一种规则。这种误差的出现可以借助于某一百分数得到合乎规律的说明。但这是在内部按百分比存在的偶然性。人们把统计学规律当作一种局部的规律，是完全正确的。“局部的”一词已经假定，在统计规律中，还有一种分布，人们常常称之为概率分布。这通过熵规律将变得尤其清楚。如熵规律清楚地揭示的，每一单个的微粒的运动都可作合乎规律的描述，但这个规律不是许多单个的微粒的分布，对这种分布只是得出一个概率。在这种理论中被称为概率规律的东西，同时表现了一种统计学观点。既然所谓概率规律的严格有效性要求通向无限的情况，那么，这一规律正如我们已经指出的那样，在现实中显然是不可能的。因此，人们也就不可能用这种方法去定义自然规律。也就是说，统计规律并不是概率规律或“偶然性的规律”，而是局部规律，它部分地描述了严格的秩序，部分地描述了纯粹的偶然性。

在没有偶然性的地方，才会出现规律，而概率规律所讨论的情况恰恰是在没有规律的地方。一个规律可用各种方式来表述。它可以用一条简单的曲线来描述，或用涉及特定范围的频率点的出现来描述。但它必须满足一个条件，即我们观测到的一切量必须能够在进一步的观察中重复出现。如果情况不是这样，我们使用的就不是“规律”一词，而是“无规律性”或“偶然性”。概率规律并不表达任何规律，确切说，它只涉及纯粹的偶然性。人们可以根据概率规律定义无规律性概念或偶然性概念，却不能表述规律。它不表达自然科学的那种规律，而是对定义无规律性或偶然性的实践指示。严格地说，在自然界并不存在两种规律，而只存在两种分布，即因果分布和概率分布。虽然两者描述的是同样的自然事实，但只有前者才描述了自然知识。

6. 因果秩序与时间秩序

我们只要谈到事件的严格因果秩序，就必定涉及时间秩序。这两者的紧密联系的表现在于，所谓客观时间只有借助于因果考察来把握，也就是说，只有借助于因果考察，我们才能在现实中用纯粹物理学的方法确定时间秩序，使之与我们的现象的自然秩序区分开。那么，时间秩序与因果秩序的关系如何呢？为了解释两种秩序的关系，人们曾经一再试图以因果联系定义时间秩序。相反的情形也同样有过；这种相反的情形可这样加以表达：事件的规律性与时间具有特殊的关联。有人把这理解为：任何自然规律都是时间方向上展开的，或者说，是由时间上的规定解释的，换言之，任何与时矢相联系的事件秩序（不管是什么样的），都已被我们标志为因果依存性；这种理解是正确的。一俟有人能从某一时间点推算出某一事件，我们就说，他已完全把握了自然事件的因果律。准确地说，如果规律性是存在的，它处于什么样的时间秩序中就无关紧要，因为“任何秩序的轨迹都已意味着因果律”。这看来肯定与因果论和目的论不相容。现在问题是，这种不相容是纯形式的，还是事实上的。

以通常方式定义的因果律表明，只有未来是由过去决定的，自然规律才是可能的。反之，所谓目的论则认为，过去的任何规定都取决于未来，换言之，过去是由未来决定的。这两种观点都从因果关系中寻求自己的论据，因此在因果观中，结果是由原因决定的，而对目的论来说，情况则相反，原因是由结果决定的。如果这两种观点中有一种观点是合理的，我们则必须首先追问，我们怎样和以什么特殊经验才能检验那一种观点的正确性。因为自然研究考察的任何必要前提首先必须是可理解的。如果检验是不可能的或有否定的结果，那么，这一前提对科学就毫无意义。那么，现在这里要追问的前提对于把握和理解自然是毫无意义的呢，抑或是至关重要的呢？

首先让我们检验过去决定将来这一基本命题的意义。正如前面我们已经明确强调过的，这必然意味着，未来可以根据过去来预测。只有我们能够说明事件的“过去”和“将来”的关系，这一陈述才是有意义的。在科学中“可说明的”是指可用公式描述。如果人们断言，一个事件可以从另一个事件导出，那么人们必须首先假定，有一个公式，它能说明，什么样的事件是属于作为其过去或将来的某个特定过程，使我们能借助于这个公式在自然中寻得规律。断言过去不可从将来导出，似乎也是要说，不考虑过去，就不可能用未来的数据去证实一个从某种公式推导出来的预言。但这一“不可能”究竟是指什么呢？它是什么意思呢？显而易见，这里谈的不是逻辑上的“不可能”。因为在未来的观察中寻找对自然规律的证明，肯定不是“不可能”。如果这的确合乎规律，每一种证实方式就都应该是可行的。自然规律是从过去还是从将来推导出来，就逻辑而言是无关紧要的；将来和过去一样都不具有优先地位。因果性本身不仅是对未来事件的验证，而且是对所有时间上的事件的验证。现在要指明的是，那个“不可能”也不会指事实上的不可能。因为可以设想这样一个世界，在这个世界中，对自然事件的任何规定如不考虑未来，就不能简单地加以确定，也就是说，在这个世界中，不假定起点的所有规定都受终点的影响，对自然的描述就是不可能的。在玻尔的原子模型理论中，我们即可发现这一点，根据这个理论，事件辐射频率的规定不仅取决于初始状态，而且取决于终结状态。于是，那种条件好像没有得到满足。但在这里我们却能说，这个世界同其他世界一样，具有精确的秩序，而一个世界并不显得优于另一个世界。但对此有一种异议，它认为这里涉及的不是因果规律，而是目的论规律。这是一种正确的异议吗？

目的论原则看来是要说，在自然界的某些情况下，借助未来的数据，对从一种根据过去的数据确立的公式推导出来的预言作出验证，是不可能的。根据这种原则，人们必须从这个公式推导出一个关于过去的预言，再把这个预言与过去的观察加以比较。人们可以把我们援引的玻尔的理论作为例证，根据这个理论，光量子辐射的规定完全取决于人们能否确定电子的初始轨道和最终轨道。换言之，这一规定意味着电子的最初轨道与最终轨道相对应；如果人们就光量子的辐射作一预言，那么，根据玻尔的理论，这一预言只有在初始状态与最终状态相互依存的前提下才能得到检验。这表达了一种特殊的自然规律吗？这使得谈论自然界的单向因果律还有意义吗？

显而易见，人们不可能由此确立一种特殊的因果律，人们从哪个时点推论自然规律，都是无关紧要的和毫无意义的。正如现代物理学告诉我们的，实际上没有任何理由能把自然规律划分为因果论的和目的论的。这一点是由石里克明确指出的："……设想我们给出一个公式，并按这个公式计算出 V。我们怎样检验这个公式的正确性呢？自然，只有我们把计算出来的V与被观察的V加以比较。但现在V已经过去（为了能被代入公式，它在时间上肯定先于一个必然已经流逝的和已知的Z），它不能在事后加以观察。因此，如果人们事前没有测定它，那么，命题“已经出现了被算出来的‘V’在原则上就是不可证实的，因而也是毫无意义的。但是，如果V已被观察到，那么，我们就拥有一个把已经观察到的事件相互联系起来的公式。没有根据能说明，为什么这样一个公式不是可逆的（因为在物理学中实际上不会出现歧义函数）。如果根据公式可以从Z推算出V，那么，在给定V时，则可根据这公式同样确定Z……。”㉑

根据我们迄今的考察，为时间方向的标志给出一个定义是不可能的。一个导出过去的推论与一个导出未来的推论并无差别，即使我们能够客观地区别从过去向未来的时间方向与从未来向过去的时间方向，情况亦无改变。根据熵规律我们即可看到这一点。

认为从过去到未来的时间方向的标志可由熵规律来作出的观点，是基于这一事实：根据这个规律，在气体的混合与分离之间有一定差别，即对气体在一定温度下的混合可作统计学预测，而气体的分离则只有很小的概率，也就是说，不大可能期待有这样的情况：“较热物体中振动的分子在某一瞬刻内总是在同一个方向上运动，因此，仅仅由于热能就能产生群体运动”。㉒ 就此而言，(1)下面的假设是必要的，即世界事件的过程是单向的，因而是不对称的；(2)从过去到未来的时间方向是由相反的方向标志的，在这里

㉑ M. 石里克：载《自然科学》杂志，1931年，第159～160页。

㉒ 阿斯顿（Aston）：《自然哲学》（*Naturphilosophie*），第126页。

“单向的”或“不对称的”术语可用概率概念来表达。因为气体的混合比气体的分离具有更大的概率，而不是相反。我们能认为这种解释是正确的吗？

无论如何不能认为，我们能够根据熵规律从物理学角度描述正的时间方向。但这肯定不能导致这样的看法，即认为世界过程有不可逆的性质。没有任何自然规律能说明这一点，也没有任何自然规律能表达对生成的正面规定或反面规定。这种情况在熵规律那里也同样可以看到，熵规律并不是说，这种情况是完全不可能的，而只是说气体在相关的温度下会自行分离的情况是很少概然性的。关于以熵规律为根据的自然过程的单向性的这种表述，只是断定自然界的每一过程在很大概然性上是不可逆的。不过，这种表述是否真正说明了某些东西呢？

在这里，熵规律是纯粹的概率规律，所以我们不能据此确定地规定自然事件。但期待一个迄今被我们看作不可逆的过程在未来成为可逆的，这在逻辑上是可以思议的。我们不能把这当作完全不可能的情况加以拒斥，因为时间跨度越长，在自然界中不存在单向的和不可逆的过程的概率也就越大。如果情况并非如此，熵规律涉及的就不是概率规律，而是严格的因果律，根据这种因果律，我们可以断言世界事件有一种单向的性质。熵规律是一种严格的自然规律吗？它是严格地有效的吗？

此外，人们一再试图用现在概念去论证时间方向的标志。“现在”可被定义为一个由非确定性状态过渡到确定性状态的阈限。比如，如果我们把 C 标为现在点，我们就能从 C 推出在将来或过去 A 或 B 是否存在，而且如果 A 属于过去，而 B 在这里属于未来，因而不属于过去，我们就能从 C 确定地推出 A。因此，从“现在”出发，我们不仅能把握过去和将来的区别，而且能在有“未来”以前标明过去，因为从“现在”出发，推论到过去是可能的，推论到未来则是不可能的。对此有许多反对意见。但我们要问，如果人们想通过“现在”确定地规定时间方向的标志，人们应该从哪个“现在”开始呢？就我们所见，物理学根本不可能对此作出回答，因为物理学并不认识“现在”，因此，我们可以说，凡是可以通过“现在”把握的东西，都不能单纯由物理学来把握。

参考文献

B. 巴芬克(Bavink)：《自然科学的成果与问题》(*Ergebnis und Probleme der Naturwissen schaft*)，1933 年。

H. 柏格曼：《在现代物理学中围绕因果律的斗争》(*Der Kampf um das Kausalgesetz in der jüngsten Physik*)，1929 年。

N. 玻尔(Bohr)：《论物理学理论的意义》(*Über den sinn der Physikalischen Theorie*)，载《自然科学》，1929 年。

P. W. 布里奇曼(Bridgmann)：《今日物理学的逻辑》(*Die Logik der heutigen Physik*)，1929 年。

A. S. 爱丁顿：《物理学的世界图景》(*Das Weltbild der Physik*)，1931 年。

F. 埃克斯纳：《关于自然科学的物理学基础的演讲》(*Vorlesungen über die physikalischen Grundlagen der Naturwissenschaft*)，1922 年。

Ph. 弗朗克(Frank)：《因果律及其界限》(*Das Kausalgesetz und seine Grenze*)，1932 年。

H. 费格尔：《物理学中的理论与经验》(*Theoriė und Erfanrung in der Physik*)，1929 年。

“经验与概率”(Evfahrung und Wahrscheinlichkeit)，载《认识》杂志，1930 年。

D. 休谟：《人类理智研究》(*Untersuchung des menschlichen Verstandes*)。

W. 海森伯：《量子论的物理学原理》(*Die physikalischen Prinzipien der Quantentheorie*)，1930 年。

"因果律与量子力学"(Kausalgesetz und Quantenmechanik),载《认识》杂志,1931 年。

I. 康德:《导论》(*Prolegommena*)。

R. 米塞斯:《概率,统计学与真理》(*Wahrscheinlichkeit, Statistik und Wahrheit*),1923 年。

H. 赖兴巴赫:《世界的因果结构》(*Die Kausalstruktur der Welt*),1925 年,慕尼黑。

物理学中的因果问题"(Das Kausalproblem in der Physik),载《自然科学》杂志,1931 年。

B. 罗素:《物的哲学》(*Die Philosophie der Materie*),1929 年。

《人和世界》(*Mensch und Welt*),1930 年。

M. 石里克:"自然哲学"(Naturphilosophie),见德索尔(Dessoir)编:《哲学教程》(*Lehrbachder Philosophie*),1925 年。

《普通认识论》(*Allgemeine Erkenntnis lehre*),1925 年。

"对因果原则的自然哲学考察"(Naturphilosonhische Betrachtungen über das Kausalprinzip),载《自然科学》杂志,1920 年。

"现代物理学中的因果关系"(Die Kausalìtät in der gegenw ärtigen Physik),载《自然科学》杂志,1931 年。

H. 魏尔(Weyl):《自然科学的哲学》(*Philosophie der Naturwissenschaft*),1927 年。

黄裕生 译　梁志学 校　范岱年 审

莫里兹·石里克与现代经验论

一

莫里兹·石里克[①]是一位真正对我们时代的哲学作出重大贡献的德国哲学家。本文试图重新评述石里克对当代哲学的贡献，更确切地说，对现代经验论的贡献；作者希望以此来表达对最敬爱的导师的感激之情和崇敬之意。

二

众所周知，石里克是“维也纳学派”所代表的所谓“逻辑实证主义”的奠基人。要了解石里克作为一个“逻辑实证主义者”对当代经验论哲学所作的贡献，就必须对他作为一个哲学思想家投身于他的事业时哲学所面临的状况作一个简略的考察。

当时，哲学和科学之间的联系很少，以致物理学通过相对论和

---

① Moritz Schlick，1882 年 4 月 14 日—1936 年 6 月 22 日。

量子论所作出的巨大进展对于当时的哲学几乎没有产生影响。那些从传统问题出发的哲学家,要么鼓吹对生命力或隐德来希(编者按:Entelechy,或译圆极、生元)之类的神秘因素的信仰,把这类因素作为宇宙的第一原理;要么就像所谓的精神科学那样,提出诸如“价值关系”(Wertbeziehung)和“文化释义”(Kulturdeutung)之类的新因素,企图以之建立具有“更高”价值的其他方法来与科学的因果方法相抗衡。即使是新康德主义学派,尽管在当时还比较接近现代科学的传统,但它却力图追随康德哲学的立论,把建立在18世纪的自然科学和数学基础之上的那些科学原理抬高到先天真理的地位,以之来解释现代科学的各种形式及其精确的发现结果,从而阻断了通向活生生的现代科学之路。

这就是石里克在当时刚刚站住脚的相对论的启迪下发表有关现代的空间和时间观念的论著②时哲学所处的状况。石里克在这些著作中的基本思想就在于明确地区分物理的空间时间和知觉的空间时间。在石里克看来,知觉的时间乃是一种直接具体的时间经验;而相对论所研究的物理的时间则是构造出来将世界系统化的一种纯粹概念性的次序原则。这种不可定义不可描述的时间经验也许是估计时间的一种非常方便的手段,但决不是作为物理原则来客观地定义时间的手段。大家知道,我们往往选择某类周期性过程作为我们经验的连续过程中的一些固定的点并用数字标示,以此来客观地确定前后相继事件之间的时间间隔。这样,我们便在一维的簇上确定一切事件的次序;一旦选定了起点和相互关

② 《相对性原理的意义》,载《哲学与哲学批评》(*Zeitschrift für Philosophie und philosophische Kritik*)杂志(1915),第156页;《现代物理学中的空间与时间》(*Raum und Eeit in der gegenwaertigen Physik*),第一版,1917年;第二版,1922年。

系的体系之后，所有的事件就都在这一概念性时间系统中各自对应于某个标了数字的确定的点。这些事件的时间性质就是以这种方式来表示的。

所有这一切也同样适用于空间。对于空间，我们也必须区分作为直观广延的空间（这种空间只能被经验到）和作为自然现象中次序原则的空间。后一种空间系统同样是借助于纯粹概念性次序而得到的，正像对时间连续统中的事件的划分一样。区别只有一点，即时间的系统是一维的，而空间的系统是三维的。有一种观点认为，最基本的几何学概念如"点"、"直线"等本身就是同一定的感觉经验相联系的，而且只有与这些感觉经验相关联才是合法的。石里克则提出隐定义理论（theory of implicit definition）坚决地驳斥了这种观点。按照这类隐定义的逻辑理论，我们可以不用指出任何具体的内容，不涉及任何感性的和可直观的特征，而对概念下定义。因此，在抽象几何学中，"在……中间"的概念作为一种以隐含的方式定义的原始观念，就并不给我们传达任何可以与这个词相联系的视觉现象，而只传达给我们为这一观点所规定的抽象关系③。

我们之所以习惯于把某种知觉的内容加到一系列以隐含的方式定义的概念上，是由于我们不是通过它们的相互关系来定义它们，而是使它们与这样或那样的实在对象相关联来表示它们。因此，石里克认为，形式概念的客观的含义并不是作为某种本质的东西为它所固有，也不是由"纯直观"所给予，而只是通过与某种知觉上观察到的对象的一一对应而赋予的。

③ 这种"隐定义"的提出应归功于帕西（Pasch）和希尔伯特（Hilbert）。见《普通认识论》（*Allgemeine Erkenntnislehre*），1918 年版，第 33—35 页。

三

从石里克的论述中可以清楚地看出，在所有科学理论中表现出来的不是“纯直观”或任何神秘的要素，而是理性知识与经验知识的结合：因为在这样一种理论系统中构成其要素的命题只有通过数学的或逻辑的推演才能彼此联系起来，而任何“直观的”经验的客观有效性只能通过感官知觉在经验上加以检验。

从这种对活生生的当代科学的见解中所得出的哲学结论，同当时在德国颇有影响的新康德主义的“先天论”当然无法相容。按照康德的看法，理性知识和经验知识可以在“纯直观”中统一起来，从而产生被他当作数学的基础的“先天综合判断”。在康德看来，在“纯直观”中，不仅最清楚地给了绝大多数几何学概念的意义，而且甚至也能绝对确实地从中获得几何公理的“先天有效性”。然而，正如前面已经指出的那样，随着公理方法的兴起，现代数学的发展实际上已经成功地以一种完全不同的方法即纯逻辑联系的方法，丝毫不涉及直观或任何可感知的特性而确定几何学概念的意义。更进一步，数学的证明，即从已知定理推出新定理，也用这种纯粹演绎的方法来取得，并且甚至更增加了其严格性，因为在证明几何定理时避免一切暗中加入的假设，仅仅通过逻辑的步骤从前提和公理推出定理为真，这已经越来越成为人们所追求的目标了④。

---

④ 见《普通认识论》，第34—35页。

但是，对于康德来说，不仅是数学，还有自然科学也属于这种类型的先天知识，因为自然科学的必要前提首先是作为物理空间的科学的欧几里德几何学的先天有效性；其次是因果律的有效性。康德关于作为空间的科学的欧几里德几何学必须具有“绝对有效性”因而必定是先天知识的观点，只有在物理空间实际上具有这种结构并且能够通过“直观形式”来描述时，才是有道理的。但是，现在我们知道，在直观中所体验到的空间同科学所使用的物理空间决不是一回事，而且同以物理物体的次序来定义的空间观念甚至一定是形成对照的。作为物理学研究对象的空间，是一种纯粹概念性的构造，是排列物理实体的一种系统；这种空间是通过重合方法(method of coincidences)从个人的空间感觉材料中得到的，它使主观空间经验的诸要素一一对应，从而形成客观空间中点的观念。

可是，除了将欧几里德几何学应用于日常生活经验以外，人们还一直在企图为它寻找另一个应用领域，即精确的科学理论领域。但这种企图同爱因斯坦的引力理论所产生的物理事实相悖。按照爱因斯坦的引力理论，宇宙空间不可能在欧几里德几何学的基础上用简单的定律以最大的精确度进行描述；最好把宇宙空间看作具有近似于“球状的性质”，在这种宇宙空间系统中的每一点上都必须使用与欧几里德几何不同的一种特定的几何学，这种几何完全取决于该点的物理状态⑤。因此，石里克写道：“任何人只要一旦深入地考察一下物理学理论并且看到它的逻辑的统一性和贯融性

⑤ 见爱因斯坦(A. Einstein)：《几何学与经验》(*Geometrie und Erfahrung*)，1921年版。

极大地简化了整个世界图景，他就会毫不犹疑地认为，欧几里德几何在物理学中的绝对支配地位已经结束了。”[6]

再来看一看第二个问题，因果律是否在实际上是自然律的必要前提；有一种与新康德主义哲学相对立的学派以量子物理学为依据否认因果律。按照新德德主义者的看法，那种认为现代物理学表明因果原则失效的看法是错误的，因为在他们看来，归根到底，因果原则既不能由经验来确认，也不能由经验来驳斥。换句话说，在他们看来，由于因果律被当作康德意义上的“先天综合判断”，所以既不能被经验所确认，也不能为经验所驳斥[7]。石里克认为，用这种方式来确立因果律是不可能的，原因很简单，那就是过去认为“不可能解决的”决定论问题现在已可借助于海森伯（Heisenberg）的“测不准关系”来“解决”了[8]。因此，如果一个命题对实在有所说，那么它必定是可以通过经验检验来核查其真假的。但是，如果在原则上不可能进行这种经验的检验，因而该命题可以同任何可能的经验相容，那么，它就将是先天的，但另一方面，它就不可能提供任何关于实在的信息，也就是说，它不可能是综合的。像康德所设想的那样，一个判断，一方面传达事实性的知识，换言之是综合的，另一方面既不能由观察到的实在所确认又不能由它来驳斥，换言之是先天的，那是一种语词的自相矛盾，因而是不可能的[9]。

---

⑥ 同④，第303页。

⑦ 见贝格曼（H. Bergmann）：《在现代物理学中围绕因果律的斗争》（*Der Kampf um das Kausalgesetz in der juengsten Physik*），1929年。

⑧ 参见《现代物理学中的因果性》，载《石里克文集（1926—1936）》〔（*Gesammelte Aufsaetze*（1926—1936）〕，第60—61页。

⑨ 参见《石里克文集（1926—1936）》，第62—63页。

现在新康德主义者认为，因果律并没有提供任何关于世界的直接的信息，而是描述自然过程所必须遵循的一种“公设”或律则。这样一种律则，尽管它显然不能有什么真假之分，却还是完全有意义的。问题只是在于这一律则并不适用。因为量子理论恰好就表明，因果原则作为一种科学研究的律则由于“测不准关系”而不能适用。因此，量子理论便放弃这一原则而代之以一类新型的自然律——统计定律。从这里可以看出，因果律决不是新康德主义的意义上的“公设”，因为对于他们来说，因果律是科学研究必须不惜一切代价予以坚持的一种预设。而“事实是任何律则都可能受到得自经验的对立律则的限制，也就是说，它可能被当作不适用的而被取消。”⑩这样石里克也就表明了康德关于因果律的看法也是不适用的。

作为上述考察的结果，对于数学和自然科学中是否存在“先天综合判断”的问题，回答必定是否定的。我们知道，依据数学和物理学的研究成果，判断要么是分析的，因而在应用中具有绝对确定性，但不传达关于世界的任何信息（如逻辑的和数学的命题就属于这种类型）；要么它们从经验中得出，因而传达事实性的知识，但就不再是先天的真理（例如自然科学和日常生活的命题）⑪。康德相信在数学和自然科学中存在着“先天综合命题”，但他决没有想到，正是数学和自然科学这两种知识破坏了他的理论并且显示出本质上不同的性质。

---

⑩ 同⑨，第67页。

⑪ 见《有先天的材料吗？》、《知识的有效性》，载《石里克文集（1926—1936）》，第25、226—227页。

四

从上面的讨论中可以清楚地看出，我们的一切科学知识仅仅只是反映世界中的形式关系，而且只有借助于概念和符号，进行运算和系统化才能获得这些知识。绝对没有任何具体的经验内容可以进入这些知识之中[12]。石里克又向前推进了一步。他论述了知道某种事物同经验到某种事物两者之间的根本区别。他成功地指出，这两者之间的混淆是如何与某种形而上学的目标相联系的，而追求这种目标则在原则上是错误的。在石里克看来，“知道情况如此这般”同“体验到某种情况”是根本不同的。体验是通过经验得到的，因而它总是定性的。经验只是主观的，性质是不能交流而只能在经验本身中直接显现出来的[13]。另一方面，科学知识则总是客观的，可以交流的。石里克在论述这一点时总是这样说：“每一种知识在原则上总是再认知和重认识。”然而，再认知显然要预设两种东西：一是被认出的东西，一是认出后被当作的东西。例如，当我们认出了一条狗并且说“那是尼罗”时，我们就是在认出某一个体，或者当我们知道光的性质时，我们就把它认作是电磁振荡[14]。

这就是石里克考察某些哲学家的形而上学理论时的出发点，在那些哲学家看来，不在经验中给予的超验世界的形而上的实在

⑫ 见《知识的性质》，载《石里克文集（1926—1936）》，第192—197页。

⑬ 见《知识、经验与形而上学》、《表述的性质》，载《石里克文集（1926—1936）》，第2—8、164—165页。

⑭ 同④，第5—12页。

是永远不可知的。石里克认为，这类理论就是由于混淆了“体验”和“知识”的区别。这一点从知识的定义中就已可得出：只要陈述包含着关于事实的知识，就根本不可能有两个世界[15]之间的这种差别；该陈述要么在这两个世界中均为真，要么均不真。因为，如果在这个世界中有任何对象确定无疑地与经验相关联，那么该陈述也一定同样适用于不在经验中给予的超验世界。因为它只涉及形式关系，而超验世界的形式关系已经由这种关联充分地规定下来了。当然，更不用说，超验的东西按其本性不可能成为体验的对象，而经验则能够成为体验的对象。它们之间的区别不是可知世界与不可知世界之间的区别，而是“知识”与“体验”之间或知识与非知识之间的区别。

石里克也反对所谓归纳的形而上学，这种形而上学认为由于实际的理由超验世界是不可知的。石里克在阐明归纳的形而上学家们是怎样误解了归纳方法的性质时，他同时也就驳斥了这种形而上学。因为通过归纳对知识的任何扩展基本上只是在同一领域内的扩展，因而只能给出在该领域之内的同一视角的看法。它决不能达到在原则上超出科学范围以外的任何东西，也就是说不能达到形而上学。[16]

然而，“超验的”这个不恰当的用语导致了许多其他形而上学理论的产生。众所周知的一种理论就是认为对超验世界可能有一种直观知识。这种理论认为，只有当意识在质的方面成为对被知对象的最内在本性的意识，使自身与之完全同一或完全结合在一

---

⑮ 译注：即超验世界和经验世界。

⑯ 见《不能回答的问题》，载《石里克文集（1926—1936）》，第369页。

起时，才会出现这种对超验世界的直观的形而上学知识。这样，在柏拉图的唯心主义中，对超验世界的知识只是通过对理念的知觉才能获得。同样，意志主义认为，将超验的东西吸收进我们的意识的那种经验总是一种意志的经验。柏格森的生命哲学也以同样的方式设想一种生命力。唯物主义虽然针锋相对地反对这些理论，但它认为，在我们看到或接触到一件事物时，我们所得到的经验就是，或者实际上可能是，与形而上的物质实体的本性相等同的。

从这些实例中可以清楚地看出，所谓直观的知识，实际上无非是企图在直观的活动中经验到超验的世界而不是要取得对超验世界的仅仅是形式的知识。石里克指出，这种企图的不可能性已经被直观知识的观念本身所蕴含了。通过把这种看法解释清楚，这里的混淆便可立即得到澄清。他认为，如果直观是对内容的经验，那么，对超验世界的直观知识就是无意义的，也就是自相矛盾的语词的联缀，因为直观按其本性只限于所与的范围之内，而超验的实在则不可能在所与中经验到，这实际上本就是超验的定义。如果我们像意志主义者那样认为超验的东西的形而上学本质就是意志，那么这一陈述本身就是无意义的，因为这种学派认为那不可能被经验的东西可以被经验，就像意志那样。另一方面，那些主张唯灵论或精神一元论的人认为超验实在具有精神的或心理的性质。这些人实际上只是把超验的东西描述为非超验的东西，把非给予的东西描述为给予的。然而，这是一种语词上的矛盾。

就这样，企图获得对超验世界的直观知识的形而上学，其结果乃是一种矛盾，即它声称经验到不可经验的东西，直观到不可直观的东西。因此，石里克解释说："形而上学是不可能的，因为它以某种自相矛盾的东西作为追求的目标；如果形而上学家把经验作为追求的目标，那么他的渴望倒是可以实现的，也就是说在诗歌、艺术和生活本身中实现。……但是由于他希望经验到超验的东西，他就混淆了生活与知识。……然而，形而上学者可以得到一种安慰；形而上学的体系本身可以作为使内心生活得以丰富的手段，因为这些体系可以提供形而上学的哲学家所追求的某种东西，即经验。……形而上学的哲学应被判定为是一些艺术作品，而不是真理和知识的传播者。它们有时包含知识，有时包含诗歌，但决不包含形而上学。"⑰

五

这种形而上学的思辨，不仅在对超验世界的形而上学知识可能性的肯定中可以看到，而且在超验世界存在或不存在的实在论问题的讨论中也可以看到。在谈石里克对这个问题的观点之前，我们必须把他在卡尔纳普(Carnap)和维特根斯坦的影响之下发展起来的某些思想介绍一下。如果没有这些影响，他就不可能完成从"批判实在论"向"逻辑实证论"或"彻底经验论"(这代表了他在《普通认识论》之后所采取的哲学立场)的转变⑱，首先是分析命题和综合命题的明确区分。综合命题无论是在科学领域还是在日常生活中，总是用来传达某种事实，它包含着关于这种事实的知识。

⑰ 见《知识、经验与形而上学》，载《石里克文集(1926—1936)》，第17页。

⑱ 石里克在早期所采取的是"批判实在论"立场，这种立场表现在他的《普通认识论》(1918)和《现代物理学中的空间与时间》(1917)中。在卡尔纳普的影响下，他后来对这种观点作了很大修改，从而主要采取了"逻辑实证主义"的立场。

另一方面,分析命题则具有完全不同的职能,它并不表达事实,也因此,它的有效性并不建立在经验的基础之上:因为,为了保证这种命题的真理性,我们只要了解其中使用的词语的意义就行了,并不需要涉及任何事实⑲。

但是,我们在什么时候,要怎么样才能理解综合命题的意义呢?石里克的另一个重要观点回答了这个问题。他认为,要确定综合命题的意义,只有描述出在该命题为真时便一定存在的实况,除此而外,绝对不可能有别的办法。如果这种实况不存在,该命题便是假的。我们一旦发现了命题所描述的实况,我们就发现了命题所陈述的一切,从而也就弄清了它的意义⑳。为了确认这一点,石里克使用了爱因斯坦分析时间所使用的方法。在讨论那些断言不同地点事件之同时性的陈述的意义时,爱因斯坦清楚地指出,首先必须定义,同时性指的是什么?而要做到这一点,人们只有对"这两个事件是同时的"这一陈述如何才能被证实作出一番描述。反之,如果有谁宣称,存在着一种与一切证实方法无关的"真正的"或"独立的"同时性,所有的证实方法中没有一种能够确立这种同时性的存在,那么这个论断按其本性来说就是不可证实的,因而显然既不可能为真,也不可能为假:它根本就是无意义的。这种在原则上不可证实的陈述从其外表上看是一个综合命题,但只是外表上如此罢了,这也就是说,它是一个伪命题,因为我们既不可能把它同任何实际情形相比较,也不可能在任何场合下确定它的真假;这不仅仅是经验上的不可能,而且是逻辑上的不可能。一个陈述,

⑲ 见《论知识的基础》,载《石里克文集(1926—1936)》,第306—307页。

⑳ 见《实证论和实在论》、《意义与证实》、《一种新的经验论哲学》,载《石里克文集(1926—1936)》,第80—90、341、137页。

如果由于实践上的原因而无法被证实，它的为真条件还是完全有可能被指出来；但是一个在原则上不可证实的陈述，就违反了语言交流的前提，因而就连承认它是一个命题也是不可能的。石里克用一些物理学上的实例表明了这种区别并以令人信服的逻辑性表明了它的价值[21]。

这就是石里克处理外部世界实在性问题时的出发点。首先他清楚地阐明了关于外部世界实在性的日常的和科学的陈述的意义。石里克自然承认关于特定对象或特定事件实在性的陈述的意义。这城内是否真有一座塔或者一个特定的电子是否真的在那儿，这些都可以用通常的方式由感官知觉进行直接或间接的检验。可是，在哲学上，实在却意味着某种与科学所研究的或日常生活中我们所接触的那个自然界很不相同的东西；在哲学上，实在被人们设想为以某种方式存在于经验世界"背后的"东西。因此，康德把这种"实在"称之为"不可知的超验的实在"，并且认为只有这种"实在"才是我们在研究外部世界实在性的"哲学问题"时所涉及的东西。

为了弄清哲学的真正任务，避免形而上学家对这个语词的种种误用，石里克赞同维特根斯坦的主张，不是把哲学定义为"科学"的一个分支，而是定义为一切科学陈述所依托的一种"活动"；哲学的任务是研究陈述的意义，澄清这些陈述并排除一切由于误用语言所产生的混乱和无意义[22]。循着这个思路，石里克不仅成功地讨论了实在性问题，而且还讨论了所谓心理—物理问题以及关于活

㉑ 见《实证论和实在论》，载《石里克文集(1926—1936)》，第91—92页。

㉒ 见《哲学的未来》，载《石里克文集(1926—1936)》，第124—133页。

力论的争论，但限于篇幅，对这些就不予涉及了[23]。

现在让我们来问，对不可知的实在所下的定义究竟意味着什么东西呢？这样一种对超验的东西的定义实际上依赖于下面这一假设，该假设认为知识本身就是一种直观，而且只有当被认识的对象直接呈现给认识主体之时知识才能完成。因此，按照这种观点，不能直接被经验或被直观的东西，就属于不可知的和超验的；它属于"真存在"(true being)的领域。然而，我们在前面已经指出，这仅仅是"知识"和体验的混淆罢了。如今，随便哪位现代科学家都不会认为，只有通过某种直观的活动，使电子作为物体进入他的意识，才可能有电子的知识。他倒是会认为，如果支配电子行为的定律能够这样地陈述出来，使得所有涉及到电子属性的公式都有可能由经验确认，那么就可以得到关于电子的完全的知识。如果这些就是主张区别两种实在的仅有的论据，那么，它们只能导致"经验的实在"，而不可能导致形而上学的哲学家们所设想的那种不可知的"超验的实在"。

然而，形而上学家可能会宣称，尽管不可能获得对外部世界的形而上学实在的知识，但他还是相信这种实在，理由很简单，那就是"经验的实在"似乎并没有给世界提供充分的实在，因而必须把某种"更高的实在"(即他所谓的"独立的实在"或"绝对的有")赋予这个世界。如果真的是这样，那么，我们就得问他，如果对象具有他说的这种实在性，那又会造成什么样的可以发现的差别呢？石里克的观点是，形而上学家绝对不可能指出任何的这种差别。

㉓ 见《论心理概念和物理概念的关系》、《关于整体性概念》，载《石里克文集(1926—1936)》，第267、251页。

因为,如果真有什么差别的话,这就会在事实上构成一种可以发现的区别,因而他的论题就被附上了一种经验的意义,也就是说,这种“超验的实在”归根到底是“经验的实在”。如果有人主张,一个有关这种实在的陈述,其意义并不在于该陈述在所与范围内的可证实性,而是远远地超越于它,那么他就必须承认这一附加因素无论如何也无法指出来。因为,如果指明这种附加因素是可能的话,那么,他就会发现,所说的意义恰好就在于他已经指出了可以用来证实这一陈述的某种情形。这样,他就回到了石里克自己的观点上来,而这时形而上学家所关心的,就不再是形而上学而是科学,甚至在严格的意义上说的科学了。

形而上学关于外部世界实在性的论断在原则上是不可证实的,也就是说,它的意义无论如何也无法说清楚:既不可能在任何交流中传达出来,也不可能在任何活动中表达出来,它只是一个所谓“无意义的陈述”而已。这些形而上学家们的意见只不过是想用“独立的存在”或“绝对的有”这样一些用语来表达他们对外部世界实在性的情感罢了。如今,只是对于阿芬那留斯(Avenarius)和马赫(Mach)所代表的那种形式的实证主义来说,这种情感才是可以说得通的,而对于石里克作了新的解释的实证主义来说则是站不住的。在阿芬那留斯和马赫看来,外部世界的实在性仅仅限于被他们称之为“感觉的复合”的东西,而抽象的科学知识则被看成只是一种“逻辑的构造”。在石里克看来,关于实在的陈述的真假只能在所与中进行验证,因而它的意义也只有参照于所与才能构述出来并且被人们所理解[24]。然而,这并非预设只有所与的东西或

[24] 见《实证论和实在论》,载《石里克文集(1926—1936)》,第94—97页。

实际上在意识中所经验到的东西才是实在的，才是科学知识的唯一内容。相反，石里克在他的《自然哲学》(*Lehrbuch der Philosophie*, Dessoir 编, vol. II, 1925) [25]中特别着重地强调了下述事实，即原子是"实在的"实体，而不只是一种"逻辑构造"或"有用的描述手段"，在完全相同的意义上，"月亮的背面"是"实在的"。对石里克来说，关于外部世界实在性的陈述为真的判据并不是被观察的对象实际上在知觉中被给予这一事实，而仅仅是该陈述有**证实的可能性**：只是根据了这种可能性我们才能够把"实在的"同"梦幻的"或"想像的"东西区别开来，并且能够理解任何这类陈述的意义。

在这里，石里克对实在性问题的考察达到了关键的一点：无论是否定还是肯定形而上学的外部世界的存在，归根到底都没有任何可以指明的意义，因而从这两者都不能得出任何结果。是不是"只有我的感觉存在或者只有我的经验是实在的"这个问题，同是不是"有一个实在的外部世界存在"的问题一样，都是错误的。对这些问题曾经有过的一些回答，比如说，"只有我的感觉而不是别人的感觉才是实在的"，"有一个实在的外部世界存在"或"外部世界只是一种幻象"，等等，在原则上都越出了任何经验检验的范围，而且正因为如此，这些回答甚至是不可能理解的。它们像其他形而上学问题一样是无意义的。这样一来，石里克就揭示了实在论、实证论和唯心论等相互之间的争论只是对一些"无意义的句子"或"伪问题"进行的争吵而已。他在实在性问题上的观点非常清楚地

---

[25] 载德索尔(Dessoir)编:《哲学教程》(*Lehrbuch der Philosophie*)第二卷，1925 年。

表现在下面这些表述“彻底经验论”基本原则的陈述之中，而“彻底经验论”则代表了石里克在他的《普通认识论》之后所采取的哲学立场。“实证主义思想的中心的——而且在我看来也是无可争辩的——论点就是认为任何句子的意义完全取决于对它进行经验证实的可能性这个原则”，“这个原则既不意味着只有所与才是实在的，也不隐含这个意思；实际上，任何这样的断言都将是无意义的”。因此，彻底经验论者并不否定形而上的超验世界，而是认为无论对它的否定还是肯定都同样是无意义的陈述。他的命题“关于形而上的外部世界的论断是无意义的”，说的并不是“没有这样一个世界”，而是说的完全不同的另一回事。经验主义者并不对形而上学家说：“你的话是虚假的断言”，而是说：“你的话根本没有断言任何东西。”经验论者并不驳斥形而上学家，而是对他说：“我不懂你所说的东西。”因此，逻辑实证论和经验论并不是互相对立的。相反，前者意味着后者㉖。

六

这种以相对论为榜样的知识论不仅就此结束了所有各种无谓的语词上的争论，而且已经表明，它同与海森伯和薛定谔的名字相联系的量子力学中的根本变革相结合是富有成果的。大家知道，这两位科学家的贡献向我们表明，世界的结构是不能建立在我们日常生活中所熟悉的那种机械模型之上的。世界的结构只能建立

㉖ 同⑧，第114—115页。

在高度抽象的、大胆的理论构造之上,这些理论构造不可能靠那类只适用于宏观结构的概念来把握。另一方面,这些构造却有这样一种性质,即只有感官的观察才能进入这些构造中去。从现代物理学中产生的这种方法论原则显然非常接近于石里克关于有意义地使用语言表达式的观点,而且促使石里克去弄清现代物理学的成就对于因果性问题的意义和重要性。

石里克对因果性问题的贡献是对因果性概念本身作了更加清楚明白的构述。石里克认为,只有在因果性定义能使我们了解秩序的意义并且了解究竟什么是有序与无序的区别(而这正是科学中有规则和无规则的根本对比)时,这种定义才是可能的和有价值的。现在,在物理学中,一个事件对另一事件的一切依赖关系都是用函数式来表示的,在这种函数式中表示一个物理系统状态的一组数值的一部分取决于其余部分,而所得到的数的一切依赖关系都以数学函数的形式表示。这样,是否可能用函数关系表达秩序通常被说成是因果性的判据。但是,石里克指出,这样的因果性判据是不能承认的。因为,无论给定的量如何分配,总有可能找到一些函数式(只要它们是足够复杂的)来完全精确地表达这种分配。然而,如果量的任何可能的分配,任何想像得出来的值的系列都被看作是秩序,那么就根本不存在什么无序了,因而人们也就再也不知道如何把因果性和无规则状态加以区别了。

也许有人会像下面这样来说明这种区别:如果描述各种量在时间中的变化的函数是表示一种因果律的,那么时间和空间就一定不能作为参数在这些量中出现。按照这种观点,因果性判据显然就是这种联系的普遍有效性。应归功于麦克斯韦(Maxwell)的这种因果律定义,在石里克看来是“过于狭隘”了,这一定义取消了确定因果关系根本性质的可能性[27]。让我们暂且假定,对一个电子荷电量的测定值先是在七小时的周期内产生有规则的百分之五之内的涨落,接着又是七小时,然后是十小时,显然没有任何原因。这个例子表明,这样一个世界虽然没有满足麦克斯韦的因果性定义,但肯定不能把它叫做无序的;在这样一个世界中有规则的事件的系列能够像在我们的世界中一样用公式来表示,一样地被理解、被预言。

如果事件的系列能够用一种简单形式的函数来描述,那么,我们是不是就可以说这是秩序、规律和因果性,从而把公式的复杂性作为无规则性和机遇的判据呢?在石里克看来,这样来定义因果性,就有危险向随心所欲敞开大门。毫无疑问,什么叫做简单的定律,这只能靠约定来规定,因而总只能是任意的;尽管我们会毫不迟疑地说,一个线性函数要比二次函数简单些。但不可否认,只要二次函数能够周详而精确地描述观察材料,它也代表着一条无可指责的定律:牛顿的引力方程,其中就有两个物体间距离的平方,甚至被认为是简单定律的一个范例。因此,石里克认为,"要想找到一个公式系统简单性的规则,就这件事的性质来说,多半是一个远为更加困难的任务。这种规则往往总只能是暂时性的,从而使得今天看起来有秩序的东西随着知识的进步完全可以被表明为无序的。"[28]就在这个意义上,石里克否定了一种错误地设想的约定论[29]。

至此,我们还没有彻底地阐明因果陈述的真正意义。在石里克

---

[27] 同⑧,第49页。

[28] 同⑧,第51页。

[29] 见《自然律是约定吗?》,载《石里克文集(1926—1936)》,第331页。

看来,我们的错误在于过多地注意引导我们把定律构想出来的那个过程,而对定律受到检验的实际步骤(即该定律是如何得到证实的)不够注意。检验自然律的方法总是这样的:首先用一个公式将观察取得的材料联系起来,然后通过运算从这样得到的公式中推出新的观察结果来,然后,我们再等着看一看这样计算出来的观察结果是否会真的发生。无论该种材料是在定律发现之前就已经知道(例如水星运动异常的情况),还是由于理论才预见到(例如光谱线红移的情况),通过新的观察结果进行证实这一点都是一样的。只要我们真的能够预言新的观察结果,使我们作出这种预言的公式究竟具有何种结构那是无关紧要的:不管时间空间是否作为自由变量在这些公式中出现;不管这些公式是不是简单的。一个人一旦能够依据已有的观察结果预言新的观察结果,那么,他就发现了一个定律,从而也就把握了构成因果性的根本的东西:“规律的存在”[30]。

因此,因果性的真正判据既不是可否用函数式来表达,也不是“同因——同果”原则,而是“预见的实现”,也就是对公式的确认[31]。石里克用确认(confirmation)作为因果性的判据是有一个限制的,那就是认为预见的实现永远不能证明因果联系的存在,而只是表明因果联系的存在是或然的。对石里克来说,或然性这个词仅仅意味着对进一步证实一条定律的某种期望,它的意义同统计物理学和概率计算中所使用的意义是根本不同的。石里克甚至还认为,人们完全可以说一切事件的发生均由因果律所支配,而只是对于单个实例和单独的证实才能问它是否符合因果性的要求。因

[30] 同⑧,第43页。

[31] 同⑧,第53页。

为，虽然说在比较局限的意义上一个陈述能被最终地证实（例如在我面前有一张纸或者这张桌子是圆的），但是我们决不可能严格地说什么自然律的最终证实，因为我们总是默认了在以后依据新的经验来修改它的可能性。这样，石里克发展了维特根斯坦所表达的看法，提出了一种观点，认为因果性陈述与上面所说的那种陈述具有不同的性质，它只是科学家们据以构写无数个后面那种陈述的律则。

在石里克看来，即使在海森伯的“测不准关系”使因果性原则不适用的情况下，人们也能够清楚地看出，预言的实现乃是因果性的判据。按照海森伯的测不准关系，一个电子的位置和速度不可能同时精确地测量。石里克说，这种情况只能解释为，观察材料不可能使我们精确地预言电子的未来状态。如果我们企图通过以通常的方式观察到的位置和时间来确定电子的速度（经过的距离除以时间），那么——按照这一理论——在紧接着的下一瞬间，或者电子的速度会有所不同，或者它的运动轨道会受到观察活动的无法预料的干扰。这就是断言电子的瞬时状态不可能精确地测量，因而自然过程并不总是受因果律支配的全部意义。物理学家之所以谈论因果原理的破产并且拒绝采用这一原则作为构写陈述的律则，其原因仅仅只是在于这种作出精确预言的不可能性。但是，“在‘规律的存在’这个意义上的因果性决没有因此而被否定。有效的预言仍然存在，只是这种预言并不是给出精确的量，而是像物理学家所说的那样，采取像量 X 将出现于 a 和 a + △a 之间这样一种形式。”[32]在宏观物理学内，这种不精确性除低到如此之小的程度，以至于人们仍然可以谈精确的预言。

---

[32] 同⑧，第 160 页。

至于或然性概念在物理学上的应用，石里克的观点是：如果想参照事件发生的相对频率来定义事件的或然性，那就会遇到根本性的困难从而使这种定义不可能。因为为了产生适合于概率的计算的对频率的确定的估计，就必须在每一次对无数实例求得一个极限。经验是不可能提供这种东西的。因为在实在世界中，不可能从有限段落的观察结果中推出无限序列的极限。在石里克看来，定义或然性的唯一可行的方法乃是所谓游戏空间（Spielraum）理论。这一理论是魏斯曼根据波尔察诺（Bolzano）、冯·克里斯（von Kries）和维特根斯坦的思想而发展起来的㉝。石里克在“规律与或然性”（Actualités Scientifques Industrielles, 391, Paris, 1936）一文中讨论了这个理论㉞。

七

石里克通过自己的哲学活动不仅成功地消除了哲学中的形而上学思辨，而且在对“物理主义”进行的极有价值的批评方面作出了实质性的贡献。在维也纳学派内部有一种逐渐被接受的意见认为，有关人类知识的确实性问题的哲学争论归根到底只是涉及我们的论断是否可靠的问题。因为，争论事实的确实性问题显然是没有意义的，只有我们对事实的知识才会引起争论。因此，如果能够证明，有可能通过所谓“原始记录语句”（不加任何修饰、变动和

㉝ 魏斯曼（F. Waismann）：《对或然性概念的逻辑分析》，载《认识》第1期，1920年。

㉞ 这篇论文也收入《石里克文集（1926—1936）》中，见第323页。

掺杂的绝对简单地表达事实的语句)忠实地表征纯粹的事实的话，那么，这种语句就会提供人类知识的绝对确实的基础[35]。

石里克对原始记录语句是否是知识的最终基础问题的探讨是从探讨这种语句的意义及其在总的科学构架中的地位问题入手的。在某些作者看来，原始记录语句是先于对世界的任何论断，先于任何关于事实的知识的。换句话说，它们是先于一切科学的。

这个定义是什么意思呢？这里所说的在先应当理解为时间上在先还是逻辑上在先呢？应当看到，原始记录语句是不是在实际上被说出来或者记录下来，物理主义者认为并不相干。关键之点只是要知道，任何一个关于事实的陈述如果还原为原始语句是可取的话，那么能够还原成什么样的原始语句以及这种还原在实际上是否可能？显然，这就意味着原始记录语句并不一定得是时间上在先的，只要在有此需要时能在事后加上去就行。由此得出的结论便是，原始记录语句只是逻辑上在先的。但是，那样一来，我们是不是应当指望原始记录语句要有某种独特的逻辑属性、结构或功能而在科学理论的组构中显得与众不同呢？这个问题难道真的能够像卡尔纳普所认为的那样，通过任意的约定来解决吗？[36] 归根到底，这个问题涉及的正是我们关于实在的知识的基础，的确，仅仅把它们作为“理想的结构”来看待而不进一步考虑它们同实在的联系，那是不能令人满意的。

---

[35] 见卡尔纳普(R. Carnap):《论原始记录语句》，载《认识》(*Erkenntnis*)第3期，1932年，第216页；以及同一期中纽拉特(O. Neurath)的文章《论原始记录语句》。

[36] 见卡尔纳普:《认原始记录语句》，载《认识》第3期，1932年，第216、223页。

在纽拉特看来，这个问题并不会产生，因为他把他的原始记录语句的概念限定为下面这种形式的句子："在某时某地 N. N. 先生看到如此这般。"[37]但是，这种观点也有它的困难，因为构写出这样一个原始记录语句的活动本身又必须被看作是一个先于科学所研究的其他事件的真正事件。比如说，试设想一个语句作为原始记录语句，陈述了 N. N. 用如此这般的仪器做了如此这般的观察记录。不管我们对这个句子可能具有多么大的信心，一旦把它记录下来，就决不能认为它是绝对确实的。我们决不可能完全确实地相信 N. N. 先生没有犯错误，或在作记录时没有发生某种笔误。他的书上可能有印错的地方，而且事实上，认为书本上字母的顺序即使在极短的时间内能够保持不变而不会自发地重新排列，这本身就是一个经验性的假定，它决不是严格可证实的。而证实这一行动本身就预设了某种与此类似的假定，预设了至少在一个短时期内记忆的可靠性。因此，按照这种观点，原始记录语句本身实际上是经验的，它们同其他各种科学语句一样具有不确实性，它们正像其他语句一样会发生矛盾，它们只有在得到其他语句的支持或至少与其他语句没有矛盾时，才能用来构造知识系统。因此，把原始记录语句从总的科学构架中单独挑选出来显然是没有意义的，因而，要想在原始记录语句中找到科学知识的基础也是不可能的。

在石里克看来，这种对原始记录语句性质的错误看法，在很大程度上一定是由于误解了"确证"（Konstatierungen）——经验语

[37] 见纽拉特：《论原始记录语句》，载《认识》第 3 期，1932 年，第 204—214 页。

句的任何证实过程都要求这种“确证”——的特殊性质以及由此产生的把原始记录语句当成“确证”的倾向。如果我作出“确证”:“这里是蓝色”,那么,这同下面这个原始记录语句并不是一回事:“在某时某地 T. H. 观察到某种蓝色的东西。”后一个语句所描述的东西并不是绝对确实而是可以怀疑的,而“确证”“这里是蓝色”则是不容有丝毫怀疑的。此外,原始记录语句总要涉及知觉,也就是说,观察者个人对于科学的原始记录总是很重要的。但在“确证”中,除了要对所使用的语词作恰当的解释外不再要求任何别的东西,所以,这些语词在说出时便能引起对某种感知对象的直接的注意。因此,一个真正的“确证”是不能写下来的,因为,当我一旦把“这里”这个指示代词记录下来时,它便失去了它的意义。一旦成了写下来的记录,“确证”就变成原始记录语句了。如上所述,原始记录语句是可以怀疑的,它决不能被当作科学知识的坚实基础。

如果我们问:“把知识的最终基础问题归结为原始记录语句问题有什么好处呢?[38] 石里克回答说:“没有,没有任何好处。”在他看来,“如果我们探讨科学与实在之间的关联并且认识到科学命题仅只是一种工具,能帮助我们在事实领域内通行无阻,使我们获得确证的愉悦和追根到底之感,那么,科学的最终基础问题就会自动地转变成知识与实在的坚实联系问题。我们已经知道,这些坚固的不可动摇的联系的纽带,其真正的形式乃是‘确证’,其真正的面貌乃是:它们是仅有的非假设性的综合命题。但是,无论从哪方面讲也不能把它们看做是科学知识的基础。知识和它们的接触仅仅只

[38] 见《普通认识论》,第 293 页。

发生于一连串无穷无尽的、各自分立的、稍纵即逝的场合。知识的确从这些闪光中获得了营养,而知识又恰恰在这些闪光发亮的那一刻把它们摧毁。就是在这些短暂的瞬间里放射我们称为理解的光芒。难道哲学家在寻找知识的基础时所要探求的不正是这种光芒的源泉吗?"[39]

这就是石里克对待所谓原始记录语句问题的立场,实际上也是对待"物理主义"的立场。正是物理主义应对维也纳学派中关于科学知识基础的分歧意见负责。

八

本文所论述的只是石里克对知识论的贡献中那些与现代科学、数学和逻辑学的发展有着最密切联系的部分。另一部分有关他的"彻底经验论"的演变过程,这表明在他的《普通认识论》以及部分地表现在期刊文章之中;由于实际的原因,我们在这里只能从略了。在本文中已经讨论过的石里克的这些方面的工作,大概已足以使人们对石里克为现代经验论哲学所作的贡献有所认识。本文所考察的内容包括以下几点:第一,与现代物理学、数学、逻辑学密切联系着的一种经验知识论的新基础;第二,对科学知识的非形而上学的基础作出清楚的阐明是通过清除一切学派的形而上学倾向才有了这种可能;第三,在考察陈述的逻辑结构的基础上,揭露所谓"伪命题"和"伪问题"。

---

[39] 见《普通认识论》,第 310 页,第 386—387 页。

我希望，这篇文章不仅使读者对石里克这一部分工作有所了解，而且也推动读者对进一步发展石里克的经验论学派产生兴趣，这个学派正是从巴克莱和休谟所发现的伟大原则出发向前的。

原载美国《哲学和现象学研究》
(*Philosophy and Phenomeno-logical Research*)杂志，
1949年6月，第4期
李步楼 译　陈维杭 校

关于逻辑经验主义

——我的个人见解*

一

今天，逻辑实证主义或逻辑经验主义已不像五十年前那样时兴了，然而人们不能否认它仍是现代西方哲学中一个有影响的学派。

从哲学史的角度看，逻辑实证主义的基本思想可以回溯到洛克、休谟、孔德和密尔。于是这里就发生了一个问题：这样一种经验主义哲学学派为什么不是出现于英国或法国，倒是产生于近百年来一直处于康德的先验唯心主义以及费希特、谢林和黑格尔的思辨哲学影响之下的德语国家奥地利？其原因何在，换句话说，其真正的历史背景究竟如何？

这的确是一个发人深省的问题。当人们仔细考察了奥地利哲学的历史之后，便不难得出如下结论：逻辑经验主义出现在这个国家决非偶然，它确有其深刻的历史背景。奥匈帝国有着它自己不

---

* 本文是在日本东京大学哲学系的讲演，原文是德文。

同于德意志帝国的哲学传统。二者不仅各不相同，甚至彼此针锋相对。这种对立表现在经验的实在论与先验的唯心论，经验主义与唯理主义以及反形而上学倾向与形而上学传统之间的对立。只有在这种特定的哲学历史条件下，马赫才能建立他的现象主义或一般所说的实证主义，从而维也纳学派也才可能在马赫哲学的基础上借助现代物理学、数学和逻辑学的发展创立新的实证主义，即逻辑实证主义（或逻辑经验主义）。

二

奥地利哲学的创建者应该是 F. 布伦坦诺（Brentano）和布伦坦诺学派，包含 B. 波尔察诺（Bolzano，1781—1848）、A. 迈农（Meinong，1853—1920）和 E. 胡塞尔（Husserl，1850—1930）。布伦坦诺在他的主要著作《从经验观点出发的心理学》中着重强调了哲学发展中以下几个方面：1. 一切科学研究活动（包括哲学研究）必须从经验出发，并且以经验为基础；2. 哲学必须与科学携手共进，必须以科学的方法为其唯一可行的研究方法；3. 康德的先验唯心主义与德国的思辨哲学必须从哲学当中清除出去；4. 某些哲学问题实际上是语言问题，因此语言批评应当是哲学的一个必要的组成部分。这里由布伦坦诺提出的四个方面显然是与维也纳学派的基本思想一致的，即科学经验主义、反形而上学和语言的逻辑分析。尽管布伦坦诺本人和他的学派试图从不同角度实现上述哲学纲领，可惜并无结果。这一哲学纲领的实现到了维也纳学派才能完成。

布伦坦诺在维也纳大学任教期间，由于一项对于他的婚姻诉讼的法律裁决而被迫离职。嗣后,大学又为他重新设置了一个名为“归纳科学的历史与理论”的讲座,但由于未获得奥地利王朝宫廷的批准,他仍然不能接受这一职位。于是,维也纳大学聘任了原布拉格大学的E.马赫教授主持这个讲座。继马赫之后这个讲座的主持人分别为L.玻尔兹曼(Boltzmann)——统计力学的创始人,A.施托尔(Stöhr)——著名的生物学家和M.石里克(Schlick)——维也纳学派的创始人。这一讲座的最后一位主持人是维也纳学派的重要代表人物之一V.克拉夫特(Kraft),他退休之后,这一讲座便撤销了。

三

在维也纳大学的多年间,我在石里克小组有机会结识了逻辑经验主义的许多重要代表人物:H.汉恩(Hahn)、O.纽拉特(Neurath)、克拉夫特、F.魏斯曼(Waissmann)、Ph.弗朗克(Frank)、R.卡尔纳普(Carnap)、H.费格尔(Feigl)、K.门格尔(Menger)、K.哥德尔(Gödel)、T.拉达科维奇(Radakovic)、E.济塞(Zisel)和现象学者F.考夫曼(Kaufmann)等人。其中石里克和卡尔纳普及纽拉特给我的印象尤其深刻,他们之间不仅哲学见解彼此相异,而且个性与哲学风格也各具特色。但他们一致对当时的哲学现状所表示强烈不满的,是在于它致力于某些被视为基础的哲学问题,首先是形而上学问题的解决上,显得如此软弱无力,周旋不休。他们一致坚信这类问题只能借助以现代逻辑为基础的分析方法或者得以解决,或者被证明根本是无意义的伪问题。

四

石里克（作为我的指导教授，我曾与他有过长期而密切的接触），他是个严谨持重的人，但并不专横武断，对待同事和学生总是热情诚挚。卡尔纳普在他的自传中写道："洋溢在维也纳小组学术讨论中的那种友好融洽的气氛，大部分要归于石里克那始终如一的诚挚、宽容和友善的精神。"①我个人觉得无论在演讲中还是在讨论班上，石里克都是一个极富启发性的循循善诱之师。

谈到石里克的哲学思想，有所谓"前维特根斯坦时期"与"后维特根斯坦时期"之说。在前一个时期，他是一个强烈的实在论者，主张批判的实在论；到后一时期，在维特根斯坦的影响下，"他转向马赫的科学观点，即科学中观察的基础命题（basic proposition）不是别的，只是关于给予的命题"，这是艾耶尔（Ayer）所主张的。在其"后维特根斯坦时期"，石里克的确多少改变了他的哲学观点。但这种改变是否可以理解为"回返到马赫的实证主义"呢？我下面就来考察这个问题。

维特根斯坦在其《逻辑哲学论》中试图根据基本命题（elementary proposition），借助真值表从逻辑上表述句子的意义。石里克采纳了维特根斯坦的基本命题的理论，即真值理论和意义理论，并由此出发去区分自然科学的经验命题（以及其中的数学命题和逻辑

---

① 《卡尔纳普的哲学》（*The Philosophy of Rudolf Carnap*），《在世哲学家丛书》第Ⅱ卷，1963 年，第 21 页。

命题)与形而上学命题。石里克指出,每一经验命题都是确定的基本命题的真值函项,而基本命题是完全可以为适当的观察句证实的。那些不能以任何方式与可证实的基本命题相关联的陈述,都不是关于实在的命题,都是不包含任何经验内容的。这类命题的基本特征是:它们既不是分析的,如数学或逻辑命题那样;又不像综合命题那样,可以通过基本命题在经验中检验真伪。石里克称这类命题为认识上无意义的命题,或者说似是而非的伪命题。他认为,哲学在求解形而上学问题上的徘徊不前,就因为形而上学家没有认识到迄今为止所提出的一切解答并不包含认识的内容。这样他们的努力只能是徒劳无益的。

五

根据维特根斯坦的看法,基本命题是描述那些逻辑上彼此独立的事态存在。在《逻辑哲学论》中维特根斯坦说:“简单句子,基本命题断言事态的存在。基本命题是由名字构成的,是名字间的联系和组合。”他向我们说明,关于事态的存在与不存在,有其多种可能性,即 $K_n = \sum_{\upsilon=0}^{n} \binom{n}{\upsilon}$ 种可能性。事态的一切组合可以存在,然而有些组合可能不存在②。但他没有说到,基本命题是怎样组成的,应当视作怎样的一种命题。然而很多人却有这样一种印象,好像基本命题作为简单句或观察句只是关于直接的体验或给予的命

② 维特根斯坦:《逻辑哲学论》(*Tractatus Logico-Philosophicus*),4.21,4.22,4.27。

题，他们没有注意到，维特根斯坦在《逻辑哲学论》中的相关论述看来是排除了这种理解的可能性。

石里克在他的文章《实证论和实在论》中严格地根据维特根斯坦的用法使用“所与”与“体验”两个概念。他强调指出，那种认为关于实在的命题（经验命题）的内容是所与的或者可在意识中直接体验的看法是不正确的；人们必须明确，只有在所与中的可证实性或在体验中的可检验性才是一切经验命题（无论是科学命题还是常识命题）的唯一标准。石里克认为马赫把外部世界溶化于感觉之中的理论是完全荒谬的，应当予以排斥的。他不仅排斥了这样的可溶性，而且把它看作似是而非的伪命题。“实证主义”一词对于石里克来说，只是意味着克服上述的那类伪命题，同时把自己局限于能用经验验证的命题。石里克坚决反对“逻辑实证主义”这个名称，而赞成代之以“彻底经验主义”或“逻辑经验主义”。

六

在石里克小组中，对于人类知识可靠性的问题，一直意见纷纭，特别是在石里克与纽拉特以及卡尔纳普之间（卡尔纳普开始赞同石里克，后来转向纽拉特）。石里克主张有一种综合命题，它具有确定性而并不只是假说，他称之为确证（die Konstatierungen）。与此相反，纽拉特认为只有记录句才构成经验认识的科学基础，它们是随时可更改和修正的，它们只具有假说的性质，石里克所断言的确证的绝对确定性以及它与实在的一致性是形而上学的空话，应该从科学领域中清除出去。

所谓“确证”,石里克理解为一种观察句。这种观察句都有这样一种形式,例如:“现在这里黑与白临界”,“这里现在有一片黑色”,简言之,“此时此地如此这般”。在此,“如此这般”仅指当下的感觉材料或体验,并不包含对于它们的解释或判断。石里克认为对这类命题,重要的不是其语言的逻辑形式,而是出现于其中的指示词,如“现在”、“这里”等。尽管它们并不表述任何确定的内容而只是指示某种当下状态,然而不确定这些指示词的所指,人们就无法把握它们参与构成的记录句子的意思。并且一旦人们理解了这类观察句子,自然也就认识了它们的真假。因为构成这种句子意义的内容,是直接呈现于我们面前的。与此相反,其他综合命题的意义与真值的确定则是两个彼此分离的过程,只有在确证的意义上,二者才能结合为一。

石里克这一富有创见、引人入胜的确证说,引起了强烈的反响,也遭到了尖锐的批评,这里我只提及艾耶尔和 C. 亨佩尔(Hempel)的意见。艾耶尔 1936 年在其著作《语言、真理和逻辑》中表达了如下的看法:在自然科学命题体系中根本不存在一类石里克所谓“确证”的综合命题。因为这种句子一方面必须由真正的指示词构成,另一方面又必须是完全可以理解的,而这在逻辑上是不可能的。因为一个仅由指示词构成的句子不过是某种指示、暗示或指称,绝不是真正的命题。显然在语言中人们如果不能描述对象,也就无法指示它们。这就是说,如果一个句子表达一个命题,它就不仅是指称一种状态,而必须对它有所陈说。这样,这个句子就超出了直接所与而过渡到非直接所与的某种东西了,而且是确证命题无法达到的。由此可见,一个确证句子在逻辑上根本不可能是一个真正的命题,而且没有任何综合命题可能具有石里克所说的绝对的确定性。

亨佩尔认为，石里克试图通过所谓的确证为认识奠定一个坚实基础的尝试是行不通的。因为石里克的确证只是纯粹的心理事件。就一个事件而言，人们至多只能说，当它为一个适当的句子所描述时，它能证实或反驳某个经验假说。这种确证句子只能对于某种句子有所断定。如波普尔、纽拉特以及卡尔纳普后来所认识到的，综合命题永远面临着进一步的经验检验，因此总有被否定的可能性。

七

卡尔纳普性格内向，但对同事，对学生总是十分友善，乐于助人。作为一个大思想家，对于哲学问题及其论证，他一贯追求严格而准确的表述。他建议，为了实现这一目的，人们必须学会使用由弗雷格(Frege)、罗素和怀特海(Whitehead)所创立的数理逻辑方法去处理哲学问题。卡尔纳普本人就在其全部哲学研究中创造性地应用了符号逻辑的方法。不幸的是，卡尔纳普这种有步骤的、递进的、典型的系统化的思维方法却被维特根斯坦认为是“学究式的卖弄”。这或许导致了其后卡尔纳普与维特根斯坦的疏远。

卡尔纳普在其重要著作《世界的逻辑构造》中试图将体验的构造流解释为一切实在概念的根源与基本要素。为了建立他的构造系统，卡尔纳普根据马赫的现象主义的语言，借助相似性回忆的经验关联，通过符号化的方法，一步步地构造了对于描述世界必要的概念：物理对象的展开与非我的心理状态的构造，并且试图以这种混合要素构造他的世界框架。

在这部著作中,卡尔纳普把他的哲学观点称之为"方法论的唯我主义"。他说,这并不意味着只有我的意识才是唯一实在的;这仅仅是说,人们为了表述经验的或科学的命题,可以从自己的体验出发。这就是说,卡尔纳普在此不是在本体论的意义上而是在方法论的意义上使用"自我意识"或"我的体验"这样的概念的。然而我很怀疑,是否卡尔纳普在唯我主义前面加上"方法上的"或其他修饰词,就可以改变唯我论的本质了?

八

在石里克小组内,围绕维特根斯坦的《逻辑哲学论》争论也很激烈,以石里克和魏斯曼为一方,纽拉特和卡尔纳普为另一方。纽拉特完全持与维特根斯坦相反的意见:他对维特根斯坦的逻辑原子主义、拒斥形而上学、关于"不可说"的概念以及哲学仅仅是阐明的观点,都持保留态度。与纽拉特相比,卡尔纳普对维特根斯坦学说的态度则比较温和。尽管如此,他仍然认为在《逻辑哲学论》中,维特根斯坦的许多命题是很可疑的,有些则是不能成立的,例如关于可说与不可说的划界。卡尔纳普反驳这些论题的论证见于他的《语言的逻辑句法》。根据卡尔纳普的观点,语言的构造不仅是可以分析的,而且完全可以确切地加以表述。为语言划界(在可说的与不可说的之间)在逻辑上是没有根据的。在这部著作中,卡尔纳普只把语言看成一种符号系统,而未涉及它们的意义。语言由符号构成,语言包含符号和符号组合以及由此一句子转称为另一句子的规则。这些规则基于某种规定，由于规则可以用不同的方式确定，于是就有各种不同的规则以及各种不同的语言。卡尔纳普因此拒绝了维特根斯坦只有一种唯一的语言的观点。

这里就产生了一个问题。按照卡尔纳普的上述观点，一种包含形而上学命题的语言也是可能构成的，而且这些命题也能有其意义的。形而上学命题只有根据一个经验标准才能被排除于科学认识，即：科学命题必须是经验可检验的。如果是这样的话，语言就不能理解为一个只表明语词间形式关系的纯符号系统，而是一个还表达了其中的概念与命题和意义的符号系统。后来卡尔纳普察觉了他对语言所作的纯形式的句法考察的片面性，并在《语义学导引》中承认语义研究对语言逻辑和语言哲学是必不可少的。由此卡尔纳普完成了其语言分析上的一个重大转折，即从句法分析转向语义分析。

卡尔纳普在哲学上的这一转变是在著名的波兰逻辑学家塔尔斯基(Tarski)的巨大影响下完成的。塔尔斯基 1929 年和 1935 年两度到维也纳，并且每次都到石里克小组作关于数理逻辑的演讲。他的演讲在石里克小组成员间产生了深刻的影响，尤其是对卡尔纳普。如人们所熟知的，正是由于塔尔斯基的数理逻辑理论和对真值概念的定义，卡尔纳普后来不再将语言分析局限于句法分析，而开始关注语义分析。如果人们认真考察了卡尔纳普的这一转变，便不难得出结论：卡尔纳普的转变发源于塔尔斯基，正如石里克的转变发端于维特根斯坦，这是卡尔纳普在其自传中曾经谈到的。

卡尔纳普在其自传中再三申明：语言分析作为哲学研究的一种重要手段，首先必须构成逻辑句法的形式系统；这种分析最终必须是语义学的,即意义理论和塔尔斯基的真值理论。与塔尔斯基一致,卡尔纳普认为人们可以给出一个语言模式,用它来谈论语言问题,谈论语言的语义;人们不仅可以运用这个语言模式分析语言的意义,还可以分析它的真值。因此卡尔纳普认为,这样人们就可以谈论语言与实在的关系了。由于以往尚无一种严格的系统化的语言,以至于人们只能谈及它的某种相关语言,而现在在一种新的语义学的元语言中,人们就可以处理关于符号和真值的命题了。

卡尔纳普采纳了塔尔斯基语义学的基本思想,并且在此基础上会同他的句法分析的基本概念和模式化的方法,发展了他自己的语义学理论。从 1942 年到 1947 年他写了三本语义学理论专著,即《语义学导引》(1942)、《逻辑的形式化》(1943)和《意义与必然性》(1947)。

九

O. 纽拉特(1882—1945)性格幽默,精力充沛,善于行动,头脑里永远充满着思想和计划。他是维也纳学派中出色的组织家和卓越的宣传家。没有他的非凡的组织才能,就没有维也纳学派,没有马赫学会,没有世界性的统一科学运动,就不会有在布拉格、哥尼斯堡、哥本哈根、巴黎和剑桥关于科学哲学的一系列国际会议。就我所知,维也纳学派的基点,即《科学观丛书》和《统一科学》的小册子,也是经由纽拉特的组织才得以出版的。1938 年后纽拉特接管了《认识》杂志,并改名为《统一科学杂志》,我可以说,没有纽拉特,就没有逻辑实证主义在那个时期的国际性的传播和发展。

纽拉特不仅是一位经验丰富的实践家，还是一位富于创见的理论家，一位当代西方知名的哲学家。他与卡尔纳普一起提出和发展了物理主义和统一科学的理论。纽拉特的物理主义是一种新形式的唯物主义——世界上的一切都不外乎物理对象和物理事件。他认为这种解释尤其适于说明那些心理学、社会学和编史学所处理的对象与事件。他认为，根据这种物理主义，一切命题都能够运用物理语言来陈述，或者如卡尔纳普所说那样，物理学语言能够为全部经验科学服务：自然科学和社会科学。

纽拉特、卡尔纳普还有石里克把"哲学问题向语言问题的转化"视为当代哲学发展中最引人注目的成果。他们的基本思想是这样的：传统哲学问题的表述是易于导致谬误的，因为这种表述使人们误认为它们是涉及实在世界的问题。为了避免这种概念上的混乱，人们应当把哲学问题作为涉及不同科学学科的语言问题去处理。例如，我们不去问"在实在的现象中究竟有无思想和感觉？"而是问："在心理学或社会学假说中使用的概念（如思想、感觉）是否能避免精神方面的术语而以物理概念表达？"对此，纽拉特的回答是：完全可以，如果给定的假说具备经验内容的话。

纽拉特的物理主义还主张，那些以精神术语表达的假说只有当它们能被翻译成物理语言时，才能成为经验的假说。心理学或社会学的假说只有在客观或科学可证实的条件下，才能成立。而这种可翻译性则是科学命题的唯一标准。但是这种精神的、心理学的语言向物理语言的翻译如何实现，人们如何能规定这种翻译的对应规则，这种翻译是否正确以及对物理学是否可及，纽拉特并没有给予严格而确切的解答。对物理主义严格而明确的表述，人们是在卡尔纳普那里找到的。石里克和卡尔纳普对纽拉特在哲学命题及其论证上缺乏严格性和准确性都深感遗憾。

十

K. 波普尔(Popper)提出一个问题:逻辑实证主义死了,究竟谁该对其死亡负责? 他答道他不能辞其责。一位像世界驰名的哲学家波普尔把“对逻辑实证主义的谋杀”引为自豪,这在哲学史上确是罕见的。

但是我相信,波普尔的谋杀实际上并没有得逞,因为他为此所使用的武器并不那么锐利,不足以置逻辑实证主义于死地。他的武器就是所谓证伪理论。根据这种理论,原则上每一科学命题都是不可证实的,却必是可证伪的。但是任何一位科学理论家都必须承认,作为经验有效的命题自然规律具有无限多的全称命题的形式,而这种自然规律的普遍命题并不和作为有很多的具体命题相对应。也就是说,它既不能通过某个或某些基本命题得到证实,也不能被它们所证伪。对此,卡尔纳普发表了一个极有见地的看法:在科学命题的可确定性中,可证实性和可证伪性只能作为特例来看待。

自然,在今天,那样一种逻辑经验主义运动的中心(如五十年前以石里克为首在维也纳,或三十七年前以卡尔纳普和赖兴巴赫(Reichenbach)为首在洛杉矶,或其后以费格尔为首在明尼苏达)已不复存在了。然而逻辑经验主义的科学观却依然活跃于当代西方国家的许多哲学派别中,例如,英国:艾耶尔在伦敦,B. 麦吉尼斯(McGuinness)和 A. 蒯因顿(Quinton)在牛津;美国:费格尔在明尼苏达，亨佩尔在普林斯顿；奥地利：R. 哈勒（Haller）在格拉茨，P. 维恩加特纳（Wiengartner）在萨尔茨堡；联邦德国：W. 施太格米勒（Stegmüller）在慕尼黑；意大利：L. 吉莫那特（Gymonat）在都灵；挪威：A. 内斯（Ness）在奥斯陆；荷兰：H. 穆德（Mulder）在阿姆斯特丹；等等。

逻辑经验主义思潮一直延续至今，不过自维也纳学派初创以来至今的五十年间，它经历了巨大的发展和变革，而完全改变了它最初的外貌。这种发展主要在于如下方面：意义概念的提出，从句法分析转向语义分析的过渡，可证实性定义的改变，可能性概念的提出和归纳逻辑的建立，对物理主义和统一科学理论的保留和疏远，还有对于经验主义的调整、限定和修正。

这些年来，维也纳学派的逻辑经验主义者们出版了《精确哲学丛书》。这部丛书是由费格尔等编辑的，已出版了多种有关这个学派的译著。例如石里克的《普通认识论》（1974）英译本，就是其中的一册。此外，还有科恩（Cohen）、麦吉尼斯等编译了维也纳学派丛书，其中有关纽拉特、克拉夫特、魏斯曼、汉恩等的著作，也都继续出版多种英文本，哈勒和麦吉尼斯等现在计划一种名为《回到石里克》的丛书，该丛书于1985年出版了一本石里克一百周年诞辰纪念册，现在陆续出版有关维也纳学派的发展和各种专著。因此，有人谈到“当前是维也纳学派和逻辑经验主义的复兴时代”，这是有一定根据的。

原载《哲学译丛》，1987年第5期

还学文 译

关于逻辑经验主义的几个问题*

一、历史背景

从哲学史来说，经验论的发源地是英国。它的创始人是洛克、巴克莱和休谟。后来法国出现了一种极端形式的经验论，即孔德的实证主义。这样，就有人曾经提出那么一个问题：何以逻辑经验主义或者逻辑实证主义不产生于英国或法国，而产生于素为康德的先验主义和费希特、谢林及黑格尔思辨哲学支配的德语国家奥地利呢？这是为什么？换句话说，它的历史背景如何？

这是一个关于现代西方哲学发展史的问题。现在，我打算概括地讲讲这个问题。当时奥地利的哲学趋势虽然深受康德的先验主义和德国的思辨哲学的影响，但是同时也存在一种与之对立的经验实在论和反形而上学的思潮。这种思潮的创始者是F. 布伦坦诺和他的学派（B. 波尔察诺、A. 迈农、A. 马尔蒂和E. 胡塞尔等）。它不仅控制当时的哲学局面，同时在国际上也有其影响。例如英国分析哲学创始人B. 罗素和G. E. 穆尔曾经多次引证布伦坦诺和

* 本文是1988年在香港中文大学举行的“分析哲学和科学哲学研讨会”上的讲演。

迈农的意向性(intentionality)以及其他方面的理论。一直到今天,关于心的哲学(philosophy of mind)的研究还经常谈到布伦坦诺和迈农的观点。

但是奥地利这种特有的经验论思想的发展,则应归功于恩斯特·马赫。马赫式实证论的根本思想,有人说来自巴克莱,这是不正确的。说它来自休谟,在理论上是对的,但事实并不是如此。马赫的实证论的基本观点是在赫尔巴特的数学心理学、费希纳的心理物理学和利希腾贝格的"它思"(it thinks)影响之下,通过科学研究和自我探索才形成的。关于这一点,马赫本人在《感觉的分析》中已经说得一清二楚了。

不过从马赫的实证论到维也纳学派的逻辑实证论,还要走一段艰难的路程。维也纳学派虽然接受马赫的反形而上学观点,但马赫的科学观和维也纳学派提出的"科学世界观"(die wissenschaflische Weltauffassung)却不是一致的。因为马赫过分强调观察和实验在科学原理中的重要性,因而完全忽视了数学和逻辑在科学结构中的积极作用。科学远不止如马赫所说的那种,是"对感性观察记录作出的经济描述",而是一种对自然现象作出的"假设演绎系统"。在这一点上,我认为康德要比马赫高明得多。康德认为科学的观察不完全是被动的;为了对感性观察作出普遍性的论断,则必须对它作出大量的精神方面的活动,确切地说,必须对感性观察在数学和逻辑方面作出大量的细致加工工作。

从1907年开始,维也纳大学的青年科学家,如H.汉恩、P.弗朗克、R.米塞斯和O.纽拉特,为了继承和发展奥地利这个特有的经验论传统,组织了一个研究小组。其目的是以马赫的反形而上学为出发点,采取法国科学哲学家A.莱伊的反机械论,H.彭加勒的约定论，以及P.杜恒的整体主义（holism）理论，相应地改造马赫的实证论的经验论。奥地利著名哲学家R.哈勒称它为“第一个维也纳学派”。1922年之后，以石里克为首，有R.卡尔纳普、F.魏斯曼、H.费格尔、V.克拉夫特、K.门格尔、G.哥德尔等人参加的“石里克小组”，就是在“第一个维也纳学派”基础之上建立的。“石里克小组”是维也纳学派的中心，维也纳学派则是马赫学会的中心。但是，1938年奥地利被纳粹吞并之后，维也纳学派也好，马赫学会也好，都被视为“非法组织”而禁止了。随着卡尔纳普、纽拉特、弗朗克、费格尔、魏斯曼、门格尔等人先后逃亡英国、美国，这个当时分析哲学运动的中心就从维也纳转向芝加哥、洛杉矶、明尼苏达、剑桥和牛津了。虽然当前的逻辑经验论的影响远不如30年代或40年代那样广泛，但也不像有人所说的那样，已经“死亡”，因为它的基本思想和问题仍然为有关的分析哲学家继续而深入地发展下去，这是有目共睹的。

二、关于维特根斯坦

维特根斯坦的《逻辑哲学论》对维也纳学派的发展起了积极的作用，这是毫无疑问的。问题在于有人说：《逻辑哲学论》是它的“圣经”，甚至于说：“维也纳学派哲学就是维特根斯坦的哲学”，这就不免言过其实。我现在用事实说明这一点。首先从石里克讲起。石里克对维特根斯坦是非常崇敬的，甚至达到这样的地步：我在维也纳时期的同学A.那瑟（挪威著名哲学家）对我说，石里克对维特根斯坦的崇拜失去了理智，简直被“迷住”了。卡尔纳普在自传中也有那么一点看法。我认为这些看法是不够全面的。无可怀疑,《逻辑哲学论》有些论断的确可以"迷住"石里克。例如关于分析命题和综合命题两分法,这个经验论者一直感到棘手的问题,就被《逻辑哲学论》中的几条论断一语道破了:"数学和逻辑命题是在任何可能条件下不失其为真的",它实质上是一种"重言式"(tautology),不具有任何实际内容。再如,关于科学和哲学的区别问题:"科学是求真理的学问","哲学则是求意义的学问",《逻辑哲学论》也给出了明确的答复:"哲学不是一种理论,而是一种活动","哲学是对思想作出逻辑的阐明"。更重要的是,石里克把维特根斯坦首先提出的可证实性原则作为检验命题有无意义的标准,并进而指出在综合命题和分析命题之外,还有第三种命题,即所谓形而上学命题。上述种种问题在《逻辑哲学论》出版之前,石里克在他的《普通认识论》(1918)中早就提出来了,并从认识论方面加以阐述。但是对于这些论点的一种严格而明确的哲学表述,我们却是在《逻辑哲学论》中才初次见到的。

然而,这仅仅是石里克和维特根斯坦关系的一个方面,另一方面,《逻辑哲学论》中有些论点就没有能够"迷住"石里克。例如逻辑原子论,图像说,高超事物(higher things)存在论,先验主义的伦理观和美学观等。其中尤其在伦理学方面,他们处于对立的地位。石里克在他的《伦理学问题》(1930)中曾经提出:伦理命题不仅毫无先验的性质,而且是如心理学或社会学那样的一门科学。

维也纳学派主要成员中,魏斯曼是受维特根斯坦影响最深的。他和维特根斯坦在维也纳时期关系最密切,来往最频繁。魏斯曼本人也以阐明《逻辑哲学论》的论题,并使其系统化为己任,写有《逻辑、语言、哲学》和《数学思想导论》两部著作。后一部于1936

年就出版了;前一部因得不到维特根斯坦的同意,虽然多次易稿,仍只能在维特根斯坦死后多年才由 R.哈尔以《语言哲学原理》(1965)为标题出版。魏斯曼在石里克小组中除了主持《逻辑哲学论》的宣读和讲解之外,还将他和维特根斯坦的多次谈话记录,名之为"论题(Thesen)传达到石里克小组中来。我还记得,每次魏斯曼传达维特根斯坦的这些或那些"Thesen"之时,总是引起激烈的争辩,有时尖锐到这样的地步,致使石里克不得不宣布散会。卡尔纳普在其《自传》(见希尔普:《卡尔纳普的哲学》,1963)中也说过:维特根斯坦的《逻辑哲学论》对维也纳学派的影响很大,但不能因此就说:"维也纳学派哲学就是维特根斯坦的哲学"。从他个人来说,他不否认维特根斯坦对他的影响仅次于罗素和弗雷格。维特根斯坦对卡尔纳普的影响和石里克有类似之点,但也有不同之点。类似之点即他们都认为,数学和逻辑如维特根斯坦所指出的,是以词项(term)的结构为基础而与实际无关的重言式体系;都认为许多哲学命题,尤其是传统的形而上学命题,都是一些无意义的命题,即无真假可言的"伪命题"(pseudo-proposition)。他们的不同之点则在于石里克和维特根斯坦关于哲学和科学任务的区别问题。这样的问题对卡尔纳普来说根本不存在,因为卡尔纳普企图根本取消"哲学"这个概念,代之以"科学逻辑"或"统一科学"或"物理主义"。然而《逻辑哲学论》中提出的形而上学问题的产生应该归咎于"滥用语言"和"违背逻辑"这一点,倒给卡尔纳普以很大的影响,他宣称形而上学命题或问题的构成既然归咎于"滥用语言"和"违背逻辑",那么我们构造(construct)一种以形式化的符号语言为基础的"理想语言"(ideal language),则形而上学的一切疑难或问题就不难迎刃而解了。

不料卡尔纳普这个关于“理想语言”论点竟引起他和维特根斯坦之间的重大分歧。维特根斯坦对此不仅表示怀疑，而且提出反对意见。虽然维特根斯坦本人在《逻辑哲学论》中也多次讲到关于语言的陈述（statement about language），陈述的逻辑结构以及语言和世界的关系，但他坚决否定我们能有意义地（meaningful）用语言方式谈论语言，语言结构以及它和世界的关系。这些语言现象只待它自己显示出来，我们别无他法，只能对之保持沉默。然而卡尔纳普对维特根斯坦这个语言的神秘思想则表示反对。他提出关于语言功能的主要基础在于语言的结构模式（structure pattern），不在于语言的物质条件如书写体或印刷体等等。卡尔纳普指出，我们应用不同的几何学的结构模式，可以构成不同的几何学。他的名著《语言的逻辑句法》就是为阐明这一观点而写的。就是他后来从句法分析到语义分析的转变，也是他这种“元语言”基本观点的进一步发展。

维也纳学派的组织者，主要成员之一的纽拉特对维特根斯坦的态度和石里克相反。他尽量使维也纳学派的科学世界观和维特根斯坦保持距离。他在小组讨论中不断攻击《逻辑哲学论》的基本思想，从逻辑原子主义、元语言、不可说和显示的神秘主义，直至哲学对命题的逻辑阐明活动等等。纽拉特可以说是维特根斯坦的敌手。他提出维特根斯坦是典型的形而上学家，通过语言的思辨划分了可说和不可说的界限。这种界限，纽拉特认为就是科学和形而上学的界限，是典型的形而上学的表现。在纽拉特看来，《逻辑哲学论》不仅如石里克所说的那样促使哲学新的“转变”，而是在某些问题上使哲学脱离了科学而向传统的方向“逆转”。

三、经验论基本问题

在石里克小组的会议上，讨论得最热闹的，除了《逻辑哲学论》之外，就数关于“知识基础”的问题了。在这两种讨论中，人们称为维也纳学派“右翼”（以石里克和魏斯曼为代表）和“左翼”（以纽拉特、汉恩、弗朗克和卡尔纳普为代表）的双方的对立立场充分表现出来。

逻辑实证论的主要论题，是一切有关实在的陈述原则上必须通过观察命题的检验。我们也可以这样说，如果一种陈述有其实际的内容，或者是一种科学假说，那么对它们的认识内容只是在那个前提之下才能被我们确定下来。如果有的陈述或句子根本不能满足这样的条件，我们不能说它们是错误的，应该说它们对于实际一无所说，因而谈不上有无认识的内容或意义，这类陈述既不是分析的，也不是综合的，而是我们前面讲到的“伪陈述”（peseudo statement），是形而上学的陈述或问题。

但是，我们在区别了这三种不同的命题之后，又碰到关于经验知识更重要的问题，即用来检验科学理论的基本观察命题是不是需要通过观察经验再加以检验呢？这就是关于“知识基础”的基本问题之所在，也就是石里克的“基础论”和纽拉特的“反基础论”的根本分歧之点。这个分歧作为问题来说不仅引起当时国际哲学界的广泛注意，就是在当前也仍然为人们所关注。

现在我概括地讲讲。这个问题还得从石里克讲起。石里克在他的《知识的基础》（*Das Fundament der Erkenntnis*）一文中，既肯定了有一种观察命题,——它既不需要继续检验,也不能继续检验,——同时也肯定知识原则上有其坚固的基础。他称这样的观察命题为“确证”(Konstatierungen, affirmation)。石里克对于纽拉特和卡尔纳普把记录句子(protocol sentences)当作科学的基础的看法则是,记录句子无疑是一切科学知识的起始,但由于它的假设的特性,不可能成为知识的稳固基础。石里克强调科学中只有确证这样的观察命题才具有其确定性,才不是假设。它和分析命题有相同之处,即了解了其意义,同时也就了解其真假,所不同的是,分析命题根本没有关于实在的内容,然而确证这类观察命题不仅有其关于实在的内容,而且还有其确定性,它把这二者联系起来了。

恰恰相反,纽拉特则强调“记录命题”才具有构成科学基础的资格;一切科学理论体系都是在这类观察命题基础之上构成的,它根本不如石里克所说那样,具有确定不变的特性,它在原则上是假设性的,随时随地可以修改的。一切科学知识都是一些假设,科学是一个假设的系统,所以既需要继续检验,也能够继续检验。纽拉特认为石里克提出“确证”的确定性和“实在一致性”,实际上是形而上的空谈,应该从科学领域中排除出去。

纽拉特对他的“反基础论”作了一个生动的比喻。他说:“我们寻找稳固的经验知识,好像一个船长,他只能在公海上修缮发生故障的船只,无须也不可能每次都拖到船坞中去,拆散下来,再用更好的材料重新建造”。纽拉特这个比喻指出,知识的基础并不是如波普尔所说的为在泥沙之中的支柱所支持,而是漂浮在水面之上,换句话说,根本没有所谓知识基础这种东西。他的这种激进的观点并不是偶然的,而是有其理论上的根据,这个根据来自杜恒的整体论的基本思想。这种思想后来为美国著名哲学家 W. V. O 蒯因所接受,并提出了对这个论题的说法,这个说法,我们可以这样表述:我们的观察材料不能用来单个地检验科学假设,这些材料只能检验我们科学假设的整个体系的全体。这个论题一般被称为杜恒——蒯因论题。其实,它应该称为杜恒—纽拉特—蒯因论题。因为纽拉特在其“反斯宾格勒论”(1921)一文中早就提了出来,并加以阐述。不过这也说明了一个问题,即蒯因为什么欣赏纽拉特那个比喻,并用之作为他的《词与对象》(*Word and Object*,1969)一书的卷首箴言。

石里克对纽拉特这种整体论的思想,则提出了责难。他说:知识基础的问题归根到底是关于“真理的标准”问题,并指出纽拉特或卡尔纳普不把这个标准看作“命题和实在比较”,而看作命题与其相关的理论体系或命题之间的比较,这是如英国哲学家所谓真理贯融论的观点,这种观点的目标不在于命题和实在的一致性,而在于命题之间的融协性(一致性)。石里克强调,如果这样的真理标准有其原则可能性的话,那么我们也能把神话看成为科学的假设。但是,任何稍有常识的人都不会把结构严谨的神话和科学相提并论吧?因此,石里克断言,纽拉特或卡尔纳普的真理观完全脱离了经验主义而转向彭加勒、H. 丁格勒和 A. S. 爱丁顿的约定论(conventionalism)。

四、逻辑经验论的今昔

逻辑经验论这个分析哲学运动已经有了六十多年的历史,在这漫长的时间里,它经历了许多的演变,其面目从有些角度来看和维也纳学派时期有着显著的不同。这种演变说明了逻辑经验论既没有僵化，也没有成为教条，而是随着科学发展和时代要求继续向前迈进。我现在简单地讲讲这个问题。

首先要讲的是关于意义与证实的关系问题。这问题从维也纳学派开始就是逻辑经验论的主要问题之一。石里克有句名言："命题的意义就是它的证实方法。"但是石里克这个可证实性的论题早在三十年代就为卡尔纳普提出的可确认性(confirmability)取而代之了。根据卡尔纳普和艾耶尔的说法，如果石里克这个意义标准切实可行的话，那么不仅仅形而上学被排除了，就连作为对自然现象的基本假设的自然规律也在被排除之列，因为两者都根本没有为直接经验直接检验的可能性。我们知道石里克这样的论断，是受了维特根斯坦的影响而作出的。维特根斯坦提出，命题意义依存于基本命题真值的函项(true-function)。然而这种论题就不适用于自然科学的命题，因为从自然规律来说它是一种以无限多的命题为基础的全称命题(all-proposition)，根本不能和某领域之内有限真值的函项相对应(equivalent)。卡尔纳普因而指出，对于命题的观察的检验只能以确认(confirmation)的标准来衡量，根本谈不上什么可证实性。卡尔纳普也以同样的理由排除波普尔的可证伪性原则，并把证实和证伪看作检验命题特征过程中的特殊事例(special cases)。卡尔纳普的可确认性代替了可证实性及其对立的可证伪的论点，是为科学哲学家普遍接受的。

其次，我想讲一讲逻辑经验论若干基本概念的意义问题，综合命题和分析命题的二分法(dichotomy)是逻辑经验论的基本论点之一。然而蒯因竟称其为"经验主义"的教条之一。蒯因宣称，规定命题或句子的分析性(analyticity)需要意义词中间的同义性(synonymy）为其前提，但是这个前提除了再用分析性为其特征之外，无法作出其他明确的解释。蒯因这个对二分法的批评，并没有使卡尔纳普、魏斯曼、费格尔等人所接受。例如卡尔纳普在其《意义公设》一文中说，分析性概念在形式化符号语言中，通过语义规则，并制定意义词中间的协合关系，就能建立。魏斯曼在《分析与综合》一文中更明确地指出：例如关于测定度量命题可以按照其不同标准（例如摄氏温度计和华氏温度计）逻辑地互相翻译。魏斯曼提出根据定义和符号规则逻辑地规定为真的命题和在实在基础之上规定为真的命题的区别，是客观存在的，这里没有什么“教条”可言。至于费格尔对此的反对意见，我就不谈了。

蒯因所谓经验主义的第二个“教条”，则是逻辑经验论者称为经验检验特征之一的还原论（reductionism）。这一点蒯因的确说到了要害。卡尔纳普的构成论（constitutionism）和物理主义都是以这还原论为理论基础的。但是蒯因似乎没有注意到卡尔纳普自己在其名著《检验性和意义》以及《世界的逻辑构造》新版前言中，对于这一缺点，已作了批评性的阐述和修正。他提出素质观念（the conception of disposition），例如，溶解、弹性等概念，虽然可以还原为观察命题，但不能以观察命题为根据对它们加以定义；他还说，通过还原的活动，只能指出它们的性质，但不能说明其性质。因此，蒯因对还原论的指摘，虽然在理论上有可取之处，但对卡尔纳普来说，似乎有点无的放矢。

最后简单地谈一下逻辑经验论或逻辑实证论是实证论还是实在论的问题。一般地说，人们讲到逻辑经验论就联想到马赫主义，把它们等量齐观。不仅在社会主义国家如此，就是在资本主义国家也是如此，甚至在逻辑实证论者内部也有人有这样看法。我认为这样的看法是非常错误的。逻辑经验论者虽然重视感觉经验，认为它是科学知识和日常生活常识的起始和基础，但不认为在感觉经验之外，就无其他客观事物和知识可言。例如拿石里克来说吧，他曾指明我们要区别两种根本不同的命题，一种是关于知觉的陈述，这种陈述不是别的，就是描述眼前状态和我的身体的相互作用，这种作用就是当时的知觉情况(perception state)。另一种是与知觉有关的客观实在，如房子、桌子、树林等等。因此，感觉论者如马赫不区别这两种截然不同的命题，把后者与前者合二为一，所以说物体和精神，物理的和心理的都是感觉的复合或要素的复合，这是完全错误的。这也是引起实在论争论的伪问题(pseudo-problem)原因之所在，是必须加以澄清的。

卡尔纳普一开始把心理语言或者物理语言看作科学的基础语言或普遍语言，但是后来放弃了这种观点，认为不仅是物理或心理的，就是在它们之外的抽象理论概念和数学语言，都能成为知识论的基本对象。当然卡尔纳普这种转变是从句法分析到语义分析，从形式结构转向到物的语言所引起的。卡尔纳普曾经说过，在科学中理论的概念和感觉的概念一样，都是在科学理论结构中不可缺少的条件。对于卡尔纳普这样重大的转变，人们都说他的哲学观点疏远了实证主义而走向了实在论。

费格尔从始至终坚持他的批判实在论的立场，一贯和实证论相对立。他关于物理—心理的学说，就是为他的观点从心物同一论方面作出的论证。艾耶尔在他的《经验知识的基础》，特别是以后的《知识问题》一书中，也注重物体(material thing)的假定以及它和感性材料在各种不同条件下的差异性的研究，以及外在世界、历史过去和非我精神生活的研究，这也表明他对感觉主义有所怀疑而向实在论方向寻找出路了。

我讲的就是这些,请先生们批评指正。

原载《自然辩证法通讯》,1989 年,第 1 期

逻辑经验主义概述*

一

20 世纪 20 年代初期，石里克（M. Schlick）在维也纳大学担任为马赫特设的归纳科学哲学讲座的教授之职。在这以后，汉恩（H. Hahn）、赖特梅斯特（K. Reidermeister）、弗朗克（Ph. Frank）和纽拉特（O. Neurath）组织了以石里克为中心的“石里克小组”（der Schlicks Kreis），讨论现代物理学、数学和逻辑学的新发展以及有关的认识论问题。当时的参加者有卡尔纳普（R. Carnap）、门格尔（K. Menger）、米塞斯（R. von Mises）、魏斯曼（F. Waismann）、克拉夫特（V. Kraft）、费格尔（H. Feigl）以及哥德尔（K. Gödel）等人。20 年代末期，汉恩、纽拉特和卡尔纳普等人在“石里克小组”的基础上又建立了“维也纳学派”（der Wiener Kreis），成立了马赫学会，并出版了一本宣言式的小册子《科学的世界观点——维也纳学派》，阐明了这个学派的基本纲领。于是，维也纳学派以这本小册子为标志而问世了。

---

* 本文是为《中国大百科全书 · 哲学卷》写的条目，发表时略有修改。

维也纳学派的形成条件，除了继承休谟、孔德、J. S. 密尔和马赫等人的实证论基本观点之外，还有其他重要的因素：首先是相对论的创立和量子物理学的新发展；其次是弗雷格（G. Frege）的巨著《算学基础》（1884）之开始受到重视，罗素与怀特海合著的《数学原理》（1910—1913）的出版；以及石里克的《普通认识论》（1918）和维特根斯坦的《逻辑哲学论》（1922）的影响。没有这些理论作为其思想基础和方法论基础，则任何形式的新实证主义或新经验主义，无论逻辑实证主义还是逻辑经验主义，都是根本无法想像的。

维也纳学派所掀起的这个哲学运动之所以能在欧洲迅速发展起来，主要应归因于以赖兴巴赫（H. Reichenbach）为首的“柏林学派”的呼应，波兰的华沙学派的声援。在英国，艾耶尔（A. Ayer）、魏斯曼以及维特根斯坦等人的哲学活动也起了重要作用。在美国，卡尔纳普、弗朗克和费格尔等人继续宣传和发展逻辑经验主义的基本观点，同时并将它与美国的实用主义、操作主义和自然主义联系起来。这样，维也纳学派这个哲学运动引起了国际哲学界的更广泛的注目，成为当时颇有影响的国际哲学潮流之一。维也纳学派于1936年石里克被枪杀后，实际上已经瓦解了，但直到1938年才由于被纳粹政权视为“反动哲学”而遭到公开禁止。逻辑经验主义经历了几十年的变化和发展，已经失掉了在维也纳时期的本来面貌，但是它在当前西方分析哲学中仍有相当的影响。

二

逻辑经验主义的基本观点是经验主义和反形而上学。不过它的经验主义与休谟或密尔的有所不同，它认为科学知识的基础不是依赖于个人的经验感觉，而是依赖于公认的实验证实。在反形而上学方面，它不像孔德和马赫那样，认为形而上学是错误的，而认为它无意义。在其他方面，如对待实体、上帝、自由和必然等所谓“永远不能解决的问题”也有所区别。对逻辑经验主义来说，这类问题不是有其问题不能解决，而是实际上根本没有这样的问题，它们是一些所谓“似是而非的问题”（Scheinproblem）。另外还有一个重大的区别，就是无论休谟还是马赫都忽视逻辑的作用，仅以心理分析为其方法论的根据，而逻辑经验主义则把数理逻辑作为哲学分析和论证的主要工具。正因为如此，它才被称为逻辑实证主义或逻辑经验主义。

逻辑经验主义者认为，虽然旧实证主义者提出“反形而上学”，但他们并不真正知道形而上学之所由生、问题所在以及解决的方法。形而上学的问题是“乱用语言”所致，是一个关于意义的问题，因此解决它们的方法不是一般的科学方法，而是语言的逻辑分析方法。他们断言，要把哲学从形而上学中解放出来，必须以“一种哲学结束传统的哲学（Schulphilosophie）”。这样的“一种哲学”就是指：真正的哲学论题不谈自然或社会，而只谈语言或语言应用，亦即：哲学是以研究语言的有意义和无意义为基础的。哲学的任务不是提出命题或建立命题体系——理论学说，那是科学的任务。哲学的任务是从逻辑的观点分析和阐明科学中的概念、假设和命题的意义，从而使我们因之而引起的形而上学的思想混乱得到澄清。用维特根斯坦的话说，“哲学不是自然科学之一种”，“哲学不是一种学说，而是一种活动”，“哲学应把那些没有哲学便似乎模糊不清的思想弄清楚，并给以明确的界限”,“凡可说者都可以清楚地说”①。

逻辑经验主义者宣称,相对论中的同时性定义是澄清关于时间空间的形而上学概念的一个典型实例。爱因斯坦主张借光信号来说明“被空间所分开的事件的同时性”的意义,这是经实验证实了的。但是如果我们主张,在这种借光信号所确定的“相对同时性”之外,还有一种哲学的“绝对同时性”,它和任何可观察的信号完全无关,而是自在自为的,那么这个“绝对同时性”由于排斥了任何证实的条件,即排斥了它之为真或为假的逻辑条件,而变得毫无意义可言了。逻辑经验主义者表明:一切形而上学的问题都是以类似的形式提出来的,一切形而上学的体系都是以类似的思想为根据而建立的。因此,如果我们把形而上学问题归结为语言的问题,并应用逻辑分析方法阐明它,那么不仅能了解它所以产生的原因,同时“还能将它作为无意义的”从科学中清除出去。

但是,逻辑经验主义者并不认为形而上学完全无意义,只是认为它没有传达实际知识的意义(cognitive-actual meaning),但具有激动情感的意义(expressive emotion meaning),多少像诗歌、艺术和音乐那样。因此,他们对形而上学的结论是:“它可以充实我们的生活,但不能丰富我们的知识;它只能作为艺术作品,不能作为真理来评价。形而上学学说所包含的,有时是科学、有时是诗文,但决没有什么形而上学。”②

---

① 维特根斯坦:《逻辑哲学论》,4.111,4.112,4.116。

② 《石里克论文集》II(英文版),第111页。

三

旧实证论哲学的难题之一，就是如何科学地说明数学和逻辑以及自然科学的关系。旧实证论者把认识局限于经验范围之内，此外就无其他认识可言。因此，他们只能把数学和逻辑看作一种具有“最普遍性”的经验学科，又能对它们作出心理的和经验的解释。这样，他们就把归纳认识的不可靠性加之于逻辑和数学了。对此，逻辑经验主义者则持否定的态度。他们断言，逻辑和数学对于实在无所陈述，它们只能在思想领域之内活动。换句话说，它们仅仅与语言形式或符号使用打交道。逻辑规律不是实在的“最高规律”，而是表达思想的普遍法规。排中律之所以在实践中有其效用性，是因为我们要想有意义地说点什么，就不能同时既肯定一件事，又否定同一件事。逻辑是普遍的思维形式，数、元素、项、类和子类、命题以及用“如果”、“和”、“或者”、“不”等连词组成的组合命题，就是形成这种思维形式的基础。逻辑是纯粹形式的，毫不涉及特殊内容，在逻辑中，任何特殊内容总是以变项来代替。演绎推理是命题中间的相互变形，是依照类的元素或子类的可替换性来规定的。逻辑既然仅仅以纯粹形式关系为其唯一的对象，谈不上有何实际的认识，所以它才能如莱布尼兹所说的那样，在“一切可能世界”(alle mögliche Welten)中有其效用性，所以它的真理才具有普遍的、先天的和分析的特点。

逻辑经验主义者认为，以上对逻辑所说的，完全适用于数学。数学事实上是一种精确的思想结构或严整的符号体系。几何学除了作为空间科学的物理几何学之外，也不涉及实际的空间概念。数学是在逻辑和公理设定(axiomatische Festsetzungen)基础上建立起来的。我们从这类设定之中才能把数学命题演绎地推导出来，正如19世纪末和20世纪初的数学、几何学和逻辑学的新发展所说明的那样。

科学命题的两分法(Dichotomie)——分析命题与综合命题是从莱布尼兹和康德开始的，但对分析命题的形式特性提出一种明确说法的，则是维特根斯坦。他指出分析命题是一种重言式，它的真假性依据逻辑规则就能断定。我们用下列的例子说明这一点：一个带自身否定的组合命题通过“或者”(P∨～P)就一定是真的，同样的组合命题通过“和”(P·～P)就一定是假的。换句话说，分析命题以它的句法形式或符号组合即能判定它的真假，没有必要考虑它的特殊内容，因为它的效用性与那种特殊内容无关，这就是分析命题和综合命题的根本区别。分析命题既然依据它的形式就能判定真与假，无须考虑它的特殊内容，所以它不对事实有所陈述。从上面提到的那两个组合命题(P∨～P)和(P·～P)来说，前者容许一切事实的可能性，所以对于事实一无所说，后者排斥了一切事实的可能性，所以对于事实不能有所说。这就是维特根斯坦说的“重言式和矛盾是无意义的”，“矛盾可以说是消失于一切命题之外，复言式则消失于一切命题之内”③的意思。

逻辑经验主义者自诩根据“分析—综合”(analytisch-synthetisch)的两分法解决了实证主义哲学的难题，同时还把它当作“彻底经验主义”的思想基础。但是，怀特(M. White)和蒯因(W.

③ 同①，4.461，5.143。

Quine)对这种两分法提出了尖锐的批评④。对此,卡尔纳普、费格尔和魏斯曼坚决表示不能同意,并加以辩驳和否定⑤。的确,这一点是逻辑经验主义者无论如何不能接受的,否则,它的整个思想体系就会动摇了。

四

可证实性的意义标准问题是逻辑经验主义的中心问题之一。在维特根斯坦的影响下,逻辑经验主义者把经验命题分为基本命题与组合命题两种,并严格加以区别。前者是有关简单事实的命题(S——P),后者是由两个或更多的基本命题构成的命题(p,q,r…),还具有合取、析取、蕴含和否定等形式。一个基本命题是真的,如果它的内容和事实相符合,否则是假的,而组合命题的真假性依赖于基本命题的真值;组合命题是基本命题的真值函项。但是,我们在什么情况下才能确定这两种命题之为真为假,之有无意义呢?

逻辑经验主义者说:"命题的意义是它的证实方法。"根据这个可证实原则来说,我们要了解一个命题的意义,必须了解什么才能使它成为真的,就是说,我们能够说明它是通过什么被证实是真的。如果我们对于一个命题的证实条件有了了解,那么我们就能

④ 怀特:"分析与综合",见杜威:《哲学与科学》,1950 年,蒯因:"经验主义的两个教条",见《从逻辑的观点看》,1961 年。

⑤ 卡尔纳普:"语言公度",见《哲学研究》Ⅲ,1952 年,第 651 页;魏斯曼:"分析与综合",见《分析》杂志,1949 年,第 2 期,第 10、11、13 页。

确定它之为真为假了,因而也能了解它的意义。逻辑经验主义者对于可证实性所要求的,倒不是实际的可证实性,而是原则上的可证实性。一个无原则上可证实性的命题就是一个无任何证实条件的命题。这类命题从语法上说,形似一个命题,但没有任何方法能证实其为真为假,因而无法了解它的意义。这类命题逻辑经验主义者称之为"似是而非的形而上学命题"。但是他们并不否认有无须证实的命题:数学命题与逻辑命题。我们上面提到,数学与逻辑是一些重言式命题的体系。它们的对象是形式的关系,不是实在的关系。它们要求的不是证实,而是证明,不是真实性,而是有效性。这就是逻辑经验主义者所谓自然科学和形式科学的区别,以及二者同形而上学的区别。

逻辑经验主义者提出可证实性的意义标准后,引起国际分析哲学界的许多严厉批评。主要有两点:首先,有人指出:这个标准是否可以应用于它自身,如果不能,依照逻辑经验论者的看法,就不是综合命题,当然也不是他们所说的分析命题,那么它到底是什么呢?对此,卡尔纳普回答说,这个标准自身不是企图对于实际有所说,只是对于更明确地使用语言的一种建议。其次,事实证明,科学的普遍假说和理论也只能有部分的证实依据,不是可以完全证实的。然而,科学家总是以这样的假设和理论作为他们科学研究的前提的。逻辑经验主义者,特别是卡尔纳普,由于上述两点批评的关系,从 30 年代末期开始就把这个标准中的可证实性用可确认性(confirmability)或可检验性(testability)来代替了[⑥]。然而,K. 波普尔仍然认为,这个意义标准应该完全取消,而

⑥ 卡尔纳普:《检验性和意义》(英译本),1950 年。

代之以“经验的、科学的与超验的、形而上学的问题和回答的分界标准”⑦。这个标准就是“检验性”,或者用他说的,是“可证伪性”(falsifiability)或“可反驳性”(refutability)。但是,尽管如此,逻辑经验主义者仍然力图在继续改造这个意义标准中保持这个从维也纳学派流传下来的传统观点。

五

纽拉特和卡尔纳普对于维特根斯坦的所谓基本命题有他们自己的看法,于是提出了记录命题。所谓记录命题,也是指一种对于直接经验的给予的陈述。不过,纽拉特首先认识到这类命题如果不在主体间(intersubject)的基础上加以合理的改造(rational reconstruction),就会导致主观唯心主义。因此,他在他提出的记录命题的公式中,排除了一切主观的因素,如“我”、“现在”、“这里”和“这个”等等,而代之以“记录者 N·N”、“地点 O”、“时间 T”以及“被观察的对象 X”。纽拉特认为,一个真正的科学观察记录不应该是“现在我感觉到的是如此这般”,而应该是“N·N 先生在地点 O 和时间 T 之内观察到的是如此这般”。他指出,记录陈述所报道给我们的如同寒暑表或测量器所指出的标记那样,例如“今天寒暑表记录的温度是 35℃”和“观察者感到这里很热”,这两个“事实”都能用客观的物理语言表述的。如果一位科学家在物理学实验或生物

⑦ 波普尔:“科学与形而上学的分界”,见《猜想与反驳》,1963 年,第 278 页。

学实验中，难于制定这种心理的或生理的观察记录，那么他可以将它不断地调整，一直到和有关的实验结果一致为止。

纽拉特和卡尔纳普以他们的记录学说为根据，提出物理主义和统一科学的观点。所谓物理主义，简言之，就是以物理学为基础，应用行为主义的心理学方法，从物理的物的语言（physical thing language）方面，将心理现象还原为物理现象，将心理学命题译为物理学命题，从而把“心理的”与“物理的”、“身体的”与“心灵的”统一起来，进而把一切经验科学还原为物理科学。他们说：“心理学是物理学的分支”、“物理学语言是科学的普遍语言”⑧。在哲学方面，纽拉特和卡尔纳普还借此排除有关“物质实体”和“精神实体”的“似是而非的问题”，排除精神科学和自然科学对立的观点，从而建立一种科学的世界观点——逻辑经验主义。这就是他们所谓统一科学运动的任务和目的。

但是，纽拉特和卡尔纳普提出的以还原论为基础的统一科学运动和当代自然科学的发展是矛盾的。其主要矛盾之点在于把生物学还原为物理学和化学，把心理学还原为神经生理学，两者最后还原为物理学的困难方面。虽然科学家对于它们之间未来的还原可能性并不完全否定，但是认为这种还原可能性的程度是非常有限的。对这个统一科学运动威胁尤大的是突出进化论（theory of emergent evolution）的发展。依据这种理论，生命或心灵都有其特种的新的实在形式，这种形式是不能从任何自然规律和科学理论中推演出来或预测到的。这一点足以说明这个统一科学运动的科学性（Wissenschatlichkeit）是怎样的了。因此，很久以来，多数逻辑经

⑧ 卡尔纳普：《认识》第2期，第459页；《似是而非的问题》，1928年，第36页。

验主义者已经把这个统一科学运动看作是一种历史的现象了。

最后必须提到的是，纽拉特和卡尔纳普把记录命题看作科学认识的基础问题。他们认为，记录命题是不带任何理论偏见地、如实地描述实验观察的结果，所以在新的科学理论创立之前，它的可靠性是无可怀疑的。因此，他们提出：认识的证实检验标准不是命题与“实在”和“直接经验”的比较，而是命题与同一体系内有关命题的比较。如果他们之间的比较结果是一致的，那就是真的，否则就是伪的。纽拉特以此为根据，反对维特根斯坦和石里克的真理符合论（correspondence theory），而代之以真理贯融论（coherence theory）。他指出，维特根斯坦关于指明（Zeigen）的论断和石里克关于确证（Konstatierungen）的论断都包含了主体的因素，都会导致主观唯心主义，即其他逻辑经验主义者所说的“语言的唯我主义”（linguistic solipsism）。但是，纽拉特也无法否认，贯融论在命题与同一体系内有关命题的选择和规定中，也包含了同样的主观性和任意性，也会因此而导致彭加勒（H. Poincaré）式的约定论的主观唯心主义的。

六

所谓心身问题，即精神与身体的关系问题，至今仍然是分析哲学的中心问题之一。纽拉特和卡尔纳普从他们的物理主义出发，认为物理的和心理的概念不代表两种实在性，即精神实在和物理实在，而是可以在主体间性的基础上定义为个人的精神活动和思维过程的两种特征：个人的行为特征和用不同语言表现这种行为的语言特征。当前分析哲学中，则把这个心身问题归结为所谓“别人的精神问题”(problem of other minds)。具体点说，也就是这样的问题：我怎样知道别人身上有这样或那样的痛觉呢？他人的痛觉和在类似的情况下我所有的是同样的吗？总而言之，我怎样知道别人有思想有感觉呢？因为我和他是两个不同的身体，是两个人，我们之间又根本不可能有所谓“精神的交感”。因此，如果有人提出这类问题，那么逻辑经验主义者就会问：你提出这个问题的意义何在？你怎么证实它的意义呢？

由于维特根斯坦的影响，卡尔纳普对心理事件的绝对的私人性(absolute privacy)也作了分析批评，但并不因此而改变他的物理主义的观点。他承认许多精神特征和属性具有素质的个性(dispositional character)。这种素质个性在心理学中简称之为试验的条件或者试验结果的条件。不过，他指出，这种素质个性，如同物理学中的“溶解性、弹性和导电性等物理性质”那样，可以根据一定条件下发生的事态加以确定的。因此，我们也可以应用这种方式将那种精神的素质个性作为一种个人行为的刺激——反应关系的假设而规定下来。这就是卡尔纳普对科学理论概念在他原有的“结构体系”(constitution system)之外，应用所谓“重合规则”(coincidence rules)来说明不能感觉的与能感觉的事件的相互关系，来挽救物理主义观点和解决心身问题的补救方法⑨。

但是，维特根斯坦对于心理事件的绝对私人性始终持否定态度。他强调，心理事件的发生，除非有其客观的特征，否则我们对于彼此之间的直接经验是不能相互传达的：他否定一切私人语言

⑨ 卡尔纳普：“理论概念的方法论性质”，见《哲学研究》V，1956 年。

的可能性。维特根斯坦还反对用类比法将他人的心理活动过程从自己在类似情况之下发生的情况中推演出来的观点。他指出，这种观点根本违背语言的逻辑语法，因为私人语言必须建立在私人指示定义（private ostensive definition）之上，而私人指示定义根本不是什么定义。在这个意义之下，如果一种词句（expression）是私有的话，那么它根本不成其为语言中的一种⑩。

参考书目

（1） 克拉夫特：《维也纳学派》，英译本，1953 年。
（2） 艾耶尔：《逻辑实证主义》，1959 年。
（3） 石莱希尔（H. Schleichert）：《维也纳学派的逻辑经验主义》，1957 年。
（4） 洪谦主编：《逻辑经验主义》，商务印书馆，1983—1984 年。
（5） 维特根斯坦：《逻辑哲学论》，1922 年；《哲学研究》，1953 年。
（6） 石里克：《普通认识论》，英译本，1974 年；《哲学论文集》II，英译本，1979 年。
（7） 卡尔纳普：《世界的逻辑构造》，1962 年；《语言的逻辑句法》，英译本，1962 年；《统一科学》，1934 年；《检验性和意义》（英译本），1950 年；《语义学导引》，1942 年；《意义与必然性》，1947 年。
（8） 纽拉特：《哲学论文集》，1952 年；《经验社会学》，英译本，1971 年。
（9） 克拉夫特：《认识论》，1960 年；《科学价值论的基本问题》，英译本，1981 年。
（10） 魏斯曼：《语言哲学原理》，英译本，1965 年；《哲学论文集》，1977 年。
（11） 费格尔：《心理的与物理的》，1968 年；《探讨与辩论》，1981 年。
（12） 弗朗克：《现代科学和它的哲学》，1949 年。
（13） 艾耶尔：《语言、真理和逻辑》，1946 年；《经验知识的基础》，1940 年。
（14） 麦吉尼斯：《维特根斯坦与维也纳学派》，1967 年。

⑩ 维特根斯坦：《哲学研究》，第 380、241 条。

克拉夫特哲学简述

维克托·克拉夫特(Victor Kraft,1880—1975)是维也纳学派的主要代表之一。他的哲学观点和其他逻辑实证论者如石里克、卡尔纳普、纽拉特等相比较,有其独特之处:在认识论方面,他对石里克后期的逻辑经验主义,卡尔纳普前期的现象论,纽拉特和卡尔纳普的物理主义和统一科学,都持保留的态度。在伦理学方面,他公开反对作为维也纳学派的代表观点的"伦理的情感主义"(Ethischer Emotivismus)和幸福论(Eudaemonismus)。他的哲学基本观点,有人称之为"经验理性主义"或"演绎经验主义";伦理学观点则称之为"理性的自然主义"。总的说来,克拉夫特的哲学基本立场与其说是逻辑实证论的,不如说是由一位英国哲学家K.波普尔提出的批判理性主义的。

因此,纽拉特在《认识》杂志中称波普尔是维也纳学派的"公开敌对者",称克拉夫特是对维也纳学派的逻辑实证论"同情的"一位哲学家。

1936年石里克被一个纳粹分子暗杀之后,维也纳学派的大部分成员都陆续向国外逃亡,只有克拉夫特留在维也纳大学,从事维也纳学派的"科学认识论"方面的教研工作。1938年奥地利被希特勒吞并之后,他即被撤销教授职务以及图书馆的兼职,隐居乡间,继续其著作生涯。奥地利解放以及第二共和国成立之后,他才于1950年被聘任为继石里克之后的“归纳哲学讲座教授”。奥地利政府鉴于他学术上的贡献以及被占领期间的刚强不屈的态度，授他以奥地利国家科学院“正式院士”的称号。

克拉夫特晚年致力于维也纳学派的“复兴事业”。他和其他的逻辑实证论者如费格尔、亨佩尔和艾耶尔等一道编辑了所谓《精确哲学丛书》(*EPL*)和《维也纳学派丛书》；他协助亨佩尔和施泰格米勒(W. Stegmüller)，使维也纳学派的哲学期刊《认识》在荷兰复刊等等。

克拉夫特的主要著作有《科学方法的基本形式》(第一版，1925；改写的第二版，1973)、《数学、逻辑和经验》(1947)、《哲学导论》、(1950)、《维也纳学派——新实证主义的起源》(1950)、《科学价值论的基本问题》(1951)、《认识论》(1963)、《理性的道德基础》(1963)等。其中《维也纳学派——新实证主义的起源》一书有英文译本，是由美国的逻辑实证主义者帕普(A. Pap)翻译的。这是在国际分析哲学界中流行的一本关于维也纳学派历史发展过程的重要著作。

克拉夫特的哲学观点实质上是如康德那样采取了折衷主义的唯心论观点。康德调和经验和理性在认识能力中的作用，形成他的“批判哲学”；克拉夫特则调和归纳和演绎在认识方法上的作用，形成他的“经验理性主义”。他在波普尔的《科学研究的逻辑》(1935)出版前十年，就在《科学方法的基本形式》(1925)一书中，提出了认识论中最基本的问题之一，就是如何解决归纳问题，即解决关于从经验中获得的归纳概括的效用根据问题。克拉夫特和波普尔异口同声地说：应用特殊归纳的理论方法——例如所谓概率逻辑或归纳逻辑、模态逻辑等——来为归纳原则的普遍性辩护，是科学所不能接受的;因为归纳原则根本没有逻辑上的根据,也没有从任何科学的理论基础和效用范围中得到改造的可能。从逻辑上来说:归纳只能是从一些个别经验事实中获得的演绎推理,只能作为一般的科学研究的前提或假说来了解;唯有演绎才能给归纳推理形式以逻辑根据,唯有演绎才能给各种认识以必然而普遍的理论基础。

克拉夫特虽然不忽视归纳概括在科学理论发现过程中所起的作用,但他认为这种作用仅仅局限于发现科学的假说,在认识逻辑上不能有"更多的意义"。从认识逻辑上来说:科学理论总是作为命题的演绎系统来解释的,这样命题系统,就是以细致而严密的形式(die Gestalt)出现的公理演绎系统。克拉夫特强调说:尽管如此,科学命题的经验性质和假说性质并不因之而有根本改变,因为这种作为公理演绎系统的科学理论,原则上必须和实际经验以及知觉对象打交道,必须在客观实际范围之内能够有所应用。

克拉夫特以此为理由,一方面反对德国的约定论对科学的先验论的解释:即科学理论根本和实际经验无关,仅仅通过一些定义,附加假定和特选假设(Ad-hoc-Hypothesen)以及经过相应的重言式的变换(Tautologische Umformung)过程,就能构成的;科学是纯粹的演绎假设系统。但另一方面,他和波普尔一道也反对科学具有绝对确定性而无理论性的基础。他们宣称:科学的实验和观察基本上总是依存于理论,为理论所支配的,就以观察来说:它不仅仅是和一些简单而直接的印象打交道,而且是以许多普遍假设命题为前提,对某些存疑现象的知觉和经验事实作直接的比较。至于实验那就更需要以理论为基础了,就是说:它只有以从某些理论假设中得出的演绎推理为根据,才能得到正的或反的结果。波普尔和克拉夫特这样的哲学观点,被称为"演绎经验主义";前者又被称为"批判理性主义",后者又被称为"经验理性主义"。

尽管克拉夫特和波普尔两人的"演绎经验主义"之间如此地类似,但他们的基本论点是有分歧的。克拉夫特的"演绎经验主义"的中心概念和其他维也纳学派的逻辑实证论者一样,是所谓"证实原则"(das Verifikationsprinzip),而波普尔的"演绎经验主义"的中心概念则是与之相反的"证伪原则"(das Falsifikationsprinzip)。这种分歧不仅是他们两者之间的分歧,而且是波普尔和克拉夫特的"演绎主义"和卡尔纳普的"归纳主义"之间的分歧。近些年来,这种分歧在国际哲学界中,掀起广泛的论战,形成了"新经验主义"和"新理性主义"的对立面,形成了当前一种新的哲学潮流。

克拉夫特的经验主义另一个理论基础是所谓"构成实在论"(Konstruktivistischer Realismus)。他宣称实在论概念在哲学范围内的意义,就是"构成实际"和"说明实际"——用规律说明实际。他认为要科学地从许多变化多端而主观的经验或现象中构成关于客观实际的理论,就必须在经验或现象之外设定一种"被说明的客体"(zuerklärende Objekt),即哲学上所谓本质(Entität)或实体(Substanz)这类东西,作为"辅助假定"(Erganzungsannahme)。有了这个"辅助假定",则"不能被感知的存在事物"对"能被感知的存在事物"而言,就能显出其演绎性的"说明作用"(Erklärungsfunktion)和"论证作用"(Begründungsfunktion)。在克拉夫特看来,实证论的经验主义终于把自己导向工具主义:因为它把科学理论不看作反映客观规律的概念体系,而是把它看作制定关于经验或现象理论的"辅助方法"或"概念公式",至于应用哪些经验或现象来作为理论的根据,则仅仅以马赫所谓的"思维经济原则"作为唯一的选择标准。克拉夫特这一“构成实在论”在他早年的两部著作中:《外在世界的认识》(1910)和《世界概念和认识概念》(1912)中就提了出来,在他的晚年著作《认识论》(1960)一书中,进一步加以充实和发展。

在社会伦理观点方面,克拉夫特和其他逻辑实证论者如石里克、卡尔纳普和艾耶尔等相比较,则其独特之处更为突出。逻辑实证论者一般是把“规范”(Norm)科学的范围、对象、作用和目标和实际科学的范围、对象和目标割裂开来的。然而,克拉夫特则试图架起两者之间的桥梁,并肯定其关联性。他在他的《认识论》一书中提出:认识论基本问题之一,就是找到一种认识概念和认识方法作为科学认识的“规范”,我们根据这个“规范”可以判定那些认识是否合乎认识之为认识的条件。因此,关于认识问题的提法对他来说不是“什么是认识”,而是“认识应当是什么”,不是“科学是什么”,而是“科学应当是什么”,这个“应当”无论对于实际科学和伦理科学都是共同的。虽然,克拉夫特认为“规范”的概念,不是从经验中得来,而是被制定的。如同数学中的基本概念那样。但是,他不像康德那样把欧几里德几何学视为空间科学的“规范”,看作不“为经验所能证明或所能驳倒的”。他认为一切关于科学认识的“规范”都是原则上能为经验事实修正或推翻的。爱因斯坦在相对论中用非欧几里德几何学替代欧几里德几何学为空间科学的“规范”,就是一个典型的实例。

克拉夫特哲学在他的几部著作中如《科学价值论的基本问题》、《理性的道德基础》和《认识和道德的基础》(1968)中,对社会伦理的认识论问题作了细致而全面的语义分析和论证。他认为其中主要而根本的问题,就是我们怎样能够证明“那种不是自然的,而是被制定的道德事物(Sittliche)的存在呢”？这个问题对克拉夫特来说，不是别的，仅仅是关于“道德规范”的效用根据问题：为什么我们让我们的意志去接受一些限制呢？为什么我们认识某些“律令”(die Gebote)，有使人遵守的实际理由呢？为什么利己主义在社会生活中必然要受其他的利己主义的牵制呢？等等。他宣称诸如此类的问题实际上一般总是诉诸“超自然的力量”，如宗教、国家或党团的权威，甚至于个人崇拜；但是，应用这种方式所能作出的论断，无论对个人或社会来说，都没有普遍而彻底的束缚力，更没有使人心服口服的充足理由。克拉夫特说：要想言而有据地说明这些问题，必须具有哲学史中有过的两个原则：即亚里士多德的目的论原则和康德的实践理性原则，作为理论的根据。我们根据前者来观察和解释人类社会现实生活情况和目的，应用后者来奠定道德事物的存在及其普遍性和必然性的理论基础。这就是克拉夫特所谓“理性的自然主义”的社会伦理观点。

尽管克拉夫特和其他逻辑实证论者相比较，在理论方面有这样大的距离，但是，我们并不能因而称他为这个学派的局外人，他依然是其中主要代表之一。因为维也纳学派的逻辑实证论，本来不是一种思想理论统一的哲学学派，而是如艾耶尔正确地说过的那样，是一种掀起当代新的哲学思潮的运动。此外，在这个学派的成员中的内部矛盾也是层出不穷的。例如最显著的是石里克和纽拉特之间的矛盾，卡尔纳普和石里克之间的矛盾，费格尔和卡尔纳普之间的矛盾，最后连卡尔纳普和纽拉特之间也发生了矛盾。虽然克拉夫特对于维也纳学派所提出的“方法的现象论”物理主义统一科学和概率的归纳主义等都持保留的态度，但是他对维也纳学派的基本思想，如分析和综合命题的两分法，逻辑、数学和经验科学的根本区别,以及句法学、语义学和符号学作为逻辑分析方法论等,都是完全接受了的。因此,纽拉特称他为维也纳学派的"同情者",这不仅没有充足理由,而且对于他的哲学观点的了解也不全面,因而是不正确的。

克拉夫特的"经验理性主义"或"演绎经验主义"的观点,总的说来,是逻辑经验主义的变种,但是,它包含了各种各样的杂质,如康德的哲学传统,19 世纪末和 20 世纪初的库尔普(O. Külpe)等的批判实在论,新康德主义,以及溯源到霍布斯以至费尔巴哈的人本学的自然法学说等等,因而很难给以某种恰如其分的判断。但是,正好这一点更加暴露其折衷主义的唯心论观点。对于这个唯心论观点列宁作过深刻的批判:"……形式逻辑是根据最普通的或最常见的东西来做形式上的定义,而且只是这样做定义。如果在这种情况下,拿两个或更多的不同的定义,把它们完全偶然地拼凑起来……那么我们所得到的就仅仅是一个指出事物的各个方面的折衷主义的定义。"①

原载《现代西方著名哲学家述评》三联书店,1980 年

① 《列宁全集》中文版,第 32 卷,第 83 页。

维特根斯坦和石里克

多年以来,石里克的哲学几乎被人遗忘了。人们只是把它看作一种哲学历史现象,没有给它以任何特殊的现实意义。他们或者认为,石里克的哲学最终不过是维特根斯坦的哲学,或者认为,维特根斯坦哲学的影响几使石里克的哲学"败坏"殆尽。我认为这两种看法都不是正确的。

的确,我们几乎不能否认,石里克在他思想发展的最后一段时期,有许多重要的见解应当归功于维特根斯坦,但这些见解正是石里克先前的思路所想到的,或者说,只是在某些重要的观点上补充了他的研究成果。这一点我可以举经验的命题和逻辑数学的命题之间的重要差别为例来说一下。石里克曾在他的《普通认识论》(1918 年问世,第二版是在 1925 年)中说,确实可靠的知识——像逻辑和数学的知识——是演绎的,因而它们是分析的,而不是像康德所主张那样是综合的。分析的命题有先天的效用,因为只要通过定义它们的概念——而无须考虑事实关系——我们就可以知道它们的真或假。但是分析的命题是无内容的。究竟逻辑的命题和经验的命题有什么关系,这在石里克先前的研究中是没有清楚地表示出来的。由于维特根斯坦的启发,石里克才有了明确的看法,并且精确地表述了那样一些命题。

按照维特根斯坦的观点,逻辑命题一般来说,并不是对于事实有所陈述的，而只是语言使用或符号应用的事情。在逻辑命题里，只是表示我们按照哪一种程序去把一种符号配列关系变换成另一种符号配列关系，而在变换中被指示的事实却不发生改变。它们是重言式命题，是分析的命题。伯特兰·罗素的《数学原理》曾证明，整个数学可从逻辑推导出来，所以分析的性质也适合于数学的命题。

石里克从维特根斯坦那里接受的这种唯名论观点，对于他来说更为重要；因为这种观点使他克服了柏拉图的形而上学，这种形而上学是从超感觉事实的逻辑和数学中产生出来的。

另一个例子是：石里克在其早期著作中曾经主张，澄清命题的逻辑意义乃是一般哲学的任务。所以他认为爱因斯坦在澄清时空这两个词方面有他最大的哲学成就。他的主张是建立在借光信号来说明的同时性这个有名的定义上。如果我们认为，除了相对论外，还可以允许用另一种为其他物理学所允许的方法来确定某种“被空间所分开的事件的同时性”，那么这是一个经验的主张，不过它被大家所熟悉的实验证明为假的。反之，如果我们主张，除了这种借光信号确定的同时性之外，还有一种“实在的”、“哲学上的同时性”，这种同时性与一切可观察的信号完全无关，那么这种主张就既不是真的也不是假的，而是无内容的。它看上去像一个命题，实际上没有表达任何事实，因为它原则上是不可证实的。从这里我们清楚看到，石里克通过经验的论证把这些似是而非的假命题扫除得一干二净。

但是，我们如何从逻辑上来认识这样一些似是而非的假命题呢？我们怎样实际上进行逻辑的澄清呢？所有这些问题在石里克先前的著作里还没有明确地提出来，正是由于维特根斯坦的思想，石里克才可能论述了这些被他提出的论题，并在重要观点上补充了自己的见解[①]。

在《逻辑哲学论》里，维特根斯坦说：为了消除哲学的困难和问题，我们必须研究语言的逻辑结构或逻辑语法。按照他的观点，如果我们自己的思想还不是足够清楚的，哲学的问题总还会存在的。这无非就是说，我们还不理解我们语言的逻辑。哲学问题是逻辑模糊不清的明确标志。所以维特根斯坦说："哲学的目的是使思想在逻辑上澄清"，"哲学的结果不是某些哲学命题，而是使命题得到澄清"，"哲学应当说清和明确分清那些否则似乎是模糊不清的思想"[②]，"凡是一般可以说的东西，总可以说清楚"[③]。

石里克在同维特根斯坦接触时，曾经逐渐地改变了他的许多重要的哲学观点，例如，他曾经修改了他的《普通认识论》的观点。可是石里克这种改变，并不是像人们经常所说的，只是年轻的维特根斯坦哲学的进一步发展。石里克"哲学的转变"，只能"被认为是在他所选择的道路上的一种前进，一种彻底的原则性的发展，而不是一种向新信念的过渡。"[④]

凡是读过《普通认识论》的人都会知道，石里克在《逻辑哲学论》问世之前就已经知道或预见到《逻辑哲学论》里的一些观点，只不过这些观点是以另一种形式提出，以另一种方式来表达而已。例如体验（Erleben）和认识（Erkennen）之间的区别；概念和命题的符号和结构性质；有效的演绎推理的分析性质；以配列学说为基础

① 参见 M. 石里克：《哲学论文集》II，1980 年，英文版，F. 魏斯曼写的序言，第 xxiv 页。

② L. 维特根斯坦：《逻辑哲学论》，见《维特根斯坦著作集》第一卷，1963 年，德文版，第 31、10 页。

③ 同②。

④ 同①，序言，第 xxiii 页。

的真理和意义的符合理论；强调弗雷格和罗素的数学真理观点，以及从这种观点出发，拒斥当时哲学上的心理主义等等。

尽管维特根斯坦与石里克之间有某些类似，然而我们仍会在他们的图像理论、元语言理论、“高超”概念、伦理学和美学的神秘性质以及承认神秘东西的存在方面，找到他们彼此之间的差别。如像“确有不可说的东西。它自己会显示出来。它就是神秘的东西”⑤这样的命题，我们在石里克的著作中是无论如何找不到的。简言之，石里克和维特根斯坦的哲学差别在于：石里克与维特根斯坦相反，他一般没有任何形而上学的奢望，而维特根斯坦在理论上是认识到了许多形而上学命题的无意义，但在感情上却依恋着这些命题，因而不可能根本抛弃这些命题⑥。

维特根斯坦对石里克的影响，正如上面所说的，使石里克认识到哲学的关键在于研究逻辑结构和对分析命题与综合命题进行两分法。但是这种影响就其最显著的而言，是表现在维特根斯坦从未明确提出过的证实原则上。石里克曾经坚持不懈地试图通过这种证实原则来找寻所谓意义标准的一般基础，他的这种想法清楚地表现在“实证论和实在论”这篇论文中，在这篇文章中，石里克以最大的热情使用了这个原则，即使在他后来的一些论文里，这个原则也总是他论述的中心问题。按照石里克的观点，这个原则只能应用于那些其证实条件可以明确加以陈述的命题。也就是说，只容许那样一种问题，对这个问题我们能同时陈述它的回答在什么条件下能被证实；正如维特根斯坦所说的：凡是我们不能说的东

⑤ 同②，第82页。

⑥ R.卡尔纳普：《自传》，见 Schilpp 编《卡尔纳普的哲学》，1963年，英文版，第25页。

西，我们也不能问。

石里克从意义标准的证实原则出发，完全改变了他先前关于实在性问题的主要立场，也就是说，他抛弃了先前的批判实在论观点，而走向了经验的——实证主义的实在论。他主张，实在论和唯心论的整个争论只是建立在一种似是而非的假问题上。对于外间世界是否实在的或只是"逻辑的构造"这样的问题的一切回答，如"外间世界是存在的"，"世界是我的感觉"，"只有我的体验才是实在的，而他人的体验不是实在的"，同样都是形而上学的、无内容的，因为我们不可能对它们加以证实或推翻。所以石里克认为，先验实在论、内在唯心论、现象论和唯我论之间的争论无非只是一种关于形而上学的似是而非的假问题的无意义的争吵。

但是，石里克的实证论却不能同孔德、J. S. 密尔和马赫的实证论连在一起。马赫虽然与石里克的想法很接近，但是却与石里克很不同，这首先在于他的感觉论立场。石里克认为"外间世界消融在感觉中"这样的命题完全是荒谬的，他不仅否认这样一种消融性，而且也指出这样一个命题是形而上学的无意义的似是而非的假问题。正是在石里克那里，我们看到这种克服似是而非的假问题和限制自己在可经验检验的命题上的"实证主义"的努力，虽然石里克并不很同意"逻辑实证论"这个名称，但是"彻底的经验论"或者"激进经验论"（"konsequenter Empirismus"或"radikaler Empirismus"）却是他很喜爱的⑦。

尽管石里克和马赫之间存在有这种差别，但是他们在对待传统形而上学方面却有类似的主张，不仅石里克在其晚年，而且作为

⑦ 同①，第283页。

反形而上学者的马赫，他们两人都是中立论者，马赫试图以他的所谓“要素论”摆脱先验的——唯心论的形而上学，而石里克却主张，要把实在性问题作为似是而非的假问题从哲学上加以摒弃。如果我们想研究他们两人的区别，那么这种区别只在于：马赫是一个以心理学为依据的中立论者，而石里克却是一个以逻辑和语言为依据的中立论者。也许正是这个缘故，维也纳学派内部或外部的一些分析哲学的重要代表人物才不满意石里克这最后一时期的思想发展。

在石里克同维特根斯坦的接触中，除了证实原则外，维特根斯坦还有两个重要的思想对石里克发生了强烈的影响，这两个思想构成了他所谓“哲学的转机”的关键。这就是：(1)通过语言的逻辑分析拒斥似是而非的假问题；(2)哲学的任务在于澄清我们语言的意义，因此哲学的问题不是对事实有所陈述的问题，而只是语言的问题。因为石里克曾经在他的“哲学的转变”这篇论文以及其他的一些论文里详尽阐述了他的这个最后的立场⑧，所以我在这里只限于作一些比较。

在石里克早期的著作里，我们可以看到，他的哲学的主要目标在于创立一种作为科学基础研究的认识论，并在科学发展和研究成果的基础上建立一种知识分析方法。按照石里克的想法，作为基础研究的认识论必须与特殊科学研究相携而行，其主要任务是：研讨科学知识的前提、假设、方法和形式，从逻辑观点看，是否有改进或修正的必要，是否有新的概念—方法的可能性。从这里可以看出，科学基础研究起了重大的作用。对此，石里克有下面的说

⑧ 同①，第213—221页。

法:只有这样一种象征特殊科学所得到的知识,别的知识是不可能有的,将来也不会有的。换句话说,没有一种在原则上是不同于特殊科学标准的知识,这种知识在哲学里也不存在。

根据这种知识分析方法,石里克对康德的先天综合判断学说、新康德派理论和胡塞尔的现象学进行了尖锐的批判。他的批判内容是这样:不可能有康德和新康德派所提出的那种作为先天综合判断的命题,命题一般不会有这样一种性质,先天综合命题一定有问题。如果按照数学—物理学的新发展,并且对它们加以严格表述的话,那么这些命题一部分可以归为分析命题(如逻辑和数学的命题),一部分可归为综合命题(如自然科学的命题)。石里克由此得出结论说,在我们的科学的命题系统里,根本就没有什么先天综合命题或一般先天的材料,因此我们也根本不会有获得这种命题的所谓特殊的认识能力。

石里克通过把这种知识分析方法实际应用于当时在现代物理学中关于时空哲学意义的争论,取得了两个可喜的结果,一方面使德国富有影响的哲学家退到了防御的立场;另一方面很快地得到了对哲学感兴趣的自然科学家的注意⑨。因此,石里克在哲学和自然科学之间开始建立了紧密的合作关系,并且为当代经验哲学提供了和奠定了基础和方法,让它们建立在最新的科学发展基础上。

如果只有特殊科学这样一种知识,那么哲学应当做什么工作呢?(因为凡是我们认识的东西,都将完全被特殊科学去研究和认

---

⑨ M.石里克:《现代物理学中的空间与时间》,1920年,德文版。
E.卡塞尔(Cassier):《相对论的认识论意义》,1921年,德文版。
H.杜里舒(Driesch):《相对论和世界观》,1930年,德文版,第二版。
A.爱因斯坦:《几何学和经验》,1921年,德文版。

识,所以一般就没有什么事情留给哲学去做了)对于这一问题,石里克由于维特根斯坦的启发才作了清楚的答复。维特根斯坦在《逻辑哲学论》里说:"哲学不是理论,而是一种活动","哲学的结果不是某些哲学命题,而是使命题得到澄清","哲学应当说清和明确分清那些否则似乎是模糊不清的思想。哲学将通过它清楚地表明了可说的东西来意味不可说的东西。"⑩

石里克在维也纳从事学术活动时,就曾经从不同的方面表述和说明了他对于哲学的目的和任务的新观点。这里我只是想简单地谈一下他所主要说明和详细论述的有关哲学方法的观点,而这些观点他是从维特根斯坦和卡尔纳普那里得到启发的。

按照石里克的看法,为了澄清基本概念、基本命题,特别是科学前提的意义,而对于有关说明达到一个正确的理解,有两种方法是必要的:其一是维特根斯坦的语言逻辑分析和卡尔纳普的逻辑形式方法;其二是内容解释的方法,也就是知识分析方法。所以石里克的哲学方法论远远超过了维特根斯坦和卡尔纳普的方法论。

石里克在他早期的著作中曾说,说明特殊科学知识形式、基本概念和方法正是这样一种活动,通过这种活动,哲学认识论才会实现它不同于特殊科学的作为基础研究的作用。因为只有通过对基本概念、基本命题和它们的前提作内容解释,知识的性质和科学知识的意义才能清楚。正是在这里,由于对科学前提作了逻辑说明和实际考察,指出了它可能有的解释和修正,所以,哲学认识论对特殊科学的研究才有发生影响的可能性。

从这种观点出发,石里克曾经对心理—物理问题作了解释,并

---

⑩ 同②,第31—32页。

且对生物学，对生机论，对量子物理学的生机论的、心理学的解释，对因果概念和因果律表明了他的立场。这种因果概念和因果律在科学和哲学领域有过许多讨论，并在物理学研究中得到广泛的证明。

石里克曾经把他的知识分析方法应用于精神科学，特别是伦理学中。康德和他的后继者曾经主张，关于价值也有一种先天综合判断。他们曾经试图根据这种观点推出“绝对价值”这样的概念。石里克的知识分析推翻了这种概念。他使他们认识到，伦理学领域同样不能有取得先天综合判断的条件，所有在人们那里出现的关系只有作为相对价值才能认识。为了确定像社会价值这样的特殊体验，经验的研究才是必需的。从这种观点出发，石里克相信，必须主张一种有经验根据的幸福论，作为个人和集体的最高的伦理价值标准。

一般来说，实证主义是一种不讨人喜欢的哲学学派。列宁曾经指出它是主观唯心论，并且给以尖锐的批判。普朗克（Planck）曾经在其《实证主义和外在世界》论文集中，从自然科学立场抨击了它，并判定它是某种对自然研究的否定。——据我所知，石里克那篇“实证论和实在论”的论文正是对普朗克那篇论文的答复[11]。当代一些属于或不属于维也纳学派的分析哲学的著名代表人物也曾经反对实证主义的哲学倾向。也许这就是他们中许多人曾经对石里克从批判实在论转到实证论（由于维特根斯坦的毁灭性的影响所造成）感到恼火的理由[12]。

---

⑪ M. 普朗克（Planck）:《物理学认识的途径》，1933 年，德文版，第 208—232 页。

⑫ H. 费格尔:《普通知识论导论》，1974 年，英文版，第 xxi 页。

但是，这里产生了一个问题：我们应把石里克的哲学归入历史上的实证论吗？对于这个问题，魏斯曼在《M. 石里克文集(1926—1936)》一书的序言里曾试图作回答。按照魏斯曼的看法，石里克的哲学与历史上的实证论有三点不同：

(1) 实证论试图用感觉的复合来消除物理世界，而石里克却是研究“关于物理的陈述和关于知觉的陈述之间是否有联系以及怎样的联系”。因此可以看出，“实证主义理论并不完全理解我们说话的实际意义，它多少有些歪曲和重新解释了这种意义。”

(2) “实证主义者并不拒绝说它所相信的话包含有真理，而石里克则是达到这样一种哲学，这种哲学一般不承认任何主张，它只不过是从世界把不清晰性排除出去。”

(3) “实证主义者认为哲学是无结果的，完全可以取消它。而石里克怎样看待哲学，反映在他的论文“哲学的转变”中。从他说以往的哲学的许多命题在语法上都是坏的，哲学并没有贬低价值，这本身就是一种哲学意见。从事澄清化工作总是哲学的一项伟大任务，它是有内容的，是科学的灵魂和精神。”

“如果历史上的实证论与石里克的哲学也有许多共同之点，那么由上面提出的理由看来，我认为不看到它们的区别，也是不适当和不正确的。石里克自己就曾经喜爱‘经验论者’这一名称，因此强调他的哲学与巴克莱和休谟的伟大见解有联系。”⑬

原载《第五届国际维特根斯坦讨论会论文集》，

维也纳，1981 年，洪汉鼎 译　洪谦 校

⑬ 同①，序言第 xxx—xxxi 页。

论“确证”

一

石里克在他的《论知识的基础》一文中，把探索人类知识确定性的问题，看作认识论的基本问题①。由此出发，他试图反驳 O. 纽拉特和 R. 卡尔纳普②所谓记录命题（protocol propositions）提供经验知识基础的论点；与此不同，石里克提出了他自己的确证（Konstatierungen 或 affirmation）观念作为科学的基础。他的意见实际上是说：一切基础命题（fundamental propositions），不管叫做“记录”命题也好，“基本”命题（“basic”propositions）也好，最后都要归结为假说，从而都要受到不确定性的侵染。只有确证是一种并非假说的综合命题，并具有绝对确定的性质。

维也纳小组的主要成员普遍持有这样一种看法：要分别确立综合命题和分析命题的有效性，需要有截然不同的标准。因此，例

① M. 石里克（Schlick）：《哲学论文集》（*Philosophical Papers*）Ⅱ，第 370 页。

② R. 卡尔纳普（Carnap）：“物理语言是科学的普遍语言”，《认识》（*Erkenntnis*）第 2 期，第 437—441 页；“论原始记录语句”，《认识》第 3 期，第 215—228 页；O. 纽拉特：《认识》第 3 期，第 204—214 页。

如，一整套几何命题的谬误，不管是不是系统性的谬误，总是意味着这些命题自我矛盾。而一个综合判断，尽管形式上是前后一贯的，却仍然可能是谬误的，因为谬误不仅出于形式的原因，也取决于实质条件。换句话说：“在一个分析判断中，理解其意义同识别其先天有效性，完全是同一个过程。相反。一个综合陈述的特点则在于：如果我仅仅了解它的意义，我仍不能获得关于它的真或假的观念；这种陈述的真理性只能通过与经验的对比才被确立。了解意义的过程在这里完全不同于证实的过程。”③

正是这个关于科学知识的经验标准的问题，才是那个时期维也纳小组激烈争论的主题。卡尔纳普坚持，记录命题是指这样一些命题，它们“不需要辩护，可充当所有其他科学命题的基础”④。石里克的意见则相反，他认为记录命题尽管是认知的必经之路，也是认知的起源，但并没有因此而成为认知的基础。二者的差别在于这种陈述是否代表一个已完成的认知。关于瞬间感知的东西的陈述即记录命题是作不到这一点的，我们需要的是那种关于现在的经验瞬间中所体验到的东西的陈述，这样一些陈述就是我们所说的确证。如石里克所说：“在每一个单独证实或证伪的场合，‘确证’毫不含糊地用是或否、用实现的欢乐或者幻想的破灭作出回答。确证是终极的。”⑤

石里克也批判地看待主要属于纽拉特的一个看法：记录命题的经验性可以得到真理贯融论的支持。石里克反对把经验命题之间的相互一致作为选择记录命题的标准简单地等同于完全任意地

③ 同①，第385页。

④ R. 卡尔纳普：《认识》第2期，第438页。

⑤ 同①，第383页。

决定经验上什么有效什么无效,因为这样一来我们将不得不再回到约定主义,而且也不得不放弃经验主义。

石里克所说的确证是指一种观察陈述。确证之所以不同于其他命题,就在于它绝对肯定有效,而其他经验科学的命题则毫无例外都是假说。问题还不单单在于确证不是假说;确证还是假说据以形成的根据,而且是用以确认或反证假说的。这一类的观察命题所说的总是具有这样的形式:"这里与黑色接连的是白色",或者"此时此地是痛苦的",总之都是"这里如此这般",这个"如此这般"并不包含客观术语的解释因素,而只是指称一种现有感觉,一种瞬时经验。这种命题的本质并不在于它的逻辑语言形式,而在于"这时"、"这里"、"这个"等实指词(ostensive words)在其中的出现。并不是这些词指明了一种确定的内容,它们只是指出或实指(ostend)某种直接呈现出来的实际事物。只有沿着这个实指的方向,把我们的注意力转向所指事物,我们才能理解一个这一类的命题。换句话说,"为了……理解这样一个观察陈述的意义,必须同时打手势,必须以某种方式指向实在。"⑥

从这里可以看出,对这种命题的理解也直接包含着对它究竟是真是假的识别。之所以如此,因为所有构成其意义的东西都直接呈现在我们面前,相反,用所有其他的综合命题来决定意义与决定真假,则是两个完全不同的过程。这两个过程在确证的情况下是重合的,正如在分析判断的情况下是重合的一样。区别在于:分析命题没有事实内容,而观察陈述不仅提供我们关于实在

⑥ 同①,第385页。

的真实知识，而且也恰恰提供我们“经验认知的基础”。

二

石里克对于确证概念的探索虽然是令人鼓舞的，但他的进路却立即激起了尖锐的批判的反应。首先提出有分量的反对意见的是 O. 纽拉特[⑦]。后来 K. 波普尔、A. J. 艾耶尔和 C. G. 亨佩尔都批评了确证概念本身，特别是在这个概念被看作是一切认知的绝对确定的基础的时候[⑧]。为了回答这些批评，石里克在《事实和命题》以及《论确证》两文中对他的想法作了更全面的发挥。但是我却认为，他在这两篇文章中对这个问题的处理既没有提出这个问题的明确解答，也没有削弱他的反对者的基本立场[⑨]。

纽拉特是从所谓物理主义立场对确证进行非难的。他否认确证的绝对确定性，否认它们与实在一致，认为无法把它们记录下来。但是，被他和卡尔纳普视为物理主义基础的记录命题，也同石里克的确证完全一样地成问题，并在维也纳小组内外引起同样严

⑦ O. 纽拉特(Neurath)：“激进的物理主义和‘实在世界’”，《认识》第 4 期，第 346—362 页。

⑧ C. G. 亨佩尔(Hempel)：“论逻辑实证主义的真理论”，《分析》(*Analysis*)第 2 期，1935 年，第 49—59 页；“关于事实与命题的几点看法”，《分析》第 2 期，1935 年，第 93—96 页；A. J. 艾耶尔(Ayer)：《语言、真理和逻辑》(*Language, Truth and Logic*)，1936 年，第 90—94 页；K. 波普尔(Popper)：《科学研究的逻辑》(*Die Logik der Forschuag*)，1935 年。

⑨ M. 石里克：《分析》第 2 期，1935 年，第 65—70 页；《哲学论文集》II，第 405—413 页。

峻的批评[⑩]。因而我不想再来详细讨论他的批评了，尽管我并不否认，他的“激进的物理主义和‘实在世界’”一文对于澄清整个有关确证的问题作出了相当积极的贡献。

这里应该提到艾耶尔对确证的批评。在他的《语言、真理和逻辑》一书中[⑪]，他表示了这样一种看法：在我们的科学的命题系统中，并不存在可由石里克所说的确证构成特殊一类的综合命题。因为这样的命题一方面可以全部由实指符号组成，另一方面又是完全可以理解的。这样一种结合在逻辑上是不可能的。一个完全由实指符号构成的命题只不过是一种分享、一个指点或者一声呼叫；它绝不可能是一个真正的陈述。显然，不去描述一个客体就不可能把它用语言表示出来。就是说，一个命题如构成一种陈述，它就不可能仅仅命名这一事态，还必须说出点什么来。描述一种事态，我们不能单纯记录感觉内容，还必须以某种方式把它归入某一类。而这就足够把我们从直接所与的领域中驱逐出来，使我们进入一个并非直接所与的领域了。但是确证只有在单独指称直接所与的东西时才有可能，不是这样被给予的东西都不可能引起注意。既然这样一些条件不可能得到满足，那么确证也就不可能是在逻辑意义上真实的陈述，而且更重要的，对任何综合判断都不可能提出石里克所说的绝对确定性的要求。

艾耶尔在《语言、真理和逻辑》的第二版中（第100页）以及在《经验知识的基础》(1940，第83页）中，彻底改变了他原来的想法。他不再去争辩确证的确定性了，反而极其热烈地加以捍卫。他的

⑩ E. 济塞(Zilsel)：“对科学逻辑的见解”，《认识》第3期，第143—161页；B. 尤胡斯(Juhos)：“对物理主义的科学论的意见”，《认识》第4期，第397—418页。

⑪ A. J. 艾耶尔：《语言、真理和逻辑》，1936年，第90—94页。

思想转变在一点上应当受到赞扬，即表明他终于认清了：争辩确证是否绝对确定，其实也正是怀疑是否可以正确描述一种实际呈现出来的感觉材料（sense datum）或经验内容。为了确认或反驳这种描述，我们运用一种确证方法，它将给予我们“已实际确证（即确信〔constated〕或确立）的东西”。对此亨佩尔有过十分清楚的表述，他说：

> 石里克所谓的确证，归根到底是一种心理学事件，对这种事件人们可以说它确认了或反证了一个经验假说；如果真是这样，那么当确证由适当的命题加以描述时，它就一定说明了实际已被确证（即确信或确立）的事物。⑫

三

用维也纳小组原来的术语，可以把确证称之为映照“所与结构”的命题。但这个“所与结构”概念有什么意义呢？这是个老问题了，马赫曾经称之为“感觉的复合”问题，由此引出了他的中立一元论学说。卡尔纳普从经验之流出发，他的构造理论是一种用符号逻辑方法对“所与结构”进行观念建构的尝试。可是这些思想家们没有一个人得到一种确定的解答。他们或者以现象论告终，或

⑫ C. G. 亨佩尔：《第三届国际维特根斯坦讨论会文集》（*Proceedings of the Third International Wittgenstein Symposium*），1979 年，第 26 页。

者以所谓"方法论的唯我主义"告终。

我们在这里不想参加这个上文已涉及的关于实在问题的争论。我们只是想澄清一下应当怎样理解"所与结构":能不能给它下一个确切的定义呢?它最后还可以还原为所与本身吗?通常所举的例子总是表现为一些乍看上去十分简单的命题:"我看见红色","这里是蓝色",或者"我感到痛苦",但一旦我们试图描述这些经验时,我们就陷入了根本的困境。R. 赖宁格(Reininger)在他的《关于实在的形而上学》(第一卷第二版,1947)一书中特别注意这个事实:一种经验并不是由个别感觉所组成的,而是由那些随着我们时空位置的改变而变化的各种各样的外观所组成的。一个关于我们经验的陈述并不表示这一瞬间的总的经验,而只是它的一些多次引起注意的个别部分或个别成分。因为复合本身正是随着它在这一表达过程中的变化而消失了。只能在记忆中描述,但已不是直接呈现出来的东西了。换一个说法就是:在某种意义上人们不可能记录下来一个经验陈述,因为它只能与经验本身同时出现。但这样一来观察陈述或确证的概念就陷入了一个逻辑困境,即一种语词矛盾的困境。正如纽拉特所问:"在这样一些句型中:'有些东西是无法表述的',或者'有些命题并不是命题',难道其中没有一种典型的假表述(pseudoformulation)吗?"⑬

这显然都是因为,石里克的确证或观察陈述都是比陈述更加赤裸裸得多的经验,与其说它属于逻辑和语法的领域,不如说属于心理学领域。一切关于它的"绝对确定性"的说法都只能从心理学

⑬ 同⑦,第360页。

方面而不是从逻辑语法方面去理解。不幸的是，石里克不仅混淆了这两种本质上完全不同的确定性形式，而且大大高估了它在心理学方面的意义。他说：

> “感觉永远不会欺骗我们，只有理解才会把我们引入歧途。”这个原理实际上在同义反复的意义上是正确的，只要把它理解为（这显然是唯一合理的解释）构造这种陈述的一个特例即可。“确证是终极的，不容置疑也不可改变的，而假说则不是。”⑭

可以肯定，感知和经验提供我们关于事实的知识，但它们只能引发这种知识，却不能确立它的有效性。陈述的真理性或确定性不能由瞬时经验来保证，因为科学陈述本质上都是主体间的（intersubjective）经验，从而其有效性不能由主观经验来确立，只能依赖于主体间的基础而确立。因此，石里克试图在确凿无疑的经验和不证自明的感知中为科学找到一个牢固的基础，在我看来，只不过是心理主义的另一种形式，对此他自己在早些年也曾严厉批评过，我也认为它是根本错误的。确凿无疑的经验和不证自明的感知显然都是十分主观的、心理上的，正像石里克本人也曾实际上主张过的一样。正因为如此，他才把一个确证的独特标记描述为一种“实现”一个期望的“情绪”，还说：“一旦我们获得了这种特殊形式的满足，确证或观察陈述就发挥了自己的作

⑭　同①，第412页。

用。”⑮

四

石里克在维特根斯坦的影响之下宣称，最有哲学意义的问题的出现，都是由于对“陈述”这个词使用不当或实际上的滥用所致。在他看来，一个陈述并不是一种要么是单纯符号的复合，要么是对应于思想或实在的符号的复合；毋宁说，陈述存在于我们习惯上总是与命题联系起来的语言的应用规则之中。这样一种应用规则并不单单根据（如逻辑中的情况）语言符号的相互关系或相互结合，还取决于日常生活以及一般科学活动中可能的用法。在这里石里克特别强调，为此目的实指定义是不可缺少的，也是绝对必要的。既然卡尔纳普和亨佩尔都把自己的兴趣集中到“逻辑演绎法以及科学内在的理性经济”，却一点也不注意维特根斯坦提出的实指定义这一重要方向，那么，他们也就不可避免地只能以“原始理性主义”的代表而告终。

石里克在《论确证》一文中明确了确证的非科学性，但也强调了它在形成经验命题中的重要性，包括对于科学活动以及对于认识论分析的重要意义。对于这一点，他说：

我们肯定，尽管我们的“确证”并不存在于组成为科学的

⑮ 同①，第381页；V. 克拉夫特（Kraft）：《维也纳学派》（*Der Wiener Kreis*），第二版，1968年，第114页。

命题之中，但是在确立科学命题时仍然起着决定性作用。没有确证，科学命题就不存在。像"这里是黄的"一类的观察，对于一位科学家作出他的关于金属钠光谱线的陈述来说，无疑形成了一种心理学的前提和理由。⑯

他进一步说：

确证并不出现于科学本身之中，既不可能从科学命题中导出确证，也不可能从确证中导出科学命题。因此，确证总是被这样一些人所忽视，他们只对逻辑演绎有兴趣，只关心科学的内在理性。但是确证在一切有关全部知识基础的心理学问题方面，却起着最重要的作用。⑰

确证对于哲学的重要性，石里克也在他的《论确证》中作了清楚的说明，他在那里说：

本文力图捍卫一种反对唯理论倾向的彻底的经验主义，并为此而抨击了一种独断的论断，即借口不存在齐一性而把一切陈述都毫无例外地称为假说；与此相反的就是"确证"，不管怎样它们都不是假说。⑱

人们可能会问，石里克为什么背离了他以前的反形而上学态

⑯ 同①，第409页。
⑰ 同①，第407页。
⑱ 同⑰。

度，把“自然界齐一性的存在”之类的非科学因素引进了科学以及认识论分析之中。在我看来，原因也许在于这一情况：我们毕竟要“寻求绝对确定的事实知识”；我们的愿望是“找到认知实在的可靠基础”，但是我们如果不假定存在这样一种齐一性，我们就（石里克这样认为）“永远完成不了我们的使命”。因此，如果我说“在我的眼前有黄色”，这个命题在一定条件下可能是一句谎言，但是它决不可能是假的或者错误的。在这个领域中我一定知道一些确定的东西，不管它的重要性如何。在这里我不能什么都不知道。“我所看见的，我看见了。”⑲根据这一些，石里克认为“在我眼前有黄色”以及“我知道这里有黄色”这两个命题，意义相等，尽管表述的方式不同。只有把这种陈述解释为确证，才不会引起类似以下的问题：“黄色在我视野中是不是某种主观的东西呢？”或者“它的出现是不是可能由于我的眼睛或神经系统的一种反常状态呢？”⑳于是，这个命题的有效性取决于同经验的对比，因而再也不具有任何绝对确定性，只能是一种假说了。

五

石里克在他的《知识、经验与形而上学》一文中明确指出，经验和认知具有两种截然不同的目标，两种截然不同的任务，一旦把这些目标和任务混淆了，就会引起传统的形而上学问题㉑。一切认知

⑲ 同①，第380页。

⑳ 同①，第410页。

㉑ 同①，第99—111页；《普通认识论》，第31—39页。

都毫无例外地存在于形式关系领域之中：使事物纳入秩序并进行预测。它本质上是可以交流的。但仅仅一瞥或一种体验是不能交流的。认知的功能是把关于外在世界的客观知识传递给我们。而经验却只能使我们同外在世界或内在世界发生直接关系。经验激发并丰富了我们的内心生活，但是无助于把这种生活的经验内容交流给其他人。因而认知在本质上永远都是主体间的，而经验则始终是私人的。但是石里克晚年受了维特根斯坦的影响，不仅完全忽视了这二者之间的区别，而且甚至也陷入了由于混淆二者所造成的形而上学漩涡。一方面，这促使他试图在科学认知中引进一些因素，如“自然齐一性的存在”、“确证的欢乐”、“终极情绪”。另一方面，这也促使他通过确证概念对人类知识的基础和性质作出形而上学的解释。石里克这样写道：

> 这些出现和燃烧的时刻具有本质意义。一切知识之光都是那些时刻到来的。正是对于这种光，哲学家在寻求一切知识的基础时，才切实追问它的来源。㉒

石里克在他思想发展的最后阶段，受到维特根斯坦的强烈影响。首先，按照把证实原则作为意思(sense)标准的用法，他整个改变了自己对实在问题的基本立场，放弃了他以前的批判实在主义，转而支持一种经验实证主义的实在主义。其次，石里克不仅用自己独特的确证概念，还用维特根斯坦的“图像论”(Picture theory)和显示概念(Concept of showing)试图反驳“原始唯理论”，并以一种他

㉒ 同①，第387页。

所谓的彻底经验论取而代之[23]，但是按照我的意见，石里克不仅没有在这一事业中取得任何成就，而且实际上变成了一位语言学唯我主义者，而不是一位原始唯理论者。

但是另一方面也应指出，石里克在他的伦敦讲演“形式和内容：哲学思维导论”中[24]，也注意到了陷到这种立场上的危险，他甚至还试图发展另外一种选择，尽管对这一点他还不是完全心甘情愿的。在那些讲演中，他在对自己观点所作的说明中已清楚地表示，他已部分摆脱了上述那种说法，尽管还没有最后下决心采取断然措施完全放弃这些说法。

原载荷兰《综合》(*Synthese*)杂志，
1985 年，第 3 期，纪树立 译，范岱年 校

㉓ L. 维特根斯坦(Wittgenstein)；《逻辑哲学论》(*Tractatus LogicoPhilosophicus*)，4.022，4.121，4.1212，5.62，6.522； M. 石里克；《哲学论文集》II，第 283 页。

㉔ 同①，第 285—370 页。

艾耶尔和维也纳学派*

一

艾耶尔随着他的《语言、真理和逻辑》(1936)一书的出版而成为维也纳学派的逻辑实证论的杰出代表，这个学派是由M.石里克、H.汉恩、O.纽拉特和R.卡尔纳普创立的。以后，他在各种期刊上发表若干同样题材的文章，并为他编纂的文集《逻辑实证论》(1959)写了一篇很长的导言。甚至在他的新著《二十世纪的哲学》(1982)中，他也用了长达两章的篇幅讨论这一学派的思想。虽然《语言、真理和逻辑》出版于五十年以前，但此书仍被广泛地阅读。B.马吉在与艾耶尔会晤时曾谈到它："把逻辑实证论介绍到英国的人是A.J.艾耶尔，从那时起，他的名字一直主要地与它联系在一起。他是在一部仍然著名和被广泛阅读的、名为《语言、真理和逻辑》一书中做这项工作的。这是一部颇具青年人特点的著作，锋芒毕露，但仍是对逻辑实证论主要学说的最好

* 《艾耶尔和维也纳学派》及《答洪谦》两文的英文原文，发表于美国《在世哲学家丛书》第二十一卷《A.J.艾耶尔的哲学》，Lewis Edwin Hahn 编，Open Court 出版公司1992年出版，第279—307页。

的简明的指南。”①

在《语言、真理和逻辑》中，艾耶尔试图一方面阐明维也纳学派的逻辑实证论的基本学说，另一方面把它与B.罗素和G.E.穆尔创立的“剑桥分析学派”结合起来，这个学派是受休谟思想鼓舞的。休谟的经验论是艾耶尔的解释的真正的关键所在。艾耶尔把这个问题处理得如此巧妙，以致使许多人相信“英国的分析学派”与逻辑实证论是“实际上同一的”。然而，实际上，逻辑实证论者对英国分析学派从开始就专注的历史的认识论问题没有兴趣。与逻辑实证论者相对比，英国分析学派很少注意科学理论的结构问题和数学—逻辑的方法论及其应用于哲学的问题。尽管英国分析学派和逻辑实证论者都倾向经验论和反形而上学，但他们关于哲学任务的观念却是大相径庭的。某些逻辑实证论者曾试图建立一种科学的哲学，并因此提出以“科学的逻辑”或“物理主义”代替哲学的概念。但是对英国分析学派来说，哲学的真正功能仅仅在于所谓的“语言分析”——这一功能是洛克、巴克莱和休谟基本上实行了的。

维也纳学派以L.维特根斯坦的证实原则作为决定命题意义的标准，并把它作为他们哲学工作的出发点。因此，有些人曾称维也纳学派的哲学为“证实主义”(verificationism)。证实原则的真正意义是什么？对这个问题，石里克答复道：“命题的意义就是它的证实方法，句子意指什么的问题同这个问题是如何证实的问题是同一的。”②至于证实的不可能性，石里克区分经验的不可能性——即

① B.马吉(Brian Magee)：《观念的人》(*Men of Ideas*)，伦敦，1978年，第118页。

② M.石里克(Schlick)：《哲学论文集》(*Philosophical Papers*)II，伦敦，1979年，第311页。

一个命题是不能证实的仅仅因为缺少决定其真或假的技术手段，和逻辑的不可能性——即一个命题在原则上无论怎样也不能经验地决定其真假。石里克把一个其证实在逻辑上是不可能的命题叫做一个没有实际意义的命题，换句话说，是“一个伪命题”（a pseudo-proposition）或形而上学命题。

石里克从许多方面对证实原则概念作了细致的探讨，但他对这个问题的处理却引起维也纳学派内部和外部的批判反应③。首先提出反对石里克的论题的是卡尔纳普和艾耶尔。依照卡尔纳普，石里克对可证实性的表述和要求不是“完全正确的”，因为由于它的简单化导致对科学语言的狭隘限制，它不仅排除形而上学句子，而且也排除某些有事实意义的科学句子。卡尔纳普在《检验性和意义》（1956）的导言中表达他的观点如下：“如果证实的意思是决定性地、最终地确定为真，那么就绝没有综合语句是可证实的。我们只能够越来越确定地确认一个语句。因此我们说的将是确认问题而不是证实问题……我们把一个语句的检验和它的确认区别开来，从而理解一种程序，即实现某些导致对一个语句本身或它的否定在某种程度上的确认的实验。”④一句话：“确认代替证实。”

在《真理与检验》中，卡尔纳普区分两种不同的综合句子，即那些可以直接检验的综合句和那些只能间接地检验的综合句。他说的可直接检验的句子，是指那种在可想像的条件下，在少数几个观察的基础上，我们可以有把握地或者由于强的确认而接受它，或者由于强的不确认而否定它。对一个句子的间接检验就是直接检验

③ 同②，第361—369、370—387页。

④ R.卡尔纳普、（Carnap）：“检验性和意义”，载《科学哲学》（*Philosophy of Science*）第三卷，第4期，1936年，和第四卷，第1期，1937年。

与它有一定联系的别的句子。[⑤] 这里最重要的检验操作是把一个句子与先前已经承认的句子相对比。实际上,前一类操作更为重要,因为没有它们就根本没有确认,而后一类操作只是辅助操作,大多是用来从所讨论的句子系统中排除不合适的句子。

艾耶尔在他的关于可证实性原则的观点中,从卡尔纳普的确认理论中吸取了很多东西。他在《语言、真理和逻辑》第一版前言中说,“我最要感谢的是鲁道夫·卡尔纳普”。但是,他没有接受卡尔纳普的论断:“确认代替证实。”艾耶尔的贡献在于重新表述石里克和F.魏斯曼制定的可证实原则的概念和要求。像卡尔纳普一样,艾耶尔主张,如果我们像某些实证论者曾经提议的那样,采取最后的可证实性作为意义标准,那么,“我们的论证将会表明太过头了”。“太过头”的意思是,如果我们采取最后的可证实性作为意义标准,那么我们在逻辑上不得不以处理形而上学家的陈述的同样方式来处理有实际意义的自然规律和日常语言的普遍命题[⑥]。

因此,艾耶尔意图提出一个检验综合命题的意义而不用最后证实的新方法。艾耶尔也区分两类证实原则,很像卡尔纳普区分直接的和间接的检验:即强证实原则(它断定一个命题是有意义的,当且仅当经验可以最后确定它为真)和弱证实原则(它只要求某些观察与决定一个命题的真或假“有关”)。艾耶尔只在证实原则的弱的意义上接受证实原则,其理由是,这种形式的原则完全足以消除一些形而上学命题,诸如布拉德雷(Bradley)的命题:“实在

⑤ R.卡尔纳普:《国际科学哲学大会文集》(*Actes du Congrés international de Philosophie Scientifique*),巴黎,1935年,Ⅳ,19。

⑥ A.J.艾耶尔(Ayer):《语言、真理和逻辑》(*Language, Truth and Logic*),伦敦,1946年,第37页。

是绝对的”,或海德格尔的命题:“虚无无之”,因为形而上学命题在原则上不需要参照经验观察。

在引入强的和弱的证实的对比之后,艾耶尔进一步主张没有命题能够在强的意义上被证实。他写道:“没有命题能够,即使在原则上,被最后地证实,而最多只能算是高度或然的。实证论的标准,并没有像它原先企图做到的那样标志出字面上有意义和无意义的区别,而倒是使每一个表达都成为无意义的了。因此……必须采取实证论证实原则的弱化形式,作为字面上有意义的标准,并且承认一个命题是真正事实性的命题,如果有任何经验观察与该命题为真或‘假’有关系的话。”⑦

在《语言、真理和逻辑》第一次出版以后,莫里斯·拉泽劳维茨(Morris Lazerowitz)就反对艾耶尔的强证实和弱证实的区别。他论证说:

> 如果强的证实即使在原则上也是不可能的,那么艾耶尔就不能成功地给出这个概念的意义;也不能给出弱和强之间的对比的意义,而人们正是按照这种对比认为基本的“弱的意义”得到了解释。⑧

然而,在《语言、真理和逻辑》第二版导言中,艾耶尔注意到了这个问题,并补充说,存在一类可以最后证实的经验命题。他称这种命题为“基本命题”(basic propositions),它只与单个的经验内容

⑦ 同⑥,第135—136页。

⑧ M.拉泽劳维茨(Lazerowitz):“强的和弱的证实”,载《精神》(*Mind*),1939年,第202—213页。

有关。这类命题的例子是“我痛苦”和“这是绿的”，它们用以指谓说话时刻所经验到的感觉内容(sense-content)⑨。他断定这样的命题是在强意义上可证实的。

艾耶尔定义“基本命题”的方法与石里克定义“确证”(Konstatierungen)的方法完全一样，石里克用它指一类观察命题，它们不容一切怀疑，是绝对确定的。他认为，像“这里黑色邻接着白色”或“这里，现在，疼”这样的命题，包含着对它是真或假的直接认可，原则上不需要任何的证实来分辨它们的真或假，即它们的意义。换句话说，这样的命题预设了对它们的任何怀疑是不可能的，而证实原则和它们相对照，预设了怀疑的可能性。证实一个命题或一个事件正是意味着发现它是真还是假。如果说谈论怀疑的可能性没有意义，那么谈论证实也没有意义。在那种情况下，如石里克所说，“我自己的观察命题总会是最终的标准。我可以宣布：‘我知道我看到的东西’。”⑩

在操作运用艾耶尔弱的证实意义时，还有进一步的困难。事实上，艾耶尔按照所谓“严格的演绎”来定义它的操作。在他看来，不存在从观察命题到要被检验的命题这样的演绎，这就是为什么他拒绝用最后的证实作为科学命题和普通语言的命题的意义标准。但是，可以有别的方法的“严格的演绎”吗？在什么意义上观察命题是能够从“某些别的前提”推演的？在《语言、真理和逻辑》中，艾耶尔用“这是白色的”作为实行那种操作的例子。但是这使他得到与其愿望相反的奇怪结果。他写道：“‘绝对是懒惰的’和

⑨ A. J. 艾耶尔：同⑥，10—11页；“证实与经验”，重印于《经验知识的基础》(*The Foundation of Empirical Knowledge*)，伦敦，1964年，第80—84页。

⑩ 同②，第380页。

‘如果绝对是懒惰的，这是白色的’这几个陈述联合导致观察陈述‘这是白色的’，因为‘这是白色的’并不从这些前提中任何一个单独地推导出来，两个前提都满足我的意义标准。”⑪为了防止在这个可检验性表述中的某些困难，艾耶尔后来对他的标准作了一个修正，规定“某些其他的前提”本身必须是观察命题，认为他因此能够避免“绝对是懒惰的”这样的命题在那些前提中出现，并且符合“严格演绎”的要求。

但是C. G. 亨佩尔（Hempel）拒绝艾耶尔的措施，论证它们仍然不能防止标准产生强的结果。他说：“立刻可以表明，这条新标准，也像可完全证伪性要求那样，让任何合取句S·N取得经验意义，此处S满足艾耶尔的标准，而N是一个诸如‘绝对是完美的’之类的句子，按照那条标准应当算成不合格的。的确，凡借助于可以允许的辅助假说能从S演绎出来的随便什么推论，靠同一些辅助假说也能从S·N演绎出来；艾耶尔的新标准本质上是用从一些给定的句子可演绎出某种类型的推论这种性质来表述的，既然如此，它赞成了S，也就得赞成S·N。”⑫

意义标准的另一个困难曾经被A. 丘奇（Alonzo Church）教授指出。他表明了，如果有任何三个观察句，其中没有一个能单独推导出其他任何一个，那么，对于随便什么句子S，总能推出：或者S，或者S的否定句，按艾耶尔的经过修正的标准是有经验意义的⑬。对

⑪ 同⑥，第11—12页。

⑫ C. G. 亨佩尔（Hempel）：“经验论的意义标准”，见A. J. 艾耶尔编：《逻辑实证论》（*Logical Empiricism*），1959年，第115—116页。

⑬ A. 丘奇（Church）：“评〈语言、真理和逻辑〉”，载《符号逻辑期刊》（*Journal of Symbolic Logic*），第14卷，1949年，第52—57页。

丘奇的批评，艾耶尔回答说：

> 我们仍然没有一个无懈可击的形式的确认理论，它起因于可证实性原则本身从来没有一个令人满意的表述。我在《语言、真理和逻辑》中勇敢地试图补救它，但A. 丘奇破坏了我。⑭

二

虽然维也纳学派的所有成员都接受维特根斯坦的证实原则，但他们以不同的方式使用它和在不同的意义上解释它。这些不同不仅表现在如前一部分所阐明的关于这个原则的表述和要求的争论中，而且也表现在消除形而上学的问题上。结果是石里克、卡尔纳普和艾耶尔代表了维也纳学派逻辑实证论内部的不同倾向。

在卡尔纳普和维特根斯坦的影响下，石里克在超验问题上的立场在某些方面有过变化，即从早期的批判实在论转向实证的和经验的实在论。石里克根据证实原则断定内在的和超验的哲学家之间的全部争论是建立在伪问题之上的。关于"外部世界是实在的还是仅仅是一种逻辑构造"，或者"外部世界存在或者世界只是我的感觉"这些问题的全部答案，都同样没有任何认知意义，因而

⑭ A. J. 艾耶尔："维也纳学派"，载伽多尔(E. T. Gadol)编，《合理性和科学》(*Rationality and Science*)，纽约，1982年，第50页。

是形而上学的。因为这些答案在原则上既不可能经验地确认也不能经验地否定。因此石里克主张超验实在论和内在唯心论之间，现象论和唯我论之间的争论只不过是关于形而上学伪命题的一种无意义的争论。

这就产生了一个问题：石里克的实证论符合 A. 孔德、J. S. 密尔和 E. 马赫的实证论吗？对于这个问题艾耶尔断言，"石里克在发表《普通认识论》第二版(1925)的时候，已经转向一种实质上与马赫相同的科学观。"⑮然而我自己的意见是，虽然石里克的思想方法在某些方面与马赫相近，但由于他在感觉问题上的观点，又与马赫有实质上的区别。石里克也像玻尔兹曼和普朗克所断言的那样，认为马赫的命题"物质世界消解为感觉的复合"是荒谬的。但是石里克采取了另外一种完全不同的立场。与实证论者消解实在的物理对象不同，他专心于探究关于这些对象的陈述的意义。这意味着首先考察语言的用法，是否允许我们承认并在什么程度上允许我们承认关于物体和关于知觉的命题之间存在着联系。结果弄清楚马赫的命题不代表科学陈述的事实意义，甚至歪曲和误解了那种意义⑯。

因此，"实证论的"一词对石里克来说，仅仅表明他对消除形而上学伪命题和把探究限制在对命题作经验的考察之内的一种努力。虽然石里克不反对用"逻辑实证论"来指称维也纳学派，但他更愿称他自己的哲学立场为"彻底的经验论"。他说：

---

⑮ 同⑭，第 40 页。

⑯ 同②，第 263—267 页。

有时,“逻辑实证论”的“逻辑”一词被使用,然而“彻底经验论”的指称对我似乎更为合适。[17]

石里克在哲学中的基本点之一是,关于经验(Erleben)和认知(Erkennen)的明确区分以及关于它们的任务和目的的区分。一切认知无例外地处于形式关系领域;它给事物以秩序并进行计算。它的功能是传给我们关于外部世界的客观知识。另一方面,经验只能使我们进入外部世界和内部世界的直接关系。它激励和丰富我们的内心生活,但不能用于向别人交流这种内心生活的经验内容。因此认知基本上总是主体间的,而经验却永远是私自的。然而形而上学家们,不仅武断地无视这两种区别,而且还试图通过形而上学实现他的理想,因而不可避免地引起前面所说的大量的无意义的哲学争论,并且可能永远继续争论下去。

关于这一点石里克写道:“如果形而上学家只为经验而奋斗,那么他的需求可以通过诗歌和艺术以及生活本身来满足……但是当他绝对地要求经验是超验的时,便混淆了生活和认知……我们可以看出,人们常说的形而上学哲学是概念的诗歌这种意见包含着真理,其确切意义是说:在整个文化中形而上学哲学有和诗歌相同的作用,即可以丰富生活,但不是知识。”[18]

艾耶尔对石里克的这些观点提出异议,即对于石里克来说,要明确地区分结构和内容是不可能的,理由是他的观点中有一个基本的困难,它不能前后一贯地把其他人的私人的世界与某人自己

---

[17] 同②,第283页。

[18] 同②,第110—111页。

的世界置于同一层次，这样就产生了奇怪的和矛盾的多重的唯我论⑲。因此艾耶尔断言，别人的经验内容可能是什么对我无关紧要，只要我能够依赖别人提供的信息和别人对我的陈述的反应在我自己的经验中能够对我有意义，而且所有我们各自的世界间具有结构上的符合。然而艾耶尔在1982年又写道："我曾一度认为结构和内容的这种区别不能这么清楚地划分，但是我现在更倾向于认为这个思想中有很多东西。"⑳然而艾耶尔说"这个思想中有很多东西"是指什么？或许他已觉察到用"结构符合"代替石里克的"形式—内容—理论"仍然不能使我们逃脱"多重的唯我论"？

艾耶尔也批评石里克关于形而上学的价值观，说把形而上学家包括在诗人当中所依据的是假设两者都说无意义的话。但是按照艾耶尔，这个假设根本不是真的，因为在许多情况下诗人说出的句子的确有实际意义。诗人和科学家的不同在于艺术工作和科学工作的任务和目标不同。另一方面，形而上学家，也不是有意写些无意义的话，他是由于受到语法的欺骗而陷入其中的，因此艾耶尔正确地指出，"犯这类错误不是诗人的特征"㉑。

至于卡尔纳普的可证实性原则的观点，艾耶尔从他那里接受了很多思想，但他又在另外一些观点上与卡尔纳普相对立。例如，艾耶尔既不把哲学命题作为句法的命题来说明，也不区分言语的实质的说法和言语的形式的说法，作为取消形而上学命题的充分论据。艾耶尔写道："企图用句法去作语义的工作失败了，在哲学命题不是形而上学的地方把哲学命题解释为伪装成事实陈述的句法陈述（这是

---

⑲ A. J. 艾耶尔编：《逻辑实证论》，1959年，第19页。

⑳ 同⑭，第51页。

㉑ 同⑥，第45页。

卡尔纳普著名的区分形式的和实质的说话方式的要点）也失败了。然而无论如何，它们是哲学命题而不是句法的命题。”[22]

在《语言的逻辑句法》（1934）中，卡尔纳普以两种说话方式：实质的说话方式和形式的说话方式，来表明他的思想。他借此区分三种句子：对象句子，如“这朵玫瑰花是红的”；句法句子，如“玫瑰花这个词是一个事物词”；和假对象句子，“这朵玫瑰花是一个事物”。第三个句子有和第一句同样的语法上的主语，因此好像在谈论事物，玫瑰花，但是它们之间有一个根本的区别。第一句真正断言玫瑰花的某种性质，但从第三句我们根本学不到任何东西，既不能知道它的性质，也不能知道任何别的什么。因此卡尔纳普坚持称这类句子为实质的说话方式的假对象句子，同时把句法句子归为形式的说话方式。此外，卡尔纳普提出所谓的“哲学命题”对于语言的“相对性”，即需要参照于一个或多个语言系统。按照他的观点，许多哲学争论的产生只是由于某些命题的不完全性，它们是通过使用实质的说话方式而被掩盖起来了。一旦把它们转变为形式的说话方式，那么没有参照于一种语言的情况立即就会被发现。在这种情况下，为了使两个命题彼此相容，我们不需要参照别的语言系统[23]。

在艾耶尔看来，卡尔纳普区分实质的和形式的说话方式的成功之处在于，它使我们注意到许多哲学陈述是“伪装了的关于语言的陈述”。卡尔纳普错误的地方主要是断言这样一些陈述是句法的。因为一个陈述所涉及的不是它们的形式，或者它们的秩序，或者它们的系统，而是它们的用法，或更确切地说，它们是如何被使

---

[22] 同⑭，第52页。

[23] R. 卡尔纳普：《哲学与逻辑句法》（*Philosophy and Logic Syntax*），伦敦，1935年，第18—22页。

用的。在卡尔纳普的例子中,我们不能发现它们在使用语言时的重要性的任何迹象。根据是,按照艾耶尔的观点,“卡尔纳普不正当地把语义学偷换为句法学。”㉔例如:“唯一的原始材料是经验间的关系”等同于一些只有两个或更多的词表示的谓语,它们的论据属于那种经验表达类,而作为描述的原始符号而出现㉕。

如上所述,艾耶尔认为在刚才所提及的句子出现的“经验—表达”的那种表达,根本不是句法词。因为使一个表达成为一个“经验—表达”的,不是因为它具有任何特殊的形式,而是因为它被用来指称一个经验。因此,什么算作一个经验变成了重要问题。然而这不能用任意的决定来解决。卡尔纳普在其后期著作中,承认语义学在逻辑分析中的重要性,并允许谈论词指称物的权利,他甚至允许几乎任何类型的词指称它的特殊种类的对象。因此,某些维也纳学派的成员对他的转变观点表示愤慨,认为他是从实证论退回到实在论。

卡尔纳普又断言假对象句子是准句法的(quasi-syntactical),因为它们是伪装成对象句的句法句子。如果我们把这种实质的说话方式的准句法句子转变为形式的说话方式,那么后者就用句法的相等物来代替那些准句法句。按照艾耶尔的意见,卡尔纳普没有坚持一切言谈都只是谈到词语的说法(像某些批评者所认为的)是正确的,可是在另一方面,“他最大的错误是忽略了一个进一步的范畴的存在,即假句法句子的存在,它们是伪装成句法句的对象

㉔ 同⑲,第26页。

㉕ 同⑲,第25页;引自R.卡尔纳普:《语言的逻辑句法》(*Logische Syntax der Sprache*),维也纳,1934年,第233页。

句。"[26]结果卡尔纳普陷入了错误,即把这些句子作为句法句来对待,由此去处理哲学问题,并得出哲学应当被科学的逻辑所取代的结论。那就是说,用对科学的语句和概念的逻辑分析来取代,因为科学的逻辑只不过是科学语言的逻辑句法罢了。

艾耶尔对卡尔纳普句法理论的这一批评,我认为这是他通过对卡尔纳普的语言的逻辑理论及其与约定论和经验论的关系的严密分析,对维也纳学派的逻辑经验论的进一步发展所作出的一个重大贡献。事实上,艾耶尔的观点不仅被这个思想学派在当时的进一步发展所确认,而且,在我看来,也被卡尔纳普本人的哲学思想的发展所确认。

三

20世纪30年代,在维也纳学派内部的所谓"右翼"(石里克和魏斯曼)和"左翼"(纽拉特和卡尔纳普)之间有许多争论。在那个时期,主要的问题在于经验知识的基础是什么?是确证(Konstatierung)陈述还是记录陈述,以及相应的是接受真理的贯融论还是与之对立的真理符合论?艾耶尔本人参加了这场争论,他的观点受到石里克本人以及维也纳学派其他成员的注意。

石里克认为,被纽拉特和卡尔纳普当作经验知识基础的记录陈述,的确处在认知的大门和起源的地位,但它们并不因此是知识的基础。那种特征属于代表一个完全认知的陈述。关于当下所知觉到的

---

[26] 同⑲,第25页。

东西的陈述,像这样一些记录命题不能做到这一点。我们需要关于在经验的时刻当下所经验的东西的陈述,这些就是我们的确证。

石里克用一个确证来指一种观察陈述。它常常以这样的形式表达:"这里黑色连接着白色"或"这里现在疼痛",简单地说,"这里是""如此"和"这般",此时"如此"和"这般"不过是指称当下的感觉。从这里我们也可以看出,理解这样的命题也直接涉及它是真或假的认识,这是因为,在所有其他综合命题中,感觉的确定和真理的确定是两个不同的独特的过程。在确证的场合这两个过程恰巧相合,就像它们在分析判断中的情况那样。不同的是,分析命题没有事实内容,而观察命题不仅提供我们真正的实在的知识,而且提供了经验认知的真正的基础。

与石里克相对立,艾耶尔表达他自己的观点是,在我们的科学的命题系统里,没有这样一种特殊种类的综合命题是由这种意义上的确证构成的。因为这样的命题一方面必须完全由实指(ostensive)符号构成,另一方面是完全可以理解的。显然,如果一个命题构成一个陈述,它不能只命名一个原子事实(a state of affairs),也不能简单地指明一个感觉内容,而必须以某种方式把它归类。但是这足以使我们从直接的所与转到不是直接所与的领域。然而,确证只是当指称只是用来指直接所与的东西时才是可能的。由于条件不可能满足,确证不可能是一个逻辑意义上的真正的陈述;而且,没有综合陈述能够要求石里克意义上的绝对确定性[27]。

另一方面,如上面提到的,艾耶尔肯定一类经验命题以他的观点看来可以最终地证实,即所谓"基本命题",如"我疼痛"和"这是

㉗ 同⑥,第90—92页。

绿的"。尽管艾耶尔定义"基本命题"的方法与石里克的确证是相似的，但是他不同意石里克认为记录直接观察的命题是绝对客观地确定，而同我们对这些命题的主观态度没有任何关系。在这个场合石里克会回答，在我确实有"疼痛"或"绿色"感觉的那个时刻，"这是绿的"或"我疼痛"这类我可用以描述直接感觉的命题，将是"绝对的客观的确定"。对此艾耶尔争辩说，我们在这种场合首先必须区分它们的真值。只有在这个基础上我们才可以说它是"客观地确定"，即当"我感觉疼痛"，那么"我确实感到疼痛"。因为这不过是说P蕴含P是客观地确定的。但是说当时"我正在感觉疼痛"所以命题"我感觉疼痛"是客观地确定，则是错误的。因为这是命题："P蕴含P是客观确定的"的一种特例。当P是综合命题时，像这里的例子，这个命题是假的。因此艾耶尔认为石里克曾经"犯了混淆这两个命题的错误，并且只因为他误解了第一个命题，他才相信第二个命题"㉘。

关于经验知识的基础问题，石里克断言，它最终与真理标准问题没有区别。在维也纳学派内部，围绕这个问题存在着旷日持久的争论，石里克和魏斯曼为一方，卡尔纳普和纽拉特为另一方。按照后者，科学中真理的标准肯定地能够建立起来，方法是把记录句命题挑选出来，好像用一把尺子，由于它的真理性，因此可以衡量一切别的陈述的真理性。然而对此石里克提出问题："如果我们接受了某些特殊的记录句命题作为真理标准，那么我们往后还能做什么？"既然我们不能认为，全部科学陈述，只符合一组特殊的记录句命题，而是认为一切命题也符合其他一切命题，这里每一个命题被认为在原则上

㉘ A. J. 艾耶尔："真理的标准"，载《分析》(*Analysis*)，第3卷，第2期，1935年。

可以用任何其他一个来矫正,那么,真理性只能在于各命题彼此间相互一致。这里石里克批评了纽拉特的观点,即记录句命题的经验性质能够由真理的贯融论来支持。他断言,经验命题间的相互一致,仅仅等于完全武断地决定什么是经验上有效和什么不是,其结果是我们将被迫退回到约定论,而经验论将不得不被放弃。

石里克进而主张,科学命题系统的真理性不仅在于系统不陷入自相矛盾,而更是在于它"与实在的一致"。人们长期以来都承认无矛盾性和真理性只在一些具有重言式特性的命题中,即在数学和逻辑的那些句子那里才是同一的。但是那种命题与实在的一切联系完全割断了,它们只不过是在既定的演算中的公式而已。另一方面,如果某人要求通过与其他命题不矛盾的概念描述综合命题的真理性,那只能说它们与某些特殊的记录直接观察事实的陈述不矛盾。换句话说,不是与任何种类的命题一致都可以作为真理的标准,我们所需要的是与某种特殊的、不能任意选择的陈述的一致。因此石里克写道:

> 对于这种与非常特别的一类的特殊陈述的一致。没有什么可以阻止我们使用那句很好的老话:"与实在的一致"。㉙

然而纽拉特和卡尔纳普感到石里克的真理标准是不能接受的。因为他们认为谈论经验句子与实在的比较无疑是形而上学的,科学中的经验句子只能与句子比较。因此他们不得不主张与石里克的真理符合论相对立的真理贯融论。正如纽拉特清楚地说明的,"某种内

㉙ 同②,第374—379页。

容的陈述的证实在于考察它们是否与一定的记录句陈述相一致,因此我们拒绝一个陈述是与实在相比较的说法,因为对我们来说,'实在'已经被若干种陈述的总和所代替,每种陈述的总和本身是一致的,但彼此间不是一致的……",而且"在激进的物理主义陈述中,讨论不可说的东西和事件的陈述,证明是典型的伪陈述"㉚。

在关于真理标准的讨论中,艾耶尔基本上接受石里克的符合论。但作了补充,即只有当给"与实在一致"这句话以"合适的解释",这个标准才是有用的。在"真理标准"(载《分析》,第3卷,第2期,1935)一文中,他的确对这句话作了"合适的解释",但他忽略了石里克在《实证论和实在论》中已经作了这个工作。石里克在这篇文章中说:"如果我们说到某一事件或对象,这种事件或对象必须通过摹状才能标定它是实在的,那么这就是说:在一些知觉和其他一些经验之间产生了一种完全确定的联系,以及在一定的情况之下某种资料会显现出来。"㉛因此当石里克在讲到完全与实在一致的命题时,他在这种用法中的意思是在知觉和其他经验之间的确定的联系就是谈论中的命题所说的它们该有的那种联系。石里克在这种意义上使用"与实在一致"这句话,澄清了纽拉特和卡尔纳普以及在一定程度上艾耶尔本人认为这句话是"形而上学"的误解。

虽然艾耶尔同意石里克的观点,即人们要承认一个综合命题是有效的,只当它在上述的意义下符合他们的经验。然而他仍然促使我们注意到一个观察的结果多少依赖于人在证实他们的假说

㉚ O. 纽拉特(Neurath):《哲学论文集》(*Philosophical Paper*,1913—1946),多德雷赫特,1983年,第102页。

㉛ 同②,第273页。

的过程中的精神状态，因而我们不能完全避免任何偶然因素在这个证实程序中起某种作用。根据这一假设，艾耶尔向我们建议，当我们可以接受石里克清楚地说明的我们在证实综合命题时实际使用的程序时，我们决不能认为其他程序是不可能的[32]。至于艾耶尔的建议，在我看来似乎不在于他和石里克对综合命题理解的意见分歧，而是他们代表了逻辑经验论内部的不同倾向：即石里克坚定地主张“彻底的经验论”，而艾耶尔则从逻辑经验论转变为英国传统的怀疑论，他们之间的差异标志着逻辑经验论和英国经验论之间直到今天还存在的主要差异[33]。

对于纽拉特—卡尔纳普的真理贯融论，艾耶尔基本上站在石里克一边，并以和石里克相类似的方式对待这个问题。他首先提出一个问题：“为什么应该假定只有完全一贯的命题系统才是可相信的？”然而，许多经验的命题我们在把它们结合成一个明显自我一致的系统时，我们似乎总是能够构造一个相竞争的系统，它同样广泛，同样没有矛盾，但又与第一个系统不相容。比较一下石里克所说的：“认真地把一贯性作为真理标准的人必须考虑任何虚构的故事同一个历史报告或化学教科书中的命题一样地真，只要故事编造得足够的好，以至在任何地方都不包含着矛盾。”[34]石里克所说的这些，卡尔纳普和亨佩尔也是承认的。他们同意创造虚构的科学和历史报告，像我们实际相信的那样广泛和没有矛盾，是可能

㉜ 同㉘，第28—32页。

㉝ A. J. 艾耶尔：《知识问题》(*The Problem of Knowledge*)，伦敦，1956年，第34—43、52—57页。

㉞ 同②，第376页。

的。“但是,那么他们建议如何来区别真系统和假系统呢?”[35]

卡尔纳普对这个问题作了回答,他说,选择真系统不依靠任何内部关系,但它可以在摹状句法的范围内实现。这就是说,“真系统是建立在真记录句命题的基础之上的;而真记录句命题是那些由合格的观察者提出的,包括我们当代著名的科学家。”[36]这个答案在艾耶尔看来并没有消除遇到的困难。问题是我们如何判定被当代科学家接受的特殊系统而不求助于经验事实?然而一旦承认这种求助是可能的,那就不再需要引进当代科学家。因为,如艾耶尔正确地叙说的,“不管我们多么赞同我们当代科学家的成就,我们也难以主张,只有参照他们的行为,与实在一致的观念才有意义”[37]。

亨佩尔曾试图避免这些困难,所以他说,我们称为真的记录陈述系统只可以由这样的历史事实来表征,即它实际上被我们文化圈内的科学家们所采纳,他们主张我们应该“正规地”表达我们自己说某个陈述已被在我们的科学中所采纳的记录陈述充分地确认。[38] 然而艾耶尔说这也不能消除困难。因为我们在这种情况下必须问:如何判定支持所说的陈述的那些记录陈述真正地在我们的科学中被采纳?如果亨佩尔真正地“正规地”说,那么“在我们的科学中被采纳的”这句话必须仅仅被看作某个句子集的一种任意句法的指称,但它不能传递任何这样的信息:这些句子所表达的句子确实是可以采纳的。艾耶尔总结这场争论时写道:“企图制定一

---

[35] 同[19],第233页。

[36] 同[19],第233页。

[37] 同[19],第234页。

[38] C. G. 亨佩尔:“对经验论的若干评论”,《分析》,第3卷第3期,1936年,第39—40页。

个标准来判定那些不包含任何对'事实'或'实在'或经验的指称的经验命题的真理性,还没有证明是成功的。只有当它蕴涵地引入它蓄意要消除的那个与实在一致的原则时,这种企图才似乎是有道理的。"㊴

四

石里克对心理的和物理的分析,对于解决哲学中的身心问题当然是很重要的。在他那篇精妙的文章"论心理概念和物理概念的关系"中,石里克澄清了物理空间概念,从而也澄清了心理空间和物理空间的区分㊵。按照他的观点,传统的关于物理的性质的观点,在于直观的和概念的因素的混合,它引起身心问题中的某些悖论。石里克指出这种悖论长期以来的心理—物理问题中得到承认。例如:在心理事态的定域化上存在着矛盾。众所周知,我们既不把广延的色斑以客观的方式定域于我们之外,也不定域于观察者的脑中。因为在物理学范围中,这两个地方都已经被不能直观的物质过程所占据。根据这种推理,石里克主张,笛卡尔的身心二元论,像其他传统形式的形而上学,诸如唯物论或唯灵论等一样,都是形而上学的。

费格尔把石里克的身心理论称为"精神—神经同一论"(psycho-neural identity theory),并作出评论说,它在这里考虑的是同一

㊴ 同⑲,第234—235页。

㊵ 同②,第420—431页。

个实在的东西,即在一个时刻的直接的所与,因此要以体验—心理学(acquaintance-psychology)的定性的和内省的语言来描述,而在另一个时刻是通过间接的观察,以行为主义心理学的定量语言来表征。因此某种“脑过程”和“感觉的发生”,不是两个实在,而只是同一精神过程的两种指称方式,正如分子动力学和运动学术语可以翻译成为宏观物理学的术语一样。然而,这种可译性不是逻辑的,它只取决于实在世界的某些条件。按照石里克的观点,如果我们避免混淆两种语言,即避免混淆直观的和概念的语言,那么身—心问题的矛盾就会消失。在这个意义上,石里克在他的早期文章“空间同一性,内投作用和心理—物理问题”以及在他的1925年的《普通认识论》中,已经预示了纽拉特和卡尔纳普后来的物理主义的要点[41]。

纽拉特和卡尔纳普的物理主义的基本思想是,实指地指称某人自己或任何他人的一种心理状态的经验的陈述,必须完全等同于物理的陈述。正如卡尔纳普所阐明的,或者像纽拉特提出的,任何用精神论的术语表达的假说要作出经验的断言,只有当它能被翻译成物理学的语言时才有可能。因此,在他看来,如果心理学的或社会学的假说可以用物理学语言来表达,那么它们正如物理陈述那样,可以得到客观的科学检验。然而,纽拉特对这种翻译怎样进行,以及人们如何判定作出的物理主义翻译是否正确,并没有用

---

[41] M. 石里克:“空间同一性,内投作用和心理—物理问题”,载《哲学论文集》(*Philosophical Papers*) I,伦敦,1978年,第190—206页。《普通认识论》(*General Theory of Knowledge*),维也纳,1925年,第293页;H. 费格尔(Feigl):“心理的与物理的”,载费格尔等编:《概念、理论和心身问题》(*Concepts, Theories and the Mind-Body Problems*),明尼阿波利斯,1958年,第370—380页。

精确的和明白的术语作出阐述，这只是后来由卡尔纳普作出的。卡尔纳普的确逐渐修正了他的物理主义观点，正是这一点，使他后来的见解不像当时维也纳学派某些其他成员的观点那样狭隘。

纽拉特和卡尔纳普还主张，物理主义语言是“一切科学的基础语言”，它是一种“普遍的语言”，包括所有别的科学语言的内容。换句话说，任何一种科学语言分支中的每个句子，都相当于物理语言的某个句子，因而可以翻译成物理语言而不改变其意义。卡尔纳普曾把物理语言的概念定义为这样一些句子，它们把时—空坐标的某一系列的值，归属于某个确定的物理函数的值。只要知道把定性表征的句子唯一地翻译成定量表征的句子的规则，那就没有什么能阻止物理语言具有前一种语言的特征。[42]

如上所述，在石里克和纽拉特、卡尔纳普的物理主义之间没有本质的区别。但是我们在艾耶尔那里发现这样的区别，这区别又一次把他从逻辑经验论推回到传统的英国经验论。按照他的观点，关于物理对象的句子，同样关于日常生活的句子，最好以这样的方式表述，即把它们能够翻译成唯一地指称感觉内容的句子，其形式是，如果我要如此这般做，我将会经验到如此这般的感觉内容。但是众所周知，没有一组关于感觉经验的陈述等同于关于一个物理对象的陈述。艾耶尔承认没有这种等同，但他断言，不能由此认为，物理对象陈述是关于某种与感觉内容不同的东西的。然而我们能够以休谟的方式，指出感觉内容之间的那些关系，它们将引导我们去构造出我们对物理对象的经验判断。艾耶尔写道：“当

[42] R. 卡尔纳普：“作为科学的普遍语言的物理学语言”，《认识》(*Erkenntnis*)，第二卷，1931 年，第 441—442 页。

我们区别一个给定的精神对象和另一个给定的物理对象，或者区别一个精神对象和另一个精神对象，区别一个物理对象和另一个物理对象的时候，我们在每一个场合都是在区别不同的逻辑构造，它们的要素本身既不能说是精神的，也不能说是物理的。”㊸看到这样一点是很有意思的，即艾耶尔在企图重申休谟的观点时，基本上退回到马赫的要素学说和罗素的构造理论。

关于卡尔纳普的物理主义，艾耶尔说：“我想他是错了”，因为在他看来，关于他人经验的陈述不能逻辑地等同于关于他们公开的行为的陈述，因此他主张，某人对某人经验所作的陈述等同于有关某人身体可公共观察的状态的陈述，必然导致拉姆齐所说的那种“杜撰的麻醉术”(a feigned anaesthesia)㊹。然而，艾耶尔认为，物理主义命题预料要碰到的困难，还不容易看出如何能够避免。因此他提出一个建议，他说，“许多麻烦可能产生于接受两个错误的假定：第一个是，一种语言为了要是公共的，它必须是指称公共对象的，第二个是，在作出一个经验陈述时人们总是指称自己的经验。”与这些观点相对立，他的意见是：“经验陈述必须指称这种意义上的经验即它们必须是可证实的；但这种指称不一定要是与任何别人的经验相对立的任何一个人的经验。”㊺

在这方面，我怀疑艾耶尔是否已经注意到他的断言：“经验陈述的可证实性必须指称这种意义上的经验，即它们必须是可证实的；但这种指称不一定要是与任何别人的经验相对立的任何个人的任何经验”，事实上正是纽拉特和卡尔纳普这样的物理主义者所

㊸ 同⑥，第123页；《经验知识的基础》，第78—84页。

㊹ 同⑲，第21页。

㊺ 同㊹。

要求的。这就是为什么他们试图,一方面,避免经验命题,要么指称公共对象,要么指称某人自己的经验,因而使他们自己限于记录句子,另一方面,用“主体间的”这一表达代替客观的,和用真理贯融论代替符合论。然而这样一些观点在任何形式上都会导致约定论,经验论一定会被放弃。

费格尔称石里克对身—心问题的解答是“两种语言理论”。为了构造它,石里克把检验物理命题的实际的和逻辑的操作当作关键之点,而不考虑它们的意义的直观和概念。因此对他来说,问题不是当说到物理的东西的时候我们心中有什么样的观念,而是当检验物理命题的有效性时我们采取什么样实际操作。依照他的观点,我们只能通过操作知晓物理世界、物理空间和客观的连续区。通过符合的方法,我们客观地形成概念并且建立它们作为一种基本的概念体系。因此,物理的不是实在的一部分或实在的透视,而只是语言的概念系统能很恰当地作为事态的系统的指称㊻。

由于物理语言能很好地用来描述无机界,所以通常都承认物理的与无机的一致性,并据此与有机界作二元论的对比。可是,这个悖论在石里克看来会消失,如果我们足够地注意:第一,不混淆关于身体的直观的概念和四维秩序非直观的概念,以及,第二,注意不忽略在检验这些命题时所涉及的具体的操作。石里克和布里奇曼(P. W. Bridgman)都主张一切命题都要通过实行某些操作来检验其真或假,而要说明命题的意义也在于详细说明这些操作㊼。布

㊻ 同②,第426—432页。

㊼ 同②,第424页。

里奇曼第一个精确说明这种协调在于物理操作的描述,而一个不包含其抽象名词的操作定义的理论是无意义的[48]。这样,他达到了与卡尔纳普和维也纳学派提出的相似的意义概念和“无意义性”的概念。

C. S. 佩珀(Pepper)在他的《概念和性质》(1966)中也提出了同样的“精神—神经同一性理论”,他的观点是受费格尔的“心理的和物理的理论”以及 J. J. 斯玛特(Smart)和 O. M. 阿姆斯特朗(Amstrong)的影响。而且佩珀关于他解决身心问题的表述在某些方面甚至与石里克早期的立场相似。然而斯玛特和阿姆斯特朗的物质—神经同一性理论,在许多方面却与石里克的精神—神经同一性理论不一致。可是,艾耶尔在《哲学的中心问题》(1973)一书中,把斯玛特的理论和石里克的心理—神经理论不加区别地放在一起进行批判[49]。不过这个问题过于复杂,这里不能详述。

五

现在我们来简短地讨论某些伦理学或价值哲学的问题。众所周知,从总体来说,除石里克和克拉夫特外,维也纳学派作为一个整体对这一领域不太感兴趣。卡尔纳普在他的《哲学和逻辑句法》

---

[48] P. W. 布里奇曼(Bridgman):《现代物理学的逻辑》(*The Logic of Modern Physics*),纽约,1960 年,第 3—7 页。

[49] A. J. 艾耶尔:《哲学的中心问题》(*The Central Questions of Philosophy*),伦敦,1973 年,第 126—130 页。

(1935)中说过:“价值判断没有理论的意义,因此我们把它归于形而上学领域。”(第26页)石里克在他的《伦理学问题》(1930)中尖锐地对这种观点提出争议。七年后,克拉夫特的《科学价值论的基本问题》(1937)一书出版。在这本书中,克拉夫特也反对卡尔纳普的价值判断概念,并且明确指出:

> 在我的价值理论中,我表明,出现在价值概念中的不仅有价值的特性,而且也有事实内容,……运用它们与别的判断的结合,建立有效的价值判断,是可能的。[50]

关于石里克对卡尔纳普价值判断概念的看法,他在《伦理学问题》(D.赖宁的英译本出版于1939年)的开头写道:“如果存在有意义的伦理学问题,并因此能够加以回答,那么伦理学就是科学。”石里克在伦理学上的立场不是维也纳学派多数人的立场,某些成员,例如卡尔纳普和艾耶尔,甚至是直接反对他的。他们不认为伦理学是科学的一部分,或伦理陈述具有认知意义。他们主张这种陈述不表达知识,而是表达个人的感情或态度。他们还区分描述性的语言和规定性的、祈使性的或情感的预言。按照这种观点,伦理命题无须证实,说证实一个伦理命题是没有什么意义的,同说证实诗歌或祈祷一样。

虽然石里克和克拉夫特两人都把功利主义作为他们的伦理学哲学的基础,并且都拒绝接受卡尔纳普和艾耶尔的价值的情感理论,但

---

[50] V.克拉夫特(Kraft):《科学价值论的基本问题》(*Foundations for a Scientific Analysis of Value*),多德雷赫特,1981年,第XV页。

他们在关于伦理学的积极作用的观念却大相径庭。按照石里克的观点,伦理学作为理论的学科,只能与知识有关,与提出规范无关。因此,所谓的最高规范本身不可能得到辩护,它们一定是作为人类生活的事实而被接受的,因此,只有通过心理学的和社会学的研究才能理解。而克拉夫特断言:“如果有关的态度被转变成为一种规范,如果这种规范是以普遍有效的方式指出应当采取的态度从而得到确立,那么,价值判断可以具有客观有效性而要求得到普遍的承认。因此这些规范,和知识规范一样,必须被一切希望达到所说的目的的人们所承认。价值是由与这些目的一致或不一致来决定的。”[51]

艾耶尔的价值理论或价值判断理论,基本上接近于卡尔纳普,而与石里克和克拉夫特的截然不同。他曾区分四种伦理学。“第一,表达伦理术语定义的命题,或关于某些定义合法性的判断,第二是描述道德经验现象及其原因的命题,第三是对道德善行的规劝。最后是实际的伦理判断。”[52]按照艾耶尔的观点,全部伦理哲学在于四种中的第一种,它包含与伦理术语的定义相联系的伦理命题。然而,艾耶尔如伦理哲学中通常的做法那样,不关心找出一种术语作为基本的术语,他所感兴趣的是把整个伦理术语领域还原到非伦理术语的可能性,即关于伦理价值的陈述是否能够翻译成关于经验事实的陈述的问题。

艾耶尔拒绝功利主义(包括石里克和克拉夫特的功利主义)、主观主义和绝对主义以及自然主义,因为在他看来,他们把全部伦理术语还原为非伦理术语,或者把伦理陈述还原为非伦理陈述的

---

[51] 同[50],第186页。

[52] 同⑥,第103页。

企图都无一例外地失败了。因此,在他看来,哲学家们没有注意到的是,在一个命题中出现的任何伦理术语对它的实际内容并不增加什么,而只是表明,它表达对某种行为或态度的某种道德感情。换句话说,通常在每一场合,他使用一个伦理表达或道德判断,是表达对某些对象的感情或情绪,而不是对它们作任何断言,它仅仅是感情的,不是描述的。艾耶尔主张,基本的伦理概念是不可分析的,因为没有一个标准可用来检验它们在其中出现的那些判断的有效性,艾耶尔甚至说,在这一点上他与绝对主义者一致,他们的区别只在于他可以解释为什么基本的概念不能分析,而绝对主义者却不能做到这一点。然而,在我看来,艾耶尔的断定是完全没有意义的,因为绝对主义者以及直觉主义者对他们的断言根本不要求任何说明,否则他们怎么能成为绝对主义者或直觉主义者呢?因为众所周知,每件事情对他们来说都是自明的。

艾耶尔在他后期的文章"道德判断的分析"中,一开头就写道:"我仍然想要坚持的观点,即所谓伦理的陈述完全不是真正的陈述,它们不是描述任何事物的,它们既不能为真也不为假,是明显不正确的。因为,按照英语的普通用法,把伦理的言论作为陈述,无论如何不是不合适的……。""然而",艾耶尔继续说:"当人们考虑到这些伦理的陈述是如何实际使用的时候,就会发现,它们的功用与其他类型的陈述是如此地截然不同,因此把它们都归入一个单独的范畴是可取的……(可是毕竟),如果某人仍愿意说伦理的陈述是事实的陈述,只是一类特殊的事实,那么人们也欢迎这样做。"[53]艾耶尔在他的文

---

[53] A. J. 艾耶尔:《哲学文集》(*Philosophical Essays*),伦敦,1965 年,第 231—233 页。

章中以最大的努力证明道德事实的特殊性,因此读者也将相信根本没有真正的伦理的事实,而道德判断根本不是真正的陈述。但是在我看来,艾耶尔的论证不能为他的断言建立一个充足的理由。

岳长龄 译　范岱年 校

[附]答洪谦

A. J. 艾耶尔

洪谦教授论述了石里克、卡尔纳普、纽拉特、亨佩尔等杰出的逻辑实证主义者在30年代所持的立场,也论述了我在《语言、真理和逻辑》一书中,以及在别处,包括若干后期著作中所表达的观点。这些论述十分透彻和公正。他说得很对,即使是在我写作《语言、真理和逻辑》时,我的哲学观点要更接近于"剑桥分析学派",而不是维也纳学派——尽管我参加维也纳学派集会的那段较短的时期以及我对他们著作的研究对我产生了很深刻的影响。就像洪谦所评述的那样,我对英国经验主义传统的忠诚,表现出我对认识论比对卡尔纳普所谓的科学逻辑给予了更多的注意,而这一倾向在我的一生中始终是有增无已的。但是,这并不是说我已放弃了下面这个观点:哲学的光明前景就在于哲学与科学的结合。是我自己缺少科学素养使我无法来追求这个目标。另一方面,严格的古典学教育,倒成了一种可以与传统哲学问题进行较量的有用法宝。

洪谦教授写道:"维也纳学派把路德维希·维特根斯坦的证实原则当作决定命题意义的标准,并把它作为他们哲学工作的出发点。"这在下述意义上是对的,即维也纳学派之取消形而上学的确有赖于一种证实原则,而学派的领袖们及追随者们,其中也包括我自己,都相信我们的原则来自维特根斯坦。但是,只要仔细地看看

《逻辑哲学论》,人们就可以看到,我们所受到的启发更多地来自我们自认为是维特根斯坦的精神,而不是来自实际的文本。维特根斯坦远没有清楚地表明他的原初"对象"必须是可观察的,更没有表明这些对象是处在感觉材料的等级上:我们最多只能断言维特根斯坦并没有把这些条件排除掉。更进一步,如果维特根斯坦是一个实证主义者的话,那么由于他坚持认为一切分子命题都是原子命题的真值函项,这就会使他只能采取那种我称之为"强的证实原则";在维特根斯坦的体系中是不能容纳卡尔纳普和我所采纳的那种弱的证实原则的。总之,我们可以正确地说,维特根斯坦追随弗雷格把陈述的意义等同于其真值条件。至于他是不是进一步把这种真值条件等同于"证实的方法"则是很可疑的事。

我对证实原则的形式化所作的努力没有成功。但是我的努力是为了要使那种弱的确认概念精确化。后来卡尔纳普在他的归纳逻辑的著作中表明确认概念可以在人工语言中形式化。至于我们通常所谓一系列观察陈述确认了一个科学假设或科学理论——对于这样使用的确认概念,卡尔纳普并没有去加以形式化。人们曾经试图在那种过分严格的完全可还原性要求(还原为观察陈述)和过分宽容的支离含混言不达意之间寻找一种中间立场来把这一概念形式化。这样的尝试不断地遭到失败,然而这并不就迫使我们一定要放弃这一概念或不再把这一概念用作为科学的试金石。尽管如此,对这一概念适当地加以定义还是必要的。多年来人们曾经提出过各种不同的建议来修正我的证实原则,使之免于遭受丘奇和亨佩尔所提出的那些责难。问题成为要找到一个附加语句,该语句可用以防止在丘奇和亨佩尔所提出的反例中引入的那类"不相关"陈述。这是一个技术性的问题。我相信,这个问题已在克里斯平·赖特(C. Wright)教授为《事实、科学和道德》一书所写的文章中最终得到了解决。该书是由十一位不同作者所撰写的一部论文集,发行于1986年以纪念《语言、真理和逻辑》一书出版五十周年。赖特教授的解答太复杂了,不能在这儿写出来。但就像他自己指出的那样,不幸的是他的解答有着这样一种推论:任一完全可证实理论中的每一个理论性术语,一定得分析地依赖于我们所选定的观察词汇,即使这种依赖只是间接的依赖。这比完全可还原性为弱,但如果比较一下当前盛行的那种极抽象的科学理论所应当满足的要求,那么赖特的解答还是更强些,可以使人满意的。

我曾努力想加以形式化的证实原则,只是为了确定语句要在字面上有意义所需要满足的条件。它并不提供确定那样一些语句字面意义的方法。在石里克的公式中,他迈出了这一步,但并没有走得十分坚定。他的公式没有能指明证实究竟是在于什么,从而为学派内的争论留下了余地。这一争论是在学派的物理主义者和石里克那一派之间进行的。后者要把证实过程一直推进到直接感官经验之产生。对这一争论,洪谦给出了很好的叙述。我在给派克(Park)教授和皮尔斯(Pears)教授的答复中已评述了我自己对这类“经验性”陈述之地位的摇摆不定的态度。

在石里克的表述中有一个严重的缺陷。对之我曾在给杜麦特(Dummett)教授的答复中以及其他地方作过论述。这一缺陷即是:证实的可能性究竟是否应相对于说话者或听话者本身而言,——如果是的话,就得接受由此而来的种种限制,——还是我们能够求助于实际上或观念上的处于最佳位置的观察者:究竟应该是前者还是后者?这一点并没有讲清楚。在《语言、真理和逻辑》一书中我采纳了前一路线,其结果是我对陈述往事的语句之分析颇为牵强,而对陈述自我经验和陈述他人经验的语句之分析又不一贯。正因为如此,我现在宁可选择那种更为自由的观点,而同时承认这种选择也有它本身的困难。

洪谦摘引石里克的主张:“对下面这类问题即‘外部世界是实在的还是仅仅只是一种逻辑构造?’或‘外部世界是存在着的还是仅仅是我的感觉?’等问题,一切回答都没有任何认知意义,因此一切回答都是形而上学的回答。”我同意,这些问题不是经验上的问题,但是并不就因此而需要把它们作为形而上学的问题而撇开。它们能够也应当被解释作分析的问题。这样,一旦放弃了把石里克的意义标准相对于讲话者本身的做法,我们就可免于下述主张之诱惑,即主张关于物理对象的陈述等同于关于“我的”实际感觉或可能感觉的陈述。现象主义者的论题即“外部世界”是感觉材料的一种逻辑构造,乃是中立一元论的结论,洪谦把它归之于我。如我已在我的好几个答复中所指出的,很久以前我已有理由下结论说,现象主义的古典形式是站不住脚的。福斯特(J. A. Foster)先生为本书所撰写的论文对于我目前的看法——即我们关于外部世界的图像是从我们的感官经验中“构造”出来的这一主张——有一段极好的叙述。另一个不应被作为形而上学抛弃的重要的分析问题是关于下述双方之间的关系问题:一方是我们的日常陈述,它们赋予物理对象以现象性质;另一方是在水平很高的科学理论中出现的极其不同的陈述形象。

当我说石里克将结构与内容加以区分的这一种思想里面包含着“很多东西”时,究竟意味着什么?这是洪谦提出的问题。我心中想的是:我们并不需要为他人的感觉和知觉是否与我们自己的感觉和知觉具有同样的内在性质这一问题感到烦恼。如果他人的行为符合于我就他们的言语所形成的期望,我可以安全地把这些言语用我自己的经验来解释。这一想法也可以这样来表述:只要别人的"世界"的结构类同于我的"世界"的结构,那么这两个世界的内容是否完全不同就根本是无关紧要的。在这儿,我故意地回避了下述问题,即这里所说的不同,如果要有可能存在,是否得先依赖于某种检测差别的手段的存在。

尽管如此,我对石里克的结构与内容之区分仍抱谨慎态度。这主要是因为这一区分支持了另一种我至今仍然认为是严重错误的区分,即对认知和经验的两分法:认知被设想为传达了外部世界的客观知识,而经验则"永远是私人的",因而是不可交流的。如果只是因为我们除了通过内容就无法懂得结构,那么,这里一定存在着错误。更进一步,如果陈述的证实最终就像石里克正确地主张的那样,在于发生相应的经验,那么这些经验一定得是认知性的:记录这些经验的陈述意味着是为真的。人们的经验的私人性也不能妨碍这些经验的可交流性。我理解他人对他的感觉的描述就像我理解他对他的知觉的描述一样。如果说要发现他人在想些什么或感受到什么要比发现他人观察到些什么更为困难些,那么这种差别只不过是程度上的差别。那种流行的假定——认为指称"公共的"对象是没有问题的,是和指称"私人的"经验不同的,——这一假定只是基于对"公共"和"私人"的区分的一种浅薄的处理。我在给斯普里格(Sprigg)教授的答复中及在别的地方已阐述了我的这一观点。

我的确认为仅仅求助于结构上的对应不足以防止"多元唯我论"。多元唯我论显然是不一贯的,它是为回避简单唯我论——即作出结论说只有我才有意识,或采取一种怀疑主义的立场认为我没有什么理由相信除我之外的任何人也有意识——的荒唐性而作出的一种注定要倒楣的努力。尽管我始终忠实于感觉材料的理论,但我认为,主张感觉材料的理论家只要他还把感觉材料看作是一种私人性的实体并以此作为出发点,那么如果不是更糟的话,他至少不可能抵挡得住怀疑主义的攻击。因为他的那种看法,不仅排除了把关于物理对象的陈述翻译成关于感觉材料的陈述的可能性,而且甚至还阻止人们把物理对象"安置在"感官经验的基础之上。我现在认为最后所说的这种较弱的路线就是我们所应采纳的路线;而要做到这点,重要的也是要把可感殊相,或更好些,把共相即质素(qualia)——其发生并不局限于任何个人的感觉场——作为我们的起始项。在构造关于物理世界的理论的后期,可以允许对该理论的起源进行拼拆挪用,从而当且仅当此时对感觉场的审视就可以被处理作一种私人经验。在我的《实用主义的起源》和《哲学的中心问题》两书中我曾概括地列出了这一程序。

洪谦提出,我之坚持质素——这是我的知识等级中的原始项——之中性,使我的立场与纽拉特和卡尔纳普在30年代所采取的立场相一致。这是不对的。因为我并不像他们那样相信这种中性会迫使我用我的基本陈述来指称物理对象。尽管这么做,只是在把他们导向融贯真理论时才成为一种错误,但是,这从一开头就会使他们难以避免那种被罗素称之为"宁肯偷窃,不愿劳作"的责难。

使我高兴的是,洪谦肯定了我之拒绝纽拉特强加给卡尔纳普和亨佩尔的那种版本的融贯真理论;而且他还接受我的论证,同意卡尔纳普那种把哲学陈述换位为形式结点(formal node)的做法需要把这些陈述解释作语义陈述，而不是解释作卡尔纳普原来所假定的那种句法陈述。

洪谦似乎同意我这样的观点：没有一组物理陈述能在逻辑上等价于一个心理陈述，而这就使他不能接受对心身问题的两种语言解决，至少是不能接受该种解决的最强的形式。由于他避免讨论当前流行的那种把精神状态非逻辑必然地等同于脑的状态的观点，我将满足于说：这种把如此不同的性质归之于同一事件的做法是可以用经济的理由来进行辩护的，——只要我们能够把精神现象和物理现象在它们所例示的那种类型的水平上互相联系起来，对上述做法就可以用经济的理由来进行辩护。但是，问题在于，我看不到有任何理由能使我们认为在精神状态和主体脑的状态之间有任何超出因果依赖之外的关系。实际上，当人们说精神状态和脑的状态作为标志物是同一的，但二者的类型却没有一对一的关系，那我根本就不清楚他们究竟在主张什么东西。

我过去没有意识到石里克曾经预言了布里奇曼的操作主义。洪谦并没有阐述他对操作主义的看法。本来，同意他的看法对我来说是一件很方便的事，但是，我看不出复杂的科学理论如何能够被简单地等同于下面这种描述，即对确认该理论的那些观察的描述。理由之一是这些观察的范围并没有被清晰地划定。另一个理由是从理论通向观察的道路很可能是十分漫长而曲折的。但是，如果一个理论的术语仅只是极间接地联系于可能的观察，那么人们自然宁可把理论看作是一种解释观察和产生观察的手段，而不愿把理论看作是对实际真实情况的文字描述了。

至于说到道德哲学，我想现在一般都同意，功利主义不应被看成是为伦理术语提供了一些定义，而应被看作是推荐了一套道德法规:我们应该去做的是这样一些事,这些事最可能的后果是为受我们行为影响的那些人带来最大的满足,而满足则用欲望的实现来度量。这样就使这一理论避免了边沁和密尔的错误假定——只有快乐才是人们所追求的东西,——并从而增加了这一理论的吸引力。在很大程度上我赞成该理论所推荐的策略。但我无法反对下述不同意见:即某些流行的欲望,例如在一个给定的社会中多数成员所具有的那种迫害该社会内少数民族的欲望,就不应使之实现;而且这一理论还赞成加罪于无辜的人,——只要能表明这种做法是为社会利益服务的。简言之,对于正义,对于某些人权的保障,我给之以独立的价值。

洪谦说我采用的情感理论主张基本伦理概念是不可分析的。这一说法会引起误解。我的确曾经主张伦理概念不是描述性的,但是我曾把我对伦理概念的功能的阐述——表达创制者的道德情操并鼓励他人分有这种情操——看作是一种对它们进行分析的方式。现在我应当说,我们宁可要伦理的情感理论或惯例性理论而不要主体性理论——主体性理论即根据是否符合说话者的道德意见或是否符合说话者所从属的社会的流行道德情操来分析道德判断,——其最好的理由是因为,很明显,人们在作出道德判断时实际上并不提及自己或自己的社会。由于这一理由,非认知性理论就是对传统的主体性理论的改进。

我现在认为,我所使用的"情感"一词——该词是我从奥格登(Ogden)和理查德(Richard)的《意义的意义》一书中借用的,——并不是一个十分恰当、足以表达道德情操的特征的词汇。我还认为我没有对我们道德判断中的惯例性因素给以足够的强调。在我原来对这个论题的处理中还有一个更严重的缺陷,这就是我忽视了下列事实，即我们日常的道德判断大多数实际上都是描述性的，因为它们预先假定已采纳了一套道德标准，并陈述说某人、某行为、某做法或某事态符合或不符合这些标准。值得注意的是，这使得“好”这个词的道德性使用与非道德性使用相一致。举例来说，一个好运动员是一个成绩达到标准或甚至创造纪录的运动员。只是当我们的道德标准本身受到质疑，就像它们有时会经受的那样，此时，伦理术语的情感解释——我还没有别的词来称呼它——就登场上台了。

洪谦评论说，我之否定道德判断具有真值——当它们并未被置于预设的某一套道德标准之下时，——这一论点并没有通过我的论证而获得充分的理由。但是洪谦也没有举出任何理由以表明我的论证具有缺陷，而且他也没有试图去表明他所采用的伦理事实的讲法是正当的。

陈维杭 译　洪谦 校

评石里克的《哲学诸问题及其相互关联》

一

石里克的《哲学诸问题及其相互关联》①是他1933—1934年冬季学期的讲稿之一。正文是他的学生凯特·斯坦哈德(Kaethe Steinhard)的速记笔记的扩充,石里克自己作了校正。书名的德文是"Die Probleme der Philosophie in ihrem Zuasmmenhang",彼得·希思(Peter Heath)将其译成了英文。在石里克1936年悲剧性的早逝之前,他就想将他的讲稿出版成书。在他写给加州大学大卫·瑞宁(David Rynin)教授的信中提到了这件事。不幸的是,直到五十年之后此书以英德两种文字分别出版,他的遗愿才得以实现。德文版的编者是H. L. 缪德尔(Mulder)、A. J. 考克斯(Kox)和R. 赫格塞尔曼(Hegselmann),1986年由美因河畔法兰克福的祖尔卡姆普·塔申布赫出版社出版。

① 载《维也纳学派选集》第十八卷,D. 瑞德尔出版公司1987年版。

二

当代的一些哲学家曾指责“维也纳的实证论者们”在进行哲学研究时几乎忽略了哲学的历史。这种指责在某种意义上适用于卡尔纳普和纽拉特，但肯定不适用于石里克和克拉夫特。即使在讲稿中，和他的其他著作一样，石里克也是把传统哲学作为他的出发点的，并且通过引述从泰勒斯、德谟克利特、苏格拉底、柏拉图、亚里士多德、笛卡尔、斯宾诺莎、莱布尼兹、洛克、巴克莱、休谟、康德、黑格尔、叔本华直到阿芬那留斯和马赫这些伟大思想家的言论的方式来处理传统哲学。他对这些人物的观点的叙述清楚而详尽，而这无论对于学哲学的学生还是对于那些对当代哲学感兴趣的门外汉都是大有裨益的。

石里克认为，哲学是一种活动，而不是一套学说；哲学的任务是追求意义的澄清，而不是追求命题的真理性，更不是建立什么体系。他的这些讲稿不仅解释了这种哲学观，而且提供了一个范例。讲稿的实质性部分致力于分析过去和现今的哲学中的正统问题。演讲的主题包括：形而上学的主要倾向、知识论中的倾向、哲学态度、表达的本性、知识的本性、知识的基础、意义和证实、形式和内容、外部世界的实在性问题及精神和物质的关系等等。从整体上看，这些演讲主要是对批判认识论作出了巨大贡献，并因而也就对维也纳学派的逻辑经验论的发展作出了贡献。

三

石里克坚决拒绝在哲学中像在科学中那样使用“系统”一词。他声称,“系统”一词确实被我们用来意指一系列知识,也就是一组可以以系统的方式放在一起的真命题。我们习惯于称它们为“科学”。但是如果我们把哲学视为这种意义上的科学,那么在它与其他科学的关系上便会遇到某些困难。因为诸特殊的科学都具有如下明显的特征:它们中的每一门都研究一个特殊的领域;因而作为知识体系的科学便由它的主题统一起来。如果哲学也是一门科学,便会产生如下的问题:哲学探讨的是什么?哲学的主题究竟是什么?

对于这些问题,大多数哲学家的回答是:哲学绝不是本来意义上的科学,而是这样的一门科学:它探讨的要么是最基本最普遍的问题,要么是有关人生和价值的“深层次的问题”;哲学是“关于本原的科学”,或者是“世界观(Weltanschauung)的表达”。石里克认为,之所以出现这种观点,是由于错误地互换了生活与认识,或如他自己所说的,是因为混淆了认识(Erkennen)和体验(Erleben)这两个不同的过程。他将传统认识论和一切种类的形而上学中的种种混淆全都归因于对这个区别的忽视。

“认识”和“体验”的区别与“形式”和“内容”间的对照构成了石里克早期思想中的基本概念。他的讲稿中的大部分内容不过是对下述论题的精心雕琢而已:“只有结构而非内容才是可交流、可认定的。”在此基础上他对各种各样的哲学学派的学说进行了语法分析,并藉此向他的学生极为清楚而详尽地指出,一方面,他所考察的哲学家中的大多数的陈述的断定意义(assertion-sense)的基础是何其的少,另一方面又指出在他看来究竟是什么构成了逻辑经验论。他对讲稿中所涉及的诸如此类的问题的论述是非常引人入胜的,很值得一读。

四

石里克的语法分析还不是为了给传统的哲学问题提供解决办法,而是为了使我们搞清楚为什么有些问题不应该提出,什么样的问题才是真正的问题。众所周知,他坚持意义的证实理论,并由之断定一个陈述只有在其原则上可证实时才有意义。石里克指出,诸如“外部世界是实在的”或者“外部世界是感觉的复合”之类的问题,就某方面来说是没有任何认识意义的,因为我们既不能经验地确认它们,也不能否证它们。这就是为什么石里克宣布:所谓的实在性问题只不过是关于某些形而上学陈述的无意义的争论。

至于他的经验论和孔德、J. S. 密尔及马赫的早期实证论的区别,石里克指出,早期的实证论者不很理解关于知觉的陈述和待证实的关于物体的陈述实际上应该意味着什么。关于知觉的陈述是有关给定的情景与我们的身体的状态(知觉状态)的关联的陈述;关于外部世界的陈述不是关于知觉的陈述,而只是关于诸如房子、树木和桌子等物体的陈述。尽管这些陈述也全部都要由知觉(关于房子的样式、树木的形状和桌子的大小等等的知觉)而非由关于知觉状态的命题加以证实。因而马赫关于“物体无非是感觉的复合”的主张是完全错误的。石里克进而警告我们：如果每一样东西都通过对于经验的“非自我”的否定而被纳入主观的自我之中，那么我们只不过是以创造了一个超验的“非自我”而告终，而这便将我们引回到了康德的形而上学。

对于现在讨论的问题，石里克一再强调，他的关于实在性的理论依赖于下述原则：陈述的意义必须完全由而且仅由它在所与(given)中的证实所决定。他否弃了关于实在性的许多其他表述，这些表述常以错误的方式表达着恰当的观念。例如，“只有所与才是实在的”，或者“除了感觉和感受外，世界上没有其他的所与”。因而石里克认为，那些针对当代实证论者的攻击，只有对于早期实证论者(休谟、密尔、孔德)的表述来说才可以看作是没有无的放矢。当代实证论者认为，我们的陈述只有能够证实才是有意义的，这样一来，就使任何种类的形而上学不可能存在了。

五

在石里克逝世前几年的时间里，他的兴趣逐渐转向了知识的基础问题，而正是这个基础问题引起了他和维也纳学派的其他成员之间的激烈争论。他首先对知识的基础这一概念作了解释，指出它处理的无非是关于经验知识的基本陈述，在此基础上我们可以建立科学系统。我觉得奇怪，为什么石里克在他的演讲中未明白地提及确证(Konstatierungen)陈述，而后者恰恰被他看作是科学系统的基本命题，并且成为那场争论的核心之点。在其他论文中，石里克证明了他的语法分析在澄清这个概念方面的力量。读者如想弄清他的“确证”一词的意义,可以参阅这些论文[②]。

石里克对维也纳学派的一些同事的相对主义日渐不满,这些人声言只有记录句子(protocol sentences)而非确证陈述才是科学知识的基本陈述。与此相对照,石里克试图为科学系统找到一个坚实的基础,并且提出,科学系统只能建立在确证的基础之上。而确证则提供了这样的陈述,这些陈述反映了人们对于给定的事态的直接的不可更改的领悟。尽管石里克对确证这一概念的探讨令人鼓舞,但他的观点还是立刻便引起了纽拉特、波普尔、艾耶尔、亨佩尔等人的尖锐的批判性反应。这里显然不是对他们之间的这场争论作深入讨论的地方。我只想提一下,石里克关于确证的见解似乎同他关于“认识”和“体验”的理论以及他的形式和内容学说不能相容。因为不存在直接的知识这一类东西,而且所有有意义的陈述有可能全都是假的。

石里克对确证的确实性与分析命题的确实性作了比较,认为它们的区别仅在于后者不含有事实意义。在我看来,这种比较未必是仔细推敲的产物,因为将对一个命题的意义的理解与对其真值的认定相等同的学说是一个非常困难的学说,因为它涉及数学中的极端形式的有究论。人们常说,即使我们不知道费尔马“大定理”是否真,我们确实理解其意义,这真的是有道理的吗?

关于真理的符合论和贯融论的争论,清楚地说明了维也纳学派内部在真理理论方面是有不同意见的。石里克正当地指责纽拉特和卡尔纳普的贯融论(这个理论把经验真理的标准仅仅建立在记录句子的相容性的基础之上)背离了经验论,同时又被迫回到了

② M. 石里克:“导言和论确证”,见石里克:《哲学论文集》II,第405—413页。

约定论。然而他的符合论,即把与实在(实为"感觉材料")的一致当作真理的基础的理论,是否会导致唯我论和感觉经验论(这后两种理论与他自己的经验论的区别是石里克时常提起的)呢?对此,我不得而知。

石里克对于精神和物质的关系的考察,最好地表明了语法分析在处理心—物问题方面是很有力的③。众所周知,笛卡尔试图由物理实体和精神实体所各自具备的"存在"(extensio)和"思考"(cogitatio)这样的典型特征来规定二者。尽管笛卡尔的这个区分向澄清心理概念和物理概念的方向迈出了确实有意义的一步,但他未能因此而除掉"空间"概念和心理过程在空间中的定位所引起的诸多困难。是石里克率先考虑到了区别不同的空间概念如物理的空间和心理的空间以及在后者内部的视觉空间、触觉空间等等的必要性。在他看来,如果我们完全清楚地了解这个区别的意义,那么我们便会得到对于心—物问题的回答,并由此而消除了关于心—物问题或所谓心—身问题的一切形而上学的臆想。

石里克对这个问题作出如下的回答:物理的东西和精神的东西不是两个独立的实在序列,而是两种类型的概念—构造。同一个实在,我们在一个时间可以用物理概念加以描述,这时它便是物理的东西;而在另一个时间可以用心理的概念加以描述,这时它便是心理的东西。只是由于不清楚这一点才使得看上去似乎两种性质截然不同的存在类型处于相互对立之中。石里克的这个观点很类似于在其他方面与他迥然有别的思想派别(如马赫甚至康德学

③ M.石里克:"论心理概念和物理概念的关系",见石里克:《哲学论文集》II,第421—436页。

派）。

至于物理空间和心理空间的区别，石里克写道：谈论物理空间就意味着谈论所有直觉空间的共同的结构，而谈论精神空间则意味着谈论一个直觉结构。如果我们试图将两种谈话方式放在一起，那就会遇到定位的困难。他说，心—物问题中定位的困难仅仅在于两种不同的语言间的互相转换。石里克提出不同语言间的这种转换，不仅引起了这样一个问题，而且也产生了哲学中的一些别的问题。因而他说："心—物问题为下述事实提供了最好的例证，即在每一个哲学问题中我们所处理的都是语词使用的困难，都是逻辑语法的困难。"④

不过，我不知道石里克在心—物问题上的一元论观点是否能被现代物理学中的所谓"现实性理论"和当代心理学中的"相互作用理论"所接受。因而依我看来，精神与物质的关系问题大概仍不失为一个需要认真讨论的认识论问题。

原载英国《理性》（*Ratio*）杂志，1989 年，
第 6 期，韩林合 译　洪谦 校

④　M. 石里克：《哲学诸问题及其相互关联》，第 201 页。

休谟的《人类理解研究》评介

一

休谟(1711～1776)是18世纪英国著名的哲学家和历史学家，他在哲学上的纯粹经验论和怀疑主义在近代哲学的发展中曾经有过巨大的影响。例如康德曾经认为通过休谟的怀疑主义才能从思辨哲学的梦幻中觉醒过来。他的纯粹经验论对于从19世纪下半期开始以至今天的现代资产阶级哲学来说，影响尤其巨大：它始终是这一时期的一些国际著名的唯心论学派，如马赫主义、实用主义、逻辑实证论等的理论基础之一。

由于休谟在哲学史中有过这样长久而巨大的影响，所以他的在哲学方面的两部主要著作：《人性论》和《人类理解研究》，对于研究哲学的人以及要求学习列宁的《唯物论与经验批判论》中对于休谟批判深入了解的人来说，都有阅读的必要。《人性论》以我个人所知，似乎还无中文译本。《人类理解研究》，今由商务印书馆将以前在该馆出版的旧译本，并由译者关文运同志"作了若干文字上的修订"重印出版。我想这是为读者所欢迎的。

二

休谟的《人类理解研究》出版于1748年,它可以说是《人性论》的改写,所以在内容方面基本上与《人性论》是相同的。他之所以将《人性论》重新改写,乃由于这部书出版之后,并未引起当时学术界的注意。休谟认为《人性论》的“失败”不是完全由于意见的不妥当,而是由于叙述的不确切。因此他在《人类理解研究》中在材料方面加了些甄别,在论证方面也集中了许多,从文字方面来说也比《人性论》简洁而锋利。这部书出版之后,休谟在西欧哲学界的地位大大提高,而成为当时显要的哲学家之一了。

休谟在《人类理解研究》中如在《人性论》中一样,首先提出观念的来源问题。他将一切知觉对象和意识内容分为两大类:即印象和观念或思想,并将前一类了解为强有力而生动的印象,例如我们在听,见,触,爱和恨时所感受的那些感性知觉,后一类了解为比较衰弱和不生动的感性知觉,例如我们心灵中对于某些事情所有的想像、回忆、模写等等。至于思维的创造力在休谟看来,除了将感觉交给我们的材料加以组合,调换,扩大和缩小之外,则无其他的意义可言。而所有关于思维的材料也只能通过外在经验和内在经验而存在,理智和意志在思维活动中所担任的工作,仅仅是将那些经验材料加以配合而已。

休谟所了解的观念可分为两类:即简单观念和连缀观念。所有简单观念是以与它相适应的直接印象为根据而形成的,它完全可以代表这些印象;我们一切观念或微弱的表象都是我们的印象或有生气的表象的摹本。至于连缀观念初看起来,似乎与它的来源距离很远,但是,如果我们详细地加以考察,那么它仍然是以印象为根据而形成的。例如休谟曾经指出,甚至于上帝的观念,就其全智、全知和至善的实体来说,乃是由于我们反省自己的精神作用,并且无限地加上善良和智慧的品质才产生出来的,至于种种不同观念的互相联系,休谟则以联想的三种原则作为基础。这三种联想原则就是:相似性,时空间上的接近,原因和结果。

关于连缀观念,在《人性论》中,休谟一方面曾经同意洛克的看法分为关系,形态和实体,但是另一方面他将实体和形态的概念还原到以简单观念为根据而连缀起来的观念,他认为这些概念是通过想像力的作用才形成的,我们为了便于回忆,才加以一个特殊的名称而已,因此休谟对于他自己所提出的看法,实际上只保留了关系。不过他认为关系具有不同的七种:(1)相似性,(2)同一性,(3)时间与空间,(4)量和数,(5)相同性质的程度,(6)对抗,(7)因果律。

但是在《人类理解研究》中,休谟则将那七种关于人类思维和科学研究的对象归纳到两种,即观念的关系和实际的事情。属于前一种的有几何学、代数学、算学等;凡是一切由直观发现或由证明能检定其确定性的命题,都是属于这一种的。例如,如果在自然中并无圆形和三角形,然而几何学的命题并不因而失去它的效用性。一切仅仅通过思维而发现或直观证明的,与实际事物完全无关的科学都具有这样的特点。但是,凡是与实际事物有关的命题或科学则就未具有这样的确定性和真理性;因为属于这一类的命题如关于自然科学方面的命题,不是单纯通过思维或直觉就可断定其真理或错误,要想达到这一点必须要求在经验事实方面有其根据才是可能的。

一切关于事实方面的推论是以事物的原因与结果的关系为之基础。人们经常认为在自然事物的发生过程中,呈现在我们面前的事物与从中推论出来的事物当中是存在着一种因果联系的;并且将前一种事物作为后一种事物的原因,后一种事物作为前一种事物的结果。但是休谟强调地提出:如果我们要想对于被推论的事物的确定性从本质上得到一个"比较满意的了解",那么我们必须研究这样一个问题:就是我们对于原因与结果的知识实际上是怎样得到的。

因而休谟在《人类理解研究》中就接触他的哲学中最主要问题之一了。它就是因果律问题。在《人性论》中休谟曾经宣称因果关系是一种不从属于观念以内的关系;这种关系已经超出了感性知识的范围,而对于超越感觉的对象有所推断。在《人类理解研究》中休谟对于因果律问题的看法以及对于因果概念的说明还是继续了这个观点,不过在论述方面较之《人性论》的第一章第三节中所讲到的要明确些和锋利些。

休谟强调地指出:我们对于因果关系的认识决不可能通过先天,而仅能通过经验才能得到的。所谓通过经验才得到因果关系的认识就是说:我们发见一定的对象与另一对象经常按照一种法则互相结合着的。但是他提醒我们必须注意:结果与原因是完全不同的,因此我们绝对不能从原因的概念中发见结果的概念;要想从某个原因中认识某个结果;经验是唯一的方法,理智是无能为力的。休谟曾经说过:"任何人也不会想像:火药的爆发或磁石的吸力,可以被先验的论证所发现。""同样,我们如果假设某种结果是依据复杂的机关或各部分秘密的结构,则我们也容易把关于它所

有的知识归之于经验。”（关文运译本第20页）

如果我们见到一些相似的事物的发生状态，那么我们就期待从中会产生一种与以前经验过的相似结果的来到。但是我们必须追问一下，这种期待在事实上的根据是什么？休谟对于这个问题的答复，就是决定那种相似的结果的原则并不是一种从某一事物引起另一事物的“隐藏着的力量”，因为这种力量既不能通过外在经验，也不能通过内在经验加以观察的，而是习惯。习惯使我们相信：如果有相似的状态呈现在我们面前，则经常是有相似的结果随之而来；我们不能根据理智，仅能根据习惯才能作这样的期待。至于我们的感情上从某一对象过渡到它的经常的追随者这种联系，事实上只是一些感觉或印象，所谓“隐藏着的力量”或“必然联系”的概念只是以它为根据通过我们的想像力而构成的，此外则无任何事实可以说明这一点了。

从经验中所作的一切推论只是习惯的作用，不是理性。当然这种习惯的作用并不能保证一切现象一定按照它的规律而经常发生，但是它能给我们建立主观上的条件，使我们在感情上能习惯于从主观方面的必然性过渡到客观的必然性，假定在事物中间存在着的必然性。这种以习惯为根据所假定的关于自然现象的因果必然性，虽然并无任何保证，但是经常是有其程度不同的效果的。因此休谟认为习惯是实际生活的指导者，它的一切作用是符合人的天性和本能的。休谟更进一步地宣称理性在根本上也是以经验为根据；他根本否认理性与经验有所区别，在他看来，只有经验才是一般人所谓来自理性的推断和结论的最后基础。

我们对于实际存在之所以相信，乃由于在感觉中或回忆中呈现的对象，使我们经常联想到它与其他在感性知觉以外的客体是结合着的。因此我们心灵一旦处于这种情态之下,就不会怀疑这个超出观念范围以外的实际存在,就会相信这个与任何感性知识无关的物质客体。不过休谟强调地指出:我们心灵中对于这种客观存在的信仰事实上不是别的,仅仅是如同我们对于某个人对我们的恩惠或侮辱那样的一种感情。所有这样的感情,都是人的自然本能的表现,思想和理性既不能将它导引出来,也不能将它压制下去,既不能将它加以证明,也不能将它加以驳倒。

休谟提出这是人与动物有些相似的地方;如果我们从这些相似的地方,用类比方法加以推论,那么我们还可以说:动物也是具有理性的。动物如人一样从观察中、经验中学习生活,它也如人一样不是通过理性的论据,而是通过本能的作用,来适应环境和维持生存的。或者有人认为人的本能与动物的本能有所不同,不过从人见到火即避开的本能与鸟选择适当的处所养育小鸟所表现的本能来说,我们不能说在它们中间有什么不同的。

休谟宣称所谓原因和必然这些概念只是从我们所感觉到了的自然的齐一性中产生出来的。我们在对于自然事件的观察中经常见到有些事件在发生的时候,是互相联系着的。就是说:如果某一事件呈现在我们面前,则与它互相联系的另一事件就继它之后而发生。因此我们在思想上和感情上就以这种齐一性为根据,并为习惯所驱使,如果见到某一事件的当前状态,就机械地从中推出第一事件的未来状态;而且还认为这种推论是具有因果的必然性质;这种必然性不仅支配科学研究的整个范围,而且还支配我们实际生活的一切行动。

休谟就从这一点出发表示了他对于哲学上争论不休的所谓自由与必然问题的意见。在他看来,这样的一个哲学争辩是可以调和的，或者简单地将它作为一种无谓的言词上的争辩而加以揭露。他的理论根据简单地说是这样的：所谓必然联系事实上只是代表经验的“经常性”和“习惯性”的另一种说法，所以它在科学理论方面并无“必然”“确定”这一类的内容，在实际生活方面也无任何“强迫”“不自由”这一种的意义。因此对于必然联系有了真正了解的人来说，所谓自由与必然的对立根本就不存在的。

这个自由与必然的问题的发生是归咎于人们对于必然联系没有真正了解，没有认识到以上所指出的意义，而对于它要求更多的内容，因此他们在实际行动中一旦不能体验到那个绝对的必然性，就以为是一种不“带强迫性”的“自由行为”了。

休谟虽然认为经验与习惯是对于事实推论和预说未来的唯一的指导者；但是这个指导者不是没有错误的；因此我们以它为根据所作出的预说就其确定性来说，就具有种种不同的程度。这个确定性的种种不同的程度就是一个判断的或然性；一个判断的或然程度愈大，则它的确定程度愈增，愈少则它的确定性愈减。千真万确的判断是无法观察的；因而是不可能的，具有或多或少的或然性的判断无论在科学中或在实际生活中经常可以见到的。

休谟从这里出发表示他对于神迹问题的看法。他指出：如果我们对于任何神迹所作的陈述加以证验，那么在它里面根本不能找到任何一种的或然程度，至于这种陈述的确定性更不必谈了。他还指出：如果我们对于这种神迹能有所证验，则一切以自然事实为根据而构成的真理概念就会根本动摇了。但是神迹是以人的主观的陈述为依据；而这种陈述也只能通过经验才能使人相信，然而经验所能确定的只是自然法则而已。

《人类理解研究》最后的一章是以学院哲学或怀疑哲学为对象。在这一章之内,休谟再三地否定通过理性的论据可以证明科学的效用和外在事物的存在;他认为这样的一切过去的尝试只给了怀疑主义以哲学上的机会。对于外在事物的实在性的信仰只能从人的天性和本能方面去了解,因此理性必定见到:如果它提出这类问题,则将使它自己处于狼狈的境地。就是以时间与空间的概念来说,科学研究结果只是给我们一些反面的,互相矛盾的结论,无限问题就是一个显明的例子。一切关于事实方面的确定性,如果它超出了感性知觉和回忆之外,而以原因和结果的关系为依据;则习惯是它的唯一基础。

古代皮浪主义式的怀疑主义只能从实践方面加以驳倒;因为这种怀疑主义对于实际生活并无用处。因此从过去这个过分的怀疑主义中就产生了学院的怀疑主义。这种怀疑主义重视自然本能的力量,而且应用它为科学服务,根据它对于科学加以评价,只有在量和数的关系中才有严格的理性科学;一切与事实和存在有关的科学研究是不能严格证明的,但是它是人的实践和行动,人的行为和作用的基础,所以它仍然是有用处的、不可缺少的。

因此,休谟在这章的最后,亦即《人类理解研究》的结尾曾经说过:“我们如果相信这些原则,则我们巡行各个图书馆时,将有如何大的破坏呢?我们如果在手里拿起一本书来,例如神学的书或经院哲学的书,那么我们就可以问,其中包含着数和量方面的任何抽象推论么?没有。其中包含着关于实在事实和存在的任何经验推论么?没有。那么我们就可以把它投在烈火里,因为它所包含的没有别的,只是诡辩和幻想。”(关文运译本第145页)

三

休谟在《人类理解研究》中所建立的关于印象和观念的唯心论学说，归根到底无非是如巴克莱一样用种种方法来“论证”感性知觉并不需要有其原因和根据，并不反映客观世界的任何关系，来“论证”作为知觉感觉的基础的客观物质实体并不存在，甚至于根本不需要有这样客观世界的存在。他虽然没有如巴克莱那样直截了当地否定这个不以人的意识所转移的世界，然而他以怀疑态度来对待这个客观存在，用“不可知”来代替“否定”的看法，用以掩饰所谓“主观唯心论的独断”，从而为不可知论哲学扩充市场。

其次休谟在这部书所提出的，最受到唯心论哲学家欢迎的关于因果律问题的看法，总而言之，不外乎是他以他所谓数和量的“确定知识”和经验事物的“或然知识的区分”为根据，来否定科学能真实地反映物质世界客观的规律性，来否定科学的自然规律的必然性。除此以外，他还企图取消因果客观性的理论基础，而替代以“心灵通过习惯所作的决定”的主观见解。他还以所谓经验知识的或然性来替代客观知识的真理性，从而为现象间，现象与本质间的必然关系的不可知性作“哲学论证”，为他的所谓世界的不可知性找“理论基础”。

还有休谟在这部书中所表现的，而且必须指出的，就是他的纯粹经验论哲学同时是极端反理性主义的。他一方面既将知识与信仰绝对地分开，另一方面又充分地拔高“信仰”和“自然本能”的力量。休谟之所以这样做，主要是为了取消科学与宗教的对立，使它们两者可以和平共处平分天下。然而科学自产生以来都是依靠对于客观物质世界的真实反映，对于客观自然规律的正确认识。虽然反对客观的存在性，反对自然规律的必然性，反对理性认识，提倡信仰这些举动，都能够满足宗教和教会方面的要求，但是他的反科学的反理性主义的反动性，因而却暴露无遗了。

从以上所指出的几点来看，就可以了解休谟在他的“这部唯心主义的经典著作”中是怎样宣传他的不可知论的唯心主义的哲学思想，是怎样企图否定唯物主义在世界观和认识论方面的科学内容，是怎样与唯物主义哲学作不可调和的斗争，而为当时资产阶级和教会在意识形态方面进行服务的。

原载《光明日报》1958 年 3 月 9 日，
《哲学》周刊第 127 期

康德的星云假说的哲学意义

——读《自然通史与天体理论》的一些理解

一

康德的《自然通史与天体理论》(1755)是他关于自然科学著作中一部最主要的著作。在这里面包含着著名的康德星云假说。这个假说就是天文学中康德—拉普拉斯星云假说的组成部分之一,是18世纪末叶和整个19世纪的宇宙起源论的一般理论基础。

康德在这部书出版以前,曾经从事潮汐摩擦问题的研究,并且发表了《地球在自转中是否发生某些改变的考察》的论文。在这篇论文内,他已经公开提出天体的产生、形成和变化的历史主义观点。这个观点给当时占统治地位的形而上学自然观打破了"第一个缺口",为后来的科学研究开辟了新的道路。康德的《自然通史与天体理论》就是这个富于科学成果的发展观点的系统贯彻和进一步发展。

康德的《自然通史与天体理论》以旋转的云团雾团中产生天体为出发点,创立了机械的宇宙起源论的一般理论基础,完成了"牛顿所不敢担任的任务。"牛顿根本否认建立机械的宇宙起源论的可能性,认为行星的运动秩序是神亲手安排下的。而康德则强调说出:“给我以物质,我就从中构成一个世界,就是说:给我物质,我为你们指出世界应当怎样从中构成的。”①

因此,康德的宇宙起源论的创立,乃是德谟克里特、伊壁鸠鲁和卢克莱修的唯物论世界观在近代科学中的新胜利。关于这一点,康德在《自然通史与天体理论》的序言中曾经说过:“我并不否认,卢克莱修或他的先辈伊壁鸠鲁和德谟克里特的宇宙构成论与我自己的有许多相似之点。”他还指出,“关于德谟克里特的原子学说的基本之点,在我自己的宇宙起源论中也能见到的。”②

康德在《自然通史与天体理论》中所提出的自然观虽然基本上是唯物论的,然而是不彻底的,是一种“羞答答的唯物论”。他曾经宣称神在亿万年以前创造了物质,神给予物质以自由,物质方能按照自己的规律构成世界,成为“宇宙的构造者”。他还宣称我们虽然从物质中指出宇宙的形成过程,可不能指出毛虫的形成过程。康德是不能用物质的发展规律解释生命的起源、用机械的力说明有机体的作用的。

尽管康德的《自然通史与天体理论》所提出的唯物论的不彻底性和发展观点的局限性,然而这部书在西欧启蒙时期中对于人类思想发展的影响,仍然是极其巨大的。因此恩格斯在《自然辩证法》中对于这部书曾给以崇高的评价,宣称“在康德的发现中包含着一切继续进步的起点”。恩格斯对于康德的《自然通史与天体理论》这样崇高的评价,在天文学中除了哥白尼的《天体运行论》之

① 《康德全集》,伏伦特版,第7卷,第17页。

② 同上书,第13页。

外，没有其他的著作可以担当得起。

二

康德的《自然通史与天体理论》是德国启蒙时期的产物。德国启蒙时期的思想情况，无论在哲学或自然科学方面，都较西欧其他各国落后。支配英国和法国启蒙时期的哲学思想有培根和洛克、拉·美特里和狄德罗等这些彻底的或不彻底的唯物论哲学家，然而支配德国启蒙前期哲学的则是莱布尼兹和伏尔夫这些典型的唯心论者。所谓莱布尼兹—伏尔夫的理性主义形而上学对于当时最大的影响，是伏尔夫的目的论的世界观："神创造世界以及世界的存在，是为了人类的必需、方便和安慰的目的。"这种"肤浅的伏尔夫的目的论"的基本要求，显然是企图将自然置于神之下，将自然科学置于神学之下。或者如恩格斯所说，"按照这种目的论，猫被创造出来是为了吃老鼠，老鼠被创造出来是为了给猫吃，而整个自然界被创造出来是为了证明造物主的智慧。"③

德国启蒙时期的自然科学，除了莱布尼兹个人独树一帜之外，完全为牛顿的古典力学所支配。古典力学到了牛顿，已经发展成为当时唯一精确的科学，自从拉格朗日推广了欧拉和麦格洛林的方法并将数学分析应用在整个力学领域内以后，力学又达到一个新的观点。按照分析力学的观点来说，一切机械的自然事件通过函数，通过运动着的分子质量的状态（坐标）和时间的方程式（微分

③ 恩格斯：《自然辩证法》，人民出版社 1955 年版，第 8 页。

方程式),都能如数学那样精确地计算出来。牛顿—拉格朗日的力学,在物理学,工业技术,尤其是在天文学中的应用,得到了极其优良的结果,因此有些科学家就提高对于力学之为科学的看法,提出自然科学的各个部门都能还原到力学或力学的定律的思想。这种思想在十八世纪的自然观方面起了巨大的影响,所谓"拉普拉斯精神"就是从它引申出来的。

当时的古典力学实际上不只是一门科学,而且是自然科学的一般理论基础,又是这个时代的科学观点总的特征。这个科学观点总的特征的中心思想,就在于肯定自然界绝对不变的形而上学见解:认为世界从存在的时候开始,以致今天甚至于在未来都始终如一地保持着原来的面目;肯定自然界在历史上与人类社会完全不同,它只有空间方面的扩张,而无时间上的变化,从而否定了自然界的历史发展的整个过程;肯定物质被神"第一次推动"以后,自然界才开始处于经常运动之中,可是这种运动并不是自然事物变化、发展的特征,而是有一自然过程反复不断的重复。

恩格斯对于从哥白尼开始的革命的发展自然观之转变为保守的形而上学自然观,曾经感慨系之地说:"一开头是革命的自然科学,便站在彻头彻尾保守的自然界面前,在这个自然界中,一切在今天仍然和在宇宙开辟时一样,并且直到宇宙终结时一切还都是像宇宙开辟时一样。"④

康德就是在这样"保守的"哲学和自然科学状态之下,从自然的历史发展观点出发,创立了他的星云假说。这个假说在天文学方面,首次地奠定了科学的宇宙起源论的理论基础,达到了从哥白

④ 同上书,第159页。

尼以来最大的成就，在世界观方面，则打破了“那个僵破的自然观的第一个缺口”，引起自然科学中再一次的变革；使那“一切坚硬的东西溶解了，一切固定的东西消散了，一切当作永久存在的特殊东西变成转瞬即逝的东西，证明了整个自然界在永久的流动和循环中运动着。”⑤

当然，康德之能创立一个科学的宇宙起源论并在天文学中达到最大的成就，并不是出于偶然，而是有他在哲学上、科学上尤其是天文学上的历史条件为基础的。不过哲学上的历史条件对于康德来说，并不是如台尔特所提出的那样，“康德的自然科学兴趣以及宇宙的一般历史发展思想所支配的批判前期的著作，基本上是伏尔夫的理性主义影响之下的产物。”⑥因为显而易见地，作为伏尔夫理性主义内核的目的论是康德在《自然通史与天体理论》中主要的斗争对象，他在这部书里面力图将目的论思想从无机界中排除出去。康德对于目的论哲学的看法是：目的思想对无机界来说，实际上仅仅是“一种无任何根据的成见”，对于有机界来说，也如后来在他的《判断力批判》中所指出那样，仅能作为一种知识的规范原则（regulatives Prinzip）或“虚构”（die Fiktion）来了解的。

为康德的宇宙起源论创造了哲学上的历史条件的，是德谟克里特、伊壁鸠鲁、笛卡尔和牛顿。德谟克里特和伊壁鸠鲁在一千多年以前就从他们的原子学说出发，对于宇宙的产生、形成和变化作出唯物论的解释，他们的学说的基本思想对康德起了积极的作用，这是康德在他的《自然通史与天体理论》中自己曾经提到的。笛卡

⑤ 同上书，第12页。
⑥ 台尔特：《哲学史简编》，第157页。

尔是在德谟克里特和卢克莱修以后提出唯物论的宇宙起源论的第一个人。他在他的《哲学原理》中宣布了宇宙生成的观念,认为世界的现有状态是从物质的涡旋运动中,经过种种不同的变化阶段,才发展出来的。笛卡尔就以他的涡旋运动理论为基础,来解释行星绕日的运行、月亮围绕行星运动以及天体的周行运动,来建立一个机械的天体起源论。

笛卡尔的天体学说虽然是以自然的历史发展为出发点,但并不能科学地贯彻这个正确观点,因为它无论在观察材料方面或数学计算方面的根据都不是精确的。当然这也应当归咎于当时客观条件的限制,归咎于笛卡尔不能如牛顿那样,有牛顿力学和万有引力定律的发现作为武器供其使用。因此,牛顿在后来反对笛卡尔关于天体学说的论战中,从数学计算上证明了笛卡尔的涡旋理论与已经确立的行星运动规律相矛盾,因此笛卡尔的天体学说就被排除在天文学之外,他的天体的历史发展观念也同时被摧毁了。牛顿提出了与笛卡尔天体学说相对立的天体力学,成为当时唯一科学的天体学说。

牛顿反对笛卡尔天体学说的论战,对于康德的宇宙起源论的创立过程来说,则起了一定的积极作用。康德的星云假说实际上是牛顿力学与笛卡尔的发展观点的调和。康德在他的宇宙起源论中一方面将牛顿力学作为理论基础,但抛弃了牛顿的形而上学观点,另一方面继续了笛卡尔的发展观点,但抛弃了他的涡旋运动理论。康德不仅提出自然发展观点与牛顿力学之间并无任何矛盾的说法,而且还按照古典力学的原理来证明它们之间并无矛盾,并且以这种表面似乎矛盾、过去被认为矛盾的观点与理论为基础,建立了星云假说和天体理论。关于这一点,我们无需其他的说明,只需看一看《自然通史与天体理论》的整个名称就明白了。康德这部书的名称是:《自然通史与天体理论或按照牛顿的基本原理对于整个宇宙构成的机械起源进行的研究》。

当然,对于康德创立他的星云假说提供更重要的历史条件的,是从哥白尼以来关于天文学事实材料的新发现,以及天文学观察技术的进步和望远镜光倍的改良。例如1572年,天文学家第谷·布拉埃已经见到出现在仙后星座的新星。18世纪之初,在天文学中已经通过老的星图与新的星图的比较,断定有些恒星的位置有所改变。18世纪中叶,天文学家通过望远镜发现以前仅能看出是一种微小而暗淡的小块,现在已经成为庞大的星体的集合。诸如此类的天文学事实材料,都与当时的形而上学自然观对立,都强有力地支持了康德将自然发展的概念贯彻在他的宇宙起源论中。

笛卡尔和牛顿以后的行星起源假说中,对于康德直接发生影响的,是法国天文学家毕封和英国天文学家雷特。毕封的太阳系起源理论和雷特的宇宙系统构成理论,都在康德创立自己的星云假说过程中给他许多启发。康德自己认为雷特是他的理论的先行者,并且认为他与他们的理论的关系是无从划分的。

三

近代的宇宙起源论,自从哥白尼创立太阳中心说以后,经过开普勒、伽利略和牛顿,已经有了一定的科学基础。牛顿不仅发现了控制天体运行的万有引力定律,并且建立了天体力学这门新的科学。然而牛顿并没有从他的发现中作出唯物论的哲学结论,相反地,他却从他的调和科学与宗教的唯心论立场出发,断言天体运动以及太阳系的形成来自“神的第一次推动”。关于这一点恩格斯曾经说过:“哥白尼在这一时期开始给神学写了绝交书,而牛顿却以神的‘第一次推动力’结束了这个时期。”⑦

康德的宇宙起源论则以物理学原则替代牛顿的神学原则作为出发点。康德宣称物质不知在亿万年前为神所创造,但是从此以后它就可以自由支配自己,按照自己的规律来活动,丝毫不为任何超自然的力量所束缚。他强调地指出:构成宇宙系统的机械原因不是神,而是自然的发展规律,就是说,“宇宙的构成者”不是神,而是物质。因此康德在《自然通史与天体理论》序言中宣称:“给我以物质,我就可以构成一个世界,就是说,给我以物质,我们就为你们指出世界是怎样从中构成的。如果基本上带着吸引力的物质是存在的话,那么我们并不难于将建立大宇宙的系统的物质原因规定下来。”⑧

康德是怎样为我们指出世界是从物质中构成的呢?这就是说:他是怎样按照牛顿的基本原则来探讨整个宇宙构成的机械起源呢?他为了他的星云假说不受科学以外的“诗意”和“幻想”的影响,而仅仅在观察和数学的基础上建立起来,于是一方面从牛顿物理学中吸收一些“最必要的基本概念”,另一方面在天文学的材料和理论中规定一些精确的前提作为出发点。这些前提,如康德所指出的,有下列的三种:(一)物质的不连续性以及它的密度的差异性;(二)牛顿在他的万有引力定律中所规定的行星的普遍吸引力;

⑦ 恩格斯:《自然辩证法》,第8页。
⑧ 《康德全集》,第7卷,第17页。

(三)特别在气体扩张中最明显地表现出来的普遍的排斥力。康德宣称在这三个前提的基础之上,即能从混乱的、同时作为一种原始雾体的物质中建立一个"具有壮观的秩序和优美的联系的宇宙系统"⑨。

康德宣称,"属于太阳系的星以及所有行星所由产生的物质,在开始形成物体的时候,都散布于原始质料之中,而且充满宇宙整个的空间,这就是当前各种物体运动的空间"⑩。在这个原始的不动的混沌状态之中时刻在生长的云体和雾体的密度在吸引力作用之下,渐渐地形成了凝块。在凝块的互相冲突中间,有些质点因为丧失了它们的运动力,于是就向原始气体里面降落,于是形成了一种中心体——太阳。其余的质点则继续在吸引力以及排斥力影响之下,以圆圈的形式围绕这个中心体而运动。在各个区域里面围绕着这个中心体而运转的雾的质点继续地结成了凝块,这些凝块就引起了行星的产生。这样的事件在同样情况之下再次地反复发生,于是就引起了围绕行星而运行的月亮的形成。

康德说明了宇宙的各种星体形成的物质原因之后,就以"物质密度的差异性"为根据,说明太阳系的各种星体的相互关系和整个太阳系的形成。康德提出:"地球的物质密度较之太阳为紧密,但次于月亮;接近太阳的质点则是更紧密的一种。但是距离太阳最远的行星,从它们质量来说,则较接近太阳的星为巨大,例如土星和木星。"⑪至于火星经常发生的"貌似的例外",在康德看来,是完全受了与它接近的巨大的木星的吸引力的影响;土星虽然有它处

⑨ 同上书,第75页。
⑩ 同上。
⑪ 同上。

于火星之上的优点,但是也不能完全避免木星的吸引力的影响。康德认为:“水星的质量那样格外微小,并不只是因为接近它的是那样有威力的太阳,而是要归因于它与金星为邻。”⑫

康德这个对于太阳系起源的假说并不是纯粹的思辨,而是可以通过当时天文学理论证实的,就是说,从他的假说中所推出的太阳密度是分散在各种不同的行星的密度里面这一点,与法国天文学家毕封所提出的太阳和整个行星的物质的密度从数学上来说,是一致的。康德称这两个假说在这点上的“相似性如同在 640 和 650 之间”⑬。

康德还从太阳系的构成出发,通过类比的方法,进一步说明整个宇宙系统的构成,他曾经在这个基础上,从行星系的产生中推出无数其他行星系的产生,从银河系的产生中推出无数其他银河系的产生。他还曾经作出一个唯物论的哲学结论,认为各种星体世界在原则上是互相联系的,各种星体系统是能在物质和它的两种力——吸引力与排斥力——基本上统一起来的。康德说:“如果所有的世界和自然秩序从其起源来说,是具有相同的性质,如果吸引力是无限而普遍,原素的排斥力也始终发生作用,如果无限宇宙之中的大小星体都是微小的,那么,我何以不能假定这些星体世界同样地具有相互联系的情况和系统的结合呢? 我们何以不能将太阳系中微小的天体和具有特殊系统的土星、木星和地球了解为比它们更大的宇宙系统中的一个环节呢?”⑭

康德对于各种星体系统的互相联系性和宇宙的物质统一性是

---

⑫ 同上。

⑬ 同上。

⑭ 同上书,第 115 页。

非常重视的，因此他在说明各个星体系统的形成时都特别地指出这一点。例如，康德宣称：在宇宙之中，我们的行星系是非常微小的个别系统；太阳系是较高级的系统的一个环节，它包括其他无数的太阳系；就是银河系也不是唯一的一种，它也能构成较高级的银河系。他认为这些都是整个自然的锁链的一个环节，都是从属于自然规律性的法则和秩序中产生出来的。在康德看来，这是一种控制无限空间的统一的自然联系，在无限时间中的无限世界过程中、在世界的产生和消灭中存在着的无限多种多样性，对于未来世界来说，经常只能看作是“无限小的”⑮。他还认为科学家看到带着无限性的不同自然秩序的根源，就会感到惊奇，然而他因之认识到在无限中一切有限的事物是“不足惊奇的”存在着的自然联系；它们是永恒的。

康德将整个宇宙看作一种不断在生灭着的自然过程，他公开提出“世界在生产和消灭着，但是无限的世界则不知有所谓‘末日’。个别的宇宙和宇宙系统可以崩溃，但是从它们的崩溃中又经常产生出新的宇宙和新的宇宙系统，而且是按照不变的规律出现的。消灭了的世界和世界系统被永恒的深渊吞咽下去了。然而创造物不断地在工作着，它在其他的天边创造新的东西，同时将没落的东西补充起来。”⑯“这个无限的世界——它的消失的部分是世界的无限的多种多样性——是自然的真实的‘长生鸟’（der wahre Phönix der Natur），它为了从灰烬中重新恢复它的年轻的生命，于是不惜投火自焚。”⑰

⑮ 同上书，第119页。
⑯ 同上书，第127页。
⑰ 同上书，第132页。

康德是坚持物质和与它联系的运动的不可消灭性，因而对于世界将由于物质力的消灭而达到“末日”的看法进行坚决的斗争。康德说：“将分散的物质运动与遵循一定秩序而运动的这部机器停下来之后，是否可以通过新的力量将它开动起来呢？是否能按照原来的普遍法则作为控制这个机器的条件呢？这些问题是无须考虑就可以加以肯定的。”⑱因为在康德看来，如果宇宙周转运动的力量丧失了，行星就和彗星一同突进太阳里面。这样一来，太阳因为加入了这样庞大的凝块而产生巨大的灼热，这种新的灼热就加强了太阳内部的原素之间的激动和冲击，于是这些原素将重新向遥远的空间扩张和分散，因此又如“原始的宇宙形成过程一样，通过物质的吸引力和排斥力的作用，重新生成许多如过去那样的东西，这些东西中间有条理的运动也渐渐恢复，再经过一定的发展过程，一个新的世界又出现于我们面前了。”⑲

在康德的宇宙起源论中，时间和空间的无限性是作为宇宙的无限性和它的发展的无限性的一个环节而提出来的。在时间方面，康德虽然承认时间有起点，但绝对坚持时间是无所谓终点的，时间随着自然的发展进程无穷无尽地存在下去。康德说：“创造物是永远不会完成的，它一旦开始了，就再不会停止，它经常忙着创造新的自然、新的事物和新的世界，它完成这些事业所需要的时间也是如此，为了使无限空间中的遥远地带的所有事物都复苏起来，所需要的时间当然非无限不可了。”⑳

康德在空间方面的见解则更接近唯物论。他提出空间并不能

---

⑱ 同上书，第131页。

⑲ 同上。

⑳ 同上书，第124页。

与物质分离，并不是空的容纳物质的东西，空间及其构造应当通过物理的力而确定；物理的力是无穷无尽的，因而空间也是无边无界的。康德说："无疑地，吸引力是物质在空间上扩张到那么遥远的一种特性，它可以与空间同时存在，它也可以将实体通过它们的依存性而结合起来，或者这样说吧，吸引力是一种普遍的关系，通过它可以将自然的各个部分统一起来；它也可以扩张到空间整个的广袤，一直到无限的遥远。"[21]

以上所列举的，就是康德为我们指出的从物质中构成的世界的一种图景，亦即他按照牛顿的基本原则构成的一种机械的世界图景。这个世界图景在基本上是唯物论的；因为康德在这里面完全"从物质方面来了解自然界的本来面目，而不附加以外的任何东西"。在这个世界图景里面，一切超自然的成分，如"神的第一推动力"，神的"目的性"或"完善性"，都没有存在的余地。康德曾经强调地说"应用这些原则来寻求对于宇宙起源的认识，对于哲学家来说，是一种'可怜的决断'，是一种对于'自己的无知的掩护'。"他还强调地告诉我们："如果人们能摆脱毫无根据的成见和懒惰的哲学——这种哲学企图用诚恳态度来掩盖自己迟钝的无知——，那么，我希望人们在一个无矛盾的基础上建立一个切实的信念，就是：世界只能以一种普遍的自然律的机械作用作为它的起源，才能被认识。"[22]

康德在他的宇宙起源论中所提出的自然观尽管基本上是唯物论的，甚至于是一种机械唯物论，然而是不彻底的，是不能与十八世纪法国唯物论等同起来看待的。因为他虽然肯定并且解决了"给我以

---

[21] 同上书，第 117 页。

[22] 同上书，第 116 页。

物质,我为你们指出世界怎样从中构成”这个问题,然而“给我以物质,我为你们指出毛虫怎样从中构成”这个问题,是十八世纪法国唯物论者所能肯定而康德所不敢肯定的。康德在《自然通史与天体理论》中“星球的居民”一章内,也曾提到生命在被机械的力所控制的宇宙中的地位,也曾认为生命是依存于物质的机械条件的;他并且按照天文学中的气候特征来断定在某种地带生活着的人的性质,他认为住在离开太阳愈远的行星上的人,他们的气质则愈高尚;因为这些行星的质量比较不那样粗硬,但是康德这些见解纯粹出于猜想,毫无任何事实根据,实际上他对宇宙的机械作用与生命的关系这个问题,除了作为谈笑的资料之外——例如他在这个问题上还大谈灵魂轮回之说——并没有认真作过研究。从这一点上,我们就可以看出康德对于机械的科学原理在有机界中的应用至少是表示怀疑,甚至于认为是不可能的。从这一点上,我们就可以了解康德的机械的自然观的局限性以及他的唯物论的不彻底性了。

四

在康德的《自然通史与天体理论》中,包含着极其丰富的哲学意义,因而值得我们特别注意的,是他的研究方法。这种方法带着充分的辩证法的特点,而且从马克思主义以前的辩证法来看,也达到了较高的阶段。

康德在他的研究过程中是怎样应用这种方法的呢?从他对各种研究问题的处理来看,是这样的:他首先将天文学的对象和事件的普遍联系指证出来,其次将整个星球世界作为一种庞大的、具有规律的宇宙系统来了解，以后再说明这种自然的普遍联系的存在是可以从其发展中、从历史的生成中（aus geschichtlichen Werden）来认识的。康德就从这种观念出发，将机械的力学原理与历史的思想方法结合起来，认为力学的机械方法如果没有历史方法的一般基础，就不是一种普遍的科学方法。康德就应用这种方法来处理天文学中的基本问题，首先是处理牛顿在他的天体力学中所提出的反历史观点的思想方法问题。

牛顿曾经提出机械的宇宙起源论的不可能性，完全在于他按照万有引力定律在现存的太阳系中不能发现行星运行的任何物质原因，因此他就武断地宣称行星运行这种有规律性的秩序是神“没有应用自然的力而亲手安排下来的”。然而康德则提出神虽然在亿万年以前创造了物质，但并没有参与物质基础上形成宇宙系统的“烦琐事务”，因此，如果人们在现存的太阳系中不能发现行星运行的物质起源，那么何以不回到太阳系还未形成的那种自然的原始状态呢？

康德宣称，在宇宙的现存状态之下，行星运行的空间是真空的，并无任何物质因素阻碍它。然而这种状态并不是在宇宙开始形成的时候就是如此的。“在宇宙刚开始形成的时候，物质布满了整个宇宙的空间，这就是当前各种物体运行的空间。这种自然的状态，如果不从宇宙系统本身来看，似乎是最简单的，它不遵循任何东西，因为在当时没有任何东西已经成形，天体的互相联系，它们之通过吸引力的作用而缩短距离，它们之从集合的物质的平衡状态中产生各种形式的星体，都是一些后来的状态。”㉓

㉓ 同上书，第59页。

康德就是应用这种历史的方法，并按照牛顿力学的机械原理，投身于史前的那种混沌的原始状态，去探讨整个宇宙构成的物质原因；他在原始雾体、宇宙尘埃等等的涡旋式的冲击中找到各种星体形成的原因，从各种星体的物质密度的差异性中找到太阳系、行星系和银河系形成的原因，从物质的统一性以及吸引力与排斥力的普遍性中找到整个宇宙系统形成的原因，并且在这些物质原因的基础之上创立他的科学的宇宙起源论。恩格斯对于康德这种方法论在当时思想界所起的作用曾经说过："康德关于所有现存天体都从旋转的星云体产生出来这一学说，是从哥白尼以来天文学上的最大成就，认为自然界在时间上没有任何历史的那种观念第一次被动摇了……自然界处在经常的运动之中，可是这一运动总被认为是同一过程不断的重复，对于这种适合形而上学的思维方法的观念，康德突破了第一个缺口，这里他应用了如此科学的方法，使得他所举的大多数论据，直到现在还保持着它们的效用。"㉔

康德在他的宇宙起源论中将无限的星球世界看成为一种庞大的自然历史过程，不过他认为这种历史过程从其发展来看是经过种种不同的阶段，而且是不会停止，永恒地继续下去的。例如康德将原始雾体、宇宙尘埃认为是物质发展的最初级阶段，太阳、太阳系、银河系等等的形成则是物质发展较高级的阶段，在太阳系与其他星体系统中还同样地有不同的发展阶段，例如太阳系是在所有星体系统中比较高级的。康德还提出，所有的星体及其系统都不是一次生成的，都是它们整个的历史生成中的一个环节。新的太阳系不断地在产生，旧的太阳系不断地在消灭；行星系在宇宙中的

㉔ 恩格斯：《反杜林论》，人民出版社 1956 年版，第 57 页。

数目是无数的，有些在生存着，有些在产生中，有些还在开始形成。现存的银河系也不是唯一的一种，他提出当时天文学中已经见到的雾星（nebelige Sterne）也是银河系的一种。他深信这种银河系是在其他银河系中比较高级的。

康德从物质和它的力的不可消灭性中引申出自然事物发展的无限性。关于这一点，我们在本文第三节已经加以陈述，这里之所以重新提到它，是由于康德这种发展思想作为一种反形而上学的方法来看，与《联共党史》第四章第二节中所指的马克思主义辩证法的基本特征的第二条和第四条基本上是一致的："与形而上学相反，辩证法不是把自然看作静止不变的状态，停顿不变的状态，而是看作不断运动，不断变化的状态，不断革命，不断发展的状态，其中始终都有某种东西在产生着，始终都有某种东西在败坏着和衰颓着，辩证法认为不应该把发展过程了解为循环式的运动，不应该了解为过去事物简单的重复，而应当了解为前进的运动，上升的运动，由旧质态进到新质态，由简单到复杂，由低级发展到高级的过程。"㉕

康德对于自然事物发展原因的看法，也包含着充分的辩证法因素。他认为对于整个宇宙起着普遍的作用的两种对立的物质力——吸引力与排斥力——的内在的斗争，是自然发展过程唯一的动力，认为太阳系的形成是这两种对立的力斗争，是"机械的吸引克服机构的排斥"的结果。康德虽然在《自然通史与天体理论》中提出吸引力与排斥力的矛盾是一种辩证的矛盾，是万有引力与排斥力之间的辩证矛盾，然而他除了将排斥力看成为物质的一种后

㉕ 《联共党史简明教程》，1951年中文版，第138页。

备(in Vorrat)的力以外,并没有从物理学上指出其科学的内容。但是尽管如此,康德对于吸引力与排斥力的辩证的矛盾是自然发展的实际原因、是运动的一种简单形态这一点,在当时已经有正确的观念。康德说:"自然在吸引力之外本有一种其他的力在准备着。如果物质分解在微细的分子之内,那么这种力就在其中表现出来,通过这种排斥力,分子才能自己互相冲击,通过它与吸引力的冲突,就引起了一种运动,这种运动是自然界永恒的活动。"㉖

康德在《自然通史与天体理论》出版八年以后,就发表了一篇名为《将负数概念引入自然科学中的研究》(1763)的论文。他在这篇论文中力图说明吸引力与排斥力的"辩证关系";他曾应用正数和负数来与排斥力与吸引力、电磁的两极作比较。不仅如此,康德还将这个"否定"扩张到对抗的方面去,并称这种对抗为潜在的对抗(potentiale Entgegensetzung)。他在1786年发表的《自然科学的形而上学基础》的论文,又重新回到吸引力与排斥力的辩证矛盾的问题,并提出"物质是这两种力的矛盾的统一"。康德虽然力图给予吸引力与排斥力的辩证矛盾的概念以物理学的内容,但是由于当时科学水平的限制(恩格斯在《自然辩证法》中曾经提到过这一点,参考该书二〇六页),终于不能如愿以偿。直到热力学和量子物理学创立以后,排斥力的机械作用才得到丰富的物理学内容,因而康德所谓吸引力与排斥力的辩证矛盾以及在这矛盾之中存在着整个自然的发展的说法,就得到科学的证明了。

康德在《自然通史与天体理论》中无论研究任何问题时,都是将宇宙当作一个统一的整体,星体各部分都是互相联系着、互相制

㉖ 《康德全集》,第7卷,第61页。

约着的,他认为太阳和行星并不是天文学的许多对象偶然的堆积。行星与太阳处于空间的同一的平面上,它们按照同样的轴而旋转,行星轨道格式的一致以及其他的现象都证明我们太阳系是一种有系统的联系,这是康德的研究方法的最主要之点,亦即他的方法论包含着辩证因素的主要之点。康德强调地指出,"如果在无限之中,大小的星体都是微小的,那么,何以不能假定这些星体世界同样具有互相联系的情况和系统的结合呢?我们何以不能将太阳系中微小的天体和具有特殊系统土星、木星和地球了解为比它们更大的宇宙系统中一个环节呢?"㉗

康德普遍地应用这种与马克思主义辩证法第一和第二特征近似的思想来处理天文学的问题,尤其是在处理一般的"行星世界起源和它的运动原因"时,表现最为突出。康德说:"我们从世界构成的观察中,可以指出它的组成部分的交互关系,通过这种关系,我们还可以将它的产生原因表达出来。这种交互关系有两方面,无论哪一方面都是可能的或可以假定的……它的一方面,就是无论怎样的原因必须在宇宙系统的空间之内发生作用,行星的圆形的位置与方向必须是一致的,它必须有引起行星运动的物质原因……另一方面,如果我们提到行星在运行着的空间,这种空间是真空的,并无引起天体的普遍影响的物质因素存在。在这个空间之内的行星运动的一致性是自己能控制的……我们考虑一下即能见到,这两方面所具有的实际理由都是同样充足而确定的,但是正因为如此我们也可以见到,我们必须有一种概念,通过这种概念,可以将这两种表面上互相矛盾的理由统一起来,并且根据这个概

㉗ 同上书,第115页。

念再去追求真实的系统。”[28]

从康德的研究方法来观察他的唯物论，在一定意义之下，可以说已经从机械的走向辩证的唯物论。康德虽然强调地指出星体以及星球的系统都是一种“机械的”产物，然而实际上他所谓“机械的”概念如我们以上所指出的那样，已经与18世纪法国唯物论者所谓“机械的”有些不同，它已经包含着一些辩证法的内容。正因为如此，所以资产阶级的哲学家就力图对康德当时这个积极的进步思想加以歪曲，例如当代新康德派的哲学家鲍赫就认为康德的机械思想到辩证思想的过渡，是单纯从力学到动力学的过渡，是康德从“物质存在”到“物质作用”(die Wirkung)的过渡[29]。(康德后来发展了一种动力学理论承认物质不是由原子，而是由某种作为运动源泉的力构成的，与《自然通史与天体理论》中恰恰相反，他承认无物质的力。)他并以此为根据将康德当时的自然哲学与现代物理的唯心论结合起来，对于这种唯心论者来说，物质在现代物理学中消失了，所余下来的只有能和作用。但是康德在他的《自然通史与天体理论》的时期，如我们在第三章中所指出的那样，是承认带着运动的物质世界客观存在，世界的一切现象都是由于物质的内在力量和活动而产生出来的。这是一种不可动摇的唯物论立场，这种唯物论立场之不可歪曲，正如康德的《自然通史与天体理论》的客观内容之不可哲学地歪曲一样。

歪曲康德的星云假说的哲学意义，并不只是哲学家的鲍赫而已，当代哲学家罗素对于这个假说在哲学史中的看法也是其中一

[28] 同上书，第57—58页。

[29] 包哈：《哲学史》，第5册，1920年德文版，第28页。

个典型的例子。罗素在他的《西方哲学史》(1946)中对于康德当时的唯物论思想、发展观点和辩证因素根本没有提到,他对于康德在这部书中个别地方所表现的目的论思想竟大加赞扬,并称之为具有弥尔顿式的崇高性(Miltonic Sublimity),然而罗素对康德与目的论自然观那样尖锐的斗争的事实,则避而不谈。康德曾经提出:如果世界是神为了一定目的而安排的,那么行星何以不精确地遵循圆形的轨道而运行?何以行星的轨道不是处于完全相同的平面之上呢?就是说:何以行星的运动到处而且经常的发生例外呢?这些都与贤明的神之干预世界事务有点不一致吧?这些事实仅能从自然本身中才能了解,应用神的“目的性”或“完善性”这些观点是完全不能说明的,因为“自然在它的多种多样性的花园以内是包含着一切可能的变化,甚至于包含着许多的缺陷和偏差。”㉚

罗素还不顾《自然通史与天体理论》一书内包含着的星云起源学说方面的许多积极的、严格的科学观点和论据,而专从它的第三部分“星球上的居民”中,从这一比较缺乏事实根据而偏于推测和想像的一章中,来判断康德的星云假说的科学价值。罗素说:“康德最主要的科学著作是他的《自然通史和天体理论》(1755),这部书出版在拉普拉斯的星云假说之前,制定了一个太阳系的可能起源论。这部书的一些部分具有令人佩服的弥尔顿式的崇高性……另一方面则纯粹是虚构的。例如在他的理论中,所有行星上都住着人,而且最远的行星上生活着的人是最好的居民。这种看法将为世俗的道德家所赞美,但是无任何科学根据支持。”㉛

㉚ 《康德全集》,第7卷,第152页。

㉛ 罗素:《西方哲学史》,第732页。

康德在对于行星的密度、行星轨道偏心率、彗星的起源、天体的周转以及土星环和黄道光等等的研究中，都力图普遍地贯彻他的发展观点和辩证方法。但是由于当时观察材料和物理学、化学研究范围的狭隘，在许多个别的论证上并不能得到精确的结果，这是他的辩证方法的应用没有能够得到应得的效果原因之一。其他的原因，可以说是其中最主要的原因，就是康德仅将无机界作为他的发展观点和辩证方法唯一的应用范围，他不仅不能如马克思主义的辩证法那样将它们扩张到社会生活和社会历史方面，就是如18世纪法国唯物论那样将它们向有机界推广，也还不能做到。这是康德包含着辩证因素的研究方法最大的缺点。这样的缺点才使得他在辩证法发展史的位置落在黑格尔之后。

五

康德的《自然通史与天体理论》于1755年用未署名的方式出版。他并且接受友人的劝告将它献给普鲁士国王腓特力第二。如布洛威斯基所说的那样，“康德希望因而得到他的‘最尊敬的国王’允许，能在柏林或其他城市对于他的星云假说作进一步的研究”[32]。但是腓特力第二并没有能够读到这部书，因而他的希望就落空了。康德常引为“更不幸的”就是他的《自然通史与天体理论》在印行时间，出版者倍德生破产了，康德的书也被查封在仓库之内。因此这部书在出版后很长时间没有任何的反响，1763年康德将其中一

[32] 布洛威斯基：《康德的生活和个性》，1804年版，第50页。

部分抽出来付印在他的《证明上帝存在的唯一可能的论据》一书之内，其他的部分则经过他的学生根希深的整理与哈深司的《天的构造》一书(1791)印在一起。这样，康德的星云假说的思想才稍微引起当时社会一些人的注意，然而它能在天文学界中引起广泛的影响，则在法国数学家拉普拉斯的《月亮的系统叙说》(1796)出版之后，拉普拉斯的星云假说的发现与康德的假说并无任何的关系，但由于这两种星云假说在基本原理和许多个别论据上有许多共同之点，所以德国物理学家亥姆霍兹就将这两种天文学说等同起来看待，并名之为康德—拉普拉斯的星云假说。

康德—拉普拉斯的星云假说，就其对于当时科学的发展的影响来说，不仅仅支配了19世纪的天文学，尤其重要的是推动了后来自然科学迅速地向前进展。僵硬的形而上学自然观的缺口前后一个个地被打破了。辩证的科学观点一天天地通过自然科学的新发明而体现出来。关于这一点，恩格斯在《自然辩证法》中曾经说到："无论在有机界或无机界中：天文学，力学，数学，物理学，化学，地质学，古生物学，矿物学，植物生理学，动物生理学，解剖学，治疗学，诊断学，第一个缺口：康德和拉普拉斯。第二个缺口：地质学和古生物学(赖尔，缓慢的进化)。第三个缺口：有机化学，它制造有机物，表明化学可以应用在生物学上去。第四个缺口：1842年热的唯动(说)，格罗夫。第五个缺口：达尔文，拉马克，细胞等等(斗争，居维叶和阿加西斯)。第六个缺口，解剖学，气象学(等温线)，动物地理学和植物地理学(18世纪中叶出来的考察旅行)中以及一般地在自然地理学(洪堡)中比较的要素、材料的编整。形态学(胚胎学，贝尔)。"㉝

㉝ 恩格斯：《自然辩证法》，第159—160页。

但是亥姆霍兹将这两种星云假说等同起来看待，并冠以康德—拉普拉斯星云假说的名称，并不意味着在它们中间就根本没有差别：它们中间是存在着许多差别的。例如拉普拉斯的星云假说是以行星赖以形成的“围绕一个坚固中心运转的雾团”为出发点，康德的假说则比较拉普拉斯进一步，将这个作为原始物质的雾团从最基本的自然条件引申出来。还有，这两种假说在行星形成的看法中的差别，也是非常大的：按照拉普拉斯，原始的太阳星云变冷收缩了，因而增加它的运转速度，并在离心力作用之下，一些物质从太阳中分出来，于是就形成行星；按照康德，大量的宇宙尘埃的质点集中在运转着的太阳赤道上，形成了扁平的星云，这些星云围绕它的中心点并向着同一的方向运动起来，于是就产生了行星和环绕行星运动的卫星。就以彗星的起源来说，也存在着他们中间的不同点：康德提出彗星如行星一样，而且以相同的方式从雾团中产生，他将它的离心力从最遥远的距离中的微弱的吸引力中引申出来；拉普拉斯则认为彗星是一种从其他的世界空间突进行星系的吸引力范围以内的客体。

这两种星云假说的差别，在反对它们的天文学的新发现中更明显的表现出来，现代天文学对于它们最大威胁之一，就是天王星和海王星的卫星的反转性。但是从中所提出的严重问题是针对着拉普拉斯的行星从圆环物质的收缩而构成的星云假说，而对于康德所提出的行星从围绕它的中心体而运转的雾体中产生的假说则并不直接发生影响。

然而无论康德的或拉普拉斯的星云假说，由于20世纪天文学中许多新的现象和事实的发现，它们在理论上的缺点一天天地暴露出来，现代天文学以物理学的角动量守恒定律为基础，根据数学的计算结果，指出行星的角动量较之太阳的角动量要大得多。因此，如果我们坚持康德—拉普拉斯的假说所提出的从太阳中分裂出的物质环是产生行星的原因，那么就无法了解百分之九十八的角动量是属于行星，而只有百分之二的角动量属于太阳这一事实了。

此外，康德—拉普拉斯的星云假说与一些地质学方面的事实也不符合。按照这个假说来说，地壳在十公里深处就变成灼热的岩浆，然而从地震与爆炸所引起的波动的试验中指出，这种波动所穿过的一千公里厚的地层还具有固体的性质。这些由康德—拉普拉斯的假说所不能解释的天文学地质学的事实，就结束了它在现代天文学中如在 19 世纪中那样的统治地位了。

康德—拉普拉斯的宇宙起源论不能解释天文学和天文物理学在后来发展中所说明的关于太阳起源的许多特征，主要的原因当然是受了 18 世纪科学水平的限制，在那个时候，既没有能量守恒定律和能量转化定律，也没有热力学和统计物理学，关于量子物理学的许多事实以及关于这方面的许多知识，根本就没有概念。在我们今天看来，如果缺少这些科学的理论前提，要想对于宇宙的起源和发展的过程有所了解，是不可想像的，因此我们从当前数学的、物理学的个别论点上来“推翻”康德—拉普拉斯的宇宙起源学说，来否定他的科学价值，是不困难的。但是这是一种对待为人类创造思想文化财富的科学家和哲学家的正确态度么？

从另一方面来说，康德的星云假说虽然已经“过时”，然而并不能因此认为其中所包含的个别见解和论据都是“虚构的”，并无天文学的观察材料为根据的，都是不正确的。首先，康德的星云假说虽然不能解释行星与太阳之间的角动量的相称分配，然而在康德以后直到今天，尽管有庞大的天文学材料和充分的物理学与数学的优良条件，仍然没有能达到一种普遍公认的解决方法。因此康德的假说之不能解决这个问题并不是由于它的“虚构性”而是由于它有客观的困难。其次，康德在他的假说中还提出两种雾体的看法，一种真实的，一种不真实的雾体；前者是星体赖以形成的巨大的气体质量(riesige Gasmassen)，后者是如银河一般的庞大的星的集合。这一点苏联的天文学家费森柯夫的太阳系起源说中已经加以说明了。还有，康德所提出的宇宙中存在着许多行星系的假说，虽然一度为秦斯的宇宙起源论所驳斥，然而秦斯的太阳系起源说已经过哈·赖·罗素的批判之后而被推翻，接着瑞典的天文家从靠近太阳的一些恒星的运动中证明了康德这个假说的正确性。

就以以上这些实例来说：有些资产阶级的天文学家或科学家任意抹杀康德的宇宙起源论的科学价值或历史意义，都是毫无科学根据的。这是反映了他们对于包含着唯物论思想、发展观点和辩证法因素的天文学学说的仇视，是反映了天文学中唯物论与唯心论世界观的斗争。关于这一点，如果将他们与苏联的天文学家施密特院士对于康德的星云假说的评价加以对照，就更能体会了。

施密特说：“科学的宇宙起源论的研究，是从康德和拉普拉斯开始的。他们的伟大历史功绩超越了宇宙起源论的范围。他们在太阳系起源问题上第一次在自然科学中有意识地不把上帝的创造而把自然力的作用的发展原则当作基础……他们的假说不是臆想出来的，他们根据当时已知的事实，而圆满地解释了行星系许多特点。

“康德和拉普拉斯对于科学的宝贵贡献，除了这一发展观念之外，就是他们共同出发点，即认为行星赖以形成的原始材料乃是稀薄的，类似气体的东西（拉普拉斯的见解）或者类似不定态的‘质点’这种质点可以了解为气体，也可以了解为尘埃，甚至于了解为较大的固体质点（康德的见解）。我们不应该抛弃这个遗产。”[34]

原载《北京大学学报》，1957 年第 1 期

[34] 施密特：《地球和行星起源问题》，见《辩证唯物论与自然科学》，天文学部分，中国人民大学出版社 1954 年版，第 91 页。

马赫哲学的基本思想

一、马赫的生平及其影响

马赫(Ernst Mach,1838—1916)是奥地利人,但生于捷克斯洛伐克的杜那斯。

马赫曾在布拉格、格拉茨、维也纳大学任物理学教授。1895年,当他57岁的时候,才改任为哲学教授。维也纳大学特为他设立了一个名为“归纳科学的哲学”的讲座。

这个哲学讲座,1902年由大物理学家玻尔兹曼担任,1922年由维也纳学派的创始人石里克担任。这个讲座可以说是形成当前国际间的逻辑实证论的历史基础。

马赫是一位博学的自然科学家,除了物理学之外,他在生理学和心理学方面也有一定的贡献。马赫还是一位卓越的科学史家,他的关于力学史、热学史、光学史以及能量守恒发展史的著作,是研究科学史这门科学最宝贵的文献之一。

19世纪末叶和20世纪初期,马赫在哲学方面影响之大,是哲学史上所仅见的。通过皮尔逊、詹姆士、杜恒、爱里枯艾斯、波格丹诺夫、尤什凯维奇等,马赫的实证哲学在英国、美国、法国、意大利和俄国迅速地发展起来。

在德国现代资产阶级哲学中，马赫的实证哲学与新康德学派是当时最强而有力的两种潮流。阿芬那留斯的经验批判论，舒佩、舒贝特—索尔登的内在哲学，齐亨、科尼利乌斯的经验主义，惠尔兴格的虚构哲学，奥斯特瓦尔德的唯能论，都可以说是属于马赫的实证论这个哲学趋向的一些影响较大的流派。

马赫于1901年由于健康关系结束了他的教学生涯。从此以后，他长期地为半身不遂的疾病所苦。1916年，第一次世界大战期间，他在慕尼黑附近的法特斯德丁与世长辞了。

二、马赫哲学观点形成的基础

马赫的哲学观点的形成，与19世纪末叶和20世纪初期自然科学的新发展关系甚为密切。在这个时期以前，牛顿的物理学基本上支配了整个的自然科学，而以它为基础建立起来的自然观则支配了当时的世界观。

根据这种自然观来说：一切自然现象最后还原到原子运动机械的冲击和反作用（机械的唯物主义），并且可以认为如果物质分子的当前状态和条件认识了，则世界整个未来的发展均能按照机械规律、数学那样精确地计算出来（拉普拉斯的决定论）。

但是，这个绝对的自然观由于19世纪末叶和20世纪初期物理学和化学的新发展，已经引起科学界广泛的怀疑。有人认为物理学并不认识物质之为物，决定论作为科学理论原则是应该放弃的；过去被视为绝对不变的，现在则成为有问题的东西；我们对于自然事物根本不能作任何确定的陈述。这种说法虽然不能得到科学中普遍的同意,但是谁也无法否认物质不是简单的,而是极其复杂的东西,就以对于它作科学地了解来说,也不能如机械主义者和决定论者那样简单地肯定。总而言之,谁也不能否认,机械的唯物主义和拉普拉斯的决定论在现代物理学中已经成为问题;这个问题就在于物理学的实在能否通过物质的概念得到科学的解释和圆满的说明以及现代物理学有无保持机械主义和决定论的可能和必要。

马赫的哲学观点的形成在哲学方面也有一定的历史条件。根据马赫的忠实信徒彼得楚尔特(Petzoldt)的研究结果来说,对于马赫哲学思想的发展曾经有过巨大影响的哲学家乃是巴克莱、休谟和康德。关于马赫与巴克莱和休谟的关系我们以下将重复地提到。现在只将康德对于马赫的影响简单地加以说明。彼得楚尔特在他的《马赫的思维世界与相对论的关系》一文中曾经提出,"康德对于他的影响并不在于康德的理性主义方面,并不在于不可救药的先验主义,而在于康德的经验主义方面,在于他的强有力地反对'形而上学的无聊的辩证方法'。"①

彼得楚尔特对于马赫哲学思想的发展的看法是正确的,但并不全面。因为他没有将孔德对于马赫的巨大影响揭示出来。实际上马赫对于哲学的看法无论从哲学的任务、范围和目的来说,与孔德所提出的基本上是相同的。我们可以说马赫在这方面是继承了孔德实证论的哲学传统。

孔德首次提出科学和哲学的对象,仅仅在于经验、所与(Gege-

① 见马赫:《力学发展史》,1928年德文本,第八版,第490—494页。

ben, given)或“实证的”方面,在这个有关事物现象以外的客观实在和事物本质,都是为“实证的”科学所不能了解的,都应该作为一种“形而上学”而排斥于哲学领域之外。马赫也认为科学仅能以可以经验的、所与的或现象为对象,科学不能超出经验现象以外而对于超验的东西有所要求,科学家应该对于这种超验的“形而上学”有所警惕。

至于哲学按照马赫的看法仅能以个别科学如物理学、生物学、心理学或历史学等的认识理论为其基础。哲学既然限制在科学的活动范围以内,科学既然不能超出经验现象以外对于世界有所认识,那么哲学也仅能在感觉经验、所与、现象以内有所活动,不能对于在这以外的客观世界有所解释。马赫宣称“这个形而上学的境界并不能引起他的求知感”。

但是孔德和马赫的反对“形而上学”无论对于他们哪一位来说,仅是一种达到目的的方法,并不是他们的哲学一种最主要的任务。孔德的实证哲学的主要企图,就是想通过科学的分类将各种个别科学统一起来,建立一个实证的理论系统。自从莱布尼兹提出科学的百科全书的要求之后,这种统一科学的思想在唯物论和唯心论都有所继承,在唯物论中是狄德罗,在唯心论中则是孔德。孔德为了这个目的写了六大卷的《实证哲学教程》。

马赫的反对形而上学对于他来说也仅是一种达到目的的方法。马赫在哲学上的主要企图也在于通过哲学的分析将各种个别科学互相联系起来,成一个统一的整体。马赫认为哲学的任务仅仅在于将各种个别科学如物理学、生理学、心理学或历史学等互相加以比较,这一种科学通过另一种科学加以补充和说明,并且从这些比较、补充和说明中建立一个批判的观点。这个批判的观点就是他所谓的哲学。马赫的哲学著作之一《感觉的分析》的整个标题是:《感觉的分析和物理的与心理的关系》,这就表达了他对于哲学的看法。

总的来说,马赫的哲学观点从认识论方面而言,是纯粹经验论的,是如巴克莱和休谟一样将感觉经验作为一切科学知识的基础;同时也是实证论的,因为他如孔德一样反对一切的形而上学并以建立一个统一的科学系统作为最终目的。但是马赫既不重视哲学,也无兴趣建立哲学系统,更不喜欢成为哲学家,因此他在他的著作中很少用经验论或实证论来形容他的哲学观点。不过他有时为了他的观点有别于哲学史中其他的哲学派别,称他的哲学为现象主义。不过,我认为马赫哲学观点,在实证论之外,给以其他的名称,要素一元论是比较恰当的。

三、关于马赫的要素一元论

马赫宣称哲学的任务是在于将各种个别科学互相联系起来,成为一个统一的整体。这个哲学的统一的整体就是他的要素一元论,而他的关于要素的学说就是这个要素一元论的理论基础之一。

马赫的要素一元论的出发点是在于感觉经验或实证的对象,简言之,是在于所与。什么是所与?马赫认为所与是从现象中产生的,例如这张桌子是一种现象,它对于我们来说才能是所与的。但是什么是现象?马赫认为现象是由要素或感觉构成的。关于物的现象——物体是由颜色、声音、味觉、压力、时空间等这些要素构成的,关于心的现象——自我是由知觉、表象、情感、记忆、情绪、愿望、意志这些要素构成的。无论物体或自我对于马赫来说都是一些相对固定的要素或感觉的复合。

马赫强调地指出:我们应用现象的概念不要将现象与其他的东西联想起来,以为在现象后面还有某种东西独立存在着,所谓现象就是这种东西的现象,我们所能认识的只是现象,而作为这种现象的本质如物质实体或物自体是根本不能认识的。马赫认为对于现象、所与或要素都不能要求有所说明:何以有这些东西?它们从何而来?我们必须将它们作为最后所与的东西,作为一种经验事实而加以肯定和承认。否则唯物论或唯心论的"形而上学"又将有重新出现的机会了。

马赫宣称在所与和感觉经验中间,许多的感觉如颜色、声音、表象、压力、时空间经常是以各种各样的方式互相联系着的。而且在这个要素的不同的联系中间许多要素复合是相对固定的。这些相对固定的要素复合就深入到我们的记忆之内,而我们就给它们以某些特殊的名称如这个东西或那个东西。所谓物体实际上不是别的,仅是这样一些相对固定的感觉的复合。因此,例如以这张桌子来说,它是一种具有空间秩序的颜色感觉的复合,即不同浓淡的褐色的感觉,此外,如果接触着它还有一定的压力和寒暖的感觉。但是构成这张桌子的感觉复合并不是绝对固定的,因为例如褐色的感觉可以因光线而异,它或明或暗,对于它的触觉也是按照温度的关系而产生冷热不同的感觉。至于在这些感觉复合之外假定一个"桌子自身",对于马赫来说是不能为经验所证明的。

马赫所谓"物体是感觉的复合"与巴克莱宣称"物体的观念的集合"基本上是相同的。巴克莱也曾认为"人们为了一定的色、味、香、形态、密度结合在一起,就承认这是一个特殊的事物,称呼它为苹果;另外一些观念的集合就构成石头、树木、书本以及类似的可感觉的东西。”②不过在马赫与巴克莱之间亦有其不同点,这个不同点就在于巴克莱只承认物体,但没有承认精神也是“观念的集合”;然而马赫则肯定无论物质或精神都是相对固定的要素的复合。

在马赫看来,自我在构成上不是别的,只是知觉、表象、回忆、感情、意志、愿望等等这些相对固定的要素的复合。这些要素的复合必须与一定的身体,即属于那个我的身体结合起来,这是与物体之为色、味、形态等等的感觉复合的独立存在不同之点。例如那些感觉的复合与我的身体结合起来,就构成了“我的我”的内容。“我的我”之所以有其内容,即因我具有思想、表象、记忆、感情、意志、愿望这些要素的复合。

尽管我的思想、感情、愿望等不断地在变化,但是作为构成“我的我”那些要素在这个过程中间并不因之改变,仍然保持着它们相对的固定性。当然这个“自我”从小孩的时候开始以至老年所能保持的过去的回忆、感情、愿望等是非常地少,甚至于毫无所有,但是这仅仅表示“我的我”的固定性的相对性质,而不是否定从摇篮时候起以至死才消失的“我的我”,在一生的许多经验当中是一个始终如一的、恒常的存在。

马赫认为物体和精神或自我仅是在许多要素的波浪之中的一些相对固定的要素复合。这样的要素的复合构成整个的世界,而且物体与自我作为要素的复合是并存的(Koordiniert),同格的,物体与自我是同样实在的,物体并不依存于自我而存在。他就以此为出发点,一方面对于巴克莱的主观唯心论表示异议;因为如巴克

② 参见巴克莱:《人类知识原理》,弗莱塞选本,1891年英文本,第38—40页。

莱所主张，实在只有自我或主体，物体世界只能作为主观的现象来了解，是置诸于自我之下的。另一方面马赫则同意阿芬那留斯的看法，认为他们的实在观念接近素朴实的论的见解[③]。

马赫对于物体和精神的构成的看法是接近休谟的，他对于物质实体和精神实体的批判也是接近休谟的。不过马赫与休谟亦有其不同之点，就是他对于物质实体和精神实体不仅是表示怀疑，而且是要彻底地消灭它。他用了感觉的复合来替代物体与自我之后，更进一步用感觉复合的相互联系或相互依存来替代物质实体与精神实体的作用，并将它们作为不同的“形而上学”与科学对立起来，从而将它们从科学中排除出去。

马赫曾经提出科学中所谓实体的思想是这样产生的：例如作为物体的要素复合对于我们来说，经验告诉我们在这些要素复合之中有些要素变化得非常迅速而突出，然而其他的要素则并不改变。例如一块铁的颜色——褐色、硬度和重量并不改变，然而我触觉它则忽而冷忽而热；一张桌子的形状、压力和触觉并不改变，然而我见到褐的颜色则忽而浓忽而淡。我们习惯于将这个要素复合的许多不变要素在思想上了解为一个整体（Einheit，unity），同时并将这个整体加上一个名称如铁的实体或桌子的实体，将它与其他变化的要素或者说性质对立起来。此外我们还认为实体包含了许许多多变化的性质。所谓统一而固定不变的实体思想就是这样产生的。

实体既然是固定不变的，而变化的是它的性质，于是人们就假定它的存在并不是依存它的性质的。例如铁的实体依然存在，如

③ 参见马赫：《感觉的分析》，1919 年德文本，第 39—43 页。

果它的热度变化了，甚至于没有了。许多哲学家就以此为理由，认为实体可以脱离性质而有其独立的存在性，是性质的支持者，是隐藏在性质后面的。在我们经验之中只有性质、要素或感觉是所与的，它构成了事物的现象。事物的现象是可以认识的，然而在现象后面的物自体或物质实体则是永远不能认识的。

德国哲学家赫尔巴特（Herbart）对于解决实体的问题曾经提出他的看法。他认为整个实体的问题就在于何以物能够有许多性质，何以自我能够有许多内容。在他看来，对于这个问题，如果不假定一个“实在的本质”是根本无法解决的。马赫对于赫尔巴特的看法一方面承认他已经认识了实体问题的本质，另一方面他却宣称赫尔巴特所提出的解决方法是根本错误的。马赫认为物之所以能够有许多不同性质和自我能够有许多思想内容，并无可以成为问题的理由；因为无论“具体的物”或“具体的我”都是由许多感觉复合起来的。仅有“抽象的物”如“物自体”或“抽象的我”如“我的身”才是脱离感觉而假定独立的存在。但是这个“抽象的物”或“抽象的我”在马赫看来，即等于这张桌子看之无任何颜色，触之无任何压力、任何寒暖的感觉，等于“我的我”无任何表象、思想、回忆、意志或愿望。这样的“物”或“我”是不能通过经验加以证实的。

马赫认为赫尔巴特所谓必须假定一个“实在的本质”才能解释“物”能有许多性质、“我”能有许多思想内容的错误之点，就在于他不了解性质可以产生性质——思想可以产生思想，不了解产生这些心理现象的根源并不是物质实体或精神实体，而仅仅是要素复合之间的不同联系，即 ABC、KLM、$\alpha\beta\gamma$ 之间的不同联系（关于这一点以下再讲）。因此，在他看来，我们根本无任何理由在性质的复合后面去寻求一个不可认识的物质实体或精神实体。这种假设是完全多余的、“无用的”。

马赫强调地指出世界不是从隐藏在性质后面的不变的变体，不是从不可认识的物自体或简单的精神主体中产生的。它是由要素所构成，这些要素以种种不同的方式作为一些相对的复合集合在一起，这就是我们所谓世界。这些相对固定的要素复合的联系形式是各种各样的，它们有时严密，有时松懈；然而世界上所发生的各种各样的现象，就是以这个要素复合联系的严密或松懈为其基础而产生的。马赫曾用 ABC、KLM、$\alpha\beta\gamma$ 等符号来说明他所谓要素世界的一般面貌。

马赫用 ABC 表示构成在我们身体以外的物体世界的感觉复合，用 KLM 表示构成我们身体的感觉复合，用 $\alpha\beta\gamma$ 表示构成我们回忆、感情、愿望等的感觉复合。他宣称在日常生活中人们经常将 $\alpha\beta\gamma$…KLM 作为“自我”与 ABC 作为“非我”对立起来。有时又将 $\alpha\beta\gamma$ 作为“自我”与 ABC…KLM 作为物体世界对立起来。ABC 的复合似乎与 $\alpha\beta\gamma$ 的复合无关，是互相对立的；因为 $\alpha\beta\gamma$ 的复合有些变化，但并不因而引起 ABC 的复合的变化，反过来说，ABC 的复合发生变化，但对于 $\alpha\beta\gamma$ 的复合来说几乎无任何影响可言。有些 $\alpha\beta\gamma$ 复合的变化是通过 KLM 而影响到 ABC，反过来说，有些 ABC 复合的变化是通过 KLM 而影响到 $\alpha\beta\gamma$(例如一个生动的意象发生作用时，或环境引起我们身体内的变化时)，因此人们以为 KLM 与 $\alpha\beta\gamma$ 和 ABC 联系比 $\alpha\beta\gamma$ 与 ABC 的联系更为密切。因此人们以为 KLM 即我的身体与 ABC 以及其他物体世界的对立，在这些联系中就占有特殊的位置：因为 $\alpha\beta\gamma$ 与 KLM 有时可以作为“自我”而与 ABC 作为“非我”对立起来，有时 ABC 与 KLM 作为物体世界而与 $\alpha\beta\gamma$ 作为

"自我"对立起来④。

但是,如果我们将 KLM 与 ABC 的关系详细观察一下,则就觉得 ABC 是为 KLM 所决定的。例如一个骰子近看则较大,远看则较小,用左眼看与用右眼看不同。有时看起来双倍的大,一经闭目则看不见了。因此人们认为物体的现象以及它的性质是为通过 KLM 的不同复合,即我们身体所规定的;我们身体的改变即能引起现象的改变,现象可以消失,例如如果我们将眼睛闭起来。因此人们认为在物体现象的变化之中它的实体并不随之而变是毫无事实根据的;经验对于这个实体在现象以外的继续存在并不能提供任何的证据⑤。

在马赫看来,ABC 不仅为 KLM,同时也为 $\alpha\beta\gamma$ 所规定,我是否看见某种东西以及我看见了什么部分是依存于我的愿望;如果我不愿看见某种东西,我简直可以熟视无睹。马赫还宣称,如果 ABC 对于 $\alpha\beta\gamma$ 的关系从"我的我"方面来看,那么我可以得到 ABC 是属于我的,它仅是我的感觉。而且"这个我"还可以推广到一种地步,以至它可以包括着整个世界⑥。

马赫强调地指出:世界是在要素基础之上统一起来的,一切现象仅是世界要素的复合的严密的或松懈的联系的表现。如果我们在思想上将这些要素区别为"我"、"非我"、"精神"、"身体"、"客体",那么,这种区别,这些概念:"我"、"身体"、"物体"等,仅能作为一种生活实践中的辅助方法。例如我的身体与他的身体必须区别,是为了保护自己不受痛苦的侵犯。但是,如果我们以这个实践

④ 同③,第 6—7 页。

⑤ 同③,第 7 页。

⑥ 同③,第 24 页。

上有用的区分为根据而肯定精神与物质实体,认识主体与物自体的形而上学的对立,则是完全不恰当的⑦。

因此马赫在《感觉的分析》中曾经写道:“在实践中,当从事一种行动的时候,我们决不能缺少自我的表象,正如在抓取一件东西的时候,我们不能缺少物体的表象一样,生理学上我们经常是利己主义者和唯物论者,正如我们经常看日出一样,但在理论上我们决不能坚持这个观点。”⑧

四、因果概念还是函数概念

马赫在《感觉的分析》之内曾经明确地规定了科学的任务。他说:“一种颜色,当我们注意例如它对于光源(其他颜色、温度、空间等)的依存的时候,乃是物理学的对象。但是当我们注意它对于眼网膜的依存(要素 KLM……)的时候,它就是心理学的对象、感觉。”⑨他在《力学发展史》之内也曾提到:“全部自然科学只能描述和描写我们普通称之为感觉的要素的复合。这里说的是这些要素的联系:A(热)与 B(光)的联系属于物理学,A 与 N(神经)的联系属于生理学。两者不是独立存在的,两者是一起存在的。”⑩

科学的任务对于马赫来说不是别的,仅仅是研究复合以内的要素的依存性以及要素复合之间的依存性。不过马赫强调地指

⑦ 同③,第 4—11 页。
⑧ 同③,第 291 页。
⑨ 同③,第 14 页。
⑩ 同①,第 484 页。

出:我们将这个作为研究对象的要素之间以及要素复合之间的依存性,不应当作为一种原因结果的关系来了解,不应当通过所谓因果概念来说明。

我们经常所了解的因果概念就是肯定了任何事物的产生必有其原因和结果;如果将 A 作为原因,将 B 作为结果来看,那么我就能认为 A 可以决定 B,B 可以为 A 所决定。如果我们将因果概念应用在 ABC…KLM…$\alpha\beta\gamma$ 等复合的依存性上面,那么例如 $\alpha\beta\gamma$ 对于 ABC 所引起的变化必须经过 KLM 中的变化,ABC 对于 $\alpha\beta\gamma$ 也是如此,即或者 $\alpha\beta\gamma$ 与 KLM 是 ABC 的原因,或者 ABC 与 KLM 是 $\alpha\beta\gamma$ 的原因,而 ABC 是 αβγ 与 KLM 的结果,$\alpha\beta\gamma$ 是 ABC 与 KLM 的结果。马赫认为以这样的因果原则作为科学的理论基础,除了拜物教或万物有灵论的思想为之基础以外,是无任何科学的根据的。他企图将因果思想,即原因与结果概念排除于科学之外,企图如对待实体概念一样在实践生活中决定它们的应用范围。

马赫曾经提出自然事件只能发生一次,是不再重复的,因此我们既无任何理由将 A 作为 B 的原因,将 B 作为 A 的结果,也无任何根据认为原因可以决定结果,一切结果完全为原因所决定⑪。关于这一点,马赫曾用重力作用为例子来加以说明。他说现在有两个质量 m_1 与 m_2 互相吸引着。如果我们肯定这两个质量的吸引结果是怎样,那么似乎超出了经验事实之外而对于超验的东西,即还没有在经验中存在的吸引力预期有所认识。但是,如果我们给这个质量 m_1 与 m_2 附加一定的吸引力,这个吸引力虽然可以作为实在的,然而并不能作为在经验中存在的质量运动的实际原因来看;那

⑪ 同①,第 459 页。

么这样附加的吸引力作为对于质量运动的原因仍然无济于事。这种假说仍然是完全无用的,所以我们必须将它加以拒绝[12]。

但是在这样情形之下我们可以将因果概念以其他方式来应用,就是将这一质量作为另一个质量的原因来看,这样,我们对于这个质量运动在实际上的发生情况就无法作全面的考察,因为这个质量运动并不能经过某一个质量,而是必须经过两个质量 m_1 与 m_2 而决定的。马赫强调地指出我们对于 m_1 与 m_2 的吸引作用企图通过因果的决定论的形式加以说明,这是为科学经验所不能证实的,因而是绝对不可能的[13]。

马赫认为过去不仅在因果概念中存在着许多不确定的、主观的因素,就是在原因概念中也存在着同样可笑的暧昧性和任意性。例如什么是质量 m_1 与 m_2 的相互的加速度的原因呢?某一个质量 m 么?不是的;因为这个加速度是依存于质量 m_1 与 m_2 的。或者两个质量和它们的空间规定(die räumliche Anordnung)么?在那一刹那的空间规定?对于任何一个空间的规定必须在一定时刻(in einem bestimmten Moment)之内发生,这一定时刻的规定是依存于某个主体的。因此,对于它的说明决不能没有主观的任意性,因此,对于原因概念企图给以客观的内容也是完全不可能的[14]。

我们用普通的例子来说明这一点吧。例如洪水冲倒了房屋。洪水冲倒了房屋的原因是什么?洪水么?洪水的波浪么?被洪水冲来的石头么?洪水的速度么?被冲倒房子的位置不好么?房子的格式不妥当么?房子的建筑不稳固么?很明显,我们对于洪水

⑫ 参见马赫:《热学原理》,1923 年德文本,第 434—436 页。

⑬ 同③,第 275—276 页。

⑭ 同③,第 74—76 页。

冲倒房屋的原因的确定是具有高度的任意性和主观性的;因此我们想以这样构成的概念作为科学的理论概念来看,这对于了解自然客观事物来说,又有什么益处呢?

马赫认为因果概念在应用上能有广大的范围,唯一能解释的就是有所谓拜物教的、万物有灵论的思想为其基础。按照这些思想来说:人的行为和自然现象的发生都有一种神秘的力量在后面指示着;这种力量有时人们称之为意志。例如我的手的动作不是筋骨和神经的活动,而是意志在那里命令着它;对于自然现象的发生也是如此,例如雷电打断树枝并不是表示其中有物理学的作用,而是所谓"非我的意志"在那里指示着它[15]。

"自我意志"要手动,则手一定会动,"非我意志"要雷电打断树枝,则树枝一定会折断。因此人们就用类比法推出在生理现象和物理现象中存在着事物的必然联系性。如果将这种必然的联系关系用因果形式来加以说明,那么在筋骨与神经的活动(A)引起手的动作(B)中间,在雷电的发作(A)与打断树枝(B)中间也存在着一种必然联系;换句话说:我们就在将A作为B的原因,将B作为A的结果的基础之上将一切生理的或物理现象毫无例外地推论出来。用马赫的说法来形容:原因是一种带着人的愿望的东西,而结果是按照这种愿望所要求发生的、必然的变化。不过马赫指证出来在自然事物之中这种意志运动必然性的联系是为经验所不能证实的。经验告诉我们,没有一种意志能引起自然事件的必然发生;因此隐藏在事物后面的意志或必然性,这样的因果思想是不为科

⑮ 同①,第441—445页。

学所欢迎的⑯。

马赫认为这种不科学的因果思想在科学中一直是流行着的，自从被休谟驳斥之后到今天还是没有销声匿迹。不过他为了避免这个不科学的、万物有灵论的因果思想，于是用数学的函数概念来替代因果概念。他宣称几何学的世界是以点、线、面等等的不同联系或相互依存性而构成的，我们的世界则以要素和要素复合的不同联系或相互依存性而构成的。几何学中一个三角形的边与角度的相互依存性可以用数学公式计算出来，那么要素的各种各样的相互依存性也能用数学的函数加以了解。

马赫应用数学的函数概念替代因果概念的主要理由：首先就在于一个数学的函数仅仅是表示两个变数（die Variablen）的依存关系，这就是说：其中一个变数 y 有所变动必须以另一个变数 x 为其条件，但并不因而在 y 与 x 中间存在着原因与结果的关系；其次，在用以描述要素依存性的数学的函数以内，时空间的量值是与一般的数学的量值所起的作用相同，并不如在因果概念中一定的时间的方向（例如过去决定未来，不是过去为未来所决定）、一定的时间关系（B 必须继 A 之后在某个一定时间以内发生）一样作为原因与结果的联系条件是不可缺少的。

因此马赫曾经强调地指出："自然事物的联系少有地那么简单，我们对于所与的事件能通过原因与结果来说明。因此我很久以前曾企图将因果概念用数学的函数概念来替代。这就是说，用数学的函数概念来描述现象的相互依存性，现象特征的相互依存性。这样改造过的因果概念是依照研究上的需要，要将它推广就

⑯ 同③，第 79—81 页。

推广,要将它限制就限制;而且过去的因果概念的缺点完全可以消除。”⑰

马赫宣称科学的任务就在于用数学的函数来描述或模写经验事实中间的依存关系,他在《力学发展史》中曾经指出:伽利略对于这种科学的任务已经明确地说明了。伽利略认为如果我们观察任何一个下落的物体,那么就会见到物体下落的空间不仅仅依存于它的时间(或者倒转过来),同时还依存于物质的密度和运动,下落物体的重力和环境。因此关于物体下落这些依存的东西,都是属于下落的物体下落的可度量的方面(messbare Seiten des Fallvorganges)的。所谓伽利略的方法,即以分析或综合而组成的方法,首先就是对于那些东西个别地用数学和量度记录下来,然后再根据这个记录将这个物体下落的量的方面的相互依存性用一种数学公式联系起来,并在这个基础上建立一个关于物体下落事件的整体,这个整体包含了下落物体中这个因素与其他因素的关系的增加和减小的普遍法则,即所谓伽利略的物体下落定律。

关于伽利略的定律 $S=1/2gt^2$ 的形成过程用现代语言来说,不是别的,仅是我们在分析基础上所得的结果,通过综合方法将下落物体中的有关因素的量值的相互关系,用函数的依存关系,用方程式描述下来或模写下来⑱。

马赫认为这个一切科学的理想,即将经验事实中间的依存关系通过数学的函数模写出来,到了郎格朗日推广了欧拉、麦格洛林的方法,并将数学分析应用在整个力学领域之后,就更加具体而微

⑰ 同③,第 74 页。

⑱ 同①,第 117—149 页。

了。按照牛顿、郎格朗日的分析力学来说，一切机械的自然事件通过函数，通过运动着的分子质量的状态（坐标）和时间的方程式（微分方程式），都能像数学那样精确地计算出来⑲。在马赫看来，发现一种能够用数学的精确性来表现经验事实中间的依存性的数学函数或公式，是科学研究的唯一对象，是科学的最后目的。过去如此，现在如此，将来也是如此。

按照马赫来说：在科学中坚持因果概念无论在理论上或应用上都会发生困难，但是，如果我们以函数概念来替代它，那么这些困难即会迎刃而解。例如再以质量 m_1 与 m_2 的相互吸引来说：如果我们将它们的加速度作为 m_1 与 m_2 和它们的距离的函数，这个函数名之为 φ。什么是等于 φ？我们说 $\varphi = K \cdot \frac{m_1 \cdot m_2}{r^2}$，$\varphi = K \cdot \frac{m_1 \cdot m_2}{r^2}$这个函数或公式能够说明这两个质量运动在经验中的整个过程，而且能够避免如在应用因果概念中那些主观的、任意的、附加的假设。任何一位力学家根据这个函数都能处理 m_1 与 m_2 的实际关系，并不因而遭遇到理论上或应用上的纠纷。但是如果我们坚持陈旧的因果概念，企图以因果关系来说明 m_1 与 m_2 的质量运动的加速度的实际过程，那么我们行将无法避免我们在上面所指出的关于因果概念的一些主观的、非科学的因素。此其一点。

无论过去和现在，人们所以喜于将自然事件看成为原因和结果的过程，主要的原因是在于他们认为构成世界的最后元素是某种实体，而不是感觉；感觉或要素在他们看来仅仅是实体或物自体

⑲ 同①，第445—457页。

对于我们感官所引起的作用或结果。例如发热是病的结果,而病是发热的原因,关于这个命题同样可以说,病是发热的本质,而发热是病的现象。原因与结果的概念在马赫思想中,仅仅是从本质与现象的形而上学中派生出来的形而上学;而本质与现象的形而上学在自然科学是以因果关系为其表现形式。应用函数概念代替因果概念,是排除经验科学中一切不可知的因素如物质实体、物自体等的最好的思想方法,是制止自然科学中产生形而上学的有效的理论根据。此其二点。

马赫认为通过函数概念替代因果概念所谓世界的固定不变性问题(die beharrende Unverändlichkeit der Welt)也科学地解决了。所谓世界的固定不变性,如他所说,并不是如哲学家或科学家所假定的那些原始原子,而是我们用以描述要素之间的依存关系的那些数学函数或公式。换句话说:世界原来的固定不变性并不是“形而上学的物质实体”,而是描述自然事件的依存关系的数学函数,或者说“自然规律”。自然规律是固定不变性,即世界要素的依存关系或函数的不变性,乃是在自然现象的各种各样的变化中唯一不变的东西。不过马赫警告我们不要将这种不变性与实体的不变性等同起来看待;不变的实体是一种在现象后面的形而上学的实在,然而不变的自然规律则是在经验这一边的东西,可以用经验证实的。他认为误解这两种世界不变性的根本性质,就会产生从希腊哲学家开始以至现代仍为许多哲学家和科学家所支持的形而上学的唯物论世界观。此其三点。

马赫认为以上所举的三点乃是用函数概念替代因果概念在科学中的主要的优越之点,至于其在哲学中的意义,马赫在休谟与康德对于因果律问题的看法中间,是与休谟站在一边而与康德对立的。他根本反对康德先验主义的因果概念。康德认为因果律是一种范畴，是一种思维形式，人们用它以掌握自然，它从经验上既不能加以证明，也不能加以推翻，它如康德所说是一种“先天的综合判断”。马赫则认为那些描述要素复合之间的依存性的函数概念作为自然规律的形式，根本来自经验和观察，它必须从经验上能够证明或推翻；我们并不能用以先验地掌握自然；它不是一种先天的综合判断；综合判断总是后天的；先天的综合判断在马赫看来根本没有这回事⑳。

马赫认为休谟对于因果概念的批判是哲学史上唯一正确的，是哲学中的最大成就。休谟早就指出在意志与运动之间并无必然的联系，在自然事件之间除了某些事件的有规律地相继发生那种联系之外，其中任何的必然性是根本不存在的。一个瘫痪的人要想使手足动起来，然而手足并不服从他的意志的命令；物体如果没有支持着它的东西就会下落，然而对于风筝来说则并不是如此。经验告诉我们没有任何的意志可以引起带着必然性的自然事件的发生，自然有其活动的自由，并不是任何东西所能命令的。

马赫也如休谟一样认为：在原因与结果的联系中是无内在的必然关系；这不仅对于不同性质的自然事件是如此，就是对于相同性质的自然事件也是如此的。他曾称休谟所用打台球的例子是典型的例子。休谟曾指出：一个弹子冲击了另一个弹子则能引起那个弹子的运动；但在这两个弹子的运动中间也并无必然的联系；因为可以想像，在这个弹子的冲击过程中可以发生其他的变化，例如弹子破碎了等等。因此休谟告诉我们：经验只能指出两个互相冲

⑳ 同①，第460—465页。

击的弹子的运动经常有规律地相继发生，然而并不证明必然地发生。逻辑的必然性在自然事物中是不可能有的。

马赫虽然否定因果概念在理论中的任何意义，但是如对待实体概念一样，并不因而抹煞其在实践生活中的积极意义。他认为因果的必然关系对于实践来说是不可缺少的。因为我们只能在肯定事物的必然联系中拟订行动的方向、工作的计划。如果我们对实践生活抱怀疑的态度，那么易于使生活处于不稳定、动摇的状态。对于马赫来说：实践中的唯物论是正确的，然而理论中的唯物论是不正确的，他对于怀疑主义的态度恰恰相反，实践中的怀疑主义是不正确的，然而理论中的怀疑主义则是正确的。

五、马赫的思维经济原则

马赫在《力学发展史》中提出："一切科学都是通过事实在思维中的模写和表现来替代经验和节省经验；这样的模写较之与经验直接接触更为简易，而且在一定条件之下可以代表经验。这个贯彻科学整个本质的经济的功能，可以用最普通的例子来说明，而且这个具有经济性质的认识可以将所有神秘物从科学中排除出去。科学教育就是将这个人的经验转给另一个人，因而节省另一个人的经验。就是整个一代的经验通过图书馆的保存转给后一代，也是为了节省后一代的经验。"㉑

马赫在同一书内又提出："凡是有价值的知识在人的短短的生

㉑ 同①，第451页。

命以及有限的记忆条件之下,只能通过最高的思维经济才能达到。关于科学本身只可将最小劳力的追求作为它的任务;所谓最小劳力的追求就是说:对于事实用最小的思维上的消费,尽可能完善地陈述出来”。㉒

马赫的思维经济的思想作为科学知识的最高任务与现代生物科学的发展有一定的联系。马赫是斯宾塞和达尔文的进化论的崇拜者,达尔文的物种起源说对于他的哲学和心理学方面研究的影响非常之大。马赫从达尔文的进化论原理出发,认为人的精神(die Seele, Soul)是从动物的精神发展而来;因此在人的和动物的智力中间并不存在有质的差别,它们中间的差别乃是程度上的。他并不否认在人的和动物的智力程度上的差别是很大的,不过这种差别在人的中间和在动物中间也不是没有。因此,马赫指出人的智力的发展过程是整个有机世界的一部分,是不能分割来了解的。

马赫宣称人和动物在整个生物的发展过程中的共同点,就在于适应环境和维持生存,从旧的环境中创造新的环境,从现有的生活中创造更能满足所需要的、新的生活。人的思维和知识都是为这个有机生活的活动需要而产生的。关于实践的知识当然是如此,就是关于理论的知识也是如此的。例如几何学是从大地测量而产生的,天文学的观察是源于航海业和农业的需要,化学是从冶金术和炼金术发展而来的。

马赫认为科学是在方法上比较精细而正确的实践认识的变种。科学的功能从生物学上来看,就在于解决生活实践中所发生的问题,帮助我们通过科学研究尽可能完善地了解生活,了解人在

㉒ 同①,第461—465页。

世界的位置和整个的自然图景，从而使我们在这个世界之内能够称心如意地生活。不过马赫并不同意斯宾塞的看法，即“科学是为生活，而不是生活为科学”；他认为科学是为生活，同时科学也为科学；因为前者是满足生活实践中的需要，而后者是满足兴趣上的要求和解决我们无知的苦闷；都是人类追求知识的本能的活动。

马赫强调地宣称脱离实践需要的纯粹理论的科学研究有时是知识进展最巩固的基础。不过这样的科学基础在他看来，是不知不觉地、“本能地”获得的。但是正因为如此，所以它才能不受实践要求的限制而达到科学中特殊的地位。例如数学的公理就是这样的本能的知识，是从原始经验的结果中得到的；所谓“思维形式”或“因果观念”也是从原始经验中所形成的和本能知识的一种。马赫同意斯宾塞、黑克尔和赫林的看法，认为有些数学公理、“思维形式”并不是某一个人所能创造的，而是通过在种族的发展中经过许多代的经验积累而渐渐形成的。

马赫提出思维经济原则如同数学公理和思维形式的形成过程一样，一方面是从追求物质生活的利益的实践活动中，另一方面是从“不知不觉地，本能地”追求理论知识的发展中产生的，换句话说：它也不是某一个人所能创造的，而是在种族的发展中通过许多代的经验积累而形成的。

什么是在科学研究中的思维经济原则？马赫曾明确地告诉我们，所谓科学的思维经济原则就是希望用尽可能少的劳动，尽可能小的思维上的消费，尽可能短的时间，获得尽可能多的所要求的东西。这些所要求的东西从实践生活方面来说，是尽可能多的物质利益，从纯粹理论方面来说，是尽可能多的科学知识。在马赫看来，科学家应该如商人一样，善于体会和应用思维的经济原则。无论什么商人都是希望用尽可能少的资本，尽可能少的劳力，尽可能短的时间，赚可能多的钱。科学家也应该希望在他的研究工作上用尽可能少的思维上的消费，用尽可能简单的方法，尽可能短的时间，获得尽可能多的知识。[23]

马赫认为科学仅是如何经济地获得知识的生意；科学是为我们用尽可能简单的、节省的方法来建立一种世界图景；这种世界图景对于满足我们实践生活的需要以及排除知识上的苦闷是有用处的。他同意阿芬那留斯的说法："科学是按照费力最小原理的世界思维"[24]。

马赫曾以许多实例来说明思维经济原则在各种科学的发展中所起的作用。首先他从语言的发展过程来说起：他认为人的语言在开始时是与动物的语言无异的；但是它对于事实的模写，作为代表事实的符号在生存斗争中有那么大的发展，这除了它的特殊改造和适应的能力之外，它的经济而节省的特征是它不可缺少的条件。语言具有这三种条件才能脱离它的原始的形式而发展成为思维上和研究上有力量的、精细的工具。马赫认为科学的专门名词或术语是表现了高度的经济作用和在科学中的特殊的适应能力。他深信语言具有这样高度经济而节省的条件，所以如莱布尼兹所提出的一种普遍的概念语言（die Ideographie）的实现是完全可能的。马赫认为数学、化学符号、音乐的音符以及布吕克的发音符号就能作为未来的普遍的概念语言的一部分来看待。颜色的分析无论从物理学或生理学方面来看，已经有了充分条件制定一种关于

[23] 同①，第465—466页。

[24] 马赫这句话是根据阿芬那留斯的一本名为《哲学——按照费力最小的原则对世界的思维》的书而说出的。

物理颜色和颜色感觉的国际的语言。他的这种信心由于意大利数学家皮阿诺所创造的数学的概念语言而更加增加了㉕。

其次,马赫认为经济思维思想在数学中已经高度地表现出来。他指出数学最强而有力之点,就在于避免不必要的思维消费以及具有演算方面的节约性和经济性。例如以数学的计算法则来说:乘法是加法的简便方法;除法是减法的简便方法;如果有多位数的相乘或除,那么首先在对数表中找到它们相乘或除的对数,然后将它们的对数按照乘除的需要或加或减。这样,我们可以节省许多头脑中在演算上所费的力气。例如在代数中我们通过$\frac{x^2-y^2}{x+y}=x-y$的方程式可以了解,左边的比较复杂的演算可以用石边的简单的演算来替代,而且我们可以用任何的数来代表 x 与 y。笔算已经用计算机来替代,这样的计算机已经不止一种。发明这个计算机的英国数学家巴贝奇对于思维经济的思想久已明白了㉖。

马赫还认为数学、几何学从初级到高级,它们所表现的思维经济思想益形显露;无论在理论基础上、系统形成上、证明方法上或实际应用上,简单性和经济性是它们的理论标准。因此马赫对数学、几何学甚至于整个数学科学的看法,一方面是与密尔和亥姆霍兹(Helmholz)的经验主义基本相同,另一方面又接近彭加勒的约定论了㉗。

再次,马赫应用了物理学中的例子来说明思维经济原则在自然科学中所起的作用。他认为物理学具有关于这方面的许多实

㉕ 同①,第 458 页;马赫:《通俗科学讲演录》,1925 年德文本,第 222—224 页。

㉖ 参见《通俗科学讲演录》,第 226—228 页;《力学发展史》,第 262—264 页。

㉗ 参见马赫:《认识与谬误》,1926 年德文本,第 320—336 页。

例,而且我们只要简短地指出一些就足以证明。马赫说:“转动惯量可以使我们节省了对于个别的质量部分的观察。应用力的函数可以使我们节省了对于个别力的要素的试验。应用力的函数简单性的看法,是在于在发现它的性质以前必须有许许多多这样的看法作为它的根据。高斯的光线屈折学使我们节省一个光线屈折系统的个别的折射面积,并且应用其要点和焦点来替代对于它的观察。因此对于个别折射面积的观察则必须事前找到它的要点和焦点。高斯的光线屈折学使我们节省了对于这方面不断地、反复的观察。”㉘

一切自然规律的作用在马赫看来,原则上不是别的,仅仅给我一个“简单而扼要的指向(die Anweisung, indication)”,我们根据它可以对于相关的自然现象在思维中能够不费力气地、完善地加以模写和表现,它并不能直接地给我们关于自然事物的普遍知识,只能帮助在经验中简单而便利地去寻找关于自然事物的具体知识。马赫说:“在自然中并无折射定律,只有个别的折射的不同的折射现象。折射定律只是对于这个现象一个扼要的、集中的模写指向,而且只是有关这个事实的空间方面;我们对于这个定律只能作这样的了解。”㉙

马赫认为我们对于经验事实愈能简单而经济地加以模写或表现,则对于所模写的对象的认识愈深入愈完善,对于科学研究上所起的作用亦愈大,就从科学理论在应用上的意义来说:某种理论的简单性和经济性也是为其标准的。当然对于经验模写或表现的简

㉘ 同①,第464页。

㉙ 同①,第461页。

单性是相对的。同样的一个公式或函数对于有专门学识的人看来感到简单,然而对于初学的人则感到复杂而困难(例如电学中的麦克斯韦的方程式)。不过他认为这是一个关于实际上的,而不是关于原则上的问题。

马赫将关于事实的简单陈述,单纯的思维中的模写或再现(Nachbildung oder Wiedergabe)称之为描述(die Beschreibung)。在他看来,科学的本来任务就是一种对于事实的经济的、思维中的模写,或者说节省的描述。马赫这样的科学见解是以德国物理学家基尔霍夫对于力学所规定的任务而推广的。基尔霍夫说:"力学的任务是以最简单而完善的方式把自然中发生的运动描述下来。"(《理论物理学讲义》序言)

马赫坚决反对有人认为科学对于事实不仅能够描述,而且能够说明或解释(die Erklärung, explanation)。在这种人看来,"说明"所包含的内容较之"只是描述"要多得多;因为描述只能以事物现象为对象,"说明"则能将事物现象与它的本质的关系揭示出来。马赫认为这样对于科学理论的要求是毫无事实根据的,是"本质与现象的形而上学"思想在作怪。他曾用实例来说明这一点,并且从而指出过去科学中所谓对于经验事实的"说明",如果加以逻辑地分析,实际上只能是描述;一种比描述还要多的科学假设或理论是不必要的,同时也是不可能的。

马赫说:"如果我指出 A 的事件(例如闪电)如同一种其他的我所知道的 B 的事件(例如电的闪光)的发生情况相同,那么我已经通过 B 的事件认识了 A 的事件的发生情况,或者说'说明了'A 的事件的发生情况了。如果我想使人知道 A 的事件的发生情况,那么我同样地指证出来,A 的发生情况与我所知道的 B 的发生情况是相同的。这样的一种指证或者说明实际上就是一种特别节省的描述,而且是具有特别经济和能力的一种描述,是值得我们重视的一种描述。"㉚

马赫强调地宣称:所谓说明实际上就是一个事实通过另一个已知的事实指证出来,或者描述出来,将未知的事实还原到已知的事实。在马赫看来,普遍的自然规律也只是表现了具有特殊经济的和能力的描述。我们用以制定这样自然规律的函数就是对于许多事实的相互联系用适当而特殊节省的、精确的形式所作的一种描述。

马赫宣称描述在原则上分为两种:一种是直接的描述,一种是间接的描述。所谓直接描述是通过抽象概念来模写事物的特征(马赫认为概念是从许多观察的比较中而产生的)㉛。在他看来,在直接描述之内所应用的概念不仅仅是表现个别的特征,而且是表现特征的复合,因此这种描述就简单起来了,如我们用"哺乳动物"和"鱼的形式"来描述鲸鱼那样。至于间接描述则用自然规律或科学理论来描述事物,例如我们用波动理论来描述对于光以及有关光的一切事件。因此间接描述的经济性和节药性较之直接描述更多了。

不过马赫强调地指出:间接描述亦有其缺点,就是它有时能脱离了经验事实而将主观的因素或"不确定的假设"引入科学中去,从而假定一种形而上学的实在。自从惠更斯以来在波动理论中所谓"以太"概念,就是一个典型的例子。因此他建议科学研究虽然

㉚ 同①,第460—461页。

㉛ 同㉗,第127—143页。

不能轻视间接描述的作用，但是最好在间接描述中仍以作为直接描述基础的概念为依据，尽量避免超出这些概念之外而有所假定。在马赫看来，在这以外的一切假说都不应该作为真实的、富有实际意义的科学理论，只能作为辅助概念（der Hilfsbegriff）或“作业假设”（dic Aıbeitshypothese）来了解。这样一来，连现代物理学中谁也对其实在性和科学性不发生怀疑的原子、分子、力、场等等就成为与“以太”具有相同性质的东西，成为一些“辅助概念”或“作业假设”了㉜。

从这一点上就可以见到马赫的现象主义与现代物理学的发展方向和伟大成就，是矛盾到什么地步。关于这样的矛盾，当代物理学家普朗克和他的学生哲学家石里克不止一次地列举出来，并且加以批判了㉝。

马赫认为思维经济原则对于哲学来说是发现了反对形而上学一种新的思想武器。在他看来：哲学可以根据这个原则将科学中一切不必要的、可以节省的东西，都可以作为不经济的、增加负担的东西加以取消。所谓在科学研究中不必要的、可以节约的东西，总而言之，就是一些离开感觉经验，不能还原到所与的东西。例如在现象后面的、不可知的物自体或物质实体；因为在他看来它们在科学中无论理论上或应用上都不能起任何积极的作用，只能引起人们在思想上的负担。其次例如因果概念与实体概念在科学中的意义也是相似的。马赫认为函数概念替代了因果概念是等于一架崭新而效率高的机器替代了一架陈旧而不适用的机器。马赫还认

㉜ 同①，第466—468页。

㉝ 参见普朗克：《物理学认识的途径》，1933年德文本，第1—32、208—251页；石里克：《现代物理学中的空间与时间》，1922年德文本，第100—101页。

为科学中一切类似物自体、物质实体、因果概念的东西过去对于科学发展起了一定的“消极作用”,今后我们必须对于这些能引起这种“消极作用”的一切因素加以警惕;这就是如同牛顿曾经说过的,“物理学家,当心形而上学吧!”

六、马赫的唯意志论

从以上马赫对于形而上学的态度来看,似乎“形而上学”,这个在经验以外的客观存在是他的不可调和敌人。然而事实上并不是如此,因为马赫一方面尖锐地批判“形而上学”,另一方面则肯定一个形而上学的意志。而且这种意志不是如他对待实体概念和因果概念那样,仅仅有实际生活中的意义,而且有世界观上的意义。

马赫宣称这个形而上学的意志是超个人和超种族的,然而它可以支配个人和种族。它可以按照它的喜怒维持或消灭个人和种族。但是它并不以维持个人和种族为最后的目的,因为个人和种族是生生灭灭的。

但是,按照马赫来说,这个维持或消灭个人和种族的意志并不是在我们经验中存在的个人的愿望,因为个人的愿望总是无例外地维持个人,决不能消灭自己的种族的。[34]

马赫所谓的形而上学的意志除了上述的特点以外,其他主要的特点就在于创造理智,发现理智,使它为意志服务;创造思想,使思想清楚明白,如同探照灯一样为意志的活动指出方向、指出道路。

㉞ 同③,第59—68页。

他认为只有形而上学的意志能创造理智和思想，经验的愿望则不能。因为经验的愿望已经假定理智为其前提；就是说：愿望必先在思想中有达到这种愿望的计划，这种计划没有理智是不可能的。

马赫认为，不仅人的世界，就是动物、植物、无机的世界也被一种与意志相似的东西支配着。他用类比法推出其他的人（der Mitmenschen）如同我自己一样有感觉、情感、记忆、意志等等。从人类与动物许多相似之点，例如身体结构和行为等等中推出动物也具有类似感觉、情感、意志等东西。从人与动物和植物相似之点中推出植物也具有类似感觉、情感、意志等东西。从人、动物和植物与无机物的有些相似之点——例如石头与地球之间的吸引，地球与太阳之间的吸引——推出无机物也具有类似感觉、感情、意志等东西。

马赫这种对于意志支配整个世界的看法，在他看来，有达尔文的物种起源说和进化论作根据。他指出：如果人是由动物以及最后从最简单的生物派生出来，那么以复合的形式构成人的精神的感觉、感情、意志等，是从构成简单生物的活力的感觉、感情、意志等派生出来的。因此我们如果假定植物是从带着感觉、感情、意志冲动的最简单的生物派生出来的，那么同时也能假定在植物之内也有类似感觉、感情、意志的东西的活动。马赫就以此为出发点，认为最简单的生物是从死的物质发展而来，从而提出生物所具有的意志是从类似精神和意志的东西发展出来，再进一步就达到他所谓整个世界具有类似精神和意志的东西；这个隐藏在整个世界之内的意志按照它的喜怒支配着个人和种族的生存和消灭㉟。

㉟ 同㉗，第71—79页。

但是马赫对于形而上学的意志这样的看法，首先成为问题的，就是它与他的要素学说有无矛盾？马赫认为在他们中间并不存在任何的矛盾，因为他指出其他的人所具有的感觉、感情、意志等等以及动物、植物和无机世界所具有的类似感觉、感情、意志的东西都是一些相对固定的要素的复合，并不是如物质实体那样具有固定不变的物质；它也是从属于在数学函数基础之上建立的自然规律之下的。

其次就是他曾批判因果概念的非科学性是在于它以拜物教或万物有灵论思想为其基础，即将个人的意志强加诸自然之身；现在他自己又提出整个世界为意志所支配，还不是自相矛盾吗？

马赫宣称就是在这个问题上也不存在任何的矛盾。因为他所谓的支配自然事物的意志，并不是我的意志，并不存在于我的心中，而是隐藏在各种自然事物之内。马赫认为我们总不能将一棵树或一块石头看成是一个人吧。然而拜物论或万物有灵论者则以我们意志强加诸自然之身，并不承认自然事物有自己的意志，这是完全不同的。

无论马赫如何地将他的形而上学意志与他的要素学说和因果观念说得不仅无任何的矛盾，而且是互相一致的，但是他既然肯定了意志是超个人和超种族，创造理智和思想，而且与经验的意志或愿望是绝对分割的，那么他就无法否认：他同时肯定了一种在经验之外的“形而上学的实体”，一种意志的形而上学㊱。

马赫所提出的意志本质上是与叔本华所谓的“世界意志”相同

㊱ 参见列宁：《唯物论与经验批判论》，人民出版社，1954 年版，第 220—221 页。

的。叔本华认为意志将事物的主体和客体,本质和现象集于一身,所以关于世界的一切都为它支配。意志支配事物如同人的头脑之支配人的行为一样;世界的一切都是作为意志与观念而出现的;世界仅是“意志与观念的世界”。当然马赫与叔本华对于意志的看法在个别问题上有些差异,例如叔本华否定求生意志,至于马赫则肯定求生意志。然而他们中间这个差异并不能改变他们的意志哲学基本的相同点[37]。

七、结束语

马赫曾经说过:他将哲学的园地看成为星期天打猎的场所,他并无哲学,顶多只有科学方法论和认识心理学,而且是不完全的[38]。他这种对于哲学所表示的态度一方面可以说是事实,马赫的确并不是如休谟或孔德那样对于哲学方面有系统的著作,对于社会伦理、宗教方面有系统的见解;然而另一方面也并不完全如此,就从我们在这篇文章之内对于马赫所介绍的基本思想来说,已能见到他的确有他的哲学,有他的完整的哲学系统。这个哲学系统就是他的实证论或者说现象主义。

马赫的实证哲学的繁荣时代在第一次世界大战之后即成为过去了。代之而兴起的是继承它基本传统的思想的维也纳学派以及从中发展出来的逻辑经验论或逻辑实证论。但是马赫的实证论对

㊲ 同㉗,第62—64页。
㊳ 同㉗,序言。

于现代资产阶级哲学的影响不仅仅限于逻辑经验论，就以过去或现在英美流行的实用主义、新实在论、逻辑分析派来说，它们与马赫哲学都有密切的关系。

原载《哲学研究》，1957 年，第 3 期

谈谈马赫

最近,我收到西德友人送给我一本名为《恩斯特·马赫:现代物理学的先驱者》的书。这本书的作者是 K. D. 哈勒教授,西德施波林格出版社出版的,书中有弗赖堡(西德)马赫研究所所长 H. 舍尔丁教授的前言,前维也纳大学"马赫归纳科学讲座"教授、维也纳学派主要成员 V. 克拉夫特的后语。我读过之后,觉得其中有些资料可能是一般人所不知或没注意的。因此,我根据它以及其他有关的资料,写成下列的几段话,以供关心马赫的研究和批判的同好们参考。

一

马赫本人讨厌别人说他是一位"哲学家",他在《感觉的分析》中曾经强调过这一点。他说:"没有什么马赫哲学,至多只有自然科学方法论和认识心理学。"然而,事实并非如此。他的《感觉的分析》,特别是《认识与谬误》充分表现了他的主观主义的哲学体系。而且,他对哲学,从少年时代就产生了兴趣。在十五岁那年,他就在父亲的书房里读到康德的《导论》。这本书给他印象很深,成为他以后批判"形而上学"的出发点。休谟哲学也给他以很大影响。

然而，他不那么钦佩巴克莱的感觉论和孔德的实证主义，甚至认为这两位唯心论者的思想“距离他很远”。不过，这不是实质性的。另外，他对笛卡尔、斯宾诺莎、莱布尼兹和康德是怎样呢？当然是持批判态度的。他的哲学基本观点是要素一元论和反“形而上学”。因此，笛卡尔的二元论，斯宾诺莎的泛神论；莱布尼兹的多元论以及康德的物自体学说，都是和他的哲学观点相对立的，都为他所反对。

尽管马赫对休谟非常尊敬，而且他的哲学观点与休谟颇为接近，但是从材料记载来看，至今没有发现他对休谟的《人性论》或《人类理解研究》有什么研究的痕迹，甚至于他是否曾经仔细地阅读过这些著作，也是值得怀疑的，因为在他的工作笔记中，提到休谟的地方微乎其微。

二

马赫除要素一元论外，主要的哲学观点是思维经济思想。一般地说，他的这个思想是来自阿芬那留斯的《哲学——按照费力最小的原则对世界的思维》一书。但是根据《恩斯特·马赫》这本书所记载的材料看，马赫的上述观点是他独立发展出来的。事情经过是这样的：马赫在格拉茨大学任教的时候，即 1861 年至 1867 年间，认识了一位经济学教授，名叫赫尔曼（E. Hermann）。他们交往很密切。在他们交往过程中，马赫才感觉到思维经济原则在科学理论中的“积极作用”。他在《自然科学认识论引论》（1910）中曾经说过：“通过和赫尔曼的交往，我认识到科学的精神活动可以称之为一种经济的思维活动,这一点,赫尔曼在他职业和工作中已经感觉到了,然而我在科学研究中也同样感觉到了。”

对此,他在《力学》中说:我们所知觉的现象仅是个别的,它们所以一再地反复出现,只能归功于我们的思维的作用,就是说,通过思维把这些个别现象联系起来。一切科学规律的目的就是把自然现象用规律形式简单化,“科学规律的意义是思维的经济功能”,例如我们对许多折光现象的观察,应用折光法则可以把它们联系起来看,而无须一而再地把个别的观察写成数据,而且根据那个法则还可以简单地期待未来折光现象的发生。“自然规律”仅仅是一种指示(Anweisung, Indication)。“我们用这个指示如何去期待未来的自然事物的产生。如果我们对此还有其他的要求,那是做不到的;自然规律是帮助我们如何对自然现象作简单的描述,并不是什么神秘的东西。”

三

人们感到兴趣的问题,就是列宁的《唯物主义和经验批判主义》于 1909 年出版之后,马赫是否知道这部批判他的名著?如果知道,他有什么反应?《恩斯特·马赫》一书答复了这个问题。

我们知道,俄国 1905 年革命以后,成立了一个俄国社会民主党。这个党中有一批以卢那察尔斯基和波格丹诺夫等人为首的知识分子,他们用马赫—阿芬那留斯的经验批判论的认识论基础来修正马克思主义的哲学基础。列宁觉察到这种修正对布尔什维克的理论基础非常危险。于是,他博览群书,从 17 世纪的伽桑狄,经过18世纪的巴克莱、休谟以及康德到现代德国哲学都予以精心研究，在此基础上，列宁写下了《唯物主义和经验批判主义》这部经典名著，挽救了当时马克思主义哲学的社会政治理论基础。

1909年，即这本名著在彼得堡出版的两个月之后，马赫就知道了这本批判他的哲学观点的书。事情是这样的：当时奥国的社会民主党理论家和活动家阿德勒(F. Adler)，也是用马赫主义来修正马克思主义的人之一。他的妻子是个俄国人，她把那本书译成德语，一部分是笔译的，另一部分是她口译给马赫听的。就这样马赫才了解到列宁对他的批判。

马赫有什么反应呢？一方面，他很高兴，因为他知道了有这么一回事，如果没有阿德勒妻子的介绍，他简直不可能知道还有这么一件大事发生。另一方面，他认为这本书完全是“党派争论的著作，而与他感兴趣的问题相去甚远”，因此，他对该书没有发表任何意见。

不过，根据《恩斯特·马赫》这本书所谈及的问题来看，马赫在1909年维也纳《自由报》上曾发表过一篇论文，对他的政治观点作了一些说明。他在这篇论文中是否就列宁对他的批判作过什么表示，因没有看到有关的材料，故无法加以说明。

四

谈谈马赫的哲学观点对于维也纳逻辑实证论和其他当代分析学派的影响问题。马赫的实证主义在二十年代的英国剑桥和奥国维也纳影响都很大。例如，英国的罗素就是著名代表之一。他的

《我们关于外部世界的知识》和《心的哲学》都是以马赫的感觉论为出发点,并根据当时数理逻辑的发展写成的。维也纳学派的主要成员卡尔纳普的名著《世界的逻辑构造》,也是应用数理逻辑方法,企图发展马赫的现象主义。他的“构成论”是马赫的要素论加上数理逻辑的论证理论而形成的。至于其他维也纳学派逻辑实证论成员,如纽拉特或弗朗克等,就更不必说了。但无论是罗素,还是卡尔纳普或其他的实证论者,他们挽救马赫主义哲学的企图都以失败而告终。在第二次世界大战以前,就有这个趋势,第二次世界大战之后,就更明显了。总而言之,当代各种各样的分析哲学学派,都放弃或部分放弃了马赫的主观主义的实证论观点,而倾向渊源于休谟的经验主义原则。就以“逻辑实证论”的名称来说,这是为维也纳学派的成员们所不愿意听的。“逻辑经验主义”是他们常用的名称。总而言之,当代分析哲学的经验主义各流派都以经验主义代替马赫的实证论了。

但是,以上所说的不等于说马赫在资本主义学术界中没有什么市场了。恰恰相反,第二次世界大战之后,马赫倒比以前更为人所注意了。人们对他最感兴趣的是他在科学发展史方面对材料的搜集和研究。我们知道,他的主要著作,如《力学》、《热学》、《光学》等,都是从“史”的角度写成的,所以,人们认为马赫是一位杰出的科学史家。其次,人们继续研究他过去对科学发展的贡献。例如,他对牛顿力学的批评,有人称“他是广义相对论理论上的先驱者”;还有他在实验物理学方面的成绩,人们认为至今仍有现实意义,如气体动力学和生物物理学。可惜,马赫由于受他的感觉论的影响,对于原子物理学持对立的态度。这一点大大减小了他在“原子时代”的影响。还有,关于研究马赫的社会政治态度问题,这方面的研究,目前尚处在搜集和分析材料的阶段。马赫主义的主观唯心论观点,确如列宁所批判的那样,对于当时的无产阶级革命进展起了不利的作用。但是,他的社会政治观点和社会活动,根据已有的记载来看,也还要根据当时的历史条件作出具体分析,再作出结论可能比较好些。

去年,我到维也纳时,才知道西德有一个马赫研究所,专门搜集马赫各方面的资料——主要是关于科学方面的资料,并对他的科学和哲学观点等各方面进行研究。东德科学院哈罗克教授,也是专门研究马赫的。捷克斯洛伐克的布拉格大学,马赫在那里教学多年。据说,这个大学正在整理和搜集马赫在学术活动方面的资料。

原载《社会科学战线》,1982 年,第 2 期

《哲学家马赫》译后记

石里克这篇《哲学家马赫》是一篇讲演稿，发表于 1926 年 12 月 12 日维也纳的权威性报纸《新自由日报》的副刊。我是从荷兰阿姆斯特丹大学设立的、在默尔特教授领导下的“维也纳学派档案”保藏的原稿中复制出来的，同时还附有有关这个讲演的报道，可惜我把这一复制品丢失了。不过我仍恍惚记得，石里克是在 1926 年 6 月 12 日在维也纳市政府为纪念马赫建立的铜像揭幕式上作了这个演讲。参加这个揭幕式的似乎还有爱因斯坦，他也作了讲话。所以石里克在这个讲稿中也曾经提到了爱因斯坦的讲话。但是，事实是否确实如此，已经记不清了。

必须指出的是，这篇讲稿不能代表石里克对马赫的全面的看法。我敢说：马赫的现象论和思维经济原则与石里克的科学经验论以及整个逻辑经验论是不很相容的。石里克在“前维特根斯坦时期”在他的《现代物理学中的空间与时间》[①]一书内，强烈地批评了马赫的实证论思想。石里克在“后维特根斯坦时期”，在他的《实证论和实在论》[②]一文中，通过语言的逻辑分析指出马赫的实证论

---

① M. Schlick：*Space and Time in Contemporary Physics*，1920 年英译本第一版，1962 年重版。译者为 H. I. Brose，Oxford.

② M. Schlick：*Positivism and Realism*，载他的《哲学论文集》II，1979 年英文版，译者 P. Heath.

和普朗克的实在论的论题,同样都是无意义的形而上学的论题,都必须从"科学经验主义"哲学中排除出去。

卡尔纳普对调和马赫的现象论和逻辑经验论之间的矛盾,作出了最大的努力。但是他在他的《世界的逻辑构造》之后,不得不从他的"方法论的唯我主义"转向"语义学的实在论"。纽拉特和弗朗克自从他们建立所谓"第一个维也纳学派"以来,积极而坚持地通过他们提出的"物理主义"或"统一科学",宣扬马赫的实证论观点。但是到了最后,纽拉特不得不转向"整体论的约定论"。而弗朗克则把马赫和布里奇曼的操作主义联系起来,从而企图标榜马赫的"感觉的分析"的科学性,保持中立的一元论。

但是尽管如此,马赫的实证论观点,从各方面来说,对于维也纳学派逻辑实证论的产生和发展,都具有深远的历史意义。如果没有马赫"给科学以新的精神",没有马赫这样的实证论的经验论传统作为基础,维也纳学派的创始人如石里克、汉恩、纽拉特和卡尔纳普是无从借助现代物理学、数学和逻辑的发展创立所谓新实证论,即逻辑实证论或逻辑经验论的。这是一个历史的事实。用马赫自己的话来说,是"一般文化发展的产物"。无可讳言,马赫对这种一般文化的发展作出了卓越的贡献,对此,当他诞辰一百五十周年之际,我们是应当特别提出并称道的。

原载《自然辩证法通讯》,1988 年,第 1 期

[附]哲学家马赫

M.石里克

一

那些自己不要求成为哲学家的哲学家并不是最不成器的哲学家。马赫多次声称,他就没有这样的要求。他严肃地说,这不是由于他对哲学的轻视,而是因为他认为,为了回答科学家一般所关心的最重要的问题,所需要的不是一种专门的哲学;例如为了彻底说明科学的本质、目的和对象,需要按照科学家的观点,对科学方法和作为一切科学出发点的事实作出细致的分析。他宣称:"没有什么马赫的哲学,最多仅有一种认识心理学和科学方法论。"然而,正是马赫上面所指的那些问题,却是只有用哲学头脑才能解决的问题。尽管马赫自己认为,他"决不是哲学家,而仅仅是一位科学家",然而历史早就作出了评价:马赫事实上既是科学家,又是哲学家,而且他在哲学史中的地位,历史已经颇为明确地作出定论了。

二

马赫的哲学属于人们称之为经验论的流派,即他是这样的思想家,他认为经验是一切知识的源泉。在这个流派之中,又有这样一种自奥古斯特·孔德(Auguste Comte)以来就被人们称之为实证论的观点。这种实证论观点的特征就是,反对各种形式的形而上学。马赫和孔德都一致认为,超越经验的、超越我们知觉以外的知识,设想得到某种所谓存在于经验彼岸的“物自体”的知识是不可能的。实证论的其他的最基本之点是把经验和完全的“所与”,也就是和我们意识的内容等同起来,就是说:与作为这种直接经验的对象,例如,作为呈现于我们头脑中的感觉、回忆、感情等等同起来。

从上面所说的来看,好像马赫的哲学和其他实证论代表的观点没有什么区别,没有什么新的东西,因而我们不能称他的哲学思想为非常独特的创见。实际上,马赫观点的形成并不依赖于也不是继承了任何以前的思想家,而是通过自我探索而成的。他超出科学家所要求的东西,考虑到上面所指的科学的本质、目的和对象等问题。这一点就带有独创的色彩。马赫的思想发展过程的特点可以用他自己的话来说明:“我大约十五岁时,在我父亲的图书馆里,偶然见到康德的《任何一种能够作为科学出现的未来形而上学导论》,我始终觉得这特别幸运。这本书当时给我留下了强烈的、不可磨灭的印象,这样的印象是我以后阅读哲学著作时始终没有再体验到的。大约两三年后,我忽然感到‘物自体’所起的作用是多余的。一个晴朗的夏季白天,在露天里,我突然觉得世界和我的自我是一个感觉集合体,只是在自我内感觉联结得更牢固。”①

① 马赫:《感觉的分析》,洪谦等译,商务印书馆,1986年,第23页。

三

马赫不仅排斥形而上学（康德也曾建议这样做，但他没能做到），而且还排斥康德所承认的“物自体”，认为这是形而上学的。在另一个地方，他更明白地描述了他的观点的形成过程：“在1853年，当我的青年时代，我的朴素的实在论世界观已经剧烈地为康德的《导言》所动摇。一二年后，我本能地认识到‘物自体’是多余的幻想，因而我又转向潜在于康德哲学中的巴克莱观点。但是巴克莱的唯心论情调是与物理学研究不协调的。这种烦恼，自从知道了赫尔巴特（Herbart）的数学心理学和费希纳（Fechner）的心理物理学之后，更加深了；可接受的事物与不可接受的事物的紧密联系显示出来了。康德培育的反形而上学倾向，赫尔巴特和费希纳的分析引导我接近休谟的观点。休谟对我没有直接的影响，因为我根本不知道他的著作。而与休谟同时代的更年轻的利希腾贝格（Lichtenberg）则对我有所影响。至少他提出的‘它思’（Es denkt）故存在的论点给我以很深的印象。今天我认为反形而上学观点是一般文化发展的产物。”

马赫是物理学家、生理学家，也是心理学家。他的哲学如他自己所提到的那样，是从那样一种愿望出发的，即寻找一种原则性的观点。这种观点能够使各种科学研究牢固地稳定下来，不因研究领域的不同而有所改变，例如我们从物理学的研究领域进入生理学和心理学的领域，仍能够以这种观点作出发点。马赫宣称我们的科学研究仅能以一种独立的出发点作为基础，这种出发点是可以在一切科学活动中存在的，这就是感觉世界。但是，按照一般的观点（即马赫所提到的朴素的实在论观点），感性感觉是在我们之外存在的（超越意识的）物体对我们的自我所起的作用。然而马赫的意见是，这种观点不是必要的，反之，这种观点体现了一种关于事实的、成问题的、多余的，而且是危险的解释。因为所有我们对于所谓外在的陈述只能以感觉为根据。因此，按照马赫的观点，感觉和感觉的复合能够是并且必须是关于外在世界的那些陈述的唯一对象，根本不需要假定一种在感觉之后而潜在的、不可知的实在。他就是这样地把物自体的存在看作没有根据的、不需要的假定而拒绝了。一个物体、一个物理对象不是别的，它只不过是一种感觉的复合，一种有不同程度持久性的感觉联系，这就是说，它们是由颜色、声音、热感、压力感等构成的。世界除了感觉和它们相互的联系之外不存在其他的东西。

马赫喜爱用“要素”这个更中性的词来替代“感觉”这个词，因为感觉的概念在马赫看来正好与遭人唾弃的下述思想相联系的，即被感知的对象总是通过感知者的行动为某一主体所了解的。但是自我并不是一种具有任何物质性的主体，而仅仅是要素的复合。“有人以为世界是由一种神秘的东西构成的，这些神秘的东西与另一个同等神秘的东西，即自我，相互作用，通过这些作用，产生了所能经验到的感觉。”②“要素构成自我。自我感觉到的绿色，是说绿色这个要素出现于其他要素（感觉、记忆）构成的某个复合体中。当自我不再感觉绿色，当自我死了的时候，绿色这个要素就不再出

② 同①，第23页。

现于通常熟悉的聚合体中了。”③

“自我是挽救不了的。”这句话应当解释为：自我实际上不能起像人们赋予它在唯心论和实在论的世界观中所起的那样一种卓越的作用，它仅仅是在这个世界中呈现的要素之间的许多相似的或者不同形式的联系之外的一种要素间的特殊联系。对于马赫的实证论来说，心灵与物体的关系问题，即所谓心物问题，正是自我问题一样，也是易于解决的。世界是一种庞大的可与坚硬的物质相比拟的要素的网络，它是在一定的位置牢固地联系着的。与这些位置相适应的网络构成自我，与别的那些位置相适应的网络构成物体；自我和物体是按照联系的特殊式样来决定的。这并不是说，构成自我的要素不同于构成物体的要素；没有所谓“物理的”要素和“心理的”要素，而是所有的要素在原则上都是同质的，相对于它们的区别来说是中性的。同样一个要素有时可以称之为物理的要素，有时可以称之为心理的要素，这取决于它们是从哪一种联系中被观察。我们研究我们体验到的我们身体之外的要素（不同于依存于自我的那种要素），我们就在研究物理学；但是当我们研究属于我们身体的同样一些要素的相依性，或者我们考虑我们狭窄的自我（如回忆），那么我们就是在研究生理学或者心理学。

四

科学的唯一任务是确定要素之间的多种联系，就是我们日常

③ 同①，第18页。

生活的所有命题也仅能以这种相依性为对象，因为按照马赫的看法，世界只能作为要素和它们之间的联系而存在。关于科学家怎样描述各种相依性，马赫作了许多最富有启发性的思考。这一点我们可以从他的著作《认识与谬误》（*Erkenntnis und Irrtum*）中看到，这本书的副标题是"心理学研究概述"。马赫认为，关于世界的科学知识不是别的，仅仅是对要素间的联系作出尽可能简单的描述，它的唯一的目的则是要在思维方面尽可能地费最少的力气来从思想上把握事实。如果"思维对事实的适应以及思维之间的适应"日益完善起来了，科学的目的就达到了。马赫就这样地表述了他的著名的"思维经济原则"。我们在马赫关于知识的生物学—经济学的见解中见到他提出的明确的表达。

排斥形而上学的概念最后似乎也以他的经济原则为根据。形而上学概念正是多余的思维加料，通过思维的节约可以把它取消掉。马赫还想发现作为形而上学残余的其他概念，其中也包括因果概念。马赫认为，因果概念是用关于自然的拟人说和拜物教的观点作出的思考，可以用数学中得出的函数相关性概念来替代。科学不是以寻求原因为出发点，而是要探求要素之间的相关性。我们看到，马赫在这里，如同在许多其他地方一样，总是企图把科学概念从多余的累赘中解放出来，同时把科学的真正意义用简朴的形式表达出来。

以这种方式形成的那样动人的、简洁而纯朴的世界观，以它的特别充满朝气的光芒发出动人的色彩，这种色彩是为蓬勃发展的科学研究的出现相联系的。一种完全相似的世界观已经由马赫的实证论的先辈提了出来；同时这种世界观也与马赫同时代的哲学家，例如 W. 舒佩（W. Schuppe），特别是理查德·阿芬那留斯（Richard Avenarius)的世界观非常一致。关于阿芬那留斯,马赫自己说:他们的关系是"如此接近,以至于人们根本不能想像他们是两个具有不同的发展过程和不同的工作领域并在思想上完全独立的人。"但是,只有马赫给予实证论哲学的形式才能在当时产生了那么广泛的影响,才能引起所有各方面对它有那么热烈的关注。因此,我们首先要感谢他使得现代自然科学逐步地再次获得哲学的精神。因此称他为他的时代整个地球上最卓越的思想家之一,这是正确的。

这里不是合适的场合和时刻来对马赫的哲学思想作出批评。你们必须从两个方面去看,一方面看刚才爱因斯坦的讲话中简略地指点的那些内容,另一方面,你们自己或许可以独立地指出,马赫的哲学中有缺点,有矛盾,有站不住脚的地方。但是没有任何批评可以有损于他作为伟大思想家的声誉:心平气和的公正态度、没有偏见和独立自主,他就以这些原则作为出发点来研究他的问题,他不可动摇地热爱真理和明晰性,这些品德在任何时候都能使哲学家做出解放人类思想的事业。

原载《自然辩证法通讯》,1988 年,第 1 期,洪谦 译

悼念费格尔

费格尔(Herbart Feigl,1902—1988)是逻辑经验论主要代表之一,出生于奥地利莱辛堡的犹太家庭。早年的研究兴趣是自然科学——物理学和化学,在维也纳大学期间,由于对爱因斯坦的敬仰,从这方面转向科学哲学的研究,并在石里克指导之下,提出关于"概率因果性和自然律"的论文,获得哲学博士学位。当时维也纳学派正在建立之中,费格尔被吸收为其成员,起了积极的作用。去美国后,对于这个哲学运动的传播和发展也作出了更大的贡献。

在维也纳期间,当时和维特根斯坦有直接联系的四位维也纳学派成员中,他就是其中的一位,其余三位,是石里克、魏斯曼和卡尔纳普。费格尔和数学家汉恩、物理学家弗朗克以及卡尔纳普、赖兴巴赫和波普尔(K. Popper)都保持良好的关系。他是石里克最宠爱的学生之一,他的《物理学中的理论和经验》(1929)一书博得当时哲学界的好评。在美国期间,费格尔首先和当时在美国流行的哲学学派如实用主义、操作主义和行为学派从某些方面或问题取得联系,结成"联盟",以期减少对于这个从西欧输入的哲学运动的"生疏感"。这样的联系和"联盟"自从卡尔纳普和弗朗克到美国之后,更加巩固而发展了。

1930年费格尔获得洛克菲勒的研究员奖学金,在哈佛大学从事科学哲学方面的研究。他是维也纳学派成员中移居美国最早的一个人。1932年和波伦堡一道发表在《哲学杂志》一篇名为“逻辑实证论——欧洲一个新的哲学运动”的论文,介绍这个学派的基本观点和任务,在美国哲学界引起广泛的注意和不同的反应。逻辑实证论这名称就是他们两位首先提出的,后来就被人广泛地引用。虽然后来卡尔纳普、弗朗克、亨佩尔等相继到美国,这个逻辑实证论的哲学运动在那里更加生气勃勃,更加在哲学界受到重视。但是,作为逻辑实证论在美国的创业者或先驱者,费格尔是当之无愧的。

1931年费格尔应爱荷华州立大学之请,前往任教。1940年明尼苏达大学聘他为该校哲学教授。在这个期间,他为当时美国哲学界对逻辑实证论的种种不同的反应作了说明和答复。这篇名为“逻辑实证主义”的论文,是发表于赖恩主编的《二十世纪哲学》一书之内(1943)。正在这个期间,他为分析哲学运动做了大量的工作,例如,他和塞拉斯一道编辑了《哲学分析读物》(1949),后来他又重新改编此书成为一巨册。费格尔又和希堡伯克共同编辑《科学哲学读物》(1953)。这两部读物,多年以来成为分析哲学方面标准的参考资料,博得哲学界广泛的好评。

在明尼苏达,费格尔建立了明尼苏达科学哲学研究中心。这种科学哲学的研究中心的机构,不仅在美国,就是国际间也是前所未有的,费格尔邀请了这方面的著名的教授专家合作,并将他们的研究成果在他和塞拉斯·希朗伯克等创办的哲学刊物《哲学研究》发表。并在这个基础之上出版了“明尼苏达的科学哲学研究”丛书。费格尔本人关于心—身问题的许多论文,就发表在这个刊物之内。他的名著《精神和身体》就是那些论文的总集。当然他对此书作了不少加工和修正的工作。费格尔于1967年被明尼苏达大学聘任为教授评议会教授,1971年他就退休了。

费格尔最喜爱的哲学问题,是心—身问题,或精神—身体的问题,即它们中间的关系问题。这个问题,从笛卡尔开始以至马赫已经成为哲学主要问题之一。不过,由于20世纪物理学、生理学、神经生理学、心理物理学,以及心理学的新发展,这个问题,比在马赫那个时期还要复杂得多。费格尔和石里克一致认为,如果这个问题得到新的说明和见解,既能解脱哲学史一元论、二元论或多元论的唯心论和唯物论那样的形而上学的纠缠,也能对逻辑实证论者提出物理主义统一科学的理论基础,作出确切的哲学表达和逻辑阐明。所以费格尔从科学新成就出发以及应用逻辑的分析方法论,竭尽毕生精力,提出他的"精神和身体的同一论",即所谓"φ—ϕ同一论"。这里不必详细谈论这个问题,读者如对此发生兴趣,请阅读他的《精神和身体》(*The Mental and The Physical*)一书,1967年,明尼苏达大学出版社出版。

费格尔逝世之后,引起分析哲学界普遍的悼念。就以我来说,不断地有人告知我这个消息,表示哀悼,例如费格尔的挚友亨佩尔教授就是其中的一位,还有格拉茨大学哈勒教授也为此给我写信。哈勒教授的信足以表达费格尔的品格和作风,现在摘译一下:"您当然知道费格尔教授已经逝世了吧!我对他有最好最好的回忆,他的为人,他对学术事业的敢于尝试、敢于挫败。这一切都是非常使人乐于称道的。"

费格尔晚年的论文都被搜集在他名为《探究和挑战》(*Inquiries and Provocation*,1980)的书内。费格尔自从1980年以来,因患严重的多发性神经炎,必须长期住院治疗。我从亨佩尔教授的信中得知,他仍然念念不忘哲学问题的研究,但在写作方面已经是完全无能为力了。这对于分析哲学的发展是一个莫大的损失。他的逝世,更是对分析哲学前途的发展,特别是对于逻辑经验主义的前途发展的不可补偿的损失!我个人为此感到非常的沉痛和遗憾!

原载《哲学研究》,1989 年,第 2 期

悼念艾耶尔

英国著名哲学家艾耶尔(A. J. Ayer,1910—1989)于今年6月27日在伦敦逝世了。他的逝世引起了国际哲学界的哀悼,尤其是在英美两国。英国哲学界称他在现代哲学中的地位仅次于罗素。的确,艾耶尔一生对于分析经验论这一英国哲学传统的发展作了许多贡献,这是无可置疑的。

艾耶尔生于1910年,父亲是法裔瑞士人,母亲是犹太人。他在英国的贵族中学伊登学校毕业后,考进牛津大学基督教会学院学习。在那里毕业后即由他的导师,著名哲学家赖尔(G. Ryle)介绍,去维也纳大学从石里克进修。他深得石里克的赏识,应邀参加"石里克小组",成为维也纳学派成员之一。不过艾耶尔在维也纳没有待太久,大概是1932—1933年这个学期,就应召回牛津母校担任研究助教和研究讲师,直到1946年。从1946—1959年艾耶尔任伦敦大学大学学院哲学教授,从1959年到1978年任牛津大学新学院哲学教授。1978年退休,从牛津迁居伦敦,过他的写作生涯,并继续从事其社会和政治活动。

艾耶尔也是一位社会活动家、演说家,一生中获得很多学术界和社会上的荣誉称号。例如,他是一位FBA(英国科学院院士),一位爵士,是美国科学文学院的荣誉院士。此外还获得各国一些荣誉教授、荣誉研究员和荣誉院长等称号。不过,艾耶尔在其《我的生活的一部分》(1977)中则说:"如果有人认为我在罗素的'哈姆雷特'那里扮演霍拉旭的角色,我就感到非常光荣了。"

艾耶尔自维也纳返回牛津后,即酝酿写他的《语言、真理和逻辑》一书。这本书终于在1936年出版之后,博得英国哲学界的普遍好评,但同时也遭到一些尖锐的批评。总的说来,这本书不仅曾在哲学界轰动一时,而且成为当时社会上的畅销书,一直到今天仍然在国际上拥有众多的读者。对于哲学著作来说,这是很少见的。英国著名哲学家斯特劳森(P. F. Strawson)说:

> 《语言、真理和逻辑》这本书是艾耶尔二十五岁时写的,但是它至今仍然是本世纪一部著名的、被广泛阅读的好书。他从坚决反偶像论的观点出发,应用流畅的语言,把充满新鲜血液的逻辑实证论介绍到英国哲学界。这使他的保守的前辈为之失色,使有远见的学者获得深刻的印象。艾耶尔这本书还吸引了许多青年读者,为他们所喜爱。(《卫报周刊》,1989年7月9日)

斯特劳森称艾耶尔为一位反偶像论者,这种说法是很恰当的。的确,艾耶尔对于任何一个学派的观点或论题都有其独特的见解。这些见解虽然不能说都具有高度的独创性,但很能表现他个人的哲学风格。例如,维也纳学派和他早期哲学的形成有着密切的关系,但他无论对石里克还是对卡尔纳普的哲学观点,都不是全盘接受,而是"批判地吸收"。艾耶尔曾经批评过石里克的证实原则的狭隘性,批评过卡尔纳普逻辑句法的哲学意义,以及用"科学逻辑"、"物理主义"代替哲学的种种建议。因此,《语言、真理和逻辑》虽然是介绍逻辑实证论哲学的一本较好的入门书，但是我们从中所领会的仅仅是艾耶尔式的逻辑实证论，而不是完全维也纳学派的逻辑实证论或逻辑经验论。

艾耶尔对维特根斯坦也有他个人的看法。他虽然承认维特根斯坦是仅次于罗素的大哲学家，但绝不像一般的维特根斯坦的研究者那样把他“神化”。对于维特根斯坦的著作和论题，他不是局限于作这样或那样的诠释，而是掌握其精神实质，探究其正确与否。艾耶尔的小册子《维特根斯坦》(1985)就是以此为出发点写成的。它对维特根斯坦的主要著作作了一种系统的、批判性的考察，使读者由此得到关于维特根斯坦的基本思想的一个明确而公正的观念。“批判性的考察”可以说是这本书的重点，也是它的特征。例如，他把康德对形而上学的批判和维特根斯坦的语言批判作类比的论断：它们都是为这样或那样的神秘实体辩护的。艾耶尔还批评了维特根斯坦的唯我主义、概率理论、用语言博弈概念解释宗教的做法，尤其是关于私人语言和实指定义(ostensive definition)的论点。然而，另一方面，艾耶尔又在该书结尾时说：“这样做并不意味着我对维特根斯坦的卓越和创见有所怀疑，否则我就不会称他为20世纪哲学家中仅次于罗素的大哲学家了。”

艾耶尔一生在哲学方面的努力，主要是发扬洛克、巴克莱和休谟的经验论传统，尤其是休谟的观点。他心目中的经验论的两个哲学大师是休谟和罗素。这种种从他对于罗素(1972)和休谟(1980)的研究中就可以见到。但是他对当前在英国哲学界有影响的维特根斯坦后期哲学和以奥斯丁(J. L. Austin)为首的牛津学派的语言哲学则持批评的态度。艾耶尔强调指出，认为我们仅仅对于思维和语言，或者说语言形式和行为形态作彻底而精细的观察、分析和研究,毋须借助于科学的论据,就能排除哲学方面的一切困难,这是值得怀疑的。

艾耶尔在国际上享有广泛的声誉,一方面有赖于他的反宗教观点和促进自由事业的主张和活动。例如,直到濒危之前他还为英国《旁观者》期刊(1989年7月8日)撰稿,赞扬法国大革命中的自由民主精神及其在以后世界政治社会中的伟大影响和积极作用;另一方面有赖于他广为流传的十多种著作,其中主要的有:《语言、真理和逻辑》(1936)、《经验知识的基础》(1940)、《知识问题》(1956)、《论文集》(1965)、《实用主义的起源》(1968)、《哲学的中心问题》(1973)和《二十世纪的哲学》(1982)。

美国《在世哲学家丛书》(*The Library of Living Philosophers*)正为艾耶尔编辑一卷,题为《A. J. 艾耶尔哲学》,而且已经大致完成。艾耶尔应约为此书撰写的对他的哲学的评论的答复也已脱稿。可惜艾耶尔未能亲见此书的问世就与我们长辞了,这使我深感遗憾!

原载《哲学研究》,1989年,第10期

艾耶尔和逻辑实证主义

以“逻辑实证论者”闻名于世的英国哲学家艾耶尔(A. J. Ayer)逝世已经一年多了。他的逝世引起了国际哲学界的哀悼。英国哲学界赞誉艾耶尔在哲学中的地位仅次于罗素(B. Russell)。的确,艾耶尔一生对于分析经验论这一哲学传统的发展作了许多贡献,这是无可怀疑的。

艾耶尔在牛津大学基督教会学院毕业之后,即由他的导师,英国哲学家赖尔(G. Ryle)介绍,前往维也纳,跟从维也纳学派创始人石里克(M. Schlick)进修。他在那里深得石里克的赏识,应邀参加了“石里克小组”讨论会,并成为维也纳学派成员之一。但他在维也纳的时间并不长,大概在1932—1933年间,即应母校之召,返牛津任教了。

这段时间,正是维也纳学派最兴盛的时期,当时在“石里克小组”讨论会中,诸如证实原则,反形而上学,知识基础和真理问题,精神—身体问题,“物理主义”和“统一科学”等等都是讨论的中心问题。艾耶尔除听石里克的课和参加讨论班之外,还和石里克、卡尔纳普有个人亲密的交往,这样的交往对于艾耶尔的思想发展来说是很有影响的。

如艾耶尔在“自传”中所说的那样,他返牛津之后,即计划以“剑桥的语言分析学派”(The Cambridge School of Linguistic Analysis）和维也纳学派"联盟"为基础，写一部关于"实证哲学"的书。他的《语言、真理和逻辑》一书就是他这个理想的实现。这本书于1936年出版之后，博得英国哲学界普遍的赞赏，但同时也受到不少尖锐的批评。值得一提的，就是这本书一直到50年后的今天，仍然在国际上拥有众多的读者，仍然是读者们所喜爱的书，这是现代哲学读物中很少见的。

对此，英国哲学家斯特劳逊（P. Strawson）说得好："《语言、真理和逻辑》这本书，是艾耶尔25岁时写的，但是至今仍然是本世纪一部著名的、被广泛阅读的好书。他从反偶像论观点出发，应用流畅的语言，把充满新鲜血液的逻辑实证论介绍到英国来，这使他的保守的前辈黯然失色，使有远见的学者得到深刻印象。艾耶尔这本书吸引了许多青年读者，并为他们所喜爱。"（《卫报周刊》，1989年7月9日）

斯特劳逊称艾耶尔为"反偶像论者"，是十分恰当的。艾耶尔对任何哲学观点从不盲目接受，都有其自己的看法。虽然他的看法不能说有很高的创见性，但能表现其哲学风格。例如，以石里克提出的证实原则论点来说，他和卡尔纳普一样都持批评的态度。石里克说："命题的意义是它的证实方法"，就是说，命题之有无意义，必须通过观察其为真为假来断定。至于形而上学命题之所以无认识意义，就因它原则上没有这样证实的可能性。卡尔纳普对此则说："石里克对证实原则的说法和可证实性的要求过于简单化了，它们不仅给科学语言以狭隘的限制，而且所排除的不仅仅是形而上学句子，就连科学句子也包括在内了。我们对科学句子所能要求的，只能是"更多的检验"或"确认"（confirmation）而不是完全的证实（verification）。因为一切科学理论体系原则上都是带概率

性的。(参见《试验性的意义》,1937,421—445)

艾耶尔完全同意卡尔纳普对石里克的批评,但并不因之同意卡尔纳普以"检验代替证实"的观点,他认为石里克的证实原则的缺点,是忽视了证实原则的两层性:"强的证实"和"弱的证实",而把它绝对化了。艾耶尔所谓"强的证实性"所要求的,就是一个命题之有无意义,取决于它能否直接通过观察断定其为真为假。"弱的证实性"所要求的,则是一个命题之为真为假,取决于和相关命题的"观察结果"是否有联系。艾耶尔采用了弱的证实性标准,并且宣称,我们应用它就能阐明形而上学的无意义性,因为任何形而上学的特征,就在于原则上排除和经验观察有任何联系:它们原则上是超验的。

艾耶尔提出证实原则的两层性之后,即进一步宣扬其"新的"证实方法",即放弃"强的证实性原则",而单纯以"弱的证实原则"作为检验命题真假的标准。但是,艾耶尔这个新的证实方法,在《语言、真理和逻辑》出版后不久,即遭到英国哲学家拉泽劳维茨(Lazerowilz)尖锐而中肯的批评。他说:"如果'强的证实原则'在原则上无其实际应用的可能性,那么,艾耶尔就不能给'弱的证实原则'以应有的意义。因为'弱的证实原则'是凭借'强的证实原则'来设定的、来阐明的。"(《精神》,1936)

至于艾耶尔的弱的证实理论从逻辑方面而言,更是被驳得体无完肤。对此,艾耶尔自己坦白地说:"到如今还没有一个完善的关于检验的形式理论,能给证实原则以满意的阐明。在《语言、真理和逻辑》第二版中,我作了一个大胆的尝试,但是这个尝试被丘奇(A. Church)的水雷粉碎了。"(伽多尔编:《合理性与科学》,p. 50,1982)

反形而上学问题是传统的实证论和逻辑实证论的中心问题。艾耶尔的《语言、真理和逻辑》在这方面作出了许多贡献。但是,从他论述石里克和马赫的关系这点来说,就有点美中不足。艾耶尔曾经提出石里克在他的《普通认识论》第二版之后(1925)即认为科学的基本命题是"观察命题",这和马赫的科学观是一致的。我深信石里克的思想方法在某些方面和马赫确有其相似之处,但从他们科学基本观点来说,则是对立的。石里克强调说,马赫所谓"物体是感觉的复合"是错误的。因为关于我的感觉的命题和关于外在世界的命题,是两种根本不同性质的命题。如果我们把物体溶化在"自我"之中,并否定"非我"之独立存在,那么无疑地就会走向唯心论的形而上学。

艾耶尔在"证实原则"理论方向,深受卡尔纳普的影响,他的"强的证实原则"和"弱的证实原则"是从卡尔纳普的"直接检验"和"间接检验"那里套来的。然而在其他理论方面,他们之间存在着尖锐的分歧。例如,卡尔纳普提出了"哲学命题是句法命题",而形而上学命题则是"假的客体命题"(pseudo-objective-statement),并且认为形而上学之所以产生,是由于应用语言时,没有区分"实质方式"和"形式方式"的缘故。艾耶尔对此不以为然,他既否定"哲学命题是句法命题",也否定通过那两种说话方式的区分,就能取消形而上学。他认为,"使句法学行使语义学的职务"原则上是不可能的。原因在于我们不仅能构成"冒充句法句子"的形而上学句子,同时也能构成"冒充客体句子"的非形而上学句子。关于这个问题,根据卡尔纳普的两种说话方式的区分是无法作出判断的。

当然,艾耶尔并不否定这两种语言的说话模型有其可取之处,即它们指示我们,哲学命题仅是一种"伪装的关于语言的命题"。

艾耶尔认为其错误之处就是卡尔纳普认为它们是句法的命题。因为判断一种命题的意义,不仅是它的形式结构和语言体系,重要的是它的用途。但是我们在卡尔纳普关于两种说话模型的例子中,就找不到"语言用途的痕迹"。因此,艾耶尔宣称卡尔纳普"实际上非法地将语意学偷运到句法学中去了"。

艾耶尔的"取消形而上学"在理论上深受维也纳学派的影响,但对形而上学的价值观方面,则有其独立的见解。石里克说:"形而上学是生活,不是知识;是概念的诗歌,不是理论的系统。"对此,艾耶尔则说,把形而上学和文学等同看待,无非说它们都在那里"胡说"(talk nonsense),这是一种不正确的见解。实际上在许多情况之下,文学家和诗人的作品确有其实际的意义,所不同的,是它们和科学家的工作目标不同。就以形而上学家来说,他们并不想"胡说",他之所以有此结果,是由于他们被语言的逻辑语法所蒙蔽。然而这种错误,我们是不能应用到文学家或诗人身上去的。

在石里克小组讨论会中,当时讨论最热闹的,还有"知识基础"问题,以及因而引起的"真理符合论"(theory of correspondence)和"真理贯融论"(theory of coherence)的问题。所谓"知识基础"问题,简言之,就是科学既然是在观察命题基础上构成的知识理论系统,那么那种基本观察命题本身是否再需要继续观察检验呢?对此,石里克持否定的态度。他肯定科学中和日常生活中有一种命题,它既不需要继续检验,也不能继续检验,石里克名之为确证命题(affirmation proposition),并认为它可作为科学知识理论的基础。然而纽拉特和卡尔纳普对之则持对立的态度。他们宣称,一切科学理论都是以记录命题为根据形成的,然而一切记录命题根本不是确定不变的,它原则上是一种假设(hypothesis)。一切科学知识理论都是一些假设的理论系统。所以既需要继续检验。也必须继续检验。纽拉特指出石里克的"知识的确定基础"是形而上学，必须从科学中清除出去。

艾耶尔对"知识基础"问题的看法，接近卡尔纳普和纽拉特，并对石里克的"确证命题"持反对态度。他指出在科学命题的系统中，并不存在如石里克提出的"确证命题"的综合命题。因为，这样命题的形成一方面必须应用实指词(ostensive term)组成，另一方面，完全可以理解的，这样一种组合和要求当然没有逻辑上的可能性。然而"确证命题"只有在这种条件下才有其应用性。因此，艾耶尔提出任何科学体系和判断不能提出如石里克主张的那种绝对确定性要求的。

然而艾耶尔在《语言、真理和逻辑》的第二版中又放弃以上这种看法，从攻击转到拥护了。他这样的大转变，表明了艾耶尔终于认识到，对"确证命题"确定性的怀疑，就是对于呈现在我们面前的感觉材料(sense data)的怀疑，因此他认为对于一个经验论者来说，对此要持慎重的态度，不能武断行事，颠倒是非。

石里克首先提出知识基础问题归根结底是"真理的标准问题"，具体点说，是如何建立"真理的标准"问题。对此，纽拉特则说，"科学真理的标准只能从许多记录命题中选择出来，我们能用之以衡量其他科学命题的真理性，即它们之间是否能"互相贯融、互相一致"。与此相反，石里克则认为科学命题的真理性并不依存于命题与体系之间是否一致、是否贯融，而是依存于科学命题和实在是否一致，有无矛盾。科学真理的标准不是科学命题和体系之间的贯融性，而是科学命题与实在之间的符合性。

艾耶尔对石里克的"真理符合论"表示同意，并指出一个综合命题的有效性,完全取决于命题和客体之间的正负关系,不可能代之以其他方法。他也同意石里克所说的,如果把命题和体系之间的贯融性或一致性作为真理的标准,那么故事(tale)也能被看作历史记载,只要我们对其情节处理得当,使其不会显露任何矛盾的地方。但是我们能把故事当作历史记载吗?

对此卡尔纳普答复说,真的科学命题系统的形成不在于其内在关系;这是关于描述句法(descriptive syntax)范围以内的事情,而且被选择出来的记录命题,是通过有身份的科学家检验过的。但是,艾耶尔反驳说,这样并不能克服真理贯融论的缺点,因为断定一种科学理论之正确与否,经验观察是唯一可靠的根据。一旦这个科学理论为观察经验所决定了,那么,我们根本不需要"有身份的科学家"为之辩护。艾耶尔说,无论我们对当代"有身份的科学家"怎样的钦佩,我们总不能说,科学理论和实在的一致性,从这个"有身份的科学家"的行为中就能得到的。

虽然艾耶尔同意石里克的真理符合论的真理观,但是他认为,石里克没有对于作为实在的标准的和"实在一致性"的概念作出明确的解释。实际上,石里克在其"实证论和实在论"一文中早就为之作了说明。他说,所指的命题和实在的一致就是说,在一定情况下,呈现一种命题和经验之间的特殊联系,这种联系就是我们所谓的感觉材料的内容,因此,石里克说,命题和实在的一致性,就是命题和相关的"感觉材料内容"的一致性。这样的一致性怎么会如纽拉特那样称之为形而上学呢?石里克认为这一点说明同时是对艾耶尔的责难也作了答复了。

自笛卡尔以来,一直到现代,所谓精神—身体问题(mindbody problem)或者心理—物理问题(psycho-physical problem)是哲学讨论中的重要问题。在逻辑实证论中,对于这个问题存在着两种观点。一是以石里克和费格尔为代表的所谓精神与神经同一论,一是以纽拉特和卡尔纳普为代表的物理主义。对于石里克、费格尔来说,心理和物理不是两种不同的实在,而是用两种语言对同一事件的指称。费格尔说,某种大脑过程和情绪激动并不能说是两种实在,它们只能是同一心理过程的指称模型(the mode of designation),石里克说,“伸张的色斑”(the extended colour patch)既不能以客观方法加以定位,也不能由观察者本人自行确定,因为这两个位置在物理学中是通过物质过程的占有来说明的。石里克以此为根据,称笛卡尔的心物二元论是传统形而上学之一种。

纽拉特和卡尔纳普的物理主义的基本概念,简言之就是任何和实指(ostensive)精神状态的经验有关的陈述,无论是个人或任何人的,都必须和物理陈述相对应(equivalence),或者如纽拉特所说,任何以心理或精神的语词(term)表述的经验假设,必须能够译成为物理学的语言。他认为,如果心理学或社会学假设能够用物理学语言来描述,那么它们就能成为客观的、科学的假设:物理学语言是普遍的科学语言。纽拉特和卡尔纳普并以此为根据提出所谓物理主义和统一科学。

对于精神—身体这个问题,艾耶尔既不同意石里克和费格尔的心物平行论,也不同意纽拉特和卡尔纳普的物理主义。在这个问题上艾耶尔完全放弃了逻辑实证论的趋向回到英国的经验论,主要是罗素和G. E. 穆尔的剑桥语言学等派,此外就是休谟的“感觉材料论”(theory of sense datum)。根据艾耶尔的看法,无论是关于物理学还是日常生活的句子,最后能以这样的方式加以阐明:即把它们翻译成为感觉内容的句子,并且指明,如果我有如此这般的客观事件，我就有如此这般的感觉内容。但是，关于感觉经验陈述的集合和关于物理客体的陈述不是相互对应的。艾耶尔虽然承认这一点，但他并不认为这就是说物理客体陈述的对象和感觉内容没有联系。而且在这个问题上，艾耶尔还提出所谓质素(qualia)理论为之辩护呢。

关于感觉内容和经验假设的关系，艾耶尔仍然认为能以休谟的方式加以阐明，即我们根据这种关系的内容或结构，提出对物理客体的假说。艾耶尔说，如果我们区别这种实指的心理对象和那种实指的心理对象，如果我们区别这种实指客体和那种实指客体，那么，我们在每个不同场合之下，区别其不同的“逻辑结构”(logical construction)。显而易见，艾耶尔因为应用休谟的感觉理论，把自身投到马赫的要素论和罗素的逻辑结构论的中立一元论中去了。

对于卡尔纳普的物理主义，艾耶尔认为其错误在于，卡尔纳普认为关于他人的经验陈述在逻辑上和其表现的外在行为是相对应的，以及关于个人的经验陈述和公共观察到的个人行为也是相对应的。但是艾耶尔并不否认，物理主义遇到这类的困难是很不易克服的。所以他建议，经验陈述的检验必须避免和任何人有关或与任何人对立的语词，代之以中立的语词。实际上，无论纽拉特或卡尔纳普早就认识到这一点。所以他们在检验科学命题过程中间，尽量避免和公共客体或个人主体有关的语词，并且以“主体间”(intersubjective)代替客观这个词，从而希望避免由主体和客体、主观和客观这些传统形而上学的主要因素引起的混乱。

以上我就证实原则，反形而上学，知识基础问题，精神—身体论等问题，扼要讲了逻辑实证论对于艾耶尔的影响，以及艾耶尔自己对逻辑实证论在维也纳时期的反应。希望读者能够通过我所讲的，得到一个关于艾耶尔和逻辑实证论关系的基本观念。

问题是，根据我所讲的艾耶尔和石里克，卡尔纳普与纽拉特的哲学关系来说，艾耶尔是不是一个"逻辑实证论者"呢？对于这个问题，艾耶尔自己有了恰当的答复。艾耶尔说："格波赖斯登（Copleston）神父，你要我为你对什么是逻辑实证论作个概括。这可不是那么容易的事情。例如，我所了解的'逻辑实证论'与其说是一个哲学系统，不如说，它们有其一定的哲学技术并对各种哲学问题有其自己的观点。因此，我们之被称为逻辑实证论者，就因我们有一种共同的趋向，即否定作为思辨学科的哲学的可能性。"（《人生哲学和其他论文》，p. 18，1990）

原载《哲学研究》，1991年，第1期

鲁道夫·卡尔纳普*

美国著名哲学家 W. V. 蒯因(Quine)曾经说过:“卡尔纳普(Rudolf Carnap,1891—1970)是一位非常杰出的人物”,他说:“自从 1930 年以来,如罗素在前二十年那样,支配当时哲学的,就是卡尔纳普。”(R. Carnap: *Logical Empiricism*, ed. J. Hintikka, 1975, p. xiv)

去年适逢这位世界著名的科学哲学家诞生 100 周年。国际哲学界为此在世界各地纷纷为他召开了各种形式的纪念会,有人甚至称该年为“卡尔纳普年”。由于这个“卡尔纳普年”的热闹气氛,所以我的朋友 R. 科恩(Cohen)教授给我来信说:“你和我仍然处于美好的哲学主流之中。”

卡尔纳普生于德国西北部的伦斯镇。他的家庭具有悠久而深厚的宗教传统。他之所以能不受这样传统的影响,能认识科学的力量,认识科学和宗教与形而上学的不可调和,根据他的《自传》(载于“Philosophy of Rudolf Carnap”, *Library of Living Philosophers*, 1963),这要得力于斯宾诺莎的泛神论,得力于 K. 毕希纳(Büchner)和 E. 海克尔(Häckel)的唯物主义。

---

* 本文是洪谦先生为纪念卡尔纳普诞辰 100 周年而写的文章,也是他的最后一篇论文。本文曾以“卡尔纳普和他的哲学”为题,发表于香港出版的《二十一世纪》杂志 1992 年 4 月号上。本文仍按洪先生原稿发表。——编者注

第一次世界大战前，卡尔纳普在耶拿大学学习，哲学和物理学是他的主科。当时在那里任教的，有著名新康德主义哲学家B.鲍赫（Bauch）、大物理学家M.维恩（Wien）和当时还不知名的“新逻辑”的创始人之一G.弗雷格。在这些教授当中，卡尔纳普从弗雷格那儿学到的东西最多，他使卡尔纳普明确了概念分析和语言表述分析（the analysis of linguistical expressions）的功能；表述和被表述对象的关系，以及指称（Bedeutung, denotation）和意义（Sinn, significatum）的区别，总而言之，他从弗雷格那里学到：我们可以抛开表述的意义，而制定纯形式的逻辑演算理论，但是同时他也认识到了“意义分析”（the analysis of meaning）的重要性。

第一次世界大战后，卡尔纳普在鲍赫教授的指导之下，完成了以《论空间》为名的论文，并获得博士学位。在这篇论文中，卡尔纳普指出：哲学家们之所以对空间问题争论不休，原因在于他们忽视了三种不同空间的区别：直观空间、数学或逻辑空间和物理空间。他指出，科学的空间不是如康德所谓纯直观的，而是经验的。卡尔纳普的这个观点和H.亥姆霍茨、A.爱因斯坦和M.石里克是完全一致的。

1926年，卡尔纳普应石里克之邀到维也纳大学任教，同时参加“石里克小组”，成为维也纳学派主要成员之一。当时，小组讨论会处于维特根斯坦的逻辑哲学论“热”之中。卡尔纳普在《自传》中提到他和维特根斯坦的关系，认为“维特根斯坦对他的影响仅仅次于弗雷格和罗素”。主要有两点：一是数学和逻辑命题仅是些重言式（tautologies），与实在无关；一是所有形而上学命题都是没有认识意义的“伪命题”（pseudopropositions）。但是卡尔纳普对维特根斯坦关于神秘的观点（The view of the mystical）则持反对态度。

维特根斯坦宣称，我们不能用语言来述说语言，因为语言的逻辑结构包含在句子之中，而语言和实在的关系是句子对实在的反映，因此，句子的意义只能以句子自己显示出来。卡尔纳普则认为不然。他说，我们既能用语言阐明句子的逻辑结构，也能用语言表述句子反映的实在意义。不仅如此，我们还能以元语言（metalanguage）为根据，构造一种纯形式的语言陈述的理论。他称这种理论为语言的“逻辑句法”。他的《语言的逻辑句法》（1934）一书，就包含了逻辑句法的完整理论系统，它是一部富于哲学意义并具有高度技术性的伟大著作。

在卡尔纳普的著作中，我们不难发现他的哲学特点，即：他惯于制作和应用“形式化的人工语言”，惯于进行抽象的“形式化的理论构造”。这在他早期的代表作《世界的逻辑构造》（*der Logische Aufbau der Welt*，1928）和《语言的逻辑句法》（*Logische Syntax der Sprache*）中已有充分的表现。从上述著作中，我们还可看出卡尔纳普是如何利用并发展弗雷格、罗素和维特根斯坦的逻辑哲学思想，来建立他自己的逻辑经验论的。

卡尔纳普的《世界的逻辑构造》一书，可以说将经验主义贯彻到了登峰造极的地步。以前的经验论者认为我们的知识来自于经验，然而他们对此仅仅作出了纲领性的阐述，却没有具体地贯彻他们的主张，没有为我们提供一个完整的科学理论系统。卡尔纳普的《世界的逻辑构造》首次完成了这个历史任务。他应用了他所掌握的“新逻辑”和关系理论，以“自我”（eigenpsychische）和“相似性回忆”（Ähnlichkeitserinnerung）为基础并借助于一系列的定义构造了一个概念系统，从而使所有实际科学的概念，都能从某些基本的经验概念中推演出来，而那些基本概念是通过定义给出的。这些定义,他称之为“构成定义”(constitution definition)。这个概念系统,就是卡尔纳普所谓的“构成系统”(constitution system)。

后来卡尔纳普自动放弃了他的“构成系统”理论,因为他认识到有些科学或日常生活中的概念是根本不能定义的,如“可溶解的”或“易碎的”之类的意向概念(disposition concept)。但是,尽管如此,卡尔纳普的构造论仍然受到了蒯因的赞赏:“在这个构造系统里,卡尔纳普成功地把许多概念定义了出来,而如果没有卡尔纳普的努力,人们做梦也不会想到它们会在如此微弱的基础上得到定义。”(参见 W. V. Quine:*From a Logical Point of View*,1953,p. 39)

卡尔纳普在另一部主要著作《语言的逻辑句法》中提出:科学哲学的任务之一是构造“形式的人工语言”以及系统理论,以便于我们更好地进行科学概念和科学陈述的重新构造。这种语言和自然语言不同,它不是世袭的,而是按照我们制定的规则构造出来的。这种规则卡尔纳普称之为句法规则。句法规则的特点是以语词为对象,但不牵涉到语词的意义。因此卡尔纳普称他的逻辑句法为“形式的语言理论”(formal theory of language)。这个形式的语言理论是在弗雷格的逻辑思想和罗素的《数学原理》基础之上创立起来的。

卡尔纳普的语言逻辑句法理论的另一个创见是:他把所有逻辑规则都理解为句法规则。这样的句法规则有两种,即“形成规则”(formation rules)和“变形规则”(transformation rules)。前者指示我们如何从一个合式句子构造出其他的合式句子;后者则向我们说明句子中间的逻辑关系,以便使我们能够了解在什么条件之下一个句子可以从另一(或另一些)句子中推演出来。关于自然语言有无类似变形规则的问题,卡尔纳普没有谈到。后来美国语言学家 N. 乔姆斯基对此作出了肯定的回答。不过,对这个"新理论"的基本观念,卡尔纳普早已有了预见了。

卡尔纳普的语言的逻辑句法理论还有一个特点,就是他认为人们的说话方式不外乎有两种形式,即内容的说话方式和形式的说话方式。在他看来,所有句子都可以区分为三大类,即"对象句子"和"伪对象句子"(pseudo-object-sentence)以及"句法句子"。卡尔纳普认为,所有形而上学句子都是因应用了内容的说话方式而引起的。例如,"这朵玫瑰花是红的"这句话是一个真的对象句子,因为我们据此可以了解这朵玫瑰花的性质等。但是,如果我们说,"这朵玫瑰花是物",那么,我们对于这朵玫瑰花的知识并没有因之而有所增加。这类的句子实际是"空洞无物"的,是所谓没有任何意义的"伪对象句子",或者说是典型的形而上学句子。但是如果我们采用了形式的说话方式,说"这朵玫瑰花"这个词是一个物词,就不会产生"伪对象句子"这类形而上学问题了。

1931 年,卡尔纳普应弗朗克教授之邀到布拉格大学任教,1936 年便移居到美国。在这段时间里,他一直考虑在语言分析中如何应用语义分析来"补充"句法分析的问题,正如他在《自传》中所说,"语言分析发展的重要步骤,是以语义学来补充句法学,就是说,应用意义和真理概念的理论,来补充以语句分析为对象的句法学理论"。

1935 年波兰大逻辑学家 A. 塔尔斯基在"石里克小组"中作了一个关于形式化语言中的真理概念的报告,即我们如何应用人工语言来构造真理概念和其他语义学概念的报告。塔尔斯基的这个报告,大大增加了卡尔纳普应用"形式化语言"来构造语义学理论的信心,他把这个问题看作他的重要研究对象,他有关语义学的一系列著作,如《语义学引论》(1942)、《逻辑的形式化》(1943)和《意义与必然性》(1947)都是在那个时期写就的。

卡尔纳普的语义学理论,的确如他所说,是他的句法学理论的补充,所以它的对象不仅仅是如以前那样,几乎完全是"外延语义学"(extensional semantics),而现在则加上"内涵语义学"(intensional semantics)。这就是说,它不只是处理个体、类、真值等等这样一些基本概念,它还处理这样一些概念,如名称、指称、语句的意义,表达形式和意义等值等等概念。另外,命题的分析性、可能性和不可能性、必然性和偶然性等概念也在其处理范围之内。因此,模态逻辑和认识逻辑都是卡尔纳普的语义学理论系统的必然条件或者理论前提。

卡尔纳普在《自传》中指出了由于他的语义学概念和理论而产生的哲学问题,这些问题中最重要的便是逻辑的真理和事实的真理的区分。它导致了作为纯形式理论的句法学和作为意义理论的语义学的明确划分,并因而引起了未经解释的形式体系和对它们的解释之间的区别。后来,蒯因将逻辑真理和事实真理之间的区别看作逻辑经验论的两个教条中的第一个教条。其他人指摘卡尔纳普的语义学是反对"抽象实体"(abstract entities),如类、性质、数等。E. 内格尔、W. V. 蒯因和 N. 古德曼指出,这些实体之是否存在,以及它们的陈述之是否有意义,必须诉诸于验证,对此简单地把它"假设化"是不成的。卡尔纳普对诸如此类的指摘,在《自传》中指出:这类问题在维也纳学派和维特根斯坦时期,就把它们作为伪命题,或者说形而上学命题否定了。

卡尔纳普在美国定居之后,除了语义学之外,便以概率论和归纳逻辑为其主要研究对象,在实际科学和日常生活中,我们常常要使用概率概念和归纳推理，但是，我们并没有一个如演绎逻辑系统理论那样的固定而普遍的概率理论和归纳逻辑系统。卡尔纳普意识到了这点并以解决这个问题为己任，在这方面他作出了不少独创性的贡献。

在逻辑经验论中，有两种著名的关于概率的系统理论，即以R. V. 米塞斯和H. 赖兴巴赫为代表的“相对频率论”（theory of relative frequency）与以维特根斯坦和F. 魏斯曼为代表的“逻辑值域论”（theory of logical range）。卡尔纳普对这两种理论，都持批评态度，认为它们并没有完善地说明概率概念及其在实际科学和日常生活中的应用。他指出：我们必须区分开逻辑概率与也以“相对频率”为根据的统计概率。统计概率是指一事物和另一事物特性之间的相对频率而言，是一个经验的事实，是综合的、是属于科学本身的；而逻辑概率则是以特定的证据和假说之间的关系为对象。这种关系如他在《自传》中所说的那样，类似逻辑中的蕴涵关系，具有数值，是分析的。它并不属于科学本身，而是以元语言表述的科学逻辑或科学方法论。

卡尔纳普如何看待维特根斯坦和魏斯曼的逻辑值域论呢？他认为维特根斯坦认识到了概率理论不是综合的，而是分析的；但他并不认为概率理论的分析性是纯逻辑的，而是一种直觉的信念。只有魏斯曼在维特根斯坦思想基础之上建立起来的概率论观点，才使卡尔纳普感到“莫大的兴趣”。他说：“魏斯曼的概率概念不是一个纯逻辑概念，而是逻辑值域和经验频率两个观点的结合物。关于这一点，魏斯曼已经说明：概率的基本值必须从经验地确定的频率中选择出来。”（《自传》）

卡尔纳普宣称，一切概率推理必须以归纳推理为根据，所以概率逻辑至少在某些方面应该看成为归纳逻辑。因此,他有时把"归纳概率"和"归纳逻辑"当作同义语来应用。卡尔纳普的归纳概率是以"确认度"(degree of confirmation)为出发点的。所谓"概念的确认度"在他的定义中,不外乎是说,我们能按照某组给与证据和某种假说的关系,对某种陈述进行观察,并给出数据方面的说明。譬如说:一种假设 h 的概率性,根据给与证据 e 来说,它的精确数据或"概率值"(Wahrscheinlichkeitswert)是如此如此的。卡尔纳普指出,我们之所以能够作出这样的精确数据方面的说明,原因在于在这个陈述之内,e 已经向我们提供了关于这个陈述的"确认度"的根据了。

卡尔纳普以下列公式来表述他的概率逻辑或者说归纳逻辑的内容,即 $c(h,e)=r$,其中 c 代表函项,h 代表一种假设;e 代表一组给与证据,r 则代表"确认度"。这个公式向我们表明概率逻辑在给与证据和假设之间,有部分的蕴涵关系,而假设的"确认度",是以给与证据的真值条件和假设的真值条件有多大程度的符合为根据加以确定的。

卡尔纳普的概率理论和归纳逻辑对于概率概念和归纳推理的系统理论,在精确性与系统性方面作了不少贡献,这是人们公认的,但是对于他的这种理论,在维也纳学派之内,就有人提出异议,例如逻辑经验论的主要代表之一,V. 克拉夫特说:"卡尔纳普的归纳逻辑是站不住脚的",因为"它的公式 $c(h,e)=r$ 包含着许多复杂因素,因为 e 不是一种观察对象,而是一种观察前提。我们有了这些前提,才能从观察中——例如指针读数,作出推论说,某假说的证实性是存在的。"(*Conceptus*,1975)

卡尔纳普在概率理论和归纳逻辑方面的著作,主要有《概率的逻辑基础》(1950)和《归纳方法的连续统》(1952)。据说,在他逝世之前,曾有数百页之多有关归纳逻辑的稿子交给出版社出版。在这部稿子里,卡尔纳普以语言模型取代了语言陈述。这样,他的归纳逻辑的范围就更加扩大了。

有人称卡尔纳普是哲学中的"伟大的形式化家",在哲学方面,他的确是如此。在生活方面,或许有人联想到他是一位刻板、严肃、难于接近的人物。然而事实上并非如此。恰恰相反,卡尔纳普是非常和蔼可亲、平易近人的,他从来没有过去德国大学教授那样的派头。我还记得,卡尔纳普在他上课的前后,经常和同学在大学附近的咖啡店自由地聊天,无所不谈。我曾有幸多次碰到过这种场合。

卡尔纳普认为,哲学家应该不受任何政治目的左右,否则由于意识形态的关系,对事物进行观察时,就不能采取中立的、客观的立场,但这并不是说,他缺乏固定的政治立场。他在《自传》中已经指出,他与维也纳学派其他成员一样,都是社会主义者。以我所知,卡尔纳普深受罗素和石里克的自由主义的影响。他是一位和平主义者、世界主义者,他反对专制独裁,反对种族歧视,主张社会平等,民主自由。

1935年,卡尔纳普迫于日益紧张的政治气氛和对纳粹政党的憎恶,离开布拉格去了美国。在美国,他非常同情黑人生活,尤其是黑人和平组织。我还记得,他曾写信给我说的两件事,一是他对越南战争的厌恶到了极点,一是他曾经去南美某国为一位黑人哲学家的政治问题进行营救活动。在维也纳时期,在政治方面,他也深受O.纽拉特的影响,和奥地利"粉红色的社会民主党"有过联系,甚至于可能参加过他们的一些活动。

卡尔纳普虽然批评唯物主义,认为是形而上学派别之一,但他从来没有攻击过马克思主义。不过,卡尔纳普同意下述观点:以马克思主义为基础的政治经济制度,使人类社会变得残忍而无人性,因而对之必须进行彻底的改革。卡尔纳普以乐观的态度,认为总有一天社会会发展到这样一种地步:人类摆脱了任何意识形态的束缚,正确而合理的创造美好的社会世界。卡尔纳普称自己的政治观点为科学的人道主义。(《自传》)

卡尔纳普无论是在哲学方面还是在生活方面,值得书写的很多,本文仅就我所想到的若干点加以简短的叙述,以表达我对这位敬爱的老师的深深怀念之情而已。

1991年7月16日

应该重视西方哲学史的研究

最近北京大学中国哲学史教研室、科学院哲学研究所与人民大学哲学史教研室为了推进今后关于中国哲学史的研究工作，召集了全国性的"中国哲学史的工作会议"。这种会议对于中国哲学史的前途发展来说，是具有积极意义的。

重"中"不应轻"外"

我们一方面对于今后中国在哲学史研究方面的繁荣表示非常的欣慰，但另一方面回顾当前关于西方哲学史的研究条件，则不免有"相形见绌"之感。或者有人说：我们这种"自卑感"是根本不需要的，因为中国哲学是我国宝贵文化遗产之一，我们对于它当然应该特别的重视。至于关于西方哲学问题则有国际友人的哲学家们在那里研究，我们只需将他们研究所得的成果加以输入就行了。

这样对于中国哲学史和西方哲学史在研究方面的看法，事实上已经支配了有些领导这方面工作的同志们的思想。例如在哲学方面的十二年远景规划中西方哲学史不仅不是今后研究重点之一，而且还将它附在东方哲学史的下面，在当前条件之下不把西方哲学史作为研究的重点,已经欠考虑,至于将它摆在东方哲学史之下,更是令人百思不得其解。还有例如科学院的哲学研究所自建所以来,即成立了“哲学史组”,然而在开始的二年间,在研究工作方面与西方哲学完全无关,而仅仅以中国哲学的问题作为唯一的对象。资产阶级的哲学史家往往以西方哲学史代表世界哲学史,现在我们则将中国哲学史(虽然动机不同)代表世界哲学史了。

中国人应当重视我们的哲学文化遗产,应当将它作为研究的主要对象,这是完全正确的。但是我们似乎无须因而忽视西方哲学史的研究工作,忽视这门科学在哲学研究中的积极作用。我们不要忘却现在和今后对于中国哲学方面的研究,也与过去的“关起门来”“整理国故”大不相同,马克思主义的哲学思想已成了在它的研究方面的最高的指导原则。因此,就从这一点来说,我们也应该重视西方哲学史的研究。因为马克思主义哲学是西方哲学史中一个革命的发展,它与唯物主义对唯心主义斗争的历史过程有千丝万缕的联系,忽视了西方哲学史对于马克思主义是不能深入地了解的,因而对于中国哲学的研究工作也会带来损失的。

那些同志们可以这样说,我们并不忽视西方哲学史的科学意义,而仅仅认为关于这方面的知识理论可以从国际友人的哲学家们(例如苏联和人民民主国家以及资本主义国家内进步的哲学家们)研究所得的成果接受过来的。这种看法是非常天真的,严格点说:是多少有些外行。因为以上所指那些国际友人的哲学家们所研究的问题,却带着他们不同的特殊性,因此他们对于这方面的研究成果不一定能满足我们实际的需要。诸如此类的研究成果,如果不加辨别地接受过来,对于西方哲学史在认识上和理论上的提高，是不会发生积极作用的。

从当前哲学史的教学条件来说，我们关于这方面在认识上和理论上迫切需要通过研究而提高的对象，首先是过去成为哲学史中冷门的法国唯物主义哲学，其次是与马克思主义的辩证法发展直接有关的康德和黑格尔哲学，再次就是与现代资产阶级哲学关系比较密切的英国17、18世纪的经验主义。还有柏拉图和亚里士多德的哲学，也应当在哲学史研究中占适当的地位。当然从孔德开始通过马赫和阿芬那留斯才流行起来的实证主义，还有现代资产阶级哲学各种主要学派如实用主义、逻辑实证论、现象学派和存在主义作为现代哲学史一些学派来研究，也是有其必要的。

我们丝毫不轻视国际友人的哲学家们在哲学史方面的研究成果，相反地我们非常珍视他们的研究成果；我们今后在这方面研究工作的开展，更需要密切注意他们的研究工作，更需要他们对于我们在研究上大力的帮助。不过我们认为对这样重要的研究工作不想独立地进行，而完全倒向人家怀里的办法是不切实际的；我们认为只有在独立研究的基础之上才能正确地接受人家的研究成果，才能提高这方面的理论水平和研究风气。我们不能将思想理论当作一部机器可以简单从外国输入；就以一部机器来说，如果不具备相应的实际条件，就是运到了中国，还是开动不起来的。

西方哲学史是一门科学，它作为科学与其他部门的历史科学，在本质上是完全相同的。从我们从事哲学工作者——不仅仅限于从事哲学工作者——来说，如果不以正确的态度来对待这门科学，那么在我们的哲学学习和科学研究方面是会带来许许多多的损失的。

研究西方哲学史的重要性

首先必须提出：如果我们不重视西方哲学的研究，则无法提高辩证唯物主义的学习水平（我认为结合西方哲学史和自然科学史来进行辩证唯物主义哲学的学习，是最好的学习方法）。过去或现在有些讲授辩证唯物主义的教师们忽视了这一点，所以只能干巴巴地对于辩证唯物论的几条基本原理作教条式的解释，而同学们也只能逐字逐句地对于这几条基本原理无精打采地接受。但是，如果我们从唯物主义的历史发展过程来讲解它的世界观的基本原理和实际内容，来讲解唯物主义者怎样应用辩证法这个思想武器与唯心主义作不调和的斗争；那么不仅可以避免以上所指出的那种学习情况，而且在讲授内容方面也能丰富多彩起来，也能表现出辩证唯物主义原有的活生生的精神。

据说莫斯科大学新近拟定的辩证唯物主义的学习计划是：一年级学习哲学史，二年级才开始学辩证唯物主义。我个人认为这种设施自有其理论上和实践上的理由，是非常明智的。在我们大学里面，如果实际条件允许，不妨可以试行这种办法。

其次必须提出：五年以来在综合大学里已经逐渐地从马克思主义观点讲授西方哲学史。这种新型的西方哲学史的教学工作之能迅速而顺利地进行，总的说来，不能不归功于学习苏联在这方面的先进经验。但是我们当前哲学方面的实际情况毕竟与苏联有所不同，因此我们对于哲学史的有些问题，就不能将苏联已有的结论教条式搬过来，我们对于这些问题必须根据具体情况以实事求是的精神,通过科学研究去作出它们应得的结论。

我们当前对于哲学史问题最感到棘手的,就是对一些唯心论的大哲学家的“评价”。我们认为对苏格拉底和柏拉图除了批判其唯心论观点之外,完全没有什么“价”可“评”的看法是不正确的;但是我们怎样才能对他们作出正确的“评价”呢?我们认为将巴克莱和休谟作为主观唯心论者或不可知论者全面地否定,这就忽视了巴克莱的视觉理论和休谟关于自然宗教学说的积极意义;但是我们怎样才能肯定他们这一方面,同时并不因而减轻他们对于唯物主义世界观的敌视呢?我们认为对于有些具有唯物论或辩证法因素的哲学家例如康德和黑格尔只肯定其这一方面,而将其思想体系的其他方面完全否定的看法,似乎还有考虑的必要;但是,我们怎样才能做到对他们作出科学的评价,既保持着他们思想体系的完整,同时也贯彻了唯物主义的观点和方法呢?

还有我们总认为形而上学的思想方法是“不科学的”;但是在马克思主义哲学形成以前,无论在科学中或哲学中,无论是唯物论者或唯心论者对于处理关于自然和社会的问题,基本上所应用的只是这种方法,难道这一切一切都是“不科学”的么?这样的一个问题以及上面所提出的那些问题,都不是简单地可以肯定或否定的。我们对这些问题必须切切实实做些研究工作之后,才能有发言的余地。

再次必须提出:党和政府久已号召我们于十二年以内努力赶上国际的学术水平。关于国际的学术水平,从哲学方面来说,就是我们在这一方面所提出的问题和研究所得的成果在分量上能够用国际的一般学术标准来衡量。但是我敢大胆地说:根据这些年所发表的著作或论文的质量来判断,我们的哲学水平与国际上的距离还很遥远;我们的哲学水平到现在还没有完全脱离物质第一性或者精神第一性的教条式的解释,还周旋于老子是唯物论者还是唯心论者的思辨的游戏中间,我们要想在哲学方面于十二年内赶上国际的水平,还有待我们从事哲学工作者好好地努力。

还有,虽然我们经常谈到哲学方面的国际水平,但是我们对于当前国际的哲学界实际情况所了解的实在不多。例如我们对于现在流行于资本主义国家中一些资产阶级哲学学派,如逻辑实证论、现象学派、存在主义或新托马斯主义十年来的演变过程了解么?我也敢大胆地说:关于了解这方面的真实情况的人也是不多的。但是国际的学术水平不是关起门来谈的;我们必须随时注意国际的学术行市,然后才能抓住问题迎头地赶上去。因此我认为不仅对于马克思主义哲学形成以前的西欧古典哲学要进行研究,就是对于现代资产阶级哲学的一些主要学派也不应当简单地作为"一种帝国主义时代腐败、反动透顶的东西"排斥于研究领域之外;我们似乎还是需要对于它们作些研究和批判的。

以上所指的三点已能说明研究西方哲学史的重要性,至于它作为研究哲学思想发展的客观规律的科学在人类知识领域中所起的作用,可以不必谈了。虽然关于西方哲学史的研究具有如此的重要性,但是从这门科学当前的研究条件来说,则是极其恶劣的。第一,旧中国这一方面并没有遗留下什么东西,关于这方面较有学术价值的著作既不多见,就是关于西方古典哲学著作译成为中文的为数也极少,而且其中有些译本在质量上也很差。解放后这几年来,虽然党和政府力图改变这种局面,但由于客观条件的限制,进展得比较迟缓。第二,解放以前,研究西方哲学和西方哲学史方面的同志本已寥寥无几,其中有些同志由于旧中国大学内宗派主义的横行，竟因找不到这方面适当的工作而改行业。解放以后，有些同志或者感到本身旧哲学包袱的沉重而从事语言方面的教学工作，或者由于工作岗位调动的困难，虽然有“归队”之心，但无“归队”之力，只能望洋兴叹而已。

但是对于西方哲学史的研究最感到威胁的，则在于图书、期刊以及其他参考资料缺乏的严重情况。我们几乎有七年之久没有见到资本主义国家新近出版的图书和刊物。这一年来就以北京大学外国哲学史教研室来说，虽然订到几本关于哲学方面的期刊，但是我们企图购买的、迫切必需的西文参考书籍竟没有购到一本。我们从新出版的图书目录中明明知道巴克莱、休谟、康德、黑格尔的全集都已经陆续地出了新版本，然而我们仅能依靠三十年以前的旧版本，有时连这些旧版本的书还不易到手。现在关于研究西方哲学问题的一般情况，就是阅读无书，参考无书，老师们是如此，同学们也是如此。在这种情形之下，我们应付西方哲学史教学上的需要已经感到棘手，要想在之方面作比较深入的科学研究简直是不可能的。

四点具体建议

西方哲学史这门科学已经面临着危机，如果我们不让它在中国死亡下去，那么必须迅速地克服这种危机。我们怎样才能克服这种危机呢？第一，我认为领导这方面工作的同志们必须放弃重“中”轻“外”的思想，必须将这门科学在中国今后的发展前途作全面的考虑，并且征求这方面中国专家的意见，共同拟定切实可行的计划。第二,我同意汤用彤先生在科学院的发言,将哲学史的研究据点放在北京大学哲学系;如果哲学研究所要想分担之方面的研究任务,那么请它设法去发掘潜力,不要企图用所谓“兼任研究员”的办法在大学范围内釜底抽薪。第三,我认为高教部或其他领导机关应努力设法解决购买图书和期刊的问题。一方面将过去十年来应购的图书和期刊补充起来,另一方面保证今后有一定的外汇继续购买西方的图书和刊物。第四,我认为我们必须罗致全国从事西方哲学研究的同志们,在此之外,我们还须较多地从研究生或助教中培养这方面的新生力量。我向高教部建议,增设综合大学以内的哲学系不要冒进,要适可而止;中国现有关于研究西方哲学史方面的人材有限,过于分散,对于发展这门科学的事业来说,是无益而有害的。

以上拉拉杂杂地写了这许多,无非表示我们对于西方哲学史这门科学的发展前途所抱的热望,其中许许多多的意见都是非常不成熟的,希望同志们多多地指正,更希望爱好这门科学的同志们与我们一起为新中国的哲学史事业而努力。

原载《人民日报》,1957 年 6 月 7 日,第 7 版

国际维特根斯坦哲学讨论会观感

第四届国际维特根斯坦哲学讨论会，已于1979年8月召开了。这次的会议，一如既往，是由奥国维特根斯坦协会召开的。这个协会成立于1976年，会长是许布纳博士（Dr. A. Huebner），组织委员中有美籍奥国人莱因费勒夫妇（W. 和 E. Leinfeller）；许布纳夫妇（A. 和 L. Huebner）；哈勒（R. Haller）和魏因加特纳（P. Weingartner）。此外，还聘请了若干顾问，其中有逻辑经验论的主要代表费格尔（H. Feigl）；麦吉尼斯（B. McGuniness）；施太格缪勒（W. Stegmueller）、费雷（G. Frey）等分析哲学家；数学家门格尔（K. Menger）和奥国信息论者泽蒙克（H. Zemunk）也是顾问。

奥国维特根斯坦协会是以下奥地利的基尔希堡（Kirchberg/Wechsel）为会址。这是有其历史原因的。维特根斯坦从1920年到1926年在这个市镇当过小学教员，并出版了生前的第二部著作：《小学词典》。现在这个小学已经扩建成为维特根斯坦的纪念馆，陈列了他当时在这里从事教学工作有关的遗物，供人参观。历次国际维特根斯坦哲学讨论会，就在这个小学里举行。

奥国有些学者认为基尔希堡作为这个协会所在地的意义，除此之外，还有其哲学上的意义，即这个市镇具有所谓“市场哲学”（Agora-Philosophie）的气氛。阿加拉是希腊的一个市镇，苏格拉底曾经首次应用语言分析方法，对市镇上各行各业的市民作过哲学的游说。无可否认，维特根斯坦在生活方面确有其动人之处，他放弃了百万家财的遗产，自食其力，当过小学教员，还做过修道院的园丁等。第二次世界大战期间，他自愿地在伦敦一个医院的实验室里充当助手。战后，他辞去剑桥大学三一学院教授之职，专心从事哲学研究工作。维特根斯坦的确有如苏格拉底或斯宾诺莎（有人称他为当代的苏格拉底或斯宾诺莎）那样“现身说法”的精神。但是，这里问题是在于维特根斯坦怎样能应用如他在《逻辑哲学论》或《哲学研究》中的那种隐晦含蓄的语言，对那市镇里的市民进行“对话”，博得他们的了解和“同情”，因而成为“市场哲学家”呢？

1976年4月，奥国维特根斯坦协会为纪念维特根斯坦逝世二十五周年，召开第一次讨论会。对于召开这次讨论会的意义，许布纳会长在开幕式上作了如下的说明：“到底维特根斯坦在哲学史上占有什么地位，将来会有定论。但是，无论从他思想上的重要性或真诚性来说，维特根斯坦哲学作为一个当前‘哲学论坛’（Forum philosophicum）的精神和内容的象征，是没有什么不适当的。”

在首次讨论会上，只有来自英国、美国、意大利等国的少数哲学家，宣读的论文只有五篇。以后，由于得到奥地利联邦政府科学研究部和下奥地利州政府的资助，这个讨论会突然成为国际性的组织。1977年8月的第二次讨论会，到会人数就达五百人之多，在会上发言的有一百三十余人。这次的会议分为五个大组和三十五个小组。五个大组的讨论题目如下：（1）关于维特根斯坦早期的知识论、本体论和逻辑哲学问题；（2）晚期的语言哲学；（3）维特根斯坦的心的哲学；（4）维特根斯坦对于语义学、语言学和信息论的影响；（5）关于维特根斯坦的生活和文献问题，美学、伦理学和宗教问题。这次讨论会总的题目是：“维特根斯坦和他对于当代思潮的影响”。

在三十五个小组中，分别讨论了许多有关维特根斯坦哲学的专门问题。例如，维特根斯坦在《逻辑哲学论》中所用的词如“事实”（Tatsache）和“事态”（Sachverhalt），在《哲学研究》中所用的词如“语言游戏”（Sprachspiel）和“生活形式”（Lebensform）的意义，还有私人语言、语法、规则、特征等问题，以及数学哲学、伦理学、美学、宗教等方面某些专门问题等。

这次讨论会认为维特根斯坦生前发表的哲学著作只是很少的一部分，死后发表的也都“带着未完成的色彩”。因此在他的著作中遗留下来的许多问题，却是自己提出但没有解决的问题。例如，“语言如何在经验世界中的应用问题”，这是他晚期作为哲学的最基本问题提出的，然而他在《哲学研究》或其他著作中，对这个问题并没有作出最后的答复。这次到会的所谓维特根斯坦专家都试图应用维特根斯坦的思维方式来解决这个问题，来进行“哲学研究”（phiosophizing）并期望得到《逻辑哲学论》中对于《哲学研究》提出的结论：即“哲学问题终于基本上解决了”①。但是，他们最后也如维特根斯坦那样认识到：“一切哲学问题原则上没有解决的可能性”，《哲学研究》的结论仅能如他所说的那样：“我们对于解决哲学问题所做过的工作是多么的微少呵。”②

参加这次讨论会的所谓维特根斯坦专家，主要的有下列一些学者：阿姆斯康波（U. E. M. Amscombe）、布莱克（M. Black）、芬契（H. L. Finch）、麦尔科姆（N. Malcolm）、欣蒂卡（I. Hintikka）、斯坦尼

① 维特根斯坦：《逻辑哲学论》序言。

② 参见《逻辑哲学论》。

纽斯(E. Stenius)、赖特(G. H. Wright)、麦吉尼斯、施太格缪勒、沃尼维契(B. Wolniewicz)等。

第三次国际维特根斯坦讨论会于1978年6月召开,参加会议的来自二十多个国家的四百多人。会上宣读的论文有一百二十多篇,这次参加讨论会的除了哲学工作者外,有语言学家、逻辑学家、控制论家、统计学者、博弈论者、信息论者、数学家和哲学史家等等。这次讨论会的总题目是"维特根斯坦、维也纳学派和批判理性主义"。从这个题目可以看出,这次会议的对象已经超出维特根斯坦之外,而同与其相关的哲学流派打交道了。

何以这次会议以维特根斯坦、维也纳学派和波普尔(K. Popper)的"批判理性主义"为题呢?理由是由于维特根斯坦、波普尔都和维也纳学派主要代表如石里克、魏斯曼(F. Waismann)和费格尔等有密切的个人关系,但是无论维特根斯坦还是波普尔对于维也纳学派都始终保持一定距离,他们连维也纳学派每星期四晚上的讨论会都没有参加过,更说不上是维也纳学派的成员或者说维也纳学派的逻辑实证论者了。

曾经一度是石里克和卡尔纳普学生的分析哲学家亨佩尔(Carl G. Hempel)以"维也纳学派:一种个人的看法"(Der Wiener Kreis: Eine persönlische Perspektive)为题,在这次会上作了开幕式的发言。他对维也纳学派的经验认识论作了回顾和评论。他认为这个学派从他个人看来,有其优点和缺点。优点是在于应用了现代逻辑分析方法解决了若干传统的形而上学问题;或者把这类问题作为毫无任何认识内容因而是无意义的问题排除于哲学之外,它肯定了现代科学是经验认识最高的发展形式,并在这个基础上建立了所谓"科学世界观点"。这种种对于现代哲学是有一定积极意义的。

但是,这种经验认识论也有其难于克服的缺点,这种缺点就在于作为它的理论基础的"证实性原则"没有得到科学逻辑方面的支持。亨佩尔指出:石里克、卡尔纳普或魏斯曼对这个理论原则从两个方面作了论证:一方面是企图对于经验认识论通过基本命题和其他实际命题关系的逻辑分析制定其普遍特征;另一方面是在经验命题中经常见到的专门术语如电子、DNA 或神经官能症等,通过逻辑意义的分析还原到观察术语,这种术语是可以用之描述经验事实,因而通过感觉作出核定的。

石里克和魏斯曼在维特根斯坦影响下对于前一方面的问题作了答复。他们说,一切经验命题是一定的基本命题有限的真理函数,因而用适当的观察命题是可以证实的,就是说,是可以还原到基本命题的。对此,亨佩尔则表示异议。他说:无可怀疑,一切自然规律是一种经验命题,但它具有普遍命题的形式,因而它决不能和有限多的原子命题的真理函数相等,也不能借这样的原子命题对它作出证实性或如波普尔提出的"证伪性"的结论。

亨佩尔认为我们根本找不到单个命题的经验性质的普遍特征,因为从作为试验对象的假设引申出来的观察命题必须把其他的假设作为补充的前提,才有其试验的可能性。因此,通过基本命题而被检定的假设不仅仅是某个单个的假设,且是一类的假设,因而一种被试验结果所否定的假设并不是说:它是错误的,而是说,那个由于试验的需要而被采用的整个命题系统必须作出适当的改变。这就是蒯因(W. V. O. Quine)后来提出的所谓经验知识的"整体论观点"(Holistische Auffassung)。关于后一方面的问题,卡尔纳普在《世界的逻辑构造》一书中作了细致的论证,他说:"一切经验概念根据少数基本概念可以明确地下定义。"但是,他后来发觉这个原则根本不能适用于所谓素质观念(Dispositionsbegriffe),如“可溶解的”、“有弹性的”这一类的概念,于是在“检验性和意义”一文中,企图在还原命题基础之上提出了“部分的定义性”的假设。1956年后,卡尔纳普对于心理概念的逻辑研究的结果,迫使他明显地走向“整体论观点”。他说:科学理论的基本概念不能单个的制定,只能和许多其他相关的概念共同制定,而且要假定下列两类命题为其工具,第一类命题是所谓把有关科学理论的术语互相联系起来的“理论公设”;第二类命题是所谓“符合法则”。我们用这个法则并借助于“观察术语”才能对于理论的陈述作出解释。

亨佩尔认为用“理论公设”和“符合法则”制定科学概念的特征是个值得考虑的看法,而且导致由费耶阿本德(P. Feyerabend)和库恩(Th. Kuhn)提出了所谓“不可通约性”(Inkommensurabilitaet)的理论观点。如果一种科学理论为其他理论所替代,那么其中采用的原来术语的意义就必须有所改变,例如在相对论力学中同样有时间和空间、质量和能量的概念,但这些概念和在牛顿力学中的意义却是完全不同的。还有,爱因斯坦用以表述质量和能量的关系公式:$E = mc^2$在古典力学中根本不可能存在。亨佩尔指出,库恩关于“不可通约性”理论虽有其可取之处,但是并不能藉以制定科学概念的普遍特征。因为他们(包括费耶阿本德)对这个理论的经验概念所提出的论据是有问题的,而且仅仅通过概念意义的改变来制定经验的普遍特征,理由更是不充足的。

亨佩尔对于卡尔纳普所谓基本命题检验性问题的看法,也表示不同的意见。后者认为基本命题是一个正常的人和在适当的条件之下,无须借助于仪器的准确和理论的推理,就可以断定其真伪的。例如“这里有一杯茶”、“闪电”和“这个试管里有白色沉淀”这类的命题。然而前者却指出有些基本命题真伪性的检验条件,实际上就并非如此。例如,一个不懂中文的人,就根本不能对于"这个试管里有白色沉淀"这个命题进行试验。除此之外,对于一个试验者来说,科学教育也有其辅助作用。例如一个熟悉专业知识的物理学家无须有意识地对于"闪电"现象作任何理论的推理,就能"立即"断定它是由于电磁场的强烈变化所引起的。因此,对于这位物理学家来说,维也纳学派对观察命题在检验方面的直观观点是和科学事实不一致的,因而是无法被接受的。

这样一来,维也纳学派的逻辑实证论者的一切努力不是枉然了吗?亨佩尔对此提出了极其委婉的说法。他说:维也纳学派早期虽然有这样或那样的缺点,但是它对于"现代哲学"还是作出了一定贡献:它把传统的实证论哲学观点和现代科学理论紧密地联系起来,它企图用"科学的世界观"代替形而上学的世界观,并以现代逻辑的工具精确地表述出来以及作出系统的论证。维也纳学派这样的科学的经验主义,从经验主义这个哲学传统的发展来说,无论休谟、孔德、马赫或阿芬那留斯都是不能做到的。

这次会议为波普尔的批判理性主义专门安排了讨论班。但是,他由于健康原因没有能够亲自参加。与会的人对于他的科学哲学和社会哲学,通过论文或讨论作出了不同的评价。现在将其主要的内容概括如下:

与会的人大部分认为波普尔对于20世纪哲学独创性的贡献,是在于他对于人类知识范围和界限、自然科学和社会哲学的理论基础,提出了勇敢而全面的观点。按照他的批判理性主义来说,所有人类知识是以"试验"和"谬误"或者如他的名著的名称那样,以"猜测"和"反驳"的方法论为基础的。这就是说,所有人类知识首先是我们自由地、创造性地提出来的假设，科学就是这样形成的假设的理论系统。但是，科学假设或科学理论之所以能够立足于科学之林，则必须等待它们能否幸免于“证伪”的鉴定，是否能够通过“证伪”这个难关。波普尔在“证伪原则”的基础上，应用了独特的范例，首次企图沟通自然科学、社会科学和哲学之间的分离。他认为就是20世纪最伟大的科学理论，如相对论或量子力学，也不能达到极限的真理，我们甚至于也不能以“部分真理”或“或然真理”来替代这个极限真理。因此，各种科学包括哲学在内作为“追求真理”的学科，其明显的区别并不是实质性的，而是程度上的。这些学科虽然有其显著的不同点，但也有其理论上的共同点。波普尔强调指出：各种学科的这类理论上的共同点，就是他的所谓“证伪原则”。他说，所有人类知识，必须原则上具有为经验事实的观察所能“证伪”的可能性，经验观察和科学试验必须是一切有关真理命题和科学假设的可靠而严格的特征。因此，如果哲学对于人类知识能有所贡献，那么，它必须和自然科学以及人类社会的一般知识理论有密切的关系，哲学无论在理论上或实践上都不能独行其是的。

波普尔在这样了解方法论的概念基础之上分析了社会科学和历史科学的“本性”。他强调指出，历史的发展过程根本不能如柏拉图、黑格尔所主张的那样，原则上是能够预言的，能为一定的历史发展规律所支配的。他认为历史的发展进程根本没有任何可以掌握的规律性，只有其偶然的性质。我们对社会历史的发展过程只能“接近地”或“部分地”了解，如发生学的规律所揭示的那样。波普尔说，没有任何科学假设或理论可以预言整个宇宙的变化过程，那么还有什么社会历史的理论可以预言整个社会的变化过程呢？因此，他在他的名著《开放社会及其敌人》一书中把柏拉图、黑格尔的历史主义在理论上看成是“错误的”，在实践上看成是“乌托邦”。

波普尔宣称社会改良和政治变革只能“逐渐地”（piecemeal）进行，只能通过社会民主的力量和政府机构的效率来推动。他反对通过暴力革命来解决。按波普尔所谓的“试验”和“谬误”的观点来说，我们推动社会的进展，只能希望从小而大，只能从量变到质变，不能有其他有效的方法。如果这种改变能导致较好社会，那么它可能“民主地”为社会所接受，如果不是这样，则它就为社会舆论所拒绝。

波普尔的科学哲学和社会哲学在自然科学和社会科学中影响较大，他还以他的《开放社会及其敌人》和《历史主义的贫困》两部书，博得了英国政府的欣赏，并因之得到英国爵士（Sir）的称号。

1979 年 8 月召开的第四届国际维特根斯坦哲学讨论会的总题目是：“语言、逻辑和哲学”。在这个总题目之下分五个专题小组：（1）维特根斯坦；（2）语言和逻辑；（3）语言和行动；（4）语言和实在；（5）语言哲学和语言学。从来自二十二个国家四百五十余人提出的论文中，选出了一百二十五篇，在小组中宣读和讨论。

这次讨论会的中心内容，是语言的内在构造，语言在逻辑、语义学、语法和句法中的如何应用，特别是在什么前提之下用日常语言或专门语言提出的句子才能“精确化”等问题。解决诸如此类的问题，本来是语言哲学或分析哲学的基本任务。但是，这次与会的人提出：当前的语言哲学已经超出维特根斯坦和维也纳学派那个时候的讨论范围，而开始和语言本身的“根本问题”（Hinterfragen）打交道了。这样的“根本问题”就是：用语言来解释实际的可能性和界限问题，或者语言的能力问题。这样，整个哲学就被他们和“无语言学”(Metasprachewissenschaft)等同起来了。

各个专题小组的论题，都是以此为出发点提出来的。第一个小组就是围绕维特根斯坦和维也纳学派的观点，展开了对语言哲学基础的讨论。第二小组则以日常语言和专门语言的正确应用的“内在机能”作为讨论对象。第三小组的论题是“语言和行动”，这是针对一门新的学科——即所谓“行动论”(Handelungstheorie)而言的，“行动论”是研究语言和行动的关系以及语言在决定行动中所起的作用。当前的语言哲学家企图以此代替哲学史中的“实践哲学”。第四个小组的“语言和实在：本体论和语义学”，不外乎是根据语言和实际关系的研究成果和语义学中指称的意义来批评本体论的“形而上学”。第五个小组则是对当前语言哲学的基础和方法论与当前语言学研究成果作比较的研究。

这次讨论会，受到与会人普遍注意的就是门格尔以“语言和数学”为题的大会开幕词。门格尔是属于维也纳学派少数还活着并仍然很活跃的主要代表之一。他的发言对于语言和数学的基本关系作了全面细致的阐述，现将其三个主要之点简介如下：

第一点，门格尔提出：现在终于认识到，多年来被忽视的日常语言对于数学来说不仅很重要，而且“它的重要性比我们估计到的还要重要得多”，总的说来，所有数学家都能认识到这一点，而且是从应用日常语言中认识到的。

第二点，他提出基本语言的数学并不是如非数学家想像的那样完善，特别是从笛卡尔以来，X 这个字母在数学中的应用就包含了许多等值的，甚至于互相矛盾的用法。对此，门格尔没有作细节上的论证，只指出在他的《论文选集》(1978)中作了说明。

第三点,门格尔谈到数学家对信息(Kommunikation)以及对它的理解的贡献。他说,17世纪法国数学家帕斯卡已经认识到:数学概念或句子既不能无穷地下定义,也不能无穷地求证明。最后,数学家必须以未经定义的概念或未经证明的句子作为出发点。这并不是说,数学家对此无能为力,而是说,这样做是数学研究所需要的。例如,欧几里德在他的《几何原本》中对于许多未经证明的设定没有举出什么说明,但是他对于几何学中需要未经证明的因素——概念或句子等这一点则是完全明白的。斯宾诺莎的《伦理学》是仿照欧几里德几何学的形式和方式写的,虽然其完善性远逊于欧几里德的几何学,但是,他也认识到未经证明的句子或未经定义的概念对于构成哲学系统来说,是同样重要的。这种看法,在当前的数学中已严格的实现了,但是,在哲学、社会科学、政治学等学科中,还没有充分认识到它对科学研究的重要性。

奥国维特根斯坦协会已将1979年举行的第二次国际维特根斯坦哲学讨论会"维特根斯坦及其对现代哲学的影响",第三次的讨论会"维特根斯坦、维也纳学派和批判理性主义",以及这一次——第四次的讨论会"语言、逻辑和哲学"的大部分论文汇编成书。前两种已经于前年和去年在维也纳出版。这一次的汇编将于今年春季问世。这些汇编对于分析研究和批判维特根斯坦哲学观点以及有关的流派和问题,都有参考价值。

原载《哲学研究》,1980年,第2期

欧行哲学见闻

去年(1980)秋季,我去欧洲跑了一趟,在奥国的维也纳和英国的牛津,待了几个月。这两个地方对我来说,都是旧地重游。但是,现在维也纳和牛津同几十年前则无法比较了。那里的一切如我首次到欧洲那样,使我感到非常陌生,摸不着头绪。因此,我写的下列这些见闻——特别是有关学术文化生活——无疑是表面的、片面的,完全谈不上有什么实质性的看法。

维也纳是我青年时代上大学的地方,我在那里待得比较久。维也纳大学是维也纳学派的所在地,是当前国际哲学界仍相当流行的逻辑实证论或逻辑经验论的发源地。但是自从1936年石里克被谋杀以及奥地利被纳粹吞并之后,不仅维也纳学派这个学术团体,就是从马赫开始,经过玻尔兹曼继续下来的经验主义的哲学传统,都在维也纳大学中消失了。以后,代之而兴的,是现象学、存在主义、杂质的新黑格尔主义以及新托马斯哲学。简言之,当前维也纳大学中占统治地位的哲学思潮和维也纳学派逻辑经验主义的"科学世界观",是完全对立的。这是维也纳大学近几百年的历史中罕见的现象。

但是,尽管如此,维也纳学派的逻辑经验主义思潮并没有在奥地利消失,只是它的中心从维也纳大学移到格拉茨大学了。在那里,以哈勒(R. Haller)、托皮奇(E. Topitsch)和弗洛德利希(R.

Freudlich）等教授为支柱，继承那一学派的历史传统，并吸收了近些年来逻辑、数学和物理各种科学哲学的研究成果，形成了一种新的分析哲学学派——“格拉茨学派”。他们还出版一种哲学期刊：《格拉茨哲学研究》。如同它的副题所标示那样，它是一种“国际性的分析哲学刊物”，在国际上有一定的地位。

我这次去维也纳的目的，是应奥国国际维特根斯坦哲学讨论会之请，参加其去年召开的第五次会议的。参加这次会议的人如往年那样，为数很多。会议中提出的论文就有二百多篇。我估计，到会者以美国人、英国人、加拿大人、北欧诸国的人和西德人、奥国人最多，荷兰人、意大利人次之。此外，如法国、比利时、西班牙等国仅有个别人参加。来自东欧的则有匈牙利的两位哲学家，南斯拉夫也有人参加这次会议。来自亚洲的仅有两个日本教授和我共三个人。从这方面我们也可看出维特根斯坦哲学在那些国家的影响的一点眉目了。

这次国际维特根斯坦哲学讨论会的总题是：“伦理学：基础、问题和应用”。在这个题目之下，分为如下的五个小组：(1)维特根斯坦，包括康德和维特根斯坦的讨论班；(2)伦理学，伦理逻辑和元伦理学；(3)伦理学和社会科学：判定伦理和行动论；(4)伦理学和正义；(5)医学伦理学、生态伦理学、伦理学和宗教。从讨论会的实际活动情况看，第一组最为活跃。关于维特根斯坦哲学就开了四次讨论会：(1)《逻辑哲学论》之一：原子论和原子命题；(2)《逻辑哲学论》之二，《逻辑哲学论》的哲学问题：认识论；(3)维特根斯坦后期哲学之一：语言应用中的意义：博弈(game)和规则；(4)维特根斯坦后期哲学之二：语言哲学和博弈。

关于康德和维特根斯坦讨论班也开了三次会议：(1)康德和维

特根斯坦的认识论和语言哲学;(2)康德和维特根斯坦的超验主义;(3)康德和维特根斯坦伦理观点的比较。第二组的活动情况次之;第三组又次之,第四组和第五组同以上各组比较起来,则大大落后了。

一个国际性的经验主义的分析哲学会议,过去总是以认识论、方法论、语言哲学、科学哲学或逻辑哲学为题目,这次讨论会竟以伦理学作为讨论的对象,这倒是一件新鲜事。毋庸讳言:当代分析哲学的多数流派,从维也纳学派开始,就没有足够重视伦理学,就没有把伦理学摆在哲学中应有的地位。虽然英国的分析哲学家如罗素和 G. E. 穆尔等对伦理学持不同的态度,但是他们的哲学趋向从 30 年代开始,就被维特根斯坦的《逻辑哲学论》的思想洪流所冲淡了。维特根斯坦在该书中对于伦理学问题的看法主要的只说了那几段话(该书 6.42—6.423)①,而且那些话更能使人对伦理学在哲学中的地位抱消极的看法。的确如人们指出的那样:一个完整的哲学体系,既应有其完整的理论哲学部分,也应有其完整的实践哲学的部分。例如,康德哲学有其三大批判,马克思主义哲学有辩证唯物论和历史唯物论。对此,无怪乎罗素曾经慨乎言之:"逻辑实证主义这类哲学,严格说来,没有哲学,仅有方法论。"

但是,伦理学在分析哲学中的情况,近三十年来也发生了变化。例如 C. 斯蒂文森(L. Stevenson)的《伦理学和语言》、哈尔(R. M. Hare)的《道德的语言》和诺威史密斯(P. H. Nowellsmith)的《伦理学》这些著作,从不同的方面给伦理学奠定了分析的理论基础,

① 维特根斯坦于 1930 年曾作过"论伦理学"的报告,发表在《哲学评论》第 74 页。

开辟了对这门学科的新的研究道路。在方法论方面,布莱特怀特(R. B. Braithwaite)在他的《作为道德哲学家的工具的博弈论》一书中,首次提出了应用数学理论在伦理哲学中的启发性看法。在此理论基础之上,所谓决策论(theory of dicision)、行动论(theory of action)和道义逻辑(deontic logic)等逻辑理论创立或发展了。它们都给伦理学这门学科提供了这样或那样的逻辑根据和哲学基础,因而也给召开这次关于伦理学的国际分析哲学会议以充足的理论和有利条件。而且这种新的方法论在伦理学中的应用以及这种新的伦理哲学的趋势,在这次维特根斯坦哲学讨论会中已经明显地表现出来。

在这次讨论会的各个小组中,对于博弈论、决策论、行动论和道义逻辑在伦理学中的应用的讨论,可以从两个方面来看:一方面,怎样应用它们并结合维特根斯坦的观点来研究伦理学的一些基本问题,如关于义务、责任、应该、必须、容许、禁令和善恶的理论基础,概念定义及其应用问题;另一方面,怎样了解这些理论在伦理学中的应用范围、界限、优点和缺点,乃至于其可能性和不可能性问题。对于这两方面的问题,在各小组中都有根本不同的看法,因而在讨论会中都引起针锋相对的争论,引起巨大的分歧。

关于维特根斯坦以及康德和维特根斯坦的哲学方面,从提出的论文来看,也许可以概括成为下列一些问题:从维特根斯坦的原子命题中如何区分维特根斯坦和罗素的逻辑原子论的异同?维特根斯坦的《逻辑哲学论》对于维也纳学派,特别是对石里克的影响如何?维特根斯坦"前""后"期哲学的关系怎样?如何评价语言应用中的意义——维特根斯坦的博弈论?关于康德和维特根斯坦的讨论,也许可以概括成为下列一些问题:维特根斯坦的康德主义和语义学的关系怎样？维特根斯坦是一个康德主义哲学家么？是所谓“语言的超验主义者”么？如果是，他们中间有无界限？如何从维特根斯坦的“逻辑哲学论”来了解康德的伦理学立场？康德的“绝对伦理学”和维特根斯坦的“分析伦理学”关系怎样？关于意志和思维在《逻辑哲学论》中如何解释？等等。

这次会议上，有些小组的论文和发言，都不约而同地批评了逻辑实证的感情伦理学，批评了经验主义传统的功利主义和幸福观：对维特根斯坦的“语言的局限性即伦理学的局限性”这一点也提出了批评。

这一次维特根斯坦哲学讨论会，总的来说，是开得成功的。抛开许多论文和发言中的资产阶级观点不谈，大多数论文和发言，还是言而有据、细致深入的。人们感到不足的就是：(1)参加会议的大多数是数学家、逻辑学家、物理学家和计算科学家，纯哲学家为数不多；他们应用的术语过于专门，论证的专业技术性很强，加上各有各的逻辑符号系统，因而非常难懂，而且太重视细节问题，因而倒模糊了哲学的基本问题。(2)会议中德、英两种语言同时应用，忽而德文、忽而英文，有时引起一定的混乱。我觉得北欧人对英、德文说、听都好，西德、奥地利人对英文则是听很好，但说起来难懂；其他如意大利、法国诸国的人对英、德文听、说都较差；英国人对德文有的说、听都很好，但多数人说不如听；美国人的德文，据我所知，在这两方面都比较差，似乎既不能听也不能说，我想读一定会吧！(3)论文的讨论时间不充足，不能畅所欲言，这也是憾事。

这一次讨论会安排得很好，在开会之外，有充分时间供到会各国学者自由交谈。以我个人的体会来说，大家谈得都很融洽，没有什么国家成见，也很少谈哲学问题以外的问题。仅有一次，一位北欧的教授对我说:“幸而历次讨论会没有苏联人参加,否则这个讨论会就变成联合国会议了。”我问他:“保加利亚的人怎样?”他说:“前年有几位保加利亚的哲学家参加这个会议,他们的论文和发言,都表现出对分析哲学的爱好,特别是对维特根斯坦的爱好,没有什么‘教条’的气味,匈牙利人和波兰人不必谈了。据我所知,只有东德人在这方面较之苏联有过之无不及。”他还开玩笑地对我说:“去东德的签证比去你们国家的签证还要难。”

最后,会议组织处还为我们安排了告别宴会和参观,参观的是塔那塔包哈的村庄,这是维特根斯坦做过六年小学教员的地方,以及维特根斯坦在维也纳为他的姐姐设计的住宅。这个建筑物是在奥国著名建筑师洛斯(Adorf Loos)影响之下设计营造的,如今已成了当前旅游者参观的“古典建筑物”之一了。

会议结束后,我在维也纳休息了数天,并参观了维也纳大学。几十年后的今天,它对我虽然似曾相识,已经不得其门而入了。幸而我的朋友,国际驰名的现象学家U博士,特地为我从度暑假的意大利南蒂洛赶回维也纳,并陪我参观其庞大而设备华丽的哲学研究所。它坐落在新建的老大学旁的高大楼房里。我同时还去李比希巷,石里克的哲学研究所所在地,和柏兹曼巷的二楼,这是石里克小组每星期四晚聚会的地方。这里的一切仍然如旧,人虽去而楼不空,但对我来说,诚有难言的今昔之感。美丽的维也纳,虽然一些名胜古迹依然光彩夺目,著名的国家歌剧院和布尔格剧院等等依然如故,但是市内交通拥挤不堪,小汽车到处奔驰,旅游者穿梭街道,充满了现代化繁华的商业气氛,当年那种宁静优雅,古色古香的色彩不复存在了。那位U教授对我说:“你所想像今天的维也纳是这样的维也纳吗?”我们对此都非常感慨。

数天之后，我就离开维也纳，去伦敦转往别了三十余年的牛津。当我到达那里和见到接我的学院朋友的时候，我的感觉如同到达维也纳时一样，恍惚不知道这是在做梦，还是现实。这确是一种难以形容的复杂心情。牛津的市容大体上变化不大，市中心那些学院、教堂和图书馆等，庞大的中世纪的哥特式建筑物，依然林立在街头。High Street 依然是牛津的大道，Cornmarket 和 Westgate 依然是商业中心，公共建筑物如市政厅、邮政总局等依然在 Cornmarket 的交叉路旁，著名的 B. Blackwell 和 G. Parker 书店以及许多旧书店，还有一些学院和世界著名的 Bodeian 图书馆依然在 George Street 那一带。牛津市外和三十年前大不相同，这里几乎无法认识，更繁华了，热闹了，交通堵塞于途，噪声震耳，行人拥挤于道，互不相容，又加上许多庞大的百货公司，顾客盈门，走无隙地，据说"牛津是现在英国商业中心之一"。这些时代的产物给这座古色古香、宁静雅致的大学城以极不协调的气氛。以我所闻，这一点使心怀向往因而前来参观这个有悠久文化传统的古城的国际旅游者，都感到美中不足。

我到那里时，牛津大学还没有开学。我抓紧这个时间了，了解有关维特根斯坦和逻辑经验主义今天在英国的情况。维特根斯坦是20世纪西欧哲学中有广泛影响的人物之一。三十年前我在那里时，是他的鼎盛时期，今天他的影响虽不如前，但在英国显然有不少维特根斯坦学者继续从事他的研究，而且每逢什么哲学讨论会和每讨论什么哲学问题时，仍然没有不提到维特根斯坦的，没有不引证他的话作为论据的。我个人虽然没有被他"迷住"，但我对他的哲学也有一定的兴趣。这次在牛津，我见到我的朋友 B 爵士时，他首先就问我："你有没有忘记 1945 年在 All Souls 学院我们一道听维特根斯坦关于 Gogito ergo sum 的冗长报告呢?”我说:“如果你不提起,我倒忘了。”这些年来,我一直在钻研他的几部著作如《逻辑哲学论》、《笔记》、《蓝皮书和褐皮书》以及《哲学研究》。但他后来出版的遗著,主要的如《哲学论释》、《哲学文法》、《论确定性》、《字条集》(*Zettel*),以及《杂文选》,还有许多出版了的维特根斯坦的讲义和史料以及他的通讯,我都没有见过。而这种种对于维特根斯坦的研究和评论都是有阅读必要的。因此,我必须在这方面补补课。我在图书馆中见到关于解释或评论维特根斯坦的著作不下一百余种之多。但我很少看第二手材料,因为这样做,会影响到我自己的看法和思路。然而我也觉得,事后看点这方面的东西,也有一定的参考价值。

我到牛津后的第三天,就去访问我曾经待了较久的 N 学院,但是,那里的一些老朋友,大都出国度假未归,仅有还恍惚认得我的一位先生引导我参观过去我常去的地方,如办公室、教员休息室和图书馆等。提到 N 学院,它和维也纳学派的经验论在英国的发展有历史性的联系,维也纳学派主要成员魏斯曼(F. Waismann)在这里任教多年,英国著名的逻辑实证论者艾耶尔(J. A. Ayer)也在这里任教过。前者已逝世多年,后者已退休有年,移居伦敦了。现在 N 学院的哲学主任教授是杜麦特(M. Dummett),他是一位杰出的分析哲学家,但他的观点和逻辑经验论有些距离,和弗雷格(Frege)等的逻辑实在论比较接近。这里有必要提到的,就是另一位牛津的杰出的分析哲学家蒯因顿(A. Quinton),他似乎多少受了魏斯曼的影响,但思想比魏斯曼开阔,不为维特根斯坦所束缚。他试图在调和逻辑经验论和逻辑实在论基础上建立自己的观点。他在英国哲学界是有一定影响的。

作为逻辑经验论学派在牛津大学的主要代表除了蒯因顿之外，还有麦吉尼斯（B. F. McGuinness），他是国际著名的维特根斯坦学者，他和皮尔斯（F. P. Pears）一道根据维特根斯坦本人对《逻辑哲学论》的英译要求，重新译了这本书。这本书的价值如何，英国的哲学期刊《精神》就有如下的评论："我们对皮尔斯和麦吉尼斯表示感谢的不仅在于他们完成了《逻辑哲学论》更好的译本，同时也因为这个译本已经达到圆满的地步。"麦吉尼斯还译了维特根斯坦其他的著作，博得国际哲学界的好评。他所编译的《维特根斯坦与维也纳学派》一书，是研究维特根斯坦对维也纳学派影响的重要读物。他是《维也纳学派丛书》编委之一，这部丛书下列的几种译本都是他主编的：(1) L. 玻尔兹曼：《理论物理学和哲学问题选集》；(2) 考夫曼（F. Kaufmann）：《数学的无限性：逻辑—数学论文》；(3) F. 魏斯曼：《哲学论文集》，其中有蒯因顿精彩的绪言；(4) H. 汉恩：《经验主义：逻辑和数学，哲学论文集》。还有魏斯曼的《逻辑、语言、哲学》的德文本也是由他和 G. P. 贝克整理出版的。麦吉尼斯为此书作了一个在出版方面维特根斯坦和魏斯曼中间意见分歧的历史性的"后记"。这个"后记"也能说明维特根斯坦对维也纳学派观点的一些距离和分歧。

当前逻辑经验论在牛津虽然没有像三十年前那样流行，但也没有如我们有些人传说的那样"已经过时了"。它不仅在英国，就是在欧洲大陆和美国各地也并非"过时"。至于三十年以前在那里同样流行的牛津剑桥的语言分析派，即所谓"Oxbridge 分析派"的情况怎样呢？这一学派的创始人如罗素、G. E. 穆尔、维特根斯坦和 J. 魏斯顿（剑桥）、G. 赖尔、H. H. 普赖斯、J. L. 奥斯汀和魏斯曼（牛津）虽然已经逝世多年或退休了，但这个学派并不因之停止不前，反而在这些年有了新的进展。这个进展是在所谓“哲学逻辑”基础上形成的。我的牛津朋友、国际驰名的实证主义的法哲学家H教授对我说:“现在Oxbridge的分析哲学的趋势和我们在N学院的时候不同了。这些年来,牛津的哲学思想中心既不是维特根斯坦,也不是逻辑经验主义,而是溯源到G.弗雷格、维特根斯坦以及经过W.V.蒯因、S.A.克里普克而形成的‘哲学逻辑’分析派,这一派在牛津大学的代表,主要的是斯特劳逊、杜麦特和G.J.瓦纳克等。”经我和其他牛津哲学家谈论,证明H教授这种看法是有其事实根据的,这种“哲学逻辑”的分析派的确是当前牛津分析哲学的主流。

尽管这类的语言分析派是那里的主流,但也不如三十年前的维特根斯坦或逻辑经验论那样,渗透了牛津哲学界的一切活动。现在仍然有人坚持以R.卡尔纳普为代表的与以日常语言作为逻辑分析对象的观立观点;N.乔姆斯基、D.达里逊、J.R.西尔斯、J.卡茨和H.普特曼等的语言哲学在那里也很有影响。谈到科学哲学问题时,石里克、卡尔纳普、波普尔和C.G.亨佩尔等仍然受到重视。谈到分析哲学的认识论时,罗素、G.E.穆尔、石里克、卡尔纳普、O.纽拉特和波普尔、艾耶尔等人,仍然是为人们津津乐道的。

此外,其他的外国哲学流派或哲学家在牛津仍有不同程度的影响。我对这个问题没有足够的注意,仅仅是在牛津哲学讨论会中和在书本中得到下列一些零零碎碎的印象:E.胡塞尔的现象学派在牛津哲学界似乎还有人感兴趣。至于存在主义,萨特要比海德格尔吃香得多。这里可能同他们的极端不同的政治态度有关,后者和纳粹勾结那种恶行引起英国哲学界一般人的愤慨,而前者“急进的自由主义”却得到英国学术界的广泛同情。

弗洛伊德的心理分析派通过剑桥分析哲学家J.魏斯顿《心理

分析哲学》一书以及维特根斯坦对他梦里的理论的注意,从而在牛津引起了人们的重视。新康德派 E. 卡西勒的《符号形式的哲学》一书译成英文,——这是他的语言哲学的总汇,在牛津哲学讨论会中,还有人提到他在这方面的贡献。牛津已故的历史哲学家柯林伍德(R. G. Collingwood)现在仍有其影响,但新康德派的李凯尔特(H. Rickert)和文德尔班(W. Windelband)的历史哲学并不因为他们与柯林伍德的关系而被人注意。当然文德尔班作为哲学史家在牛津还是受人尊敬的。至于新黑格尔派,我只向一位牛津哲学教授问了关于芬德莱(J. N. Findlay)的情况。我问他:"芬德莱还是一个新黑格尔主义者吗?"他回答说:"不知道,我只知道他是英国当前杰出的分析哲学家之一,他曾经是伦敦大学国王学院的哲学教授,前几年已经退休了。"

但是,美国流行的从科学史角度来研究科学哲学的趋向,其中主要的代表如库恩(Th. S. Kuhn)和费耶阿本德(P. Feyeraband)等的"非理性主义"哲学思潮,以我所知,不仅在牛津剑桥,就是在英国其他地方的哲学界都不大受欢迎,而且有人认为"这种思潮在一定意义下是对科学哲学研究的一种倒退"。结构主义、法兰克福学派以及美国各种各样的自然主义,什么"过程哲学"或新实用主义在英国也没有什么市场。在牛津,也有若干著名的分析哲学家研究马克思主义哲学问题的,例如,柏林(I. Berlin)爵士,他曾经是牛津大学社会和政治理论教授,他的《卡尔·马克思》一书是深受读者欢迎的。还有汉普夏(S. Hampshire)这一位有名的分析哲学家,有时也发表关于马克思主义哲学方面的论著。此外,波兰著名的"马克思主义哲学家"L. 科拉科夫斯基现在牛津 All Souls 学院大讲马克思主义哲学和社会政治理论问题。听说他的讲演很受学生的欢迎。

最后简单地谈谈和波普尔爵士的会见。我同他原来并不认识,虽然以前在维也纳和牛津我都有见到他的机会。这次是为了石里克百年生日论文集向他征文,是B爵士为我介绍的。他住在High Cycomb附近的村庄里,很难找。奇怪的是他的邻居竟不知道这位鼎鼎大名的哲学家波普尔爵士。我们虽然是初次见面,但因为他和卡尔纳普、克拉夫特、费格尔和魏斯曼都是好朋友,我和这些人不是师生就是朋友的关系,因此我们一下子就熟悉起来,如同久已相识的那样,无所不谈。

他首先评论了维特根斯坦的为人,特别是和魏斯曼的关系,批评了Oxbridge的语言分析派,但对赖尔则表示好感,他赞扬石里克的高尚品格,并拿出石里克的《普通认识论》英译本给我看,说:“这是一本好书,可惜长久以来一直未被人注意。”但他对石里克的《物理学中的空间和时间》一书不甚满意。其实据我所知,这本书是爱因斯坦在对他的相对论的哲学解释这类著作中最欣赏的一本书。不过,我们毕竟是初次见面,不便和他争辩,对此读者可阅Ph.弗朗克的《爱因斯坦,他的生活和时代》(1947)一书的193页就可明白了。

我们聊了几乎三个多小时,他还不觉累,时间已经是下午五时,我必须回牛津了。临别时,他送我一本德文德的《研究的逻辑》(1969)。我回送了他三十年前在N学院时发表过的一篇论文的复制品(这是在牛津图书馆里找到的)和我在维也纳开会时用的一份有关石里克和维特根斯坦报告,他很高兴。他恋恋不舍地和我道别,我的汽车开出好远时,他还站在门前不断地向我招手,这位老人慈祥的面孔至今仍在我脑海中反复出现。

我离开牛津后,即去伦敦大使馆候机回国。恰好正值中英直接通航,我有幸乘首航回到北京。途中在巴林和香港停留了不到一小时。全程十八小时的飞行,使我感到十分疲倦。然而由于英国航空公司747班机设备之先进和服务之周到,使乘客们感到称心满意,忘记了疲劳,次日下午二时后,如时到达目的地——北京。首都机场阳光灿烂,服务员热情周到,又见到来机场接我的同志们和家属,我内心无比高兴和激动。

原载《现代外国哲学论集》,

三联书店,1981年

附　　录

洪谦教授访问记

R. 哈勒

1984 年 9 月,我应邀在北京大学讲学。在此期间,我有机会同洪谦教授重新谈起维也纳学派的问题。其实,关于这个问题的谈话,我们在维也纳时就已经开始了。洪谦教授 1909 年生于中国福建(原籍安徽)。二十年代末他先就读于耶拿和柏林大学,1928 年到维也纳学习。在这里,他以他撰写的论文《现代物理学中的因果性问题》在石里克那里获得博士学位。从 1930 年到石里克被害(1936)这段期间,他经常参加石里克小组即维也纳学派的星期四夜晚讨论会①。在这次谈话——这次谈话也将收入《同维也纳学派成员谈话集》中,我们首先谈起他在维也纳时期的个人印象。这是我同维也纳学派成员一系列谈话——从克拉夫特开始,随后是奈德(Heinrich Neider②)的继续。下面就是我同洪谦教授的谈话。

哈勒:洪谦先生,您不仅亲身参加维也纳学派一系列学术会议,而且多年来是石里克的学生,在他那里撰写了博士论文。您无疑是参加石里克小组的会议时间最长(即从 1930 或 1931 年到 1936 年)的外国人中的一位。

---

① 1931 年,卡尔纳普在日记中记载了洪谦对他的访问,洪谦向他谈了他的博士论文的题目。

② 见 *Conceptus* 第VII卷,1973 年,第 9—25 页;第 XI 卷,1977 年,第 21—42 页。

您是怎样想起赴维也纳,到石里克那里学习的呢?

洪谦:我到维也纳学习纯属偶然。1927 年我到了德国,在那里学习物理、数学和哲学。在耶拿,我在维恩(W. Wien)教授那里听物理课,在肯尼希(F. König)教授那里听数学课。至于哲学,我只听过鲍赫[③]和林克[④]教授的课。在这期间,我读了赖兴巴赫[⑤]的《从哥白尼到爱因斯坦》(1927)和《相对论和先验知识》(1920)。这两本著作引起我的注意,给我的印象极深。于是我决心到柏林(在此之前我曾在那里学习德文)去听赖兴巴赫的课。然而,我在课程表上标出的教授们中却找不到他的名字,因为他已到自然科学院任教了。我在那里听了他一些课。赖兴巴赫提醒我重视莫里兹·石里克,他对石里克的《当代物理学中的空间与时间》及《普通认识论》评价很高,爱因斯坦也说石里克在这方面很有造诣。正是由于这种偶然情况,我才于 1928 年从柏林、耶拿到维也纳去。

哈勒:您在维也纳听过谁的课呢?

洪谦:我听过弗特汪格勒[⑥]教授、迈尔霍夫[⑦]讲师和汉恩[⑧]教授

---

③ Bruno Bauch(1877—1942),新康德主义者。

④ Paul Ferdinand Linke(1876—1955),现象学家。

⑤ Hans Reichenbach(1891—1953),柏林经验哲学协会的奠基人。他和卡尔纳普一起出版《认识》(*Erkenntnis*)杂志。1933 年流亡到土耳其,在伊斯坦布尔任教;1938—1953 年在加利福尼亚大学洛杉矶分校任教授。

⑥ Philipp Friedrich Furtwängler(1869—1940),1912—1938 年任维也纳大学数学教授。

⑦ Karl Mayrhofer(1899—1969),1930 年任维也纳大学数学讲师,1936 年任数学教授。

⑧ Hans Hahn(1879—1934),数学家,维也纳学派奠基人之一,自 1921 年起任维也纳大学正教授。

的数学课，埃伦哈夫特[⑨]教授和蒂林[⑩]教授的物理课。我同蒂林教授接触不多，但同他的助教阿道尔夫[⑪]却经常来往。最近我才从我的同事物理学家克莱斯-柏尔奈特（T. Cless-Bernert）博士那里得悉，他在奥地利被纳粹吞并之后不得不到美国避难，因为他的夫人在犹太人。

当时，我和埃伦哈夫特教授住在同一条大街上，在电车上也偶尔碰到他。他时常请我吃饭。他对石里克评价很高，只是对像石里克这样卓越的物理学家怎么能把自己的时间和精力用在哲学上表示惊奇。石里克偶尔也向我谈起埃伦哈夫特，说他是一位优秀的实验物理学家，但似乎没有很好的理论头脑，所以在同密立根（Millikan）关于测量电的基本量子及其荷电量必定为最小的假设的争论中遭致失败。

石里克待我十分热情，一开始就指导我的学习。他建议我首先扎扎实实地学习自然科学，让我认真学习数学和物理，并要我到卡尔纳普那里听数理逻辑。他建议我暂时放弃我原来打算听的哲学课。

当时我只听石里克的哲学课和魏斯曼（F. Waismann）主持的讨论课。但是我觉得石里克的讲课技术不特别好。那时，我听懂的不多。这也许是因为我的语言知识不足，但也可能课程本身就不那么好懂。不过魏斯曼是一位优秀的教师。他善于解说，具有把

⑨ Felix Ehrenhaft（1879—1952），1911 年任维也纳大学物理学副教授，1920 年起升为正教授，1938—1946 年流亡国外，1946 年重返维也纳大学任教。

⑩ Hans Thirring（1888—1976），1921 年任维也纳大学物理学副教授，1927 年升为正教授，1938 年退休，1945 年重新执教，1958 年退休。

⑪ 阿道尔夫（Adolf）姓什么，人们并不知道，在维也纳大学教师名册上，只写着蒂林的助教：Otto Halpern 博士，从 1931/32 到 1932/33，以后是 Theodor Sexl 博士。

事情讲得一清二楚的惊人才能。

石里克在讨论班上的讲解非常突出,这和他的上课截然相反。他善于向学生提出问题,让他们充分发表意见,始终很耐心,使讨论的问题得到清楚的解释。同时,他让大家讨论的问题不一定是他本人的著作和观点。我记得,有一次我们把罗素的《我们关于外部世界的知识》和《哲学问题》讨论了整整一学期。石里克十分尊敬罗素,既尊重他的哲学,又尊重他的人品。

哈勒:您和石里克的个人关系怎样?石里克给您留下什么印象?

洪谦:石里克很喜欢我,我们之间关系亲密。可以说,他成了我心中的偶像。凡是他说的,我都照办。因此在一段相当长的时间里我丧失了独立性。后来我在他的《箴言》里读到了这样一句话:"追随别人的人,大多依赖别人",这使我感到遗憾。

我可以出入于石里克接待贵客的寓所。他时常请我到他家过节或者会见外国客人,例如艾耶尔和一位美国教授(我现在忘记了他的名字),还有当时已经移居美国的费格尔,以及许多其他客人。此外还有他所尊重的海森伯(Heisenberg)和恩斯特·卡西勒(Ernst Cassirer)。克莱斯-柏尔奈特(T. Cless-Bernett)博士的夫人,我在这里也碰见过。

哈勒:您从什么时候开始参加维也纳学派的会议?您对这些会议有什么印象?

洪谦:大约在1930年,石里克邀请我参加星期四晚上在玻尔兹曼巷举行的石里克小组会议。我在这里认识了许多原来没有机会认识的维也纳学派的成员,例如纽拉特(O. Neurath)、弗朗克(Ph. Frank)、门格尔(K. Menger)、哥德尔(K. Gödel)、济塞(E. Zilsel)、考夫曼(F. Kaufmann)、拉达科维奇(Th. Radakovic)、奈德(H. Neider)、兰德(R. Rand)心理学家布隆斯维克(Brunswick)、亨佩尔(Hempel)等等。

参加维也纳学派的会议的还有波兰人塔尔斯基(Tarski)、克韦斯蒂克(Chwistik)、雅斯科夫斯基(Jaskowski)、霍西亚松(Hosiasson)、林登鲍姆(Lindenbaum)。有牛津的艾耶尔,有都灵的吉莫纳特(Geymonat),有南美的林德曼(A. Lindemann)——他是克拉夫特教授的学生。纳格尔(E. Nagel)、赖兴巴赫有时也参加维也纳学派的会议。遗憾的是我在这些会议上没有见到过凯拉(Kaila)和蒯因(Quine)。

现在我简单地谈一下关于石里克小组的讨论情况。那时会议没有使用"维也纳学派"这个名称。谁都知道,维也纳学派受到维特根斯坦的影响,这是事实。遗憾的是,在我参加会议那段时间里并没有遇到过人们逐字逐句地解释维特根斯坦的《逻辑哲学论》的情况。当时只讨论过记录命题的性质和确证的概念,讨论过知识的基础、物理主义、统一科学等问题。在讨论这些问题的时候,在我看来,石里克和魏斯曼持一种观点,卡尔纳普、纽拉特和汉恩持另一种观点。弗朗克时常从布拉格赶来参加会议。他在会上发表的见解,既很少同石里克一致,又更少同魏斯曼一致。考夫曼更多的是赞同石里克的观点,而不是卡尔纳普和纽拉特的观点。济塞有时同意纽拉特,有时同意石里克。他的中立态度在会上往往获得同情和支持。

石里克和纽拉特争论的核心,主要是作为科学知识的基础的确证或者记录命题,进而导致有关真理的符合论和贯融论的问题。在讨论这些问题时,魏斯曼很少发表意见。当时他的认识论近似于维特根斯坦。他的兴趣更多的在于逻辑和数学,而不在认识论。

在这些问题的讨论中,石里克采取一种奇特的态度。他反对把记录命题作为知识的基础,却不反对物理主义,而是赞同物理主义。同样,他从不反对"统一科学"这个概念,但也从未表示过赞同。此外,我还记得,在关于罗素的《我们关于外部世界的知识》的讨论会上,他对中立的一元论既不赞同,也不反对。

哈勒:维也纳学派中讨论的气氛怎样?

洪谦:关于石里克在小组中的态度,有过各种说法。有人说,石里克对纽拉特的某些哲学观点,或者对赖兴巴赫的概率观点有时是不客气的,甚至也反对过赖兴巴赫对物理学中时间性观念的看法。但是,一般说来,凡是不涉及哲学观问题,他是很客气的,而且抱妥协态度。总之,我可以肯定地说:我感到这个学派中的气氛是和谐的。他们之间总是那么彬彬有礼,友爱和诚恳。幸运的是,四十年前我在英国牛津大学新学院和近年来在王后学院又重新经历了这种友好的交往气氛。

哈勒:您愿意多少谈一点您同卡尔纳普的个人关系吗?

洪谦:好,我很乐意。从1928年起,我听他的数理逻辑课,后来又参加他主持的关于罗素的《数学哲学导论》和弗雷格的《算学基础》的讨论课。但是我同卡尔纳普[12]的个人关系是相当晚,通过我的同事斯托格小组(Frl. Stöger)——卡尔纳普后来的妻子——才建立起来的。斯托格小姐是一位友好和乐于助人的人,在语言上和专业上她都给过我许多帮助。五十年后的今天,我依然时常以感激的心情想起她,而且很悲伤(有人说她后来自杀于洛杉矶,我

⑫ Rudolf Carnap(1891—1970),1926—1931年任维也纳大学哲学讲师。

不知道这是真是假)。

通过斯托格小组,我同卡尔纳普建立了个人联系。后来,卡尔纳普时常邀请我到维也纳希青(Hietzing)十三区他的寓所去。他住在一所独门独户,但十分狭窄的住宅里。室内到处堆满书籍。当他知道我在耶拿待过时,就同我谈起维恩、鲍赫教授,同时还谈及弗雷格,——我在耶拿时从未听到过这个名字,尽管我经常在耶拿大学数学物理实验室工作。卡尔纳普说:维恩教授和鲍赫教授都是他的老师,而且鲍赫教授还指导他的博士论文。我在耶拿只听过维恩教授的实验物理课,做他交代的实验,然而同他并没有个人接触。至于鲍赫教授,我只记得他在课堂上经常说:"音乐十分动听,但是演奏不好,只能发出噪音。"而且,每当他说这句话时,不知道为什么总是显得那样得意。

在谈到鲍赫时,石里克有一次对我说:鲍赫的著作《自然规律》并不是一本特别好的书,因为他对物理学的理解远不如卡西勒。但是卡西勒是如何看待石里克的呢?1984 年在牛津大学的 All Souls 学院,我碰到旧友柏林爵士(Sir Isaiah Berlin)。我们谈起卡西勒。他告诉我:"卡西勒强调说,石里克什么也不是,维特根斯坦什么也不是,卡尔纳普什么也不是,甚至全部分析哲学都什么也不是。"他不仅不愿意待在英国,而且根本不愿意说英语。最后柏林爵士说:"卡西勒是个很怪的人。"

卡尔纳普移居美国之后,我们经常有书信来往。他甚至把他出版的每一本书都寄给我。他送我的最后一本书是《卡尔纳普的哲学》。接着就发生了所谓"文化大革命",我被禁止同国外通信。1978 年费格尔教授从明尼苏达写信告诉我,卡尔纳普时常同他谈起我。遗憾的是他于 1970 年与世长辞。卡尔纳普是石里克之外我最难忘的师长。无论在学习上,还是在个人的事情上,他都曾给我巨大的帮助。因此他逝世的消息使我十分悲痛。

哈勒:请允许我提几个关于维也纳学派其他成员的问题,好吗？您对魏斯曼印象如何？您同他本人不是也很熟悉吗？

洪谦:是的,我同魏斯曼博士⑬十分熟悉。在维也纳,我先上他的初级讨论班,在他那里通过了考试。在石里克逝世前,我一直同他保持着密切联系。后来,经他介绍,我作为研究员进入牛津大学的新学院。在那里我们又经常见面了。魏斯曼和石里克很不相同。我是说,他是另一种性格的人。他是不易于交往的,虽然他也十分诚恳、友善和乐于助人。他很敏感,容易激动,有时达到不能自制的地步。例如,第二次大战后,1945 年在牛津过圣诞节。我给纽拉特写信,说很想见他(这封信我寄给了您)。魏斯曼不愿见纽拉特,但是我力劝他和我同往。后来我们甚至到纽拉特那里去了两次,这是纽拉特逝世前不久的事⑭。后来我们还一起去看过玛丽夫人⑮。总之,魏斯曼对纽拉特并不十分同情。他和新学院其他同事的关系也不好。因此,他在那个环境里感到十分孤单。只有赖尔教授总是护着他。魏斯曼总是时常反对某个人,要么反对维特根斯坦,要么反对英国人。

哈勒:您对我说过,您认为,人们对维特根斯坦的影响的估计

---

⑬ Friedrich Waismann(1896—1959),曾在维也纳学习数学和哲学,在石里克的初级讨论课上担任助教。1930—1936 年任维也纳大学哲学系图书馆员,维也纳专科学校讲师;1938 年流亡英国,先在剑桥任教,1939 年起在牛津任教。

⑭ Otto Neurath(1882—1945)12 月 22 日逝世。从 1925 年到 1934 年,任维也纳社会经济博物馆馆长。1940 年流亡到英国。

⑮ Marie Neurath,原姓 Reidemeister 奥托·纽拉特的第三个妻子,也是他创建社会经济博物馆后的同事。

过了头，而对塔尔斯基[16]的影响则估计不足。难道您是说，塔尔斯基对维也纳学派的影响不亚于维特根斯坦吗？

洪谦：对，我正是这样看的。我为什么这样想呢？据我回忆，塔尔斯基关于元数学的演讲对维也纳学派的影响极大，尤其是对卡尔纳普。谁都知道，后来卡尔纳普是借助元数学问题而提出元语言问题的。遗憾的是，人们没有重视这种影响。维特根斯坦和魏斯曼不接受元语言问题，可是这个问题对于卡尔纳普哲学的发展却极其重要。

此外，还有其他一些根据。从1930年起，石里克小组中讨论和研究的，首先是关于经验的知识问题和科学的方法论问题，而不是前几年那样的逻辑和数学专门问题。曾经对逻辑和数学很感兴趣的卡尔纳普，那时则致力于用逻辑去表达记录命题的概念，并且用知识的逻辑阐述物理主义以及统一科学。这样他肯定不可能同时再研究元语言问题或者元逻辑方法的问题。

哈勒：您怎样看石里克和纽拉特对元语言问题的意见呢？

洪谦：就石里克来说，根据我的记忆，他从来没有公开反对元语言问题。在讨论这个问题时，他主要是沉默不语。有人对我说，在维特根斯坦影响下，石里克对数学和逻辑的看法发生了变化，他主张，由于数学和逻辑的新发展，谈论“一定的数学”或“一定的逻辑”是毫无意义的。但是，当他偶尔谈起这个问题时，他总是同魏斯曼持近似的观点。

现在谈谈纽拉特。据我所知，纽拉特认为像元语言和元逻辑这类问题是毫无意义的，因为在他看来，可说的事物和不可说的事

---

⑯ Alfred Tarski(1901—1983)，波兰逻辑学家，1939年流亡到美国。

物之间的区别,是形而上学家的问题。他认为,科学语言应该是无界限的,它能够叙说自己,有的语言是叙述其他事物的。语言对事物是无所不能说的。他也认为,这种区别只有当人们谈论科学和形而上学的区别时才出现。他明确表示:“假如真想保持形而上学的气氛,那就要沉默,就什么也不要说。”但这不是对事物保持沉默。

我可以很容易地举例说明塔尔斯基对卡尔纳普的哲学发展的巨大影响。由于受到塔尔斯基的元数学理论和真值概念的新表述的启发,卡尔纳普不再把语言分析限制在句法分析,开始把注意力转向语义学方面。如果把这看成是卡尔纳普哲学的“转折”,那就可以说,这种“转折”来源于塔尔斯基,正像石里克哲学的“转折”来源于维特根斯坦一样。对此,卡尔纳普在自传中有详细的记述。

在维也纳学派中,对维特根斯坦进行解释的,主要是石里克和魏斯曼。在这期间,魏斯曼根据维特根斯坦的思想撰写了两本名著:《逻辑、哲学和语言》、《数学思维入门》。在维也纳学派的会议上,他有时向我们讲述他同维特根斯坦的谈话。关于这些谈话的内容,麦吉尼斯在他的《维特根斯坦与维也纳学派》一书中作了详细记述。此外,魏斯曼在初级讨论班和在校外开设的课程中讲授数学和逻辑(在维也纳的最后几年,他在校外私人讲授这方面的课程)。在牛津,魏斯曼再次讲授数学和逻辑,其中有些是重复他在维也纳讲课的内容。

石里克对维特根斯坦不像魏斯曼那么狂热。例如,他并不赞同《逻辑哲学论》的全部内容。石里克从不接受“伦理学是先验的”一类的论点。他甚至也并不完全赞成《逻辑哲学论》中提出的唯我论的解释。仔细观察一下就可以看出这一点。1932 年,他在伦敦所作的报告《形式和内容》中的观点，就和他从前的文章"知识、经验与形而上学"有所不同，至少在表述上是这样的。

真正令人失望的是，科学哲学的方法论在小组中很少被运用。很明显，石里克已经不把《逻辑哲学论》中的许多思想（其实它们也曾是他的普通认识论的思想）看作自己业已提出过的思想。因此，前几年奈斯（Naess）先生在北京还告诉我："石里克陶醉于维特根斯坦，几乎到了丧失理智的程度。"

哈勒：您对维也纳学派其他成员的评论，我当然也感兴趣。您对考夫曼有什么看法呢？

洪谦：考夫曼博士⑰，我是在石里克小组里认识的。我们之间关系十分亲密。我记得，那时他好像是住在杜柏林（Döbling）区，我曾几次应邀到他家做客。我那时住在格伦青（Grinzing）城区，所以有时也在电车上碰见他。他经常参加石里克小组的会议，并且在会上发表意见。据我所知，他是位现象学家，而他关于现象学的论点，其他成员和石里克是不赞成的。另一方面，石里克又很喜欢考夫曼，考夫曼的确是个令人喜爱的人。他的《数学中的无限性》的某些论点，我们在会上讨论过。

哥德尔⑱是个奇特的人。我时常在数学讨论课上见到他。后来他也讲课，但是听众寥寥无几。他至多只讲过五六次，后来就停止了，因为没人去听。我去听过几次。他在每句话中间总要停顿

---

⑰ Felix Kaufmann（1895—1949），H. 凯尔森（Kelsen）和 L. 冯·米塞斯（von Mises）的学生，1922—1938 年任维也纳大学法哲学讲师，维也纳国际石油公司经理；1938 年流亡美国。

⑱ Kurt Gödel（1906—1978），数学家和著名逻辑学家。1933 年起任维也纳大学讲师，1938 年起任美国普林斯顿高级研究所研究员。

很长时间，并且每个字都要考虑。在小组的讨论会上他也很少说话。

在石里克小组里，我也认识了拉达科维奇先生[19]，他是个十分惹人喜欢的人。您也认识他吗？

哈勒：我认识他的兄弟。他的兄弟康斯坦丁是我的哲学老师。他是位哲学史家，休谟的辩护者。

洪谦：拉达科维奇是位数学家。他时常来参加会议，有时也发表他个人的见解。

哈勒：他也参加讨论吗？

洪谦：他很少讲话，但不像哥德尔那样少。此外，参加会议的还有一些人。有一位，直到今天我也不知道他是干什么的。大家称他为诺伊曼（Neumann）先生。他经常到会。

哈勒：是的，他经常出席会议。我是从会议记录上看到的。我觉得他在学术界没有什么名气。对他的其余方面我就一无所知了。

洪谦：对，他经常参加会议，有时也发言。石里克总是很耐心地听。他甚至耐心地听每一个外国人的发言，从不打断，总是让每个人把话讲完。

罗西·兰德[20]我也相当熟悉。1945 年我在伦敦时曾试图同她再见见面，但未能如愿。据说那时她在一家工厂里工作。她始终是我们会议的记录员，用速记记录。她生于波兰，而且对波兰哲学相当了解。她很有能力，但也许因为性格孤僻，因此生活上感到有

---

[19] Theodor Radakovic（1895—1938），维也纳工业学院数学讲师，1934 年起任格拉茨大学教授。

[20] Rose Rand，1903 年生于伦贝格，1983 年卒于美国。1914 年来维也纳，1924 年高中毕业，1937 年为哲学博士，1938 年流亡英国，后又流亡美国。

些孤独。

起初我同克拉夫特教授[21]并没有个人联系,但和在石里克那里读博士学位的林德曼一起听克拉夫特的课多年。他讲的课总是十分清楚,给人留下深刻印象。石里克对克拉夫特评价很高。特别是对他1925年问世的《科学方法的基本形式》评价很高。后来,我同他保持着频繁的书信往来。战后,他把他出版的所有著作都寄给了我。对他热情诚挚的帮助,我永远铭记在心。除石里克、卡尔纳普之外,他是我过从最密的老师。在小组中他不喜欢表现自己,说得不多,但很扼要中肯。

哈勒:您对弗朗克教授有什么印象?

洪谦:弗朗克[22]经常从布拉格赶来参加小组的会议。如果我没记错的话,他比卡尔纳普在布拉格工作时来维也纳的次数多。在讨论会上,他异常活跃,但大多是赞同汉恩和卡尔纳普的观点,而不是石里克的观点。

济塞[23]这位中学数学教师,也是位很有趣的人。尽管他不经常参加石里克小组的会议,却时常到小组里来。就我所知,石里克对他印象不错。他看问题不片面。他既不站在纽拉特一边,也不站在石里克一边。他的发言总是很有启发性的。

贝拉·冯·尤胡斯[24],我也认识,但同他没有什么来往。我的

---

[21] Victor Kraft(1880—1975),1926—1938年任维也纳大学哲学挂名副教授,1947年任副教授,1950—1952年任正教授。

[22] Philipp Frank(1884—1966),物理学家。1912—1938年执教于布拉格大学,1938年流亡美国。同石里克一起编辑出版《科学世界观杂志》。

[23] Edgar Zilsel(1891—1944),文科中学教师和维也纳专科学校讲师,1938年经英国流亡到美国。

[24] Béla von Juhos(1901—1971),1948年起任维也纳大学哲学讲师。

同事和朋友，和我同时期读博士学位的塞西特（Schächter），说他是“反犹太主义的”。尤胡斯后来是维护石里克观点的，但在那段时间里表现得并不突出。

至于维也纳学派那些年轻的成员，可以说我同他们的关系都十分友好。同塞西特博士、林德曼、斯泰因哈特（Steinhardt）夫人和霎利切[25]甚至建立了深厚的友谊。同奈德只在小组里见过面。当时我们把霍利切称为“小组拉特”。他学识渊博，但石里克对他的观点却并不怎么感兴趣。从某种意义上说，在这段时间里，我同霍利切的信念在政治上相差不远，也可以说很接近。1945 年在牛津魏斯曼家里我们又见了面。

哈勒：现在请允许我向您提一个别的问题：您在石里克那里撰写的博士论文是论述什么问题呢？

洪谦：1929 年，雨果 · 柏格曼（Hugo Bergmann）的《在现代物理学中围绕因果律的斗争》一书问世，引起了哲学界的激动。这本著作激烈地反对物理学中的非决定论。因而石里克向我建议，应当选“物理学中的因果问题”作为博士论文的题目，明确地论述这个问题的是非。在撰写过程中，他给了我很大帮助。我花了一年半的时间来写它。石里克逐句审阅。这篇论文的内容，是明确地阐述石里克关于因果问题的观点，以期在那个时代物理学理论的基础上得出关于因果关系和自然规律的认识。

哈勒：石里克逝世之后，您离开维也纳，到哪里去了呢？

洪谦：石里克去世之后，1937 年初，我回到北京，在北京大学和

---

[25] Walter Hollitscher（1911—1986），1933 年在石里克和莱伊尼格（Reininger）那里获博士学位。1938 年，先流亡到瑞士，后到英国。1945 年重返奥地利，1949 年到柏林洪堡大学任职。

清华大学哲学系讲授维也纳学派的逻辑经验主义,重点是讲石里克的哲学观点。后来用这方面的论文编成《维也纳学派哲学》一书。1945 年,抗日战争胜利后,我应牛津大学新学院之邀,到了牛津。

哈勒:从牛津返回中国后,您持什么样的哲学观点,这种观点又是怎样发展的?

洪谦:您是问 1949 年中国解放后我在哲学方面做了些什么吧?当然,自那时起,直到前几年为止,我无法继续研究和讲授我长期以来喜爱的维也纳学派的科学哲学,不能继续从事被禁止宣扬的,被列宁称为"反动哲学"的马赫主义流派的研究工作。于是,我主要是做了些关于西方哲学史基本情况方面的工作。在中国,长期缺乏西方重要哲学著作的译本。我在担任北京大学哲学系西方哲学史教研室主任之后,为了给人们了解西方哲学史提供条件,主编了四卷《西方古典哲学原著选辑》。第一卷是《古希腊罗马哲学》,第二卷是《十六—十八世纪西欧各国哲学》,第三卷是《十八世纪法国哲学》,第四卷是《十八世纪末—十九世纪初德国哲学》(从康德、费希特、谢林到黑格尔和费尔巴哈。)这一套《选辑》大量发行,成为我国各大学哲学系的基本教学参考资料。后来我又主编了《当代西方哲学论著选辑》。近年来甚至还单独出版了逻辑经验主义的选辑。

哈勒:洪先生,谢谢您同我的谈话。

原载奥地利《文集》(*Conceptus*),
1987 年,第 XXI 卷,第 53/54 期
郭官义 译　洪谦 校

洪谦和逻辑经验论*

范岱年　胡文耕　梁存秀

一

1992年2月27日，中国当代著名哲学家、维也纳学派成员、逻辑经验论在中国的传播者洪谦教授溘然长逝了。这对中国哲学界是一个无法弥补的巨大损失。我们，作为他的晚辈和学生，感到无限悲痛，特谨撰此文，以寄托我们的哀思。

洪谦(Hong Qian, Tscha Hung)，又名洪潜，号瘦石，安徽歙县人，1909年10月21日生于安徽歙县南乡三阳坑，父亲是殷实富商，经营茶叶出口贸易。在东南大学预科求学时，他在《学衡》上发表一篇有关王阳明的文章，为康有为所赏识。康有为约他到上海天游书院相见，并推荐他去拜梁启超为师。梁公在众臣面前面试并收为关门弟子，后又介绍他去日本帝国大学师从阳明学权威宇野哲人。在日本时，研究院助教程衡对他帮助很大，二人成为挚

* 在本文写作过程中，洪师母何玉贞女士向我们介绍了不少情况，借给我们洪先生的若干文稿。特在此表示衷心的感谢。——作者注

友。因病,半年后即回国。又在清华大学国学研究院预科旁听一年,梁启超和助教梁廷灿对他严加教导,成为他的恩师和畏友。

1927年,梁启超推荐他去德国耶拿随精神哲学家、1908年诺贝尔文学奖获得者倭铿(Rudolf C. Eucken,1846—1926)习精神哲学。但在洪谦到达德国时,倭铿早已逝世。他就在耶拿大学学习物理、数学、哲学,在维恩(W. Wien,1864—1928)处听物理课,也听过新康德主义者鲍赫(B. Bauch,1877—1942)和现象学家林克(P. F. Linke,1876—1955)的哲学课。因为赖兴巴赫(H. Reichenbach,1891—1953)的两本有关爱因斯坦和相对论的书给他的印象极深,遂转学到柏林大学听赖兴巴赫的课。因为他对哲学有兴趣,赖兴巴赫建议他去维也纳随石里克(M. Schlick,1882—1936)学习。1928年,洪谦到了维也纳,成为石里克的学生。石里克建议他首先扎扎实实地学习自然科学,特别是数学和物理。他听过汉恩(H. Hahn,1879—1934)的数学课,听过埃伦哈夫特(F. Ehrenhaft,1879—1952)的物理课。石里克还要他到卡尔纳普(R. Carnap,1891—1970)那里听数理逻辑,并暂时放弃一些哲学课,只听石里克的哲学课和魏斯曼(F. Waismann,1896—1959)主持的哲学讨论课。后来他也听过克拉夫特(V. Kraft,1880—1975)的哲学课。(①*,pp. 261—278)

从1930年开始,洪谦应邀参加每星期四晚上举行的石里克小组会议,成了维也纳学派的正式成员。在石里克小组会议上,除石里克、汉恩、卡尔纳普、魏斯曼、克拉夫特外,他还结识了维也纳学派的其他成员,如:纽拉特(O. Neurath,1882—1945)、弗朗克(Ph.

* 书名代码,书名见文末的“参考文献”,下同。

Frank,1884—1966)、费格尔(H. Feigl,1903—1988)、门格尔(K. Menger)、哥德尔(K. Gödel,1906—1978)、济塞(E. Zilsel,1891—1944)、考夫曼(F. Kaufmann,1895—1949)、拉达科维奇(Th. Radakovic,1895—1938)、奈德(H. Neider)、兰德(R. Rand,1903—1983)、布隆斯维克(Brunswich)、亨佩尔(Hempel)等。当时参加过维也纳学派会议的还有波兰的塔尔斯基(A. Tarski,1901—1983)、克韦斯蒂克(Chwistik)、雅斯科夫斯基(Jaskowski)、霍西亚松(Hosiasson)、林登鲍姆(Lindenbaum);有英国的艾耶尔(A. J. Ayer,1910—1989)、意大利的吉莫纳特(Geymonat)、南美的林德曼(A. Lindemann);以及纳格尔(E. Nagel)、赖兴巴赫。凯拉(E. Kaila,1890—1958)、蒯因(Quine)也是维也纳学派成员,但是洪谦在会议上未和他们见过面。学派中的那些年轻成员,如塞西特(Schöchter)、斯泰因哈特夫人(Frau Steinhart)和霍利切(W. Hollitscher,1911—1986)与洪谦也很友好。尤胡斯(B. von Juhos,1901—1971)与洪谦也相识。学派中的气氛,据洪谦回忆,是很和谐的,相互之间彬彬有礼,友爱诚恳,但在哲学观点上相互争论,毫不客气。(①,pp. 261—278)

1929年,新康德主义者柏格曼(H. Bergmann)的《在现代物理学中围绕因果律的斗争》一书问世,引起了西欧哲学界的激动,因为这本著作激烈地反对物理学中的非决定论。根据石里克的建议,并在他的指导下洪谦以“现代物理学中的因果性问题”为题,撰写了他的博士论文。论文曾经量子力学创始人之一海森伯审阅。洪谦在论文中阐述了:“物理学中的因果性概念”、“决定论与非决定论”、“因果性的‘本质’”、“因果性与量子力学”、“统计规律和概率规律”、“因果秩序和时间秩序”等问题,洪谦从经验论的因果观出发,批判了康德的先验因果观以及约定论的因果观,根据海森伯的测不准关系,指出决定论的因果律在量子力学中失效了。但这种因果律的失效并不意味着因果律在原则上的不可能性。(②,p. 58)他进而讨论了统计规律和所谓的"概率律"、必然性和偶然性的范畴,并指出:"在自然中决不存在两类规律性,而只是存在两种分布,即因果分布与或然分布。虽然两者描述自然界中同样的事实,但只有前者能说明自然'知识'。"(②,p. 74)这篇论文从物理学的最新进展出发,从哲学的高度探讨了因果性问题,这在当时是一项开拓性的工作,具有理论和现实的意义。1934 年,他荣获维也纳大学哲学博士学位,以后继续在维也纳大学从事研究工作。石里克和他的师生关系十分亲密。他时常到石里克家中欢度节日或会见客人,例如艾耶尔、已移居美国的费格尔、物理学家海森伯和哲学家卡西勒等。

1936 年 6 月 22 日,石里克被一个患神经病的纳粹学生枪杀了。以后,维也纳学派实际上已经瓦解。洪谦也于 1937 年初返回中国。1938 年,纳粹德国占领奥地利,把维也纳学派的哲学视为"反动哲学"而予以禁止。维也纳学派的大部分成员也先后流亡到英、美等国,在英语世界产生了巨大的影响。

二

洪谦在 1937 年初回到北京以后,任清华大学哲学系讲师。抗日战争爆发后,辗转逃亡西南。1940 年至 1945 年在昆明西南联大哲学系任教授。抗战胜利后,从 1945 年到 1947 年,在英国牛津新学院任研究员。回国后,1947 年至 1948 年任教于广州中山大学,从 1948 年到 1949 年,在武汉大学哲学系任教授兼系主任。

在这期间,洪谦先生在清华、西南联大讲授维也纳学派的逻辑经验论,重点讲石里克的哲学观点。同时,洪谦先后在《思想与时代》杂志上发表了"自然科学与精神科学"(第 15 期,1942)、"维也纳学派的基本思想"、"维也纳学派与现象学派"(第 35 期,1944);在《思想与时代丛刊》第四种《科学概论新编》(正中书局,1948)上发表了"科学与哲学"、"维也纳学派与现代科学"等文;在《哲学评论》上发表"维也纳学派与玄学问题"(8 卷 3 期,1943)、"或然性的逻辑分析"(9 卷 1 期,1944)、"论新理学的哲学方法"(10 卷 1 期,1946)等文;在《学原》上发表了"康德的先天论和现代科学"(1 卷 6 期,1947)。他又在上述有关维也纳学派的文章的基础上,编写了《维也纳学派哲学》(③)一书,于 1945 年在上海商务印书馆出版。此外,他又写了"莫里兹 · 石里克与现代经验论"一文,在美国《哲学与现象学研究》(Philosophy and Phenomenological Research)第 4 期(1949 年 6 月)上发表。(①,pp. 1—30)

四十年代这十年,可以说是洪谦先生在学术上最活跃、论著最丰硕的十年。正如贺麟先生所说:"惟洪谦先生亲炙于石里克最久,具极大的热忱,几以宣扬石里克的哲学为终身职志。他所著《维也纳学派哲学》一书,算是比较最亲切而有条理地介绍此派思想的书。"(④,p. 52)确实,在这些论著中,洪谦介绍了维也纳学派的科学观、哲学观和科学世界观,同时发扬分析哲学的批判精神,批判了传统的形而上学、康德的先天论、现象论和精神科学派、马赫的实证论哲学以及冯友兰的新理学,也介绍了维也纳学派内部的争论,因而在中国哲学界吹进了一股清新的风,为逻辑经验论和分析哲学在中国的传播作出了卓越贡献。

(1)**介绍维也纳学派的科学观、哲学观和科学的世界观**。洪谦指出,维也纳学派认为,哲学不是一种科学而是一种活动。“科学是研究实际真理的学问,哲学则是研究实际真理意义的学问。”(③,p. 32)“至于哲学之为研究意义的活动所应用的方法,即是所谓苏格拉底的语言分析的方法。”(③,p. 32)“所谓哲学的问题,就是对于表达与叙述的本质的一种逻辑反省,对于语言与概念的应用的一种逻辑分析。”(③,p. 21)“对于确定一个问题之为真为假或有无意义,原则上是以能否说明它的证实方法为标准。”“所以石里克说:‘问题的意义就是它的证实方法。’”(③,p. 22)“哲学就其本质而言,是不能超出科学或与科学并列,而是属于科学范围内‘活动’的一种学问。”(③,p. 138)“一种科学的‘世界图景’成为一种哲学的‘世界观’,所必需的不是所谓新的形而上学思想的加入,而是我们对于它应有彻底的了解。”“一个哲学家欲建立他的‘世界观’,则非以科学的‘世界图景’为根据不可。哲学不能从它的任意思辨中建立起它的‘世纪观’,它必须从经验科学中来。”(③,p. 139)

(2)**批判传统的形而上学**。石里克将认识(erkennen)与体验(Erleben)相区分。“一切知识仅在于形式,而不在于内容。”(③,p. 107)“知识是以形式构造为对象,体验则以主客观世界的一致为对象;知识是科学的基础,体验则是生活的方法。”(③,p. 27)传统的形而上学的命题是不能证实的,因而无所谓真假,没有意义,不可能成为知识理论。(③,pp. 28—29)但是,维也纳学派并不主张取消形而上学。石里克说过:“形而上学的体系虽不能给我们以实际的知识,但确能给我们以生活上许多理想和精神上许多安慰。

所以人称形而上学为概念的诗歌。”（③，p. 116）洪谦还指出，在人生哲学方面，“石里克则是一个十足的形而上学家”。（③，p. 149）他认为，人生是一种“游艺”，追求“乐趣的感觉”，追求纯真的“爱”与天赋的“善”，以接近“青春的境界”。（③，pp. 149—154）所以，维也纳学派对形而上学的批判，并不是要取消形而上学，而是要界定它的范围，益形显露它的本质。（③，p. 183，p. 192）

（3）**批判康德的先天论，提出分析命题综合命题两分法**。康德认为，有所谓先天综合判断，例如欧几里德几何学、因果律等，都属于先天综合判断，即一种具有先天性的实际判断。石里克根据现代数学和物理学的发展，指出数学几何学的命题是与实际无关系的、具有先天性的分析命题。（③，p. 196）而物理几何和因果律则是综合命题。欧几里德几何与广义相对论中的实际空间就不一致；因果律在量子力学中已不普遍有效。它们都是不具有先天性的实际的综合判断。（③，pp. 193—205）所以，不存在先天综合判断。

（4）**批判马赫的实证论**。洪谦指出，逻辑实证论（或逻辑经验论）虽然继承了马赫的实证论的反形而上学的精神，但它与传统的实证论却有着根本性的分歧。“第一点，传统的实证论认为物体的实在，仅为一种‘感觉的复合’，它是不能根据抽象的科学概念认识的。逻辑实证论派则认为……哲学上的实在问题的对象，不在于确定物体的实在在感觉之内外，而在于分析关于物体实在的命题之逻辑意义所在：不是什么是实在或不实在的是哲学的问题，而是假如什么是实在的，那么关于这个实在的命题一定具有证实的意义才是一个典型的哲学问题。”（③，p. 46）“一切科学的抽象公式因其有经所与试验的可能性，所以其实在性不亚于能感觉的对象如桌子板凳等等。所以维也纳学派中人说:‘原子不是一个逻辑的构造’,不是一种‘思维的方法’,而是绝对实在的。”(③,p.62)

“第二点,传统实证论派认为一切科学的命题,并不包含关于实际的真理,科学也不是一种实际真理的体系。科学的主要作用,仅在于‘思维的经济原则’的完成,……但是逻辑实证论……肯定了科学为一种实际的真理体系,哲学不过是将这样的真理体系内所包含的基本概念加以逻辑的说明:就是将它应有的明确意义确定下来,含混的歧义排弃不用。”(③,p.47)

“第三点,传统的实证论派是否定哲学的一切作用,甚至欲取消它。逻辑实证论则指出哲学确有其伟大的任务和目的,它对于科学概念明确意义的说明,是不亚于科学对于实际真理的发现……此外,……逻辑实证论对于形而上学的反对,与传统实证论微有不同:就是它虽否定形而上学在知识理论方面的作用,可不否定它在实际生活方面的意义。”(③,p.47)

第四点,传统的实证论“仅以心理分析为其方法论的根据,而逻辑经验主义则把数理逻辑作为哲学分析和论证的主要工具。”(①,p.65)

(5)**批判现象论和精神科学派**。洪谦批判了现象学派胡塞尔(E. Husserl,1859—1938)和谢勒(M. Scheler,1874—1928)的“物的先天论”,认为它是同语反复的纯粹形式法则。(③,pp.172—180)他也批判了狄尔泰(W. Dilthey,1833—1911)、文德尔班(W. Windelband,1848—1915)和李凯尔特(H. Rickert,1863—1936)等人的精神科学(或历史科学、文化科学)观。狄尔泰等人认为历史科学、文化科学、精神科学是在自然科学之外的独立的科学,是与自然科学相对立的,是两种根本不同的知识。洪谦则从维也纳学派的统一科学观出发,认为:“科学之为知识理论的体系,就是一种真理的系统。真理从其本质而言,是统一的整体的联系而不可分离的。”(③,p. 127)称精神科学“为自然科学范围内的一种学科则可”,“认其为一种与自然科学根本不同的,或对立的科学则不可。”(③,p. 131)

(6)**批判冯友兰的新理学**。1943年,冯友兰在《哲学评论》(八卷一、二两期)上发表了“新理学在哲学中的地位及其方法”一文,把人类知识分为四种:(i)数学、逻辑,(ii)形而上学,(iii)科学,(iv)历史。他还指出,一切似是而非的传统的形而上学已被“现代批评形而上学最有力的维也纳学派”“取消”了,但他的只包含形式命题、一片空灵、不肯定实际的新理学,不但没有被取消,反而它的本质因之“益形显露”。

洪谦首先不同意冯友兰把形而上学纳入实际的知识理论体系(③,p. 184),并指出:冯友兰的形而上学命题如“山是山,水是水。山不是非山,水不是非水。山是山不是非山,必因有山之所以为山,水是水不是非水,必因有水之所以为水”,在原则上就是一些对于事实无所叙述、无所传达的“重复叙述的问题”。(③,p. 188)

洪谦认为,传统形而上学“虽不能成为一种关于实际的知识理论体系,但在人生哲学方面则具有深厚的意义和特殊的作用”,所以不能加以“取消”。而冯友兰的形而上学,因为是空洞的重言式,在人生哲学方面也无深厚意义,反不如传统形而上学之富有诗意,足以感动人之心情,因而有较大的被“取消”的可能。(③,p. 191)

洪谦的这个批评是1944年11月11日在中国哲学会昆明分会第二次讨论会上的一个讲演,当即引起冯友兰的答辩。金岳霖、沈有鼎也发言,替冯友兰解围。这是逻辑经验论和冯友兰的新理学

的一次公开交锋，是中国当代哲学史上一场很有趣的辩论。（④，pp. 55—56）

（7）**介绍了维也纳学派内部关于知识基础论的争论。**维也纳学派虽然在坚持科学经验论、语言的逻辑分析和反对传统形而上学等方面是一致的。但在若干问题上，特别是知识基础和真理论等问题上，学派内部却存在着十分激烈的争论，主要是以石里克、魏斯曼为一方的“右翼”和以纽拉特、汉恩、弗朗克和卡尔纳普为一方的“左翼”之间的争论。洪谦在1949年发表的“莫里兹·石里克与现代经验论”一文中，评述了石里克与纽拉特、卡尔纳普的争论。纽拉特和卡尔纳普把忠实地表征了纯粹事实的“原始记录语句”（如“在某时某地某人看到如此这般”）作为人类知识的绝对确实的基础。石里克认为：原始记录语句本身实际上是经验的，它们同其他各种科学语句一样具有不确实性。把原始记录语句从总的科学构架中单独挑选出来显然是没有意义的，因此，要想在原始记录语句中找到科学知识的基础也是不可能的。他认为，只有观察者个人所作出的“确证”（Konstatierungen，affirmation）（如“现在这里是蓝色”）才是绝对确实、无可怀疑的。石里克认为：“科学的最终基础问题就会自动地转变成知识与实在的坚实联系问题。……这些绝对固定的联系的特殊面貌，就是确证；它们是仅有的非假说性的综合命题。”（⑤，pp. 386—387）他接着写道：“但是，无论从哪方面讲，也不能把它们看作是科学知识的基础。知识和它们的接触仅仅发生于这些稍纵即逝的闪光的场合。知识从这些闪光获得了营养与力量，而又在这些闪光中消失。这些闪光和燃烧的时刻是绝对必不可少的。所有的知识之光来自它们。哲学家在寻求一切知识的基础时所实际探求的正是这种光芒的源泉。”（⑤，pp. 386—

387）洪谦认为，这就是石里克对待原始记录语句的立场，也是对待“物理主义”的立场。（①，p. 26）澳门东亚大学周柏乔先生在新近的一篇文章中指出，蒯因在1951年发表的“经验论的两个教条”对卡尔纳普的原始记录语句和还原论作了批判，而洪谦在1949年介绍的石里克的思想，实是“这个想法的先驱者”。（⑥）

在这里，我们想把洪谦的《维也纳学派哲学》一书和艾耶尔的《语言、真理与逻辑》一书作个对比。二者都是以向本国读者介绍维也纳学派的逻辑经验论为宗旨。但前者是向缺乏分析哲学传统的东方中国作介绍；后者是向有经验论和分析哲学传统的英语国家作介绍。前者比较忠实与全面；后者更多地阐述作者自己的观点。前者自1945年出版以后，长期未能再版，直至四十多年后的1989年才得以再版，并重新引起人们的重视*；后者自1936年出版以后，一再重印、再版，至今不仅是英语世界中一本畅销的基本哲学读物，而且已译成多种文字（包括1981年出版的中文版），在全世界流传。由于传统和社会环境的差异，二者的命运是多么不同啊！

三

1949年10月，中华人民共和国成立时，洪谦正在武汉大学哲学系任教授兼主任。1951年受陆志韦之聘请，任燕京大学哲学系教授兼主任。1952年院系调整后，改任北京大学哲学系教授兼外

---

* 据台湾东吴大学高宣扬教授的来信，台湾学术界也准备出版这部著作。

国哲学史教研室主任，直到1965年。此后，他仍任北大教授并兼任北大外国哲学研究所所长。

从1949年下半年到1956年，洪谦没有发表什么著作和文章。1957年3月，在“双百方针”的鼓舞下，他与教研室同仁们联合编写的《哲学史简编》（⑦）出版了。本书以不大的篇幅，把西方的哲学史、马克思列宁主义哲学史和中国的哲学史作了简明系统的介绍，突出了哲学史上唯物论与唯心论的斗争，成为当时广泛流传的一本哲学史的通俗读物和基本教材。同年6月他又发表“应该重视西方哲学史的研究”（⑧）一文，建议领导“放弃重‘中’轻‘外’的思想”，强调了研究西方哲学史的重要性，不应当简单地把现代西方哲学的“一些主要学派作为‘一种帝国主义时代腐败、反动透顶的东西’排斥于研究领域之外”，他在写到这一点的时候，肯定是想到维也纳学派的。他还提出了补充西方的图书、期刊和培养新生力量的建议。同年，他还在《北京大学学报》上发表了“康德的星云假说的哲学意义——读《自然通史与天体理论》的一些理解”一文（⑨），指出这个假说实际上是牛顿力学与笛卡尔的发展观点的调和。在同年第3期《哲学研究》，洪谦发表了“介绍马赫的哲学思想”一文。该文考察了马赫的《力学发展史》、《感觉的分析》、《认识和谬误》三部著作，介绍了（1）马赫的生平及其影响，（2）马赫哲学观点形成的基础，（3）马赫的要素一元论，（4）因果关系还是函数关系，（5）思维经济原则，和（6）唯意志论，对马赫的哲学思想作了比较全面系统和实事求是的评述，肯定了他的科学贡献，指出了他的哲学的巨大影响，这在当时是难能可贵的。（①，pp. 165—202）洪谦在该文的开头就指出：1895年维也纳大学为马赫设立的“归纳科学的哲学”讲座（1902年由玻尔茨曼、1922年由石里克担

任),是形成当代逻辑实证论的历史基础。(①,p. 165)

1958 年 3 月,洪谦又在《光明日报》的“哲学”副刊上发表了“休谟的《人类理解研究》评介”一文。文章一开始就指出了休谟的纯粹经验论和怀疑主义对近代哲学的发展具有巨大影响,是马赫主义、实用主义、逻辑实证论的理论基础之一。然后对《人类理解研究》一书作了简明中肯的评述(⑩)。

1957 年夏天到 1958 年,中国大陆开展了反右派斗争和所谓的“教育革命”,“双百”方针带来的自由争鸣气氛很快就烟消云散了。洪谦的思想从此沉入苦闷之中,情绪极为低落。在北京大学校党委书记江隆基的帮助下度过了“反右”这道关。

在以后的二十年中,为了培养哲学系的学生,为了给学生提供系统的西方哲学史的原始资料,洪谦把他的主要精力投入到编辑和翻译工作中去了,但他始终坚持阅读国外的哲学期刊和文献,追踪着逻辑经验论和分析哲学的新发展。

在洪谦先生的主持下,北京大学外国哲学史教研室编译出版了一整套《西方古典哲学原著选辑》:《古希腊罗马哲学》于 1957 年由三联书店出版,1961 年以后,改由商务印书馆出版;《十六—十八世纪西欧各国哲学》,1958 年由三联书店出版。1961 年以后改由商务印书馆出版;《十八世纪法国哲学》,1963 年由商务印书馆出版。《十八世纪末—十九世纪初德国哲学》,1960 年由商务印书馆出版。《欧洲中世纪与文艺复兴时代哲学》尚在编译过程之中。因为洪谦先生一贯提倡,学西方哲学一定要学好外文,精读原著,掌握第一手材料,而当时学生很难得到外文原著,只好用这套《原著选辑》来取代。这套选辑最先是用作北大哲学系学生学习的参考资料,以后经过补充修订,于 1957 年后,陆续出版,成为我国广大哲学工作者的基本学习资料。

六十年代初,洪谦又主编了《西方现代资产阶级哲学论著选辑》(商务印书馆1964年初版)。其中收集了当代西方哲学中九个主要流派,即意志主义、实证主义、新康德主义、新黑格尔主义、直觉主义、实用主义、逻辑实证论、存在主义、新托马斯主义的二十三个代表人物的代表性著作,成为我国研究当代西方哲学的重要参考材料。近年来,洪谦又主编了此书的修订本,改名《现代西方哲学论著选辑》,增加了现象学、结构主义和诠释学三个流派,把逻辑经验论扩展为分析哲学(内含逻辑实在论、逻辑经验论、整体论、语言分析哲学、批判理性主义、历史社会学派共六个流派)。代表人物由23个增加到49个,分两卷出版。在1991年底,他刚刚看毕清样,遗憾的是,此书尚未正式出版,他就与世长辞了。

"文革"期间,洪谦也逃脱不了被当作"资产阶级反动学术权威"而遭受批判、抄家等厄运。后来,可能是由于国外的一些维也纳学派成员、一些国际知名的哲学家写信给中国政府领导人,对洪谦的安全表示关注,当时领导北大的工、军宣队才只让洪谦等老专家定时参加学习,未让他们下乡到"五七"干校锻炼改造。1973年,北京大学哲学系安排洪谦、唐钺、宗白华等共同选译马赫的《感觉的分析》中与列宁的《唯物主义和经验批判主义》一书有关的部分,作为学习参考之用。1975年,在商务印书馆作为节译本出版。该节译本译成之后,洪谦和唐钺根据翻译时对《感觉的分析》的理解,写了一个较详细的"译者前言";但是,当时北大哲学系领导人鉴于他们写的前言不合"四人帮"所谓的"党性"原则,着人将其修改,实际上是重新写了一篇前言。"文革"以后,洪谦根据读者的要求,与唐钺、梁志学(即梁存秀)合作,将全书翻译出版,并去掉了节

译本的“前言”。此书于1986年在商务印书馆作为汉译世界学术名著出版。(⑪)

当回顾从1949年以来的三十年时,洪谦先生常遗憾地对我们说:“缺乏必要的研究资料,没有自由讨论的学术环境,缺乏国际间的学术交流,三十年中我没有做多少研究工作,许多时间都白白浪费了。”

四

从七十年代末开始,中国大陆进入了改革开放的新时期,意识形态领域也一度比较宽松。洪谦在最近十多年,又重新焕发了他学术研究的青春。从七十年代末直到他1992年逝世,洪谦担任北京大学教授,并兼任外国哲学研究所所长(直到1987年)。从1979年起,他还兼任中国社会科学院哲学研究所研究员和学术委员会委员。他也曾兼任英国牛津大学客座研究员(1980、1982、1984)和日本东京大学客座教授(1986)。他还是中国现代外国哲学研究会名誉理事长(1981—1992)、中英暑期哲学学院名誉院长(1987—1992)。1984年,他又荣获奥地利维也纳大学荣誉哲学博士。

在这一时期,洪谦积极开展了国际间的学术交流活动,除了经常会见来访的外国哲学家外,他还多次出国访问。1980年,他参加了在奥地利举行的第五次国际维特根斯坦哲学讨论会,并访问了维也纳大学和牛津大学王后学院。1982年他到维也纳参加国际石里克—纽拉特哲学讨论会,并访问了英国牛津大学三一学院。1984年他又访问了英国牛津大学王后学院并到维也纳大学接受荣誉哲学博士学位。1986 年他应邀到日本东京大学哲学系进行学术访问,作报告、座谈,活动十分紧张,但他感到十分愉快。1988 年,他到香港中文大学参加了有大陆、台湾、香港、澳门的中国学者共同参加的首次“分析哲学与科学哲学讨论会”,随后又到香港大学作学术访问。1991 年秋,他本拟应邀再度赴香港作学术访问,但因护照过期,来不及重办,决定推迟到 1992 年成行。焉知他在 1992 年初就一病不起,再也不能进行这次学术访问了。

这十多年,可以说是继四十年代以后洪先生学术成果最丰硕的第二个高峰期,为了系统介绍逻辑经验论,特别是它在第二次世界大战以后的发展变化,洪谦教授主编出版了《逻辑经验主义》两卷本,上卷于 1982 年出版,下卷于 1984 年出版,1989 年又以合订本出版。(⑫)在这个译文集中,洪先生根据维也纳学派的一些代表人物的主要著作,特别是着眼于六十年代以来所讨论的主要问题,进行选译,并把这些问题分为五个大类:(1)哲学的语意分析,(2)逻辑和语言,(3)因果问题和概率性,(4)心—身问题,(5)伦理学问题。在编译过程中,为了收集资料,他得到了在世的维也纳学派成员和朋友费格尔、亨佩尔、乌尔默(K. Ulmer)、施太格缪勒(W. Stegmüller,1923—1991)、内斯(A. Ness)、克拉夫特夫人、石里克夫人的帮助,亨佩尔和施太格缪勒还对选题提了补充意见,从而使这一文集的选材具有很高的水准。顺便提一下,在洪谦的关心与指导下,他的学生陈维杭已于七十年代末翻译了石里克的《自然哲学》一书。此书于 1984 年在商务印书馆出版。

在新形势下,洪谦长期被压抑的创作热情焕发出来了。他在这一时期发表的文章有:“国际维特根斯坦哲学讨论会观感”(《哲学研究》1980 年第 2 期),“克拉夫特哲学简述”(《现代西方著名哲学家述评》,三联书店,1980),“维特根斯坦和石里克”(《第五届国际维特根斯坦讨论会论文集》,维也纳,1981 年),“欧行哲学见闻”(《现代外国哲学论集》,三联书店,1981 年),“莫里兹·石里克和逻辑经验论”(《格拉茨哲学研究》(Vol. 16/17,1982),“谈谈马赫”(《社会科学战线》,1982 年第 2 期),“论确证”(荷兰《综合》,1985 年第 3 期,中译文载《哲学研究》1986 年第 4 期),“关于逻辑经验主义——我个人的见解”,在日本东京大学哲学系的讲演,中译文载《哲学译丛》1987 年第 5 期),“逻辑经验主义概述”(《中国大百科全书·哲学卷》,1987 年),“‘哲学家马赫’译后记”(《自然辩证法通讯》1989 年第 1 期),“艾耶尔和维也纳学派”(载美国《在世哲学家丛书》第 21 卷《A. J. 艾耶尔的哲学》一书,L. E. Hahn 编,即将出版),“关于逻辑经验主义的几个问题”(《自然辩证法通讯》1989 年第 1 期),《分析哲学与科学哲学论文集》(香港中文大学新亚书院,1989 年),“评石里克的《哲学诸问题及其相互关联》”(英国《理性》杂志,1989 年第 6 期),“悼念费格尔”(《哲学研究》1989 年第 2 期),“悼念艾耶尔”(《哲学研究》1989 年第 10 期)。以上文章,除“莫里兹·石里克和逻辑经验论”一文外,全部收入洪谦的《逻辑经验主义论文集》(⑬),这是洪先生的学生高宣扬主编的“西方文化丛书”的第十七卷,由香港三联书店在 1990 年出版。在这之后,洪先生还写了两篇文章。一篇是“艾耶尔和逻辑经验主义”(⑭),发表在《哲学研究》1991 年第 1 期上,另一篇“鲁道夫·卡尔纳普”(⑮),是 1991 年为纪念卡尔纳普诞辰 100 周年而作,将发表在香港《二十一世纪》杂志上。

他在上述著作中主要论述了下述问题:

(1)**介绍维也纳学派的历史渊源、它在三十年代的兴起和在世**

界传播的条件。

洪谦认为,维也纳学派之所以在奥地利兴起,它的历史渊源主要是:(i)经验论传统,从英国的洛克、休谟到法国的孔德,以及奥地利的F.布伦坦诺和其学派(包含B.波尔察诺、A.迈农、A.马尔蒂、E.胡塞尔等)到马赫的实证论;(①,pp. 31—32,pp. 47—48)(ii)现代物理学发展的影响:即相对论的创立和量子物理学的新发展;(①,p. 64)(iii)逻辑演算的确立:弗雷格(G. Frege)的《算学的基础》(1884)之开始受到重视,罗素和怀特海合著的《数学原理》(1910—1913)的出版;(iv)石里克的《普通认识论》(1918)和维特根斯坦的《逻辑哲学论》(1922)的影响。洪谦指出:"没有这些理论作为其思想基础和方法论基础,则任何形式的新实证主义或新经验主义,无论是逻辑实证主义还是逻辑经验主义,都是根本无法想像的。"(①,p. 64)

维也纳学派所掀起的这个哲学运动之所以能在30年代的欧洲迅速发展起来并向英美传播,洪谦认为,这"主要应归因于以赖兴巴赫为首的'柏林学派'的呼应和波兰的华沙学派的声援"。(①,p. 64)他还特别强调了华沙学派的塔尔斯基对维也纳学派,尤其是对卡尔纳普的影响。(①,p. 269)"在英国,艾耶尔、魏斯曼以及维特根斯坦等人的哲学活动也起了重要的作用。(①,p. 64)"在美国,卡尔纳普、弗朗克和费格尔等人继续宣扬和发展逻辑经验主义的基本观点,同时并将它与美国的实用主义、操作主义和自然主义联系起来。"(①,p. 64)

(2)**介绍维也纳学派的主要成员并评述他们的哲学观点。**

(i)**石里克**:石里克是维也纳学派的奠基人,也是洪谦的恩师。洪谦在这一时期,写了四篇论文专门介绍评述石里克及其哲学观点。

他除了再次阐述他四十年代论著中的观点以外,还着重论述了维特根斯坦对石里克的影响以及他们二人的哲学差别,(①,pp. 87—98)深化了关于"确证"、知识基础和真理论的讨论,(①,pp. 99—112)并探讨了石里克关于心物问题的一元论观点,即所谓精神与神经同一论。对于石里克来说,"物理的东西和精神的东西不是两个独立的实在序列,而是同一个实在的两种类型的概念—构造。"但洪谦对这一观点持保留态度。(①,pp. 161—162;⑬,pp. 198—201)

(ii)**卡尔纳普**:卡尔纳普是维也纳学派的主要成员之一,是哲学中的"伟大的形式化家"。从1928年起,洪谦在维也纳听过他的数理逻辑课。参加了他主持的关于罗素的《数学哲学导论》和弗雷格的《算学的基础》的讨论课,并建立了私人的友谊和交往。一直到"文革"前夕,他们仍保持书信联系。1991年,是卡尔纳普的一百周年诞辰,洪谦写了《鲁道夫·卡尔纳普》一文,而这也是洪先生的最后一篇学术论文。文章简要叙述了卡尔纳普的生平,谈到了弗雷格、罗素、塔尔斯基对他的巨大影响,介绍了卡尔纳普早期的构造论、逻辑句法理论以及后来的语义学理论,介绍了他在美国时研究的概率论和归纳逻辑。洪谦还指出卡尔纳普在政治上和维也纳学派多数成员一样,是一位社会主义者,"反对专制独裁,反对种族歧视,主张社会平等,民主自由。"(⑮)他反对美国对越南的战争,也曾去南美某国营救一位受政治迫害的黑人哲学家。(⑮)

(iii)**艾耶尔**:为纪念艾耶尔的七十寿辰(1990年),洪谦于1988年写了"艾耶尔和维也纳学派"(①,pp. 113—114)一文。以后,为了悼念艾耶尔逝世(1989),洪谦又写了"悼念艾耶尔"(①,pp. 226—229)与"艾耶尔和逻辑实证主义"。(⑭)在这几篇文章中,洪谦介绍了艾耶尔的生平,并指出他是一个"反偶像论者",他力图把剑桥的语言分析学派的观点和维也纳学派的观点相结合，写出了《语言、真理和逻辑》这一部把逻辑实证论介绍到英语世界的名著。艾耶尔对石里克的证实原则持批评态度，并在卡尔纳普的确认原则的影响下，提出了证实原则的两层性，主张放弃“强的证实性原则”，而单纯以“弱的证实原则”作为检验命题真假的标准。可是艾耶尔的这个尝试却被丘奇（A. Church）所驳倒。（①，pp. 117—120）在反形而上学问题上，艾耶尔把石里克与马赫相等同，并说形而上学和文学都是“胡说”（talk nonsense），对此，洪谦表示了不同意见。

在“知识基础”和真理问题上，艾耶尔先对石里克的“确证命题”持反对态度。但后来又改变了这种态度。他也反对真理的融贯论，而赞成石里克的真理符合论。至于精神—身体问题，艾耶尔既不同意石里克的心物平行论，也不同意纽拉特、卡尔纳普的物理主义，而趋向于回到英国的经验论。（⑭，pp. 65—67）

（iv）**费格尔**：费格尔是石里克最宠爱的学生之一，维也纳学派早期成员，1930 年去美国，是该学派成员中移居美国最早的一个。洪谦曾在石里克的寓所中见过他。1988 年费格尔逝世，洪谦在“悼念费格尔”一文（①，pp. 221—224）中指出：“在美国期间，费格尔首先和当时在美国流行的哲学学派如实用主义、操作主义和行为学派从某些方面或问题取得联系，结成联盟，以期减少对于这个从西欧输入的哲学运动的‘生疏感’。”（①，pp. 221—222）洪谦在论述了费格尔在美国传播逻辑实证论的贡献之后，又指出：“费格尔最喜爱的哲学问题，是心—身问题。……费格尔从科学新成就出发以及应用逻辑的分析方法论，竭尽毕生精力，提出他的‘精神和身体的同一论’。”在这个问题上，费格尔和石里克是比较一致的。

但洪谦并不十分赞同。1988 年胡文耕在写《信息、脑与意识》一书时，曾向洪谦先生求教。洪先生即把他珍藏的费格尔的《“心的”与“物的”》(*The “Mental” and the “Physical”*)(明尼苏达大学出版社 1967 年修订版)借给他作参考。胡文耕对心—身问题的见解，有别于费格尔的观点。在他的文章中，对费格尔的“精神—身体同一论”有所批评，对此，洪先生表示满意，并予以鼓励。

(v)**克拉夫特**：克拉夫特也是维也纳学派的主要代表之一，洪谦在维也纳大学时，和林德曼一起听过他的课多年，以后，洪谦同他保持频繁的书信来往。1980 年，洪谦发表了“克拉夫特哲学简述”(①，pp. 79—86)，指出，克拉夫特的哲学观点，与其说是逻辑实证论的，不如说是批判理性主义的。文章在简略地介绍了克拉夫特的生平、学术著作之后，评述了克拉夫特的“经验理性主义”、“演绎经验主义”、“构成实在论”和“理性的自然主义”。洪谦还着重指出，克拉夫特晚年致力于维也纳学派的“复兴事业”。

(vi)**纽拉特**：洪谦虽然没有专文评介纽拉特，但他在东京的讲演中，有一节专门评介纽拉特。其中指出：纽拉特“性格幽默，精力充沛，善于行动，头脑里永远充满着思想和计划。没有他的非凡的组织才能，就没有维也纳学派，没有马赫学会，没有世界性的统一科学运动，就不会有在布拉格、哥尼斯堡、哥本哈根、巴黎和剑桥关于科学哲学的一系列国际会议。就我所知，维也纳学派的基点：《科学观丛书》和《统一科学》的小册子也是经由纽拉特的组织才得以出版的。1938 年后，纽拉特接管了《认识》杂志，并改名为《统一科学杂志》，我可以说，没有纽拉特，就没有逻辑实证主义在那个时期的国际性传播和发展”。(①，p. 42)洪谦接着指出：“纽拉特不仅是一位经验丰富的实践家，还是一位富于创见的理论家，一位当代西方知名的哲学家。他与卡尔纳普一起提出和发展了物理主义和统一科学的理论。纽拉特的物理主义是一种新形式的唯物主义——世界上的一切都不外乎物理对象和物理事件。……物理学语言能够为全部经验科学(自然科学和社会科学)服务。”“纽拉特的物理主义还主张,那些以精神术语表达的假说只有当它们能被翻译成物理语言时,才能成为经验的假说。”(①,pp. 42—43)但是,洪谦也指出:“对物理主义严格而明确的表述,人们是在卡尔纳普那里找到的。石里克和卡尔纳普对纽拉特在哲学命题及其论证上缺乏严格性和准确性都深感遗憾。”(①,p. 43)

(vii)此外,1984年,洪谦在和应邀到北京大学讲学的奥地利R. 哈勒教授的谈话中,还介绍了他对维也纳学派的其他成员,如:魏斯曼、考夫曼、哥德尔、拉达科维奇、弗朗克、济塞、尤胡斯、霍利切等人的印象。这些都已记载在哈勒所写的“洪谦教授访问记”中,是有关维也纳学派的可贵史料。(①,pp. 261—278)

(3)**对批判的回应**。近几十年来,逻辑经验论遭到了来自各方面的批判,有的甚至宣称:“逻辑实证主义死了。”对于这些批判和论断,洪谦也作出了他的回应。

(i)**对波普尔的批评的回应**。批判理性主义者波普尔曾宣称,作已置逻辑实证主义于死地。1988年,洪谦在东京的讲演中,对此作出了回应:“一位像世界驰名的哲学家波普尔把‘对逻辑实证主义的谋杀’引为自豪,这在哲学史上确是罕见的。但是我相信,波普尔的谋杀实际上没有得逞。”这是因为波普尔的武器证伪理论并不锐利。“自然规律的普遍命题……既不能通过某个或某些基本命题得到证实,也不能被它们所证伪。……在科学命题的可确定感性中,可证实性和可证伪性只能作为特例来看待。”(①,pp. 43—

44）这里，顺便要提到，洪谦过去并不认识波普尔。只是在1980年访问英国时和他会见，友好地交谈了三小时，并没有展开面对面的争论。（①，p. 258）

（ii）**对库恩和费耶阿本德的批评的回应**。从60年代开始，美国的历史社会学派库恩、费耶阿本德等人代表了从科学史角度研究科学哲学的趋向，对逻辑实证论展开了批判，有巨大的影响。但洪谦对此评价不高。他在“欧行哲学见闻”中写道：“库恩（Th. S. Kuhn）和费耶阿本德（P. Feyerabend）等的‘非理性主义’哲学思潮，以我所知，不仅在牛津、剑桥，就是在英国其他地方的哲学界都不大受欢迎，而且有人认为‘这种思潮在一定的意义下是对科学哲学研究的一种倒退’。”（①，p. 257）洪先生有一次对梁存秀说，逻辑经验论者为了分析科学的结构，尽量把问题简化，仍有巨大的困难。历史社会学派把社会、历史、文化等因素都联系起来考虑，更难以分析澄清了。洪先生似乎认为，分析方法与历史方法是一种互斥互补的关系。尽管如此，洪谦主编的《现代西方哲学论著选辑》还是把历史社会学派的代表人物库恩和费耶阿本德的文章选入，列在分析哲学部分之内。

（iii）**对蒯因的批评的回应**。洪谦对整体论者蒯因对逻辑经验论的批判比较重视。他主编的《逻辑经验主义》（译文集）就收集了蒯因的“经验论的两个教条”，作为“附录”。（⑫，pp. 673—679）对于蒯因批判还原论教条，洪谦是赞同的。他曾指出：“纽拉特和卡尔纳普提出的以还原论为基础的统一科学运动和当代自然科学的发展是矛盾的。其主要矛盾之点在于把生物学还原为物理学和化学，把心理学还原为神经生理学，两者最后还原为物理学的困难方面，虽然科学界对于它们之间未来的还原可能性并不完全否定，但是认为这种还原可能性的程度是非常有限的。对这个统一科学运动威胁尤大的是突现进化论(theory of emergent evolution)的发展。依据这种理论,生命或心灵都有其特种的新的实在形式,这种形式是不能从任何自然规律和科学理论中推演出来或预测到的。……因此,很久以来,多数逻辑经验主义者已经把这个统一科学运动看作是一种历史的现象了。”(①,p.73)

但是,对于蒯因反对分析—综合两分法这个教条,洪谦是不赞同的。他写道:“逻辑经验主义者自诩根据‘分析—综合’的两分法解决了实证主义哲学的难题,同时还把它当作“彻底经验主义”的思想基础。但是,怀特(M. White)和蒯因(W. Quine)对这种两分法提出了尖锐的批评。对此,卡尔纳普、费格尔和魏斯曼坚决表示不能同意,并加以辩驳和否定。的确,这一点是逻辑经验主义者无论如何不能接受的,否则,它的整个思想体系就会动摇了。”(①,p.69)

(4)**关于逻辑经验论的现状**。洪谦不同意逻辑经验主义已经死了。他1986年在东京的讲演中的估价是:“今天,逻辑实证主义或逻辑经验主义已不像五十年前那样时兴了,然而人们不能否认它仍是现代西方哲学中一个有影响的学派。”(①,p.31)他接着指出:

“自然,在今天,那样一种逻辑经验主义运动的中心(如五十年前以石里克为首在维也纳,或三十七年以前以卡尔纳普和赖兴巴赫为首在洛杉矶,或其后以费格尔为首在明尼苏达)已不复存在了。然而逻辑经验主义的科学观却依然活跃于当代西方国家的许多哲学派别中,例如,英国:艾耶尔在伦敦,麦吉尼斯(B. F. McGuiness)和蒯因顿(A. Quinton)在牛津;美国:费格尔在明尼苏达,亨佩尔在普林斯顿;奥地利:哈勒在格拉茨,维恩加登在萨尔茨堡;联邦德国:施太格缪勒在慕尼黑;意大利:吉莫纳特在都灵;挪威:内斯在奥斯陆;荷兰:穆德

(H. L. Mulder)在阿姆斯特丹;等等。”(①,p. 44)

洪谦也指出了逻辑经验论近几十年来的巨大发展和变革,“主要在于如下方面:意义概念的提出,从句法分析转向语义分析的过渡,可证实性定义的改变,可能性概念的提出和归纳逻辑的建立,对物理主义和统一科学理论的保留和疏远,还有对于经验主义的调整、限定和修正。”(①,p. 45)

洪谦还指出,近年来,维也纳学派的成员们费格尔、亨佩尔、克拉夫特、艾耶尔等编辑出版了《精确科学丛书》,石里克的《普通认识论》(1974)的英译本就是其中的一册。穆德、科恩(R. S. Cohen)和麦吉尼斯主编的《维也纳学派丛书》,已出版了近二十本维也纳学派主要成员,以及马赫和玻尔茨曼的著作的英译本。哈勒和麦吉尼斯等还计划出版一种名为《回到石里克》的丛书。有人谈到“当前是维也纳学派和逻辑经验主义复兴的时代”,洪谦认为这是有一定根据的。

但是,洪谦也看到了维也纳学派和分析哲学的一大弱点。1981年,他在“欧行哲学见闻”中指出:“毋庸讳言,当代分析哲学的多数流派,从维也纳学派开始,就没有足够重视伦理学,就没有把伦理学摆在哲学中应有的地位。……的确如人们指出的那样,一个完整的哲学体系,既应有其完整的理论哲学部分,也应有其完整的实践哲学部分。例如,康德哲学有其三大批判,马克思主义哲学有辩证唯物论和历史唯物论。对此,无怪乎罗素曾经慨乎言之,‘逻辑实证主义这类哲学,严格说来,没有哲学,仅有方法论’。”(①,pp. 247—248)

(5)**对基础论和真理论的思考**。从洪谦近十多年来的文章可以看出,他思考最多的问题还是知识基础问题和真理问题。洪谦在“论确证”(①,pp. 99—111)和“评石里克的《哲学诸问题及其相互关联》”等文章中，在批判了卡尔纳普、纽拉特等的原始记录语句和还原论之后，也批评了石里克把“确证”作为知识的基础。洪谦指出：“石里克的确证或观察陈述都是比陈述更加赤裸裸得多的经验，与其说它属于逻辑和语法的领域，不如说属于心理学的领域。一切关于它的‘绝对确定性’的说法都只能从心理学方面，而不是从逻辑语法方面去理解。”（①，p. 105）“石里克试图在确凿无疑的经验和不证自明的感知中为科学找到一个牢固的基础，在我看来，这不过是心理主义的另一种形式，对此他自己早年也曾严厉批评过，我也认为它是根本错误的。确凿无疑的经验和不证自明的感知显然都是十分主观的，心理上的，正像石里克本人也曾实际上主张过的一样。”（①，p. 106）既然原始记录语句和确证都不能作为知识的基础，那么，洪谦先生自己的观点究竟怎样呢？他没有明说。在他逝世前卧病的时候，周柏乔寄给他一篇文章“洪谦教授的三篇文章和他的哲学见解”⑥指出：“洪教授的评论提醒了经验主义者不要随意浪费精力去寻找知识的基础，因为这可能不是他们的任务。”（⑥，p. 2）洪谦先生看了，十分高兴，认为周柏乔把握了他的思想。在范岱年、胡文耕去医院看望他时，他一再谈到这一点，并表示他是反基础论的，并说在这方面他还有几篇文章好写，而且基本上已构思好了。希望病好后立即动笔。令人万分遗憾的是，他竟被病魔夺去了生命，使他未能把这几篇文章写出来。在真理论方面，洪谦先生认为石里克正当地指责纽拉特和卡尔纳普的真理贯融论（这个理论把经验真理的标准仅仅建立在记录句子的相容性的基础之上）背离了经验论，同时又被迫回到了约定论。然而，他的真理符合论，即把与实在（实为“感觉材料”）的一致当作真理的基础的理论，是否会导致“唯我论和感觉经验论呢”？（①，p. 161）

看来，对于什么是检验真理的标准，逻辑经验论者至今没有取得一致、明确的意见。

洪谦教授近十多年的工作，受到国际哲学界高度的评价。在1984年授予他维也纳大学荣誉博士学位时，马特尔院长盛赞他“在哲学上，尤其在维也纳学派哲学上，作出了卓越的贡献”。英国哲学期刊《理性》认为当今没有几个哲学家比洪谦教授更有资格评论石里克的著作（1989年6月号第105页）。《在世哲学家丛书》第21卷《艾耶尔的哲学》一书主编L. E. 汉恩在1991年11月1日给洪先生的信中，谈到洪谦为该书写的文章，是这部书的一个强项。东京大学认为洪谦对逻辑实证主义和维特根斯坦的哲学都有深刻的认识。洪谦逝世后，英国《泰晤士报》、《卫报》、《独立报》都及时发表了长篇讣告。这些都表明了洪谦在国际哲学界的巨大声望。

五

洪谦先生终生献身于学术工作，致力于逻辑经验论哲学的研究和发扬。他的仪表宁静安详，学风严谨扎实。半个多世纪以来，他笔耕言教，培养和影响了中国大陆两三代哲学工作者，为分析哲学和逻辑经验论在中国的传播作出了卓越的贡献。他为人谦虚谨慎。他最喜欢的格言是：“我知我无所知”（苏格拉底），所以他孜孜不倦地、永无止境地进行着探索研究。他本来十分崇拜石里克。后来他读到了石里克的“箴言”：“追随别人的人，大多依赖别人”，就更注意独立的思考和发扬批判精神，并以此来教育后人。1989年秋，北京大学领导要庆祝他的八十寿辰，被他婉言谢绝了。他不喜欢形式主义的排场和不切实际的颂扬。他喜欢的是严肃认真而又自由活泼的学术讨论。在他逝世前不久，港澳的学者告诉他准备出一卷纪念他八十五寿辰的论文集，他欣然同意了，并着手考虑推荐论文集的作者。遗憾的是，他现在已不再能够指导并参加这个论文集的写作，不能亲自看到这个文集的出版了。

美国马克思主义哲学家、《维也纳学派丛书》的编委、洪谦先生生前的好友 R. S. 科恩（Cohen）在他的“辩证唯物论与卡尔纳普的逻辑经验论”一文中，比较了辩证唯物论与逻辑经验论，指出二者有基本的共同点，就是自然主义和人道主义，它们都拒绝超自然的说明和种种先验的学说，都希望依靠科学和理性，建立一个合理、美好的社会——社会主义社会。但它们也各有所长：辩证唯物论重视对人类社会作历史的、具体的分析，重视变革社会的实践，而逻辑经验论奠基于研究自然秩序的物理理论，重视静态的、形式的逻辑推理。二者都是当代思潮的重要部分，可以相互补充、相互启迪。（⑯）

自从改革开放以来，我国的科学哲学有较大的发展，特别是对波普尔、拉卡托斯的批判理性主义和库恩、费耶阿本德的历史社会学派介绍较多，影响较大，而对于西方科学哲学的传统的基础性的逻辑经验论学说及其公认观点，则重视研究不够。人们常说，搞科学哲学研究，你可以反对逻辑经验论，但不能忽视逻辑经验论。认真地批判地研究逻辑经验论，发展我国的科学哲学，这可能是对洪谦先生最恰当的纪念吧。

参考文献

① 洪谦：《逻辑经验主义文集》，香港三联书店，1990 年。

② Tscha Hung, *Das Kausalproblem in der heutigen Physik* (*Dissertation*)，维也

纳大学，打印稿，1934。
③ 洪谦：《维也纳学派哲学》，商务印书馆，1989 年。
④ 贺麟：《当代中国哲学》，胜利出版公司，1945 年。
⑤ M. Schlick, Philosophical Papers, Vol. II(1925—1939), Dordrecht, Reidel, 1979.
⑥ 周柏乔："洪谦教授的三篇文章和他的哲学见解"，《哲学研究》，1992 年第 4 期。
⑦ 洪潜、任华、汪子嵩、张世英、陈修斋、朱伯崑：《哲学史简编》，人民出版社，1957 年。
⑧ 洪谦："应该重视西方哲学史的研究"，《人民日报》1957 年 6 月 7 日第 7 版。
⑨ 洪谦："康德的星云假说的哲学意义——读《自然通史与天体理论》的一些理解"，《北京大学学报》，1957 年第 1 期。
⑩ 洪潜："休谟的《人类理解研究》评介"，《光明日报》，1958 年 3 月 9 日第 6 版。
⑪ 马赫：《感觉的分析》，洪谦、唐钺、梁志学译，商务印书馆，1986 年版。
⑫ 洪谦主编：《逻辑经验主义》（译文集），商务印书馆，1989 年。
⑬ Tscha Hung, "Moritz Schlick und der logische Empirismus", *Grazer Philosophische Studien*, Vol. 16/17, 1982.
⑭ 洪谦："艾耶尔和逻辑实证主义"，《哲学研究》，1991 年第 1 期。
⑮ 洪谦："鲁道夫 · 卡尔纳普"，手稿，1991 年。
⑯ R. S. Cohen, "Dialectical Materialism and Carnap's Logical Empiricism", 载 P. A. Schilpp (ed.), *The Philosophy of Rudolf Carnap*, Open Court Pub. Co., 1963, pp. 99—158.

原载《自然辩证法通讯》
1992 年第 3 期

洪谦论著目录

I. 论文：

1. Das Kausalproblem in der heutigen Physik (Dissertation), 1934, 维也纳大学, 打印稿。
2. "自然科学与精神科学",《思想与时代月刊》第15期,1942年。
3. "维也纳学派与玄学问题",《哲学评论》第8卷第3期,1943年。
4. "石里克的《普通认识论》",《思想与时代月刊》第24期,1943年。
5. "科学与哲学"(1943),载《科学概论新编》,正中书局1948年。
6. "维也纳学派与现象学派",《思想与时代月刊》第35期,1944年。
7. "或然性的逻辑分析",《哲学评论》第9卷第1期,1944年。
8. "论《新理学》的哲学方法",《哲学评论》第10卷第1期,1946年。
9. "康德的先天论与现代科学",《学原》第1卷第6期,1947年。
10. "维也纳学派与现代科学",载《科学概论新编》,正中书局1948年。

11. Moritz Schlick and Modern Empiricism, *Philosophy and Phenomenological Research*, Vol. 9, no. 4, 1949.

12. "卡尔纳普的物理主义批判",《哲学研究》1955 年第 3 期。

13. "康德的星云假说的哲学意义——读《自然通史与天体理论》的一些理解",《北京大学学报》1957 年第 1 期。

14. "不要害怕唯心主义",《人民日报》1957 年 5 月 7 日第 7 版。

15. "应该重视西方哲学史的研究",《人民日报》1957 年 6 月 7 日第 7 版。

16. "介绍马赫的哲学思想",《哲学研究》1957 年第 3 期。

17. "休谟的《人类理解研究》评介",《光明日报》1958 年 3 月 9 日。

18. "克拉夫特哲学简述",载《现代西方哲学家述评》,北京,三联书店,1980 年。

19. Wittgenstein und Schlick, *Proceedings of 5th International Wittgenstein Symposium*(1979), Verlag Hoeder-Pichler-Tempsky, Vienna, 1981.

20. "国际维特根斯坦哲学讨论会观感",《哲学研究》1980 年第 2 期。

21. "谈谈马赫",《社会科学战线》1982 年第 2 期。

22. Moritz Schlick und der Logische Empirismus, *Grazer Philosophische Studien*, vol. 16/17, 175—205, 1982.

23. Remarks on Affirmation (Konstatierungen), *Synthese*, vol. 64, 297—306, 1985.

24. Logischer Empirismus: meine Persoenlische Perspektive, 手稿, 1986;中译文《关于逻辑经验主义——我的个人见解》,载《哲学译丛》1987 年第 5 期。

25.“逻辑经验主义概述”,载《中国大百科全书》(哲学卷),中国大百科全书出版社,1987 年。

26.“《哲学家马赫》译后记”,《自然辩证法通讯》1988 年第 1 期。

27. Ayer and the Vienna Circle, in: *the Philosophy of A. J. Ayer*, ed. by L. E. Hahn, La Salle, Illinois, Open Court, 1992, pp. 279—300.

28.“关于逻辑经验主义的几个问题”,《自然辩证法通讯》1989 年第 1 期,并载《分析哲学与科学哲学论文集》,香港中文大学新亚书院出版,1989 年,第 1—9 页。

29.“悼念菲格(即费格尔)”,《哲学研究》1989 年第 2 期。

30. Moritz Schlick: The Problems of Philosophy in their interconnection, *Ratio*, 1989, no. 6.

31.“悼念艾耶尔”,《哲学研究》1989 年第 10 期。

32.“艾耶尔和逻辑实证主义”,《哲学研究》1991 年第 1 期。

33.“鲁道夫·卡尔纳普”,手稿,1991 年;以“卡尔纳普和他的哲学”为题发表于香港《二十一世纪》1992 年第 4 期。

II. 著作:

1.《维也纳学派哲学》,上海,商务印书馆,1945 年初版;北京,商务印书馆,1989 年再版。

2.《哲学史简编》,与任华,汪子嵩,张世英,陈修斋,朱伯崑合著,北京,人民出版社,1957 年。

3.《逻辑经验主义文集》,香港,三联书店,1990 年。

III. 译著：

1.《古希腊罗马哲学》(主编),北京,三联书店,1957年;商务印书馆;1961年新1版。

2.《十六—十八世纪西欧各国哲学》(主编),北京,三联书店,1958年;商务印书馆,1961年新1版。

3.《十八世纪法国哲学》(主编),北京,商务印书馆,1963年。

4.《十八世纪末—十九世纪初德国哲学》(主编),北京,商务印书馆,1960年。

5.《西方现代资产阶级哲学论著选辑》(主编),北京,商务印书馆,1964年第一版,1982年第二版。

6. 马赫著:《感觉的分析》,与唐钺,梁志学合译,北京,商务印书馆,1986年。

7.《逻辑经验主义》(上下卷)(主编),北京,商务印书馆,1982—1984,1989年出合订本第一版。

8.《现代西方哲学论著选辑》(上册)(主编),北京,商务印书馆,1993年。

编 后 记

洪谦先生逝世两年多了。

洪先生生前,曾计划将五十多年来在国内外发表的论文和讲稿编成《洪谦文集》,但后来放弃了这个计划。1989 年,商务印书馆再版了洪先生的《维也纳学派哲学》一书,并增附了 1949 年前发表的三篇文章。这样,除洪先生的博士论文外,该书基本上收集了 1949 年以前洪先生写作的论文。

80 年代末,洪先生的学生高宣扬教授在香港主编《西方文化丛书》,洪谦著的《逻辑经验主义论文集》作为该丛书的第 17 卷,于 1990 年由香港三联书店出版。该书收集了洪先生自 1949 年以来在国内外发表的大部分论文和讲稿。我们现在编辑出版的这本洪谦《论逻辑经验主义》在内容上要比该书更加完备。

在内容上,我们编的这个论文集增加了洪先生于 1934 年在维也纳大学写的博士论文,增加了洪先生于 50 年代写的“休谟的《人类理解研究》评介”、“康德的星云假说的哲学意义——读《自然通史与天体理论》的一些理解”和“应该重视西方哲学史的研究”三篇文章。1955 年,洪先生曾在《哲学研究》上发表过“卡尔纳普的物理主义批判”一文,因为洪先生在晚年多次表示对这篇文章很不满意,所以我们尊重他的意见,未予录入。此外,我们还增加了洪先生在 90 年代初发表的两篇论文“艾耶尔和逻辑实证主义”和“鲁道夫·卡尔纳普”。所以,这部论文集和再版的《维也纳学派哲学》基本上收集了洪先生五十多年学术生涯中所写的论文。

这部书对香港出版的《逻辑经验主义论文集》也作了一些必要的修订。范岱年和梁存秀分别对照洪先生的英文和德文原稿审阅了全部译稿,并相互通读了全书的文章。对少数错译、漏句作了改正。所有人名与学术名词尽量按照《中国大百科全书》(哲学卷)力求统一。

在“附录”中,我们收录了范岱年、胡文耕、梁存秀合写的“洪谦和逻辑经验论”一文和我们编写的“洪谦先生论文著作目录”。

洪谦先生为在中国传播当代西方理性主义的经验论的分析哲学——逻辑经验论奋斗了终生。逻辑经验论对于中国的传统哲学和马克思主义的辩证唯物论有很强的互补性。如果能够开展自由的争鸣和严肃认真的切磋,一定可以大大提高我们民族的理论思维水平。因此,在今天,出版这部论文集,不论是对于研究当代中国哲学史或是促进我国当今的哲学研究都是很有意义的。

限于我们的水平,在编校工作中难免有不少缺点,欢迎批评指正。

在本书编写过程中,洪师母何玉贞女士一直十分关心,并提供了许多珍贵的原稿和资料。商务印书馆哲学编辑室给予了巨大的帮助。我们在此表示深切的感谢。

范岱年　梁存秀

1994 年 6 月于北京

洪谦先生学术年表*

1909 年(宣统元年)

10 月 21 日,诞生于安徽省歙县南乡三阳坑。原名洪宝瑜,字瘦石,又名洪士希,笔名洪潜,英文名 TSCHA HUNG,Hong Qian。父洪惟敬,字守斋,茶商。

1918 年

离歙县至福建省福州市,在英华学堂读书。

1922 年

在《学衡》上发表文章"王阳明哲学"。

因此文而在杭州西湖花港观鱼处受康有为召见,随后康介绍到北京会梁启超,入清华少年班,与文学大师王力为同班学友。梁公在国务会上众臣前面考他,并当即宣布收他为关门弟子。

1924 年

受梁公派,赴日本专学王阳明哲学。

1926 年

由梁公安排,赴德国耶拿大学学习天文物理。

1927 年

在学术讨论会上发言而得到哲学泰斗石里克(维也纳学派的

---

* 本年表由洪元颐、韩林合撰写。

创始人,量子物理学创始人普郎克的学生)赏识,随即转到维也纳大学,在石里克门下学哲学,直至1934年(民国二十一年)。期间交识廖承志、王炳南、江隆基、章文晋等左派人士,并参与《洪波报》的编撰等诸多活动。

1934年

在石里克的教导下,在维也纳大学发表博士论文《现代物理学中的因果问题》(*Das Kausalproblem in der heutigen Physik*,打印稿),获维也纳大学博士学位,并作为第一个外籍教师留在维也纳大学工作。

1937年

因石里克被纳粹学生枪杀,为逃避当局威胁,随即携带石里克手稿返回北京清华大学。

日本侵华战争爆发后,离京经天津去武汉。逢国共合作结识了一些左派领导人士。

1938年

在贵阳医学院任职讲授德文,期间结交严镜清等,成为毕生好友。

1940年

与何玉贞结婚,院长李宗恩主婚。何玉贞时二十五岁,毕业于南京金陵女子大学化学系。

1941年

赴昆明西南联合大学。途中长子洪元颐生于重庆,一个月后转赴昆明。直到抗战胜利的数年里,在西南联大哲学系任西方哲学教授。

1942年

在《思想与时代月刊》第15期，发表文章“自然科学与精神科学”。

1943年

在《哲学评论》第8卷第3期，发表文章“维也纳学派与玄学问题”。

在《思想与时代月刊》第24期，发表文章“石里克的《普通认识论》”。

发表文章“科学与哲学”，载于《科学概论新编》，正中书局，1948年版。

1944年

在《思想与时代月刊》第35期，发表文章“维也纳学派与现象学派”。

在《哲学评论》第9卷第1期，发表文章“或然性的逻辑分析”，

1945年

出版《维也纳学派哲学》，商务印书馆。1989年商务印书馆再版。

抗日战争胜利，第二次世界大战结束，数月后应牛津大学邀请，赴英国牛津大学新学院任研究员。

1946年

在《哲学评论》第10卷第1期，发表文章“论《新理学》的哲学方法”。

1947年

因在牛津组织由董必武主讲新民主主义讲座，家人被当局限制出国。只得回国与家人在上海团聚，后赴广州中山大学哲学系任教授，又与王力教授为邻居。

在《学原》第1卷第6期，发表文章“康德的先天论与现代科学”。

1948 年

次子洪元硕于广州诞生，当年即去武汉大学哲学系任职哲学系主任。

发表文章“维也纳学派与现代科学”，载于《科学概论新编》，正中书局。

1949 年

在 *Philosophy and Phenomenological Research*（vol. 9, no. 4）上发表文章“Moritz Schlick and Modern Empiricism”，中译文“莫里兹·石里克与现代经验论”载于《逻辑经验主义论文集》和《洪谦选集》。

1951 年

应燕京大学校长陆志韦邀请，赴北京任燕京大学哲学系主任。

1952 年

全国高校院系调整，任北京大学校务委员会委员、北京大学哲学系西方哲学教研室主任。

1955 年

在《哲学研究》第3期，发表文章“卡尔纳普的物理主义批判”。

1957 年

在《北京大学学报》第1期，发表文章“康德的星去假说的哲学意义——读《自然通史与天体理论》的一些理解”。

在《人民日报》5月7日第7版，发表文章“不要害怕唯心主义”。

在《人民日报》6月7日第7版，发表文章“应该重视西方哲学史的研究”。

在《哲学研究》第3期，发表文章“介绍马赫的哲学思想”。

出版《哲学史新编》（合著），人民出版社。

出版《古希腊罗马哲学》（主编），三联书店。商务印书馆1961年新版。

1958年

在《光明日报》3月9日，发表文章“休谟的《人类理解研究》评价”。

出版《十六—十八世纪西欧各国哲学》（主编），三联书店。商务印书馆1961年新版。

1960年

出版《十八世纪末—十九世纪初德国哲学》（主编），商务印书馆。

1963年

出版《十八世纪法国哲学》（主编），商务印书馆。

1964年

出版《西方现代资产阶级哲学论著选辑》（主编），商务印书馆。1982年第2版。

1965年

任北京大学教授、北京大学外国哲学研究所所长。

1979年

任中国社会科学院哲学研究所研究员和学术委员会委员，兼任中国现代外国哲学研究会名誉理事长。

1980年

任英国牛津大学客座教授，参加奥地利举行的第五次国际维特根斯坦哲学讨论会，并访问了维也纳大学和牛津大学王后学院。

发表文章“克拉夫特哲学简述”,载于《现代西方哲学家述评》,三联书店。

在《哲学研究》第2期,发表文章“国际维特根斯坦哲学讨论会观感”。

1981年

在 *Proceedings of* 5th *International Wittgenstein Symposium*(Verlag Hoeder - Pichler - Tempsky, Vienna)发表文章“Wittgenstein and Schlick”,中译文“维特根斯坦和石里克”载于《逻辑经验主义论文集》和《洪谦选集》。

1982年

在《社会科学战线》第2期,发表文章“谈谈马赫”。

在 *Grazer Philosophische Studien*(vol. 16/17),发表文章“Moritz Schlick und der logische Empirismus”。

出版《逻辑经验主义》上卷(主编),北京:商务印书馆。

赴维也纳参加国际石里克—纽拉特哲学讨论会,并访问了英国牛津大学三一学院。

1984年

荣获奥地利维也纳大学荣誉哲学博士。

出版《逻辑经验主义》下卷(主编),商务印书馆。

1985年

在 *Synthese*(vol. 64)发表文章“Remarks on Affirmation (Konstatierungen)”,中译文“论确证”载于《逻辑经验主义论文集》和《洪谦选集》。

1986年

出版译著《感觉的分析》(马赫著,合译),商务印书馆。

写作文章“Logischer Empirismus：meine persoenlische Perspektive”（手稿），中译文“关于逻辑经验主义——我的个人见解”发表于《哲学译丛》1987 年第 5 期。

应邀赴日本东京大学哲学系进行学术访问，并被聘为日本东京大学客座教授。

1987 年

发表文章“逻辑经验主义概述”，载于《中国大百科全书》（哲学卷），中国大百科全书出版社。

任中英暑期哲学学院名誉院长直至 1992 年。

1988 年

在《自然辩证法通讯》第 1 期，发表文章“《哲学家马赫》译后记”。

到香港中文大学参加了有大陆、台湾、香港、澳门的中国学者共同参加的首次“分析哲学与科学哲学研讨会”，随后又到香港大学作学术访问。

1989 年

在《自然辩证法通讯》第 1 期，发表文章“关于逻辑经验主义的几个问题”，并收入《分析哲学与科学哲学论文集》，香港中文大学新亚书院出版。

在《哲学研究》第 2 期，发表文章“悼念费格尔”。

在《哲学研究》第 10 期，发表文章“悼念艾耶尔”。

出版《逻辑经验主义》上下卷合订本（主编），商务印书馆。

在 *Ratio*（No. 6）发表“Moritz Schlick：The Problems of Philosophy in their Interconnection”，中译文“评石里克的《哲学诸问题及其相互关联》”载于《逻辑经验主义论文集》和《洪谦选集》。

1990 年

出版《逻辑经验主义论文集》，香港三联书店。

1991 年

在《哲学研究》第 1 期，发表文章“艾耶尔和逻辑实证主义”。

写作文章《鲁道夫·卡尔纳普》（手稿），在 1991 年以“卡尔纳普和他的哲学”为题发表于《二十一世纪》1992 年第 4 期。

1992 年

在 *The Philosophy of A. J. Ayer*（ed. L. E. Hahn, LaSalle：Open Court）发表文章“Ayer and the Vienna Circle”。

1992 年 2 月 27 日病逝，享年 83 岁。

附记：1993 年出版《现代西方哲学论著选辑》上册（主编），商务印书馆。1995 年，北京大学哲学系、中国社会科学院哲学所、牛津大学、维也纳大学在北京召开了有中、美、英、澳、日的一百多位学者参加的洪谦先生逝世三周年纪念会。1999 年出版《论逻辑经验主义》（范岱年和梁存秀编），商务印书馆。2005 年出版《洪谦选集》（韩林合编），吉林人民出版社。